行政訴訟の実務と理論

【第2版】

斎藤浩=著

三省堂

第2版はしがき

　司法改革により、行政法が法科大学院の法律基本科目に指定され、司法試験の法律基本7科目に入った意義はこよなく大きい。

　今や若手弁護士は違和感なく行政訴訟の遂行にあたれる。裁判官もそうであろう。

　ただ、行政事件があまりにも少ないがゆえに、大半の若手弁護士は宝の持ち腐れをしている。

　なぜ行政事件が少ないのかは、旧版でもこの第2版でも私が書いていることから理解願えるのではないかと思う。

　行政訴訟を活性化し、行政の行為により苦しむ国民、企業、NPOなどに、より使い勝手の良いものにすることが急務である。使い勝手の良いものになるためには、第一に現在の行政法体系の元でも、弁護士が頑張り、時には研究者の力も得て論陣を貼り、裁判官がそれに感応することである。そのための裁判運動も時に必要であろう。第二に諸外国に比べ遅れている行政法体系を手続法も含め改革することが必要である。国会の役割とそれを実現する国民運動が必要である。

　本書初版を出して10年経った2017年夏から、改訂作業にあたった。これを強く後押ししてくださったのは故滝井繁男元最高裁判事である。

　滝井先生は、2013年12月に、私が阿部泰隆先生とともに編した「行政訴訟第2次改革の論点」（信山社）をお送りしたことへの返書に次のように書いてくださった。

　「最近の立法状況をみていますと、巨大与党の存在で官庁の力が一段と強くなりつゝあるだけに、行政訴訟の改革は一層強い抵抗を受けることになるようにみえてくるのです。

　にもかゝわらず、よりよき行政訴訟制度のために奮迅の努力を続けられていることに心から敬意を表する次第です。（中略）

　何れ、ご高著『行政訴訟の実務と理論』も版を改められることとご期待申しあげております」。

　先生は、2015年2月28日に急逝されたが、9月に遺言書が発見され、私にとって次のような衝撃的なことが書いてあったのである。

　「まず、相続財産のうち、5000万円を基金とし、これを行政訴訟を活性

i

化させ、国民の権利重視の行政に向わしめる諸動に寄与せしめるため有意義に使うこととし、その具体策を水野武夫、斎藤浩両弁護士に委ねる」

先生が最高裁判事として残された業績は計り知れないが、その過程で行政訴訟を活性化させる必要性、重要性を痛感されたのであろうと推測できた。また、それを水野武夫先生と不肖私に期待されたことは、大きな喜びであった。

基金は日本弁護士連合会法務研究財団の滝井繁男行政訴訟等活性化積立資金として実現させ、本書文献欄にもある滝井先生追悼論集や、本書に随所に紹介している行政訴訟抜本改革研究会（代表中川丈久教授）、創設された滝井賞などに有効に使いつつある。

二つの遺言をいただいて、私は本書の改訂作業をやっとの思いでやり遂げた。

第2版は、行訴法改正後の判例を素材に、研究者の方々の成果を私なりに取り入れたつもりである。また、行政訴訟検討会がやり残したと明示した、行政立法と行政計画の争い方、団体訴訟、裁量の論点にかなりの紙幅を費やした。さらに上記抜本研でやっている当事者訴訟と仮処分、行政訴訟における和解、取消判決の執行力、行政調査の争い方なども書き込んだ。能力上、いずれも生煮えであろうが、実務家、研究者、法科大学院生の方々が、便利に使っていただけるものになったとは思える。

なお初版の第11章（その他の訴訟）は第2版では削除した。地方自治法（住民訴訟）に大改正があり、その位置付けにつき私見の形成ができていないためである。他日を期したい。

三省堂と担当してくださった黒田也靖さんにお世話になった。記して謝意を表したい。

2019年夏

斎藤　浩

初版はしがき

　この本で心がけたのは、自らが行政訴訟の代理人となったり、大学で教える準備をするときに、教科書などではすぐフィットしないがどうしても知りたいなと思うことを書くことだった。

　豊富な素材は判例にある。そのために判例を読みに読んだ。ナマの検索をこころがけた。類書にはない判例に本書ではたくさんお会いいただけると思う。判例の紹介は裁判所と日付と項目だけというスタイルではなく、かなり長めにし、省庁名、自治体名をなるべく調べて明記してある。長めの判例紹介と私の短評で、初学の方々や法科大学院で学ぶ方々は、わが国の裁判官たちの心と私の心がおわかりいただけるだろう。判例のもととなった当事者や弁護士の心も推測できよう。

　ところで、今は判例検索が少し便利になった。1998年、司法予算増額運動のため、日弁連でまんがパンフを作り、衆参両院の方々をはじめ多方面にお配りしたことがあったが、その内容のひとつに「短時間でアクセスできる各地の判決」という項目で判例検索システムの必要性を入れた。アメリカの実情を調べ、インターネット関係の顧問先に見積もらせて必要経費まで載せた。2001年の司法制度改革審議会意見書には「裁判所等への情報通信技術（IT）の導入」という項目が入れられた。ほどなく最高裁は判例検索システムをホームページに立ち上げた。その後も改良が進められている。最高裁の努力に敬意を表する。しかしなお成長期である。私が検索に使うもうひとつのツールと比べるとキーワードのフラッシュ機能が付いていない、条文検索がない、また取り上げる判例数が少ないなどの問題点がある。

　私は行政が極めて重要なものと思っているので、行政が自立的に人権的であることを心から望む。予備的には司法の助けを借りてそうなることでもよいと思っている。司法の助けでもまだ足りなければ立法が参画することが望ましい。本書は行政に対する司法チェックのためにあり、実務家の立場に徹した行政事件訴訟法解釈をできるだけ行政法理論に基づき行ったつもりであるが、解釈には限界もあるから、立法論も提起した。

　本書を行政訴訟の実践に活用して欲しい。また大学や法科大学院の副読本として利用していただきたい。本書脱稿のその日から、多くの人と議論

し、改訂する作業を行いたい。

　弁護士生活を一線で続けているのでまとまった時間がとれず、お話をい
ただいてからずいぶん時間がたった。担当の三省堂編集部福井昇氏にたい
へんなご迷惑をかけた。心からのおわびと感謝を申し上げたい。これまで
も何冊か本を書いた経験はあるが、本書が最も時間をかけ体力を使ったも
のであるので、その基礎力をつくってくれた亡き父母に捧げたい。

　2007年夏

斎藤　浩

目　次

第1章　行政訴訟とは……………………………………………1

- **1**　行政訴訟とは何か　1
- **2**　本書で扱う行政訴訟　12
- **3**　行政訴訟、行政事件訴訟の類型　12
- **4**　行政計画はどの類型で争うのが適切なのか　13
- **5**　行政立法はどの類型で争うのが適切なのか　14
- **6**　行政計画、行政立法に対する訴訟の日弁連の提案　15
- **7**　行政調査の司法統制をどのようにするのか　16

第2章　抗告訴訟とは………………………………………22

- **1**　用語法の不適切　22
- **2**　抗告訴訟の種類　24

第3章　取消訴訟総論………………………………………27

- **1**　取消訴訟、取消訴訟中心主義、公定力、排他的管轄　27
- **2**　取消訴訟中心主義からの脱却の試みと改正法　29
- **3**　裁決取消訴訟の諸問題　32

第4章　取消訴訟の訴訟要件…………………………………36

第1節　処分性……………………………………………37

- **1**　行政処分　37
- **2**　現代社会に生起する処分性問題　38
- **3**　処分性をもたない場合の争訟方法　84
- **4**　仮処分排除　84

第2節　原告適格……………………………………………85

v

1	行政事件でなぜ原告適格が重く論じられるのか	85
2	行訴法制定前後の判例、学説	86
3	9条2項の新設	87
4	9条2項の構造	87
5	9条2項の下敷きになった前述の三つの最高裁判決——下敷き判例を産み出した要因	89
6	もんじゅ1巡目最高裁判決（平成4年判決）後の下級審の原告適格判断	94
7	小田急事件最高裁大法廷判決	95
8	サテライト大阪判決：最判平21.10.15WEB	103
9	小田急、サテライトで築かれた原告適格論の特徴と行政訴訟混迷状態脱出のための考察	108
10	小田急判決以後の判決	110
11	原告適格判断と違法性判断の関係	143
12	10条1項問題	144
13	団体訴訟	155

第3節　被告適格 ……………………………………………… 169

1	深刻だった改正前の問題点	169
2	判例の元の状況	171
3	改正の内容	174
4	被告適格を改正した意義の確認	183
5	住民訴訟の被告適格	184

第4節　狭義の訴えの利益 …………………………………… 185

1	概説	185
2	事例分析	187
3	訴えの利益の行政訴訟における位置（付　事実上の利益論）	200

第5節　出訴期間 ……………………………………………… 202

1	出訴期間制度の趣旨と経過	202
2	検討会での検討の経過	203
3	改正法の内容	204
4	出訴期間経過後提訴の「正当な理由」とは	204
5	当事者訴訟についての出訴期間の改正	208

第6節　教示 …………………………………………………… 211

1 日弁連の提案　211

2 検討会での議論　212

3 改正行訴法の内容（新設46条）　212

4 改正行訴法の解釈にあたっての論点　213

第7節　不服申立て前置 ……………………………………………… 214

1 不服審査の種類　215

2 原則と例外の実態　215

第8節　訴額と弁護士費用 …………………………………………… 219

1 訴額　219

2 弁護士費用　220

第5章　取消訴訟の審理手続（本案審理、違法性審理）の諸段階 …………………………………………………… 223

第1節　訴訟の対象 …………………………………………………… 223

1 訴訟の対象、訴訟物　223

2 違法とは　224

3 関連請求　228

4 訴えの変更、客観的併合　230

第2節　裁量判断 ……………………………………………………… 235

第1款　行政裁量 ……………………………………………………… 235

1 行政権と行政裁量　235

2 行政裁量の種類　236

第2款　裁量統制 ……………………………………………………… 236

第1　裁量統制の本質 ………………………………………………… 237

1 社会通念でかたづけるなら裁判はいらない　237

2 裁判官の裁量判断とはいかなる行動なのか　238

第2　裁量統制強化に向けての改正論議とその見送り ……………… 241

第3　判例の概況 ……………………………………………………… 244

A 判例が使用する行政裁量統制の基準　244

1 問答無用方式（社会観念、社会通念審査）　244

2 判断過程の統制方式──種類と広がり、誤りへの変質　246

B 優れた下級審判例　259

vii

第4　裁量統制は深化しているか ……………………………… 270

第5　裁量とそれをとりまく諸条件についての日弁連の改革案 … 270

第3節　取消理由の制限 ………………………………………… 272

1　自己の法律上の利益に関係する違法　272

2　原処分主義、二つの取消訴訟の関係　272

第4節　違法判断の基準時 ……………………………………… 273

1　取消訴訟の基準時　273

2　その他の抗告訴訟における基準時　275

第5節　違法性の承継 …………………………………………… 275

第6節　理由の追加・差替え …………………………………… 281

1　緩やかに解している学説の説明にそって検討してみたい
　281

2　制限すべきであるとする説　283

3　「実務的研究」の説　284

4　自説の理由　285

第7節　共同訴訟（主観的併合）、訴訟参加 ………………… 285

1　共同訴訟（主観的併合）　285

2　参加　288

第8節　審理の舞台装置 ………………………………………… 295

1　管轄　295

2　関連請求と移送ルール　302

第9節　あるべき審理方式 ……………………………………… 302

1　行政訴訟に適した審理方式　302

2　釈明処分の特則　304

3　職権証拠調べの活用を　312

第10節　現状の証拠収集、証拠調べ ………………………… 317

1　情報公開請求、個人情報開示請求による証拠収集　317

2　提訴前の証拠収集　328

3　提訴後の証拠収集　332

4　証拠調べ　341

5　主張・立証責任　341

目　次

第6章　訴訟の終了 ……………………………………………346

第1節　放棄、認諾、取下げ、和解 ………………………346
第2節　判決 ……………………………………………………347
　　1　却下　347
　　2　棄却　348
　　3　事情判決　348
　　4　認容　356
　　5　認容判決の効力　356
第3節　第三者の再審の訴え ………………………………380

第7章　不作為の違法確認訴訟、無効等確認訴訟 ……382

第1節　不作為の違法確認訴訟 ……………………………382
　　1　行訴法改正とこの訴訟類型の将来　382
　　2　従来の使われ方　382
　　3　訴訟要件　383
　　4　本案要件＝違法性　385
　　5　判決　387
　　6　補充性　388
第2節　無効等確認訴訟 ……………………………………388
　　1　行訴法改正とこの訴訟類型の将来　388
　　2　訴訟要件　389
　　3　本案要件　395
　　4　判決　400

第8章　義務付け訴訟、差止め訴訟 ……………………401

第1節　改正までの判例の動向と改正後の無名抗告訴訟 …401
第2節　改正行訴法の義務付けの訴えの種類、準用関係 …402
　　1　種類　402
　　2　準用関係　404
第3節　非申請型義務付け訴訟──37条の2 ……………404

ix

1 訴訟要件 (行訴法37条の2第1項〜4項)　404
  2 本案要件、勝訴要件 (行訴法37条の2第5項)　419
  3 審理手続　422
  4 判決の効力　423
  5 中間判決の可否　424
  6 実体判断についての判例の状況　424

第4節　申請型義務付け訴訟——37条の3‥‥‥‥‥‥‥‥‥426
  1 訴訟要件　426
  2 本案要件、勝訴要件 (行訴法37条の3第5項)　428
  3 管轄と審理の特徴 (行訴法37条の3第3項、4項、6項)　429
  4 求める「一定の処分」の特定性 (行訴法3条6項2号)　434
  5 改正行訴法適用の実例 (主として認容ケース)　434

第5節　事前手続経由がある行政処分の義務付け‥‥‥‥‥438
第6節　義務付け訴訟改正案‥‥‥‥‥‥‥‥‥‥‥‥‥‥‥439
第7節　差止めの訴え‥‥‥‥‥‥‥‥‥‥‥‥‥‥‥‥‥‥440
  1 総論　440
  2 訴訟要件 (行訴法37条の4第1項〜4項)　444
  3 本案要件、勝訴要件 (行訴法37条の4第5項)　447
  4 行政手続との関係、第三者の参加、判決の効果　447
  5 改正法適用の実例　448

第8節　差止め訴訟改正案‥‥‥‥‥‥‥‥‥‥‥‥‥‥‥‥454

第9章　当事者訴訟、争点訴訟‥‥‥‥‥‥‥‥‥‥‥‥455

第1節　総論‥‥‥‥‥‥‥‥‥‥‥‥‥‥‥‥‥‥‥‥‥‥455
第2節　当事者訴訟の歴史、種類‥‥‥‥‥‥‥‥‥‥‥‥‥455
第3節　形式的当事者訴訟‥‥‥‥‥‥‥‥‥‥‥‥‥‥‥‥456
第4節　実質的当事者訴訟‥‥‥‥‥‥‥‥‥‥‥‥‥‥‥‥457
  1 総論——大きく再登場　457
  2 処分性に関する改正を見送ったことへの代替的改正　457
  3 当事者訴訟の具体化はどのような意味をもつか　459
  4 改正後の三つの最高裁判例で誘導されている方向　461
  5 改正後の確認判決の動向　466

目　次

6　改正直後「なかなかうまくいかない領域」と検討会座長が記した
　　領域を、いまも裁判所、国会は放置している　482

7　確認訴訟における確認の利益　490

8　確認訴訟と差止めの訴え、民事訴訟との関係　493

9　改正前判例への今日的再検討　494

10　当事者訴訟としての給付訴訟　498

11　当事者訴訟（確認の訴えその他）の活用は仮処分との関係をど
　　のように変化させる可能性があるか　503

12　公法上の当事者訴訟と判決の効果　503

13　実質的当事者訴訟の改正案　504

第5節　争点訴訟 ……………………………………………………504

1　概論　504

2　実例　505

3　特質　505

4　問題点　506

第10章　仮の救済 ……………………………………509

第1節　改正による補充と原則法解釈による補充（概説）……510

1　改正前の日弁連の要求　510

2　改正の内容　512

3　改正には入っていないが当然のメニュー　514

第2節　仮の救済をめぐる時間論、行政と裁判所の役割論……514

第3節　第三者がなす仮の救済に対する、処分の名宛人の手
　　　　続保障 ……………………………………………………515

第4節　仮の義務付け、仮の差止めの法定、その共通の論点……516

1　改正の内容　516

2　総論　516

第5節　仮の義務付けの判例における実績 ………………………520

第6節　仮の差止め ………………………………………………531

第7節　仮処分 ……………………………………………………541

1　行訴法44条の意義と適用（総論）　541

2　判例の状況　542

xi

3 当事者訴訟の最高裁判決に仮処分を導入する試み　554

第8節　執行停止……………………………………………………………………569

1 改正前の運用状況　569

2 改正前判例における要件判断　571

3 改正の内容　575

4 判例の状況　576

5 分析　592

6 日弁連の主張　595

補章　行政事件訴訟法改正経過および第二次改革への取り組み……………………………………………………………………596

1 行訴法の立法手続と改正行訴法の立法手続の違い　596

2 行訴法の改正の必要性は国民的な要求だったか──改正前の行政事件の実態との関係で　598

3 学会では行訴法の改正はどのように扱われてきたか　600

4 改正の契機は何だったか　600

5 司法制度改革推進本部の体制は当初から充実していたか　603

6 行政訴訟検討会での論議はどのようなものだったか　604

7 国会での法案審議　608

8 日弁連の行訴法改正での役割　609

9 残された課題と第二次改革への取り組み　611

装丁＝岡本健＋

組版＝木 精 舎

凡　例

1　法　令

　本文中で引用する法令は、次の略称で示した。法令の内容は旧法を除き2019年1月1日現在のものである。

行訴法　　　　行政事件訴訟法（昭和37年法律第139号）

行特法　　　　〔旧法〕行政事件訴訟特例法（昭和23年法律第81号：昭和37年10月1日廃止）

行服法　　　　行政不服審査法（昭和37年法律第160号）

行手法　　　　行政手続法（平成5年法律第88号）

民訴法　　　　民事訴訟法（平成8年法律第109号）

民訴規　　　　民事訴訟規則

応急措置法　　〔旧法〕日本国憲法の施行に伴う民事訴訟法の応急的措置に関する法律（昭和22年法律第75号：昭和24年1月1日失効）

都計法　　　　都市計画法（昭和43年法律第100号）

入管法　　　　出入国管理及び難民認定法（昭和26年政令319号）

原子炉等規制法　　　核原料物質、核燃料物質及び原子炉の規制に関する法律（昭和32年法律第166号）

風営法　　　　風俗営業等の規制及び業務の適正化等に関する法律（昭和23法律第122号）

景表法　　　　不当景品類及び不当表示防止法（昭和37年法律第134号）

特定商取引法　　　特定商取引に関する法律（昭和51年法律第57号）

消費者裁判手続特例法　　　消費者の財産的被害の集団的な回復のための民事の裁判手続の特例に関する法律（平成25年法律第96号）

情報公開法　　　行政機関の保有する情報の公開に関する法律（平成11年法律第42号）

行政機関個人情報保護法　　　行政機関の保有する個人情報の保護に関する法律（平成15年法律第58号）

独法等個人情報保護法　　　独立行政法人等の保有する個人情報の保護に関する法律（平成15年法律第59号）

xiii

2 判例・判例集

本文中で引用した判例中、「,」は「、」に、条数は算用数字に置き換えた。

本文中で引用する判例の出典は、基本的に裁判所ウェブによった（公式判例集の出典は索引を参照されたい）。裁判所ウェブ未掲載の判例は公式判例集によった。その際、以下の略称で表記した。

WEB	裁判所ウェブ
行集	行政事件裁判例集
民集	最高裁判所民事判例集
集民	最高裁判所裁判集民事
高民集	高等裁判所民事判例集
東高民時報	東京高等裁判所判決時報　民事
判時	判例時報
判タ	判例タイムズ

3 文献

おもな引用文献については、次のように略記した。その他の文献等については、著者名と書名をフルネームで示した。

阿部・解釈学Ⅰ、Ⅱ　阿部泰隆『行政法解釈学Ⅰ、Ⅱ』（有斐閣、2008 年、2009 年）

阿部・再入門　上、下　阿部泰隆『行政法再入門　上・下』（信山社、2015 年）

阿部・法システム上、下　阿部泰隆『行政の法システム〔新版〕上下』（有斐閣、1997 年）

阿部・要件論　阿部泰隆『行政訴訟要件論』（弘文堂、2003 年）

阿部等・鼎談　阿部泰隆＝小早川光郎＝芝池義一鼎談「行政訴訟検討会の『考え方』をめぐって」（ジュリスト 1263 号、2004 年）

阿部等・座談会　阿部泰隆＝市村陽典＝越智敏裕＝福井秀夫＝深山卓也座談会「新行政事件訴訟法の解釈」（判例タイムズ 1147 号、2004 年）

阿部＝斎藤編・論点　阿部泰隆＝斎藤浩編「行政訴訟第 2 次改革の論点」（信山社、2013 年）

阿部古稀　『阿部泰隆先生古稀記念　行政法学の未来に向けて』（有斐閣、2012 年）

阿部昌樹等・司法改革の最前線　阿部昌樹＝馬場健一＝斎藤浩編『司法改革の最前線』（日本評論社、2002 年）

石川古稀　『石川正先生古稀記念論文集　経済社会と法の役割』（商事法務、2013 年）

泉・一歩前へ 泉徳治＝渡辺康行＝山本一＝新村とわ「一歩前へ出る司法 泉徳治元最高裁判所判事に聞く」（日本評論社、2017 年）

位野木等・研究会 位野木益雄＝白石健三＝渡部吉隆＝雄川一郎＝園部逸夫（研究会）「行政訴訟の実務と理論」（ジュリスト 527 号、1973 年）

宇賀・改正法 宇賀克也『改正行政事件訴訟法』（青林書院、2004 年）

宇賀・Ⅰ、Ⅱ、Ⅲ 宇賀克也『行政法概説Ⅰ〔第 5 版〕』（有斐閣、2013 年）、『行政法概説Ⅱ〔第 5 版〕』（有斐閣、2015 年）、『行政法概説Ⅲ〔第 2 版〕』（有斐閣、2010 年）

宇賀・手続三法 宇賀克也『行政手続三法の解説〔第 2 次改定版〕』（学陽書房、2016 年）

雄川・争訟 雄川一郎『行政争訟の理論』（有斐閣、1986 年）

興津・是正 興津征雄『違法是正と判決効』（弘文堂、2010 年）

越智・対象 越智敏裕「アメリカ行政訴訟の対象」（弘文堂、2008 年）

外国研究 「外国行政訴訟研究報告」（ジュリスト 1236-1245 号、1247 号、1248 号（2002 年 -2003 年））

笠井・当事者訴訟民事保全 笠井正俊「公法上の当事者訴訟を本案訴訟とする民事保全について」（民商法雑誌、2018 年 10 月号）

兼子・争訟 兼子仁『行政争訟法』（筑摩書房、1973 年）

神橋・救済法 神橋一彦「行政救済法」（信山社、2012 年）

行政訴訟検討会最終まとめ 平成 16 年 10 月 29 日司法制度改革推進本部行政訴訟検討会「行政訴訟検討会最終まとめ─検討の経過と結果」司法制度改革推進本部ウエブサイト

行政百選 5 版Ⅰ、Ⅱ 小早川光郎＝宇賀克也＝交告尚史編「行政判例百選第 5 版Ⅰ Ⅱ」（有斐閣、2006 年）

行政百選 6 版Ⅰ、Ⅱ 宇賀克也＝交告尚史＝山本隆司編『行政判例百選Ⅰ Ⅱ〔第 6 版〕』（有斐閣、2012 年）

行政百選 7 版Ⅰ、Ⅱ 宇賀克也＝交告尚史＝山本隆司編「行政判例百選第 7 版Ⅰ Ⅱ」（有斐閣、2017 年）

講座 田中二郎＝原龍之介＝柳瀬良幹編『行政法講座 第 3 巻』（有斐閣、1965 年）

公法系訴訟 中川丈久＝斎藤浩＝石井忠雄＝鶴岡稔彦編著『公法系訴訟実務の基礎〔第 2 版〕』（弘文堂、2011 年）

公法の理論 田中二郎先生古稀記念『公法の理論』（有斐閣、1976 年）

小早川・上 小早川光郎「行政法上」（弘文堂、2007 年）

小早川・下Ⅱ、Ⅲ 小早川光郎『行政法講義下Ⅱ』（弘文堂、2005 年）、『行政法講義下Ⅲ』（弘文堂、2007 年）

小早川編・研究 小早川光郎編『改正行政事件訴訟法研究』（有斐閣、2005 年）

小林・訴訟法　小林久起『行政事件訴訟法』（商事法務、2004 年）

斎藤・チェック　斎藤浩「行政訴訟検討会のチェック」（Causa 連載、2002-2004 年）

斎藤・判例変更　斎藤浩「消極判例変更の可能性」（判例時報 1877 号、2005 年）

斎藤編・原発の安全　斎藤浩編「原発の安全と行政・司法・学界の責任」（法律文化社、2013 年）

塩野古稀・上、下　小早川光郎・宇賀克也編「行政法の発展と変革上、下」（有斐閣、2001 年）

塩野・Ⅰ、Ⅱ　塩野宏『行政法Ⅰ〔第六版〕』（有斐閣、2015 年）、『行政法Ⅱ〔第五版〕』（有斐閣、2010 年）

執務資料　最高裁判所事務総局行政局監修『改正行政事件訴訟法執務資料』（法曹会、2005 年）

芝池・総論　芝池義一『行政法総論講義第 4 版』（有斐閣、2001 年）

芝池・救済　芝池義一『行政救済法講義〔第 3 版〕』（有斐閣、2006 年）

実務的研究　司法研修所編『改訂　行政事件訴訟の一般的問題に関する実務的研究』（法曹会、2000 年）

ドイツ研究　司法研修所編『ドイツにおける行政裁判制度の研究』（法曹会、2000 年）

十年史　最高裁判所事務総局編『行政事件訴訟十年史』（法曹会、1961 年）

条解　南博方原編著、高橋滋＝市村陽典＝山本隆司編『条解行政事件訴訟法第 4 版』（弘文堂、2014 年）、第 3 版（2006 年）、第 3 版補正版（2009 年）

新構想ⅠⅡⅢ　磯部力＝小早川光郎＝芝池義一編『行政法の新構想ⅠⅡⅢ』（有斐閣、2011 年、2008 年、2008 年）

新堂・新民訴　新堂幸司『新民事訴訟法〔第 5 版〕』（弘文堂、2011 年）

杉村・法の支配　正、続　杉村敏正「法の支配と行政法」（有斐閣、1970 年）、「続・法の支配と行政法」（有斐閣、1991 年）

杉本・解説　杉本良吉『行政事件訴訟法の解説』（法曹会、1963 年）

須藤・比例原則　須藤陽子「比例原則の現代的意義と機能」（法律文化社、2010 年）

須藤・強制と調査　須藤陽子「行政強制と行政調査」（法律文化社、2014 年）

争点　高木光＝宇賀克也編『行政法の争点』（有斐閣、2014 年）

続十年史　最高裁判所事務総局編『続行政事件訴訟十年史』（法曹会、1972 年）

続々十年史　最高裁判所事務総局編『続々行政事件訴訟十年史』（法曹会、1981 年）

曽和・行政調査　曽和俊文『行政調査の法的統制』（弘文堂、2019 年）

曽和・総論　曽和俊文『行政法総論を学ぶ』（有斐閣、2014 年）

曽和・執行システム　曽和俊文『行政法執行システムの法理論』（有斐閣、2011 年）

体系　雄川一郎＝塩野宏＝園部逸夫編『現代行政法体系 4』（有斐閣、1983 年）

高木・技術基準　高木光「技術基準と行政手続」（弘文堂、1995 年）

高木・行政訴訟論　高木光「行政訴訟論」（有斐閣、2005 年）

凡　例

高橋編・検証　高橋滋編『改正行訴法の施行状況の検証』（商事法務、2013 年）

高橋編・検証　高橋滋編『改正行訴法の施行状況の検証』（商事法務、2013 年）

滝井・最高裁判所　滝井繁男『最高裁判所は変わったか　一裁判官の自己検証』（岩波書店、2009 年）

滝井追悼　佐藤幸治 = 泉徳治編『滝井繁男先生追悼論集　行政訴訟の活発化と国民の権利重視の行政へ』（日本評論社、2017 年）

田中・行政法上　田中二郎『新版行政法上巻　全訂第二版』（弘文堂、1974 年）

田中・総論　田中二郎『行政法総論』（有斐閣、1957 年）

田中・限界　田中二郎『司法権の限界』（弘文堂、1976 年）

中川・手続指導　中川丈久「行政手続と行政指導」（有斐閣、2000 年）

中川・確認訴訟の可能性　中川丈久「行政訴訟としての『確認訴訟』の可能性——改正行政事件訴訟法の理論的インパクト」民商法雑誌 130 巻 6 号（2004 年）963-1017 頁

中川等・基礎　中川丈久 = 斎藤浩 = 石井忠雄 = 鶴岡稔彦編「公法系訴訟実務の基礎　第 2 版」（弘文堂、2011 年）

中川・基本構造　中川丈久「行政訴訟の基本構造(1)(2)—抗告訴訟と当事者訴訟の同義性について」民商法雑誌 150 巻 1 号、2 号（2014 年）

中川・概念小史　中川丈久「抗告訴訟と当事者訴訟の概念小史—学説史の素描」行政法研究第 9 号（2015 年）

中野等・講義　中野貞一郎 = 松浦馨 = 鈴木正裕編『新民事訴訟法講義　第 3 版』（有斐閣、2018 年）

西川編・訴訟　西川知一郎編「行政関係訴訟」（青林書院、2009 年）

日弁連編・是正訴訟　日弁連編『使える行政訴訟へ—「是正訴訟」の提案』（日本評論社、2003 年）

日弁連編・実務解説　日弁連行政訴訟センター編『実務解説行政事件訴訟法』（青林書院、2005 年）

日弁連編・実務研究　日弁連行政訴訟センター編『最新重要行政関係事件実務研究』（青林書院、2006 年）

日弁連編・実務研究②　日弁連行政訴訟センター編『実例解説行政関係事件訴訟』（青林書院、2009 年）

日弁連編・実務研究③　日弁連行政訴訟センター編『実例解説行政関係事件訴訟』（青林書院、2014 年）

橋本・解説　橋本博之『解説改正行政事件訴訟法』（弘文堂、2004 年）

橋本・仕組み　橋本博之「行政判例と仕組み解釈」（弘文堂、2009 年）

橋本・基礎　橋本博之「行政法解釈の基礎」（日本評論社、2013 年）

濱・中東の笛　濱秀和「行政訴訟の回顧と展望—中東の笛備忘録」（信山社、

xvii

2014 年)

原田・要論　原田尚彦『行政法要論全訂第 6 版』（学陽書房、2005 年）

深澤・裁量統制　深澤龍一郎「裁量統制の法理と展開」（信山社、2013 年）

福井等・新行政事件訴訟法　福井秀夫＝村田斉志＝越智敏裕『新行政事件訴訟法』（新日本法規、2004 年）

藤山＝村田編・行政争訟　藤山雅行・村田斉志編『行政争訟改訂版』（青林書院、2012 年）

水野古稀　水野武夫先生古稀記念論文集刊行委員会編「行政と国民の権利」（法律文化社、2011 年）

宮崎古稀　『宮崎良夫先生古稀記念論文集　現代行政訴訟の到達点と展望』（日本評論社、2014 年）

室井・追悼　紙野健二＝白藤博行＝本多滝夫編「行政法の原理と展開」（法律文化社、2012 年）

山村・過程論　山村恒年「行政法と合理的行政過程論」（慈学社出版、2006 年）

山本・訴訟類型　山本隆司「訴訟類型・行政行為・法関係」民商法雑誌 130 巻 4・5 号（2004 年）

山本・義務付け・差止め　上、下　山本隆司「義務付け訴訟と仮の義務付け・差止めの活用のために—ドイツ法の視点から　上下」自治研究 81 巻 4 号、5 号（2005 年）

山本・仮の救済　山本隆司「行政訴訟における仮の救済の理論　上・下」自治研究 85 巻 12 号、86 巻 1 号（2010 年、2011 年）

山本・諸問題　山本隆司「改正行政事件訴訟法をめぐる理論上の諸問題」（論究ジュリ 8）

山本・拾遺　山本隆司「改正行政事件訴訟法をめぐる理論上の諸問題—拾遺」（自治研究 90 巻 3 号、2014 年）

山本・探究　山本隆司『判例から探究する行政法』有斐閣、2012 年

立法全集(1)〜(7)　塩野宏編『日本立法資料全集　行政事件訴訟法(1)〜(7)』（信山社、1992 年 -1995 年）

論究ジュリ 3　「論究ジュリスト 3　重要判例からみた行政法」（2012 年）

論究ジュリ 8　「論究ジュリスト 8　改正行政事件訴訟法施行 10 年の軌跡」（2014 年）

第1章
行政訴訟とは

意味は二つある。

第1は行政訴訟とは何かというやや定義的な意味、第2は本書で扱う行政訴訟の意味である。

これらに続いて、本章では行政訴訟の類型をまとめる。

1　行政訴訟とは何か

(1)　定義

学者は行政訴訟をいろいろと定義するが[1]、結局は行政事件訴訟法（昭和37年法律139号、以下単に「行訴法」という）に定める行政事件訴訟を行政訴訟といっているようである。行訴法は、行政訴訟とは何かを定義せずに、2条で行政事件訴訟の定義をしている。

(2)　行訴法に定めがない事項は民事訴訟でという意味

ここでいちばん重要なのは民事訴訟との関係である。行訴法に定めがない事項は民事訴訟の例による。

a　不完全な訴訟法

行訴法7条は「行政事件訴訟に関し、この法律に定めがない事項については、民事訴訟の例による」と定める。要するに、訴訟法なら当然有すべき規定の数々、民事訴訟法（平成8年法律109号、以下単に「民訴法」という）によってこれを拾えば、第1編「総則」では「除斥、忌避」「訴訟費用」「訴

---

[1]　例えば、塩野・Ⅱは、行政上の法律関係についての争訟のうち裁判所の行う裁判手続とし、行政事件訴訟と同意義に用いている（6頁）。芝池・救済は、行政活動に関連する紛争についての裁判所による解決のための特別の制度としている（10頁）。

訟手続」「訴えの提起前における証拠収集の処分等」、第2編「第一審の訴
訟手続」では「計画審理」「口頭弁論及びその準備」「証拠」「裁判によらな
い訴訟の完結」、第3編「上訴」、第4編「再審」などの大部分は行訴法に
は定めがないから、民訴法が適用されるのである。これらのいくつかにつ
いては本書の各所で述べることになる。

　民事訴訟の例によるという意味は、民事訴訟に関する法規という意味で[2]、
制定当時は民事訴訟法に現在の民事執行法、民事保全法に該当する条文も
同居していたから、民事訴訟法の例によるということでも大きな問題はな
かった。しかし、民事執行法、民事保全法が独立した現在では、これらの
法律も、「例による」なかに含まれる。

　この実態からみれば、「行政事件訴訟法は、行政事件訴訟特例法のよう
に民事訴訟法の単なる特別法ではなく、同法に規定のない事項については、
行政事件訴訟の特殊性に対応しつつ民事訴訟の例によることが期待された
もの」[3]といってみてもあまり意味はなく、訴訟法として完結していない[4]
行訴法は、民訴法等で裏打ちされてはじめて使えている、使われていると
いえるのである[5]。

　その意味では、行訴法よりもさらに条文が少なかった行政事件訴訟特例
法（昭和23年法律81号、以下単に「行特法」という）と同じであるといって差
し支えない。この点、行特法が「行政庁の違法な処分の取消又は変更に係
る訴訟その他公法上の権利関係に関する訴訟については、この法律による
の外、民事訴訟法の定めるところによる」（1条）と定めていたのに、行訴
法が「行政事件訴訟に関し、この法律に定めがない事項については、民事
訴訟の例による」（7条）と表現していることを捉えて、「民事訴訟法の一範
疇と位置付けられることなく」[6]とか「本来適用されないはずの民事訴訟

　2）　杉本・解説28頁参照。
　3）　塩野・Ⅱ78頁。同様の捉え方として小早川・下Ⅱ120頁。また、宇賀・概説Ⅱ
　　　105頁参照。
　4）　杉本・解説28頁参照。
　5）　日本弁護士連合会（以下単に「日弁連」という）が2003年3月13日理事会決
　　　定の「行政訴訟法案」は、この問題を強烈に意識したもので、戦後すぐにつくら
　　　れ日の目をみなかった法案と同じ命名をしており、携わった者は本邦初の実践的
　　　法案と胸を張っているが、行訴法と同じ中途半端な訴訟法案であることに変わり
　　　はない。同法案は日弁連編・是正訴訟にコンメンタール付きで、また日弁連編・
　　　実務解説に条文のみ掲載されている。なお日弁連のホームページ「意見書など」
　　　のコーナーの、2003年3月欄にも掲載されている。
　6）　雄川・争訟198頁参照。

法規を、性質に反しない限りにおいて、行政事件訴訟法にも準用すること
としたものである」[7]などと説明してみても、全く意味のない学幻的説明
としかいいようはない。

その点では、行特法のさらに前の「日本国憲法の施行に伴う民事訴訟法
の応急的措置に関する法律」（昭和22年法律75号、以下単に「応急措置法」と
いう）とも同じである。応急措置法は行政訴訟に関しては出訴期間を定め
たにすぎず（8条）[8]、それ以外は民訴法で処理されることにしていたから
である。

b 民訴法の準用が問題となる領域

行訴法に規定がなく、7条の趣旨からは民訴が準用されると解釈される
領域で、行政事件を民事訴訟と異なる扱いにしたいと考える判例や学説が
問題としている論点がいくつかある。

「主張の制限」については後述する（第5章第3節）こととし、ここでは
和解を素材に考察しておきたい。

〈行政訴訟における和解〉

実務上、行政事件でも和解はよくある。そこでは例えば抗告訴訟の対象
である行政処分につき行政が職権で取り消し（行政法学では正確には撤回か
もしれない）、変更し、認諾し、原被告間の取決めを訴訟外で行い、原告が
訴訟を取り下げる場合とか、行政が新しい処分や措置を行って、原告がそ
れを評価して訴訟を取り下げる場合とか様々な方式がある[9]。

学説及び実務家の圧倒的多数の論稿では、確定判決と同一の効力を有す
る和解調書による和解（民訴法267条）は原則として許されないといわれて
いる[10]。その理由は「行政処分は、権限ある行政庁が、法令に基づき、公
権力の行使としてその一方的判断によってするものであるから、行政庁が
私人との契約により行政処分の取消し、変更あるいは新たな行政処分をす
る義務を負い、その履行として行政処分を行なうことは、行政処分の本質
に反すると言わざるをえない。また、行政処分の違法性の存否あるいは効
力の有無は法令に照らして客観的に判断されるべきであり、行政庁と私人
との契約でこれを確認することによって変動を及ぼすことはできないとい

---

7) 杉本・解説2頁参照。なお、塩野・Ⅱ78頁、条解206頁参照。
8) 応急措置法の制定当初の条文は、身近には、条解に収録されている。他の文献
では8条の削除された1948（昭和23）年の改正後のものが掲載されることが多い
ので注意されたい。

9)　筆者が経験した事案の一つに最高裁勧告の高裁での和解がある。地方自治体における個人給付不支給の不作為違法確認の事例である。不作為が違法であることを認めた大阪高判昭54.7.30WEBのあと、行政庁（市長）が上告したところ、最高裁は受理のうえ（昭和54年（行ツ）第139号）、和解を勧試し、原審大阪高裁同一部に関与させ、昭和55年12月10日大阪高裁で和解を成立させた（和解調書には大阪高裁の次のような事件番号が付されている―昭和55年民訟日記第570号）。その内容は、利害関係人地方自治体に不作為の違法確認の対象となっていた「なされるべき処分」の申請方式につき運用面の整備の努力義務を認めさせ（この点の具体化について別に当事者間で裁判外文書の取交わしが行われた）、それまでの不支給相当金の支払義務を認めさせ、原告側が訴えを取り下げるという内容である。

　さらに、筆者はその後多くの和解をなしてきた。依頼者の早期の権利利益をはかるのに躊躇しないからである。最近の二つの事例に絞って掲げておく。

(1)　行政処分認諾事例

　大阪市に対する行政財産の一時使用許可の不許可への取消と許可の義務付け事案であり（大阪地裁第2民事部、事件番号平成26年（行ウ）第127号、同第203号）、大阪市は区民ホールを建てるために原告の所有倉庫を他区に土地建物を用意して移転してもらい、毎年移転先の土地建物の使用許可を繰り返し、ホール完成後、相互に土地建物を交換する約束をしていたが、これまでのことを全て覆す市長の登場で、市は以後、使用許可もせず、交換もしないと表明したので提訴。請求の趣旨は次の通り。

（主位的請求）

　1　大阪市長が平成26年2月26日付大環境施第229号で原告に対してした大阪市環境局管理の行政財産の使用不許可処分を取り消す。

　2　大阪市長は、原告に対し、別紙2物件目録記載1の行政財産の使用許可処分をせよ。

（予備的請求）

　　原告が、被告に対し、別紙2物件目録1記載1の土地建物を同目録記載2の土地建物と適正な精算の上で交換する旨の契約を締結するよう請求する権利を有することを確認する。

和解の大要は次の通り。

　1　原告は被告に対し、解決金として429万1768円の支払義務あることを認める。

　2　原告は、前項に定める429万1768円を、本日、本和解の席上、被告に対し現金で提供し、被告は、同現金を受領した。

　3　本和解の成立をもって、原告と被告とは、被告所有の別紙1物件目録記載1の土地及び同目録記載2の建物と、原告所有の同目録記載3の土地及

び同　　　目録記載4の建物を交換する。

　4　現状有姿条項

　5、6　登記手続条項

　7　以下略

(2)　行政処分の変更事例

　高槻市に対する市道認定取消請求の事案であり（大阪地裁第7民事部、事件番号平成25年（行ウ）第222号）、Lマンション建設販売会社は、昭和61年、マンション募集に際し、原告ら買主に、マンション用地の一部を道路、公園用に高槻市に提供することを約束させる文言のある契約書に署名捺印させていたが、買主の誰一人、その条項が意味することは分からず署名捺印したのであった。公園用地は最初からマンション敷地から省かれていたが、平成5年、道路として一定面積の土地（「本件土地」という）を無償使用させる承諾書を原告管理組合がL社の言うがままに高槻市に出したことにより、マンションは容積率の足りない建築

基準法違反物件となった。そのことが判明したのは平成24年に駐輪場増設許可が高槻市によって拒否された時であった。原告らは、承諾書を出した時点で、高槻市の建築確認の担当者は直ちに容積率違反を見抜いたはずだとして、次のような請求の趣旨の裁判を起こした。

1　主位的請求
　被告は原告らに対し、本件土地を明け渡せ。
2　予備的請求1　次の3請求を選択的併合とする。
　① 高槻市長は、平成11年7月16日付でなした高槻市道富田町117号線としての道路認定を取り消せ。
　② 高槻市長は、平成11年7月16日付でなした高槻市道富田町117号線としての道路認定を廃止せよ。
　③ 高槻市長は、平成11年7月16日付でなした高槻市道富田町117号線としての道路認定を撤回せよ。
3　予備的請求2　次の3請求を選択的併合とする。
　① 高槻市長は、平成11年8月2日付でなした高槻市道富田町117号線としての道路供用開始を取り消せ。
　② 高槻市長は、平成11年8月2日付でなした高槻市道富田町117号線としての道路供用開始を廃止せよ。
　③ 高槻市長は、平成11年8月2日付でなした高槻市道富田町117号線としての道路供用開始を撤回せよ。
4　予備的請求3
　原告マンション管理組合が、自転車置き場増設工事に関する建築確認申請をするに際し、本件土地が、本件マンションの容積率算定の基礎となる敷地として扱われる法律的地位にあることを確認する。

和解期日調書の記載は次の通り。
　原告らと被告とは、次のとおり確認する。
（1） 高槻市長は、平成29年11月24日、高槻市道富田町117号線につき、別紙高槻市告示第624号のとおり道路区域を変更した。
（2） 原告Lマンション高槻管理組合訴訟承継人Lマンション高槻管理組合法人は、平成30年3月13日、別紙物件目録記載の土地につき、被告から売買を原因として所有権を取得した。
　原告ら　本件訴えを取下げる。
　被告　　上記訴えの取下げに同意する。
　当事者双方　本件訴訟費用は各自の負担とすることを確認する。
なお、(2)の売買代金はL社が全額管理組合法人に提供した。

公刊された和解事例としては次のようなものがある。
（1） 判決による和解：長崎地判昭36.2.3行集12巻12号2505頁
（2） 行政処分に条件を追加する和解：東京地裁昭和42年（行ウ）第120号、同第123号、和解期日：昭和49年12月25日判タ315号212頁
（3） 行政処分を撤回したことを確認する和解：銀行に対する東京都外形標準課税条例無効確認等請求事件について、平成15年10月8日、最高裁において東京都と銀行15行との間で和解がなされた。東京都が銀行外形標準課税条例を改正し、銀行側に還付金が支払われたことを確認したうえで、銀行が訴えを取り下げるという内容である（報道各紙より）。
（4） 行政処分認諾和解：徳島地裁平成17年（行ウ）第4号、同（行ク）第4号（平17.6.7WEB）の仮の義務付け決定（本書第10章など随所で取り上げる）ののちの和解
（5） 行政処分変更和解：神戸地裁平成19年3月9日申立ての仮の差止申立事件。同月19日和解（日弁連編・実例解説258頁）。

うべきである」というところにある。もっともこのような説でも「ある行政処分を行なう予定があることを確認するなどの確認的な条項であれば、これを否定する理由はない」[11]と折衷的なことをいうこともある。

　しかしこのような理由付けはおかしい。和解は大いに行われるべきであるし、現に行われている。

　和解の当事者は権限ある行政であり、司法の場で、行政処分をする義務を表明することは何ら行政処分の本質に反することはない。和解の契約的側面は否定できないが、その契約的側面は司法の場で裁判所によって確認されるのであるから、全くの私人間行為とは異なり、司法的規律の下にある[12]。上記の折衷的表現はもっともらしくみえるがやはりおかしい。義務付け判決が行われた場合には、行政がそれに拘束されるのと同様（行訴法38条、33条）、和解の効果は行政を拘束するとして何ら差し支えない。上記の説が司法の対行政関係を上記のように謙抑的に考えることは、民主法

---

10)　代表例は、雄川一郎「行政争訟法」（有斐閣、1947年）216頁、塩野・Ⅱ179頁、実務的研究234頁。「実務的研究」が、実務で広く行われている和解の現状を無視しているのは解せない。他方肯定説の代表的学説は南博方「行政訴訟の制度と理論」（有斐閣、1968年）191頁、実務家では町田顕発言「行政訴訟の審理をめぐる実務上の諸問題・研究会3」（判タ169号33頁、1965年）。

11)　実務的研究233頁。

12)　私は前掲注10)の町田発言をもって至当とすると考える。すなわち次のような発言である。「これまで行政事件訴訟において和解は出来ないという考え方は、行政は法律に従がわなければいけないのだから、当事者間の妥協を前提とする和解というものは、行政事件訴訟にはなじまないのだといっていたように思います。このような考え方は、行政処分が適法か違法かは、裁判所の判断とは別に、客観的に決まっているもので、行政事件訴訟においては、すでに客観的には決まっている処分の適否を明らかにするのだということが前提になっているように思われるのですが、裁判所の判断と別に、行政処分の適否が客観的に判断されるということには疑問があるわけで、裁判所の判断の外に、その処分が適法かどうかの判断は、有権的なものとしてはあり得ないように思われます。そうだとすれば、和解できるかどうかの問題は、当事者間の妥協を認めることができるかどうかではなくて、裁判所がそれを適法と認めるかどうかの問題であり、裁判所が当事者間の妥協の結果を適法と認めれば、和解したことによって、『法律による行政』の原理が害されたことにはならないと思います。もっとも、行政事件訴訟における和解においては、今申し上げたとおり、それが内容において、法律に反するものではないことについて、裁判所の承認を必要とするわけですから、民事訴訟においては、通常当事者間で妥協ができれば、それで和解が成立するわけですが、行政事件訴訟においては、当事者間の妥協と同時に、裁判所の承認を必要とし、当事者間の妥協ができても、それが明らかに法律に反するものであれば、和解を許さないことも可能で、またそうした意味から、行政事件訴訟の和解はそれを裁判所が承認できるかどうかについて一応の資料を必要とするといった点など、若干民事訴訟における和解とは趣きを異にする点はあるように思います。しかし、およそ裁判上の和解は出来ないと考える理由はないのではないかと思います」。

治国家における司法の優位[13]を放擲することにつながる。もちろん、ドイツ行政裁判法106条が定めるように、和解の対象物は和解当事者が自由に処分することができる場合に限ることはいうまでもない[14]。

すでに見て来た実例における、行政側の認諾的和解、行政処分に条件を付したり行政処分を撤回することを約する和解も、逆に原告側の取下げを約する和解も、譲り合うという和解の本質からいささかも逸れることはない。

和解否定論はとりわけ改正民訴法265条の立法趣旨からももはや維持できないものではなかろうか。前掲の町田発言による50年以上前の理屈に加えて、改正民訴法の元での和解はさらに根拠をもつものになったと考えている。

すなわち民訴法265条の下では、和解にいたる過程では裁判所は当事者の意見を聴かなければならないが（民訴規164条1項）、その結果として裁判所が出す和解条項が告知されると（民訴法265条3項）、和解は調ったものとみなされる（同条5項）のであるから、この和解は訴訟行為的色彩が濃いものであり、より判決に近いものと言えよう。

当事者のイニシアティブを基礎にしてはいるが、265条和解は、従来型の和解よりもなお司法的規律の性質が強いものであり、行政事件に適用することに適した制度である[15]。

和解（調書）の効力は、取消訴訟の判決と同様である。和解肯定説の一部に形成力、拘束力は不要という考えがあるが妥当でない。もちろん執行力も有すべきである。

前掲の日弁連行政訴訟法案はこの点を次のように規定し、その説明を付けている。

（和解）

第52条 当事者は、行政決定について、請求の全部又は一部を解決するため、法令に違反しない限り、訴訟上の和解をすることができる。

---

13) 兼子一・竹下守夫『裁判法第4版』（有斐閣、1999年）21頁参照。

14) ドイツ研究260頁参照。なお、交告尚史「行政訴訟における和解」争点133頁は、不確実性への対処としての和解という視点を提起している。相手との協議により妥協点を模索しつつ行政行為を行うことはいうまでもなく好ましいことであり、正常な行政実務ではそのようなことは柔軟に行われているはずであるから、行政行為一般に求められる要素としてこの考えには親近感をもつ。

15) 斎藤浩「行政訴訟における和解——ニューオーリンズケースを素材とする考察」（立命館法学336号（2011年）1頁以下）では、アメリカの和解実務から日本の制度を考察した。

7

【説明】

　これまで行政訴訟においては和解は認められず、いわゆる取下げ的和解しか行われてこなかったが、法令に違反しない限り、正面から和解を認めることとした。主に個別処分における事実認定の争い等を念頭においている。なお、和解手続については、和解の目的、和解に至る原因、和解以外の代替案との比較、和解によって得られる救済の内容と私人への影響及びその前提となる資料を可能な限り開示し、広く意見を求め、その意見を考慮しなければならないとすべきではないかという意見もあったが、個別処分についてはプライバシーの問題もあるため、このような手続を要求しないものとした。行政立法や行政計画については適切な行政手続を経るべきであり、訴訟当事者のみでの和解を排除すべく、和解の対象から外すべきという意見もあったが、かかる和解は法令違反と認められるし、他方で行政立法及び行政計画についての見直しの方向性や努力義務についての和解などは認められて良いと考えた。

〈実質的当事者訴訟と仮処分〉

　行訴法4条の活用が2004年の行訴法改正で強調されたが、実質的当事者訴訟、例えば、確認訴訟を本案として民事保全法の仮処分ができるのかは決着されていない論点である。

　詳細は第10章第7節で述べるが、この論点も行訴7条の解釈関連として重要な論点である。

(3)　非民事的特例の法律といえるか

　それでは、今度は時代を逆に辿るが、行政事件に特有の規定を一つしか置かなかった応急措置法、いささかもった行特法、さらにもった行訴法とでは、民訴法との違いを際立たせたいと願う点において、質的に違いがあったかというと、これもそのようにはいえない、いうべきでないと思われる。つまり量的な相違にすぎないのである。行政事件を民事訴訟と異なる扱いにしたいと願った各立法の立法意思の点では、たとえば応急措置法が唯一もった出訴期間は後にも述べるように、相当に強烈な自己主張であった。

　以上で述べたことは、要するに戦後の日本国憲法下の行政事件訴訟に関する立法は、訴訟法の完成度からすると民訴法に大きく依拠する不完全法であるが、行政をそれ以外の社会経済的主体（国民、企業、NPOなど）とは異なって扱いたいと願う立法意思の点では一貫した作品だといってよいと

いうことである[16]。そして、判例や一部の有力説がこの立法意思を尊重したり、それ以上に拡大して解釈してきたのである。

しかし、このような立法意思の発現を最小限にとどめ、行政を他の社会経済的主体と可能なかぎり同等に扱うことが、現代における要請であり、訴訟の場では、そのことは行政関係裁判において民訴法の出番をできるかぎり多くすることにより達成に向かうと考えられる[17]。本書の以下の叙述は常にそのことを念頭において進めるつもりである。

(4) 行訴法に定めがある事項についての民訴法との関係

この点は、例えば行訴法が定める取消訴訟を、民訴法でできるかという問いであるとすれば当然消極である。

しかし、例えば地方自治体が道路計画をする場合に、道路配置計画の取消訴訟を提起するか、道路建設の続行禁止を求める民事訴訟（仮処分を含む）を提起するかは、当該行政の行為の性質により当事者の選択に委ねるか又は両方を同時に認める領域もありうるのである[18]。

このような柔軟な解釈の前にそそり立っているのが大阪空港訴訟大法廷判決[19]である。従来から判例は、行政行為を伴わない公共工事などは抗告訴訟の対象に当たらないとしてきた。したがって民事訴訟で争うことがで

---

16) 兼子・争訟193頁の表現を借りれば「被告行政庁に有利な非民事的特例」が立法意思である。

17) 阿部・解釈学Ⅱ64頁以下では、行政訴訟のメリットとして広い裁量と第三者への影響への対処が挙げられている。なお水野武夫「行政訴訟のさらなる改革」論究ジュリスト8号（2014年）55頁参照。

18) 日弁連編・実務解説77-79頁参照。またこのような場合には公権力性が低いので取消訴訟でも民事訴訟でも可能と捉えるか（兼子・争訟273頁）、取消訴訟以外の方法では適切な救済が得られない場合に当該行政の行為に行政処分性を認めて取消訴訟の利用を認めるか（原田・要論374頁）で、形式的行政処分という考え方から同じ結論を導く議論もある。このうち前者について、「法律があえて行政行為という概念を採用した以上、これに公定力、不可争力を否定するのは、立法意思を無にすることになるので、解釈論としては無理であろう」（塩野・Ⅱ122頁）という評価があるが、疑問である。公定力、不可争力ともに解釈概念であり、論者の解釈論と合わないというにとどまる。

　現在最もヒートアップしているのが、原発の建設や継続を民事訴訟や仮処分で差し止める訴訟形態に異を唱える論者が出て、その意見が原発法廷に学者意見書として提出されたことである（高木光「仮処分による原発再稼働の差止め」法律時報2015年8月号1頁、同「原発訴訟における民事法の役割」自治研究91巻10号（2015年）29頁参照）。この民事訴訟禁止提案を支持するのは電力業界と財界人の発言ばかりで、研究者からの賛成意見はない。筆者はこの意見には反対である（斎藤浩「原発訴訟と裁判官の営為について(1)(2・完)」自治研究92巻2号（2016年）92頁、同3号（2016年）75頁参照）。

19) 最大判昭56.12.16WEB。

きるということに論理的にはなる。ところが同判決はとんでもない論理を繰り出した。要約すれば、空港という営造物の管理権は非権力的な機能で私法的規制に親しむものがあることを認めつつ、航空行政全般にわたる政策的判断を不可欠とする国営空港の特質から、大阪空港の供用が、運輸大臣の有する公権力の行使をその本質的内容としない空港管理権と、公権力の行使を本質的内容とする航空行政権という二重の権限総合的判断に基づいた不可分一体的な行使の結果であるとして、住民は行政訴訟の方法により何らかの請求をすることができるかどうかはともかくとして、民事訴訟の差止めはできないというのである。論理も理論もかなぐり捨てて当該住民の差止め請求を却下するという結論だけが先行している[20]。

　しかし、行政が関与する行為について、国民が民事訴訟も行政訴訟もできないという事態は何としても避けなければならない。

　2004年の行訴法改正については衆参両院の法務委員会の附帯決議が付いている。いずれも各論に入る前の行政訴訟分野における国民の権利救済総論とでもいうべき内容が前文と一の部分にうたわれている。いま論じているテーマとの関係では衆議院のそれが最も有意の内容となっている。その部分を収録しておく。

　　「政府及び最高裁判所は、本法の施行に当たり、次の事項について格段の配慮をすべきである。
　一　本法については、憲法で保障された諸権利に十分に留意し、国民の権利利益の実効的な救済の確保の観点から、国民が多様な権利救済方式を適切に選択することができるように配慮するとともに、行政訴訟の特性を踏まえた当事者の実質的な対等性の確保が図られるよう周知徹底に努めること。」

このような附帯決議の付いた改正法下での解釈においては、大阪空港訴

　20）　日弁連編・実務解説45、46頁参照。なお、この大法廷判決には多くの優れた反対意見がついているが、この民事訴訟との関係でいうと、団藤重光裁判官の「百歩を譲つて、かりに行政訴訟の途がないとはいえないとしても、本件のように被上告人らが民事訴訟の途を選んで訴求して来ている以上、その適法性をなるべく肯定する方向にむかつて、解釈上、できるだけの考慮をするのが本来ではないかとおもう」との反対意見は心を打つ。行訴法改正後の現在では、この種の紛争には、大臣が航空機騒音障害防止法3条に基づき航行の方法を告示で指定すべき旨を命ずることを求める義務付け訴訟を活用すべきとの説がある（行政百選Ⅱ310頁〔深澤龍一郎〕）。

第1章　行政訴訟とは

訟大法廷判決のような立場は今後とれなくなるものと考えられる。大法廷
判決を大法廷判決で破る日がいずれ来るであろう。

　前掲の日弁連行政訴訟法案はこの点を次のように規定し、その説明を付
けている。

　（民事訴訟との関係）
第3条　行政決定の違法は、民事訴訟においてもこれを争点とするこ
　とができる。
2　前項で争点とされた行政決定を行った行政機関等の属する国又は
　地方公共団体その他の公共団体は前項の訴訟に参加することができ
　る。
3　民事訴訟の判決を執行するために、新たな行政決定が必要である
　場合においても、民事執行法第172条の規定を適用する。
4　行政主体は、行政上の義務の履行を求めるため、民事訴訟を提起
　し、及び仮処分の申立てをすることができる。
5　第1項の民事訴訟においては、第2章第2節の規定を準用する。

【説明】

　公定力の概念を廃止し、国民は民事訴訟及び行政訴訟のいずれをも提起
することができるとした。第1項については、「但し、行政訴訟によるべ
きことを明示する法律（又は条例）の規定がある場合はこの限りでない。」
又は「但し、出訴期間の定めのある行政決定について、出訴期間経過後は
この限りでない。」という規定を入れるべきではないかという意見もあっ
た。すなわち、一定の行政決定については、紛争の蒸し返し防止の観点か
ら、出訴期間を設け、民事訴訟を排除する必要がある。例えば、換地処分
や収用裁決がなされた場合、出訴期間経過後に、所有権に基づく物権的請
求権の中で当該行政決定の違法を争うことを認めるべきではない。用途地
域の指定や都市計画決定等についても同様であろう。他方、出訴期間中で
あれば是正訴訟が認められるのは当然であるが、特に民事訴訟を排除する
理由もないと思われる。

　第3項は、判決の執行方法として間接強制が利用できることを確認的に
規定したものであるが、当然のことであり不要とする意見もあった。第4
項は、いわゆる宝塚市パチンコ店建築規制条例に関する最高裁判決の判断
を立法的に変更するものである。「行政代執行、国税滞納処分の例による
行政徴収によることができないときは」という限定をつけてはどうかとい
う意見もあった。

11

日弁連案は、明文で民事訴訟との関係を積極的に書いているのであり、それがない現状においての解釈論としては自ずと民訴法活用に限界もあるが、過度の行政特別扱いを常に戒めながらこの分野の解釈を進めるべきであるという点においては、共通の問題意識というべきである。

(5) 仮処分排除の行訴法44条について

(4)の連続線上にある問題だが、後述の「訴訟要件の処分性」のところ（第4章第1節(4)）で軽く触れたうえで、当事者訴訟と仮処分（第10章第7節）のところで詳細にまとめる。

(6) 目的・解釈指針規定を導入すべきである

日弁連は「行政事件訴訟法5年後見直しに関する改正案骨子」(2010年11月17日理事会決議）を公表した。この中で次のように主張している。

> 【意見】　行政訴訟制度が、広く権利利益の実効的な救済及び適法な行政の確保を目的としていることとする目的規定を行訴法第1条に置き、さらに解釈指針として、救済ルールの明確性を明らかにしつつ両当事者の対等性を考慮して解釈されるべきことを規定すべきである。
> 【理由】　行政訴訟制度は，権利利益の実効的な救済を図るための制度であるが、それにとどまらず、権力分立の一翼を担う司法が行政をチェックし適法な行政を確保するための制度である。現行行訴法には目的規定がないが、上記意見のような目的規定を規定すべきである。また、行政訴訟は、多くの場合、巨大な行政権に庶民が挑む不対等訴訟であるにもかかわらず、そのルールの不明確性から生じる不利益は訴えの不適法却下等の形で原告の負担に帰せられていることから、上記意見のような解釈指針を規定すべきである。

2　本書で扱う行政訴訟

以上の記述から本書の基本的スタンスは理解願えよう。

本書では、行政訴訟として、行訴法の解説に加え、なるべく民事訴訟活用の可能性を随所に考察することとしたい。

3　行政訴訟、行政事件訴訟の類型

種類と適用条文は次の通りである。

抗告訴訟（行訴法2条、3条、7条〜38条、44条、46条）

第1章　行政訴訟とは

取消訴訟（行訴法3条2項・3項、7条〜35条、44条、46条）

無効等確認訴訟（行訴法3条4項、10条2項、11条〜13条、16条〜19条、20条〜29条、32条2項、33条、35条、36条、38条、44条）

不作為の違法確認訴訟（行訴法3条5項、8条、10条2項、11条〜13条、16条〜19条、21条〜24条、33条、35条、37条、38条、44条）

義務付け訴訟（行訴法3条6項、11条〜13条、16条〜19条、21条〜24条、33条、35条、37条の2、37条の3、38条、44条）

差止め訴訟（行訴法3条7項、11条〜13条、16条〜19条、21条〜24条、33条、35条、37条の4、38条、44条）

無名抗告訴訟（行訴法3条1項、44条）

当事者訴訟（行訴法4条、13条、16条〜19条、23条〜24条、33条1項、35条、39条〜41条）

形式的当事者訴訟

実質的当事者訴訟

確認訴訟

給付訴訟

形成訴訟

民衆訴訟（行訴法5条、8条、10条2項、11条〜35条、40条2項、41条〜43条）

機関訴訟（行訴法6条、8条、10条2項、11条〜35条、40条2項、41条〜43条）

争点訴訟（行訴法23条1項・2項、23条の2、24条、35条、39条、45条、民訴法45条1項・2項）

　これらの類型のうち、民衆訴訟、機関訴訟を客観訴訟といい、それ以外を主観訴訟という学説上の分類がある。行訴法は、個人的な権利利益を目的とする主観訴訟を主として規定し、公益を目的とする客観訴訟の条文をわずかに用意するのである。

4　行政計画はどの類型で争うのが適切なのか

　2004年の行訴法改正で方向性は積み残しにされ[21]、検証研究会では行

---

21)　「行政訴訟検討会最終まとめ」131頁以下は、行政計画の概念、種類、国民に対する効力、主な司法審査の方法、司法審査における違法性の判断の論点を整理し、最後にそれらのまとめをしている。確かに、現存の多様な行政計画の司法審査には個別法ごとの検討が必要であり、さらにその司法審査を充実せるためには行政過程における行政計画の手続きを整備する必要があるとし、改正法の差止め訴訟や確認訴訟の集積にも期待的に言及している。

13

政訴訟検討会の最終まとめをなぞるとともに、改正後の確認訴訟等によって紛争が処理されているとは言えないとしつつ、一般法の行訴法に規定を設けることは困難とするだけで、やはり何らの方向性も出さなかった[22]。

　重要な立法検討が過去に二つあるのであるから[23]、方向性を出そうと思えば出せるが、国家意思として出す気がないということである。しかも、全行政分野にわたる行政計画の司法統制の方向を、法務省管轄の検証研究会で出せるはずもないであろう。その意味では、司法制度改革推進本部という総理大臣を本部長とする組織のもとにおかれた行政訴訟検討会が積み残したことは悔やまれるところである。

　二つの重要な立法検討のもととなったもののうち、前者がより総合的で魅力あるものだが、後者が国交省関係で導入されるなら、それはそれで国民の権利利益擁護のために好ましいことである。

　早急な実現を望みたい[24]。

　現状での裁判傾向は後述の処分性（第4章）、当事者訴訟（第9章）で述べる。

5　行政立法[25]はどの類型で争うのが適切なのか

　2004年の行訴法改正で独自の争訟方法の探索は積み残しにされ[26]、「新たに法定された差止訴訟や当事者訴訟として明示された確認訴訟の活用なども含め、改正後の行政事件訴訟法の下での事例の集積を視野に入れつつ、

---

22)　検証研究会報告書105頁、第8回および11回研究会資料参照。

23)　一つは行政手続法研究会報告「法律案要綱（案）　行手手続法制定への提案―法律案要綱（案）」ジュリスト810号（1984年）44頁。手続的規律の対象となる拘束的計画に処分性を認め、争わせるというものである。二つは財団法人都市計画協会「都市計画争訟研究会報告書」（新都市2006年9月号76頁）。都市計画決定やその変更を不服申立対象とし、その裁決を行政不服審査法の範囲にとどめず、必要な措置を講ずべきことができるものとし、その裁決を訴訟で裁決主義をとって争わせるというものである。

24)　湊二郎「都市計画の裁判的統制」（日本評論社、2018年）、特に410頁以下の「日本における都市計画を争う訴訟の現状と課題」参照。

25)　行政立法とはさしあたり行手法2条1号の法令、8号の命令等を指すこととしたい。

26)　「行政訴訟検討会最終まとめ」131頁以下は、行政計画の概念、種類、国民に対する効力、主な司法審査の方法、司法審査における違法性の判断の論点を整理し、最後にそれらのまとめをしている。確かに、現存の多様な行政計画の司法審査には個別法ごとの検討が必要であり、さらにその司法審査を充実せるためには行政過程における行政計画の手続きを整備する必要があるとし、改正法の差止め訴訟や確認訴訟の集積にも期待的に言及している。

適切な司法審査の在り方を検討する必要がある」[27]とされた。

検証研究会では行政訴訟検討会の最終まとめをなぞるにとどまった。

行政立法についての訴訟における審査は最近やや密度を増したといわれている[28]。しかし、老齢加算廃止保護基準改定への司法審査をした最判平24.2.28WEBと最判平24.4.2WEBの審査密度は高くなく、緩やかなものである[29]。前田教授がいわれるように、法定されていない専門委員会の行う基準作りの審査の方法、そのような専門委員会とは別に大臣の判断についての司法統制の方法が十分に検討されなくてはならない。感覚的に言えば、計画行政も行政立法も、今の訴訟類型のなかで裁判所、裁判官の工夫により、十分に審査できると筆者は考える[30]。

争う対象の問題は後述の処分性（第4章第1節）の検討のところで、取消訴訟以外の訴訟類型は当事者訴訟（第9章）のところで述べる。裁量審査の問題については裁量（第5章第2節）のところで述べる。

6　行政計画、行政立法に対する訴訟の日弁連の提案

前述の日弁連「行政事件訴訟法5年後見直しに関する改正案骨子」の中で、行政計画、行政立法に対する訴訟の改革を次のように提起している。

【意見】　すでに議論の成熟している都市計画決定についての争訟制度を創設するとともに、例えば河川法の河川整備計画，大気汚染防止法の総量規制基準など、国民に法的効果や打撃を与えうる一定の行政計画及び行政立法について、個別法ごとに訴訟対象となる行為を明示し、個々の行政過程における行政手続及び行政不服申立てとリンクさせた行政訴訟制度を創設するため，網羅的な検討を開始すべきである。

【理由】　行政計画及び行政立法は、直ちに抗告訴訟の対象とはならず、また公法上の実質的当事者訴訟の対象としうるかどうかについては上述のように予測可能性が乏しい状況にある。そこで、個別法等において個々の行政過程における行政手続及び行政不服申立てを充実さ

---

27)　前掲注26)91頁
28)　野口貴公美「行政立法」新構想Ⅱ46頁、同「『行政立法の機能論』の可能性」阿部古稀205頁、高橋信隆「行政立法の法的統制」争点32頁参照。
29)　前田雅子「老齢加算の廃止を内容とする保護基準改定の裁量とその司法審査」平成24年度重要判例解説38頁参照。
30)　斎藤・前掲注15)を参照されたい。

せ、さらにこれらとリンクさせながら、訴訟対象となる行為を明示した、行政訴訟制度の創設を検討すべきである。この点、都市計画決定については、裁決主義によりその違法性を争う争訟手段の創設を提案する財団法人都市計画協会都市計画争訟研究会「都市計画争訟研究報告書」（平成18年9月）及び都市計画を直接の訴訟対象とする都市計画違法確認訴訟を提案する国土交通省都市・地域整備局都市計画課「人口減少社会に対応した都市計画争訟のあり方に関する調査業務」報告書（平成21年3月）が具体的な青写真として提案されており、議論が成熟しているから、速やかに制度を創設すべきである。

　しかし、これ以外にも訴訟対象とすべき行政計画及び行政立法は多数存在するはずである。司法と行政の役割分担の観点からは、すべての行政計画、行政立法を訴訟対象とすべきではないが、例えば河川法の河川整備計画、大気汚染防止法の総量規制基準など、少なくとも国民に法的効果や打撃を与えうる一定の行政計画及び行政立法については、訴訟対象ないし争訟対象とすべきである。その必要性は、例えば河川法の河川整備計画のように後続の行政処分が予定されていないために司法審査の対象となりえない個別法分野においてとりわけ高いといわねばならない。

　いかなる行政計画、行政立法が制度の対象となるかについてはこれを明確にする必要があるから、個別法ごとにそれを明示することが望ましく、そのための網羅的検討を速やかに開始すべきである。

　また、国民にとっての使いやすさ、分かりやすさの観点から、行政計画全般について行訴法にも一般的、統一的な手続規定を設けるべきである。

7　行政調査の司法統制をどのようにするのか

(1)　司法統制の現状と必要性

　2004年の行訴法改正でも、もちろん検証研究会でも話題にすらならなかった。

　行政調査とは、様々な定義があるが、行政機関が行政活動に必要な情報を私人から収集する活動[31]としておきたい。

　当然のことながら、行政調査も権利侵害を生み出すから、国賠を含めた

---

　31)　曽和・総論343頁の定義による。行政調査の簡単な学説史は須藤・強制と調査65頁以下参照。

第1章　行政訴訟とは

行政争訟の対象にしなくてはならない。

　例えば、日弁連が最近、意見書にまとめて厚生労働大臣及び都道府県知事宛に警鐘を乱打し改善を求めたのは「健康保険法等に基づく指導・監査制度の改善に関する意見書」[32]である。健康保険法、国民健康保険法等に基づいて実施する保険医療機関及び保険薬局並びに保険医（医師・歯科医師）及び保険薬剤師に対する保険診療（調剤を含む）の指導・監査における人権侵害事件が多発しているケースがある。5年間で4名の医師を自殺に追い込むほどの厳しい調査に、司法統制がかけられなくて良いはずはない[33]。

　しかし、行政調査段階では行政争訟の対象となっていないことがほとんどである。

　判例を見れば、『行政判例百選Ⅰ〔第7版〕』の「行政調査」の分類の下に収録されている事案はすべて刑事事件である。何らかの行政調査に抵抗した人が、それぞれの行政調査を有効にするために課されている刑罰法規に反し、刑事事件の被告人となるという構図である。もちろん調査に強制力をもたせるためには法律を必要としているし、それを刑罰で担保することが通常であるが、それだけに終わって良いのかが問われるのである。つまり、行政調査は、法律に定められていようと、その強制力に関して、一般的には行政争訟の対象とはされず、行政手続の中でも扱われていないのが普通である[34]。

　刑事事件でない、行政調査に関する判例には次のようなものがある。

①　行政処分に当たる調査段階の行為の取消し

　　東京地判平25.6.20TKC文献番号25513228は、金融商品取引法違反の嫌疑による領置処分を違法として取り消した。

---

32)　2014年8月22日付意見書（https://www.nichibenren.or.jp/activity/document/opinion/year/2014/140822.html）

33)　日弁連行政訴訟センター主催第4回「公法系訴訟サマースクール」（2018年8月31日中央大学法科大学院にて開講）における、山本哲朗弁護士報告「保険医療における行政調査」を参照されたい。いずれ法律雑誌にて公刊予定（第1・第2回は法学教室、第3回は法学セミナー）。

34)　もっとも最大決昭44.12.3WEBが、国税犯則取締法2条（2018年4月1日以降は国税通則法132条）の差押えについての裁判官の許可について、一種の行政手続、行政機関の行為として取消訴訟が起せる旨を説く。そうだとすれば、宇賀教授の言われるように、通告処分の制度は、行政手続と刑事手続が接木されたユニークな制度ということになる（宇賀・Ⅰ244頁参照）。ただし、山本教授により訴えの利益の制限の厳格さの点から取消訴訟可の判旨に疑問が呈されている（山本隆司「行政訴訟法の課題」行政法研究20号（2017年）92-93頁）。

17

② 問題のある調査に基づく行政処分に関する判例
- 裁量（第5章第2節第3B）のところで扱う伊東市建築不許可都市計画決定事件・東京高判平17.10.20WEBなどである。合理性のない土地利用、交通状況、将来見通しなどの調査に基づく都市計画（道路建設）を違法としている。
- 京都地判平12.2.25WEBは、質問検査権の行使による調査の方法、程度の違法を青色申告承認処分取消処分の取消しに結び付けた。

  調査手続の問題点を処分の違法と結び付けないケースがほとんどである。
- 最近の事例を挙げれば、熊本地判平15.11.28民集59巻2号391頁は、調査日時の事前通知及び調査理由の開示は税務調査の法律的要件ではないとした（この判例は、後述する国税通則法の改正後は妥当しないであろう）。
③ 国賠判例
- 京都地判平7.3.27判時1554号117頁は、税務調査の調査日時の事前通知なしを違法とした。
- 大阪高判平10.3.19判タ1014号183頁は、国税の質問検査権の行使の濫用による賠償請求を認容した。

情報技術を用いた行政調査については、情報公開訴訟が一定の役割を果たしているが、様々な限界がある。

(2) 国税通則法の改正による質問検査手続の整備・改善

平成23年（2011年）の国税通則法の改正で、個別租税法の質問検査の規定が、官公署等への協力要請の規定も含めて、全て同法に移された（同法74条の2以下）。この改正によって、質問検査の手続が整備・改善されたと言われる[35]。

今後、整備された手続に基づく法的紛争が惹起していくものと考えられる。

(3) 諸外国の行政調査と司法統制の関係も様々である

ドイツでは、行政調査のうち、捜索（Durchsuchung）には裁判所の令状を必要とし、検査（Nachschau）には令状は不要である。前者は、行政調査に対し、裁判所が予防的に権利保護を図る手続であり、令状発布に対し

---

[35]　金子宏『租税法第〔第22版〕』（弘文堂、2017年）905頁参照。

ては家事事件・非訟事件手続法58条以下による抗告手続が適用され、継続確認抗告という訴訟類型が定められている。後者は、過去における行政機関の情報行為にかかる違法性の継続確認訴訟という訴訟類型が規定されている（行政裁判法113条1項4文）[36]。

また情報技術を用いた調査については、権利侵害認定訴訟、事前の裁判代替手続（基本法10条法委員会で審査する方式）、事後通知制度（情報秘匿の必要性が終了すればその事実を事後に通知する）とメニューが揃いつつある[37]。

アメリカでは、行政目的の立入検査にも原則として令状が必要で、行政手続としての特質の考慮は、令状発給要件を緩和することである[38]。

韓国では、2016年に一般法である行政調査基本法が制定されている[39]。

---

36) 山本・前掲注34) 93-103頁参照。

37) 山本・前掲注34) 90-92頁参照。なお、調査義務という立場からドイツ法の体系を総合的に考察する須田守「行政調査論の基礎的構成」（行政法研究25、2018年）は、今後の我が国の議論の発展に大きく資すると思われる。

38) 曽和・執行システム151頁参照。中山代志子「行政調査における令状主義の適用範囲—刑事法および米国憲法修正4条からみた行政手続に関する一考察(1)(2・完)」（早稲田大学大学院法研論集148号（2013年）、149号（2014年））参照。

39) 趙元済教授に翻訳を願って勉強した。記して感謝の意を表したい。特に次のような条文が注目される。
（行政調査の根拠）
第5条　行政機関は、法令等が行政調査を定めている場合に限り、行政調査を実施することができる。ただし、行政調査の相手方による自発的な協力を得て実施する場合は、この限りではない。
（年度別の行政調査運営計画の樹立及び提出）
第6条　行政機関の長は、毎年12月末までに、次年度の行政調査運営計画を樹立し、国務調整室長に提出しなければならない。ただし、同計画を提出しなければならない行政機関については、大統領令でこれを定める。
（調査権行使の制限）
第23条　調査員は、第9条ないし第11条の定めるところにより、事前に発送された事項に限り、調査の相手方を調査しなければならないが、事前に通知した事項と関連のある追加的な行政調査を必要とする場合には、調査の相手方に追加調査の必要性と調査内容等に関する事項を書面又は口頭で通知した後に、追加調査を実施することができる。
2　調査の相手方は、行政調査の過程において、法律・会計等に関する専門的知識を有する者を立会させ、意見の陳述を行わせることができる。
3　調査の相手方と調査員は、調査を妨げない範囲内で調査の過程を録音し、録画することができる。この場合における録画・録画の範囲については、協議によってこれを定めなければならない。
4　調査の相手方と調査員が前項の定めるところにより、録音し、若しくは録画する場合には、行政機関の長に事前にこれを通知しなければならない。

(4) 司法統制を進めるための前段階手続整備の必要

a 弁護士立会いの導入

弁護士立会いなしの保険医登録取消しの取消しを請求した事件で、東京地判平22.11.19判例秘書は、次の通り、監査方法は大臣の裁量の下にあり、担当官が立会いさせないと決めた以上、弁護士の立会いは必要ないというものである。

「健康保険法は、厚生労働大臣が監査において必要があると認めるときは、診療等に関する学識経験者をその関係団体の指定により監査に立ち会わせることができると規定している（同法78条2項、73条2項）ものの、被監査者が監査において第三者の立会いを求めることができる趣旨の定めはないこと、上記のとおり、監査の目的が行政庁が適切な措置を採るための情報収集（行政調査）にあり、迅速性が要請されることからすれば、被監査者において第三者の立会いを求める権利又は法的利益を有すると解することはできず、監査に第三者の立会いが認められるか否かについても、厚生労働大臣等の裁量に属するものと解するのが相当である。なお、当該監査に基づいて不利益処分が行われる場合には、告知及び聴聞の手続が前置され（行政手続法13条1項参照）、被監査者の利益の確保はその場面で図られることからすれば、上記のように解したとしても、被監査者に特段の不利益を与えるものではない」とする。

また、独禁法の行政調査のあり方をめぐる「独占禁止法審査手続についての懇談会」が公表した報告書（2014年12月24日）は、立入検査での弁護士の立会いは認めるが、弁護士が来るまで待つという扱いはせず、供述の場への立会いは認めないこととしている[40]。

税務調査については、前述の国税通則法の改正で、税務代理人に通知しなければならないことになった（同法74条の9第1項柱書）。その税務代理であるが、税理士法2条1項が税理士の税務代理（申告・申請・訴訟以外の不服申立等の代理、代行）を規定している関係で、税理士資格も有している弁護士が税理士法51条の通知弁護士制度を利用すれば税務代理はできる。通知まで税務当局から受ける税務代理人は、当然調査への立会いはできる。

---

[40] 中川丈久「独禁法審査手続（行政調査）の論点—行政法からの分析」ジュリスト2015年4月号21頁参照。なお、2019年3月国会に提出された独禁法の改正案では、同法47条の行政調査に関し、弁護士秘匿特権を同法76条の規則として制定する内容となっている。

第1章　行政訴訟とは

これは、税理士という、懲戒権を財務大臣が有している士業が税務代理権を持つことの歴史的な意味と、自治権を有する弁護士が税理士の資格も持つことと、上記税理士法の規定が弁護士法より後にできたという後法優先の立場の、いわば狭間のような領域である。

税務分野に弁護士の立会いがあることで、税務調査が混乱するという事実がない以上、弁護士立会は、他の行政分野、法領域においても行政調査の適正化のための出発点であると考えられる。制度化を推進すべきである。他の法領域でも弁護士の職務に調査への立会いが含まれることは自明のことである[41]。

b　他の方策

税法分野の国税通則法を他領域に広げ、韓国のような行政調査の一般法を持つことが必要ではなかろうか。我が国の各行政調査分野においてバラバラに実施されている方法の統一化という側面と、行政手続法の補完という意味で重要である。

韓国法にはない、欧米型の簡易な調査許可制度と準抗告手続の整備などを一般法に入れることも検討されるべきではないか。

情報技術型については、情報裁判での訴えの利益、権利侵害の柔軟な認定、秘匿型・瞬時終了方式での事後的違法確認訴訟の創設、秘匿の必要がなくなった情報の事後通知制度などが不可欠であろう[42]。

---

41)　最判昭46.7.14WEB参照。

42)　山本・前掲注31) 104頁参照。なお、中山代志子「行政過程としての行政調査の段階的分析的審査方法──警察組織による監視活動の規律を題材として」早稲田法学90巻3号（2015年）参照。なお本書校正段階で曽和俊文『行政調査の法的統制』（弘文堂、2019年）に接した。今後の行政調査論点の基本書となると思われる。

第2章
抗告訴訟とは

1 用語法の不適切

　行政をそれ以外の社会経済的主体（国民、企業、NPOなど）とは異なって扱いたいと願う立法意思は、行訴法の中核となる「行政庁の公権力の行使に関する不服の訴訟」を抗告訴訟と名付けたのである（行訴法3条1項）[1]。

　考えればとんでもない名前だとすぐわかることを、これまでの学説は不思議なことに擁護するかコメントしない態度を持っている。

　私は、このような行政訴訟の根幹に関わる用語については見逃しにできない。

　いうまでもなく抗告とは民訴法からきている（現在の民訴法では21条、25条、44条、69条、71条、75条、79条、86条、92条、137条、141条、192条、199条、223条、328条、332条など）。判決以外の裁判である決定および命令に対する独自の上訴である。この抗告審は簡易な決定手続で行われる[2]。

　法律家であれば慣れ親しんだこの民訴の用語を、行政訴訟分野では戦前から取消訴訟の別名用語として使い、戦後は行訴法に取り込んだ。

　要するに抗告という用語には、すでに一審は行政庁の行為、その再審査が行政訴訟なのだという意味を含んでいる[3]。戦前の旧行政裁判手続であるなら、行政庁の行為を第一次的行為、行政の中での裁判を第二次手続と考えるのは親和性あるものであったかもしれないが、戦後の司法裁判所における行政訴訟にこのような発想をすること自体、この国の行政法学説の

---

[1] 　法律としてこの用語が使われたのは初めてであり、学説としては戦前の美濃部達吉、戦後では雄川一郎が使用していたという（条解33頁参照）。

[2] 　例えば新堂・新民訴879頁参照。

第2章　抗告訴訟とは

憲法感覚が問われるのである[4]。

　日弁連行政訴訟法案は抗告訴訟という用語を追放している[5]。

　この項の最後に、いっておくべきことは、抗告訴訟というような憲法感覚が問われる用語がまだ存在する現行法の解釈として、この用語、語感を、

---

3)　このことを明確に展開しているのが市原昌三郎「抗告訴訟の類型」講座143頁である。なお小早川光郎「抗告訴訟の本質と体系」大系135頁以下は、この制度の歴史的経過と外国法における同種制度の包括的研究論文であるが、市原論文のようなあけすけな本質論は登場しない。また本書の本文中におけるような問題意識は共有していない。兼子・争訟257頁では、この論者にして思いもかけぬ抗告訴訟擁護論を述べている。戦前の学説・実務用語であった抗告訴訟は、取消訴訟の別名であったが、行訴法は取消訴訟でしか争えないという絶対的排他的原則に固執していないことがよいというのである。しかしそのような目的をもたせるのであればもっと適切なネーミングが試みられるべきであったし、取消訴訟中心主義は後述するように直ちに行訴実務では現れたのであり、この兼子説には失望を禁じえない。

4)　斎藤浩「抗告訴訟物語」（水野古稀52頁）。抗告訴訟概念を作り上げてきた学者・実務家である美濃部達吉、兼子一、田中二郎、雄川一郎、市原昌三郎、町田顕各氏、これに対する抵抗者としての白石健三、渡辺洋三各氏、概念擁護者としての高柳信一、兼子仁、塩野宏、小早川光郎、山本隆司各氏などの論説を検討した。

　私の抗告訴訟概念放棄の呼びかけに明示的に賛同する論者はいない。なお、阿部・解釈学Ⅱ61頁は、「『抗告』訴訟という用語も、裁判所の決定に対して上級審の判断を仰ぐときの『抗告』に由来するので、行政の決定に対する争いに関しては不適切であり、本来変更すべきである」と述べられている。

　私の抗告訴訟に対するいわば概念的なアプローチからの実効的救済策に対し、実効的救済目的では共通でありながら、抗告訴訟と当事者訴訟の関係性から縦横に解き下る論説が、一連の中川丈久教授の作品である。代表作は中川「行政訴訟の基本構造—抗告訴訟と当事者訴訟の同義性について—（一）（二）完」民商法雑誌150巻1号、2号（2015年）。教授の説は究極の行政訴訟説であり、抗告訴訟概念不要説であると私は（勝手に）読む。それは後述する是正訴訟説とも言えるのではないか。また、山本隆司教授も「抗告訴訟を行政訴訟の中における独立の訴訟類型として捉えず、当事者訴訟を含む行政訴訟を統一的に捉えた上で、（行政手続と訴訟手続を接続的に捉え—引用者）行政訴訟の諸特徴と強く結合するように行政実体法の制度上定められた『処分』については、そうした行政訴訟の諸特徴に対応した行訴法の諸規定が特に広く適用されるものとして理解し、また立法上整理すべきではないか」とする（山本・諸問題72頁参照）。さらに行訴法4条後段の当事者訴訟を一般的行政訴訟とし、無名抗告訴訟は廃止し、現在の抗告訴訟に関する規定は、処分を対象とする訴訟についてここに特則として置くものとし（こうした訴訟を抗告訴訟と総称することは構わないが、独立の訴訟類型としては位置付けない）、と述べる（同79頁）。両大家がここまで言われれば、私のごとき者がこれ以上喋喋述べることはなかろうと思われる。

5)　現行の抗告訴訟と当事者訴訟を含む広い概念として違法の確認を基本とする是正訴訟制度を提案している。なお、ドイツにおいてもMengerなどが抗告訴訟の上訴類似性を説いていたが、現行の行政裁判所法は、わが国の行訴法の抗告訴訟のような大概念はたてず、取消訴訟、義務付け訴訟、確認訴訟、一般給付訴訟、規範統制訴訟と並列している。

後述する行政の第一次判断権尊重というような誤った解釈に結びつけることがないようにしなければならないということである。

2　抗告訴訟の種類

前述したように抗告訴訟は次のような訴訟類型をもつ。

取消訴訟、無効等確認訴訟、不作為の違法確認訴訟、義務付け訴訟、差止め訴訟、無名抗告訴訟（法定外抗告訴訟）。

これを順次論じるが、ここで最初に無名抗告訴訟を整理しておきたい。名称については第8章第1節注2）で検討する。

周知のように2004年行訴法改正前までは、主として義務付け訴訟、差止め訴訟のことを無名抗告訴訟または法定外抗告訴訟と呼んできた。取消訴訟、無効等確認訴訟、不作為の違法確認訴訟と行訴法3条2項から5項で定められた訴訟類型のほかに義務付け訴訟、差止め訴訟は行訴法3条1項の解釈からも認められると考えられたからである。その内容は該当箇所で後述する。

義務付け訴訟、差止め訴訟が法定された2004年行訴法改正後にまだ無名抗告訴訟または法定外抗告訴訟は存在するのかがここでの課題である。

学説は肯定的である[6]。改正法立法担当者は可能性を否定しないと明確に言う[7]。

上記学説や実務書が挙げる事例以外に、一般に行政の公権力の行使につき、それを直接に攻撃する確認訴訟の存在は認められなければならない。

---

6)　塩野・Ⅱ251-253頁。そこでは後掲注7)の国立マンション事件東京地裁判決の判示する義務確認訴訟や権力的妨害排除訴訟が例示されている。後者は前出の大阪空港訴訟大法廷判決が民事の差止めは不可としたことを前提に、民事的妨害排除法制をモデルに生命・健康等の人格権を基礎とし、端的に包括的な公権力の行使としての国営空港の供用行為の停止を求めるものである。もっとも塩野は、現在では航空機の発着に関する行政処分を捉えて、義務付けや差止めをすれば良いと言っている。最判平28.9.15WEBは航空機運航差止め訴訟を訴訟類型としては認めた（1審（横浜地判平26.5.21WEB）、2審（東京高判平27.7.30WEB）は、差止めを認容している）。橋本・解説61頁。なお阿部泰隆教授はやや慎重にみえる（阿部等・座談会31頁）。

7)　司法制度改革推進本部（以下「推進本部」という）の行政訴訟検討会（以下「検討会」という）担当の参事官の書いた小林・訴訟法197、198頁およびそこに引用された国会答弁。同書がその例として挙げている東京地判平13.12.4WEBは、国立マンション事件で、当事者が求めた範囲で、建築基準法9条1項に基づく是正命令権限を行使しないことが違法であることを認めている。なお小早川編・研究134頁筆者発言を参照されたい。

第2章　抗告訴訟とは

実質的当事者訴訟としての確認訴訟は後述するように、主として公権力の行使以外の行政の行為により生み出される法律関係について活用されることが予定されるところ、公権力の行使に対する確認訴訟、違法確認訴訟は当然に必要とされる。行訴法が明定する無効等確認訴訟の要件に合致しない違法確認訴訟もあるからである。

　次にここで特に注目しておかねばならないのは、行政訴訟検討会が改正法に向けて最終的に作った「行政訴訟制度の見直しのための考え方」(2004年1月6日。以下「考え方」という)の中に「その他の検討結果」として「確認訴訟の活用」が述べられている点を、当事者訴訟としてか抗告訴訟としてかを決めなかったのだという意見があることである[8]。しかし「考え方」の「確認訴訟の活用」の箇所の文言は次のようになっているのであり、明らかに当事者訴訟を念頭に置いたものであった。そのような意見は誤解であるといわざるをえない[9]。

　「行政の活動・作用が複雑多様化したことに伴い、典型的な行政を前提

---

8)　小早川編・研究151-153頁の小早川光郎、芝池義一、中川丈久発言。これに対し、同じ研究で、検討会担当の推進本部企画官であった村田斉志は全く異なる認識を示し、その後の筆者と上記3人との「論争」の前ぶりを果たしている。

9)　行政訴訟検討会に深く関わった3教授、碩学がそろって誤解しているということは検討会の本質に関わる問題であろう。すなわち推進本部における検討会の位置付け問題である。2001年11月16日に成立した司法制度改革推進法における推進本部組織には全く国民の声を反映する組織がなかったので、当時の久保井一匡日弁連会長が小泉首相と会い、直接交渉をした結果、検討会が結論として11個設けられたのである（斎藤浩「司法改革と民主主義」阿部昌樹等・司法改革の最前線22頁）。検討会が設けられた意義は大きく、委員、関係者の努力は並大抵のものではなかった。しかし検討会と推進本部事務局の関係を冷静に観ると、第1回行政訴訟検討会で推進本部山崎潮事務局長が「具体的な法令案の立案作業でございますけれども、これは私ども事務局が中心になって行ってまいりますが、行政訴訟検討会を始め、主要なテーマごとに、有識者等による検討会を開催いたしまして、意見交換を行いながら事務局と一体となって作業を進めると、こういう方式を取らせていただいているところでございます。したがいまして、この検討会の性格につきましては、皆様方に、審議会の答申のようなものをおまとめいただくということは予定しておりませんけれども、立案作業に関しまして忌憚のない御意見をお聞かせいただきたいと思います」(第1回議事録)といっていたことから暗示されている。つまり検討会委員が検討会で議論したことを文書にまとめたり、最終的には条文化するのは推進本部事務局の役割であり、検討会のまとめ（例えば「考え方」）も必ずしも委員の認識の通りにはまとまっておらず、そのまとまったまとめの方針自体も政党や関係団体との調整を経て変化したということである。3碩学は検討会ではそのように認識しつつ発言していたのであろうが、まとめはそのようになっておらず、かつ確認訴訟は明文化しないというまとめ文書（「考え方」）自体も法文化作業の中では政治の力により変更されたのである。政治の力の内実は滝井追悼70頁の水野武夫発言を参照されたい。

として『行政庁の処分その他公権力の行使に当たる行為』を対象としてきた取消訴訟を中心とする抗告訴訟のみでは国民の権利利益の実効的な救済をすることが困難な局面への対応の必要性が指摘されている。

　行政の活動・作用の複雑多様化に対応し、国民の権利利益の実効的な救済を図る観点からは、確認訴訟を活用することが有益かつ重要である。確認訴訟を活用することにより、権利義務などの法律関係の確認を通じて、取消訴訟の対象となる行政の行為に限らず、国民と行政との間の多様な関係に応じ、実効的な権利救済が可能となる」。

　「考え方」がこのようなものにとどまり、当事者訴訟の活用をいいつつも明文化もしない分類に入れたので、福井秀夫委員は意見の中で、抗告訴訟としての確認訴訟や当事者訴訟、民事訴訟としての確認訴訟などの問題を提起し、水野武夫委員は意見で、活用させるためには当事者訴訟としての確認訴訟を明文化すべきといっているのである。日弁連も与党と協議し、当事者訴訟としての確認訴訟のことをいっている「考え方」を明確にするためには明文化すべきであると主張し、与党の理解を得た。そして与党から司法制度改革推進本部への議院内閣制の下での調整が行われたのである[10]。

　これらの経過にみられるように、「考え方」、行政訴訟検討会は二重の意味でこの論点では腰の引けた対応であったが、当事者訴訟としての確認訴訟の活用のほか、無名抗告訴訟としての確認訴訟は厳然としてその必要性を認めるべきなのである。

---

10)　前掲注9)引用の水野発言、斎藤・判例変更12頁、日弁連編・実務解説48-49頁参照。

第3章
取消訴訟総論

1　取消訴訟、取消訴訟中心主義、公定力、排他的管轄

　行訴法上、抗告訴訟の中心に座るのが取消訴訟である。

　取消訴訟とは行訴法3条2項が定義するように「行政庁の処分その他公権力の行使に当たる行為……の取消しを求める訴訟」である。

　訴訟の対象については本書第5章で詳しく述べるが、取消しを求めるという概念規定にその内容が含まれているともいえる。三権のひとつである行政が行った公権力行使を他の三権のひとつ司法が取り消す、すなわち効力を失わせるためには根拠がいることが前提となっているからである。行政の行為の中核的なものである公権力行使に当然備わっているべき要素が欠けている場合に司法はそれを取り消せるのである。それは行政の定義[1]とも関わり、取消しは公権力行使が法に反する場合に行われるということとなる。

　前述もし、これからも述べるように、行訴法は取消訴訟を主に規定し、他の訴訟にはその規定の準用の差異でもって特徴付けをしている。

　この規定ぶりとその後の判例学説の行訴法運用ぶり解釈ぶりを総称して取消訴訟中心主義といわれることがある。

　国民、企業にとっての行訴法の使い勝手の悪さ、いい換えれば行政裁判

---

[1]　行政の定義に関し積極説と控除説（立法でも司法でもないもの）がある。私は積極説の方が取消訴訟の意味を過不足なく説明できるのではないかと考えている。積極説の代表である田中二郎は「法のもとに法の規制を受けながら、現実具体的に国家目的的積極的実現をめざして行われる全体として統一性をもった継続的な形成的国家活動」（田中・行政法上5頁）と言う。控除説の塩野宏によれば積極説の定義は行政の特徴を言っているにすぎないということになる（塩野・Ⅰ4頁）。

への不信は、同法とその運営をつかさどる裁判所の同法解釈が過度の取消
訴訟中心主義に陥ってきたところに最大の要因があった。

そして行訴法制定当時の立法関係者、学説がこれを支えてきた。

同法をみれば歴然としているように、抗告訴訟について定める第2章の
大部分を取消訴訟に関する規定とし、他の抗告訴訟には取消訴訟の条文を
準用するという方式をとっている（38条）。無名抗告訴訟もあると言われ
ながら、こちらには準用条文すら置かれていないという体裁をとっていた
のである[2]。

そして取消訴訟が中心であるということは、出訴期間が存在する取消訴
訟によって取り消されるまでは（取り消されれば行為時まで遡って無効とな
る）、違法な行政処分も有効のまま存在し続ける[3]という効果を強めてきた。

---

[2]　法制史的に整理しておくと、行特法1条は「行政庁の違法な処分の取消又は変
更に係る訴訟その他公法上の権利関係に関する訴訟については、この法律による
の外、民事訴訟法の定めるところによる」と定めており、行政訴訟の概念を取消
訴訟を含む「公法上の権利関係に関する訴訟」（当事者訴訟）と端的に規定して
いたから、理論的には取消訴訟中心主義にはなりえず、当事者訴訟の中に取消訴
訟が含まれると観念され、または観念される可能性をもっていたのであった。と
ころが行訴法が、行政訴訟の概念を「抗告訴訟」、「当事者訴訟」、「民衆訴訟」、「機
関訴訟」と四つに分けてしまったことにより、抗告訴訟の中核である取消訴訟と
当事者訴訟は切断されたということである（南博方「行政事件訴訟法の軌跡と展
望」ジュリスト925号（1989年）101頁参照。白石健三は「公権力行使に関する
不服の訴訟」一本あればよいといっている（位野木等・研究会26頁）。つまり、
行特法が、行政事件とは当事者訴訟であるとしてあらゆる形態の訴訟類型を包含
できる立法形式をとっていたのに、行訴法が4分類して当事者訴訟から抗告訴訟、
その中核である取消訴訟を引き離したうえで、行政訴訟一般という観念を許さず、
4類型に閉じこめてしまったといえる（立法に関わった雄川によれば、行訴法3
条1項は「妥協の産物」であったと言う。すなわち、「現在の典型抗告訴訟のほ
かに必ずなんらかの抗告訴訟があるのだということですと、体裁からいうと、1
項のような定義規定を置いてもいいのですが、体系的には、現在の2、3、4、5
項の典型抗告訴訟を並べて、そして最後に、その他行政庁の公権力の行使に関す
る不服の訴訟、を書くことになる。ところがそうすると、とにかくその他行政庁
の公権力の行使に関する不服の訴訟というものが必ずあるということをこの法律
が示していることになるのです。ところがそういうものは原則としてだめなんだ
という考えもあったわけです。そこで、一般的な規定を最初に持ってきて、抗告
訴訟はこういうものだということを示し、そして2、3、4、5と典型抗告訴訟を
並べたのです。ですから、そのほかに第1項にいうような公権力の行使に関する
不服の訴訟というものが必ずあるともいってないし、ないともいっていないつも
りだったと思います。客観的にそういうふうに読めるかどうか」位野木等・研究
会26頁）。

　下線の部分を、中川丈久「行政訴訟の基本構造（二・完）─抗告訴訟と当事者
訴訟の同義性について」民商法雑誌150巻2号（2015年）208頁は、自身の行政
訴訟概念整理の結論部分で、自説と同旨の意味で引用している。

[3]　このことを明確に判示するリーディングケースが最判昭30.12.26WEBといわれる。

これが伝統的に公定力といわれてきた内容である。

つまり、公定力とは行政処分は仮に違法であっても、取消権限のある者によって取り消されるまでは、何人であってもその効果を否定することはできないという法現象を指す[4]。

公定力はそのような法現象であり、学問上の概念である。どの法律にも書かれてはいない。そのような中で、公定力の制度的根拠は、この取消訴訟制度の存在に求められた。出訴期間の付いた取消訴訟で取り消されない限り、行政処分は公定力をもつということになるのである。逆に言えば、訴訟段階で行政処分を直接に攻撃できるのはこの訴訟だけであるとして、ここから取消訴訟の排他的管轄と呼ばれる考え方も生まれてきて、判例上、定着した[5]。

実定法である行訴法が取消訴訟中心主義をとっているので、判例がそのように解釈するのはある意味でやむを得ないが、判例はこれに加えて取消訴訟中心主義の具体化を誤った方向でしていった。

それは取消訴訟の訴訟要件を極端に狭く解釈することであった。

その内容の第1は後述する原告適格をずいぶんと狭いものにしたこと、第2は取消訴訟の対象である行政処分も狭いものにしたことである。これらは詳しく後述する。

2 取消訴訟中心主義からの脱却の試みと改正法

心ある実務家・研究者は、これらの状態からの脱却を求めてきた。国民と行政との関係を考えるならば、このような状態は極めて不正常なことだからである。

まず行訴法の制定にも関与した雄川一郎教授の「日本国憲法の下におい

---

4) 塩野・Ⅰ161頁。小早川・上266頁。宇賀・Ⅰ332頁は、公定力概念をサラリと記すだけである。

5) 例外的な法領域では判例は取消訴訟と当事者訴訟の選択を認める。最判昭36.4.21WEBは、やや傍論的判示ながら、行政処分が違法であることを理由とする国家賠償請求をするにあたり予め行政処分の取消または無効確認の判決を得なければならないものではないとする。最判平22.6.3WEBは、固定資産税過誤納の取り戻しは国賠請求でも取消訴訟でも可とする。学説上は、公定力概念は批判の対象であり、本文に述べたように、民事訴訟手続の排除、抗告訴訟論に変化した（山本・訴訟類型647頁参照）。

　　ドイツでは、公定力概念は形成されず、行政行為の効力を、規律・拘束力、存続力、構成要件的効力、確認効果などと分解的構成をとる（山本・訴訟類型648頁以下参照）。

ては……、ありうべき行政訴訟の形態を立法によって自由に定め得るものではなく、主観的には裁判を受ける権利の、客観的には司法権の権限の範囲に入るものであれば、訴訟として成立することを否定できないのである」[6]との指摘は重要である。

日弁連は行政訴訟法案により、是正訴訟という提起を通じて[7]、取消訴訟中心主義からの抜本的、根本的離脱をめざしている。

行政訴訟検討会では、水野武夫委員をはじめとする論陣があったので、「行政訴訟検討会における主な検討事項」(以下「主な検討事項」という)[8]では次のような記載になっていた。

第1は、「多様な行政活動に対する関係において国民の権利救済の機会を広く確保する観点から、行政立法、行政計画、通達、行政指導などを取消訴訟の対象とすべきであるとの考え方」

第2は、「排他性や出訴期間の制限を伴う取消訴訟の制度によって権利救済が必要以上に制約されないようにする観点から、取消訴訟制度そのものの見直しをすべきであるとの考え方」

この見直しには三つの考えがあると整理されている。

【A案】 形成訴訟である取消訴訟に代えて、行政決定ないし行政上の意思決定の違法を確認し、違法を是正(違法行為の除去、原状回復、作為の義務付けなど)することを目的とする訴訟類型を新設し、この訴訟は、民事訴訟など他の訴訟との間で排他性のないものとし、出訴期間については必要なものについて個別法で定めるものとするとの考え方[9]

【B案】 取消訴訟の対象となる行政決定ないし行政上の意思決定について排他性又は出訴期間が必要なものは個別法で定めるものとし、その他の行政決定についても違法を確認する訴訟を認める考え方

---

6) 雄川一郎「行政訴訟の型態」ジュリスト527号(1973年)45頁。

7) 日弁連編・是正訴訟参照。日弁連も、過去の「改正協議会」という司法改革推進センター内の小部会案では、正面から取消訴訟中心主義からの脱却を論じていなかった(日弁連行政事件訴訟法改正等推進協議会「行政事件訴訟法の改正試案要綱案」自治研究76巻5号(2000年)40頁以下)。

8) 第19回検討会(2003年7月4日)で公表。

9) 日弁連の上記見解はこの立場と第3の考え方として整理されているもようである。なお中川・確認訴訟の可能性1007-1017頁参照。曽和敏文「権利と救済(レメディ)」(阿部古稀569-570頁)は、被告適格の改正に注目して取消訴訟の排他的管轄が救済の否定になるような従来のような運用はなくなると解すべきと言う。

【C案】 排他性のある形成訴訟として取消訴訟を維持するが、出訴期間については第三者の権利義務関係に変動を及ぼす処分に限って出訴期間の制限を受けることを行政事件訴訟法において規定すべきであるとの考え方

第3は、「違法な行政決定に対する救済のための是正措置を多様化しつつ、救済方法を選択する国民の負担をなくす観点から」、上記第2の「行政決定の違法の確認を求める訴訟では、違法の確認のほかに必要な是正措置を判決で命ずることができ、訴えの提起に当たっては、求める是正措置の内容を原告が特定する必要がないものとすべきであるとの考え方」

この三つの考え方は、全く違うベクトルからできている。

第1の考えは行訴法の取消訴訟の枠組みをそのままにして、判例の行政処分の狭さを改善しようとするもの。

第2、第3の考えは取消訴訟制度の見直し案である。

この大きくみて二つのベクトルは、判例の現状を改善・改革しようという点では一致するが、法改正の具体的な案としては正反対ともいえるものであり、容易に調整ができなかったというのが、今回、処分性問題に改正が及ばなかった根本問題である。

そのことは取消訴訟中心主義の根幹のところを変えることへの消極、とまどいを顕しており、改正がそのことに及ばなかった原因ともなった。

行政訴訟検討会事務局は、前述の2003年7月4日の「主な検討事項」では、上にみたような整理をして処分性問題を主な検討事項にしていたが、早くもわずか3か月後の同年10月24日に発表した「行政訴訟制度の見直しのための考え方と問題点の整理（今後の検討のためのたたき台）」（以下「たたき台」という）では、「十分な検討を行なう必要がある」の項目に入れ、今次改正からは除くことを鮮明にした[10]。

そして、結論としては、訴訟類型で抗告訴訟に義務付けの訴え（行訴法

---

10) この3か月の間に、司法制度改革審議会事務局、検討会事務局は、与党との調整もこの点では済ませていたことが今では明確になっている。それは同年7月24日、自民党政務調査会司法制度調査会「経済活動を支える民事・刑事の基本法制に関する小委員会」が公表した「行政訴訟制度の改革、主な論点」には、「取消訴訟中心主義の見直し」という項目は設けながらも、取消訴訟中心主義の根幹である処分性問題には触れられることがなかった。当日のこの会議に傍聴出席していた筆者は、討論の中でこの問題を提起し、参加議員の好意的反応を得たが、そのやりとりが、検討会事務局の作業を変えることは、この論点ではなかった。

3条6項）と差止めの訴え（同条7項）が追加され、当事者訴訟の公法上の法律関係に関する訴訟に注意的に「公法上の法律関係に関する確認の訴えその他の」という修飾節が付加されるという方向が選択された。

この結果は、取消訴訟以外の抗告訴訟類型の追加、確認訴訟活用の明確化がなされたことにより、取消訴訟中心主義が緩められたと評すべきであり、どれほどに緩まるかは利用者の法実践と裁判所の対応にかかることになった。

本書では、次に取消訴訟の訴訟要件を論じ、その中で処分性を当然ながら取り上げる。本書のスタンスは、現行制度上、解釈論として抗告訴訟にのるものはなるべくのせて争う道を探り、どうしてものらないもの、のりにくいものを確認訴訟、民事訴訟などで争う道をとりたい。

なお、行政立法、行政計画の司法審査については、第1章で書いたが、第4章1（処分性）、第9章4（確認訴訟）でも述べる。また「行政訴訟検討会最終まとめ―検討の経過と結果―」（以下「検討会最終まとめ」という）資料8、資料9はよく整理されたものであるので、常に参照すべき文献である。

3　裁決取消訴訟の諸問題

(1)　処分取消訴訟と裁決取消訴訟の関係についての行訴法の規定

行訴法3条3項は、同条2項の処分の取消訴訟以外に、裁決の取消しの訴えという類型の取消訴訟があることを規定する。

行政処分に対して審査請求などの不服申立てをした場合、この結果である裁決にも不満な者は、行政処分の取消訴訟と裁決の取消訴訟の二つの訴訟を構えることができることは当然である。

そしてこの二つの訴訟の関係は10条2項に規定される。10条2項は「処分の取消しの訴えとその処分についての審査請求を棄却した裁決の取消しの訴えとを提起することができる場合には、裁決の取消しの訴えにおいては、処分の違法を理由として取消しを求めることができない」と規定している。

裁決取消訴訟の中では処分の違法を主張することができないという意味は、裁決の違法だけを主張できるということである。

塩野教授は、その意味に「逆に原処分の取消訴訟では裁決固有の瑕疵を主張できない」という意味を加えて、この二つの意味を原処分主義と呼んでいる[11]。しかし、それは結果ではないかと思われるし、原処分の取消訴

訟で裁決固有の瑕疵を主張しても全く意味がないから、原処分主義にそのような内容を含ませる必要はないように思われる。

10条2項としては裁決取消訴訟の中では処分の違法を主張することができないと定めるから、処分の違法は処分取消訴訟で主張するべきであるとまでは言える。これが学説上の原処分主義という内容ではなかろうか。

原処分主義に対抗する概念が裁決主義であり、その意味は後述する。

(2) 裁決固有の瑕疵

行服法等の定める裁決等の手続違反はこれに当たる。主なものとしては第1に適式な審査庁が判断したかどうか、第2に適式な審理手続に従ったか、第3に適式な裁決かがあげられる。

(3) 却下裁決、一部取消・一部棄却裁決、修正裁決

行服法45条1項の却下裁決の場合、行訴法10条2項は適用されないが、それでは二つの取消訴訟のどちらでも原処分の違法も裁決固有の瑕疵も自由に主張できるかというと、それは意味のないことであろう。却下裁決にも様々あり、審査請求手続違反の却下であれば、その理由は裁決取消訴訟で主張するのがよく、処分取消訴訟で主張するのは無意味である。実体判断での却下であれば、その理由は取消訴訟で主張することもできると解すべきである。

一部取消・一部棄却裁決は、棄却している部分は原処分が残っているから、その部分の取消しを求めるのは原処分の取消訴訟となる。

修正裁決の場合は複雑である。

原処分主義というルールはそれなりの意味があるが、形式的にそれを適用し国民の実効的救済を考えない場合にはとんでもない変な結果を招く。

一つの例が、公務員の懲戒をめぐる人事院の修正裁決の事案であった。人事院が停職を減給に修正裁決を出したあと、原告が停職の取消訴訟を出した。すると地裁、高裁は停職は消滅しているとして却下したのである、さすがに最高裁は、修正された形で残っているとして訴えの利益を認めた（最判昭62.4.21WEB）。

このように修正裁決があっても元の処分を争えばよいという考えで最高裁判決が統一されていればいいのだが、アクロバットのようにまだら模様である。

---

11) 塩野・Ⅱ92頁。

33

最判昭56.4.24WEBは、減額再更正処分は原告に有利なのだから争えずその前の更正処分のみ争えるとするし、最判昭55.11.20税務訴訟資料115号589頁は、増額更正処分では元の処分が吸収されて独立の存在を失ったので増額への新訴を提起すべしとする。

原処分とは別の理由による変更・修正裁決があった場合にはどう考えるべきであろうか。一つは上述の最判昭62.4.21に依拠して変更・修正後の処分が原処分と考え原告は対応する違法性の主張を出すか、二つは行政庁を参加させておき、訴えの変更や追加的併合の手続をとることも考慮することが重要であろう。

(4) 両取消訴訟が提起されている場合の処分取消判決の影響

処分取消訴訟で処分が取り消されると、その処分を維持していた裁決は無効と帰するから、裁決取消訴訟は却下される。その前に原告は取り下げるであろう。

処分取消訴訟が却下されると、裁決取消訴訟は訴えの利益を失い却下される（最判平5.9.10WEB）。

処分取消訴訟が棄却され確定した場合に、残っている裁決取消訴訟は意味がなくなったとするのが判例（最判昭37.12.26WEB）の立場であるが、誤っている[12]。裁決取消訴訟で取消しが出れば、新裁決が原処分を取り消すことがないとはいえないのは自明のことである。いずれ判例変更されるであろう。

(5) 両訴の関係

関連請求[13]となり（行訴法13条3号）、その特徴は20条に定められている（第5章第3節2も参照されたい）。

(6) 裁決主義

上記原処分主義と逆なのが裁決主義で、行訴法10条2項は適用されないことは当然だが、同項と逆に原処分と裁決のうち、裁決しか争わせないようにし、かつ裁決取消訴訟の中で、原処分の違法性と裁決固有の瑕疵の両方が主張できるのである。その結果、裁決取消訴訟で裁決が取り消されたら、原処分も取り消されたこととなるのである（最判昭50.11.28WEB）。

裁決主義をとっている立法例は次のようにかなりの数にのぼる[14]。

---

12) 塩野・Ⅱ93頁、宇賀・Ⅱ214頁参照。
13) 関連請求は第5章1(3)で述べる。
14) 司法研修所編・実務的研究203頁参照。ただし現時点で正確にした。

第3章　取消訴訟総論

　鉱業等に係る土地利用の調整手続等に関する法律50条、公職選挙法203条2項、207条2項、地方税法434条2項、電波法96条の2、104条の4第2項、土地改良法87条10項、特許法178条6項、農産物検査法35条6項、弁護士法16条3項、61条2項、労働組合法27条の19第2項・3項

第4章
取消訴訟の訴訟要件

　民訴法133条により訴状を裁判所に出すが、それには当事者及び法定代理人のほか、請求の趣旨及び原因を記載する必要がある。

　この請求原因につき、当該訴状にいう取消訴訟ははたして訴訟要件を充たしているかが最初に問題になる。

　訴訟要件審理は思考過程として最初になされるわけで、要件を欠けば実体審理に入ることなく訴訟は却下で終了するが、要件判断が難しいときは実体審理と並行して行われて、最終的な判決で要件判断がなされ却下されるということもある[1]。

　訴訟要件の過度の厳格さが行政訴訟を国民から遠ざけている大きな原因の一つである。2004年の行訴法改正もこの点の改善が大きな目的の一つだった。

　訴訟要件の緩和による包括的・実効的救済のための解釈論とその実践を精力的にしているのが阿部泰隆教授であり[2]、さらにそれを進めて行政事件訴訟法の廃止までを提唱する論者もいる[3]。

　訴訟要件はこれを充たさない限り、訴訟は門前払い（却下）されるのである。以下訴訟要件を順次みていくが、できるだけ緩和するための努力である。

---

1)　筆者が経験した最も長い審理を経ての却下は5年だった（大阪地判昭53.5.26WEB）。訴訟要件判断は思考過程のものといっても、5年経って却下されたのでは原告にとってはたまったものではない。このケースでは大阪高判昭54.7.30WEBで逆転したが、最高裁までずっと却下という事例もある。

2)　阿部教授にはこの点での多くの文献があるが、まとまったものとして阿部・要件論がある。

3)　水野武夫「行政訴訟のさらなる改革―実効性ある権利救済のために」論究ジュリ8・63頁。筆者も心根は水野説に近いが、廃止したのちの様々な制度的手当を設計できないために、この説への登録は控えている。

第4章　取消訴訟の訴訟要件

第1節　処分性

1　行政処分

　行訴法は、3条2項で「処分」を定義し、処分は「行政庁の処分その他公権力の行使に当たる行為」とされる。行政手続法も同じ定義を使っている（2条2号）。

　取消訴訟は前述のように、この処分の取消しの訴訟のほか、3条3項の裁決の取消しの訴訟を含む。「裁決」は、3条3項で、「審査請求その他の不服申立て……に対する行政庁の裁決、決定その他の行為」とされている。

　以下の処分性の検討は3条2項の処分取消しの訴えの対象である処分性のことを述べる。

　まず判例は、行政処分の概念として、行特法時代から一貫して、「その行為によって、国民の権利義務を形成し、或いはその範囲を確定することが法律上認められている場合」という最判昭30.2.24WEBを何度も確認している[4]。事実行為はこの判例に従えば当然処分性はない。ないから事実行為ともいえるので、言葉遊びにならないように、具体的にみなければならない。

　この視点から行政指導、行政計画が行政処分から外されることが多い。

　行政計画は本書第1章4で少し述べたほか本節2(7)で都市計画について具体的に事例をみる。

　行政指導は、それへの不服従が侵害処分の要件となっているような事例[5]の場合は処分性を肯定される。本節2(2)aで具体的に事例をみる。

　なお、当事者訴訟の箇所（第9章第4節4）でいま一度、処分性一般論を論じる。

　判例全体としては消極的な最高裁判例に依拠して、処分性を限定的に解釈し、これに該当しない行政の行為を訴訟救済から除外し極端化した結果、取消訴訟の道は著しく狭められ、この面からも行政訴訟と国民とを遠ざけた。極端化することは下級審において急であり、最高裁が微妙に定義を変

---

[4]　最判昭39.10.29WEBが処分性に関するリーディングケースだとする見解が多い（実務的研究14頁、塩野・Ⅱ101頁）。

[5]　塩野・Ⅱ113頁では生活保護法27条と62条の関係をあげる。また次の2(2)abなどの事例もあたる。

化させることがある[6]のも気づかないがごとくである。

そのうえで、行政処分に当たらない行政の行為について、原則としての民事訴訟で争うとこれもダメだとして争わせないことがある。そのときの論理は、独特のもので、国民の権利を行政訴訟と民事訴訟とでキャッチボールし、結局どちらも受け取らないというものであった。この点は前述（第1章1(4)）の最高裁大阪空港訴訟大法廷判決について述べたところを参照されたい。

なお、処分性についての論文は数知れずある。それらをできる限り参照しつつ、これからの叙述を進めたい[7]。

2 現代社会に生起する処分性問題

ここではこれらの判例状況をふまえたうえで、現代社会に生起する諸事案への対処方法を考察したい。判例の引用は、WEBサイトにあるものはそのように表示し、ないものは出典を明示する[8]。

以下では、これらを今後の実務の参考に供するとともに、処分性なし（不該当）とされた事例については、その批判を通じて処分性ありとの論点

---

6) 例えば、第2種市街地再開発事業計画に処分性を認めた最判平4.11.26WEBは処分性の定義を「法的地位に直接的な影響を及ぼす」かどうかとしており、上述の昭和30年判決、昭和39年判決を明らかに緩めている。そしてついに最高裁は都市計画分野の遅れの象徴だった区画整理事業計画決定の処分性を否定した最判平4.10.6WEBを、最大判平20.9.10WEBで判例変更したのであるが、処分性肯認のワーディングは「土地区画整理事業の事業計画の決定は、施行地区内の宅地所有者等の法的地位に変動をもたらすものであって、抗告訴訟の対象とするに足りる法的効果を有するものということができ、実効的な権利救済を図るという観点から見ても、これを対象とした抗告訴訟の提起を認めるのが合理的である」というもので、従来の定義にたくさんの言葉も添えている。柔軟そのものである。こんな判断を出されたのでは、下級審裁判官は何のために従来の最高裁の処分性定義を墨守し極端化してきたのかと感じるであろう。感じてくれるとすればいい感じのリーガルマインドである。下級審裁判官は原則として制度的に最高裁判例に縛られるが、墨守の原因はそれだけではない。最高裁の裁判官への統制機能がそうさせるのである。斎藤浩前掲（本書第1章・注18）「原発訴訟と裁判官の営為について(1)(2・完)」、同「忖度をやめ、国民、企業に役立つ行政訴訟へ——司法、法務分野における三権一体的運営と改革の道筋」滝井追悼200頁参照。

7) 最近の中川丈久教授による古稀三部作と私が名付ける作品は重要である（「行政法の体系における行政行為・行政処分の位置付け」（阿部古稀）、「行政処分の法効果とは何を指すのか」（石川古稀）、「続・行政処分の法効果とは何を指すのか」（富﨑古稀））。本書のこの箇所に関連するのは、行政処分の直接的効果と付随的効果の区別であり、処分性判定には直接的効果のみを問題にすればよく、その結果処分性なしと判断される場合には付随的効果にも依拠して当事者訴訟の可能性を探れば良いという。便宜な整理である。

第4章　取消訴訟の訴訟要件

を述べるか、あるいは当該事件の原告、原告代理人の争い方でない方法で原告勝訴のための方策を探った[9]。

原則として平成時代以降の処分性紛争事例である。

(1)　名宛人なしの行政の意思表明（条例、行政立法を含む）

a　条例

条例は通常、一般的に国民、住民の権利義務を定めることはあっても、行政と国民、住民の具体的な権利義務を規律しないから条例には処分性を認めないのが原則だが、例外もある。

①　保育所廃止

横浜市立保育所を廃止する条例の取消請求につき、**最判平21.11.26WEB**は、市の設置する特定の保育所を廃止する条例の制定行為は、利用関係が保護者の選択に基づき保育所及び保育の実施期間を定めて設定されるものであり、現に保育を受けている児童及びその保護者は当該保育所において保育の実施期間が満了するまでの間保育を受けることを期待し得る法的地

---

8)　アメリカの連邦最高裁では、判例は網羅的に公表されるし（例えば、2013年分だと http://www.oyez.org/cases/2013）、口頭弁論の音声も公開されている（例えば、http://www.oyez.org/cases/2000-2009/2007/2007_07_290　DISTRICTOFCOLUMBIAv. HELLER）。日本では最高裁の判例委員会（昭和22年12月15日最高裁判所規程第7号、最新改正は昭和40年3月21日最高裁判所規程第3号により、委員会は、当該裁判所の裁判を判例集に登載するかしないかを審議する）は、各小法廷から2名の裁判官が委員になり（規程によると、最高裁においては委員は7人以内）、毎月1回開かれ、前月のすべての裁判書の中から判例集に登載するものを選ぶ。実際には、委員会の幹事である調査官が選び、要旨を作成し、最高裁判例については調査官解説、判例時報、判例タイムズ、ジュリストの解説を調査官が書いている。これらを総合すると、判例委員会および調査官室において、判例にはいくつかのレベル付けが行われていることになる。第1レベルは最高裁の判例集に登載するもの。これらは裁判所ウェブにも自動的にアップされる。第2レベルは最高裁判例集には登載しないが、判例時報等の上記3誌には登載するもの。第3レベルはそれ以外の判例。訟務月報、判例地方自治、賃金と社会保障、金融法務事情、NBLなどに収録されることもある。裁判所ウェブはこれらとは別のアップ基準があるようである。第2・第3レベルの判例のうち、判例集には遡って掲載されることはないが、ウェブには後日収録される判例もある。例えば、行訴法改正の折、9条2項の条文づくりのために参照された3判例のうちの一つ、伊達火力発電所関係埋立免許取消請求の最判昭60.12.17は、最高裁判例集には掲載されていないが、裁判所ウェブには収録されている。最高裁判例でも最高裁の判例集にも裁判所ウェブにも掲載されないものもある（例えば次の論文で論じた判例：斎藤浩「永住外国人の生活保護に関する最判平26.7.18のレベルと誤り——主として行政法、民訴法論点から」立命館法学361号（2015年3月）109頁）。

9)　なお亘理格「行訴法改正と裁判実務」ジュリスト1310号（2006年）7頁は、判例による処分性拡大の判断手法には行訴法9条2項的思想があると北大での研究会結果を伝えている。

39

位を有すること、同条例が、他に行政庁の処分を待つことなくその施行により当該保育所廃止の効果を発生させ、入所中の児童及びその保護者という限られた特定の者らに対して、直接、上記法的地位を奪う結果を生じさせるものであることなど判示の事情の下では、抗告訴訟の対象となる行政処分に当たるとした。1審、2審を覆しての優れた判断であった。

これに先立ち、神戸市立保育所を廃止し民間に移管する条例につき、神戸地決平19.2.27WEBは、児童及び保護者らの保育所選択権等を侵害するものであって違法であるとして、市に対し、条例で保育所を廃止する処分の仮の差止めを認容した。大阪高決平19.3.27WEBは、条例案が撤回されたとして仮の差止めを却下した。両決定は条例の処分性を当然のように前提にしている。

更に先立って廃止条例の処分性の面だけをみれば、大東市立保育所廃止条例につき、大阪地判平17.1.18WEB、大阪高判平18.4.20WEBも認めている。

② 学校廃止

保育所と比べ、学校廃止条例の処分性は厳しい。

永田町小学校廃止条例につき、最判平14.4.25判例地方自治229号52頁は、本件条例は一般的規範にほかならず、上告人らは、千代田区が社会生活上通学可能な範囲内に設置する小学校において子らに法定年限の普通教育を受けさせる権利又は法的利益を有するが、具体的に永田町小学校で教育を受けさせる権利を有するとはいえないとして、条例に処分性を認めなかった。

宇都宮地判平17.8.10WEBも、条例で他の小学校に指定された処分の取消し請求につき、具体的不利益はないと判断して条例の処分性を認めなかった。

大阪地判平24.7.4WEB、大阪高判平25.9.12WEBは、条例で大阪市立の特別支援学校を廃止したことの取消訴訟において、法的利益を侵害しないからとして条例の処分性を認めなかった。

特定の当事者であり、また契約で特定の地位が決められているのに、それを条例で覆滅することが保育所廃止条例の特徴だが、永田町小学校に通う児童数もそう多いはずもなくその意味で特定している。あまり違いはない。判例上、保育所と学校に違いが出るのは、保育所は民間委託され、学校は変わっても他の公立の学校が用意されていることが大きな違いであろ

第4章　取消訴訟の訴訟要件

うか。

　しかし、ともあれ、処分性が認められないなら、廃止された学校に引き続き在校する権利の確認を現在の法律関係の訴えとして構成してみるべきではなかろうか[10]。

③　その他の条例

・簡易水道事業給水条例：最判平18.7.14WEB

　高根町の同条例が、別荘の水道料金を高額に改訂したことに対し、条例の別表の無効確認等を求めた案件につき、最高裁は、「抗告訴訟の対象となる行政処分とは、行政庁の処分その他公権力の行使に当たる行為をいうものである。本件改正条例は、旧高根町が営む簡易水道事業の水道料金を一般的に改定するものであって、そもそも限られた特定の者に対してのみ適用されるものではなく、本件改正条例の制定行為をもって行政庁が法の執行として行う処分と実質的に同視することはできないから、本件改正条例の制定行為は、抗告訴訟の対象となる行政処分には当たらないというべきである」として無効確認を却下した。

　この判決は続いて、水道施設は地方自治法244条の公の施設に当たるとし、それに差別的取扱いをすることは同条3項に違反し無効であるので高額部分の支払義務はないとするのである。後半の判断は非常に優れたものだが、前半の処分性判断は誤っている。別荘所有者という特定のものの権益を直接規律しており処分である。むしろ、判決としては前半は不要だったのではないか[11]。

・特定魚類再放流禁止条例（大津地判平17.2.7WEB、大阪高判平17.11.24WEB）の取消請求等

　原告らは「オオクチバスを殺生することなく再放流するという思想的信条、宗教的信念（憲法19条、20条）という憲法上の具体的権利を直接侵害するから、抗告訴訟の対象となると主張する。しかしながら、……本件規定そのものが、原告らの主張する憲法上の権利等に重大な関わり合いをもつものとして、その適用によって、これらの権利等に直接具体的な影響を

---

10)　中川丈久「処分性を巡る最高裁判例の最近の展開について」（藤山＝村田編・行政争訟144頁参照）。

11)　野呂充「旧高根町簡易水道事業給水条例事件最高裁判決の意義」（滝井追悼315頁以下）は、筆者とは異なる判断である。筆者は、敬愛する滝井裁判長、野呂教授の判断ながら、この点は譲れない。

41

及ぼすという事情は認められない」。義務のないことの確認も確認の利益で蹴られているから事案としては困難例か。

・外形標準課税条例（東京高判平15.1.30WEB、原審：東京地判平14.3.26WEB）の無効等確認請求

例外的に、個人や法人の具体的な権利義務や法的地位に「直接的な」影響を及ぼす内容をもった条例がありうることは否定できないが、東京都外形標準課税条例の条文の文言や内容を精査してもそのようには認められないとする。これら判決の条例解釈は妥当であろう。条例に処分性を認めなくても、高裁は還付請求（当事者訴訟である）で、地裁は国家賠償で支払った税又は相当分を取り戻せており、どちらの構成でもよいであろう。

・地区計画条例（東京地判平14.2.14WEB、東京高判平17.12.19WEB）の無効確認等

国立市大学通り沿いの土地に関し、高層マンションを阻止するために国立市が都市計画法20条に基づく地区計画をたて、建築基準法68条の2に基づき条例化したことに対し、建設業者が条例の無効確認、取消訴訟、予備的に当事者訴訟または無名抗告訴訟としての無効確認を求めた件で、東京地裁、東京高裁は、地区計画が定められただけでは個人の権利義務に対して具体的な変動を与えないので処分ではないとする後述する最判平6.4.22WEBを引用して否定した[12]。ただ市と市長の一連の行為は、原告業者の本件土地所有権を侵害するもので、国家賠償法に基づき、原告が被っ

---

[12] 加えて東京高判は、無効確認又は取消しにつき、具体的、現実的な争訟の解決を目的とする現行訴訟制度のもとでは、その訴訟形態が法定の抗告訴訟、当事者訴訟又は無名抗告訴訟であるかを問わず、当該法令によって、侵害を受ける権利の性質及びその侵害の程度、違反に対する制裁としての不利益処分の確実性及びその内容又は性質等に照らし、同処分を受けてからこれに関する訴訟の中で事後的に当該法令の効力を争ったのでは回復しがたい重大な損害を被るおそれがある等、事前の救済を認めないことが著しく不相当とする特段の事情がある場合でない限り、あらかじめ当該法令の効力の有無の確定を求める法律上の利益はないというべきであるとしたうえ、前記訴えは、同条例に違反することとなることに伴う何らかの不利益処分が行われるのを防止するために、同条例の無効をあらかじめ確定しておく趣旨のものと解されるが、同社の建築する建物に対して同条例が適用され、違法建築であるとして建築基準法9条1項による是正命令権限が行使されたり、将来における同建物の建替え等の際に建築確認申請等に対する拒否処分がされたりした場合に、それらの効力を争う中で同条例の効力を問題とすれば足り、不利益処分を待って同条例の効力を争ったのでは回復しがたい重大な損害を被るおそれがある等の特段の事情があるとはいえないとした。このような一般論的判示は不要だし誤っているであろう。とりわけ当事者訴訟に対するくだりはおかしい。第9章第4節3で再び取り上げる。

第4章　取消訴訟の訴訟要件

た損害を賠償する義務があるとした[13]。

b　行政立法

第1章5で述べたように、行政立法の争い方は諸種あるが、ここでは抗告訴訟で争う場合の処分性の問題を述べる。

① 省令

厚生労働大臣がなした郵便等による第一類及び第二類の医薬品の販売を禁止した薬事法施行規則等の一部を改正する省令の一部の無効確認、取消訴訟、いわゆる医薬品ネット販売訴訟（東京地判平22.3.30WEB）で、省令の制定は、法律の委任を受けた行政機関がその委任に基づいて行う立法作用に属するから、限られた特定の者に対してのみ適用される結果として行政庁の処分と実質的に同視し得るものといえる例外的な場合を除き、一般的には抗告訴訟の対象となる行政処分には当たらないとされた。この地裁では、医薬品につき郵便等販売の方法による販売をすることができる地位の確認は可能とされたが、認容はされなかった。控訴審（東京高判平24.4.26WEB）も省令の処分性の判断は地裁と同じだったが、確認訴訟を認容し、本案も同省令が薬事法による委任の範囲を逸脱し、違法・無効として認容した最高裁も最判平25.1.11WEBで、同省令は、いずれも各医薬品に係る郵便等販売を一律に禁止することとなる限度において、新薬事法の趣旨に適合するものではなく、新薬事法の委任の範囲を逸脱した違法なものとして無効であるとした。つまり、これら高裁、最高裁の判断で、省令の処分性を争わなくても確認訴訟で省令の違法性に行き着ける道を示したのである。

② 告示

・古い判例だが、健康保険法に基づく療養に要する費用の額の算定方法

---

13)　この国立事件は後味が悪い。この業者からの事件の結果、市が賠償金を支払ったことを違法だとする住民訴訟が提起され、東京地判平22.12.22判時2104号19頁が認容し、その後確定し、市は元市長に賠償金の求償を請求したところ、東京地判平26.9.25WEBは、現市長が元市長に求償権を行使することは、議会の放棄議決を再議にもかけないまま、放棄の意思表示もしないこととなり、信義則に反するとしたが、控訴審の東京高判平27.12.22WEBは、普通地方公共団体による債権の放棄は、条例による場合を除き、議会が放棄議決をしただけでは放棄の効力は生じず、長による執行行為としての放棄の意思表示を要するので、放棄議決によって、直ちに求償権は消滅せず、国立市長による執行行為としての求償権の放棄の意思表示がされるまでは、求償権は消滅しない等として、逆転させ市の請求を認容し、最決平28.12.13TKC文献番号25541933は元市長の上告を容れなかった。

43

の一部を改正する告示に処分性を認めた事例がある（東京地決昭40.4.22行集16巻4号708頁）。この告示が健保組合に対し直接法律上の不利益を与えるものであるという理由で取消訴訟の対象になり、執行停止も選択した。この決定につき、雄川教授は「抽象的規範統制訴訟に近いもの」との評価をしている[14]。

・また旧食糧管理法に基づく米穀の政府の買入価格を定める告示の処分性を認めた事例もある（東京地判昭48.5.22WEB、控訴審：東京高判昭50.12.23WEB）。

・近時、出入国管理及び難民認定法の施行規則の基準に基づく告示の取消訴訟で処分性を認めた大阪高判平20.3.13WEBがある。法務大臣が、出入国管理及び難民認定法7条1項2号の基準を定める省令の留学及び就学の在留資格に係る基準の規定に基づき、日本語教育機関等を定める件の一部を改正する告示により、特定の日本語学校の項を削ったことについて、告示の取消しを求めた事案において、本件告示は、行政処分に当たるとしたが、行政手続法13条1項に違反するような手続違反は認められないとされた。原審（大阪地判平19.4.19WEB）は、本件告示は、本件学院に通学し又は通学しようとする学生に対し、上陸不許可処分や在留期間更新不許可処分がなされる蓋然性が高いとしても、そのような事実上の影響を及ぼし得ることを理由に、処分性が認められるものではないとして却下していた。

・告示そのものを争った例は上述のようなものであるが、もちろん行政が告示に依拠して行政処分をすれば、行政処分の取消訴訟のなかで告示の合憲性合法性が争われる[15]。

　③　通達と要綱

・通達に基づく労災就学援護費の支給決定（最判平15.9.4WEB）の取消訴訟判決は次のように判示している。正しい判断である。労働省労働基準局長通達は、労災就学援護費は労働者災害補償保険法23条の労働福祉事業として設けられたものであることを明らかにしたうえ、その別添「労災就学等援護費支給要綱」所定の要件を具備する者に対し、労災就学援護費を支給すること、支給を受けようとする者は、申請書を労働基準監督署長に提出しなければならず、署長は、申請書を受け取ったときは、支給、不支

---

14) 雄川・前掲論文（第3章注6））49頁。
15) 第1章末尾の行政立法の争い方で取り上げた最判平24.2.28WEB、最判平24.4.2WEBなどがその典型である。

給等を決定し、その旨を申請者に通知しなければならないこととされている。このような仕組みにかんがみれば、法は、労働者が業務災害等を被った場合に、政府が、法3章の規定に基づいて行う保険給付を補完するために、労働福祉事業として、保険給付と同様の手続により、被災労働者又はその遺族に対して労災就学援護費を支給することができる旨を規定しているものと解するのが相当である。被災労働者又はその遺族は、労災就学援護費の支給を受けることができるという抽象的な地位を与えられているが、労働基準監督署長の支給決定によってはじめて具体的な労災就学援護費の支給請求権を取得するものといわなければならない。そうすると、支給又は不支給の決定は、法を根拠とする優越的地位に基づいて一方的に行う公権力の行使であり、被災労働者又はその遺族の上記権利に直接影響を及ぼす法的効果を有するものであるから、抗告訴訟の対象となる行政処分に当たる。

・大田区優良建築物等整備事業制度要綱にもとづく補助金交付決定（東京地判平12.3.23判例地方自治213号33頁）の住民訴訟としての取消請求

判例は「非権力的な給付行政の分野における補助金や助成金の支給関係は、支給申請者の申込に対する行政庁の承諾により成立する契約関係であるのが原則であるから、その場合の行政庁の行為は、公権力の行使としての性格を有するものとはいえず、国民の権利義務を形成し又はその範囲を確定するものともいえないので、取消訴訟の対象となる処分には該当しないというべきである。

もっとも、このような非権力的な給付行政の分野においても、立法政策として、一定の者に補助金等を給付する要件を定めるとともに、支給申請及びこれに対する支給・不支給決定という手続により、行政庁に申請者の受給権の存否を判断させることとした場合など、法令が特に補助金等の支給・不支給決定に処分性を与えたものと認められる場合には、補助金等の支給・不支給決定は右の『行政処分』に該当するが、法律や条例の委任がなく、単に行政庁の内部の規則だけで補助金の交付・不交付の決定に処分性を付与することはできないものと解される」とした。

しかし、このように判決はいうが、誤っている。③の最判が、通達、要綱を、明示の委任はなくとも法に位置付けて、法を根拠とする優越的地位に基づいて一方的に行う公権力の行使構成するような実効的法解釈をすべきである。筆者の関わった**大阪高判昭54.7.30WEB**も、要綱に基づく給付

行政の事例だが、憲法まで遡った解釈をするなどの工夫をして法令に基づく申請と認めた。

　法律、条例に基づけば処分なのだが、要綱の場合、形式判決が出がちである。本件は住民訴訟なので処分性を追究するのがよいが、原告が申請者本人であれば契約応諾の当事者訴訟と考えてもよい[16]。

　・永住外国人に対する生活保護措置：最判平26.7.18訟務月報61巻2号
　　356頁

　永住外国人の生活保護申請に対する却下は、行政庁の通達等に基づく行政措置により事実上の保護の対象となっていることの拒絶であり、生活保護法に基づく保護の対象となるものではなく、同法に基づく受給権を有しないので、処分性を有しないという。

　上述の最判平15.9.4WEB、後述(2)bの最判平16.4.26WEBのレベルから大きく後退している。昭和29年社発第382号厚生省社会局長通知「生活に困窮する外国人に対する生活保護の措置について」は、運用指針で「保護の内容等については、別段取扱上の差等をつけるべきではない」とまで規定している。運用実態に依拠すれば、生活保護法に基づく給付であり、拒絶は拒否処分である。

　なおこの判決は、結果として当事者訴訟も認めない誤りをおかしている[17]。

c　指定、対物処分（一般処分）、最高裁規則、公表、採択

①　指定、対物処分（一般処分）

　・建築基準法42条2項の道路指定の無効確認等：最判平14.1.17WEB

「2項道路」指定については、この判決までは、処分性は否定されていた。この判決での肯定のあと同旨判決が下級審でも相次いだ。判決の要点は次の通り。建築基準法42条2項は、1項各号の道路に該当しない道であっても、同法第3章の規定が適用されるに至った時点において、現に建築物が立ち並んでいる幅員4メートル未満の道で、特定行政庁の指定したものは、同項の道路とみなし、その中心線から水平距離2メートルの線を道路の境界とみなすものとしている。本件告示のように、一定の条件に合致する道について一律に「2項道路」に指定するいわゆる一括指定の方法でされることがある。その敷地所有者は当該道路につき道路内の建築等が制限され

16）　阿部・法システム上355頁参照。当事者訴訟のところで述べるが（第9章第4
　　節5(2)）、東京地判平18.9.12WEBも参照のこと。
17）　この判決の評論として斎藤・前掲注8）。

（同法44条）、私道の変更又は廃止が制限される（同法45条）等の具体的な私権の制限を受けることになるのである。具体的な私権制限を発生させるものであり、個人の権利義務に対して直接影響を与えるもので抗告訴訟の対象となる行政処分に当たると解すべきであるとする。

・対比して、建築基準法42条1項3号の現存道路の指定に対し、現存道路には該らないことの確認を、本案も含め認容した札幌地判平25.4.15 WEB

原告が最初からこの指定は処分性はないとして確認訴訟で解決しているのだからとやかくいうことはないかもしれないが、土地を一般交通の用に供する義務を負担し、建築制限や私道の変更又は廃止の制限を受けるなど、所有権に基づく土地利用を現に制約され、その財産権に制約を受けることになる指定につき処分性を主張しても良かったのではないかと思われる。

・不健全図書の指定の取消請求において、東京地判平15.9.25WEBは、「知事が……条例……の規定に基づいて行う不健全な図書類の指定は、……主観的な事情は斟酌されず、専ら対象となる図書類の内容が（条例8条1項）1号及び都認定基準の定めるものであるか否かの点に着目して認定判断がされるものであり、指定の方法も、『指定するものの名称、指定の理由その他必要な事項』を告示することによって行われることからすれば、その性格は、当該図書類を対象として行われるいわば対物的な処分であって、特定の個人又は団体を名あて人として行われるものではない」。「原告のように雑誌の発行を行う者は、一般に、当該書籍を制作し、これを、取次店を経由し又は自ら直接読者に販売する方法によって流通におくことを予定しているものであるところ、自らの発行にかかる雑誌が都青少年条例8条1項の規定に基づく不健全な図書類の指定を受けた場合、当該指定図書類について、これを青少年に対して販売、頒布及び貸し付けてはならないとの制限が生じることによって、もともと自由であった当該雑誌の流通販売が一定の範囲で制約されるという法的な不利益が生じることは明らかである。そうであるとすれば、本件各指定は、行政事件訴訟法3条2項所定の取消訴訟の対象となる処分に当たるというべき」とし、処分性を認める。

・道路の供用の廃止について処分性を認めた福岡高那覇支判平2.5.29判時1376号55頁は、「対物的処分も、結局はその物に関係のある者の権利義務を規制することになるから、両者の区別は明確を欠く場合が多い。とり

わけ、本件市道は、ほとんど控訴人及びその関係者のみが使用し、本件処分は、控訴人の権利を規制するのと何ら変わりはなく、実質的には対人的処分といいうるものである」とやや折衷的なことを述べている。

・多くの行政行為を取消訴訟の対象にした事件であるが、そのうちの告示に注目してここに分類しておくが、他の行為にも注意されたい。東京地判平6.1.27WEB

空港設置の際の工事実施計画の認可、位置、進入表面等に関する告示、延長進入表面等の指定。

新東京国際空港にまつわる航空法上の段階的な運輸大臣の行為のうち、「空港の位置、進入表面等に関する告示」には処分性はないとする。その理由は、一連の行為から公用制限が出るが、それは後述の認可によるものだからというもの。本件告示は処分性なしとしてもかまわない気がする。

他方、認可と指定には処分性があるとする。これらのうち認可は運輸大臣から政府全額出資の公団に対する内部行為のようにもみえるが、法令上必然的に進入表面等の規制による公用制限が伴うからという理由。指定は特定の地域につき、その投影面内の区域の土地建物の所有者その他の利用権者の財産権に従前にはなかった具体的な制限を加えるからという理由。

② 最高裁規則

最判平3.4.19WEBは、福岡地裁、福岡家裁の各甘木支部廃止の最高裁規則を管轄内の居住者が取消訴訟で争うのは、具体的紛争を離れており法律上の争訟に当たらないとした。地裁は本庁に行くしかなく、家裁は支部のかわりに出張所ができた事案だが、当該支部で係争案件をもっていれば、地裁の場合、本庁が遠隔地になると、争訟にもなり処分性をもつのではないか。また、元の支部で裁判を受ける権利の確認を求める当事者訴訟が、改正法下では当然認められるであろう。

③ 公表、採択

・公正取引委員会の公表の取消請求について処分性を認めなかった東京地判平4.3.24WEB、東京高判平6.4.18WEB、最判平10.12.18TKC文献番号28051228は、消費税導入後の再販制度の運用に関して問題となってくる独禁法の規定の解釈等について、被告公正取引委員会の考え方を説明したに止まるものとするのがその理由である。高木光教授の評釈（自治研究72巻2号116頁）は結論を支持したうえで、争訟の成熟性ありとして当事者訴

訟としての立件で対処すべきという。

・特定商取引法23条の業務停止命令に基づく公表の仮の差止め申立てについて、**名古屋地決平18.9.25WEB**は、特定商取引法2条3項に規定する電話勧誘販売を行う申立人が、経済産業大臣から、申立人の電話勧誘販売の方法が同法に違反することを理由に、同法23条1項に基づく業務停止命令及び同条2項に基づく同命令の公表の措置を受けるおそれがあると主張するが、公表は業務停止命令がなされた場合、これに付随してなされることが定められている事実行為であって、それ自体は行政処分性を有するものではないとした。しかし不利益が大きいのであり、このような形式判断は誤りである。もちろん当事者訴訟を構えるべきであろう。

・副読本（道徳）の採択の取消訴訟で採択に処分性を認めなかった**名古屋地判平17.2.24WEB**は、採択は行政機関たる学校の内部的な意思決定としてなされるものにすぎず、原告である教員の教育権を侵害するという関係にはないとして処分性否定。判決は「検定を受けた教科書を使用することですら、教員の授業等における裁量の余地を奪うものではないと解される（最高裁判所平成5年3月16日第3小法廷判決・民集47巻5号3483頁参照）上、上記のとおり、本件管理規則は、副教材の採択の基準について、教育上の効果や保護者の経済的負担に十分配慮するとの極めて抽象的な規定しか置いていないこと」なども傍論で述べている。控訴審の**名古屋高判平17.9.28WEB**も同様。教員の教科書使用義務を肯定する立場（判示が引用する判例のほか伝習館高校事件（最判平2.1.18WEB））からは判示のような結論になり、国賠も否定されているから、これらの判例の立場を是とすれば他の争訟方法もない。しかし教育法学の通説は「教育の自由の一環として、教科書使用および使用方法の自由を位置づけ」ており（市川須美子「伝習館高校事件最高裁判決」ジュリスト959号100頁参照）、この立場から、処分性を肯定すべく努力すべきである。

(2) 行政の段階的行為のうちの最終的ではない重要な意思表明（行政指導、事実行為を含む）

a　行政指導

通常は行政指導は取消訴訟の対象とはならないが、指導に対する違反が侵害処分の要件となっているような事例では処分性を認める。

・病院開設中止勧告の取消訴訟：**最判平17.7.15WEB**

医療法の病院開設の許可申請に対し、知事が同法旧30条の7に基づいて

する病院の開設中止勧告の処分性を肯定した事例。下級審が分かれていた。高松地判平15.2.25WEB、本件の初審（富山地判平13.10.31WEB）、控訴審（名古屋高金沢支判平14.5.20WEB）は否定し、福岡高判平15.7.17WEBは肯定していた。最高裁は「医療法及び健康保険法の規定の内容やその運用の実情に照らすと、医療法30条の7の規定に基づく病院開設中止の勧告は、……、当該勧告を受けた者に対し、これに従わない場合には、相当程度の確実さをもって、病院を開設しても保険医療機関の指定を受けることができなくなるという結果をもたらすものということができる」として処分性を肯定した。

・病床数削減勧告の取消訴訟：最判平17.10.25WEB

医療法の病院開設の許可申請に対し、知事が同法旧30条の7に基づいてする病床数削減勧告に処分性を肯定した。上記中止勧告判決と同じ理由付け。藤田宙靖裁判官の補足意見が行政指導とその他の数多くの行為のメカニズムによる把握の必要性を述べている[18]。

・これら二つの最高裁判決に、最判平17.9.8WEB（病院開設中止勧告に従わず開設し保険医療機関の指定拒否を受け取消訴訟を起こし、請求棄却）を加えて同種事件として眺めると、三つの小法廷が各一つの判決を出した。3判決で、行政指導の誤りを判示して原告側の訴えが認容されたのは7月15日判決の差戻審でだけで、残り2事件は行政指導を広く許容している。確かに勧告に処分性を認めて本案に入ること自体は門前払いよりは実効的解決の点からは前進だが、本案の裁量審査がこの分野での健康保険法等を逸脱していないかにまで及ばないと、形式だけ前進、中味は行政追随ということになる[19]。本書では裁量審査のところでさらに取り上げたい。

---

18) この両判決につき、角松生史「病院開設中止勧告」（行政百選6版Ⅱ346頁）、下井康史「病院開設中止勧告・病床削減勧告の処分性」平成17年度重要判例解説47頁参照。ただし、藤田意見は本文で紹介した範囲では正しいが、続いて以下のような論理を引き出すので注意が必要である。すなわち、取消訴訟に排他的管轄に伴う遮断効があるから病床数削減勧告に処分性を認める以上は、他の争い方、勧告を争わず、例えば保険医療機関の指定拒否処分の段階で争うことにしたときは、勧告の違法性は主張できないというのである。これと同じ論理は、後述の土地区画整理事業の事業計画の決定に処分性を認めた最大判平20.9.10WEBにおける近藤崇晴裁判官の補足意見にも現れるので、いずれにしても注意を要する。ただ、この平成17年判決の藤田意見には、法廷意見が「後に保険医療機関の指定拒否処分の効力を抗告訴訟によって争うことができるとしても、そのことは上記の結論を左右するものではない」として歯止めをかけているらしいのが興味深い。

19) 9月8日判決についての詳細な批判的検討は、阿部・解釈学Ⅰ128頁以下参照。

第4章　取消訴訟の訴訟要件

b　通知、同意、協議

・輸入業者への食品衛生法違反の通知（最判平16.4.26WEB）の取消訴訟

千葉地判平14.8.9WEB、東京高判平15.4.23WEBを覆して処分性を認めた。検疫所長の食品衛生法16条に基づく違反通知により、当該食品について、関税法70条2項の「検査の完了又は条件の具備」を税関に証明し、その確認を受けることができなくなり、その結果、同条3項により輸入の許可も受けられなくなるのであり、上記関税法基本通達に基づく通関実務の下で、輸入申告書を提出しても受理されずに返却されることとなるからという理由。下級審は輸入許可の権限は税関がもっているからその段階で争えばよいなどという浮世離れしたことをいっていたのを最高裁が正した。

・なお、本書の判例分析は平成時代以降を中心としているので、詳細は省くが、通知の処分性では、輸入禁制品該当の通知に関する**最大判昭59.12.12WEB**、最判昭54.12.25WEBが処分性を肯定していることは重要である。

・老人福祉施設受託業者選定に関する通知の取消訴訟：札幌高判平21.11.27WEB

原審（旭川地判平21.6.9WEB）は処分性を否定していたが、高裁は、老人福祉施設の運営を引き継ぐ受託事業者の公募に応募し、選定委員会により受託事業候補者に選定された控訴人が、市長より、1法人からしか応募がなかったことを理由に、控訴人を受託事業者として選定しない旨の本件通知を受けたことから、行服法6条に基づく異議申立をしたところ、却下されたため、却下決定の取消等を求めた事案で、本件募集に応募した者には、本件募集要綱等に従って適正に受託事業者の選定を受ける法的利益があり、市長がBを受託事業者として選定しないことを通知する本件通知は、この法的利益を制限するものであるとして処分性を認め、本案も認容した。

しかし上告審（最判平23.6.14WEB）は、本件通知は、上告人が、契約の相手方となる事業者を選考するための手法として法令の定めに基づかずに行った事業者の募集に応募した者に対し、その者を相手方として当該契約を締結しないこととした事実を告知するものにすぎず、公権力の行使に当たる行為としての性質を有するものではない、として処分性を否定した[20]。

・開発許可申請に際しての公共施設管理者の同意の取消訴訟：最判平7.3.23WEB

公共施設の管理者である国若しくは地方公共団体又はその機関が都市計

51

画法32条1項所定の同意を拒否する行為は、抗告訴訟の対象となる処分に当たらないとする。その理由は、「この同意が得られなければ、公共施設に影響を与える開発行為を適法に行うことはできないが、これは、法が前記のような要件を満たす場合に限ってこのような開発行為を行うことを認めた結果にほかならないのであって、右の同意を拒否する行為それ自体は、開発行為を禁止又は制限する効果をもつものとはいえない。したがって、開発行為を行おうとする者が、右の同意を得ることができず、開発行為を行うこができなくなったとしても、その権利ないし法的地位が侵害されたものとはいえないから、右の同意を拒否する行為が、国民の権利ないし法律上の地位に直接影響を及ぼすものであると解することはとはいえない」というのである。これで下級審の分かれに決着を付けたもの（つもり）と考えられる。

原告は不作為の違法確認、不同意処分取消し、同意の義務付けなど、よく考察して請求を立てたのに、最高裁の判断は杓子定規でかつ説得力はない。浮世離れしている。同意が得られなければ開発許可は得られないのだから処分性を認めるのが当然である。この判決が意図するのは、開発不許可になればそれで争えということであろうが、国民の争い方をこのように型にはめることは許されない。案件に直面した者は、判例変更を求めてこの原告が選択した方法と、不同意の違法確認を加えて勇躍争うべきである[21]。

・港湾法37条1項3号等に基づき、市が、港湾区域内の水域内において国が行う浚渫工事に関して国との協議の取消訴訟：横浜地判平20.2.27WEB

港湾法37条1項各号所定の工事等の行為をしようとする場合において、港湾管理者の許可処分又は協議応諾を受けなければ当該行為をすることが法律上許されないことについて、私人と国の場合とで異なるところはなく、国は、国民と同様の地位において協議応諾の効果を受けるものというべきであるから、協議応諾は、直接国民の権利義務を形成し、又はその範囲を確定することが法律上認められているものとして、行政処分に当たるとし

20)　石井昇「老人福祉施設の民間移管手続における社会福祉法人の応募に対する市長による通知の処分性」法学セミナー2011年12月号123頁は、通知が地方自治法に基づくものでないこともあげて判旨に賛成するが、疑問である。むしろ、宇賀・Ⅱ166頁が言うように、最高裁の判断が区々であることを確認して、当事者は事例に合致した処分性肯定議論を構築すべきであろう。この事例ではむしろ控訴審の判断の方が自然で説得力がある。

21)　公法系訴訟369頁以下、382頁以下参照。北村喜宣「開発許可に係る公共施設管理者の同意」行政百選6版Ⅱ338頁参照。

第4章　取消訴訟の訴訟要件

た。なお原告適格なしで却下。

控訴審（東京高判平20.10.1WEB）は、港湾の公有水面を公益目的の下に利用し得ることを前提に、公有水面の利用に関する公益性において一般私人と異なる国、地方公共団体について、港湾施設に関する港湾管理者の公益判断を尊重しつつ、行政主体相互間の公益の調整を図ったものと解すべきであり、直接国民の権利義務を形成し又はその範囲を確定するものではなく、抗告訴訟の対象となる処分に該当しないとした。

・原発の定期検査終了証の交付：大阪地判平24.12.20WEB、控訴審—大阪高判平25.6.28WEB

両判決とも、次のような判示。電気事業法施行規則（平24経産省令68による改正前）93条の3に基づく経済産業大臣による特定重要電気工作物の設置者に対する定期検査終了証の交付行為は、法的根拠を有するものであるが、設置者に対し、当該時点において検査の対象となった特定重要電気工作物が技術基準に適合しないものでないこと等を確認し、定期検査が終了したものと認めるという判断の結果を通知する、いわゆる観念の通知であり、それにより、設置者による実用発電用原子炉の運転及びその運転によって発電した電力の供給につき制限が解除される等の法的効果は付与されていないから、行政事件訴訟法上の処分には該当しない、としている。

原発の定期検査の問題点を裁く行政訴訟としてどのような形態があるか悩ましいところであるが、検査終了証が交付されたので差止めから取消しに変更した事案であるが、確認訴訟でも必ずしもうまくいかないであろう。結局は民事訴訟、仮処分しかないかもしれない[22]。

c　行政の拒否的態度表明

・公文書に該当せず公開請求は受理せずとの回答の取消等請求：名古屋地判平10.12.21WEB

県知事が行う非公開決定ではなく、総務部長が情報公開の様式ではない方法で回答しているが、県民のもつ公文書の公開を請求する権利が本件回

---

22)　橋本博之教授は、原子炉が運転段階に後に、最新の技術基準適合命令や運転停止命令の義務付け請求よりも、行政庁による一定の判断が下されたものを追試的に評価することが可能な定期検査修了証幸不幸の取消訴訟によることの方が、司法裁判所によるチェックという点で合理的であるという点と、交付行為が「行政庁と設置者の2面関係では、当初から申請に対する処分として扱われていた節」がある点から、処分性を認める解釈論もあり得たのではなかろうかと述べている（「環境法研究5号」33-34頁、2016年）。

53

答によりその効果を受けられなくなることを処分性肯定理由とする。

・通知に対する法務大臣への異議への裁決の取消等の訴訟：東京地判平
15.9.19WEB

入管法（出入国管理及び難民認定法）49条は、法務大臣による裁決の結果
は、異議の申出に理由がある場合及び理由がない場合のいずれにおいても、
当該容疑者に対してではなく主任審査官に対して通知することとしている。
その位置付けとしては退去強制手続を担当する行政機関内の内部的決裁行
為と解するのが相当であって、行政庁への不服申立てに対する応答行為と
しての行訴法3条3項の「裁決」には当たらないし3条2項の行政処分にも
あたらないとする。本件では、大もとである入国管理局主任審査官の退去
強制令書発付処分も争い、本判決はこれを救済しているのであるから判示
の結論でよいと思われる。

控訴審（東京高判平16.3.30WEB）は、この東京地判の結論を全部ひっくり
返した。全部とは、第1に裁決に行訴法3条3項の処分性を認めた。「法は、
主任審査官は、法務大臣から異議の申出が理由があると裁決した旨の通知
を受けたときは、直ちに当該容疑者を放免しなければならず（法49条4項）、
法務大臣から異議の申出が理由がないと裁決した旨の通知を受けたときは、
すみやかに当該容疑者に対し、その旨を知らせるべきこととしている（同
条5項）のであり、これらは、法49条3項の法務大臣の裁決があったこと
を告知する行為にほかならず、処分権者と通知者とが異なるというにすぎ
ないのであって、この点を理由に法49条3項の法務大臣の裁決が行訴法3
条3項の裁決に該当しないということはできない」というもので、これは
これで見識である。ただ、第2に高裁は大もとの退去強制令書発付処分の
救済を逆転させた。原告にとっては地裁判決の結論に親近性を持つであろ
う。

その後、法務大臣の裁決に処分性を認める判例が多いが、実践的にはど
ちらでも良い。法務大臣の裁決取消訴訟と退去強制（令書の発布行為）の取
消訴訟を併合提起し、裁決に処分性が認められれば、それで退去強制は止
まるし、処分性が認められなければ、退去強制取消の方で裁決の違法性を
違法性の承継として主張することになる[23]。

なお、退去強制の付随的効果として「一定期間の上陸拒否」（入管法5条9

23） 公法系訴訟39-40頁。

号ハ）を争う場合、退去強制令書発布の取消訴訟か、入国しうる地位の確認の当事者訴訟である[24]。

・独立行政法人日本学生支援機構法の奨学金の貸与を受けていた原告が、被告（国）に対してその返還期限の猶予を願い出たところ、被告から、本件願い出には応じられない旨が記載された回答を受けた事案で、**札幌地判平30.5.29WEB**は、本件不承認は、「機構法が『貸与』、『返還』という文言を用いていることや、機構法等に奨学金の貸与の可否に関する決定に対する不服申立ての手続を定めた規定も置かれていないことからすれば、機構法は奨学金の貸与を私法上の消費貸借契約として構成しているものとみるのが相当である」として処分性を否定した。

(3)　行政が国民に対してなす受理、不受理、不交付、返戻などのやりとり

　このジャンルは、続十年史112頁、続々十年史87頁などでも論じられているように、区々に分かれる。判例は、受理して次に行政が実質判断権をもっている場合には処分性を認め、それで効果が終わる場合には認めない対応のようである。形式的にはそれでよいが、問題はその実質的判断権の捉え方である。

　行手法が1993年（平成5年）にでき、その7条には次のように規定された。

（申請に対する審査、応答）

第7条　行政庁は、申請がその事務所に到達したときは遅滞なく当該申請の審査を開始しなければならず、かつ、申請書の記載事項に不備がないこと、申請書に必要な書類が添付されていること、申請をすることができる期間内にされたものであることその他の法令に定められた申請の形式上の要件に適合しない申請については、速やかに、申請をした者（以下「申請者」という。）に対し相当の期間を定めて当該申請の補正を求め、又は当該申請により求められた許認可等を拒否しなければならない。

　申請についての応答についてはこの条文で決着がついているはずである。ちなみに応答とは、行手法2条3号の定義によれば次の通りである。

　三　申請　法令に基づき、行政庁の許可、認可、免許その他の自己に対し何らかの利益を付与する処分（以下「許認可等」という。）を求める行為であって、当該行為に対して行政庁が諾否の応答をすべきこととされ

---

24)　中川・前掲注7)宮﨑古稀198頁参照。

ているものをいう。

　しかし、判例を見れば、なかなか決着がついていないことがわかる。

a　申請書返却

　・産業廃棄物処理施設設置許可を得るべく許可権者である知事に対し申請書を提出した者に対し、申請書が返却されたので取消しを求め、判決は処分性を認めている（東京高判平14.2.20WEB）。当然であるが、原審の前橋地判平13.6.29WEBや、別件だが仙台地判平10.1.27WEBが事実上の措置などといって処分性を否定していたことを今日的には驚く。行手法制定後でかつ行訴法改正後の今日では、原告は却下の取消しとともに、許可の申請型義務付けを求めるべき事案である。

　さらに複雑な誤りは、千葉地判平8.10.11判時1620号58頁に表れている。返戻を行政処分と認める点はいいのだが、その拒否処分を争わず不受理処分の取消請求のみしているとして却下している。裁判所の釈明権行使の不履行である。

　・通達に基づく特定求職者雇用開発助成金支給要領による受給資格決定申請書の返戻に処分性を認めない判例がある（千葉地判平13.5.25WEB）。非権力的な給付行政の分野における補助金や助成金等の支給関係は、例外的に処分性を与えることはあるが、原則は契約的関係であるから、その場合の行政庁の行為は、公権力の行使ではないとし、この制度は雇用保険法の施行規則、通達により創設的に規定されたものなので、雇用助成金の申請に対してされる雇用助成金の受給資格の有無についての決定及び支給・不支給決定は抗告訴訟の対象たる「行政庁の処分」には該当しないから、返却措置は抗告訴訟の対象にはなりえないという。後出のc⑦事例も同旨である。しかしこの判決の形式論はおかしい。法、政令、規則に準拠して通達が出され、これに基づき通達が制定されているのであるから、制度として確立しているのであり、行政はその要件に基づき支給・不支給決定をしている。受給権はこの通達により判断されるのであり、処分性を認めるべきである。

　・標準報酬改定請求却下処分取消等請求事件（東京地判平28.5.17WEB）は、請求すべき按分割合を定めた審判の確定前に厚生年金保険法78条の2第1項（いわゆる離婚時年金分割）の規定に基づく標準報酬の改定の請求をした者が年金事務所から申請書類全部の返還を受けたことが、請求の取下げに当たるとするが、行手法7条に反している。当事者がその旨の主張はして

いないが、裁判所は法律判断できるのではないか。

・申請書返戻をどうみるかで興味深い事例もある。公園使用許可申請と申請書返戻をめぐる**大阪地判平25.12.12**判例地方自治394号10頁、控訴審の**大阪高判平26.11.27**判例地方自治407号11頁。申請書が返戻され、申請者がこれを持ち帰り、その申請とは別な公園部分の使用を模索した事案である。申請内容を不許可としたことについて地裁と高裁とは結論は分かれたが、両判決とも返戻そのことについては論点にしていない。裁判所は、申請者が返戻されたこと自体を争わず、他の努力をしたことをもって、返戻自体の行手法上の問題を深めようとしない。

・行手法7条違反で違法とした明快な判例がある。**長野地判平22.3.26**判例地方自治334号36頁。

申請者が行政指導に従う意思がない旨を表明した場合には、これに反して申請書を返戻することは許されないから、行政手続法7条における審査、応答義務に違反し、変更許可申請は、産業廃棄物処理業を営む権利を実現するための手続であり、その申請者は、行政手続法に従って適正に扱われる権利を有しており、上記義務違反により約2年にわたり許否の処分が行われない場合には、申請者は職員の義務違反により権利を侵害されたということができるから、国家賠償法上も違法であるとする。

・行手法7条など違反を違法とする点では優れているが、上述の**東京高判平14.2.20WEB**のようには返戻行為を処分と捉えきれない**さいたま地判平21.10.14WEB**、**岡山地判平11.2.9**判例地方自治194号84頁（控訴審の広島高岡山支判平12.4.27判例地方自治214号70頁は処分と捉えている）もある。

b 請願の受理の拒絶

・**東京高判平14.12.5WEB**

請願法上の請願については、請願者の希望に添った対応を講ずる義務を負うものでないことはもとより、何らかの応答をすることすら義務付けられていないとして処分性を否定している。判決が引用する原審の水戸地裁判決は請願法5条が「この法律に適合する請願は、官公署において、これを受理し誠実に処理しなければならない」と定めていることを根拠として、自らの申出が当該事項を所管する官公署に受理され、その誠実な処理を待つことができる手続上の権利、利益があり、請願の受理それ自体を拒絶することは処分に当たるものとしている。原審が正しい。ただ、その後も**東京高判平23.6.8WEB**は**東京高判平14.12.5WEB**と同様の判断である。

c　様々な不受理

①　公平委員会の苦情処理の不受理：名古屋地判平18.11.30WEB

　苦情処理法制を詳しく認定したうえで、苦情処理制度の趣旨並びに地方公務員法及び規則の規定内容に照らしてみれば、公平委員会が行う苦情処理は、強制力を伴う公権力の行使をするものではなく、それによって直接国民の権利義務を形成し又はその範囲を確定するものでもないから、苦情処理の申出が受理されなかったとしても、これによって申出職員の権利義務が形成され又はその範囲が確定されることになるものではないとした。現行法のもとではやむをえないと考えられる。

②　公文書公開請求書の不受理：千葉地判平14.5.31WEB

　端的に処分性を認めている。

③　道路交通法の自動車教習所設置等届不受理：東京地判平13.12.27WEB

　道路交通法98条2項に基づいて、自動車教習所を設置し、管理する者が行う公安委員会への届出は、行手法37条によれば、形式上の要件に適合している場合には、当該届出が到達すれば、行政庁の応答の有無にかかわらず、届出をすべき手続上の義務が履行されたものとされている。本件の届出も公安委員会が審査して不受理あるいは返戻できる旨の規定は存しない。不受理は、被告において、原告が自動車教習所を設置し又は管理する者に該当せず、届出の内容が真正ではないとの理由で、届出は無効であると認識している旨を事実上通知したものにすぎず、処分には該当しないとしたうえで、届出をした者の地位にあることの確認を求める訴えによってその解決を図るのが、直截かつ抜本的な方法という。当事者訴訟としての確認訴訟のことである。筆者もそれでよいと考える。控訴審（東京高判平14.9.6WEB）も同旨。

④　無償旅客自動車運送事業届出不受理：名古屋地判平13.8.29WEB

　エムケイタクシーが中部運輸局長に出した道路運送法旧44条に基づく無償旅客自動車運送事業届出は、届出につき実質的な審査がなされることを前提とした規定は存在しないとしたうえで、③判例と同じ行手法37条論を判示する。また無届営業等の場合に刑事罰を受けるおそれを原告の権利ないし法律上の地位への影響に結び付ける主張に対しては、訴追されれば刑事手続で争えばよいし、具体的に構成要件を検討し、それらに当たらないとする。さらに、自動車登録に関する道路運送車両法39条及び自動車登録令14条1項2号により自動車登録に際して本件届出の事実を証する

第4章　取消訴訟の訴訟要件

書面が必要である点も、そのような利益は事実上のものにすぎず、法律上の利益とはいいがたいとし、自動車登録申請の際に添付された書類が適式なものであるか否かは、書類が不備であるとして登録申請に対する不受理処分（自動車登録令21条）又は登録申請却下処分がなされた場合に当該処分を争えば足りるという。本件は無償旅客自動車運送事業届出不受理によって刑事処分等の不利益を防止するために起こされたのであり、裁判所がこのように判決し、かつ行政側の法解釈の誤りまで随所で指摘したので、これで目的を達し地裁で確定している。

⑤　戸籍法の届出、住民基本台帳の転入届、その不受理

届出が続くので、特に判例上問題になってはいないが、戸籍法の届出も整理しておきたい。戸籍法に基づく届出は行手法5章の届出でなく、2条3号の申請である。その受理は行政処分となる[25]。もっとも、これを戸籍法は行政争訟の対象とはせず家庭裁判所で扱うこととしている（同法121条）[26]。

⑥　住民基本台帳法の転入届は同法に申立権があり、受理・不受理は行政処分である：横浜地判平14.8.7WEB

関連して、東京地判平24.4.26民集67巻6号1429頁は「市町村長が住民基本台帳法7条に基づき住民票に同条各号に掲げる事項（住民たる地位—引用者）を記載する行為は、公の権威をもって住民の居住関係に関するこれらの事項を証明し、それに公の証拠力を与えるいわゆる公証行為であり、本来は、それ自体によって新たに国民の権利義務を形成し、又はその範囲を確定する法的効果を有するものではない。しかし、同法15条1項は、選挙人名簿の登録は住民基本台帳に記載されている者で選挙権を有するものについて行うと規定し、公職選挙法21条1項も、上記登録は、その者に係る登録市町村等の住民票の記載がされた日から引き続き3か月以上登録市町村等の住民基本台帳に記録されている者について行うと規定しているなど、住民票の記載が住民に関する事務の処理の基礎とされ、住民票の記載を行う行為が、それによって直接当該住民の権利義務を形成し、又はその範囲を確定するものとされていること（最高裁判所平成7年（行ツ）第116号同11年1月21日第一小法廷判決・裁判集民事191号127頁参照）によれば、区長が原告子に係る住民票の記載をする行為は、抗告訴訟の対象となる行政庁の処分その他公権力の行使に当たる行為（行政事件訴訟法3条2項）に該当

---

25)　宇賀・手続三法50頁参照。
26)　中川・前掲注7)宮﨑古稀208頁参照。

するということができる」とした。控訴審（東京高判平24.9.27民集67巻6号1473頁）、上告審（最判平25.9.26WEB）ともこの点を崩してはいない。

⑦　区が通達に基づいて作った特定求職者雇用開発助成金申請不受理：
　　東京地判平12.2.24WEB

コンビニエンス・ストア等を業とする会社が、特定求職者雇用開発助成金の対象者を雇用し、区に助成金の支給を受けるための申請をしたところ、区が、出勤簿及び賃金台帳の原本の提出がなく、また、その提出の指示に従わなかったとして、申請書を受理せず返却したため、受理をしない旨の措置の取消しを求めた事例に対し、判決は、雇用保険法、同法施行規則、労働省職業安定局長・同省職業訓練局長通達を検討し、通達に基づく運用を確認する。施行規則において、はじめて、雇用助成金の制度が規定されるとともに、雇用助成金を受給することのできる事業主の受給資格及び支給額について概括的に規定され、さらに、具体的な支給要件、支給手続、支給金額等は本件通達において創設的に定められているから、規則及び本件通達によって、雇用助成金の支給・不支給決定に処分性が付与されるものでないとする。この判決は(1)b③で述べた**東京地判平12.3.23**事例と同じ裁判体による同じ形式的解釈である。そこでの筆者の意見を参照されたい。

⑧　林地開発許可申請受理：長崎地判平5.9.21WEB

不受理の争いは二面関係が大半だが、三面関係になると受理が争われることもある。

長崎県においては、森林法10条の2に基づく林地開発許可申請は地方機関の長を経由して被告知事に提出されるため、許可申請の受理は、具体的行為としては地方機関の長により行われる。地方機関の長は、申請書につき、添付書類の欠落等の形式的な不備がないかを審査し、右不備がない場合には申請を受理するのであり、当該申請が法の規定する許可基準を充たすか否かは、その後、地方機関の長による予備審査及び許可権者である被告知事により判断される。このような手続のもとでは、申請の受理は、行政庁として申請書類に形式的な不備がないことを認め、申請者に対し、当該申請に対する判断を行う意思を表明するにとどまり、申請者を含め私人の権利又は法律上の利益に影響を及ぼす効果を有するものとは認められないとされた。三面関係にある近隣住民の争い方としては、このような受理については、改正行訴法下では、県に対し許可の差止めなどを求めるべき

60

であろうか。現にこの原告も不許可の義務付け訴訟を求め結果としては棄却されている。改正前の事例としては、義務付けは相当に困難であったのであるから、やはり受理の取消しに処分性を認めて実体審理をすべきであった。そしてこの判決の受理論は、行手法7条のもとでは取り得ないものである。

⑨　国保組合加入申込不受理、被保険者証不交付：大阪地判平3.12.10
　　WEB

判決は前者は処分性なく、後者は処分性ありとする。この判決の不受理論は行手法7条のもとでは成り立たない。当然に処分性がある。

d　さまざまな不交付

①　c⑥の判例の不交付の処分性判断肯定（国民健康保険法91条が、被保険者証の交付の請求に関する処分を審査請求事項としている点から、同法は、加入申込者が組合員となる資格を有しているか否かの点や加入申込みによって組合員たる地位ないし被保険者たる資格を取得したか否かの点については、被保険者証の交付の請求に関する処分に係る争訟という形で争わせることを予定しているとする）は当然のことである。

②　要綱に基づく知的障害者療育手帳不交付：東京高判平13.6.26WEB

判決はまず、療育手帳については、法令に規定がなく、埼玉県知事が定めた要綱に定められているにすぎないが、本件療育手帳の交付対象者とされている知的障害者について定める法律の趣旨、他の類似制度との関係、本件認定を含む本件療育手帳の交付決定の性質とその法的効果を検討して判断されるべきであるとする。そして障害者基本法2条は障害者を身体障害、知的障害又は精神障害に分けるが、このうち身体障害、精神障害についてはそれぞれの法律で手帳制度とそれを所持する効果を定めるが、知的障害者福祉法は、このような手帳制度を法定していない。厚生事務次官通知で療育手帳制度要綱を定め、厚生省児童家庭局長通知で詳細を明らかにしている。これに基づいて、埼玉県においても療育手帳制度要綱、療育手帳（みどりの手帳）制度事務取扱要領が作成されたものである。いったん療育手帳の交付を受ければ、個々の援助措置ごとに知的障害者である旨の認定を受ける必要がなく、知的障害者福祉法に基づく知的障害者としての地位、障害の程度が公証されるとともに、障害の程度に応じた統一的な援助措置を受けることができるという地位を付与されるもので、療育手帳の交付は、諸々の福祉措置を知的障害者に付与するために必要な一連の手続

のいわば要というべきものである。このような知的障害者としての地位の付与は、ことにそれによって各種税法上の優遇措置が障害の程度に応じて統一的に与えられることにかんがみると、補助金の交付等の例とは異なり、行政庁が優越的地位に基づき公権力の行使として行う行為であり、新たに国民の権利義務を形成し、又はその範囲を確定する法的効果を有すると解して差し支えないとして、原判決を取り消して、交付、不交付に処分性を認め、実体判断も違法とした。優れた判例である。

(4) 税をめぐる事例

a 延滞税の免除：東京地判平15.2.26WEB

国税通則法63条5項の延滞税の免除は行政処分であるとする。逆に、この事例で問題となったのは、免除しない（延滞税が発生する）方であり、延滞税は一定の事由が存在する場合には当然に発生することが予定されており、その発生について賦課決定処分等の行政処分を要するものではないという。

b 登録免許税還付拒否通知：最判平17.4.14WEB[27]

近接した時期に、下級審での判断が正反対であった。この判例で統一した。

還付金返還訴訟（不当利得返還請求訴訟、後述する当事者訴訟としての給付訴訟である）を認めることではどの判例も一致していたが、加えて拒否通知を処分とみて取消訴訟を認めるかどうかで分かれていた。

・還付通知に処分性を認めている事例：東京地判平13.5.21WEB

地方税法31条の趣旨、更正の請求に関する国税通則法23条1項との類似性、過誤納の還付加算金の起算日の定め、還付通知に還付加算金請求権を発生させる効果が付与されていることなどから、地方税法31条は、登録免許税の還付手続は同条の定める手続によってのみ行い、しかも還付加算金請求権の発生を還付通知という行政処分に係らせる趣旨とみるのが相当であり、同条2項によって還付通知請求という申請権が法定されているのであるから、その申請を拒否する行為もまた行政処分であると解すべきとする。

・処分性を認めない一連の判決：神戸地判平12.3.28WEB、その控訴審（大阪高判平12.10.24WEB）、横浜地判平14.12.4WEBなど

---

27) この判例の評釈及び処分性についての詳細な解説として山本・探究364-387頁参照。

判例は統一されたので、理由は省略する。

最高裁判決は国を相手に過誤納金返還請求をする手段を認めるとともに拒否通知に処分性を認め、給付訴訟と取消訴訟の両様の争い方を認めた。ただし前者を起こして敗訴が確定した当該事案では、後者でも訴えの利益は認められない。

c　登録免許税額認定：最判平 10.2.24WEB

登録免許税法25条に基づいて登記官の行う当該登記につき課されるべき登録免許税額の納付の事実の確認は、抗告訴訟の対象となる行政処分に当たらない、登録免許税に関して認定処分なるものの存在は認められないとする。手持ちのツールでは初審の判決が読めず、控訴審や上告審は結論だけなので、コメントしにくいが、異を唱えなくてよいのではないかと思える。認定された額の徴収に不満があれば徴収決定の前後で抗告訴訟をするか、納付義務不存在確認を起こせばよかろう。

d　差し押さえた生命保険契約解約：東京地判平 14.11.15WEB

国の徴収職員は、差し押さえた債権の取立てをすることができるとされているが（国税徴収法67条）、第三債務者に対し、滞納処分の方法でその取立てを行うことはできず、滞納者に代わって、私債権者の立場においてその弁済を求めることができるにとどまる。差し押さえた解約返戻金請求権を解約する行為は、同法67条に基づいて取り立てるために、滞納者が契約の約款に基づく権利として有する解約権を、滞納者に代わって行使する行為にすぎない。そうであるとすれば、本件解約行為は、優越的な地位に基づく公権力の行使として行われたものと解することはできないとする。しかし、滞納者に代わって、徴収職員が弁済を求める立場は公的地位であって、それが全く自由というわけではない。したがって、滞納処分を争い、解約に仮の差止めをかけるか、それでも私経済行為だと裁判所がいう可能性を考えて、第三債務者宛に解約応諾禁止の仮処分をかけることも考えたい。

e　源泉徴収の納税告知：最判昭 45.12.24WEB

古い判例だが、中川教授が、この最高裁判決は処分性肯定のために下線のごとく付随的効果もその理由としていると異論[28]を述べている事例であり取り上げておきたい。

---

28)　中川・前掲注7) 石川古稀216頁参照。

「一般に、納税の告知は、〔国税通則〕法36条所定の場合に（なお、資産再評価法71条4項参照）、国税徴収手続の第一段階をなすものとして要求され、滞納処分の不可欠の前提となるものであり、また、その性質は、税額の確定した国税債権につき、納期限を指定して納税義務者等に履行を請求する行為、すなわち徴収処分であつて（ただし、賦課課税方式による場合において法32条1項1号に該当するときは、納税の告知が、同時に賦課決定の通知として、税額確定の効果をあわせもつ例外の場合にあたる）、それ自体独立して国税徴収権の消滅時効の中断事由となるもの（法73条1項）であるが、源泉徴収による所得税についての納税の告知は、前記により確定した税額がいくばくであるかについての税務署長の意見が初めて公にされるものであるから、支払者がこれと意見を異にするときは、当該税額による所得税の徴収を防止するため、異議申立てまたは審査請求（法76条、79条）のほか、抗告訴訟をもなしうるものと解すべきであり、この場合、支払者は、納税の告知の前提となる納税義務の存否または範囲を争つて、納税の告知の違法を主張することができるものと解される」。

(5) 指名競争入札参加資格などにみる行政上の契約の統制[29]

行政体や独立行政法人が行う入札は、公の競争入札で行われるので、どうしても行政処分的にみてしまう面がある。

しかし、早くから最高裁判例（最判昭35.5.24WEB）がいうように、「売買等の契約を競争入札の方法によって締結する場合に落札者があつたときは、国および落札者は、互に相手方に対し契約を結ぶ義務を負うにいたるのであり、この段階では予約が成立したにとどまり本契約はいまだ成立せず、本契約は、契約書の作成によりはじめて成立すると解すべきである」という法律関係理解は定着している。

最高裁はあらためて入札＝私法契約説を確認している（最判平23.6.14WEB）。しかし、だからと言って、入札の不公正については国賠事件ではあるが最判平18.10.26WEB（第5章第2節3A2⑤でも取り上げる）は、一連の村の措置に裁量権の逸脱又は濫用を指摘してもいるのである[30]。

なお、2006年（平成18年）5月26日に成立した「競争の導入による公共サービスの改革に関する法律」は官民競争入札の新しい規定を導入したから、ますます入札は行政処分でない公共サービスとして論じられるが、司

---

29) 阿部・再入門下91頁以下、宇賀・Ⅰ375頁参照。
30) 契約にも裁量概念は使われる（最判昭62.3.20WEB、山本・探究279頁参照）。

第4章　取消訴訟の訴訟要件

法統制は重要であるから確認訴訟などを工夫すべきとなろう[31]。

　以下に見るように、この分野の下級審は、入札＝契約だから確認訴訟もできないなどと極端なことを言って司法的統制を迷路に導いているものから、公法的統制を効かそうとするものまで存在するが、後者の傾向が強くなっているものと考えられる。

a　落札：さいたま地判平20.1.30WEB

　上記昭和35年判決を明確に確認している。落札決定は契約の（相手方選定の）準備行為であり、優越的意思の発動ではないから処分性はないという。

　加えてこの判決は、確認訴訟も不適法と次のように言う。物品調達の納入契約は、独立行政法人と落札者とが対等な立場において行う私法契約であるから、契約関係は公法上の法律関係ではなく、また、競争入札は、公告により、契約予約の申込みの誘引がなされ、これに応じて入札をすることが、契約予約の申込み、落札者の決定が、これに対する承諾としてそれぞれ位置付けられるところ、入札者又は落札者と独立行政法人との間には、私法上の法律関係が生じるのみであって、公法上の法律関係が生じるものではない、と。

　この判決が確認訴訟を否定する点には大きな異論がある。

　私法契約だからというだけで公法上の確認訴訟を否定することはできない。中川教授の言われる「公正な取り扱いを政府から受ける地位」の視点を加えるべきである。

　さらに、行政契約についての公正性という点からも、この判例やその基本となった昭和35年最判は見直されるべきであろう。

b　競争入札参加資格の決定：東京地判平12.3.22WEB、控訴審—東京高判平12.9.27WEB

　地方自治法234条2項及び6項により、普通地方公共団体は、政令で定める場合に限り指名競争入札の方法により締結することができ、入札参加資格も政令で定める旨規定されており、地方公営企業である東京都水道局は管理規程を設け、水道メータの競争入札に参加するには発注額にA、B、Cの等級付けをすることを必要とした。Cは300万円未満とされているが、区分はあくまで標準的なもの。ところが水道メータについては発注金額が

---

31)　橋本博之「『競争の導入による公共サービスの改革に関する法律』案について」自治研究82巻6号（2006年）45頁、中川・確認訴訟の可能性986頁参照。

65

300万円未満となる例は稀有なことから、Ｃ業者は競争入札に参加する機会が事実上ない。このケースはＣとされた業者がその等級決定の取消しを求めた。

判決は、資力、信用等がない者が落札者となって普通地方公共団体に損失が生ずる事態を未然に防止するためであり、各等級ごとに区別された発注標準金額はあくまで標準的なものであって、これによらない場合もありうるので、競争入札参加資格の等級の決定は、普通地方公共団体内部における契約の準備的行為にすぎないとした。その理由は、物品買入れ契約等は私法上の行為であり、相手方の意思にかかわらず、一方的に決定し、相手方にその受忍を強制するとの性質を有するものではなく、また、そもそも原告について東京都と契約を締結する権利ないしはその機会を与えられる権利を当然に有しているものでもないことからすれば、右契約等の準備的行為にすぎない被告の行う競争入札参加資格の等級の決定は、法の認める優越的な意思の発動として行われるものとは解されないし、また、それによって直接に個人の権利又は法律上の利益に直接の影響を及ぼす法的効果が生じるものとも解されないというのである。この判決の事例については、確認訴訟や後述のc、d判決を参考にするならば、国賠請求の方が訴訟方法としてはフィットしたのではなかろうか。

c 指名競争入札の指名停止：岡山地判平12.9.5WEB

地方自治法234条2項及び6項により、普通地方公共団体は、政令で定める場合に限り指名競争入札の方法により締結することができ、入札参加資格も政令で定める旨規定されており、同法施行令167条の4は一定の事実があった者には2年間指名競争入札に参加させないことができ、同施行令167条の12は、長は参加する資格を有する者のうちから指名しなければならない旨規定している。岡山市は同施行令を受け指名停止基準を設け、基準に定める不正・不誠実な行為に該当するものとして本件通知に係る指名停止の措置をした。建設工事請負契約は、契約当事者が対等の立場において締結するものであり、法律上は優越的地位に基づき公権力を発動するものでないことは明らかだが、契約締結に参加することのできる資格及び機会という点からみると、契約締結の主体が公権力の主体である地方公共団体であるため、一般私人間における契約締結の場合とは異なり、本来であれば、個人であれ、法人であれ平等に与えられるべき機会につき地方自治法以下の法令の定めるところに従い制約を加えるものであり、右の参加

の資格及び機会の制約に関する限りにおいては、地方公共団体が優越的地位に基づき公権力を発動することによりその者の権利義務の範囲を画するものといって妨げなく、24月以内の範囲で定める期間指名を停止することは、当該指定業者から将来に向かって契約締結に参加する機会を包括的かつ一律的に奪う点で、その行為は、行訴法3条2項に定める行政庁の処分その他公権力の行使に当たる行為に該当するとした。極めてわかりやすい判決である。

d　指名参加からの排除：高松高判平12.9.28判時1751号81頁

国賠事件であるが、c判例と同様の行政統制の優れた判断である。

高知県十和村村長が、正当な理由がなくして特定建設業者を公共工事の入札参加者指名から排除したことが違法とされ地方公共団体の国家賠償責任が認められた事例である。「地方自治法施行令167条の12は、指名競争入札の参加者の指名について……具体的な指名基準や手続を定めてはいない。これはいかなる者を指名競争入札に参加させるのが相当であるかの判断を、契約担当者である地方公共団体の長の広範な裁量に委ねる趣旨であると解される。しかし、そのことは、契約担当者の恣意を許すものではなく、このように広範な行政上の裁量に委ねることが、諸種の事情を総合してより適切で妥当な契約の締結につながり、ひいては住民全体の経済的利益に資するものと期待されるからである。したがって、その趣旨に反し、例えば、契約担当者が自己又は特定の業者の利益を図り、又はこれに損害を加えること等不公正な目的をもって右の裁量権を行使するようなことは、その裁量権を逸脱し又は濫用するものであって、違法である。」

「本件当時、控訴人においては……高知県の定める要領に準ずることにして運用されていた。……〔要領の排除〕事由に該当しない場合に、契約担当者が特定の業者をことさら入札参加者に指名せず、競争入札から継続的に排除する措置を執ることは、裁量権を逸脱又は濫用するものであるというべきである。……〔地方自治〕法及び〔同法〕施行令並びに取扱要領によるこのような規制は、直接的には、地方公共団体のする契約締結に当たっての公正性、透明性及び適正な経済性を確保することを目的とするものである。しかし同時に、それは、指名競争入札に参加する請負業者の正当な経済的利益を法的に保護することにもつながっている。そして、指名競争入札から排除されるかどうかは、公共工事に依存する請負業者の死活的な経済的利益に直結する事柄で……ある。すなわち、このような非権力

的行政作用も広い意味での公権力の行使に属する」。

(6) 国有財産等の使用等をめぐる事例

国有財産法18条2項、地方自治法238条の4第2項の行政財産の使用などの行為は、行政財産の目的外使用と呼ばれ、行政処分として行われる。その処分により、相手方には行政財産の使用収益できる地位に立つという効果が与えられるから、行政処分性には問題はないと思われる。しかし、下級審判例はかなり最近まで混乱していた。

a 行政財産目的外使用

・福岡高判平12.5.26WEB

2巡目の高裁判決だが、この判例が引用する1巡目の福岡地判平10.1.26は、本件林道の法的性質は、「公の施設」（地方自治法244条1項所定の普通地方公共団体が、住民の福祉を増進する目的をもってその利用に供するために設けた施設）ではないが、筑紫野市が公共の用に供する行政財産（同法238条3項）であるとしたうえで、本件林道使用を不許可とする控訴人の回答は、取消訴訟の対象なる行政処分性を有しないなどとして、被控訴人の訴えを却下するとした。やはりこの判例が引用する1巡目の福岡高判平10.12.21は逆に処分性を認め、その後2巡目の地裁、本件高裁も同じ判断。本件林道は、「公の施設」には該当しないが、行政財産であり、地方公共団体の行政財産の目的外使用の許可申請に対する不許可は、法令上の申請権に基づく申請に対する拒否行為として行政処分性を有するというもの。

・鹿児島地判平12.9.22WEBは、上の高裁判決が不許可に処分性を認めているのに、処分性を認めない。

本件の土木事務所長に対する申請は、海岸法3条に定める海岸保全区域以外の海浜地における土石（砂）の採取のために国有財産法18条3項の規定に基づき行政財産である土地の使用許可を求めるものである。同項は国有財産の効率的利用の見地、あるいは、使用又は収益によって行政財産自体の効用が増す場合等のあくまで例外的場合に使用又は収益の許可をすることができると定めたものと解するのが相当であり、同項によって、許可申請者に対し、当該行政財産を使用することのできる実体法上の権利や法的利益を与えたものと解することはできない。また、国有財産法及びその他の法令上、行政財産の使用許可の申請権がある旨定めた明文の規定やあるいはそれを前提とした手続的規定も存しない。なお、使用許可処分は、行政処分に当たると解されるとする。

第4章　取消訴訟の訴訟要件

　しかし国有財産法18条3項に基づく行政財産である土地の使用許可申請
に対する不許可は処分ではなく、許可は処分だとする結論は信じがたい。
さすがに控訴審（福岡高宮崎支判平13.7.6WEB）は逆転させ処分性を認めた。

　・最終的には海岸区域内の占用許可に関する最判平19.12.7WEBが、不
許可に処分性は当然あり、次の裁量で重要な判断をしたので、処分性問題
は過去の問題と言えるであろう。

b　国有歴史建物取壊し：東京地判平6.10.17WEB、控訴審―東京高判平7.11.21WEB

　かつて、陸軍士官学校、陸軍省、極東国際軍事裁判法廷等の建物として
用いられた建物につき、その保存を求める原告らが、防衛庁長官がその取
壊決定をしたとし、原告らの史跡保存権を侵害するもので違法であるとし
て、その取消しを求めている事案で、判決は一般に公用物の消滅について
は、道路、公共用建物等の公共の利用に供される公共用物の場合と異なり、
供用廃止等の特段の意思的行為を必要とせず、事実上その使用を廃止する
ことにより、公用物としての性質を失うのであって、その過程において、
右のような事実上の措置以外のなんらかの法的効力を伴う行為は観念しえ
ないとして、処分性を認めなかった。歴史建物の破壊についてこれをとめ
る例として豊郷小学校事件（大津地決平14.12.19判タ1153号133頁）があり、
講堂解体費用の支出の差止めの住民訴訟を本案訴訟としてその仮処分とい
う方法であったが、本件は国の財産であること、地方財産も2002年の地
方自治法の改正で仮処分が禁止されたこと（242条の2第10項）などいろい
ろな意味で、豊郷小のような訴えが困難となっている。

c　国有財産加工不承認：山口地判平11.7.6WEB

　道路法、河川法その他特別法の適用がないため法定外公共用財産といわ
れる建設省所管国有財産である水路について、その隣接地所有者である原
告が、自家用車両等の通行用の橋梁を設置することの承認を求めているが、
法定外公共用財産は、行政財産の一種として、原則として、私権の設定に
よる使用収益が禁止されている（国有財産法18条1項）。同法18条3項にい
う目的外使用とは別に、右法定外公共用財産である里道や水路の改修及び
形態の変更等に関する運用を定めた行政庁の組織内部における規律（内規）
のための手引書はあるが、法令上の根拠を有するものではなく、仮に、本
件手引きに基づく承認がなされたとしても、国有財産の一部を事実上使用
収益することを許すにとどまるのみであり、公法上又は私法上の権利を設

69

定、付与するものとはいえないから、不承認になったからといって、私人の地位に何らの変更も生じるものではない。これが判決内容であり、その法律論は上記平成19年最判と同様の法関係を扱う。それは国有財産法18条3項にいう目的外使用とは別の規定が、上記最判の場合は海岸法7条、37条の4であるのに対し、この事例では手引書であるということである。手引書は法規範ではないあろうからこの判決の結論を是とするか、この手引書が目的外使用の制度内容と捉えれば、水路、里道については申請権を付与する解釈、処分性肯定の解釈の可能性が出るかもしれない。

d　アイヌ新法附則3条に基づく旧財産返還、不返還決定：札幌地判平14.3.7WEB

このケースは国有財産の問題ではないが、行政が法により管理していた財産の返還の問題である。

道知事が、アイヌ新法（アイヌ文化の振興並びにアイヌの伝統等に関する知識の普及及び啓発に関する法律）附則3条に基づいて原告らが返還請求をした財産（北海道庁長官ないし道知事が北海道旧土人保護法10条1項の規定により管理していたもの）を、返還・不返還の決定を行ったことに対する無効確認や取消しを求める事案。アイヌ新法附則3条による共有財産の返還手続と同様の手続により、被告の決定によって、当該指定外財産の返還を受けることができたり、受けられなかったりすることになる。被告の決定が、直接、返還請求者の指定外財産に対する権利に直接影響を及ぼしているということができる。指定外財産の返還手続自体が法令に定められていないことをもって、行訴法上のその他公権力の行使に当たる行為に該当しないということはできないとする。

(7)　都市計画、建築関連の事例

aで見る区画整理事業計画決定に処分性を認めた最大判平20.9.10WEBのあとでも、都市計画決定全般に処分性が認められるわけではない。

例えば大阪地判平23.2.10WEBは、都市計画法に基づく道路整備に関する都市計画決定によって、ただちに都市計画施設の区域内の土地について権利を有する者や右区域内に居住する者の具体的な権利・利益が左右されることは法律上認められていないから、右都市計画決定に処分性は認められない。「上記大法廷判決の射程は、本件のような都市計画法上の都市施設を定める都市計画決定には及ばないものと解するのが相当である」という。

いかにも観念的で市民生活を知らない判断と言うべきである。知らない
ふりをしているだけかもしれない。都市計画決定段階で争わせない限り、
任意買収が進んで、事業認可の段階では道路をつくるかどうかという勝負
はついていて、あとは仮に事業認可の争いで違法性が認められても事情判
決が登場して、道路はできるであろう。

第1章末尾で述べたような行政計画の争訟方法を確立しない限り、この
問題は解決しない。

藤山裁判官のような市民生活がわかっている裁判官が、この問題を、同
様な問題意識で取り上げ、白眉の提言を判決中でしている[32]ことに思いを
いたさなければならない。藤山裁判長が、そのような問題意識で、1審判
決で事情判決を選択しない場合にも、判決自体が言うように、1審だけで
訴訟は終わらす、上級に進むうちに、計画は進み、道路は完成するから、
ほっておけば結局事情判決になるので、取消訴訟では執行停止を併用しな
ければならず、できれば差止め訴訟の有効活用が図られねばならない。問
題は山積みされている。

---

32) 圏央道あきる野IC事業認定等取消訴訟の東京地判平16.4.22WEBの中の、「な
お、付言するに、このような事情判決といった例外的な制度の運用の可否が問題
となるのは、計画行政一般につき、計画策定以降長期間にわたって事業認定等の
行政処分をしないまま、任意買収の形で着々と事業の準備を進め、それが完了し
た段階で事業認定を得て、それについて取消訴訟が提起されても一気呵成に事業
を続行して完成に至らせるという行政の運用とそれを可能とする法令の定めがあ
ることによるものであり、これを国民の側からみると、例えば、本件のように都
市計画法に基づく都市計画施設に関する都市計画決定がされた場合、その計画区
域内に居住する住民らは、都市計画決定は行政処分ではないため、同法53条に
よる建築制限の効果を受けるにもかかわらず、決定に不服があってもこれを直接
争うことができず、あくまで計画に反対する場合は、建築制限による不便を忍び
つつ、本件のような事業認定又は都市計画法に基づく事業認可という行政処分が
されるのを待って取消訴訟を提起するほかwithout、しかも、これを提起
しても事業の進行を止めることはできず、強制収用を甘受するしかない地位に置
かれるのである（執行停止制度が有効に機能しないことは、本件において明らか
となった。）。このような状況に直面した場合、多くの住民は、計画への不服の有
無にかかわらず、任意買収に応じざるを得なくなるのであり、その結果、計画行
政の分野においては、司法によるチェック機能が十分に働かず、国民は行政のな
すがままに任されているといえよう。これは、一般法としての行政事件訴訟法の
みでは、この種類の争訟を有効に解決することができないことを示しているので
あり、この分野における法の支配を有効に機能させるには、都市計画法等の個別
実体法において事業計画の適否について早期の司法判断を可能にする争訟手段を
新設することが是非とも必要である。これが実現するならば、事業進捗前に事業
計画の適否が明らかとなっており、それを前提とした事業の進行を図ることによ
り、事情判決という例外的な制度の発動を検討する必要性もほとんど消滅するも
のと考えられるのである」とする提言。

こんなことを、先進国を標榜する国で書き進めなければならないのは辛いが、処分性拡大を進めねばならない。

a　区画整理事業計画決定：最大判平20.9.10WEB

改訂前の本書で批判した最大判昭41.2.23WEBが判例変更された。大法廷判決は大法廷判決で変更するのである。

浜松市が施行した土地区画整理事業の事業計画の決定について、施行地区内に土地を所有している上告人らが、その違法を主張して取消しを求めた事案。市町村の施行に係る土地区画整理事業の事業計画の決定は、施行地区内の宅地所有者等の法的地位に変動をもたらすもの（「土地区画整理事業の手続に従って換地処分を受けるべき地位に立たされるものということができ、その意味で、その法的地位に直接的な影響が生ずるものというべきであり、事業計画の決定に伴う法的効果が一般的、抽象的なものにすぎないということはできない。……もとより、換地処分を受けた宅地所有者等やその前に仮換地の指定を受けた宅地所有者等は、当該換地処分等を対象として取消訴訟を提起することができるが、換地処分等がされた段階では、実際上、既に工事等も進ちょくし、換地計画も具体的に定められるなどしており、その時点で事業計画の違法を理由として当該換地処分等を取り消した場合には、事業全体に著しい混乱をもたらすことになりかねない。それゆえ、換地処分等の取消訴訟において、宅地所有者等が事業計画の違法を主張し、その主張が認められたとしても、当該換地処分等を取り消すことは公共の福祉に適合しないとして事情判決（行政事件訴訟法31条1項）がされる可能性が相当程度あるのであり、換地処分等がされた段階でこれを対象として取消訴訟を提起することができるとしても、宅地所有者等の被る権利侵害に対する救済が十分に果たされるとはいい難い。そうすると、事業計画の適否が争われる場合、実効的な権利救済を図るためには、事業計画の決定がされた段階で、これを対象とした取消訴訟の提起を認めることに合理性があるというべきである」）であって、また、実効的な権利救済を図るという観点から見ても、これを対象とした抗告訴訟の提起を認めるのが合理的であるとした[33]。

b　都市計画法上の地区計画：最判平6.4.22WEB

平成になっても地区計画≠処分との態度は変化しなかった。地域指定の処分性を否定する最判昭57.4.22WEBの部類に属し、上述の都市計画一般論の問題でもある。いわく、都市計画法の地区計画の決定、告示は、区域

---

[33]　この判決と処分性についての詳細な解説として、山本・探究388-413頁参照。

内の個人の権利義務に対して具体的な変動を与えるという法律上の効果を伴うものではないと。しかし、土地利用規制を詳細に厳しく定めるものであり（都計12条の5）、しかも土地所有者等（仮登記権利者も入る）の意見の聴取は、地区計画案の作成前に行う（都計16条2項）という制度で、個別処分に近いので、条例制定の段階で争わせるべきである[34]。証拠散逸のおそれ、権利救済の実効性の立場からも処分性を当然認めるべきである。確認の利益をどのように捉えるかで結論は大いに変わってくるが、今後、処分性の拡大努力とともに確認訴訟を積極的に活用することが重要である[35]。

c　土地改良法にもとづく土地改良事業の計画決定

早くから処分性が認められている（最判昭61.2.13WEB）。不服申立てができること、公告後「土地の形質を変更し、工作物の新築、改築若しくは修繕をし、又は物件を附加増置した場合には、これについての損失は、原則として補償しなくてもよいものとされていること（同法122条2項）、また、右事業計画が異議申立手続を経て確定したときは、これに基づき工事が着手される運びとなること（同法87条8項）」を理由とする。

d　第2種市街地再開発事業計画認可：最判平4.11.26WEB

第2種市街地再開発事業については、土地収用法3条各号の一に規定する事業に該当するものとみなして同法の規定を適用するものとし（都市再開発法6条1項、都計69条）、都道府県知事がする設計の概要の認可をもって土地収用法20条の規定による事業の認定に代えるものとするとともに、再開発事業計画の決定の公告をもって同法26条1項の規定による事業の認定の告示とみなすものとしている（都市再開発法6条4項、同法施行令1条の6、都計70条1項）。したがって、市町村は、右決定の公告により、土地収用法に基づく収用権限を取得するとともに、その結果として、施行地区内の土地の所有者等は、特段の事情のない限り、自己の所有地等が収用されるべき地位に立たされることとなる。しかも、この場合、都市再開発法上、施行地区内の宅地の所有者等は、契約又は収用により施行者（市町村）に取得される当該宅地等につき、公告があった日から起算して30日以内に、その対償の払渡しを受けることとするか又はこれに代えて建築施設の部分の譲受け希望の申出をするかの選択を余儀なくされる（都市再開発法118条の2第1項1号）。そうであるとすると、公告された再開発事業計画の決定は、

---

34)　阿部・解釈学Ⅱ104頁。

35)　小早川編・研究161-163頁、日弁連編・実務解説60-68頁参照。

施行地区内の土地の所有者等の法的地位に直接的な影響を及ぼすものであって、抗告訴訟の対象となる行政処分に当たる。

e 第1種市街地再開発事業計画認可：1審—福岡地判平2.10.25WEB、控訴審—福岡高判平5.6.29WEB

第1種市街地再開発を扱った判例には結論だけ原審認容の最判昭59.7.16判例地方自治9号53頁があるが、この下級審（大阪高判昭58.12.21判例地方自治3号100頁、神戸地判昭57.4.28訟務月報28巻7号1457頁）を見ても、原告は都市計画決定を争い、処分性なしという結論が出ている。その次の段階である事業計画認可のことは争われていないので、その意味では参考にはならない（ただ、都市計画決定についての争訟方法がないというのはおかしいのであって、1章でも述べた様に何らかの工夫がいる）。これと同様の争い方をしている判例も最近でもあり、結論は同じである（東京地判平20.12.19WEB、横浜地判平20.12.24WEBなど）。

これに対し、上記福岡地裁、高裁は事業認可について次のような考えで、処分性を肯定している。

第1種市街地再開発事業計画の決定については、都市再開発法6条2項により都市計画法69条、70条の適用が排除され、土地収用法の適用がないから、土地収用権の付与といった法的効果は発生しない。しかし、施行区域内の宅地所有者等の権利者は、事業計画決定の公告後30日以内に、施行者に対し、権利変換又は新たな借家権の取得を希望しない旨申し出ることにより、他へ転出して権利変換計画の対象者から除外されるか否かの選択を余儀なくされる（都市再開発法71条）。施行区域内の宅地所有者等の権利者の法的地位を右の限度で変動させる効果を有し、行政処分としての性格を有する（仮に処分性を否定すると、決定を違法と考えている者は、その段階ではその効力を争うことはできず、後に権利変換処分の効力を争うこととなるが、その結果、権利変換処分が適法とされると、他に転出しようとしても補償金（都市再開発法91条1項）又は転移に伴う損失補償（同法97条）を施行者から受領することはできないから、このような不利益を避けるには当初から他に転出することを余儀なくされ、事業計画の違法を争う余地は実際上なくなってしまうこととなる。このような不合理な事態を避けるためにも、事業計画決定の処分性を肯定するのが相当）。

私は上記福岡地高裁の考え方でも良いし、もっと直截に権利変換を受けることにあることを捉えて（法87条）処分性は肯定されると考える[36]。

74

f　換地計画の中の保留地の設定：東京高判平5.10.14WEB

　換地計画において、換地、清算金、保留地等に関する事項を定めるが（土地区画整理法87条）、保留地の設定については、施行地区内の全土地所有者の減歩によりされるもので、特定の者に対する通知は予定されていない。施行者による特段の行為がなくとも、同法103条4項所定の公告があると、その効果として、同法104条9項の規定により、公告のあった日の翌日において施行者が換地計画において定められた保留地を取得する。換地（狭義の）及び清算金についての処分と異なり、行政庁（施行者）の公権力の行使に当たる行為が存在するわけではなく、法の規定による効果だとして処分性否定。大場民男『縦横土地区画整理法　第2版』（一粒社、1983年）は処分性肯定説である（判タ857号114頁参照）。いうまでもなく、肯定説によるべきである。このような判例は変更すべきである。

　(2)bで述べた開発許可申請に際しての公共施設管理者の同意（最判平7.3.23WEB）の事例は都市計画事例の一種でもある。判例は変更されるべきである。

g　工業地域内における例外としての建築不許可：高知地判平15.9.30 WEB

　用途地域の指定による規制は、一定の地域には一定の用途の建築物しか建築できないようにすることで、都市等の人口密集地域での居住環境の保全や商業等の利便の増進を図ろうとするものであるから、本来自由であるべき当該地域の土地所有者等の権利行使を制限する性質のものである。そして、単に用途地域の指定にとどまらず、用途地域規制により一般的に建築が制限される建築物を建築しようとする者が、その例外許可を求める申請をし、特定行政庁がこれを拒否すれば（建築基準法48条11項但書による許可、工業地域内における例外としての建築許可をしない旨の処分）、申請人の権利行使の制限は現実のものとなるのであるから、公権力の行使により申請人の権利ないし法律上の利益を侵害するものとして、取消訴訟の対象となる行政処分となる。

h　擁壁検査済証交付：東京地判平17.6.24WEB

　被告品川区建築主事が、建築確認をした擁壁について、施主に検査済証を交付したため、上記擁壁によって生命、身体及び財産の危険を被るおそ

---

36)　処分性が肯定された時、その違法性が権利変換の違法となるのかは違法性承継の問題であり、第5章第5節でのべる。

れがある旨主張する原告が、上記検査済証の交付処分の取消しを求めた事案。建築基準法6条1項1号から3号までの建築物の場合には、当該建築物の建築主は、検査済証の交付を受けてはじめて当該建築物を使用し又は使用させる権利ないし法律上の地位が認められることになる。したがって、当該建築物についての検査済証の交付行為には建築基準法上当該建築物の使用を開始することができるという法的効果が認められているものということができる。しかし、建築基準法88条1項、建築基準法施行令138条1項5号によると、高さが2メートルを超える擁壁については、建築基準法6条、7条、7条の2等が準用され、建築主は確認や検査を受けなければならないものの、同法7条の6は準用されていないから、当該擁壁についての検査済証の交付行為には、前述した当該擁壁の使用を開始することができるという法的効果が認められているということはできないというのが長い判決の一部である。原告の選択した請求の趣旨によってこのような判決となるのであろう。建築基準法違反があれば「本件擁壁について違反是正命令が発せられるべきであるということができるが、それをもって、本件交付の取消判決によって特定行政庁に対し違反是正命令の発付や代替執行権の行使を義務付ける法的拘束力が生じたということはできない」という部分は、2メートルを超える擁壁には検査済証に使用制限の効果が及ばないからやむをえない結論である。建築確認は完成後はその取消しを求める利益がなくなるから取消請求できずこのような請求の趣旨にしたのであろう。主張の中に義務付け訴訟のことを論じている原告が、なぜ違反是正命令の義務付けをしないのか理解に苦しむ。

　　ｉ　建築計画が都市計画法の規定に適合することを証する書面（規則60条書面、適合するから開発許可を取る必要はないという意味で「不要証明」とも通称される。）交付申請への不交付通知：岡山地判平18.4.19WEB

(3)の分類に入れてもよい事案である。申請に対し、市は都市計画法と条例に反するから適合しないと認識して、同法施行規則60条書面の不交付の通知をしたことに対し、原告が、不交付の通知の取消しと併せて同規則60条書面の交付を求めた事案。市は単なる事実証明書面だとする。判決は，しかしながら改正条例附則3項は、従来の法令によっては規制できないいわゆるラブホテル建築を規制することを目的として制定され、しかも、同規則60条書面を交付しないことによって、その目的を達しようとして

第4章　取消訴訟の訴訟要件

いることが明らかである。そうであるとすると、同規則60条書面の交付
は、市において、単なる事実証明であるとはいえないとする。また確認申
請の不受理で争えるではないかと市がいうのに対し、判決はこの段階でも
争えると判断している。いわゆる行政法理論家からはいろいろ意見がある
かもしれないが、間違いなく親切な判決というべきである。この判決まで
の各地の下級審は処分性を否定している[37]。

j　道路区域変更決定：名古屋地判平14.12.20WEB

道路法においては、第1に路線指定または路線認定、それらの変更変更、
第2に道路区域の決定があって、供用が開始される（同法18条）。路線認定
については、昭和時代から、下級審で処分性を肯定する判例、否定する判
例で分かれていた。しかし、最終的にはこの名古屋地判が「規制の及ぶ具
体的範囲は、一般には、路線指定又は路線認定若しくはその変更の処分
（いわば道路の縦の範囲を定める処分）と、道路区域の決定処分（いわば道路の
横の範囲を定める処分）の両者によって定められる（18条1項）から、本件処
分のような道路区域変更処分は、上記の具体的範囲を変更するものである。
したがって、直接国民の権利義務を形成し、又はその範囲を確定するとの
性質を有することが明らかであるから、処分性を肯定するのが相当であ
る」と包括的に肯定したことで決着が付いたものと考えられる。

(8)　具体的判断に迷うかもしれない種々の事例

**a　条例に基づく船舶を移動すべき旨の指導・勧告・命令：横浜地判平
12.9.27WEB**

横浜市船舶の放置防止に関する条例によれば、何人も故なく船舶を放置
してはならず（8条）、被告は、船舶を放置し又は放置しようとする所有者
等に対し、当該船舶を係留施設に移動するよう指導し若しくは勧告し、又
は命ずることができ（9条1項）、所有者等がこれに従わない場合は、必要
な限度において、当該職員に当該船舶をあらかじめ市長が定めた場所に移
動させることができる（10条）と定められている。指導及び勧告は、それ
自体としては船舶の所有者等に船舶の移動を促す事実上の効力を有するに
とどまるが、切迫した将来、市民に対し船舶の移動という法的地位の変動
を及ぼす措置が実施される蓋然性は否定できない。命令は、その内容上被
告が船舶所有者等に対して船舶を移動する義務を賦課するものであり、そ

---

37)　中川等・基礎433-436頁参照。

77

れ自体として行政処分性があるとした。当然の判断である。

b　独占禁止法69条に基づき公正取引委員会がした事件記録の閲覧謄写を認める決定：東京地決平13.3.19WEB

独占禁止法69条は、利害関係人は、公正取引委員会に対し、審判開始決定後、事件記録の閲覧若しくは謄写又は課徴金納付命令書若しくは審決書の謄本若しくは抄本の交付を求めることができる旨を規定しているところ、公正取引委員会は、同規定に基づく閲覧謄写の申請があると、申請人が上記の利害関係人に当たるか否かを判断し、これに当たると認める場合にはその申請を容れて当該事件記録の閲覧謄写を行わせ、そうでない場合には閲覧謄写を拒否することとなる。したがって、このような閲覧謄写を求める申請に対する公正取引委員会の許否の決定は、法の認める優越的な意思の発動として行われるものであり、その結果として、申請人に対して法律上の権利又は利益に直接の影響を及ぼすものというべきであるから、本件各決定は処分に当たると解すべきである。これも素直な当然の判断である。

c　進級拒否：神戸地判平5.2.22行集45巻12号2108頁、大阪高判平6.12.22WEB、最判平8.3.8WEB

エホバの証人に関する著名判例。1審の請求棄却と控訴審上告審の請求認容とは結論は異なるが、処分性の判断は3審とも同じ。

高等専門学校において学生を進級させない処分が単なる教育的措置ではなく、学生が高等専門学校という教育施設を利用する権利に制限を加えるものであるから、本件各進級拒否処分は行政処分に当たる。2回目の進級させない決定（判定）は本件退学命令処分の前提としての意味しかなく、この決定によって、学生の権利義務を直接形成し又はその範囲を確定するものではないと主張するが、2回目の進級させない決定（判定）は、学生の権利を制限するものであり、このような拘束力の形成を前提として、本件退学命令処分が行われたのであって、その各処分の目的や効果を異にするから、2回目の進級拒否処分も、独立の行政処分であると控訴審は判断している。当然の判断である。

d　弁護士会の営業不許可：東京地判平14.1.22WEB

弁護士会は同業者団体であり、弁護士法に基づく弁護士会の行為について行政庁のした処分と同視する余地があるとしても、それは、個別に行服法に基づく不服申立て及び取消訴訟の提起を許した規定のある行為に限ら

第4章　取消訴訟の訴訟要件

れるというべきであり、弁護士法43条の２の規定はこのような解釈の妨げ
となるものではない。この点に関連して、最大判昭42.9.27WEB があるが
それは懲戒事例に限られるもので、不許可に行政処分性を認めないことと
矛盾しない。これが判示内容である。弁護士会の営業不許可に対してはこ
の判例もいうように民訴による許可の意思表示を求めればよい。もっとも
周知のようにこの判例の時代は抗告訴訟の被告適格は行政庁であったから、
行政処分に当たらないなら許可の意思表示を求めればよいとは訴訟形式上
容易にはいかなかった。しかし弁護士会は行政庁的に表示しようと主体と
して表示しようと同じであったことが幸いしてこの判決が生まれている[38]。
今後は改正行訴法により被告適格が変わったから原告にとってこのような
不安定はなく、取消訴訟と民事訴訟を同一訴状で提起すればよい。

**e　モーターボート競走の場外発売場の設置確認：東京地決平13.12.27
WEB**

モーターボート競走の勝舟投票券制度は刑法187条にいう富くじに該当
するにもかかわらずモーターボート競走法が特に競走場のみを秩序維持の
対象として許容して適法な行為とするという性質を持っている。法は、場
外発売場はもとより、舟券売場一般について全く言及していないが、〔同
法〕施行規則は、場外発売場とは、競走を行う競走場の外に設けられた勝
舟投票券の発売所というとの定義規定を置いた上、場外発売場の設置につ
いて、国土交通大臣の確認という制度を作りその確認基準を定めている。
しかしこの規則は上位規範である法の規定に反するもので、無効というほ
かなく、本件確認は、法律上の根拠を欠き、行訴法３条にいう行政庁の処
分と認めることはできない。したがって、申立人らは、仮に本件確認に
よってその権利を侵害されたならば、取消訴訟を経ることなく、直ちに民
事訴訟手続によって救済を求めることができる。

これが決定内容であり、民訴の活用への言及も含めて妥当なものである。

なお、処分性を認めた判例もある（名古屋地決平18.7.20WEB）。しかし同
判決は後述（本章第２節10⑵）のように周辺住民の原告適格を認めなかった。

**f　老人福祉法に基づくヘルパー派遣決定、変更決定：大阪地判平
10.9.29WEB、控訴審―大阪高判平13.6.21WEB**

判決は、老人福祉法に基づくヘルパー派遣申請への拒否決定は、生活保

---

38)　首都高速に関する東京地判平4.8.27WEB もそのような特徴があったことにつ
き、本章第３節２、斎藤・判例変更13頁参照。

79

護申請と異なり申請権がないから処分性はないとし、いったん派遣決定が
あったらそれを廃止したり不利に変更する決定は行政手続上の不利益処分
であり処分性はあるとする。週2回派遣決定を週7回派遣にしてくれと申
請する変更申請に対し、行政が週3回派遣という変更決定をしたとき、こ
の変更決定に処分性を認めて取消訴訟は起こせないという。なぜなら有利
変更の部分は訴えの利益がないし、週7回の決定をしなかった部分は申請
権がないからだと。週2回の決定を週1回にする場合は処分性をもつとい
うのであろう。そして原告が本件要綱及びその細則である本件要領におい
てホームヘルパーの派遣について、その申請手続とそれに対して派遣の要
否、派遣回数、時間数、サービス内容の決定をすること等が定められてい
ることをもって、法令上の申請権の根拠となると主張したことに対しては、
本件要綱及び本件要領は、行政庁の内部規則にすぎず、議会の議決によっ
て成立する条例のように法規範性を有するものではないから、これをもっ
て、ホームヘルパーの派遣の措置を求める申請権を認める根拠とすること
はできない。なぜなら、法律ないし条例の委任を受けない行政庁の内部規
則の定め如何によって申請権その他の権利義務の有無を決するものとする
ことは、議会の意思に基づかずに国民の権利義務に変動を与えることを認
めることとなり、かえって、国民の権利利益が行政庁の恣意により左右さ
れることを認めることになりかねないし、また、本件要綱や本件要領が法
の具体的委任に基づいて右の内容の規定を設けたものであるとも認められ
ないという。

　迷走した誤判決である。この件は端的に原告が主張するように申請権あ
りとして処分性を当然認めるべき事案である[39]。また前述した、裁決取消
訴訟の議論で、修正裁決の場合は、修正された内容で原処分が当初から存
在したものとみるのが判例の立場である（最判昭62.4.21WEB）こととパラ
レルに考えると、本件処分は最初から週3回派遣決定ととれば、原告の要
求からすればなお大きな隔たりがあるのであるから、その処分は処分性を
もつともいえるのである。

**g　条例に基づく不健全図書類指定：東京地判平15.9.25WEB、東京高
判平16.6.30WEB**

　東京都青少年の健全な育成に関する条例8条の規定に基づき、原告発行

---

　39)　倉田聡「老人福祉法に基づく在宅介護サービスの供給とその法的性格」ジュ
　　　リスト1159号（1999年）106頁も同旨。

のDVDなどの付いた本を、条例の憲法違反性を根拠に取消しを求めた事案で、裁判所は請求は棄却したが、指定を受けた場合、当該指定図書類について、これを青少年に対して販売、頒布及び貸付けをしてはならないとの制限が生じることによって、もともと自由であった当該雑誌の流通販売が一定の範囲で制約されるという法的な不利益が生じることは明らかとして処分性は肯定した。当然である。

h　5年であるべき運転免許を3年で出す行為：東京高判平18.6.28 WEB、最判平21.2.27WEB

東京高裁管内の下級審が分かれていたが最高裁が統一した（千葉地判平17.4.26WEBは処分性を認め、横浜地判平17.12.21WEBは否定していた）。

最高裁は「確かに、免許証の更新処分において交付される免許証が優良運転者である旨の記載のある免許証であるかそれのないものであるかによって、当該免許証の有効期間等が左右されるものではない。また、上記記載のある免許証を交付して更新処分を行うことは、免許証の更新の申請の内容を成す事項ではない。しかしながら、上記のとおり、客観的に優良運転者の要件を満たす者であれば優良運転者である旨の記載のある免許証を交付して行う更新処分を受ける法律上の地位を有することが肯定される以上、一般運転者として扱われ上記記載のない免許証を交付されて免許証の更新処分を受けた者は、上記の法律上の地位を否定されたことを理由として、これを回復するため、同更新処分の取消しを求める訴えの利益を有するというべきものである。……本件更新処分は、被上告人に対し優良運転者である旨の記載のない免許証を交付してされた免許証の更新処分であるから、被上告人は、上記記載のある免許証を交付して行う免許証の更新処分を受ける法律上の地位を回復するため、本件更新処分の取消しを求める訴えの利益を有するということができ、本件更新処分取消しの訴えは適法であることとなる」とした。この判例は本章第4節2(7)でも取り上げる。

東京高判平17.12.26WEBは前掲千葉地判の、東京高判平18.6.28WEBは前掲横浜地判の各控訴審であるが、いずれも処分性を肯定していた。

i　出入国管理及び難民認定法47条2項に基づく入国審査官の24条各号の一に該当する旨の認定：大阪高判平17.5.19WEB

容疑者の法的地位に重大な影響を与える行為であり、抗告訴訟の対象となる行政処分に当たるとしたうえ、入国審査官の認定、特別審理官の判定、法務大臣の裁決及び主任審査官の退去強制令書発付処分は、退去強制とい

う同一の行政目的を達成するための一連の手続を構成する処分であり、退去強制令書発付処分は、入管法24条各号の一に該当すること（退去強制事由のあること）を中核的根拠とする処分であることなどからすれば、同条所定の退去強制事由があるとの入国審査官の認定が正当なものであってはじめて、実体法的に退去強制令書発付処分を含む一連の処分の正当性が基礎付けられるとして、入国審査官の認定の違法を理由に退去強制令書発付処分の取消しを求めることは許されるとした。大阪地判平18.1.25WEB もこの点は同旨。

j　拘置所で面会の許可を求める願せん：名古屋地判平18.3.23WEB

願せんは、旧監獄法に基づく申請権を行使したものではなく、後に作成されるであろう信書の発信を申請した場合における名古屋拘置所長の感触を事実上尋ねたものにすぎず、また、接見の申請権は、在監者に接見することを希望する外部者のみが有するのであって、原告のした願せんは、教父母が原告との面会を申請した場合における名古屋拘置所長の感触を事実上尋ねたものにすぎないとする。処分性を求めるより、不当な不回答なら国賠を考慮すべきかもしれない。

k　港湾法37条1項3号等の港湾管理者の浚渫協議応諾：東京地判平20.2.27WEB、控訴審—東京高判平20.10.1WEB

処分性について結論が分かれた。

地裁は、水域において漁業等をする原告らが、本件水域内において被告参加人国が行う浚渫工事は有害物質によって汚染されたヘドロを拡散させ海洋を汚染するものであるとして、被告（市）が港湾法37条1項3号、同条3項に基づき、本件浚渫工事について参加人との協議に応じた行為の取消しを求めた事案で、港湾法37条1項各号所定の工事等をしようとする場合において、港湾管理者の許可処分又は協議応諾を受けなければ当該行為をすることが法律上許されないことについて、私人と国の場合とで異なるところはなく、国は、国民と同様の地位において協議応諾の効果を受けるものというべきであるから、協議応諾は、直接国民の権利義務を形成し、又はその範囲を確定することが法律上認められているものとして、行政処分に当たるとした。

高裁は、港湾法37条3項に規定する協議は、港湾の公有水面を公益目的の下に利用し得ることを前提に、公有水面の利用に関する公益性において一般私人と異なる国、地方公共団体について、港湾施設に関する港湾管理

者の公益判断を尊重しつつ、行政主体相互間の公益の調整を図ったものと解すべきであり、直接国民の権利義務を形成し又はその範囲を確定するものではなく、本件協議応諾及び本件追加応諾は、抗告訴訟の対象となる処分に該当しないとした。

地裁の判断が妥当である。

l　司法書士法47条1号に基づく戒告：東京地判平20.1.22WEB、東京高判平20.6.24WEB

司法書士法においては、弁護士法と異なり、戒告について告知聴聞の手続は定められておらず、取消訴訟を提起し得る旨の定めもないこと等に照らすと、弁護士に対する戒告との対比において司法書士に対する戒告に処分性を認めることは困難である。

確認訴訟でいくしか仕方がないであろう。

m　食品衛生法に基づく水俣病の法定調査：東京地判平28.1.27WEB、東京高判平28.7.21WEB

調査の義務付けを求めたが、判決は、「食中毒調査報告等のうち、まず、保健所長及び都道府県知事による食中毒報告並びに厚生労働大臣による食中毒調査報告要請は、行政機関相互の行為であって、行政行為として外部に対する効力を有するものではなく、これによって直接国民の権利義務を形成し、又はその範囲を確定する効果を伴うものではない」とし、「食中毒調査の内容は、……その性質上、一定の事実関係の認定作用及び判断作用にとどまる行為であって、調査の対象者や調査の対象物の所有者との関係において、直接、何らかの権利義務を形成し、又はその範囲を確定する効果を伴うものではない。

すなわち、これらの調査を実施する際に、事実関係の認定をするため、関係者から聴取りが必要となるとしても、それを受忍すべきことを規定する法条が別に存在しない以上、関係者が任意に応じた場合にのみ行い得るものと考えられるし、血液等の採取が必要となるとしても、強制採取を規定する法条が別に存在しない以上、任意で提供されたもののみを試験の対象とし得るものと考えられるから、調査の対象者等に対し何らかの受忍義務を課すものではないと解される。また、調査の結果、中毒の原因となった食品等及び病因物質が判明し、調査対象者が食中毒患者であり、又はそうではないと判断されたとしても、当該調査対象者に対し直ちに何らかの権利や地位を付与することを予定しているものでもない」とした。

n　行政不服審査法の執行停止決定：東京地判平28.11.29WEB

　行政不服審査法に基づく審査請求の審査庁がした執行不停止決定は、執行停止申立権に基づく申立てに対して審査庁がその諾否に係る法令上の審査権限に基づく公権力を行使して当該申立てに係る申請を拒否し、処分の執行等を停止させないという公権的な判断を示すことによって、同法によって付与された審査請求人の当該申立権に法的効果を及ぼすものであるから、取消訴訟の対象となる行政処分に当たる。

o　と畜場法14条に規定する検査：東京地判平25.2.26WEB

　と畜場法14条に規定する「検査」は、行政庁による公権力の行使として行われるものであり、と畜場を運営してと畜業を行う者は、行政庁がと畜検査員に検査を行わせない限り、畜産農家等からの依頼を受けて食用に供する目的での獣畜のとさつ、解体等を行って、その対価を得ることができないのであるから、行政事件訴訟法3条2項にいう「行政庁の処分その他公権力の行使に当たる行為」に該当し、また、検査の申請は同法に定める「法令に基づく申請」に該当するとした。この事件の仮の義務付けも認められている（東京地決平24.10.23判時2184号23頁）。

3　処分性をもたない場合の争訟方法

　処分性をなるべくもたせる解釈論はここまでに書いてきたが、先にも述べたように、行政の行為を対象にして争訟する場合、処分性をもたないことにより取消訴訟、抗告訴訟にのらない場合には、当事者訴訟（確認訴訟など）や民事訴訟を活用すべきである。当事者訴訟（第9章）の記述もみられたい。

4　仮処分排除

　本書旧版では、本来民事仮処分、当事者訴訟仮処分のようにみえるものまでも含めて裁判例における仮処分排除の範囲の探索をしていたが、本書では、それらは当事者訴訟のところにまわす。

　裁判を受ける権利の保障の視点からは、仮の義務付け、仮の差止めのほか、取消訴訟、無効等確認訴訟には執行停止、当事者訴訟には仮処分ときちんと住み分けするのが良いと思われる[40]。

　40）　阿部・解釈学Ⅱ212-214頁参照。

第2節　原告適格

1　行政事件でなぜ原告適格が重く論じられるのか

(1)　あたりまえの理由

　行政処分等は行政から特定人になされることが多いので、その特定人がその処分に不服があったり、その処分により権利を害されたとしてそれを争う場合には、民事訴訟と同じで原告適格はあるのがあたりまえで、特段の議論はない。

　論じられるのは、その特定人でない、いわゆる第三者が行政処分等を争うことが、とりわけ現代型行政訴訟では多いからである[41]。

　行訴法9条1項（旧9条）は、そのことを規定した条文である。したがって、9条1項のもとでは、原告適格は論じられるべきものであり、それ自体がおかしいわけではない。

(2)　異常な理由

　しかし裁判所は9条1項の解釈を異常に（ずっと誤って最近まで、または最近でも）狭く（重く）解釈してきた[42]。具体的検討とその改革方法は後述する。

---

41)　民訴理論における適格の意義につき新堂・新民訴283頁以下参照。特定人宛でない行政処分（一般処分と呼ばれることがある）も、その宛先に当たる人にとっては、原告適格を持つのは当然であり、第三者ではない。中川丈久教授は、行政処分の名宛人以外に準名宛人というネーミングの者達を概念上第三者と区別する。例えば土地収用法上の事業認定処分の名宛人は起業者（事業認定の申請者）であるが、地権者にも事業認定の法効果が及んでいるから原告適格が認められる関係を準名宛人と呼ぶ（中川「取消訴訟の原告適格について(1)——憲法訴訟論とともに」（法学教室2012年4月号69頁）。確かに、名宛人以外の者にそのような区別があることは事実であり、最高裁判決が準名宛人と第三者を峻別していることは、のちに取り上げる伊達火力発電所関係埋立免許等取消請求事件（最判昭60.12.17WEB）、環状6号認可取消請求事件（最判平11.11.25WEB）、差押処分を争う土地共有者（最判平25.7.12WEB）などで顕著である。学説でもこの考えは受容されつつあるようである（中川「続・取消訴訟の原告適格について」滝井追悼279頁参照）。私は、準名宛人までを法律上当然の原告適格者とし、それ以外の第三者につき原告適格があるか否かを考察することは、第三者の地位を厳密に区別しすぎる感じがするので、今のところ、この分類を本書で導入することはしないでおきたい。なお、中川教授は、上記滝井追悼論文で、その第三者のうちからさらに、処分の事実上の影響により自己の権利利益に危険が及ぶ者を、判例が原告適格者として特に扱う事例、手法を厳密に分析される。

42)　斎藤浩「司法による行政チェック」自由と正義55巻12号（2004年）82頁参照。

2 行訴法制定前後の判例、学説[43)

民訴法適用時代、行特法時代の判例をまとめた「十年史」、行特法時代から行訴法時代にかけての判例をまとめた「続十年史」、行訴法下の1977（昭和52）年までの判例をまとめた「続々十年史」のいずれをとってみても[44)、判例は「当該行政法規」という表現で、実体法の解釈を通じてわずかに第三者の原告適格を認めるか、大半は反射的利益として却下している。そして、この点は旧行政裁判法時代からの侵害的行政処分の相手方にのみ原告適格を認める直接的権利侵害説、法律上保護された利益説[45)はもちろん、法律の保護に値する利益説も程度の差の域であった。これらを越えるものは事実上の利益説とか客観訴訟説とかと分類され、立法論であり政策論であり解釈論ではないと扱われた。

これらの当該行政法規のできるかぎりの拡大解釈でもって行訴法9条の「法律上の利益」解釈を行おうとした代表的論者は雄川教授で[46)、法的保護利益論に立った解釈論、そしてその限界を打ち破るための立法論を次のように整理する。すなわち「一般論としては法的保護利益論の枠組を維持し、訴の利益を拡げるとしても、事実上の利益的な利益を法解釈の操作によって法的保護利益と構成するに止まるのが、なお適当であろうと考えている。それは一面ではわが裁判所に望みうることであるし、他面では裸の事実上の利益に法的保護利益の衣を着せることが、裁判所の判断を客観化し不当な民衆訴訟化を防ぐことになるからである」とし、しかし「いずれにしても、右のような訴の利益の解釈論は、それが客観性を志向するかぎり、その限界を有することも当然であるから、必要に応じて、立法によって実体法上、手続法上も、合理的な出訴資格や訴訟手続を構成することがもっと研究されなければならないと思われる。このような立法をすることは、立案当局や立法者にとっては厄介な煩わしい問題であり、関係行政庁も歓迎しないことかもしれない。しかし、これをしない限り行政訴訟の適

---

43) 小早川編・研究63頁以下の筆者コメントも参照されたい。
44) 例えば、十年史114頁、続十年史141頁、続々十年史114頁。
45) 法律上保護された利益説を判例上確立したのは、のちに取り上げるジュース訴訟判決（最判昭53.3.14WEB）であった。なお、角松成史「犯罪捜査・公訴権の行使に関する国家賠償請求訴訟と『反射的利益』論」滝井追悼177頁参照。
46) 雄川一郎「訴えの利益と民衆訴訟の問題——主観的訴の利益の拡大とその限界に関する一般理論への試論」公法の理論1259頁以下参照。

正な運用を期することはできず、その結果は、裁判所をいたずらに悩ませ、また行政の姿もゆがむにいたることをおそれる」と。

　この雄川論文には後半の積極面もあるが、実際の判例には前半が影響して悪い影響を与え、原告適格は広がらなかった。しかも原告適格についての行訴法改正は42年間なされなかった。

3　9条2項の新設

　改正法は狭すぎる第三者の原告適格問題解消のために行訴法9条2項を作った。この意味は、徐々に述べていくが、誤ってきた判例の原告適格判断を、新設の9条2項、衆参附帯決議、国会答弁などを駆使して、国民が裁判所に期待するレベルにまで広げられるかこの分野の課題である。

4　9条2項の構造

　行政訴訟検討会の「考え方」による「取消訴訟の原告適格の拡大」の「見直しの概要」は次の通りであった。

　　　取消訴訟の原告適格を判断する際の考慮事項として、次のような内容を基本とする規定を設ける。
　　①処分の根拠となる法令の趣旨及び目的
　　②処分において考慮されるべき利益の内容及び性質
　　③処分の根拠となる法令と目的を共通にする関係法令の趣旨及び目的
　　④処分が違法にされた場合に害されるおそれのある利益の内容及び性質並びにこれが害される態様及び程度[47]

これに対し、行訴法9条2項は次のようになっている。（ⓐ～ⓓは筆者）

---

47) 　この④要件は明らかに判例の水準を超えている。後述の最高裁里道事件判決がこの要件につながるという人もいるが、その判示（「本件里道が上告人に個別的具体的な利益をもたらしていて、その用途廃止により上告人の生活に著しい支障が生ずるという特段の事情」）は簡単すぎる。ただ、④は複雑な言い回しなので、自民党の小委員会でも「違法にされた」云々は原告適格論ではおかしいとの議論もあった。要するにこの④は、処分の結果の被害が重大であれば原告適格を認めるものであり、処分の根拠法令から独立しており、非常に大きい意義を有する。小田急大法廷判決の全員一致意見である従来の公式の枠広げ型も、藤田・町田補足意見の権利利益侵害唯一型も結局はこれに依拠していることは明らかである。

2　裁判所は、処分又は裁決の相手方以外の者について前項に規定する法律上の利益の有無を判断するに当たつては、当該処分又は裁決の根拠となる法令の規定の文言のみによることなく、ⓐ当該法令の趣旨及び目的並びにⓑ当該処分において考慮されるべき利益の内容及び性質を考慮するものとする。この場合において、ⓒ当該法令の趣旨及び目的を考慮するに当たつては、当該法令と目的を共通にする関係法令があるときはその趣旨及び目的をも参酌するものとし、ⓓ当該利益の内容及び性質を考慮するに当たつては、当該処分又は裁決がその根拠となる法令に違反してされた場合に害されることとなる利益の内容及び性質並びにこれが害される態様及び程度をも勘案するものとする。

　これによつて、従来からいわれてきた「個別保護要件を強調すべきでない、法律の保護範囲に入つているかどうかを主として考えるべきである」[48]との正当な立場になつたのかどうかである。「考え方」のまとめについては、福井秀夫、水野武夫委員の補足意見に代表される多様な意見があつたが、最後は小早川光郎委員の発言によつて、「考え方」の方向にまとまつたと筆者はみている[49]。したがつて、「考え方」のようなまとめで、注48の小早川説はそれなりに充たされたものと期待されたと考えられる。

　しかし、順次本書で見ていくこととするが、現実の判例での解釈はそのような期待を裏切るのである。それには条文化された9条2項にも大きな責任があるように思われる。

　条文化の過程で、立法技術を借りて、「考え方」の内容が薄められたのではないかとの疑いを表明する人もいた。この考えは次のような内容である。

　「考え方」では①～④の考慮事項が並列されていた。しかるに条文では

48）　小早川教授の3段階判定方法は、不利益要件（当該処分が原告の一定の利益に対する侵害を伴うものである要件）、保護範囲要件（原告ら主張の利益が当該処分に関する個々の立法に（個別行政法令）により保護される利益の範囲に含まれるものであることを要する要件）、個別保護要件（処分の根拠となつた立法の趣旨が、原告ら主張の利益を一般的な公益としてではなく原告ら関係者自身の利益として個別的に保護するものであることを要する要件）であり（小早川・下Ⅲ257頁参照）、このうち個別保護要件を強調すべきでないとする考えが通説となつていると思われる。
49）　斎藤・チェック第11回106頁。

①＝ⓐ、②＝ⓑではあるが、③は①＝ⓐの斟酌事項になっており（ⓒ）、④は②＝ⓑの勘案事項になっている（ⓓ）というものである。

私はそのような立場には与しないとしてその理由を本書旧版78頁では述べた[50]。

しかし、今の時点で考えると、この薄め説、換骨奪胎説に理があった。私の旧版は、期待が前面に出すぎたこと、裁判所への評価が甘かったことからきており、反省している。

5　9条2項の下敷きになった前述の三つの最高裁判決
——下敷き判例を産み出した要因

もんじゅなど旧9条の下での最高裁の緩和判決が2004年改正の9条2項の下敷きになったといわれる。私は第1に、下敷きとなった判例をもたらした当事者・弁護士たちの主張を探り、彼らの努力が緩和された最高裁の判例を作り出していることを検証したい。第2に、最高裁に至るまでのそれぞれの下級審の優れた判断を摘出したい。第3に、優れているといわれる最高裁判例の弱点を指摘したい。この弱点が下級審により、なお原告適格狭隘判断の原因を形成していると考えている。これが最高裁自身によって小田急大法廷判決で一部ただされた。ただし方が不十分だったので、新たな弱点が生まれたが、そのことは後述する。

(1)　伊達火力発電所関係埋立免許等取消請求事件

札幌地判昭51.7.29WEBは、原告適格では漁業権を重視し、当該行政法規云々は全くいわずにすんなりと漁協の有する漁業権に基づき漁業を営む原告らに適格を認めながら、実体判断では環境権を簡単に否定し、漁業権と公有水面埋立ての公共性との調和を標榜しながら、知事の裁量判断には逸脱はないとして公共性に軍配を上げている。

札幌高判昭57.6.22WEBは、当該行政法規論の最も厳格な適用により、原告らに原告適格を認めず、原審を取り消し、訴えを却下した。

---

[50]　第1にその論議は「考え方」はよいのに条文はその換骨奪胎をねらったものだ、との疑いからきているが、国会答弁、附帯決議を通じて条文をそのように読むことはできない。しかも「根拠となる法令の規定の文言のみによることなく」というそれらの前文は後述するようにもんじゅ事件控訴審判決からきていると私はみているが（最近では最判平13.3.13WEBの森林法事件においてもこの態度は強くとられている）、この意義も大きい。また第2に日弁連内で、衆議院や参議院の各法制局での立法実務経験のある弁護士と検討した結果、「考え方」を前提とすれば、立法文言は2項のようになるとの結論に達したからである。

最判昭60.12.17WEBは、「処分の法律上の影響を受ける権利利益は、処分がその本来的効果として制限を加える権利利益に限られるものではなく、行政法規が個人の権利利益を保護することを目的として行政権の行使に制約を課していることにより保障されている権利利益もこれに当たり、右の制約に違反して処分が行われ行政法規による権利利益の保護を無視されたとする者も、当該処分の取消しを訴求することができると解すべきである。そして、右にいう行政法規による行政権の行使の制約とは、明文の規定による制約に限られるものではなく、直接明文の規定はなくとも、法律の合理的解釈により当然に導かれる制約を含むものである」とする。法律の合理的解釈から原告適格を広げようとしている。これが最高裁判例の変化の兆しといわれた動きである。

この一般論の拡大的表現は、何によりもたらされたのか。上告理由は公有水面埋立法をかなり読み込んで行訴法9条に結びつけており、最高裁も一般論としてこれを全く無視できなかったとみるべきであろう。

しかし、この判例はこの一般論をあてはめての具体的判断では、原告適格を次のように否定している。まず本件公有水面に漁業権を持っていた者の権利は、補償とそれに伴う漁業権変更免許処分により消滅し、周辺の水面で漁業をいとなむ者ついては、「本件埋立免許及び本件竣功認可が右の権利に対し直接の法律上の影響を与えるものでないことは明らかである。そして、旧埋立法には、当該公有水面の周辺の水面において漁業を営む者の権利を保護することを目的として埋立免許権又は竣功認可権の行使に制約を課している明文の規定はなく、また、同法の解釈からかかる制約を導くことも困難である」と。結局、最高裁は漁業を営む者の権利を軽くみることによって、原告適格と本案判断を一体化させる誤りに陥っている。このような判決から下級審が何を感じとったであろうか。

(2) 新潟空港定期航空運送事業免許取消請求事件

新潟地判昭56.8.10WEB、東京高判昭56.12.21WEBは、いずれも原告適格を認めず却下したのに対し、最判平元.2.17WEBはこれを認めた。

確かに「当該行政法規が、不特定多数者の具体的利益をそれが帰属する個々人の個別的利益としても保護すべきものとする趣旨を含むか否かは、当該行政法規及びそれと目的を共通する関連法規の関係規定によって形成される法体系の中において、当該処分の根拠規定が、当該処分を通して右のような個々人の個別的利益をも保護すべきものとして位置付けられてい

るとみることができるかどうかによつて決すべきである」との一般論は新しかった。そして事件提訴後に追加された航空法1条の目的を判断基準も入れ、追加された同条の目的から評価し直している。さらに、公共用飛行場周辺における航空機騒音による障害の防止等に関する法律も踏まえる。

もちろん、この原告適格容認の新しい方法も最高裁の新発見ではない。上告理由として最高裁判決が整理するところからみても、原告は運輸省設置法、航空法、その省令などの各条項をあげ、航空法1条の目的規定の改正経過、国際民間航空条約、その附属書からして騒音規制のためのものであることを論じ、附属書から単独で立法された「航空の危険を生じさせる行為等の処罰に関する法律」も取り上げていたのである。

しかしこの判決の問題は、行訴法10条1項により、原告適格はあっても棄却を免れないとした点である。肩すかし判決である。複雑な原告事情にはあるようだが、この10条1項の関係は、最高裁のこの時点の水準を示している。1審、2審は却下しているから10条1項論議には入っていない。不意打ち的に10条1項で棄却したのである。しかし原告が提訴以来上告理由でも問題にしているのは騒音であり、原告適格論では前述のように様々な法条を主張しているのであるから、違法性判断にあたってもそれらを善解するか、簡単な求釈明でことがすむ問題である。求釈明されれば、航空保安上適切なものではなかった（航空法10条1項3号）とか「公共用飛行場周辺における航空機騒音による障害の防止等に関する法律」、「特定空港周辺航空機騒音対策特別措置法」、現在であれば「環境影響評価法」などから違法性を導く努力もできたであろう[51]。

私は行政事件の判決を読んでいて、ときどき意地悪だなぁと感じることがあるが、この判決もその典型である。優れた判決などといわれながら、行政優位呪縛からの本格的な脱出を決断できなかった。伊達火力判決と同様、腰が引けたままで、肩すかし、意地悪なのである。このような判決か

---

51) 行訴法10条1項については司法改革推進本部の山崎事務局長は国会で「『法律上の利益』という点が書かれておりますので、これは先ほどの当事者適格の『法律上の利益』と同じ文言になるわけでございますので、その法律上の利益が広く解されていくということになれば、こちらの主張の方も広くなっていくということとの相関関係はあろうかというふうに思いますので、そういう意味では、自己に関係のない主張というのが狭くなってくる可能性もあるということでございます」と答弁している（衆議院法務委員会会議録2004年4月27日）。なお、10条1項問題は後述もするところであるが、さしあたり斎藤浩「行訴法10条1項の系譜とあるべき姿」（日弁連編・実務研究③28頁）。

91

ら下級審が何を感じとったであろうか。

(3) もんじゅ原子炉設置許可処分無効確認等請求事件

a 画期的な高裁判決

腰の引けていない判決はこの事件の控訴審である名古屋高金沢支判平元.7.19WEBで出されている。同判決は次のように判示する。

当該行政法規が、不特定多数者の具体的利益を、それが帰属する個々人の個別的利益としても保護すべきものとする趣旨を含むか否かでは関連法規の関係で新潟空港事件最高裁判決に依拠したうえで、原子炉等規制法の諸条文を検討し、加えて同法のもととなった原子力基本法に及び、さらに原子力委員会及び原子力安全委員会設置法にも判断の基準を広げ、原子力安全委員会の決定、科学技術庁告示にも広げる。そして次のようにいうのである。

「当該処分の根拠規定が、個人の個別的利益をも保護すべきものとして位置付けられているかどうかの判断にあたつては、当該規定や関連法規の規定自体にその旨が明言されているかどうか、或いは、間接的に個別的利益を保護することを表した規定（例えば森林法27条の直接の利害関係を有する者）が存在するかどうかといつた規定の体裁・文言によつて決するだけでなく、それに加えて、当該処分によつて侵害される第三者の利益の特質をも総合し、合理的解釈に従つて判断すべき（下線：引用者）ものと解される」。

改正行訴法の条文を彷彿とさせ、それを超える判示である。特に、下線の部分は、後の最高裁判決にはないもので、改正行訴法9条2項の「法令の規定の文言のみによることなく」というフレーズに直結し、それを超えている。

また、のちに出る小田急判決や大阪サテライト判決が陥る弱点から原告適格論を再生する方向が次のフレーズに現れている。

「原子炉施設の安全性に関する法体系に、周辺住民が受ける被害の特質・程度を加え、これらを総合して考えると、原子炉等規制法24条1項4号の『災害の防止』の規定は、究極的には公共の安全という一般的公益の保護を目的とするものであるとしても、それは第一次的には、具体的な周辺住民の重大な私益である生命・身体の安全を保護することから開始されなければならない、これらを公益の中に包摂・吸収してしまうにはあまりにも重大かつ個別的であつて条理に反するとみるのが相当であるから、直接災害を受ける危険性のある周辺住民について、災害の防止に関する個人的な

利益を、右公益中に包摂ないしは吸収解消されないところの個別具体的な利益として、法は保護している、前記根拠法条はそのような趣旨の規定として位置付けられていると解するのが相当である。

そして、前記認定によると、『周辺住民』とは、万一に想定される最大級の事故によつて直撃を受けると考えられる当該原子炉施設中心（原子炉）より半径約20キロメートルの範囲内に住居を有する者がこれに相当し、気象条件によっては、重大な被害を受けることは考えられるが、まだ時間的に避難の可能性ある、右範囲外の者は、同法の具体的保護の対象としての周辺住民に該当しないと解するのが相当である」。

この判決こそが、改正行訴法9条2項の真のルーツの一つである。この判示が次の最高裁のもんじゅ判決を導き出したわけだが、ここで、福井地裁段階からの原告のこの点についての主張に注目してみたい。

控訴人の主張が判決の理由に直結している。すなわち、原子炉等規制法だけでなく、規制法以下の付属法規（原子炉規則、科学技術庁告示、安全設計審査指針、安全解析に関する気象指針）、公害対策基本法をあげて、控訴の理由の原告適格部分を主張していたのである。2004年改正法の真のルーツを作り上げた弁護士、協力学者の姿を明確に見定めることができる。

この判決に対し、最高裁判決についての調査官の判例解説は、名古屋高裁金沢支部判決が原告適格を認める周辺住民の範囲を原子炉施設中心より半径20キロメートルの範囲に限定したことを非難する。しかし新発見に依拠しながら、新発見がもっていた弱点をことさらに取り上げている感じを受ける。

b　最判平4.9.22WEB

最高裁判決は初審に差戻した。差戻しそのものは控訴審の判決の結果を受けてやむをえない措置であったわけだが、2巡目福井地裁が新潟空港事件最高裁判決のいう行訴法10条1項論を無効等確認事件をも引きずり、加えて重大かつ明白な瑕疵なしとして請求を棄却し、2巡目控訴審である名古屋高金沢支判平15.1.27WEBが原告を救済するまで、さらに8年もの年月が重ねられた[52]。

52）　このあと最高裁は高裁判決を破棄自判し裁量論で最終的に原告らを救わなかった（最判平17.5.30WEB）。この2巡目最高裁判決批判については、本書第5章第2節第2款第3A2⑧-2、斎藤浩「大型の専門技術的行政行為に対する裁量論の課題」日弁連編・実務研究317頁、「もんじゅ事件残論及び原発行政訴訟における裁量論」立命館法学355号（2014年3月）39頁。

最高裁判決は福井地裁に差戻したのであるが、その理由は次の通りである。

「当該行政法規が、不特定多数者の具体的利益をそれが帰属する個々人の個別的利益としても保護すべきものとする趣旨を含むか否かは、当該行政法規の趣旨・目的、当該行政法規が当該処分を通して保護しようとしている利益の内容・性質等を考慮して判断すべきである」。

そして、設置許可申請に係る原子炉の周辺に居住し、原子炉事故等がもたらす災害により生命、身体等に直接的かつ重大な被害を受けることが想定される範囲の住民は、原子炉設置許可処分の無効確認を求めるにつき、行訴法36条にいう「法律上の利益を有する者」に該当するとした。

もんじゅ事件については、原告適格論はこの最高裁で終了し、差し戻された2巡目福井地判平12.3.22WEBは原告適格ありとしながら、無効確認訴訟であるので「原子炉設置許可処分が違法でその安全性判断に重大かつ明白な瑕疵といえるような看過しがたい過誤、欠落が在るとは認められない」として棄却した。そして2巡目は最高裁まで前述のように続いたのである。

6　もんじゅ1巡目最高裁判決（平成4年判決）後の下級審の原告適格判断

2004年改正における行訴法9条2項の下敷きになった積極的といわれる3判例[53]はすでに見てきたところであるが、まずそれらの判例後に下級審は変化したのかをみる。

本書初版時の最高裁のホームページの行政事件裁判例集で、もんじゅ判決の翌日から小田急大法廷判決の前日を指定し、「取消訴訟」、「原告適格」というキーワードで検索した75件中、狭義の原告適格事例は62件。そのうち25件40％が一部肯定も含めて肯定、他の37件60％が却下という結果であった。

これらを丹念に読むと、却下事例のどの原告主張もどの下級審の判断も、上記3判決を明示又は黙示に意識しており、当事者の主張が足りないとか、最高裁判例の変化に下級審がついていっていないとかいう状況ではない。

---

53)　伊達火力発電所関係埋立免許等取消請求事件（最判昭60.12.17WEB）、新潟空港定期航空運送事業免許取消請求事件（最判平元.2.17WEB）、もんじゅ原子炉設置許可処分無効確認等請求事件（最判平4.9.22WEB）。

下級審は当事者の主張も最高裁判例も理解したうえで大いに却下している。もんじゅなどの最高裁の柔軟判決が出ても（例えば総合設計許可をめぐる最判平14.1.22WEBもその一つである）、下級審は、原告適格拡大の方向での顕著な傾向をみせなかったのである。

7 小田急事件最高裁大法廷判決

原告適格の判例での狭さに心底苦労してきた者としては、改正後ほどなく最高裁が原告適格に関する大法廷判決を出したので、その内容と射程に多大なる関心を抱いた[54]。

(1) 法廷意見、補足意見

小田急事件最高裁大法廷判決（最大判平17.12.7WEB）は、小田急線の連続立体交差事業（都市計画事業）認可取消しを求める事件において、周辺住民の原告適格を、従来の最高裁判決[55]を変更して認めた。その根幹部分をみておきたい。原告適格判断の基本になるので長い引用をしておく。視点は、わずか6年ほど前に出した小法廷の判決を大法廷で全員一致でどのように変更したのかである。

判決は原告らが原告適格を有するかどうかを行訴法の改正9条2項に沿って検討し次のように結論付けるが、この判決はこのような発想法さえもてば、行訴法旧9条の下でも原告適格が認められた事案を扱っていることでもある[56]。

---

[54] 私は判決当日、求められて新聞に次のようなコメントを出したが、改正法の下で、大法廷が前の消極小法廷判決を訂正したことを評価するあまり、今考えれば甘いコメントであった。「小田急訴訟　本丸での争い意義深い。原告適格範囲の異常な狭さは行政訴訟の大きな欠陥だっただけに、今回の判断は画期的で高く評価できる。逆に言えば、これまでは『司法消極主義』で、裁判所が個人の権利意識の高まりに付いていけなかっただけともいえる。従来は外堀でけられていた住民が、ようやく本丸である『行政の裁量の是非』を争えるようになったことは意義深い。この点についても積極的な判断が裁判所で確立されていくことを期待する」（産経新聞2005年12月8日朝刊）。「最高裁の意志感じる　原告適格範囲の異常な狭さは行政訴訟の大きな欠陥だっただけに、最高裁が行政事件訴訟法の改正条項を使い、公害対策基本法、東京都環境影響評価条例に配慮した上で、周辺住民に都市計画法上の原告適格を認めたことは画期的な意義がある。改正法の解釈について地裁、高裁からの判決が積み上がるのを待たずに、この判断を示したことにも『上からの改革』を急ぐ最高裁の強い意志を感じる。これでようやく『本丸』である行政の裁量論に行くわけだが、本丸でも裁判所の積極的判断を期待したい」（北海道新聞2005年12月8日朝刊）。

[55] 環状6号線事件判決（最判平11.11.25WEB）

[56] 滝井・最高裁判所139頁参照。

95

「都市計画事業の認可は、都市計画に事業の内容が適合することを基準としてされるものであるところ、……都市計画に関する都市計画法の規定に加えて、……公害対策基本法等〔筆者注：等とは東京都環境影響評価条例〕の規定の趣旨及び目的をも参酌し、併せて、都市計画法66条が、認可の告示があったときは、施行者が、事業の概要について事業地及びその付近地の住民に説明し、意見を聴取する等の措置を講ずることにより、事業の施行についてこれらの者の協力が得られるように努めなければならないと規定していることも考慮すれば、都市計画事業の認可に関する同法の規定は、事業に伴う騒音、振動等によって、事業地の周辺地域に居住する住民に健康又は生活環境の被害が発生することを防止し、もって健康で文化的な都市生活を確保し、良好な生活環境を保全することも、その趣旨及び目的とするものと解される」。

「都市計画法又はその関係法令に違反した違法な都市計画の決定又は変更を基礎として都市計画事業の認可がされた場合に、そのような事業に起因する騒音、振動等による被害を直接的に受けるのは、事業地の周辺の一定範囲の地域に居住する住民に限られ、その被害の程度は、居住地が事業地に接近するにつれて増大するものと考えられる。また、このような事業に係る事業地の周辺地域に居住する住民が、当該地域に居住し続けることにより上記の被害を反復、継続して受けた場合、その被害は、これらの住民の健康や生活環境に係る著しい被害にも至りかねないものである。そして、都市計画事業の認可に関する同法の規定は、その趣旨及び目的にかんがみれば、事業地の周辺地域に居住する住民に対し、違法な事業に起因する騒音、振動等によってこのような健康又は生活環境に係る著しい被害を受けないという具体的利益を保護しようとするものと解されるところ、前記のような被害の内容、性質、程度等に照らせば、この具体的利益は、一般的公益の中に吸収解消させることが困難なものといわざるを得ない」。

「以上のような都市計画事業の認可に関する都市計画法の規定の趣旨及び目的、これらの規定が都市計画事業の認可の制度を通して保護しようとしている利益の内容及び性質等を考慮すれば、同法は、これらの規定を通じて、都市の健全な発展と秩序ある整備を図るなどの公益的見地から都市計画施設の整備に関する事業を規制するとともに、騒音、振動等によって健康又は生活環境に係る著しい被害を直接的に受けるおそれのある個々の住民に対して、そのような被害を受けないという利益を個々人の個別的利

益としても保護すべきものとする趣旨を含むと解するのが相当である。したがって、都市計画事業の事業地の周辺に居住する住民のうち当該事業が実施されることにより騒音、振動等による健康又は生活環境に係る著しい被害を直接的に受けるおそれのある者は、当該事業の認可の取消しを求めるにつき法律上の利益を有する者として、その取消訴訟における原告適格を有するものといわなければならない。

最高裁平成8年（行ツ）第76号同11年11月25日第1小法廷判決・裁判集民事195号387頁は、以上と抵触する限度において、これを変更すべきである」。

そして東京都環境影響評価条例の規定する関係地域に住む者に原告適格を認めた[57]。

この判決には二つの優れた補足意見が付された。

「裁判官藤田宙靖の補足意見は、次のとおりである。

私は、多数意見に賛成するものであるが、その理由につき、私の考えるところを更に敷衍しておくこととしたい。

1　本件各事業認可処分は、本件各事業の対象地につき権利を有する者を除き、上告人ら周辺住民に対してその権利義務に直接の変動をもたらすものではなく、また、上告人らが主張する健康上の被害等も、直接には、行政庁の処分自体によってもたらされるのではなくて、いずれ行われることになる都市計画施設の利用行為によって初めて生じるものなのであるから、それにもかかわらず、何ゆえに本件事業認可処分そのものが上告人らの『法律上の利益』を侵害すると言えるのか、言葉を換えて言えば、本件処分が取り消されることによって回復されることになる上告人らの『法的利益』なるものが、果たして、またいかなるものとして存在するのか、が問題となる。そして、この問題については、従来の当審判例が採用してきた、当該処分の根拠規定が処分の相手方のみならず第三者をも保護しようとする意図を含む場合には、この意味での「法律上の利益」が認められる、という公式（以下『従来の公式』という。）のみをもってしたのでは、理論的に充分な説明がなされているとは言い難いのである（参照、藤田宙靖『第四

57）　「関連法規の範囲を都市計画事業認可の直接の根拠条文ではなく、それに先行する都市計画決定において保護される利益、しかもそこで義務的な考慮要素と言えない、都条例における環境影響評価書のように、配慮の要請をするにとどまるものまで拡げている」（滝井・最高裁判所87頁）。

版行政法 I （総論）』407頁以下）。

　この点、私は、少なくとも、本件のような都市計画施設についての事業認可のケースでは、仮に周辺住民に原告適格が認められるとするならば、理論的にはそれは、行政庁に、当該施設が将来において利用されることに起因する一定の損害を受けるリスクから、第三者（周辺住民）を保護する法的な義務が（如何様にしてか）課せられている（言葉を換えて言えば、住民には、そのような保護を受ける法的利益が与えられている）と認められるからであろうと考える。すなわち、違法な事業認可がなされることによって、行政庁がこのような『リスクからの保護義務』に違反し、法律上周辺住民に与えられている『リスクから保護される利益』が侵害されると認められるがゆえにこそ、住民に原告適格が認められるのである。

　ところで、周辺住民が有する『法律上の利益』がこのような内容のものであるとすれば、その前提となる行政庁の法的義務（リスクから保護する義務）が、事業認可処分の根拠規定によって課せられたものに限られるという理論的必然性は無いことになるはずであって、処分を行う行政庁に対しては、根拠規定の他にも手続規定・目的規定等様々の枠規定が、更にはまた、行政庁の権限行使に制約を課する現行法令一般が、このような法的義務を課している可能性があり得る。多数意見がその一般論として、行政事件訴訟法9条2項を引きつつ理由4(2)に述べるところは、上記『従来の公式』を踏まえたものということができ、私自身もまた、本件においてそのような手法を採ること自体に敢えて反対するものではないが、一般論として、同法9条の解釈上、そこにいう法律上の利益とはすなわち根拠規定によって保護された利益であるとの出発点に固執することが、果たして適切あるいは必要であるかについては、なお疑問があり、この問題に関する限り、ここでは留保をしておくこととしたい。

　いずれにせよしかし、本件の場合にはまず、本件各事業認可処分そしてその基礎となる都市計画の策定につき、都市計画法上の根拠規定を始めとする諸規定が、果たして、行政庁に対し、このような『リスクからの保護義務』を課すものと認められるか否かが、問題となる。そしてこのような見地から考察するとき、人口密集地において行われる都市計画施設の建設及びその基礎となる都市計画の策定に際して、行政庁が、施設の利用が周辺に与えるマイナスの影響をおよそ考えることなく判断することが、そもそも『都市の健全な発展と秩序ある整備を図』る（都市計画法1条）という

第4章　取消訴訟の訴訟要件

法の目的、そして、『機能的な都市活動』と並び『文化的な都市生活』の確保を目的とする都市計画の理念（同法2条）に適合するものであるはずはなく、都市計画の策定及び事業認可に当たって、上記マイナスの影響をも含めた諸利益の調整を十分に行うべき義務を負わされていることは、当然のことであると言わなければなるまい。このことに、生命・健康等の享受について国民に与えられた憲法上の保障（人格権）を併せ考えるならば、行政庁が、少なくともこれらの利益に対する重大な侵害のリスクから周辺住民を保護すべき義務を負わされているものと考えることは、決して無理な推論とは言えないように思われる。また、このようにして保護されるはずの周辺住民の利益が、『公益一般』に過ぎないのか、それとも『個人の利益』なのか、という問題について言えば、ここでいう『公益一般』とは、例えば土地収用の場合などのように、『私益』と対立する『公益』なのではなく、『個々の利益の集合体ないし総合体』としての『集団的利益』なのであるから、そこに『個人的利益』が内含されていることは、むしろ当然のことなのであって、そうでないというならば、むしろそのことについて法律上明確な根拠が示されるのでなければなるまい。言い換えるならば、行政庁は個人に対する上記の意味での保護義務を負うものではないということが、法律上明確な根拠によって明らかにされるのでない限り、少なくとも、事業認可に係る都市計画施設の利用の結果生命健康等に重大な損害を被るというリスクにさらされている周辺住民からの訴えについては、本来、原告適格が認められて然るべきであると考えられるのである。そして、現行法上、この意味での明確な根拠は認められないのみならず、かえって、多数意見の示すように、都市計画法と公害対策基本法等との密接な結び付き等により、推定は逆方向に働くのであるから、本件鉄道事業認可につき主文第1項に記載された上告人らに取消訴訟の原告適格が認められることは、むしろ当然であるというべきである〔以下略〕」。

裁判官町田顯の補足意見は、次の通りである。

「私は、裁判官藤田宙靖の補足意見に同調し、次のとおり付言する。

従前、行政処分の取消訴訟における原告適格の要件としての「法律上の利益」とは、当該処分の根拠規定において保護された利益と解され、当該処分の結果必然的に権利、利益を侵害されても、それが根拠法規によって保護すべきものとされていない場合には原告適格がないものとされている。しかし、根拠法規がいかなる権利、利益を保護しているのかは一義的に明

99

白でない場合が少なくなく（現に、本判決において変更すべきものとされる最高裁平成8年（行ツ）第76号同11年11月25日第1小法廷判決は、都市計画事業の根拠法規が保護する権利、利益について本判決と異なる見解を採っている。）、その解明に時間と手間を要するため訴訟遅延の一因となり、また権利、利益の侵害があっても救済されない場合があることを認めることにより取消訴訟の役割を狭めるとの批判が寄せられることとなる可能性もある。原告適格の要件としては当該処分により必然的に権利、利益を侵害されることだけで足りることとし、侵害される権利、利益が実体法上認められず、根拠法規が特に保護しているような場合にのみ根拠法規の保護の性質を検討するということも考えてみる価値はありそうである。もっとも、本件の場合これまでの手法によっても原告適格が認められることは法廷意見の述べるとおりである（そのために本判決の述べるような関係法令全部の綿密な検討を必要とするから、当事者にもそれなりに十分な準備が求められよう。）ので、この点の検討は将来そのような事案が問題となるときに改めて行うこととするのが適当であるから、『従来の公式』の再検討を本件で行うことは留保し、これを将来にゆだねるとする藤田裁判官の補足意見に賛成する。

　また、本件のような都市計画施設についての事業認可の取消訴訟における周辺住民の原告適格を考える場合に、被害の程度に強弱のある多数の住民のうちどの範囲のものに認められるかの基準について、根拠法規及び関連法規が定める手続等においてどの範囲の住民を対象としているか、換言すればどの範囲の住民について『リスクからの保護義務』を負うものと解されるかがその指針となり得よう。本判決が個々の被害の程度を問わず本件鉄道事業に係る関係地域の内か外かという基準によって原告適格の有無を判断しているのは、以上の理に基づくものとするのが相当と思われる。私が藤田裁判官の『リスクからの保護義務』という見解に同調するゆえんである」。

(2)　内容の整理（従来判決から見ての積極的側面）

　この判決は、第1に行訴法9条1項の「法律上の利益を有する者」の法律は当該処分を定めた法律であり、本件では都市計画法であり、「利益を有する者」は都市計画法により利益を保護されている者であり、都市計画法の諸規定、及び行訴法9条2項により旧公害対策基本法、東京都環境影響評価条例などを読み込めば、騒音、振動等によって健康又は生活環境に係る著しい被害を直接的に受けるおそれのある個々の住民に対して、その

第4章　取消訴訟の訴訟要件

ような被害を受けないという利益を個々人の個別的利益としても保護すべきものとする趣旨を含むとした。

　従来からもこの大法廷判決法廷意見からも生命、身体、健康被害は個別保護の対象になることは明らかだが、今後は財産について個別保護性をどこまで広げられるかが課題となる。

　第2に藤田・町田補足意見は、第1の手法を「従来の公式」と評している。従来の公式でない解釈を藤田意見は次のように打ち出す。本件のような都市計画施設についての事業認可のケースでは、行政庁が「リスクからの保護義務」に違反し、法律上周辺住民に与えられている「リスクから保護される利益」が侵害されると認められるがゆえにこそ、住民に原告適格が認められるとするのが正しく、それは事業認可処分の根拠規定によって課せられたものに限られるという理論的必然性はないという。公益概念も「個々の利益の集合体ないし総合体」としての「集団的利益」なのであるから、そこに「個人的利益」が内含されていることはむしろ当然とする。そうでないというならば、むしろそのことについて法律上明確な根拠が示されるのでなければならず、言い換えるならば、行政庁は個人に対する上記の意味での保護義務を負うものではないということが、法律上明確な根拠によって明らかにされるのでない限り、少なくとも、事業認可に係る都市計画施設の利用の結果生命健康等に重大な損害を被るというリスクにさらされている周辺住民からの訴えについては、本来、原告適格が認められて然るべきとする。町田意見はこれらに加えて、「法律上の利益」の根拠法規がいかなる権利、利益を保護しているのかは一義的に明白でない場合が少なくなく、その解明に時間と手間を要するため訴訟遅延の一因となり、また権利、利益の侵害があっても救済されない場合があることを認めることにより取消訴訟の役割を狭めるとの批判が寄せられることとなる可能性もあると分析する。そして原告適格の要件としては当該処分により必然的に権利、利益を侵害されることだけで足りることとし、侵害される権利、利益が実体法上認められず、根拠法規が特に保護しているような場合にのみ根拠法規の保護の性質を検討するということも考えてみる価値はありそうであるというのである[58]。

(3)　弱点

　この判決は個別保護要件を外していない。この大法廷のリーディングケース判決でも外さなかった個別保護要件を、その後の下級審が容易に外

101

せるわけもない[59]。この判決は、その後の下級審が、延々と個別保護要件論議を厳密に精密に行おうとする傾向を作った原因ともなった。藤田・町田意見だと、個別保護要件を外して法律上保護された利益説から法律上保護に値する利益説に踏み出しているかというと、その結論は留保されているから、格調は高いが、活用しにくいということになろう[60]。

　さらにこの判決は下位規範（条例）を組み込んで、個別保護要件を導き出す方式を取っているが、下に行かず上に行かなければならないであろう[61]。法令の上には憲法があるのであり、憲法11条、13条、25条、29条からの権利論が今後の課題である。下に行く思考が原告適格を認める方向で発揮されれば、本判決のようになるが、認めない方向で使われるように転嫁することもあるのであるから、弱点と言えよう。この弱点は次に述べるサテライト大阪判決に現れるのである。

　また、前述のもんじゅ事件の第一次高裁判決（名古屋高金沢支判平元.7.19）の到達した境地、すなわち個別法の定める一般的公益の目的の掘り下げ、当該事件では原子炉等規制法の「災害の防止」の掘り下げを周辺住民の重大な私益である生命・身体の安全を保護の視点から行うことにより達することもできる。もちろんこの優れた境地は、原発被害という人類的危機の問題での判示であり、もう少し身近な生活環境にそのまま応用はできないが、個別法の法益をそのものとして掘り下げる判断作法は貴重である。

　また、前述した9条2項の「当該利益の内容及び性質を考慮するに当たつては、当該処分又は裁決がその根拠となる法令に違反してされた場合に

---

58)　私が言い続けてきたことは、原告適格は処分の根拠となった当該行政法規に限らず全法体系から法益侵害が判断されれば認められるべきだとする立場であるが（小早川編・研究78-84頁あたりでの筆者発言参照）、法廷意見も補足意見も、その発想は持つが、そのように徹底してはいない。なお、本事件の弁護団長であった斎藤驍弁護士の「小田急大法廷判決の意義──応答的法と環境法の創出」（法律時報78巻3号（2006年）75頁）は当事者法曹であることを最大限に生かした優れた評釈である。

59)　鶴岡稔彦判事は、2006年6月23日、日弁連の「行政関係事件研修会」での講演（日弁連HP掲載）で、これからの原告適格論は、関連法規も含めて「関係のないものは持ってくるな」くらいのスタンスとなったと語った。後述の里道判決も9条2項により法律上保護された利益説で説明できる、里道廃止処分により直接生活上の不利益が出ると構成すればよいと語った。実にわかりやすい表現である。9条2項を積極的に捉えれば同判事の言が当然であり、この立場に帰らなければならない。

60)　滝井・最高裁判所141-142頁の滝井意見、水野意見参照。

61)　阿部教授は下に行く発想を下克上的発想と批判し、憲法の重要性を説く（判例時報2087号6頁参照）。

第4章　取消訴訟の訴訟要件

害されることとなる利益の内容及び性質並びにこれが害される態様及び程
度をも勘案するものとする」という最終節の深掘りが重要である。違法な
行政処分によりもたらされる被害を、個別保護要件論と切り離し、保護範
囲認定から解釈として導き、原告適格を認めた上で、実体審理の中で、今
行われている個別保護要件部分の判断をする方式が求められる[62]。

8　サテライト大阪判決：最判平21.10.15WEB

①　判決内容

原審：大阪高判平20.3.6WEB

　　場外車券発売施設の設置許可処分の取消しを求める訴えにつき、自転車
競技法4条2項並びにその設置許可基準等を定める自転車競技法施行規則、
経済産業省告示及び通達の各規定は、場外車券発売施設の設置許可がされ
た場合に、当該施設に不特定多数の者が来集すること等により、周辺地域
の善良な風俗や生活環境に悪影響を及ぼすことを防止し、もって良好な生
活環境を保全することも、その趣旨及び目的とするものと解されるところ、
その趣旨及び目的に反した場外車券発売施設の設置許可がされた場合、そ
の違法な施設に起因する、善良な風俗及び生活環境に対する悪影響を直接
的に受けるのは、当該施設の周辺の一定範囲の地域に居住し、事業を営む
住民に限られ、その被害の程度は、居住地や事業地が当該施設に接近する
につれて増大するものと考えられ、これらの住民が、当該地域で居住、事
業を営み続けることにより被害を反復、継続して受けた場合、その被害は、
ストレス等の健康被害や生活環境に係る変化、不安感等著しい被害にも至
りかねないものであり、前記各規定は、周辺住民に対し、そのような著し
い被害を受けないという具体的利益を保護しようとするものと解され、そ
の被害の内容、性質、程度等に照らせば、この具体的利益は、一般的公益
の中に吸収解消させることが困難なものといわざるを得ないとし、自転車
競技法施行規則14条2項及び15条1項において、場外車券発売施設の設置
許可申請者に対し、同施設敷地の周辺から1000メートル以内の地域にあ
る学校その他の文教施設及び病院その他の医療施設の位置並びに名称を記
載した1万分の1以上の縮尺による付近の見取図を添付することを要求し、
場外車券発売施設は、学校その他の文教施設及び病院その他の医療施設か
ら相当の距離を有し、周辺環境と調和したものであることとされているこ

---

[62]　小田急事件は、のちの鉄道施設判例のところでも、また実体審理の第5章で
も取り上げるが、最終的には、平成26年7月31日東京高裁で和解が成立した。
小田急が原告118人に計5500万円の和解金を支払うほか、騒音を抑える工事を2
年以内に実施するなどの内容であった。

103

とにかんがみると、前記各規定は、施設の敷地の周辺から1000メートル以内の地域に居住し、事業を営む住民に対し、違法な場外車券発売施設の設置許可に起因する善良な風俗及び生活環境に対する悪影響に係る著しい被害を受けないという具体的利益を保護したものと解するのが相当であるとして、施設の敷地から1000メートル以内の地域に居住し、事業を営み、又は病院等を開設する近隣住民の原告適格を肯定し、原判決を取り消し、本件を原審に差し戻した。

最高裁

　原告適格を争う1審被告経済産業大臣が上告したところ、最高裁は近隣住民一般の原告適格を否定し、近隣（施設の敷地から200メートル以内）に医療施設等を開設する者について原告適格の有無の審議を尽くさせるために1審に差し戻した。

　理由は次の通り。小田急判決とともに最重要判例であるので、長い引用をする（下線：引用者）。

　「ア　一般的に、場外施設が設置、運営された場合に周辺住民等が被る可能性のある被害は、交通、風紀、教育など広い意味での<u>生活環境の悪化</u>であって、その設置、運営により、直ちに周辺住民等の生命、身体の安全や健康が脅かされたり、その財産に著しい被害が生じたりすることまでは想定し難いところである。そして、このような生活環境に関する利益は、<u>基本的には公益に属する利益</u>というべきであって、法令に手掛りとなることが明らかな規定がないにもかかわらず、当然に、法が周辺住民等において上記のような被害を受けないという利益を個々人の<u>個別的利益としても保護する趣旨を含む</u>と解するのは困難といわざるを得ない。

　イ　位置基準（自転車競技法施行規則15条1項1号所定：引用者）は、場外施設が医療施設等から相当の距離を有し、当該場外施設において車券の発売等の営業が行われた場合に文教上又は保健衛生上著しい支障を来すおそれがないことを、その設置許可要件の一つとして定めるものである。場外施設が設置、運営されることに伴う上記の支障は、基本的には、その周辺に所在する医療施設等を利用する児童、生徒、患者等の不特定多数者に生じ得るものであって、かつ、それらの支障を除去することは、心身共に健康な青少年の育成や公衆衛生の向上及び増進といった公益的な理念ないし要請と強くかかわるものである。そして、当該場外施設の設置、運営に伴う上記の支障が著しいものといえるか否かは、単に個々の医療施設等に着目して判断されるべきものではなく、当該場外施設の設置予定地及びその周辺の地域的特性、文教施設の種類・学区やその分布状況、医療施設の規模・診療科目やその分布状況、当該場外施設が設置、運営された場合に予想される周辺環境への影響等の事情をも考慮し、長期的観点に立って

総合的に判断されるべき事柄である。規則が、場外施設の設置許可申請書に、敷地の周辺から1000m以内の地域にある医療施設等の位置及び名称を記載した見取図のほか、場外施設を中心とする交通の状況図及び場外施設の配置図を添付することを義務付けたのも、このような公益的見地からする総合的判断を行う上での基礎資料を提出させることにより、上記の判断をより的確に行うことができるようにするところに重要な意義があるものと解される。

　このように、法及び規則が位置基準によって保護しようとしているのは、第一次的には、上記のような不特定多数者の利益であるところ、それは、性質上、一般的公益に属する利益であって、原告適格を基礎付けるには足りないものであるといわざるを得ない。したがって、場外施設の周辺において居住し又は事業（医療施設等に係る事業を除く。）を営むにすぎない者や、医療施設等の利用者は、位置基準を根拠として場外施設の設置許可の取消しを求める原告適格を有しないものと解される。

　ウ　もっとも、場外施設は、多数の来場者が参集することによってその周辺に享楽的な雰囲気や喧噪といった環境をもたらすものであるから、位置基準は、そのような環境の変化によって周辺の医療施設等の開設者が被る文教又は保健衛生にかかわる業務上の支障について、特に国民の生活に及ぼす影響が大きいものとして、その支障が著しいものである場合に当該場外施設の設置を禁止し当該医療施設等の開設者の行う業務を保護する趣旨をも含む規定であると解することができる。したがって、仮に当該場外施設が設置、運営されることに伴い、その周辺に所在する特定の医療施設等に上記のような著しい支障が生ずるおそれが具体的に認められる場合には、当該場外施設の設置許可が違法とされることもあることとなる。

　このように、位置基準は、一般的公益を保護する趣旨に加えて、上記のような業務上の支障が具体的に生ずるおそれのある医療施設等の開設者において、健全で静穏な環境の下で円滑に業務を行うことのできる利益を、個々の開設者の個別的利益として保護する趣旨をも含む規定であるというべきであるから、当該場外施設の設置、運営に伴い著しい業務上の支障が生ずるおそれがあると位置的に認められる区域に医療施設等を開設する者は、位置基準を根拠として当該場外施設の設置許可の取消しを求める原告適格を有するものと解される。そして、このような見地から、当該医療施設等の開設者が上記の原告適格を有するか否かを判断するに当たっては、当該場外施設が設置、運営された場合にその規模、周辺の交通等の地理的状況等から合理的に予測される来場者の流れや滞留の状況等を考慮して、当該医療施設等が上記のような区域に所在しているか否かを、当該場外施設と当該医療施設等との距離や位置関係を中心として社会通念に照らし合

理的に判断すべきものと解するのが相当である。

　なお、原審は、場外施設の設置許可申請書に、敷地の周辺から1000m以内の地域にある医療施設等の位置及び名称を記載した見取図等を添付すべきことを義務付ける定めがあることを一つの根拠として、上記地域において医療等の事業を営む者一般に上記の原告適格を肯定している。確かに、上記見取図は、これに記載された個々の医療施設等に前記のような業務上の支障が生ずるか否かを審査する際の資料の一つとなり得るものではあるが、場外施設の設置、運営が周辺の医療施設等に対して及ぼす影響はその周辺の地理的状況等に応じて一様ではなく、上記の定めが上記地域において医療等の事業を営むすべての者の利益を個別的利益としても保護する趣旨を含むとまでは解し難いのであるから、このような地理的状況等を一切問題とすることなく、これらの者すべてに一律に上記の原告適格が認められるとすることはできないものというべきである。

　エ　これを本件について見ると、前記事実関係等によれば、本件敷地の周辺において医療施設を開設する被上告人らのうち、被上告人X5は、本件敷地の周辺から約800m離れた場所に医療施設を開設する者であり、本件敷地周辺の地理的状況等にかんがみると、当該医療施設が本件施設の設置、運営により保健衛生上著しい支障を来すおそれがあると位置的に認められる区域内に所在しているとは認められないから、同被上告人は、位置基準を根拠として本件許可の取消しを求める原告適格を有しないと解される。これに対し、その余の被上告人X2、同X3及び同X4（以下、併せて『被上告人X2ら3名』という。）は、いずれも本件敷地の周辺から約120mないし200m離れた場所に医療施設を開設する者であり、前記の考慮要素を勘案することなく上記の原告適格を有するか否かを的確に判断することは困難というべきである。

　オ　次に、周辺環境調和基準（自転車競技法施行規則15条1項4号所定：引用者）は、場外施設の規模、構造及び設備並びにこれらの配置が周辺環境と調和したものであることをその設置許可要件の一つとして定めるものである。同基準は、場外施設の規模が周辺に所在する建物とそぐわないほど大規模なものであったり、いたずらに射幸心をあおる外観を呈しているなどの場合に、当該場外施設の設置を不許可とする旨を定めたものであって、良好な風俗環境を一般的に保護し、都市環境の悪化を防止するという公益的見地に立脚した規定と解される。同基準が、場外施設周辺の居住環境との調和を求める趣旨を含む規定であると解したとしても、そのような観点からする規制は、基本的に、用途の異なる建物の混在を防ぎ都市環境の秩序ある整備を図るという一般的公益を保護する見地からする規制とい

第4章　取消訴訟の訴訟要件

うべきである。また、『周辺環境と調和したもの』という文言自体、甚だ漠然とした定めであって、位置基準が上記のように限定的要件を明確に定めているのと比較して、そこから、場外施設の周辺に居住する者等の具体的利益を個々人の個別的利益として保護する趣旨を読み取ることは困難といわざるを得ない。

したがって、被上告人らは、周辺環境調和基準を根拠として本件許可の取消しを求める原告適格を有するということはできないというべきである」。

② 最高裁判決の評価

第1に冒頭部分で、生活環境の悪化を「法令に手掛りとなることが明らかな規定がない」限り「個別的利益としても保護する趣旨を含むと解するのは困難」と大上段に宣言したが、これは9条2項の「利益の内容及び性質」文言の逆用ないし誤用であるとともに、小田急判決の制限と評価される[63]。

第2に周辺環境調和基準について触れる部分で、これを一般的公益を保護する見地からする規制と断じた点は、第1の点に加えて、生活環境利益への消極的態度であり、目を覆いたくなる判示である[64]。

第3に位置基準について、第一次的には個別保護利益を否定し、例外的に「業務上の支障が具体的に生ずるおそれのある医療施設等の開設者において、健全で静穏な環境の下で円滑に業務を行うことのできる利益を、個々の開設者の個別的利益として保護する趣旨をも含む」とする点は、環境利益についての下位規範での救済の可能性をより厳格化したものであり、小田急判決の弱点を深化させたものである。控訴審判決は小田急判決の弱点を環境利益保護の方向で活用したが、最高裁は弱点のままそれをさらに強化したのである。

---

63)　山本・探究464-465頁及び引用文献参照。
64)　山本教授によって紹介されたドイツ連邦行政裁判所の「互換的利害関係」概念が、我が国の判例にも継受され、国立マンション事件判決（行政事件の東京地判平13.12.4WEB）で採用され、その民事事件に転用され（東京地判平14.12.18WEB、最判平18.3.30WEB）景観利益となったことにつき角松生史「『地域像維持請求権』をめぐって」（阿部古稀495頁）参照。

107

9 小田急、サテライトで築かれた原告適格論の特徴と行政訴訟混迷状態脱出のための考察

(1) 私の結論

先に整理したように判例の原告適格論は3段階判定方法を強固に維持している。通説は3段階のうち個別保護要件を強調すべきでなく、保護範囲に入っているか否かが重要であるとする立場といえよう。

中川教授はこの点を逆から厳密に論じている。

すなわち、最高裁の個別保護要件判断と本案との関係である。最高裁が個別保護利益ありとした事例でも、その個々人の個別的利益は受忍限度を超えるという意味ではない（例えば、騒音によって心身の被害を受けない利益ではない）。受忍限度を超える被害なら直ちに違法となり、本案審理をするまでもなく原告勝訴のはずだが、最高裁はさらに実体判断を加えるからである[65]。

この程度の位置付けしかない個別保護要件を重視して、原告適格論で原告の範囲を限定することにいかほどの意味があるか疑問である。現実に果たしている役割は、行政訴訟の利用者を狭めているだけにすぎない。

通説を一歩進めて、個別保護要件を判断基準から外し、不利益要件、保護範囲要件をみたせば原告適格を認め[66]、現在個別保護要件として行われている考察は本案審理に移すべきである。保護範囲要件がある限り、行政処分の特質やその根拠となる実定法を外して原告適格を判断することにはならない[67]。

最高裁がこのような立場に立つには、小田急事件と類似の事案で小田急判決を変更する大法廷判決を待つほかはない。上からの変革以外に、下級審裁判官の自立した営為の積み重ねの道も期待される。

(2) 中川教授の結論

中川教授は私のように直線的で単純な結論を取ろうとはされない。しかし、どうやら結論はそう変わったものではないような気もする。

---

65) 中川・前掲注41）「取消訴訟の原告適格について(1)」77頁参照。
66) 阿部・解釈学Ⅱ151頁参照。
67) 日弁連の行政訴訟法案では「行政決定により現実の利益を侵害され又は侵害されるおそれのある者（団体を含む。）は、是正訴訟を提起することができる」としている。この現実の利益は事実上の利益ではなく、当該法律の保護範囲にある利益をもつことを前提にしている。

第4章　取消訴訟の訴訟要件

　まず、9条2項が従来の最高裁判決を集めたものである以上、最高裁の判決が改正前とさして変わらない結論が出ても当然だと宣言した上で、個別保護要件は根拠法の解釈から導かれるものなのか、実は最高裁は根拠法と離れた作業をしているのではないか、と言うのである[68]。

　最高裁判例を分析すると、第1は生命身体、健康という保護法益が抽象的公益実現のために保護されると読み取れる場合で、直接的に被害を受ける範囲の者に限り個別保護利益を認める事案、第2にそれ以外の保護法益に関しては、①公益実現のためだと断定するか、②個別法が特に個別的利益として保護すると行政法規条文（施行令や委任条例という委任立法も含む）があるかと探して、ないと結論付けるか、③仮に②の条文があったら第1と同様、直接的に被害を受ける範囲の者に限り個別保護利益を認めるとする、という。

　その上で、最高裁判例は、条文もストレートではなく、趣旨を含むことを読み取れるか、理解し直せるかを判断していると述べて、「根拠法の条文から合理的に読み取ることができるのは、保護法益性までであって、個別的利益性までも"条文の手掛かり"によって判定しようとすることは、そもそも方向違いなのではないか」[69]と結論付ける。

　また、条文に委任立法まで広げる現状は、委任立法のその後の削除例や、委任の趣旨からの逸脱濫用例もありうることからおかしいと言う[70]。

　そして、生命身体の安全とそれ以外という利益の二分論も説明不足とする。重要な方の利益は個別的利益となり、そうでない方の利益は一般的公益だと立法者意思を振り分けられるものだ、説明がつかないと言うのである[71]。

　中川教授は、最高裁が「個々人の個別的利益」であることに執着する理由は、端的に、当事者の識別のためだとする。そして、そのためなら、裁判をするに足りるだけの被害を受けたことがわかる者と、そうでない者とを、根拠法を含む法秩序全体に照らして分けること、つまり抽象的線引きだけが残るとする。

　そして結論は、個別的利益性の判定が、絶対的存在感を持つ基準である

---

68)　中川「取消訴訟の原告適格について(2)──憲法訴訟論とともに」法学教室2012年5月号97頁参照。

69)　中川・前掲注68) 103頁。

70)　中川・前掲注68) 103頁。

71)　中川・前掲注68) 103-104頁。

109

べきではないと言うのである[72]。

その上で中川教授は、逆FOIA訴訟や里道判決（最判昭62.11.24WEB）などを例に、これらの原告の原告適格判断には3段階判定方式、とりわけ個別保護要件の議論は成り立たないとする。なぜなら行政処分と無関係な第三者が処分によって平穏を害されたからであると。プライバシーが、一般公益に吸収解消させるにとどまらず、帰属する個々人の個別的利益として情報公開法が保護すべきものとは言えないであろうとして、このようなケースのために独立利益侵害テストを提唱している[73]。

10　小田急判決以後の判決

小田急判決より前の判決は対比のために取り上げることがある。

(1)　都市計画

・東京地判平20.1.29WEB

鉄道の連続立体交差化を内容とする都市計画事業の変更及び鉄道の連続立体交差化にあたり付属街路を設置することを内容とする都市計画事業の変更の各認可（都市計画法63条1項）につき、各事業地内の土地に権利を有する者の原告適格を肯定、事業地の周辺住民で当該各事業が実施されることにより騒音、振動等による健康又は生活環境に係る著しい被害を直接的に受けるおそれのあるものには原告適格が認められるとしつつ、当該事件については、付属街路の規模が比較的小さなものであることに加え、立体交差化にあたり、環境に配慮して日照への影響を軽減するために設置されるものであることから原告適格を否定。

小田急大法廷判決が変更した最判平11.11.25を再び引用しての逆流判決である。この判決を見るだけでも、小田急大法廷判決の脆弱性を見る思いがある。少なくとも、原告適格は認めるべきであろう。

・名古屋高判平21.11.13WEB

高架式の道路の設置を内容とする都市計画事業の変更の認可（都市計画法63条1項）につき事業地の周辺住民で当該事業が実施されることにより大気汚染、騒音、振動等による健康又は生活環境に係る著しい被害を直接的に受けるおそれのあるものの原告適格を肯定した。

---

72)　中川・前掲注68）105-107頁。
73)　中川・前掲注68）107-110頁。

第4章　取消訴訟の訴訟要件

・東京高判平21.11.26WEB

都市計画の変更（都市計画法21条1項）につき区域外に位置するマンションの区分所有者又は居住者で眺望の利益を主張するものの原告適格を否定。「本件変更決定は、a線δ駅西側に隣接するα地区地区計画を変更するものであるところ、法が規定する都市計画基準（法13条1項14号）においては、地区計画を含む都市計画は公害防止計画に適合することを要し、地区計画は良好な環境の形成又は保持のためその区域の特性に応じて合理的な土地利用が行われることを目途として定めるべきこととされている。そして、地区計画の変更決定において控訴人らの主張する利益が法律上保護された利益といえるかどうかを判断するに当たっては、法が、都市の健全な発展と秩序ある整備を図り、もって国土の均衡ある発展と公共の福祉の増進に寄与することを目的とし（法1条）、都市計画は、健康で文化的な都市生活及び機能的な都市活動を確保すべきこと並びにこのためには適正な制限の下に土地の合理的な利用が図られるべきことを基本理念として定めるものとされていること（法2条）を考慮すると、都市計画法と目的を共通にする関係法令として環境基本法及び環境影響評価法の趣旨及び目的をも参酌することを要すると考えられる。以上に挙げた法の趣旨、目的に照らすと、地区計画において達成すべき目的の一つとされている公害の防止や良好な環境の形成・保持とは、大気、水質、土壌の汚染や騒音、振動、地盤低下等による人の健康又は生活環境に係る被害の発生を防止することによって住民の健康で文化的な生活を確保することを指しているものと解することができる（環境基本法1条、2条3項、16条、環境影響評価法1条）。

しかし、本件各マンションは本件変更決定に係る地区計画の区域外にあるものであり、控訴人らが享受しているこのマンションからの富士山の眺望は、将来の事情の変化によっては、居住する階数によって状況に違いがあり得るものの、当該地区計画の区域内の建築物のみならず、当該マンションと富士山との間の何らかの物体によって遮られる可能性があるのであり、都市計画法その他の上記規定及び関係法令の趣旨、目的を斟酌してみても、都市計画法が予定する保護法益の中に、このような眺望の利益が含まれるものと見るのは困難である」。

・横浜地判平18.5.17判例地方自治304号86頁

市街化調整区域内にある宅地の一部を市道（公共施設）に付け替える、区域の変更という都市計画法33条の開発許可を、市道になればそこに面

して行われる飲食店の営業に伴って生ずる来客による路上駐車、騒音、酔客による迷惑行為等を受けない利益、また事実上、新規の店舗用建築物のための開発行為が規制されることによる日常生活上必要な店舗を利用する利益を原告適格の根拠として主張した事例。判決は、開発許可につきその周辺に居住する者で良好な生活環境を享受する権利等（都市計画法34条1号参照）、33条1項6号、9号、10号なども具体的保護利益とならないと原告適格を否定。

・名古屋地判平19.10.10WEB

開発許可につき近隣の土地の所有者の原告適格を否定。

原告らは、原告適格を基礎付けるものとして、開発許可に基づく宅地造成により、原告らの所有地が接道要件を充たさないことになるという財産上の不利益を主張。判例集の整理で見る限りだが、原告は都市計画法のどの条項により主張する利益が原告適格に保護範囲に入っているかを明確に主張していない。判決が都市計画法33条1項のいくつかの号を検討しているが、それはそれで紋切り型である。同項14号の開発行為の妨げとなる権利を有するものの相当数の同意の条項については、最判平9.1.28WEBを引用するだけで否定している[74]。行訴法改正後の判例としては大法廷判決を目指してひと工夫欲しいものである。行訴法9条2項最後段の「害されることとなる利益の内容及び性質並びにこれが害される態様及び程度も勘案」すれば、接道要件不充足となる不利益は原告適格を構成するのではあるまいか。

・大阪高判平20.7.31判時2059号26頁

開発許可及び建築確認につき周辺の土地の所有者で過去にされた別の開発許可に係る開発利益（特に財産的利益）を主張する者の原告適格を肯定。地裁が否定したのを救済したもので優れている。

「建築確認処分について規定する建築基準法は、建築物の敷地、構造、設備及び用途に関する最低の基準を定めて、国民の生命、健康及び財産の保護を図り、もって公共の福祉の増進に資することを目的とし（同法1条）、建築確認については、建築基準法令その他建築物の敷地、構造又は建築設備に関する法令及び条例の規定に適合するものであることを要するとしており（同法6条1項）、上記法令には都市計画法29条1項、42条も含まれる

---

[74]　行訴法改正前のこの判決の評釈も、この点には特段の異論を述べていない（山下竜一「開発許可取消訴訟の原告適格」平成9年度重要判例解説35頁）。

こと（建築基準法施行令9条12号）、さらに前記……認定及び都市計画法42条によると、平成7年開発許可においては、予定建築物が共同住宅等に制限され、建ぺい率、容積率等の制限もあることに照らすと、上記各法律は、その趣旨、目的等から、周辺の同一開発区域内の土地所有者らの所有土地を開発計画に沿って有効利用し、関係する建築確認処分により、上記土地利用に直接的に支障を受け、財産上の被害を受けるおそれがある場合、そのような被害を被らない利益をも、個別的利益として保護する趣旨を含むものと解される。

　……控訴人らは、平成7年開発区域内において、それぞれ土地を所有し、平成7年開発許可に基づき、本件共同事業が実現され、各所有土地を有効利用できることについて、法律上保護された利益を有している一方、平成7年開発区域内の主要部分を占める平成18年6月開発区域において、本件共同事業ないし平成7年開発許可により予定された共同住宅と著しく異なる一戸建て住宅の建築確認がなされるものと予想される本件建築確認処分がされると、それに基づく建物の建築により、本件共同事業の遂行に支障を来し、各所有土地の有効利用ができず、財産上の被害を受けるおそれがあるから、上記法律上保護された利益を必然的に侵害されるおそれがあるものと認められる」。

　・大阪地判平20.8.7WEB

　開発許可につき、開発区域においてがけ崩れ・溢水（いっすい）等が発生した場合に直接的な被害を受ける蓋然性がある地域に居住する者には原告適格が認められる（同法33条1項3号、7号参照）としつつ、当該事件については、原告らが開発区域から約5メートル離れ、同区域の接面道路から約4メートル高い位置に居住する者及び同区域の西側及び南側に隣接する土地に居住する者であるとして否定。

　・東京地判平22.5.13WEB

　開発許可につき、予定建築物の倒壊等により生命身体・財産上の損害を受けない利益（都市計画法33条1項1号参照）は、建築されもたらされる不利益は含まないとして否定し、生活環境等に係る利益（同項2号、6号、9号参照）を主張する周辺住民の原告適格を否定。理由は、2号は環境の保全、災害の防止、通行の安全又は事業活動の効率といった利益のためで、本件の影響は、広い意味での生活環境の悪化であって、直ちに周辺住民の生命、身体の安全や健康を脅かしたりその財産に著しい被害を生じさせたりする

ことまでは想定し難いところである。そして、このような生活環境に関する利益は、基本的には公益に属する利益であるとしてサテライト最判を引用して否定し、6号、9号は公共施設や公益的施設の設置により得られる利益（6号）や、開発区域における樹木の保存や表土の保全により得られる利益（9号）を保護しようとするものであり、それらの利益は、周辺住民にとって、広い意味での生活環境に関するものであって、基本的には公益に属する利益であるとして否定した。10号は、予定建築物等に起因する騒音、振動等による環境の悪化の被害が直接的に及ぶことが想定される範囲に居住する者には原告適格が認められる根拠となるとしつつ、当該事件については、予定建物が共同住宅だからそのような被害は出ないとして否定。3号、7号は、開発区域においてがけ崩れ・溢水等が発生した場合に直接的な被害を受けることが予想される範囲の地域に居住する者には原告適格が認められるとしつつ、当該事件については高低差の比較的少ない土地であったこと、また、本件開発行為により、本件開発区域に盛土されることはなく、本件建築物の敷地や中庭部分が切土され、従前よりも4m余り地盤が下げられることが認められるところ、これらの事情からすると、本件開発行為により、本件開発区域からの溢水等により周辺の地域に被害が生じるおそれが従前よりも増したということは困難などとして否定。

　最高裁判例の弱点を縦横に目一杯使用した天下の悪判決として、後世に残ろう（控訴審（東京高判平23.10.26WEB）は訴えの利益の消滅から控訴棄却）。

・東京地判平20.12.24WEB

　東京都が都市計画法53条1項に基づいてした都市計画施設の区域内における建築許可処分の取消しを求める訴えにつき、規定の趣旨及び目的、関係法令である都市公園法1条、2条1項1号及び3条1項、同法施行令2条1項並びに東京都震災対策条例（平成12年東京都条例第202号）の趣旨及び目的、都市計画法が同法53条の許可の制度を通じて保護しようとしている利益の内容及び性質等を考慮すれば、同条1項の規定は、都市の健全な発展と秩序ある整備を図るなどの公益的見地から都市計画事業の円滑な施行の確保を図るとともに、当該都市計画施設に係る防災、避難等に関する機能が確保された都市計画事業の円滑な施行が阻害されることによって、災害時に拡大する火災等によって生命又は身体に著しい被害を受けるおそれのある個々の住民に対して、そのような被害から免れるという利益を個々人の個別的利益としても保護すべきものとする趣旨を含むと解するのが相

当であるところ、当該都市計画施設につき都市計画事業が施行されて都市公園になったときは当該公園を避難場所として利用する蓋然性が客観的に高いと認められる住民らは、都市計画事業の支障及び遅滞により前記著しい被害を受けるおそれのある者に当たるから、都市計画施設に係る同法53条に基づく許可の取消しを求めるにつき法律上の利益を有するとして、原告適格を肯定した。しかし本案は棄却。控訴審（東京高判平21.9.16WEB）も同様。

・大阪地判平20.3.27WEB

　都市計画事業の認可（都市計画法59条4項）の根拠法令たる都市計画法及びその関連法令たる環境基本法、環境影響評価法、府環境影響評価条例、市環境影響評価条例等の各規定の趣旨目的、並びに、違法な事業に起因する被害の内容、性質、程度に照らすと、都市計画事業の事業地の周辺に居住又は勤務する者のうち、事業の実施に伴う騒音、振動等により健康又は生活環境に係る著しい被害を直接的に受けるおそれのある者は、事業認可の取消訴訟の原告適格を有するが、市環境影響評価条例の関係地域内においても、その騒音等による健康又は生活環境に係る著しい被害を直接的に受けるおそれがあると認めることができない者の場合には、原告適格を有するとはいえない。

　ただし本案は棄却である。

・東京地判平21.11.27WEB

「本件条例は、市民の福祉を高め、豊かな緑と水と文化財にはぐくまれた安全で快適なまちづくりの実現に寄与することを目的とするものであるところ、同条例6条1項が、『市民等は、健康かつ快適な都市環境及び生活環境を享受する権利を有する』と規定しており、同条例79条が、事業者が開発事業の計画及び工事の実施に当たって、近隣住民との関係で紛争を未然に防止するために講ずるよう配慮すべき事項として、『近隣住民の住居の日照に及ぼす影響を軽減させること』と規定していることなどにも照らせば、同条例50条1項の開発適合審査基準において、同条例別表第3の3の項が、建築物の高さを規制している趣旨として、当該建築物の近隣の建築物の日照、採光等を良好に保ち快適な居住環境を確保することにより、近隣住民の健康に著しい被害を及ぼすことを防止する趣旨も含まれているものと解するのが相当である。そして、本件条例が、開発区域の近隣で当該開発区域から一定の距離以内の区域に住所を有する者等を『近隣住民』

として具体的に規定した上で、事業者は、開発事業について近隣住民から説明を求められたときは、その内容を説明しなければならず（同条例45条）、近隣住民は、開発事業に関する意見書を市長に提出すること（同条例46条1項）、公聴会の開催を市長に請求すること（同条例47条1項）、市長に対し、開発事業申請書の内容を再考するよう事業者に要請することを記載した書面を提出すること（同条例59条5項）、市長に対し紛争の調整の申出をすること（同条例80条）等ができ、本件条例が近隣住民に対し、開発基準適合確認通知に至る手続に関与することを認めていること、前記規制が保護しようとする利益が個人の健康という重要な利益であることも併せ考えると、本件条例は、開発基準適合確認に係る開発事業で建築される建物により日照を阻害される近隣住民の健康を個々人の個別的利益としても保護すべきものとする趣旨を含むものと解するのが相当である」とした。控訴審の東京高判平22.6.10WEBも同じ。

　・大阪地判平24.3.28WEB

都市計画法29条に基づく開発許可につき、開発区域内において建物の火災、下水の排出による溢水又は地盤沈下や出水による災害等が生じた場合に、それらによる直接的な被害を受ける蓋然性がある範囲内に居住している周辺住民の原告適格を肯定。都市計画法33条1項2号の規定は、空地の確保が不十分又は開発区域外への道路の接道が不十分な場合に、火災等による被害が直接的に及ぶことが想定される開発区域内外の一定範囲の地域の住民の生命、身体の安全等を、個々人の個別的利益としても保護する趣旨を含むものと解すべきである。そうすると、開発区域内の空地の確保が不十分又は開発区域外への道路の接道が不十分な場合には、火災等による災害の直接的な被害を受けることが予想される範囲の地域に居住する者は、開発許可の取消しを求めるにつき法律上の利益を有する者として、その取消訴訟における原告適格を有すると解するのが相当である。また、同項3号の規定は、開発区域内の排水路その他の排水施設が必要な排水能力を有していない場合には、溢水等による直接的な被害を受けることが予想される範囲の地域に居住する者は、開発許可の取消しを求めるにつき法律上の利益を有する者として、その取消訴訟における原告適格を有すると解するのが相当である。さらに、同項7号の規定は、開発区域内の土地が同号にいうがけ崩れのおそれが多い土地等に当たる場合には、がけ崩れ等による直接的な被害を受けることが予想される範囲の地域に居住する者は、

開発許可の取消しを求めるにつき法律上の利益を有する者として、その取消訴訟における原告適格を有すると解するのが相当である（最判平9.1.28民集51巻1号250頁参照）。原告らは、本件開発区域と約6メートルの道路を隔てた周辺地域に居住している者であり、原告らの居住場所と本件開発区域との位置関係、本件開発区域や本件開発区域内に建築が予定されている建物の規模等に照らし、本件開発区域内において建物の火災、下水の排出による溢水又は地盤沈下や出水による災害等が生じた場合、それらによる直接的な被害を受ける蓋然性がある範囲内に居住しているものということができる。したがって、原告らは、いずれも、本件開発許可の取消しを求める訴えの原告適格を有すると解される。

　しかし本案は棄却である。

　・福岡高宮崎支判平18.1.27WEB

　市道に面してホテルを経営する法人が市長に対してした、当該市道の路線廃止処分のうち一部の区間についての同処分の無効確認を求める訴えの原告適格につき、道路法の目的は、道路網の整備を図ることにより交通の発達に寄与し、公共の福祉を増進することであるが、他方で、市町村長が市町村道の路線廃止処分をするについては、同法10条1項前段は、一般交通の用に供する必要がなくなったとの実体的要件を課すとともに、同条3項及び同法8条2項は、市町村議会の事前の議決を要求するほか、同法9条及び道路法施行規則1条2項は、事後に所定の事項を公示した上、廃止に係る路線を明示した所定の図面を一般の縦覧に供すべき手続的要件を課していることからすれば、同法10条1項前段の規定は、市町村道の路線廃止処分をするか否かについて市町村長による合理的な裁量権の行使を要求しているものと解されるから、市町村道の路線廃止処分に関する同法の規定は、当該市町村道を利用する者の具体的な利益を保護することをも、その趣旨及び目的としており、当該市町村道を少なくとも日常的に利用する者は、当該市町村道の路線廃止処分の無効確認を求めるにつき法律上の利益を有する者に該当するとした。原審判断を取り消した。

(2) 公営競技

　・名古屋地決平18.7.20WEB（執行停止事案）、東京地判平18.12.20WEB、東京地判平19.3.29WEB、東京高判平20.4.17WEB

　場外勝舟投票券、場外車券売り場と周辺住民との事件であり、前述のサテライト大阪事件の大阪地判平19.3.14と同旨で、一般論では認めるもの

も当該事件では原告適格を否定している（その意味では上告審の最判平21.10.15も）。これらを見ると、大阪サテライトの一連の判決が「孤立」したものではなく、代表的三都の裁判所で同じように判断されていることに、今更ながら驚く。小田急大法廷の弱点はしっかりと地裁に根付いている。

(3) 風俗営業

・大阪地判平18.10.26判タ1226号82頁

パチンコ店の営業所の構造又は設備の変更の承認（風営法9条1項）につき、善良な風俗と清浄な風俗環境を求める住居集合地域内の営業所の周辺住民に原告適格を認める余地があるとしつつ、同法4条2項2号、大阪府風営法施行条例により、その敷地から100mを超える場所（200m）に居住する者の原告適格を否定。

・大阪地判平20.2.14判タ1265号67頁

パチンコ店の営業所の構造又は設備の変更の承認（風営法9条1項）につき、当該営業が実施されることにより、騒音、振動による健康又は生活環境に係る被害を直接的に受けるおそれのある者の原告適格を同法15条、上記条例により肯定。

上の18年判決と同じ被告、行政庁（大阪府公安委員会）、原告、同じ総括裁判官、右陪席、原告代理人、被告代理人であるのに、結論が違うのは被害（法益）についての法令の違いによるようである。

・周知のように、最判平10.12.17WEBは、風俗営業許可処分取消請求事件につき、パチンコ店の許可を第1種住居専用地域住民が争ったものの、風営法の趣旨は公益保護であり、具体的保護でないとして3審とも却下を維持した。初版で私は、改正行訴法の9条2項の前述ⓐⓑⓓ部分を適用すれば、関連法規までいかなくてもよいし、改正前の条文でも風営法の目的（1条）、許可基準（4条、同法施行令6条）などから原告適格は認められることになろうと書いていた。小田急判決には大きな弱点はあるが、上記二つの大阪地裁判決のところまでは、判決素地は前進した。あとは、私が前述したような前進を遂げるかどうかにかかっている。

(4) 墓地経営

・改正前の判例であるが、最判平12.3.17WEBは、墓地から300メートルに満たない住宅等に居住する者が起こした墓地の経営許可の取消訴訟における原告適格を否定した。墓地、埋葬等に関する法律10条1項、大阪府墓地、埋葬等に関する法律施行条例（旧条例がこれに移行）は公益を保護し

ているにすぎない、個別的利益を保護しているのではない、というのである。しかし阿部泰隆教授が言われるように[75]、制度の趣旨からは当該土地で墓地を経営してよいかどうかは、法の趣旨である「国民の宗教的感情に適合し、且つ公衆衛生その他公共への福祉の見地から」決められなければならず、その見地は遠く離れた人々一般のそれではなく、近隣住民と解すべきである。条例が住宅等からの距離制限をしていることはその趣旨である。近隣住民に原告適格を認めることは改正行訴法の@ⓑの視点からも、加えて@の視点を導入すれば確実に認められるべきである。

改正後、

　・福岡地判平19.5.28TKC文献番号25420052、控訴審―福岡高判平20.5.27WEB

ともに、上記最判を一歩も出ない判示で、原告適格を否定。この裁判官たちは、行訴法が改正されようと、最高裁判決に従っておけば良いと考えているのであろうか。

　・東京地判平22.4.16WEB

墓地の経営許可（墓地法10条1項）につき周辺住民で墓地周辺の衛生環境の悪化による健康又は生活環境の著しい被害を直接受けるおそれがあるものの原告適格を肯定。同条同項は「第1次的には公益的見地から」であるが、都条例を、目的を共通にする関係法令として読み込み、「周辺住民等の健康又は生活環境に係る著しい被害を受けないという利益を個々人の個別的利益としても保護すべきものとする趣旨を有すると解するのが相当である」とした。改正法の目的が結実した判示である。

(5)　既存事業者――競願問題との違い

　・競願問題については、著名なテレビ電波競願事件についての最判昭43.12.24WEBがある。「訴外財団と被上告人とは、係争の同一周波をめぐつて競願関係にあり、上告人（郵政大臣：引用者）は、被上告人よりも訴外財団を優位にあるものと認めて、これに予備免許を与え、被上告人にはこれを拒んだもので、被上告人に対する拒否処分と訴外財団に対する免許付与とは、表裏の関係にあるものである。……これが後述のごとき理由により違法たるを免れないとして取り消された場合には、上告人は、右決定前の白紙の状態に立ち返り、あらためて審議会に対し、被上告人の申請と訴

---

75)　阿部・要件論67頁参照。

外財団の申請とを比較して、はたしていずれを可とすべきか、その優劣についての判定（決定案についての議決）を求め、これに基づいて異議申立てに対する決定をなすべきである。すなわち、本件のごとき場合においては、被上告人は、自己に対する拒否処分の取消しを請求しうるほか、競願者（訴外財団）に対する免許処分の取消しをも訴求しうる……が、いずれの訴えも、自己の申請が優れていることを理由とする場合には、申請の優劣に関し再審査を求める点においてその目的を同一にするものであるから、免許処分の取消しを訴求する場合はもとより、拒否処分のみの取消しを訴求する場合にも、上告人による再審査の結果によつては、訴外財団に対する免許を取り消し、被上告人に対し免許を付与するということもありうる」として訴えの利益を認めている（期間徒過との関係は本章第4節「狭義の訴えの利益」を見られたい）。

・この競願的事例では、航空運送の問題につき東京地判平18.3.28判タ1239号157頁は、定期航空運送事業を営む航空会社に対して国土交通大臣がした混雑飛行場運行許可処分について他の航空会社が取消訴訟を提起した事案において、他の航空会社に行政事件訴訟法9条2項に基づく原告適格が認められるかどうかを判断するためには、本件許可の内容と両立しないような内容の運行計画について、原告が適式な認可申請を将来行うことが、客観的にみて、相当程度確実に見込まれるかどうか検討されなければならないとした上で、本件については、原告の計画の一部は本件処分の内容と抵触しないものであり、他の計画は客観的にみて将来において相当程度確実に申請が行われる見込みはないとして、原告適格を認めず、訴えを却下した。

・最判平19.10.19WEB

既存業者問題だが、地裁、高裁も否定しているので、最判を見る。医療法7条、7条の2、30条の3、1条、1条の4などを検討し、都道府県医療計画を定める目的は、良質かつ適切な医療を効率的に提供する体制を確保することにあり、他施設開設者の利益を保護する趣旨を含まず、また医療法の目的も他施設開設者の利益を保護する趣旨を含まない、とした。

・熊本地判平23.12.14WEBは、たばこ事業法22条に基づく製造たばこ小売販売業の許可処分につき同許可に係る営業所の近隣で同小売販売業の許可を受けて同業を営む者の原告適格を肯定した。距離規制の範囲内において、既に製造たばこ小売販売業の許可を受けている（又は受けた者とみな

第4章　取消訴訟の訴訟要件

されている）既存の小売販売業者は、当該距離規制に違反して製造たばこ小売販売業の許可がされたとして、他者に対する許可の取消しを求めるにつき、「法律上の利益を有する者」に当たるという。控訴審（福岡高判平24.6.5WEB）も同旨。

・後の廃棄物処理許可への既存業者問題(12)で取り上げる最判平26.1.28WEBは、廃棄物処理法7条に基づく一般廃棄物収集運搬業の許可又はその更新を受けている既存の許可業者は、当該区域を対象として他の者に対してされた一般廃棄物収集運搬業の許可処分又は許可更新処分について、その取消しを求める法律上の利益を有する者として、その取消訴訟における原告適格を有するが、一般廃棄物処分業の許可処分又は許可更新処分については、その取消訴訟における原告適格を有しないとする。

既存業者の地位も、各単行法の規定の仕方によることを最高裁は明確にしている。

・鹿児島地判平29.2.28判例地方自治433号43頁、鹿児島地決平29.2.28判例地方自治433号39頁

同日付で判決と同種事件の執行停止。鹿児島県伊仙町長からし尿・浄化槽汚泥の収集運搬の許可を受けている原告・申立人が、同町長が他の会社にし尿・浄化槽汚泥の収集運搬の許可処分をしたことについて、〔1〕同処分の取消しを求めた訴訟（第1事件）において、同処分が違法であるとして取り消され、〔2〕同処分の執行停止を求めた申立て（第2事件）において、第1事件の判決が確定するまで同処分の執行停止が認められた。

(6)　土地収用、土地区画整理等に直面する近隣住民や団体

前述した中川教授の原告適格論の重要な概念である準名宛人の典型例が、土地収用の事業認定に対する地権者である。地権者の原告適格については、認めることに判例学説に争いはないから、ここで取り上げるのは近隣住民等である。

・東京地判平17.5.31WEB、東京高判平20.6.19WEB、最判平21.11.13TKC文献番号25471732。高裁判決でみる。一般有料自動車専用道路及びジャンクションの新設工事等の事業認定（土地収用法16条）につき、起業地内に居住するだけの者、周辺に居住する者及び環境保護団体等の原告適格を否定。「土地収用法の趣旨、目的からすると、土地収用法は、公共の利益と個々人の具体的な私有財産についての権利の調整を図ることを目的とするものであつて、起業地内に私有財産を有しない周辺居住者等の権利・利

121

益を保護する趣旨、目的を有するものではないと解するほかはなく、同法が定める事業の認定の手続も上記の観点から設けられたもので、起業地内に私有財産を有しない周辺居住者等の利益を保護する趣旨ではないと解すべきである。都市計画法が、同法の事業認可の告示があつたときは、施行者が、事業の概要について事業地及びその付近地の住民に説明し、意見を聴取する等の措置を講ずることにより、事業の施行についてこれらの者の協力が得られるように努めなければならないと規定している（66条）のに対し、土地収用法は、『起業者は、第26条第1項の規定による事業の認定の告示があつたときは、直ちに、国土交通省令で定めるところにより、土地所有者及び関係人が受けることができる補償その他国土交通省令で定める事項について、土地所有者及び関係人に周知させるため必要な措置を講じなければならない。』と定め（28条の2）、周辺住民はその対象とされておらず、周辺住民の個別具体的利益を保護する趣旨でないことは明らかである」とする。

・大阪地判平17.8.25判例地方自治282号84頁

　小田急判決前だが、レベルの低い判例である。なぜ控訴しなかったのか疑問が残る。仮換地の指定（土地区画整理法98条）につきその対象地を所有する財産区の財産区住民の原告適格及び土地区画整理事業において整備が予定されている市道の周辺住民で「まちづくり権」や「里山の自然環境を享受する利益」を主張するものの原告適格を否定。特に、財産区住民の地位を、財産区が当該財産を所有し、当該財産を住民らの利用に供していることによる反射的利益だとする判示は古色蒼然である。財産区という制度が存在する実質的理由（市町村合併をスムーズに行うこと。合併前の市町村に独立の権能を認める）からして、財産等の管理・処分は財産区の住民自らの手に委ねる方が合理的であることがあるのであり[76]、その財産への根本的変更である仮換地指定を争う原告適格を認めるのは当然ではないかと思われる。

・東京地判平20.5.29判時2015号24頁

　土地区画整理事業の施行認可（土地区画整理法4条1項）につき施行地区内にあるグラウンドが東京都震災対策条例に基づき広域避難場所として指定されている地域に居住する者の原告適格を肯定。当該地域に居住しない

76） 藤田宙靖『行政組織法』（有斐閣、2005年）182頁以下参照。

者で生活環境（周辺に生息する多様な動植物の存在、周囲への冷却効果、景観など）が著しく悪化することを主張するものの原告適格を否定。「土地区画整理事業の認可に関する土地区画整理法及びその関係法令の規定の趣旨及び目的、これらの規定が土地区画整理事業の認可の制度を通して保護しようとしている利益の内容及び性質等を考慮すれば、土地区画整理法は、これらの規定を通じて、健全な市街地の造成を図るとともに、震災時に拡大する火災等によって生命又は身体に被害を受けるおそれのある個々の住民に対して、そのような被害から免れるという利益を個々人の個別的利益としても保護する趣旨を含むと解するのが相当である。したがって、震災時の避難場所の維持について、当該避難場所を利用することが予定されている地域に居住する住民は、法律上保護された利益を有するものというべきであり、同住民は、そのような避難場所に変動を生じさせることになる土地区画整理事業の施行認可の取消しを求めるにつき法律上の利益を有する者として、その取消訴訟における原告適格を有するものというべきである」。

しかし生活環境悪化主張の「原告らの主張する前記利益は、一般的な環境利益の域を出るものではなく、土地区画整理法が、これらの利益を、三井グラウンド周辺に居住する個々の住民に対して、専ら一般的公益の中に吸収解消させるにとどめず、個々人の個別的利益としても保護する趣旨を含むと解することは困難である」、「土地区画整理法施行規則9条1号は、単に一般的、抽象的に『生活の利便』を促進するように考慮して設計の概要を定めなければならない旨規定しているにすぎず、これにより都市住民一般の快適な生活環境の向上に資することを目的とする規定であり、また、同条8号は、『施行地区における植物の生育の確保上必要な樹木の保存、表土の保全その他の必要な措置』を講じて設計の概要を定めなければならない旨規定することにより、施行地区及びその周辺の地域における環境の保全に配慮する趣旨の規定であるから、これらの規定の趣旨及び目的は、いずれも一般的な公益を保護すること」であるとした。前述した最高裁判決が採用する生命身体の安全とそれ以外という利益の二分論に立つ典型判例である。

(7) 建築確認等に直面する近隣住民

いずれも二分論に立つものと見てよいであろう。

最高裁判例はない。総合設計許可取消訴訟については、行訴法改正前に、

最判平14.3.28WEBが、周辺地の居住者の原告適格を認めている。理由は「建築基準法は、建築物の敷地、構造等に関する最低の基準を定めて、国民の生命、健康及び財産の保護を図ることなどを目的とするものである（1条）ところ、同法59条の2第1項は、同法52条の容積率制限、同法55条又は56条の高さ制限の特例として、一定規模以上の広さの敷地を有し、かつ、敷地内に一定規模以上の空地を有する場合に限り、安全、防火、衛生等の観点から支障がないと認められることなどの要件の下に、これらの制限を緩和することを認めている。容積率制限や高さ制限の規定の趣旨・目的等をも考慮すれば、同法59条の2第1項の規定は、これらの制限の緩和を認めて大規模な建築物を建築することを可能にする一方で、必要な空間を確保することにより、当該建築物及びその周辺の建築物における日照、通風、採光等を良好に保つなど快適な居住環境を確保することができるようにするとともに、当該建築物が地震、火災等により倒壊、炎上するなど万一の事態が生じた場合に、その周辺の建築物やその居住者に重大な被害が及ぶことのないよう適切な設計がされていることなどを審査し、安全、防火、衛生等の観点から支障がないと認められる場合にのみ許可をすることとしているものと解される」、「同項は、上記許可に係る建築物の建築が市街地の環境の整備改善に資するようにするとともに、当該建築物により日照を阻害される周辺の他の建築物に居住する者の健康を個々人の個別的利益としても保護すべきものとする趣旨を含むものと解すべきである」というものである。

　総合設計でない建築そのものについての最近の下級審は次の通りである。
　・東京地判平18.9.29WEB
　近隣住民の提起した、建築基準法6条の2第1項に基づく確認の処分の取消しを求める訴えにつき、同項は、当該建築物並びにその居住者の生命、身体の安全及び健康の保護を図り、当該建築物及びその周辺の建築物における日照、通風、採光等を良好に保つなど快適な居住環境を確保することができるようにするとともに、地震、火災等により当該建築物が倒壊し、又は炎上するなど万一の事態が生じた場合に、その周辺の建築物やその居住者に重大な被害が及ぶことのないようにするものであると解されるとした上、以上のような同項の趣旨及び目的、同項が同法6条1項各号に掲げる建築物の計画が建築基準関係規定に適合するものであることの確認において保護しようとしている利益の内容、性質等のほか、同法が建築物の敷

124

地、構造等に関する最低の基準を定めて国民の生命、健康及び財産の保護を図ることなどを目的としていること（同法1条）をも考慮すると、同法6条の2第1項は、同項による確認に係る建築物並びにその居住者の生命又は身体の安全及び健康を保護し、その建築等が市街地の環境の整備改善に資するようにするとともに、当該建築物の倒壊、炎上等による被害が直接的に及ぶことが想定される周辺の一定範囲の地域に存する他の建築物の居住者の生命又は身体の安全等及び財産としてのその建築物、当該建築物により日照を阻害される周辺の他の建築物に居住する者の健康並びに当該建築物により通風を阻害されるなど風害を受ける周辺の他の建築物に居住する者の風害を被らない利益を個々人の個別的利益としても保護すべきものとする趣旨を含むものと解すべきであるから、建築確認に係る建築物の倒壊、炎上等により直接的な被害を受けることが予想される範囲の地域に存する建築物に居住し、又はこれを所有する者、建築確認に係る建築物により日照を阻害される周辺の他の建築物の居住者及び建築確認に係る建築物により風害を受ける地域内の居住者は、当該建築確認の取消しを求めるにつき法律上の利益を有する者として、原告適格を有するとした。

・大阪地判平19.12.27WEB、大阪高判平20.8.28WEB

建築確認（建築基準法6条の2第1項）につき同確認に係る建築物により通風を阻害される周辺の他の建築物に居住する者の原告適格を肯定。地裁判決が基本なのでそちらでみる。

「建築基準法6条及び6条の2の規定する建築確認処分は、建築物が建築される前の段階で、当該建築物に係る建築計画が建築基準関係規定に適合したものであることを公権的に確認する処分であって、これを受けなければ当該建築物に係る建築工事をすることができないという法的効果を付与されたものであるから、同法は、建築確認処分により、同法に違反した違法建築物の出現を防止することを目的としていると解される。

上記建築基準関係規定として、容積率の制限（同法52条）、第1種低層住居専用地域及び第2種低層住居専用地域内における建築物の絶対的高さ制限（同法55条）、前面道路の幅員や隣地境界線からの水平距離に応じた建築物の高さ制限（同法56条）、日影による中高層建築物の高さ制限（同法56条の2）、高度地区内の建築物の高さ制限（同法58条）等が定められているが、これらの定めは、その規制内容にかんがみれば、建築密度、建築物の規模等を規制することにより、建築物の敷地上に適度な空間を確保し、もって、

当該建築物及びその周辺の建築物等における日照、通風、採光等を良好に保つことを目的とするものと解される。本件で問題となっている隣地高さ制限（同法56条1項2号、7項2号）も、その規制内容にかんがみれば、上記各規定と同様に、当該建築物及びその周辺の建築物等における採光、通風等を良好に保つことを目的とした規定と解される。

そして、上記各規定の趣旨に、建築基準法が、建築物の敷地、構造等に関する最低の基準を定めて国民の生命、健康及び財産の保護を図ることなどを目的とした法律である（同法1条）こと、上記各規制に違反する建築物が建築された場合、これにより日照、採光、通風が阻害される周辺の他の建築物に居住する者に健康被害をもたらし得ることなどを併せて考慮すれば、建築確認処分は、建築物の建築に当たり、当該建築物及びその周辺の建築物における日照、採光、通風等を良好に保つことを目的とした隣地高さ制限その他の各規制を遵守させることにより、当該建築物により日照、採光、通風等を阻害される周辺の建築物に居住する者の健康を個々人の個別的利益としても保護する趣旨を含むものというべきである」としている。

・東京地判平19.9.7WEB、東京高判平20.7.9WEB

建築確認（建築基準法6条の2第1項）につき同確認に係る倒壊、炎上により直接的な被害を受けることが予想される範囲の地域に存する建築物に居住し、又はこれを所有する者の原告適格を肯定。上の大阪地裁判決と同旨である。

・(6)で取り上げた東京地判平20.5.29は建築確認と周辺住民の論点も含むが、2分論の立場をこの論点でも貫いている。

すなわち、建築基準法6条の2の意味は、上の大阪地裁とほぼ同様に認めるが、原告らが日照等の被害を受ける関係にないと認定した上で、「建築基準法六条の二第一項は、同項による確認に係る建築物の倒壊、炎上等による被害が直接的に及ぶことが想定される周辺の一定範囲の地域に存する他の建築物についてその居住者の生命又は身体の安全等及び財産としてのその建築物を、個々人の個別的利益としても保護すべきものとする趣旨を含むものと解することができるものの、その建築物の敷地が東京都震災対策条例に基づき避難場所として指定されている場合において、同敷地を避難場所とすることとされている地域に居住している者個々人の個別的利益を保護しているとまで解することは困難である」とする。

・東京地判平23.9.21高橋編・検証81頁も二分論判決。

第4章　取消訴訟の訴訟要件

建築確認（建築基準法6条）につき同確認に係る建築物の倒壊又は炎上等により直接的な被害を受けることが予想される範囲の地域に存する他の建築物に居住し、又はこれを所有する者の原告適格を肯定。景観を享受する利益を主張するものの原告適格を否定。

(8)　公有水面埋立等と漁業者

周辺水面に漁業権をもつ者が争う場合につき、前述の伊達火力発電所関係埋立免許等取消請求事件の札幌高裁、最高裁は却下している。しかしまず伊達火力発電所判決の事実のままでも、新潟空港事件判決の、事件中に法律が変われば新しい法律も原告適格判断に入れるという基準からは、公有水面埋立法自体が変わったのであるから、周辺水面に漁業権をもつ者の原告適格は認められる。改正行訴法を適用すると、関連法規であるいわゆる環境影響評価法の趣旨、目的を参酌し、埋立てによる環境の悪化によって被害を受ける周辺水面の漁業権者の被害等の実態も勘案して定めていくことにより、この最高裁判例は変更されることになろう。もっといえば、このような事件は今は起こらないともいえるだろう（と本書初版で書いた）。

この推測は半ば当たったと思われる。半ばとは、まず以下に見る判例は、公有水面埋め立ての許可の水面の漁業権者の適格は認め、その周辺水域の漁業者の適格も一般的には認めるようになっているが、二分論的発想で生命身体健康などに影響があれば認め、そうでない環境悪化などには認めないという割り振りをすることが多い点で、全面的ではないからである。

・松江地判平19.3.19WEBは、県知事が原子力発電所の増設のためにした公有水面埋立免許処分の取消しを求める訴えにつき、公有水面埋立法5条各号の定めは限定列挙であって、同条2号の「漁業権者又ハ入漁権者」とは、漁業法に基づき、漁業権の設定を受けた者と解するのが相当であり、現行漁業法下において、慣習法上の漁業権を認めることはできず、組合員が漁業協同組合から独立した権利を有するものではない上、公有水面埋立法4条1項1ないし3号、同法47条2項及び同法3条は、専ら一般的な公益を保護する趣旨の規定と解するのが相当であるから、同法は、周辺住民、周辺漁民等の有する生活上若しくは営業上の環境利益又は周辺漁民が漁業協同組合の組合員として有する漁業を営む権利を、一般的公益の中に吸収されない個別的利益として具体的に保護すべきものとする趣旨を含むと解するのは困難であるが、同法4条1項2号は、災害防止につき十分な配慮がされないままに埋立免許処分がされると、埋立地及びその周辺地域にお

127

いて、護岸の破壊、高潮、津波、河川の氾濫等の災害が生じ、ひいては一定地域に居住する住民の生命、身体に直接かつ重大な被害を与えることから、そのような災害を防止するため、災害防止に十分配慮された場合に限り免許することとしたものと解されるから、同法は、不特定多数者の生命、身体等の安全を一般的公益の中に吸収解消し得ないものとして、個人的利益としても保護すべきものとする趣旨を含むと解するのが相当であるとした。しかし、埋立予定地に土地を所有し、同土地及びその周辺の土地において所有権に基づき、又は陸地における慣習法上の入会権若しくは公有水面における漁業協同組合の組合員としての漁業を営む権利に基づき、岩のり等を採取する権利を有すると主張する者らは、岩のりの採取ができなくなるという財産上の損害を主張するに止まり、埋立てによって災害が発生し、それによって生命、身体の安全が害されるおそれがあることを主張立証するものではないとして原告適格を否定した。

この判決の行訴法9条2項の判断手法は、前述の改正時の@〜@論でいえば、@を独立して扱おうとするもので、その点は優れている。

控訴審の広島高松江支判平19.10.31WEBは、公有水面埋立の免許（公有水面埋立法2条1項）につき、違法に公有水面埋立を免許する旨の処分がされた結果、生命、身体の安全が脅かされ、また、健康や生活環境に著しい被害が発生するもの、並びに同法第5条に規定する公有水面に関し権利を有する者には原告適格が認められるとしつつ、当該事案については原告適格を否定した。地裁の判断手法とは異なる、抽象的二分論である。

・横浜地判平20.2.27WEBは、水域施設の建設の協議応諾（港湾法37条1項、3項）につき同港湾区域内の水域に漁業権を有する者につき原告適格を認める余地があるとしつつ、当該事案については漁業共同組合の組合員の原告適格を否定し、かつ、同水域で海洋レクリエーション等の活動を行う団体の構成員及び同水域で海釣りをする者等の原告適格を否定した。

・大分地判平19.3.26WEBは、港湾管理者である県がした公有水面の埋立免許処分の取消しを求める訴えにつき、現行の漁業法の下では、慣習法上の漁業権は存続、成立する余地がないから、「磯草の権利」という慣習法上の漁業権を有すると主張する者及び同人らによって構成される地域団体は、公有水面埋立法5条2号の漁業権者には当たらないものの、現行の漁業法下においても、共同漁業については、漁業権に基づかない漁業を営むことも認められており（漁業法9条参照）、同法14条11項によれば、第一

種又は第五種共同漁業権の内容たる漁業を、漁業協同組合の非組合員が、漁業協同組合の容認や海区漁業調整委員会の指示の下で操業することは一応正当な操業であるとされているから、これが社会通念上権利と認められる程度にまで成熟した場合には、慣習上の利益として法的保護に値する場合もあり得るところ、埋立予定区域で操業する慣習上の利益は、埋立免許処分により必然的に侵害される関係にあるから、処分の取消しを求める「法律上の利益」に当たると解するのが相当であるとした上、「磯草の権利」は、長期間にわたる慣習として部落民の間に根付いているものの、慣習上の利益として保護すべき程度の内容を備えているとはいえないとして原告適格を否定した。

　また、同法は、わが国の健全な経済発展と国民の健康で文化的な生活を確保するという公益的見地から埋立事業を規制するとともに、その周辺地域で生活し日常的に埋立予定区域や水質や底質の悪化する周辺水面に接する者であって、埋立工事による汚濁流出等に伴う水質や底質の悪化等により、健康又は生活環境に係る著しい被害を直接的に受けるおそれのある者に対して、そのような被害を受けないという利益を個々人の個別的利益としても保護すべきものとする趣旨を含むと解するのが相当であるとしたが、この事例ではそのような被害はないとして否定した。

　控訴審である福岡高判平20.9.8WEBもほぼ同旨の判示である。

・広島地判平21.10.1WEB〔鞆の浦事件〕

　この判決の事例は、周辺水域漁業者は登場しない。

　公有水面埋立の免許（公有水面埋立法2条1項）につき同免許に係る公有水面を含む周辺地域の良好な景観の恵沢を日常的に享受している者、法の適用に関する通則法3条所定の慣習排水権を有する者及び漁業を営む権利を有する者の原告適格を肯定。まず判決は「公水法4条3項は、埋立てに関する工事の施工区域内における『公有水面ニ関シ権利ヲ有スル者』がある場合で、その者が埋立てに同意しないときは、その埋立てによって生じる利益の程度が損害の程度を著しく超過するか、又は、その埋立てが法令により土地を収用又は使用することのできる事業のために必要でなければ、埋立免許をすることができない旨定めている。さらに、公水法6条は、埋立免許を付与された者につき、上記の『公有水面ニ関シ権利ヲ有スル者』に対して損害を補償し、又はその損害の防止の施設を設けなければならない旨を規定している。そして、公水法5条は、『慣習ニ依リ…公有水面ニ

排水ヲナス者』」（以下「慣習排水権者」という。）は、上記の『公有水面ニ関シ権利ヲ有スル者』に当たると規定している（4号）。以上の規定にかんがみれば、公水法は、慣習排水権者の有する公有水面に対する排水の権利を、専ら一般的公益の中に吸収解消するにとどめず、これを個別的利益としても保護する趣旨を含むと解されるから、慣習排水権者は、埋立免許処分につき行訴法所定の法律上の利益を有する者に当たるといえる」と大枠を決める。その上で、漁業権は放棄しているので原告適格根拠とせず、慣習排水権と景観利益で原告適格を認めた。景観利益については、同じ判決を項をあらためて取り上げる。なお事前に仮の差止めを求めていた広島地決平20.2.29判時2045号98頁の、申立適格の部分は本訴と同様である。

(9) 景観利益

消極判例もあるが、次のような肯定判例もある。

・広島地判平21.10.1WEB〔鞆の浦事件〕

(8)でも取り上げた判決。

「景観は、良好な風景として人々の歴史的又は文化的環境を形作り、それが豊かな生活環境を構成する場合には、客観的価値を有するものというべきである。そして、客観的価値を有する良好な景観に近接する地域内に居住し、その恵沢を日常的に享受している者は、良好な景観が有する客観的な価値の侵害に対して密接な利害関係を有するものというべきであり、これらの者が有する良好な景観の恵沢を享受する利益（景観利益）は、私法上の法律関係において、法律上保護に値するものと解せられる（平成18年判決参照—最判平18.3.30：引用者）」。

「さらに進んで、上記のような利益を有する者が、行訴法の法律上の利益をも有する者といえるか否かについて検討する。

この点については、まず、①公水法3条は、埋立ての告示があったときは、その埋立てに関し利害関係を有する者は都道府県知事に意見書を提出することができる旨規定し、この利害関係人は、当該埋立てに関し法律上の利害関係を有する者をいうと解せられ、本件事業の施工によって法的保護に値する景観利益を侵害される者は、上記利害関係人に当たるといえる。そして、上記認定にある本件事業の施行内容、特に本件埋立に係る区域の範囲、位置及び面積、建設される橋梁の位置及び高さに加えて、この橋梁に自動車が走行すること等を総合考慮すれば、……景観利益が同施工によって大きく侵害されることは明らかであるから、同景観利益を有する

第4章　取消訴訟の訴訟要件

者は、上記利害関係人に当たるといえる。したがって、公水法は、上記の者の個別的な利益を配慮し、これらの者が公有水面の埋立てに関する行政意思の決定過程に参加し、意見を述べる機会を付与したものといえる。次に、②瀬戸内法13条1項は、関係府県の知事が公水法2条1項の免許の判断をするに当たっては、瀬戸内法3条1項に規定されている瀬戸内海の特殊性につき十分配慮しなければならないと規定し、同項は、瀬戸内海の特殊性として、『瀬戸内海が、わが国のみならず世界においても比類のない美しさを誇る景勝地として、その恵沢を国民がひとしく享受し、後代の国民に継承すべきものである』ことを規定している。この規定は、国民が瀬戸内海について有するところの一般的な景観に対する利益を保護しようとする趣旨のものと解される。③公水法4条1項3号は、埋立地の用途が土地利用又は環境保全に関する国又は地方公共団体の法律に基づく計画に違背していないことを埋立免許の要件としている。そして、政府の定めた基本計画及び広島県の定めた県計画は、『公水法2条1項の免許に当たっては、瀬戸内法13条2項の基本方針に沿って、環境保全に十分配慮するものとする。』と定めた上、『上記埋立事業に当たっては地域住民の意見が反映されるよう努めるものとする。』と定めている。これらの規定は、<u>国民の中で瀬戸内海と関わりの深い地域住民の瀬戸内海について有するところの景観等の利益を保護しようとする趣旨</u>のものと解される。

　以上の公水法及びその関連法規の諸規定及び解釈のほか、前示の本件埋立及びこれに伴う架橋によって侵害される α1〔鞆の浦：引用者〕の景観の価値及び回復困難性といった被侵害利益の性質並びにその侵害の程度をも総合勘案すると、公水法及びその関連法規は、法的保護に値する、α1の景観を享受する利益をも個別的利益として保護する趣旨を含むものと解するのが相当である。したがって、原告らのうち上記景観利益を有すると認められる者は、本件埋立免許の差止めを求めるについて、行訴法所定の法律上の利益を有する者であるといえる」。

・大阪高判平26.4.25判例地方自治387号47頁（金剛生駒紀泉国定公園事件）

「本件許可において考慮されるべき利益の内容及び性質、本件許可が違法にされることによって利益が害される態様及び程度のほか、自然公園法やこれと目的を共通にする景観法及び同法施行令の規定等に鑑みると、自然公園法は、少なくとも、本件許可が違法にされ、本件施設が建設されて稼働することによって害される自然風致景観利益、換言すれば、本件施設

131

の建設及び稼働によって本件予定地周辺の優れた自然の風致景観が害されることがないという利益を、そこに居住するなど本件予定地の周辺の土地を生活の重要な部分において利用しており、本件施設の稼働によって騒音、悪臭、ふんじん等の被害を受けるおそれのある者に対し、個々人の個別的利益としても保護すべきものとする趣旨を含むと解するのが相当である」。

(10) 空港施設等

新潟空港事件の最高裁判決は行訴法10条1項を適用して腰砕けになったことはすでに述べ、改正法との関係では10条1項の適用範囲が狭まるであろうこともすでに述べ、のちにも述べる。改正法との関係では、航空法以外に、関連法規として新潟空港事件の最高裁判決がまだ視野に入れていなかった「公共用飛行場周辺における航空機騒音による障害の防止等に関する法律」、「特定空港周辺航空機騒音対策特別措置法」、現在では「環境影響評価法」も参酌する必要があり、これらにより騒音被害等を受ける住民の原告適格は万全のものであろうと考えられる。

すでに既存業者問題で取り上げた混雑飛行場に係る運航の許可についての東京地判平18.3.28判タ1239号157頁も参照されたい。

・千葉地判平19.10.19WEB

①空港変更の認可とそれに基づく告示により新たに又は従前以上に私権制限を受ける者並びに第1種区域等に居住する住民で同認可により新たに又は従前以上に騒音等による健康又は生活環境に係る著しい被害を直接的に受けるおそれのあるものには原告適格が認められるとしつつ、当該事案については原告適格を否定。②延長進入表面等の変更の指定につき同指定により新たに又は従前以上に私権制限を受ける者の原告適格を肯定。第1種区域等に居住する住民で同指定により新たに又は従前以上に騒音等による健康又は生活環境に係る著しい被害を直接的に受けるおそれのあるものには原告適格が認められるとしつつ、当該事案については原告適格を否定。控訴審の東京高判平21.6.1WEBもほぼ同旨。

(11) 鉄道施設

・大阪地判平18.3.30WEB

鉄道の計画予定地の近隣住民らが提起した、鉄道事業法8条2項に基づき国土交通大臣がした鉄道の工事施行認可処分の取消請求について、市の環境条例に基づく環境影響評価手続において対象事業に係る環境影響を受ける範囲であると認められた関係地域内に居住又は勤務する住民らには原

第4章　取消訴訟の訴訟要件

告適格が認められるとされた。小田急大法廷型である。法人の原告適格は
否定。控訴審の大阪高判平19.10.25WEBもほぼ同旨。

・東京地判平20.1.29WEB

小田急の一定区間を連続立体交差化する都市計画事業（付属街路事業）
の取消しを求める訴えにつき、周辺に居住する住民のうち、当該事業が実
施されることにより、騒音、振動等による健康又は生活環境に係る著しい
被害を受けるおそれのある者は、当該事業の事業計画の変更認可処分の取
消しを求める原告適格を有するとした上、付属街路は、その規模が比較的
小さなものであることに加え、立体交差化に当たり、環境に配慮して日照
への影響を軽減するために設置されるものであることに照らせば、東京都
環境影響評価条例に基づき立体交差化事業に係る関係地域として定められ
た地域に居住する者が、付属街路事業が実施されることにより、その健康
又は生活環境に係る著しい被害を受けるおそれのある者であると直ちに認
めることはできないとして、都市計画事業地内の不動産に権利を有しない
周辺住民の原告適格を否定した。小田急大法廷法廷意見そのままの判断。

(12)　廃棄物処理（周辺住民、既存業者）

・大阪地判平18.2.22WEB

産業廃棄物処分業の許可（廃棄物処理法14条6項）に関する「廃棄物処理
法の規定の趣旨及び目的、これらの規定が産業廃棄物の処分業の許可の制
度を通して保護しようとしている利益の内容及び性質等を考慮すれば、同
法は、これらの規定を通じて、廃棄物の適正な処理をし、生活環境を清潔
にすることにより、生活環境の保全及び公衆衛生の向上を図るという公益
的見地から産業廃棄物の処分業を規制するとともに、産業廃棄物の処分業
の用に供する施設の周辺において生活する者であって、当該施設における
産業廃棄物の処理により生じる産業廃棄物の飛散、流出、地下への浸透、
悪臭の発散又は排ガス、排水、騒音、振動等によって生命、健康又は生活
環境に係る著しい被害を直接的に受けるおそれのある個々の者に対して、
そのような被害を受けないという利益を個々人の個別的利益としても保護
すべきものとする趣旨を含むと解するのが相当である」として原告適格を
肯定。同施設の敷地に隣接する建物において食品加工業を営む法人で営業
上の利益を主張するものの原告適格を否定。

控訴審の大阪高判平19.1.24WEBも同じ。

133

・最判平15.1.24WEB

参加適格の案件であるので、参加のところで取り上げる。

・さいたま地判平19.2.7WEB

これは原告適格を認め、本案も認容した。すなわち、「廃棄物処理法の各規定からすれば、廃棄物処理法は、産業廃棄物の飛散や流出によって、産業廃棄物に含まれる有害物質を原因とする周辺住民の健康被害や生活環境の悪化を防止し、周辺住民の生命、身体の安全や生活環境の保全をも保護する趣旨を有するものと解すべきであって、違法な産業廃棄物処分業許可がなされた場合に当該許可にかかる産業廃棄物処分によって生ずる周辺住民の生命、身体や生活環境に関する被害の内容、性質、程度等に照らせば、これらは一般的公益の中に吸収解消させることが困難なものといわざるを得ない」として、産業廃棄物処理施設の周囲3km以内に居住又は勤務する住民に産業廃棄物処分業変更許可取消訴訟の原告適格を認めたうえで、廃棄物の処理及び清掃に関する法律所定の許可を受けていない施設を「その事業の用に供する施設」としてなされた産業廃棄物処分業変更許可は違法を帯びるとされた事例。

・千葉地判平19.8.21WEB

産業廃棄物処理施設設置の許可（廃棄物処理法15条1項）につき同許可に係る施設の周辺に居住している者で当該施設から有害な物質が排出されることにより健康又は生活環境に係る重大な被害を直接に受けるおそれのある者は、「人体に有害な物質を含む産業廃棄物の処理施設である管理型最終処分場については、設置許可処分における審査に過誤、欠落があり有害な物質が許容限度を超えて排出された場合には、その周辺に居住等する者の生命、身体に重大な危害を及ぼすなどの災害を引き起こすことがあり得る。前記のような法の規定の趣旨・目的及び前記の災害による被害の内容・性質等を考慮すると、法は、管理型最終処分場について、その周辺に居住等し、当該施設から有害な物質が排出された場合に直接的かつ重大な被害を受けることが想定される範囲の住民の生命、身体の安全等を個々人の個別的利益としても保護すべきものとする趣旨を含むと解するのが相当である」として原告適格を肯定。

控訴審の東京高判平21.5.20WEBも同旨。

・奈良地決平21.11.26WEB

産業廃棄物処理施設の設置許可処分取消執行停止申立に対する近隣住民

は、「(廃棄物処理) 法15条及び15条の2の趣旨・目的及び上記の災害による被害の内容・性質等を考慮すると、同条等は、産業廃棄物最終処分場について、その周辺に居住するなどし、当該施設から有害な物質が排出された場合に直接的かつ重大な被害を受けることが想定される範囲の住民の生命、身体の安全等を個々人の個別的利益としても保護すべきものとする趣旨を含むと解するのが相当である」として申立適格があるとし、執行停止申立を認容した。

・鹿児島地判平22.5.25WEB

市長がした一般廃棄物収集運搬業の許可 (廃棄物処理法7条1項) 及び浄化槽清掃業の許可 (浄化槽法35条) につき、当該市で既にこれらの許可を受けてし尿及び浄化槽汚泥「一般廃棄物の適正な処理という公益以外に既存の許可業者の経済的利益を個別的利益として保護する趣旨を含むものと解することはできない」として否定。

福岡高宮崎支判平22.11.24WEBも同旨。

・最判平26.1.28WEB

既存業者の原告適格問題。病院開設と既存業者の関係では、上述のように他施設開設者の原告適格を否定するのが判例であるが (最判平19.10.19 WEB)、廃棄物処理のこの判例では認める。

廃棄物処理法7条等は「許可業者の濫立等によって事業の適正な運営が害されることのないよう、一般廃棄物処理業の需給状況の調整が図られる仕組みが設けられている」、「一般廃棄物処理業は、専ら自由競争に委ねられるべき性格の事業とは位置付けられていない」、「当該区域における需給の均衡及びその変動による既存の許可業者の事業への影響を適切に考慮することが求められる」ので、「その事業に係る営業上の利益を個々の既存の許可業者の個別的利益としても保護すべきものとする趣旨を含む」とした。一般廃棄物収集運搬業の許可を得ている既存業者は運搬業の許可を争う原告適格をもつが、一般廃棄物処分業の許可を争う原告適格を有しないとする[77]。

・最判平26.7.29WEB

最終処分場を事業の用に供する施設としてされた産業廃棄物等処分業の廃棄物処理法による許可処分及び許可更新処分の取消し及び無効確認を求

---

[77] この判決の評釈として湊二郎・TKC新・判例解説Watch文献番号z18817009-00-021381047参照。

める周辺住民の原告適格につき、原審の判断を変更して次のように認めた。「産業廃棄物等処分業の許可及びその更新に関する廃棄物処理法の規定の趣旨及び目的、これらの規定が産業廃棄物等処分業の許可の制度を通して保護しようとしている利益の内容及び性質等を考慮すれば、同法は、これらの規定を通じて、公衆衛生の向上を図るなどの公益的見地から産業廃棄物等処分業を規制するとともに、産業廃棄物の最終処分場からの有害な物質の排出に起因する大気や土壌の汚染、水質の汚濁、悪臭等によって健康又は生活環境に係る著しい被害を直接的に受けるおそれのある個々の住民に対して、そのような被害を受けないという利益を個々人の個別的利益としても保護すべきものとする趣旨を含むと解するのが相当である」[78]。

(13) 鉄道料金値上げと利用者

近鉄特急料金事件について、**最判平元.4.13WEB**は、料金認可において、地方鉄道法では、鉄道利用者の利益は個別的に保護されていないと断じた。しかし改正行訴法によると、現行鉄道事業法の目的規定や利害関係人の手続的関与の規定等を考慮して、原告適格は肯定されるように思われる（と初版で書いた）。

その通りの判決が出た。**東京地判平25.3.26WEB**。「少なくとも居住地から職場や学校等への日々の通勤や通学等の手段として反復継続して日常的に鉄道を利用している者は、改正前鉄道事業法16条1項又は鉄道事業法16条1項に基づく旅客運賃認可処分により『法律上保護された利益』を侵害され又は必然的に侵害されるおそれのある者として、上記処分の取消し又は無効確認の訴えについて原告適格を有するものと解するのが相当である。

被告が指摘する近鉄特急最高裁判決は、鉄道事業法が制定される前の地方鉄道法21条に基づく特別急行料金改定認可処分の取消しの訴えに関する原告適格について判断したものであるところ、上記(イ)で述べたとおり、鉄道事業法が、地方鉄道法には存在しなかった目的規定を置き、『利用者の利益の保護』が確保されなければならないものであることを明らかにしていることに鑑みれば、近鉄特急最高裁判決の射程は、改正前鉄道事業法16条1項又は鉄道事業法16条1項に基づく旅客運賃認可処分の取消し又は無効確認の訴えには及ばないものと解するのが相当である」。本案判断は

---

78) この判決の評釈として下山憲治・TKC新・判例解説Watch文献番号z18817009-00-021481136参照。

棄却である。

控訴審（東京高判平26.2.19WEB）も同旨であり、上告も退けられている（最決平27.4.21TKC文献番号25506316）。

改正行訴法による前進か、実定法の改正がもたらした前進かはにわかには断じ難い。

⑭ 公共用物の利用者

里道の廃止について、最判昭62.11.24WEBは、「本件里道が上告人に個別的具体的な利益をもたらしていて、その用途廃止により上告人の生活に著しい支障が生ずるという特段の事情は認められず、上告人は本件用途廃止処分の取消しを求めるにつき原告適格を有しない」とし、里道の廃止により出入口をふさがれる者には原告適格ありとの趣旨を述べた。改正行訴法の①部分のルーツだとする説もあるが、いずれにせよ改正行訴法を適用すれば原告適格は認められ、この判決の一般論は強固なものとなったと考えられる。

多摩市立公園廃止について、優れた裁判体だといわれた平成13年当時の東京地裁民事3部が、上記里道最高裁判決を援用して、周辺住民の原告適格を認めなかったことは（東京地判平13.9.28WEB）、この種の問題の難しさを示してはいる。この裁判体は小田急訴訟判決（東京地判平13.10.3WEB）をみても周辺住民判断に狭すぎる弱点があった。また都市公園法及び多摩市立公園条例に基づく公園利用は公園存在の反射的利益であるという観念を捨てきれなかった。公園利用は公益保護にすぎないというのである。この点でも小田急大法廷判決の藤田・町田補足意見が指摘している公益判断に遠く及んでいない。小田急事件の騒音振動被害と公園を利用できないという被害との差は、今後小田急大法廷判決の妥当範囲として論じられるであろうが、改正行訴法を丁寧に適用して原告適格が認められるよう工夫しなければならない。

しかし相変わらず、一般的利益判断が続いている。

・東京地判平20.3.19WEB

道路法47条4項及び車両制限令12条に基づく特殊車両通行認定処分の取消訴訟につき、前記法令は道路の構造の保全及び交通の危険の防止のための種々の制限をしているところ、一般公衆が道路の自由な使用によって享受する利益は特段の事情がない限り一般的な利益にすぎないこと、道路を安全かつ円滑に利用するという利益は、当該道路の利用者の居住地や利

137

用目的、利用頻度等によって消長を来すものではなく、当該道路の利用者が共通して有する性質のものであること、同令12条所定の道路管理者の認定の手続において、当該道路の沿道又は近隣の居住者等の利益を考慮することが当然に予定されていることをうかがわせる規定を見いだすことはできないことを併せ考慮すると、前記法令が前記制限を設けた趣旨及び目的は、道路の構造を保全し、交通の危険を防止することによって一般的公益を保護することにあり、前記認定において考慮されている利益は、一般に道路を利用する者が共通して持つ一般的抽象的な利益であるというべきであるから、前記法令は、ある道路の沿道又は近隣に居住する者が有する当該道路を安全かつ円滑に利用する利益を、個々人の個別的利益として保護する趣旨を含むものと解することはできないとして、前記処分の認定の対象となった道路の沿道又は近隣に居住している住民らの原告適格を否定した。

(15) 遺跡指定解除と研究者

伊場遺跡指定解除処分について、学術研究者の原告適格を最判平元.6.20WEBは否定した。阿部教授は文化財保護法の57条に学術調査のための遺跡の発掘について研究者には一般人には許されていない地位が与えられていることに注目して原告適格を認める余地を示唆する[79]。改正行訴法との関係でもこの事例は変わらないであろうというのが大半の解説書である。しかし改正行訴法の@ⓑⓒ部分を丁寧に適用すれば原告適格を認める可能性はある。すなわち、まず文化財保護法の目的（1条）、文化財の定義（2条）、政府及び地方公共団体の任務（3条）、地方公共団体の事務（旧98条）、静岡県文化財保護条例の目的（1条）、史跡などの指定（29条）、その解除（30条）などである。そして関連法規として2001年に制定された文化芸術振興基本法がある。その目的（1条）、基本理念（2条）、13条で「国は、有形及び無形の文化財並びにその保存技術（以下「文化財等」という。）の保存及び活用を図るため、文化財等に関し、修復、防災対策、公開等への支援その他の必要な施策を講ずるものとする」と規定していることも活用できよう[80]。

(16) ジュースの表示と一般消費者

ジュース訴訟において、最判昭53.3.14WEBは、主婦連の不服申立適格

---

79) 阿部・要件論69頁参照。
80) 小早川編・研究85-87頁の筆者発言参照。

第4章　取消訴訟の訴訟要件

を否定した。行服法と行訴法の適格判断（法律上の利益）を同じものと前提している。原告が主婦連という団体である点は本節13の「団体訴訟」として扱うとして、原告がジュース消費者個人であった場合にも、原告適格拡大を検討する議論の過程においてこの事例が最も拡大する必要のないものとして論じられた。行訴法9条2項ができてもこれは変わらないという論者が多い。ジュースが果汁を何％含もうと消費者の利益と関係するとは思えないという思考の結論であろう。しかし上記最判もいうように、景表法（不当景品類及び不当表示防止法）1条は、「一般消費者の利益を保護すること」をその目的として掲げているのであり、この目的を、最判も諸検討者も、独禁法の公正な競争秩序の維持の観点からのみみてしまっており、極めて偏頗な判断というべきである。全く果汁を含まないジュースは飲まず、一定の割合のもののみ飲みたいと考える消費者が不正確な表示を争う権利利益を認めるのは理解できる。改正行訴法の⒟から遡って、ⓒの関連法令などを摘出することが重要である。その場合、消費者基本法の目的（1条）、事業者の責務（5条、6条）、消費者の役割（7条）、安全の確保（11条）、計量の適正化（13条）、規格の適正化（14条）、表示の適正化等（15条）、意見の反映（18条）、苦情処理及び紛争解決の促進（19条）、消費者団体の自主的な活動の促進（26条）などの内容を十分に展開すれば、原告適格は認められるものと考えられる。

⒄　企業への規制と企業従業員、従業員への行政処分と事業者

①　従業員

・東京地判平20.5.29WEB

国土交通大臣の権限の委任を受けた運輸局長が、道路運送法9条の3第1項に基づき一般乗用旅客自動車運送事業者である会社に対してした運賃及び料金の変更を認可する処分のうち、営業的割引の認可に係る部分の取消しを求める訴えにつき、前記処分に関する根拠法令の内容やその趣旨及び目的、関係法令の趣旨及び目的、当該処分がその根拠となる法令に違反してされた場合に害されることとなる利益の内容等や害される態様等を検討しても、一般乗用旅客自動車運送事業に従事する運転者の適正な労働条件を保護するという具体的な利益を専ら一般的公益の中に吸収解消させることなく、運転者個々人の個別的利益としても保護すべきものとする趣旨を含むとは到底解することができないから、前記処分によって不利益な労働条件を強いられないというタクシー運転者の利益は、「法律上保護され

139

た利益」であるということはできないとして、勤務するタクシー運転手らの原告適格を否定した。

　控訴されたようだが、判決が諸媒体に出てこないので残念な気がする。この判示は、行訴法9条2項の前述の④要件を全く意識せずに、法令の厳格解釈のみで片付けているところに大きな弱点がある。控訴審判決かどうか跡付けられないが、同種事案の**東京高判平21.4.16WEB**も、この地裁判決と同旨。

　大阪地判平21.3.25WEB、控訴審（**大阪高判平21.10.29TKC文献番号25471392**）、**札幌地判平25.5.9WEB**も同旨の判決を出している。

　他方、分野は異なるが社会福祉法人従事者には積極判例がある。

・**福岡地判平21.2.25WEB**

　社会福祉法46条2項に基づき県知事がした社会福祉法人の解散認可処分の取消しを求める訴えにつき、社会福祉法は福祉サービスの利用者の利益の保護及び地域における社会福祉の増進を図る手段として、社会福祉事業従事者の処遇の改善及び資質の向上等に資する措置を講ずることをその趣旨及び目的とするものと解されること、同法46条は、同法人の解散につき所轄庁の認可を要すると定めていること等に照らし、同法の規定の趣旨及び目的、これらの規定が保護しようとしている利益の内容及び性質を考慮すれば、同法は、社会福祉法人の違法な解散によって著しい不利益を受けるおそれのある当該社会福祉法人において勤務する社会福祉事業従事者に対し、そのような不利益を受けないという利益を個々人の個別的利益として保護すべきものとする趣旨を含むとして、同従事者の原告適格を肯定した。本案は棄却。控訴審（**福岡高判平22.1.21WEB**）も同旨である。

②　事業者

・**東京地判平27.7.21WEB**

　被告が、厚生年金保険の保険給付及び保険料の納付の特例等に関する法律1条1項（平成26年法律第64号による改正前のもの）に基づき、原告が使用していたAに係る厚生年金保険の被保険者の資格取得時及び改定年月における標準報酬月額の各決定をしたところ、原告が、上記標準報酬月額の額に誤りがあるとして、上記各決定の取消しを求めた事案において、「納付特例法1条1項が、同項に基づく確認等において、対象事業主の利益を個別的利益として保護すべき趣旨を含むものと解することはできず、対象事業主は、同確認等によって自己の権利若しくは法律上保護された利益を

第4章　取消訴訟の訴訟要件

侵害され、又は必然的に侵害されるおそれがある者に該当するとはいえないから、対象事業主に同確認等の取消しを求める法律上の利益はない」とした。

⒅　土地共有者の税滞納

・最判平25.7.12WEB

選定者A及び上告人とBとの共有に係る不動産のBの持分につき、Bが滞納していた相続税を徴収するため国税徴収法47条1項に基づく差押処分がされたことから、上告人が、選定当事者として、上記処分の取消し等を求めた事案の上告審において、「国税徴収法47条1項に基づく差押処分は、滞納者の所有する特定の財産につき、その名宛人である滞納者に対しその譲渡や用益権設定等の処分を禁止する効力を有するものであるから、滞納者と他の者との共有に係る不動産につき滞納者の持分が同項に基づいて差し押さえられた場合には、滞納者において、当該持分の譲渡や当該不動産に係る用益権設定等の処分が禁止されるため、滞納処分による差押登記後に当該不動産につき賃貸や地上権設定等をしてもこれを公売処分による当該持分の買受人に対抗することができず、その結果、滞納者の持分と使用収益上の不可分一体をなす持分を有する他の共有者についても当該不動産に係る用益権設定等の処分が制約を受け、その処分の権利が制限されることとなる。加えて、不動産につき同項に基づく差押処分がされた場合の使用又は収益については、当該不動産の価値を著しく減耗させる行為がされると認められるときに、税務署長は滞納者及び当該不動産につき使用又は収益をする権利を有する第三者に対しその使用又は収益を制限することができるものとされており（同法69条1項ただし書、同条2項）、滞納者と他の者との共有に係る不動産における滞納者以外の共有者は上記の第三者に当たるものと解されるので、滞納者の持分が差し押さえられた土地上に建物を新築するなど、当該不動産の価値を著しく減耗させる使用又は収益に関しては、滞納者のみならず、他の共有者についても同法69条所定の上記制限が及ぶこととなる。

以上に鑑みると、滞納者と他の者との共有に係る不動産につき滞納者の持分が国税徴収法47条1項に基づいて差し押さえられた場合における他の共有者は、その差押処分の法的効果による権利の制限を受けるものであって、当該処分により自己の権利を侵害され又は必然的に侵害されるおそれのある者として、その差押処分の取消しを求めるにつき法律上の利益を有

141

する者に当たり、その取消訴訟における原告適格を有するものと解するのが相当である」とした。

⒆　原告の死亡と訴訟承継

不利益処分取消訴訟の係属中に原告が死亡した場合、法人合併となった場合、遺族や承継法人に承継されるかという問題である。

処分の名宛人原告の場合は、課税など取消しを求める処分の法的義務や受給権があれば当然承継する（公務員の給料請求権について最判昭49.12.10WEB、じん肺労災について最判平29.4.6WEB）。しかし生活保護受給権は一身専属で承継されない（最大判昭42.5.24WEB。個人の生活上の利益保護だとこの大法廷は言うが、労災と生保に違いはあるまい）。

第三者原告の場合、根拠法規にもよろうが、開発許可による崖崩れの危険で争う原告には、改正前の最判平9.1.28WEBは原告適格を肯定したが、死亡原告の遺族には生命身体の安全は一身専属として承継させない。この承継判断も、おかしい。その理由は同居の遺族には及ぶまい。

⒇　日弁連の第二次改革提案

前述の日弁連「行政事件訴訟法5年後見直しに関する改正案骨子」の中で、原告適格の改革を次のように提起している[81]。

【意見】

9条1項の「法律上の利益」を「現実の利益」、「利害関係」、「法律上保護に値する利益」等に変更し、同条2項を削除するとともに、後述の団体訴訟制度を導入すべきである。

【理由】

改正法は9条2項を新設し、原告適格を拡大すべきものとし、その直後に出たいわゆる小田急事件大法廷判決（2005年12月7日）の射程を柔軟に捉えて原告適格を拡大してきた下級審判決が幾つも出されてきた。

然るに最高裁は、2009年10月15日、公益と私益を峻別し、原告の個別的利益を厳格に要求する、原告適格の拡大傾向に冷や水を浴びせかけるに等しい問題判決を出した（参考判例最判平21.10.15判時2065号24頁）。このような最高裁の判断は、改正前と比べてわずかな原告適格の拡大しか認めないとするものであり、また、考慮事項を定めた9条2項はいたずらに原告適格判断を複雑化したとしか評し得ない。さらに、例えば都市計画法の都市計画事業認可を争う事案では小田急事件大法廷判決で原告適格が認

---

81)　日弁連HPに収録されている。

142

第4章　取消訴訟の訴訟要件

められているのに、同一の紛争案件で鉄道事業法の完成検査合格処分を争う事案では原告適格が否定されるなど、同様の状況にある者の原告適格の判断が、個別法の規定如何により異なるという国民にとって分かりにくい制度となっている。

　そもそも、原告適格は、違法と考えられる処分又は裁決がなされたときに、その処分の効力を争う適格を持っている者は誰か（行政の適法性をどのように確保するか）というための制限である。今日、行政運営における説明責任・合理性が強く求められており、行政が適法に運営されていない場合、それを是正する手段が限定されることは望ましくなく、広く原告適格が認められるべきである。まして、原告適格の有無を判断する審理に多大な時間と労力を費やすべきではない。さらに、現在の判例のように公益と私益を峻別し、公益侵害について訴訟提起の可能性をなくすことは、より多数に影響し、また、世代を超えて将来に影響を及ぼすような重大な公共的利害であればあるほど、訴訟を通じた違法是正ができないという矛盾にみちた結果となる。従来、公益（intérêtgénéral）と集団的利益を峻別してきたフランスにおいても、近時、両者が相対化し、公共的利益に関しても原告適格を広く認めるようになってきたことなどを見れば、広く原告適格を認めることが今日の世界的潮流である。

　結局、改正法が原告適格の意義そのものを見直さずに、2項の新設にとどめたのは、その後の判例の展開からすると全く不十分であり、むしろ悪影響すらあった。やはり原告適格の意義そのものを見直すべきであったのである。そこで、公益と私益を峻別し公益については訴訟提起を認めない現在の判断枠組み、そして、法令の規定の文言にとらわれた現在の判断枠組みを立法で変更することとし、上記意見の通り、原告適格に関する規定を改正すべきである。

11　原告適格判断と違法性判断の関係

　行訴法9条2項を前述の@⑥©@のように分説してみて明らかなことは、特に@で顕著なように、原告適格の判断が、本案である違法性の判断につながっているという事実である。原告適格を論じながら、それを突破したならば次に来るところの違法性の判断をすでに行っているのである。その意味でも原告適格論の重要性が確認されるところである[82]。

143

12　10条1項問題

(1)　はじめに

前述したように最高裁新潟空港事件判決（最判平元.2.17WEB）は、行訴法9条2項の©部分の下敷きになった優れた判断を示しながらも10条1項を適用して肩すかしをした。

しかし、前述した司法改革推進本部山崎事務局長が国会で述べるように[83]原告適格を9条2項で拡大する以上は、10条1項の射程範囲は当然に狭くなるのである。

(2)　行訴法10条1項の行訴法体系内での位置

行訴法10条1項は、他の抗告訴訟にも、当然当事者訴訟にも準用されていない（同法38条、41条）。取消訴訟固有の制度である。

なぜ無効等確認訴訟をはじめ他の抗告訴訟には準用されていないのかにつき、今のところ一番詳細な解釈論を提示しているのは長屋文裕弁護士（元最高裁調査官）である[84]。

しかしその見解は、他にも準用すべき抗告訴訟があるとの解釈に過ぎない。その見解では、行訴法に10条1項が規定された歴史的経過が検討されず、10条1項を不磨の大典のように扱うことからの検討であるからである。のちに判例を整理するように、同じく元調査官であった杉原則彦裁判官が東京地裁の行政部（民事38部）総括判事であった時期に、10条1項が多用された[85]ことと合わせれば、長屋弁護士の見解は、最高裁の行政の調査官室の共通理解であるのかも知れないが、いずれにしても誤った方向である。以下に順次その理由は述べる。

(3)　行訴法10条1項の立法経過

塩野宏編著『日本立法資料全集　行政事件訴訟法1〜7』（信山社、1992-1994年）によれば、次のような経過であった（引用は全集1、2などと表記する）。

---

82)　この点、小早川編・研究77-79頁で、議論参加者の多くが、柔軟な議論をし、原告適格論と本案内容とを結びつける試みを披瀝しているが、すでに見てきたように、改正法下の下級審判決は、原告適格における個別保護要件を偏頗に厳密に解釈して、この研究会での議論のような柔軟性を喪失しているように見受けられる。

83)　前掲注51)参照

84)　条解330頁以下。

85)　斎藤浩「行政事件訴訟法改正の到達点と課題」自由と正義2009年8月号13頁以下参照。

第4章　取消訴訟の訴訟要件

①　特例法改正要綱試案（1956.9.20）の論議（全集4の138頁以下）。

この案での原告適格は「取消の訴、裁決の取消の訴または公共工事等の訴は、当該処分、裁決または公共工事等により、違法に利益を侵害され、または不利益を受けた者にかぎり、これを提起することができるものとすること」というA案ほかB、C（Cは原告適格条文不要説）もあった。

現行の10条1項のような条文案はなかった。

②　法制審行政訴訟部会18回（1956.12.7）での論議（全集1の530-536頁）。

要綱試案には、まだ10条1項のような規定は入っていないが、杉本良吉幹事がその趣旨を「違法に」という言葉に込め、かつ「因果関係のない違法は主張することができない」という意味で適格の問題と主張している。兼子一委員は本案の問題と主張している（530頁）。

杉本は公売処分等で第三者の所有物を差し押さえると、自己の所有物であるという違法は主張できるが、例えば抵当権者への不通知の違法は主張できないとしている（531頁）。

柳瀬良幹委員が、利益が侵害されれば違法だと言うと、杉本はそれでは非常に広くなると反論している（531頁）。

柳瀬はさらに「法に違反していて、誰に対しても違法でないというのは、おかしい」（533頁）、「自分にとって違法だということは、それほど大切なことではない」（534頁）と反論している。

杉本はそのような反対論も考慮して、取消訴訟の原告適格は行政訴訟の一般論から出てくるから不要という原告適格条文削除案もC案として書いていると説明している（532頁）。

議論の推移で、兼子が現行9条1項の「法律上の利益を有する者に限り」という案を提案している（534頁）。

田中二郎委員は兼子案に「できる」を付加したらよいと提案している（534頁）。

入江俊郎委員長がまとめて、兼子の案の解釈として「違法を主張するにつき特にその人に利益があるという限度にとどめる」とし、文言は田中案でいくとした（535頁）。

中村治朗幹事はこのような違法の相対説に疑問を呈している（535頁）。

兼子はその場合、お前に関係しないことだと云って排除されるのは本案の問題になると発言している（536頁）。

青木義人委員は、中村の考えを「法文の上に表していけば、原告適格の

145

規定としては、法律上の不利益を受けた者に限り訴を提起できるとやって、別に主張し得る違法事由を規定していくことになる」と言う（536頁）。

田中は「理屈では実体に関するものであっても、原告適格というものだということで書いていけば良いのではないですか」といい、入江委員長も賛成している（536頁）。

③　特例法改正要綱試案第二次（1958.2.28）での論議（全集4の161頁以下）。

この案での原告適格は「取消の訴、裁決の取消の訴または事実行為の訴は、当該処分、裁決または事実行為の違法を主張するにつき法律上の利益を有する者にかぎり、これを提起することができるものとすること」という内容にまとめられた。

現行の10条1項のような条文案はなかった。

④　特例法改正要綱試案第三次（1958.5.12）での論議（全集4の172頁以下）。

この案での原告適格は「取消の訴、裁決の取消の訴または事実行為の訴は、当該処分、裁決または事実行為の違法を主張するにつき法律上の利益を有する者（カッコ内略）にかぎり、これを提起することができるものとすること」という内容にまとめられた。

そして取消事由の制限として「取消の訴、裁決の取消の訴または事実行為の訴においては、自己の法律上の利益に関係のない違法を理由として取消を求めることができないものとすること」という主張制限が入った。以後ずっと法案まで入ったまま。修正案も出ていない。

そしてその説明では、主張制限の問題は原告適格の問題ではないことが述べられている（189頁）。

⑤　法制審行政訴訟部会37回（1958.10.3）での論議（全集2の1214-1220頁）。

柳瀬は違法の相対性はおかしいとここでも言っているが、中村がこれを議論済みと封じ、中村は関心を第三者所有物の公売処分で担保権者への通知なしの点を原告適格の問題から主張制限に移している（1216頁）。

三ヶ月章幹事は、両方の問題なので、形式的な理由で退けてもよいと言っている（1217、1220頁）。

新村義広委員は民訴には規定がなく判例の発展にまかせているのに、行訴に主張制限をいれるのは疑問とする（1218頁）。これに対しては杉本が、

第4章　取消訴訟の訴訟要件

自己に関係のない違法問題については、判例も分かれているので規定を作ったと応えている（1218頁）。

⑥　法務省の行政事件訴訟法案逐条説明（1962.1.31）（全集5の47頁）、衆議院法務委員会逐条説明（1962.2.8）（全集6の44頁）、参議院法務委員会逐条説明（1962.2.13）（全集7の36頁）の三つの説明では、10条1項は「従来の学説判例の考えに沿ったにすぎない」としている。この点についての国会での質疑、参考人意見は皆無である。

⑦　小活

⑥の三つの説明に共通する、10条1項は「従来の学説判例の考えに沿ったにすぎない」との言明は、上記経過から見てもミスリードであり、「判例も分かれているので」との上記杉本の説明[86]とも矛盾する。

結局、これら先人たちは、あれやこれやと議論はしたが、合理的理由も示さないまま、一方の見解のもとに成文化したものと言えよう。後述する、西ドイツ（ドイツ）の立法例との比較などは、少なくとも明示的には現れていない。

(4)　通説と判例が正面対立する珍しい領域

立法に合理的理由がないものでもあり、この領域は通説と判例が真っ向から対立していると言ってよいであろう。

①　通説

塩野宏教授は、処分の名宛人は当然、第三者も行訴法9条2項の元では「当該第三者は、処分に際して考慮されるべき利益を有しているものである。逆に言えば、当該処分が法律上保護された原告の被侵害利益の考慮の結果として要件を充足している限りにおいて、利益の侵害を甘受すべき地位に置かれているのである。したがって、原告としては、自己に対する不利益を甘受するについては、基本的には、あらゆる違法事由を主張することができるのは、不利益処分に対する場合と同様であることになる」と述べる[87]。

阿部泰隆教授は、広く解する判例[88]に焦点をあてたうえで、「少なくと

86）　立法後の杉本良吉『行政事件訴訟法の解説』（法曹会、1963年）40頁では「従来の学説判例に従い」設けられた規定としている。行訴法で10条1項が導入される前の、最判昭32.12.24WEBは10条1項と同じ発想で主張制限をしているので、「判例」については杉本の解説は誤ってはいない。

87）　塩野・Ⅱ第五版174頁。

88）　東海原発の水戸地判昭60.6.25WEB、控訴審の東京高判平13.7.4WEB。

147

も、原告適格の『法律上の利益』は9条2項により拡大され、処分の根拠規定の個々の要件にはこだわってはならないのであるから、本案で主張できる『法律上の利益』も、処分の根拠要件にこだわらずに、広く解されるべきである」と述べる[89]。

芝池義一教授は、従前は緩やかに解されてきたと判例を振り返り、最高裁新潟空港事件判決（最判平元.2.17WEB）が主張制限したとして批判的に評価している[90]。

宇賀克也教授は「行政事件訴訟法9条2項の解釈規定は、同法10条1項の解釈にも用いられるべきであり、『自己の法律上の利益』を柔軟に解すべきである」としている[91]。

②　判例

行訴法10条1項制定後の判例としては上述の最高裁新潟空港事件判決を代表的事例とする。

最高裁新潟空港事件判決のあと、行政事件を担当する裁判官のバイブルと言われる「実務的研究」[92]で、この論点が整理されてからは、判例実務では厳密な検討が行われないままに、あたりまえのような雰囲気を呈していた。

しかし、最高裁新潟空港事件判決の10条1項判断については、「改訂実務的研究」が理由付けに欠けると記しているように[93]、本格的な検討がなされた結果とは言い難い。その調査官解説[94]は、10条1項問題に触れもしていない。

研究者の評釈も、同判決を原告適格の点でのみ扱うのが通例である。岡

---

89)　阿部泰隆「行政法解釈学Ⅱ」（有斐閣、2009年）243頁。
90)　芝池・救済77頁。
91)　宇賀・概説Ⅱ257頁。そして、千葉地判平19.8.21WEBを肯定的に評価する。この判決については本節12(7)で取り上げる。
92)　司法研修所編『行政事件訴訟の一般的問題に関する実務的研究』（法曹會、1995年）、同『改訂』（2000年）188頁以下。しかし、これらの見解は、行政事件訴訟法の改正で9条2項が新設される前のものであり、今日では同書の整理は妥当ではない——福井秀夫「行政事件訴訟法10条1項による自己の『法律上の利益』に関係のない違法の主張制限（上・下）—2004年改正法による原告適格の『法律上の利益』概念との関係を踏まえて」自治研究84巻9号（2008年）41頁・10号（2008年）14頁参照。なお、西田知一郎編著『行政関係訴訟』（青林書院、2009年）132頁以下は、「バイブル」の弟分の位置付けであるにもかかわらず、この部分では「バイブル」を引用せず、判例の考え方を整理している。
93)　前掲注92)『改訂』193頁。
94)　岩渕正紀・最高裁判例解説民事篇平成元年度版23頁以下。

村周一教授が、この判決で最高裁が整理する上告人主張の違法事由のうち、「日本航空株式会社に対する本件免許は、当該路線の利用客の大部分が遊興目的の韓国ツアーの団体客である点において、同条同項（航空法101条1項：引用者）1号の免許基準に適合せず、また、当該路線については、日韓航空協定に基づく相互乗入れが原則であることにより輸送力が著しく供給過剰となるので、同項2号の免許基準に適合しない」の点は、「路線の社会的効用」に関わるものとして、原告の利益に関係する余地がある、と述べているのが目立つ程度である[95]。

　判例上、10条1項による違法性主張の制限が顕著にあらわれたのは、杉原則彦判事が部総括だった時代の東京地裁民事38部が続々と10条1項棄却判決を出したときであった。本章第2節9(7)で取り上げた**東京地判平18.9.29**は、周辺住民は建築確認処分取消訴訟でハートビル法の利用円滑化基準違反を主張できないとし、**東京地判平19.9.7**は、周辺住民は建築確認取消訴訟で都市計画法29条1項違反を主張できないとし、本章第2節9(6)で取り上げた**東京地判平20.5.29**は、土地区画整理事業施行認可処分取消訴訟で、土地区画整理法6条8項が、道路交通環境あるいは交通の安全を施行地区の近隣住民の個別的利益として保護しているものとは解し難いので、周辺住民は、環境悪化などは主張できないとか、同法施行規則9条6号が、施行地区内に居住することとなる住民の利益を保護することを目的とするものであると解すべきであって、施行地区外の近隣住民の個別的利益を保護する趣旨の規定であるとは解し難いとか、事業計画内容の特定違反も主張できないとした。

　他方、東海原発の地裁（水戸地判昭60.6.25WEB）、高裁判決（東京高判平13.7.4WEB）はこれらの傾向に反する裁判例であったし、また注90であげた千葉地判も上述の通り、やはり行訴法10条1項を制限的に扱う裁判例である。

(5)　行訴法改正時における論議とあるべき10条1項解釈

　2004年の行訴法改正にあたって山崎潮司法改革推進本部事務局長は国会答弁で、「行訴法10条1項については『法律上の利益』という点が書かれておりますので、これは先ほどの当事者適格の『法律上の利益』と同じ文言になるわけでございますので、その法律上の利益が広く解されていく

---

95)　岡村周一「新潟空港騒音事件」平成元年度重要判例解説37頁。

ということになれば、こちらの主張の方も広くなっていくということの相関関係はあろうかというふうに思いますので、そういう意味では、自己に関係のない主張というのが狭くなってくる可能性もあるということでございます」と答弁している[96]。

この山崎答弁は、①で述べた学説の傾向と同じものと言えよう。

また、ある研究会で、私の問題提起[97]について、行訴法改正の立法担当者であった村田斉志判事は「取消訴訟が処分要件の欠缺によって処分は違法だ、ということを争おうという訴訟だとすると、最終的には訴訟要件の問題を乗り越えて、実体判断に入ったときに、処分要件の欠缺の問題に辿り着くのだから、原告適格だけ広げて認められても、肝心の処分要件の問題としてとらえられないようではしようがない、というのが斎藤さんのご指摘の中に如実に表れていると思うのです。そういうことまで見通して、原告適格の判断を考えるときに、最後にそういう実体要件のところにたどり着くような実体法のとらえ方をしていく必要があるのではないか。そういう意識も、この考慮事項を定めている中にはにじみ出ているところがあるのではないか」と答えている[98]。そして、その後参加の学者の大方の賛同を得て研究会は進んでいる。

このように原告適格判断と違法性判断は関連する。したがってそれに10条1項を機械的にあてはめれば、原告適格を基礎付ける規定以外の処分の根拠規定に違反するという違法事由は、原告の自己の法律上の利益に関係のない違法で主張できないことになるが、原告は通常当該処分について多くの違法主張を行うものである。その内の一つ又は複数の関係で原告適格が認められれば、原告適格が認められない他の関係での違法性も実体判断では主張できると扱われなければならない。その意味で、原告適格が認められた者はあらゆる違法を主張できるとする通説の立場はわかりやすく妥当である。10条1項削除を実施すべきであると考える[99]。

(6) ドイツ行政裁判所法42条2項との関連

原告適格の同法42条2項は「法律に別段の定めがない限り、行政行為、または行政行為の拒否あるいは不作為により権利を侵害されている旨を原

---

96) 衆議院法務委員会会議録2004年4月27日。なお、福井・前掲注92)参照。
97) 「研究会 改正行政事件訴訟法」小早川光郎編『ジュリスト増刊 改正行政事件訴訟法研究』（有斐閣、2005年）75頁で、私は、新潟空港訴訟上告審における原告適格と違法性の関係を10条1項問題として問題提起した。
98) 前掲注97)77頁。

告が主張する場合にのみ、訴えは許容される」[100]と定める。

権利侵害があり得れば訴えは適法となり[101]、権利侵害の有無は本案において判断される。そして本案においては、原告の権利に関連する違法性のみが審査される[102]。

「別段の定め」の理解としては、別段の定めがなければ主張制限があり、別段の定めでそれをなくすることができるという構成と解し、連邦法にも州法にも別段の定めがある場合があると言われる[103]。

この、別段の定めがなければ主張制限があるという通俗的かつ単純な理解は、わが国の行訴法10条1項のドイツ法との共通性の根拠にされることに通じよう。

しかし、ドイツ法のこの分野の判例、学説の構造的分析を抜きに、そのような通俗的かつ単純な理解で共通性を見ることは許されない。

行政法関係を2面関係でなく、現代社会に生起する3面関係、多面関係を中心に考えると、行政処分の相手方でない第三者の権利侵害の内容が深く考察されなければならない。

行政処分の根拠法規が第三者の法益を保護していることは、ないことはないが例外的なことに属する。そうすると第三者の法益侵害、権利侵害をどのように訴訟の場で保護するかが当然問題となる。

小早川光郎教授の古典的著作[104]に依拠すれば、実体的請求権、実体的排除請求権の限界を見据え、権利侵害を訴訟の場で実現する解釈理論が求められる。教授は「行政行為の行政行為としての審査を開始させる権能を、

99）　日本弁護士連合会は、まず「行政訴訟制度の抜本的改革に関する提言——『行政訴訟法（案）』の提案」（2003年3月13日）に「（もっぱら第三者の利害に関わる違法主張の制限）第33条　是正訴訟においては、もっぱら第三者の利害に関わる違法事由を主張することはできない。但し、公益に関する事由についてはこの限りでない」という条文を提起している。また「行政事件訴訟法第二次改正法案」（2012年6月15日）では、10条1項の削除を提起している。

100）　訳は、山本隆司「行政訴訟に関する外国法制調査——ドイツ（下）」ジュリスト1239号（2003年）108頁による。

101）　ドイツの通説・判例である可能性説は「訴訟要件としては、取消の対象たる行政行為によって原告の権利が侵害されていることを一応納得させるに足りる（plausible）主張があれば十分であって、原告の主張が有理性を有するかどうかは、本案の問題として審査される」とする（八木良一＝福井章代著・司法研修所編『ドイツにおける行政裁判制度の研究』（法曹会、2000年）137頁）。

102）　山本・前掲注100）110頁参照。

103）　前掲注101）141-142頁。

104）　小早川光郎『行政訴訟の構造分析』（東京大学出版会、1983年）。

151

実体法の論理によって取消請求権が構成されうるか否かにかかわらず、訴訟法上の権能として、一定範囲の者に与えるという方策が再び検討に値するものとなる。そのような意味における取消訴権の帰属範囲を限定するために用いられるのが、……行政行為の手続上の名宛人とされた者とか、行政手続に関与すべく定められた者とか、また、行政行為の効果としての侵害とは別に行政過程においてとくに不正な取扱いを受けた者、さらには、計画に組み込まれることによってその計画の適法な執行に特別の利害関係をもつに至った者といった範疇であろうと考えられるのである。ただ、明確な基準が定立されえない場合には——すでに述べたように訴訟利益の有無に関する考慮をも内蔵したものとしての——実体法上の取消請求権の観念が、取消訴訟の機能すべき範囲を限定する役割を果たすであろう。この二つの方法の使い分けにあたってもまた、均衡の感覚が必要とされているのである」という[105]。これがドイツ行政裁判所法42条2項の解釈の基礎にある総合的思考であろう。

　福井教授は前掲論文で、わが国廃棄物処理法の要件法規の要件具備について、周辺住民が争えないという解釈が取り得ないことを訴訟法的に解明しており[106]、小早川教授と同じ問題意識で論じていると考えられる。

　いずれにしても、行訴法10条1項はドイツ法にも存在する常識的な規定だという根拠のない俗説に流されないことが重要である。

(7)　千葉地判平19.8.21WEB の持つ特別な意義と行訴法10条1項の廃棄の必要

　判例を評価する視点は研究者と実務家とでは異なる。

　研究者は理論を最優先にし、訴訟の結果を重視しない傾向がある。実務家は理論に依拠するが訴訟の結果を最重視する。

　私は訴訟の結果を最重視することにおいて人後に落ちない。訴訟要件が広がっても、原告が勝てなければ意味がないのだと常に言い続けてきた。

　このような視点から千葉地裁判決の特別な意義と、裁判所の感覚における非定着性に目を向けてみたい。

①　千葉地判、控訴審（東京高判平21.5.20WEB）の流れ

　この地裁判決は経理的基礎欠如の主張を10条1項で退けず、その理由をもって設置許可処分を違法とした。高裁判決は別な理由で設置許可処分違

105）　小早川・前掲注104）202頁。
106）　福井・前掲注92）（下）18頁以下参照。

第4章　取消訴訟の訴訟要件

法（無効）を判断して、上告受理はなされず確定した。これらによって、無謀な産廃施設は阻止された。

廃棄物処理法の経理的基礎規定と同様の規定は、開発許可の都市計画法33条1項12号などにも存在するのであり、かかる施設や開発に向き合う地域住民にとって、大いに地域社会に問題提起できる橋頭堡を本件地裁判決が提供したものと言えよう。

ところで、なぜ高裁判決は地裁判決の10条1項論を継承しなかったのか。

本件を担当した及川智志弁護士によると、福井秀夫意見書の提出もあり、10条1項論が裁判所の興味から他に移っていったとのことである[107]が、更に同弁護士に教示を請うと、県も主要な争点を原告適格と処分の適法性にすえ、裁判所も適用法の問題を主要な争点と考えたようで、そのようになったのであろうとのことであった。

この高裁の思い切りが重要である。裁判は結論が重要であることを、実務家としての担当判事の面々が、弁護士実務家と同様に考えた結果であろうと推察する。

②　東海原発の水戸地判昭60.6.25WEB、東京高判平13.7.4WEBの流れ

東海原発の地裁判決は、経理的基礎欠如の主張を10条1項で退けなかったが、経理的基礎は裏付けられたとして違法はないとした。

高裁判決は行訴法10条1項の趣旨を「当該処分の取消しを求めるについて行訴法九条にいう法律上の利益が認められる者であっても、およそその者の法律上の利益の保護という観点とは無関係に、専ら他の者の利益等を保護するという観点から当該処分の要件として定められているにすぎない事項については、そのような要件に違背しているとの理由では、当該処分の取消しを求めることはできないとすることにあるものと解される」とし、「不特定多数者の一般的公益保護という観点から設けられた処分要件であっても、それが同時に当該処分の取消しを求める者の権利、利益の保護という観点とも関連する側面があるようなものについては、その処分要件の違背を当該処分の取消理由として主張することは、何ら妨げられるものではないというべきである。この理は、例えば、土地収用法上の事業の認定の要件の一つとして、事業計画が土地の適正かつ合理的な利用に寄与するものであること（土地収用法20条3号）、あるいは、当該土地を収用する

---

107)　及川智志「エコテック産廃最終処分場事件」（日弁連編・実務研究③所収3頁）。なお、斎藤浩「行訴法10条1項の系譜とあるべき姿」（同書所収28頁）も参照。

153

公益上の必要があること（同条4号）といった公益目的からする処分要件が定められている場合に、自己の所有地を収用されることとなる者が、右の公益目的から定められた要件の違背を主張して、当該事業認定処分の取消しを求めることができるものと解されることからしても、明らかなものというべきである」とし、「経理的基礎に係る要件も、災害の防止上支障のないような原子炉の設置には一定の経理的基礎が要求されることなどから設けられたものであり、控訴人らの生命、身体の安全の保護という観点と無関係なものではないものと解されるところである」とした。そして「もっとも、右の規制法24条1項4号の災害防止に係る要件に関する事項であっても、それが専ら控訴人ら以外の個人の利益保護を目的とするものであり、控訴人らの個人的利益とはおよそ係わりのないようなものである場合には、仮にその点に関して本件処分に違法とされる点があったとしても、それは右の行訴法10条1項にいう自己の法律上の利益に関係のない違法といわざるを得ないこととなるから、本件訴訟においてこれを審理の対象とすることはできないことになる。したがって、本件訴訟の原告である控訴人ら以外の本件発電所における作業者の被曝の危険性に関する問題等は、本件訴訟の審理の対象から除かれるものというべきである」とも言った。しかし、法規と事実とのあてはめにおいては、どの違法理由もこの原発裁判では適用されず、すべて違法性はないことになるのである。

　この高裁判決の10条1項の判示は、行訴法10条1項の限定解釈としては優れたものである。これを高く評価引用する研究者も一定数存在する。

　私たち弁護士実務家（私たちに異論があることも考えれば、私はと換言した方が良いのかも知れないが）は、結論が適正でなければ途中の理論課題にいくらいいことを言っている判決でも評価しない。東海原発も含め、わが国の原発判決の大半は誤っていたか、適正でなかった[108]。原発判決の結論を違法性なしで終わろうとする裁判官が、途中の理論部分をいくら魅力的に描こうと、それは自らの立場の言い訳にすぎないと私は考える。東海原発の地裁、高裁が、その10条1項論を適用し、かつ違法性を認定してこそその理論は生きるのであり、違法と判断できる法的環境だが違法ではないとしてはその理論の価値はない。原発とその経理的基礎の問題は、福島事故

---

[108]　斎藤浩編『原発の安全と行政・司法・学界の責任』（法律文化社、2013年）、同「原発訴訟と裁判官の営為について1、2」自治研究1104号、1105号（いずれも2016年）参照。

後の東京電力の実質国有化の状況（税金投入の問題）、実質破綻の状況を見据えれば、非常に重要な違法性の論拠であったのであり、裁判所はこれを見逃したのである。

③　理論に殉じず、妥当な結論を導き出すために

行訴法10条1項の存在根拠を、主観訴訟としての取消訴訟としてあたりまえではないかと簡単に理解しようとする傾向もある。しかし、原告適格が主観客観の分水嶺であり、原告適格を持つ当事者が主張する違法は、主観訴訟の領域内で幅広く捉えられなければならない。

上述の論文で福井教授は、訴訟法的処分要件解釈から、10条1項のもとでの廃棄物処理法の要件審査を広く認めるが、主観訴訟、客観訴訟を峻別し、「私人の主観的利益の侵害がないときまで行政処分の適法性をコントロールすることは、立法によらない客観訴訟の創設を意味する」[109]と述べる。訴訟法的要件解釈により主観的利益の侵害を目的的に広く認めることで、この議論には矛盾が出ないように見える。

しかし、同教授が原発設置許可の場合には大手企業により通常経理的基礎の不安なくなされることが一般的であると述べて、10条1項のもとでは違法主張ができないと示唆する[110]ことに象徴されるように、経理的基礎の問題はこの議論を危うくする。なぜなら日本を代表する大手企業である東京電力が福島事故により完全に経理的基礎の破綻を招いていることから見て、この議論のもつ折衷性がモロに露呈され、恣意性に転化してしまうからである。

したがって、10条1項の解釈として訴訟法的処分要件解釈をとる場合には、原告適格を有する当事者の違法主張はよほどの極端な例でない限り許すとする通説的見解が結論でなければならないことになろう。

であるとすれば、10条1項は存在価値なきものであり、次期改正時には行政事件訴訟法から、あらたな行政訴訟法を展望するときにはその内容から追放することが肝要である。

13　団体訴訟

(1)　概観

上記伊場遺跡訴訟、ジュース訴訟やアマミノクロウサギ訴訟（鹿児島地

---

109)　福井・前掲注92）（下）12頁。
110)　福井・前掲注92）（下）23頁。

判平13.1.22WEB、福岡高宮崎支判平14.3.19WEB）のように、学術問題、消費者問題、環境問題で、研究団体、消費者団体、環境保護団体などが原告となって取消訴訟などを提起することがある。

　それらの論点の場合に、個人である原告に原告適格が認められればそれでもよいが[111]、判例は概してこれらの認容に消極的であった。その事情は小田急最高裁大法廷判決後も変わらない。それらの論点の利益は一般的公益に分類されてきたのである。

　個人の主観的権利利益、個人的保護利益の問題としては学術、消費、環境問題は認められにくいとすれば（一人ひとりの個人としては小さな価値、権益侵害であると認識されやすいとすれば）、これらの社会経済的価値の大きさ、換言すれば地球環境的、人権的価値の大きさを訴訟で扱える特別なツールを作らなければならないことになろう。そうでないと司法は、一人ひとりの人間に還元すれば小さい（感知しにくい）かもしれない人類的価値を全く扱えないままの状態におかれるのである。

　そこで世界のいくつかの国で考案されている団体訴訟という制度がある。

　ドイツは、もともと多くの州の自然保護法が自然保護団体の出訴を認めていたが、2002年の連邦自然保護法改正で連邦の行政機関の措置に対しても、実体法上の問題を争う団体訴訟が認められることになった。訴訟を提起できるのは、行政庁に承認された団体であるが、法律の定める承認の要件を充たす自然保護団体は、承認を求める「権利」を有し、承認を求める訴訟を提起できる。現在はさらに、環境法の分野一般について団体訴訟の導入が提唱されている[112]。2006年には、環境・法的救済法の制定により、自然保護以外の環境分野にも、環境団体訴訟が拡大された。このドイツの状況でも、欧州先進国の中では遅れているとみなされ、さらなる司法アクセス改革が一歩一歩行われている[113]。ドイツの行政訴訟の強い影響を受けた日本が、環境団体訴訟について40年近く取り残されている[114]。

　イギリスは、団体に三つの意味の原告適格が認められてきた。第1は代

---

111)　原告適格の第2節9(13)で取り上げた東京地判平25.3.26WEB、東京高判平26.2.19WEBが通勤・通学の反復継続の利用客に、運賃認可処分取消訴訟の原告適格を認めた事例は出てきている。

112)　山本・前掲注100) 112頁。

113)　大久保規子「保護規範説を超えて——環境団体訴訟をめぐるドイツの葛藤と制度改革」滝井追悼477頁参照。

114)　大久保・前掲注113) 486頁。

理的原告適格、第2は団体的原告適格（個人的利益をもつ者のグループを代表して訴訟を提起することを認める）、第3は公益的原告適格（特定の個人に具体的不利益が存在しているわけではないにもかかわらず、公益を代表して訴訟を提起することが認められる）である。特に第2、第3について多くの判例が蓄積されている。

アメリカの場合は、原告適格が十分に広いから、団体訴訟、団体訴権制度を作ろうという発想はない[115]。

このように各国の事情は異なるが、実情に合わせて自然に発展している団体訴訟制度について、これまで原告適格が異常に狭かったわが国においてこそ、実現することが肝要と思われる。

(2) 日弁連の提案

行政訴訟検討会には団体訴訟導入の要望が各方面から寄せられた。

日弁連は行政訴訟法案に総合的に取り入れて提案した。第1は原告適格の条文に主観訴訟としてのそれを取り入れた。第2に客観訴訟としてのそれを取り入れた。条文と説明をここに収録する。

まず主観訴訟としての条文（日弁連法案14条）である。

（原告適格）

第14条 行政決定により現実の利益を侵害され又は侵害されるおそれのある者（団体を含む。）は、是正訴訟を提起することができる。

2 前項の規定により原告適格を有する者を主たる構成員とする団体は、その構成員に代わって是正訴訟を提起することができる。

3 行政決定に伴う具体的な紛争を解決するための真摯な行為を行っている消費者保護団体、環境保護団体その他の団体は、当該団体の構成員が原告適格を有しない場合でも、当該行政決定が当該団体の活動に関わるときには、当該行政決定の是正訴訟を提起することができる。

4 前3項の規定によって、是正訴訟の原告適格を認めることが訴権の著しい濫用に当たる場合には、裁判所は、訴えを却下することができる。

---

[115] 中川丈久「行政訴訟に関する外国法制調査——アメリカ（下・2）」ジュリスト1243号（2003年）107頁。なおEUその他の諸国につき大久保規子「団体訴訟」自由と正義2006年3月号32頁、33頁参照。

157

【説明】

　いわゆる制定法準拠主義に基づく法律上保護された利益説は、行政処分の根拠法及び関連法規を精査することで原告適格の有無を判断する手法であった。現行法の「法律上の利益」という言葉を少し変更しただけで、長年の裁判所の解釈態度が変更される保障はない。この手法は裁判所に染み付いた手法であり、裁判所が法規に手掛かりを求めようとする姿勢を変更するために、「現実の利益」概念を採用した。「現実の利益」は、「事実上の利益」よりは狭く、「法律上の利益」あるいは「法的利益」よりは広い利益を想定している。例えば、東京に住む原告が奄美大島における森林法に基づく開発許可が自然破壊であるとしてその違法を争う場合、当該原告が奄美大島に行ったことがあるか、又は行きたいと思っており、奄美大島の自然に愛着を持っているような場合には、現実の利益が認められ原告適格があることになるが、そうでない場合には事実上の利益しかなく原告適格が認められないことがあり得る。この場合、本案審理では開発許可という行政決定の違法性が審理されることになるが、訴訟要件である原告適格の審理では、当該原告が奄美大島に行ったことがあるか否か、どのような関心を持っているかを審理することになり、本案審理とは重ならないことになる。もっとも、「現実の利益」とは何か明らかでないとの意見もあった。また、「現実の利益を侵害され、又は侵害されるおそれがあると主張する者」とすべきではないかとの意見もあった。

　第2項本文の「団体」は、当然に当事者能力を有する団体であるが、自治会や住民運動を行う団体を想定している。

　第3項の規定は、特に消費者保護や環境保全の分野において、仮に原告適格が認めにくい事案であっても、公益を保護するために一定の団体に対して是正訴訟の提訴権を与えたものである。客観訴訟としての団体訴訟の導入については消極に解する向きもあるため、主観訴訟としても規定した。この規定があれば、第64条において民衆訴訟・客観訴訟として団体訴訟を導入する必要性は小さくなる。しかし、この規定は、現実に具体的な紛争について真摯な解決行動をとっている団体に限定して主観訴訟としての原告適格を付与するものであり、例えば、東京湾の湿地保全活動を行ってきた団体が、具体的行動をとっていない他の地域の湿地保全に関連した是正訴訟を提起する原告適格はこの規定からは認められない。他方、特定の地域の湿地保全活動を現実に行っていなくても、第64条の要件を満たせば客観訴訟として団体訴訟を提起することができる。現実には、1つの団体が第14条に基づく主観訴訟としての是正訴訟と第64条の団体訴訟の両方の原告適格を有する場合も想定できる。但し、客観訴訟としての第64

第4章　取消訴訟の訴訟要件

条は、消費者保護等の3分野に限定されているのに対し、主観訴訟として
の団体訴訟はこれらに限られないことになる。

　また、原告適格の範囲を拡大することから濫訴の弊に対する懸念が言
われることがあるが、第4項により、濫用的な訴訟提起を却下することが
できるものとした。

そして客観訴訟としての条文（日弁連法案64条、65条）を掲げる。

（団体訴訟）
第64条　消費者保護、文化財保護又は環境保全を主たる目的とする
　　民間公益活動を行う団体のうち、50名以上の構成員で構成される3
　　年以上の活動実績を有する権利能力なき社団又は特定非営利活動
　　法人、財団法人及び社団法人は、その目的の範囲内において、そ
　　の団体の現実の利益の侵害の有無にかかわらず、その目的を阻害
　　する行政決定について、その違法の確認、差止、是正、撤廃、適法
　　な行政決定の発給などを請求することができる。ただし、公共の
　　利益に関係の無い場合はこの限りでない。
　2　前項の場合には、その性質に反しない限り、是正訴訟に関する規
　　定を準用する。

【説明】

　消費者保護、文化財保護又は環境保全を主たる目的とする民間公益活動
を行う団体のうち一定の要件を満たすものについて、当該団体の利益侵害
にかかわらず、当該団体の任務の範囲内において団体訴権を付与するもの
とした。主観訴訟としての団体訴訟を本条文案のとおり認めるとすれば、
本条の意味は小さくなる。本来は個別法において規定することが理想的な
制度であるが、一般法としてもその受け皿を設ける趣旨である。

（是正訴訟との関係）
第65条　前条の団体訴訟の係属中に同一の行政決定に関する是正訴
　　訟が提起された場合及び是正訴訟の係属中に同一の行政決定に関
　　する団体訴訟が提起された場合には、第59条の規定を準用する。

【説明】

　是正訴訟は主観訴訟であり、団体訴訟は客観訴訟であるが、同一の行政
決定の違法を争う場合もあり得るため、判決の合一確定の必要から類似必
要的共同訴訟とした。

159

(3) 行政訴訟検討会での検討、検証研究会でのスルー

「主な検討事項」では論点整理がなされたが、「たたき台」では先送り分類に明示され、「考え方」では入らなかった。

そして「検討会最終まとめ」で論点があらためて整理され、行政立法、行政計画、裁量とならぶ4大積み残し課題と扱われた。

しかし、検証研修会では、何ほどの議論も行われなかった。

(4) 第二次改革の最重要課題のひとつ

日弁連は2004年9月16日「行政法の継続的改善のための恒常的機関の設置に関する提言」にこの問題を入れ、また2005年10月18日「行政法制度に関する第二次改革の要望書」に入れて、改革の最重要課題に位置付けて運動している。

自民党有力議員と学者・弁護士で構成される「国民と行政の関係を考える若手の会」は2004年9月3日「『行政法制度等改革推進本部』設置を求める緊急提言」で、この問題を第二次改革の最重要課題の冒頭に掲げ、自民党の正式機関である政務調査会の下部機関、行政改革推進本部・司法制度調査会基本法制小委員会は2005年1月28日「行政法制度改革における課題と検討組織について」で、この問題を第二次改革の最重要課題のひとつに掲げた。

(5) 環境団体訴訟[116]

日弁連は2012年6月15日に「環境団体訴訟法案」を発表した。

説明を入れた全体の内容は日弁連のHP[117]で参照されたいが、条文だけ収録しておきたい。

第1章　総則

（目的）

第1条　この法律は、違法な行政活動により環境及び文化財が毀損されることを防止するため、行政事件訴訟法（昭和三十七年法律第百三十九号）、民事訴訟法（平成八年法律第百九号）及び行政不服審査法（昭和三十七年法律第百六十号）等の特例を定め、適格環境団体に、行政機関に対する行政処分の取消し、無効確認、義務付け又は差止め及び事業者に対する事実行為の差止め、撤廃又は原状回復の訴え等を認めることに

116　島村健「環境法における団体訴訟」論究ジュリスト12号（2015年）119頁参照。

117　https://www.nichibenren.or.jp/library/ja/opinion/report/data/2012/opinion_120615_3.pdf

第4章　取消訴訟の訴訟要件

より、環境及び文化財の保護を図り、もって国民生活の質的向上に寄与
することを目的とする。

（定義）

第2条　この法律において「団体訴訟」とは、第5条から第7条までの規
定による訴訟をいう。

2　この法律において「適格環境団体」とは、次の目的を持ち、この法律
の規定による団体訴訟を提起するのに必要な適格性を有する団体として、
第9条の定めるところにより内閣総理大臣又は都道府県知事（以下「内
閣総理大臣等」という。）の認定を受けた団体（以下「適格環境団体」
と総称する。）をいう。

一　公害若しくは健康被害を防止し、自然環境、生活環境、都市環境若
しくは地球環境を保護するための活動又はこれらに関する研究、情報
の収集若しくは提供のための活動（以下「環境保護活動等」という。）

二　歴史的遺産若しくは文化財を保護するための活動、又はこれらに関
する研究、情報の収集若しくは提供のための活動（以下「文化財保護
活動等」という。）

第2章　適格環境団体の請求権

（差止・撤廃・原状回復請求権）

第3条　適格環境団体は、環境又は文化財が現に毀損され、又は毀損され
るおそれがあるときは、法令に違反する開発、建築物の撤去等の事実行
為を行い、又は行おうとする者に対し、当該事実行為の差止め、撤廃又
は原状回復を請求することができる。

第4条　前条の規定による請求は、次に掲げる場合にはすることができない。

一　当該適格環境団体若しくは第三者の不正な利益を図り又は当該請求
に係る相手方に損害を加えることを目的とする場合

二　他の適格環境団体を当事者とする請求に係る訴訟につき既に確定判
決が存する場合において、請求の内容及び相手方が同一である場合。
ただし、当該他の適格環境団体について、当該確定判決に係る訴訟の
手続に関し、第9条の認定が第15条に掲げる事由により取り消された
ときは、この限りでない。

2　前項第二号本文の規定は、当該確定判決に係る訴訟の口頭弁論の終結
後又は当該確定判決と同一の効力を有するものの成立後に生じた事由に
基づいて同号本文に掲げる場合に当該請求をすることを妨げない。

第3章　団体訴訟

（処分又は裁決に対する団体訴訟）

第5条　適格環境団体は、行政事件訴訟法第9条第1項、同法第36条、同
法第37条の2第3項及び同法第37条の4第3項の規定にかかわらず、同

161

法第3条に定める抗告訴訟を提起することができる。

2　適格環境団体は、当該団体の目的に関連しない場合には、前項の抗告訴訟を提起することはできない。

3　適格環境団体は、第1項の訴訟に係る訴えを濫用してはならない。

（事実行為に対する団体訴訟）

第6条　適格環境団体は、法令に違反する開発、建築物の撤去等の事実行為を行おうとする者又はそのおそれのある者に対し、当該行為の差止め、撤廃又は原状回復の請求に係る訴えを提起することができる。ただし、当該適格環境団体が、第5条第1項による抗告訴訟を提起できる場合は、この限りでない。

2　前条第2項及び第3項の規定は、前項の訴えに準用する。

（仮の救済）

第7条　適格環境団体は行政事件訴訟法に定めるところにより、第5条第1項の抗告訴訟に係る訴えを本案として、同法第25条に規定する執行停止の申立て並びに同法第37条の5第1項に規定する仮の義務付けの申立て及び同条第2項に規定する仮の差止めの申立てをすることができる。

2　適格環境団体は、前条第1項の訴えを本案訴訟として民事保全法（平成元年十二月二十二日法律第九十一号）に規定する仮処分の申立てをすることができる。

3　前2項の申立てにおいて、申立人に生ずる損害が当該申立てに係る命令を発する要件となっているときは、当該損害については、環境及び文化財に関する利益とする。

4　民事保全法第14条の規定は、第2項の申立てについては適用しない。

（不服申立て）

第8条　適格環境団体は、行政処分について、行政不服審査法に規定する不服申立てをすることができる。

2　第5条第2項及び第3項の規定は、前項の不服申立てに準用する。

第4章　適格環境団体

（適格環境団体の認定等）

第9条　適格環境団体の認定を受けようとする団体は、政令で定めるところにより、内閣総理大臣等に認定の申請をしなければならない。

2　内閣総理大臣等は、前項の申請をした者が次に掲げる要件のすべてに適合しているときには、前項の認定をしなければならない。

一　特定非営利活動促進法（平成十年法律第七号）第2条第二項に規定する特定非営利活動法人又は一般社団法人若しくは一般財団法人であること。

二　環境保護活動等又は文化財保護活動等を行うことを主たる目的とし、

第4章　取消訴訟の訴訟要件

　　現にその活動を適正に行っていると認められること。
　三　団体訴訟に関して知り得た情報の管理及び秘密の保持の方法その他
　　の団体訴訟を適正に遂行するための体制及び業務規程が整備されてい
　　ること。
　四　その理事に関し、次に掲げる要件に適合するものであること。
　　イ　団体訴訟の提起を決定する機関として理事をもって構成する理事
　　　会が置かれており、かつ、定款で定めるその決定の方法が次に掲げ
　　　る要件に適合していると認められること。
　　　⑴　当該理事会の決議が理事の過半数又はこれを上回る割合以上の
　　　　多数決により行われるものとされていること。
　　　⑵　団体訴訟の遂行に係る重要な事項の決定が理事その他の者に委
　　　　任されていないこと。
　　ロ　理事の構成が次の⑴又は⑵のいずれかに該当するものではないこ
　　　と。
　　　⑴　理事の数のうちに占める特定の事業者（当該事業者との間に発
　　　　行済株式の総数の二分の一以上の株式の総数を保有する関係その
　　　　他の政令で定める特別の関係のある者を含む。）の関係者（当該
　　　　事業者及びその役員又は職員である者その他の政令で定める者を
　　　　いう。⑵において同じ。）の数の割合が三分の一を超えているこ
　　　　と。
　　　⑵　理事の数のうちに占める同一の業種（政令で定める事業の区分
　　　　をいう。）に属する事業を行う事業者の関係者の数の割合が二分
　　　　の一を超えていること。
3　前項の規定にかかわらず、次のいずれかに該当する法人及び公益活動
　を行う団体（以下「法人等」という。）は、第1項の認定を受けること
　ができない。
　一　暴力団員による不当な行為の防止等に関する法律第2条第6号に規
　　定する暴力団員又は暴力団員でなくなった日から5年を経過しない者
　　（以下「暴力団員等」という。）が、その事業活動を支配する法人等
　二　暴力団員等をその業務に従事させ、又はその業務の補助者として使
　　用するおそれのある法人等
　三　役員のうち次のいずれかに該当する者のある法人等
　　①　禁固以上の刑に処せられ、又はその刑の執行を受けることがなく
　　　なった日から3年を経過しない者
　　②　暴力団員等
　四　政治団体（政治資金規正法（昭和二十三年法律第百九十四号）第3
　　条第1項に規定する政治団体をいう。）

163

（財産上の利益の受領禁止）

第10条 適格環境団体は、次に掲げる場合を除き、団体訴訟の相手方（相手方となる可能性のある者を含む。以下同じ。）から、団体訴訟等によってする請求に関し、寄附金、賛助金その他名目のいかんを問わず、金銭その他の財産上の利益を受けてはならない。

一 団体訴訟等に係る判決等（判決並びに確定判決と同一の効力を有するもの及び第7条各項の申立てについての決定を含む。以下この項において同じ。）又は民事訴訟法（平成八年法律第百九号）第七十三条第一項の決定により訴訟費用（和解及び事実上の和解の費用を含む。）を負担することとされた相手方から当該訴訟費用に相当する額の償還として財産上の利益を受けるとき。

二 第20条の規定により、弁護士報酬等を負担することとされた相手方から当該弁護士報酬等に相当する額の償還として財産上の利益を受けるとき。

2 適格環境団体の役員又は職員は、団体訴訟等によってする請求に係る相手方から、団体訴訟等に定める請求に関し、寄附金、賛助金その他名目のいかんを問わず、金銭その他の財産上の利益を受けてはならない。

3 適格環境団体、その役員又は職員は、団体訴訟等によってする請求に係る相手方から、団体訴訟等に定める請求に関し、寄附金、賛助金その他名目のいかんを問わず、金銭その他の財産上の利益を第三者に受けさせてはならない。

（認定の申請）

第11条 第9条第2項の申請は、次に掲げる事項を記載した申請書を内閣総理大臣等に対して提出しなければならない。

一 名称及び住所並びに代表者の氏名

二 事務所の所在地

三 認定の区分

四 前三号に掲げるもののほか、政令で定める事項

2 前項の申請書には、次に掲げる書類を添付しなければならない。

一 定款

二 現に環境保護活動等又は文化財保護活動等を適正に行っていることを証する書類

三 業務規程

四 役員及び職員に関する次に掲げる書類

イ 氏名、役職及び職業を記した書類

ロ 住所、略歴その他政令で定める事項を記載した書面

五 第9条第4項各号に該当しないことを誓約する書面

六　その他政令で定める書類

（認定の公示）

第12条　内閣総理大臣等は、第9条第1項の認定をしたときは、適格環境団体の名称及び事務所の所在地、認定の区分を公示しなければならない。

2　内閣総理大臣等は、第14条の規定による届出があったとき及び適格環境団体の認定又は更新をしたときは、その旨を公示しなければならない。

（認定の有効期間）

第13条　適格環境団体の認定は、当該認定の日から起算して五年以上十年以内において政令で定める期間とする。

2　前項の有効期間の満了後引き続き適格環境団体の認定を受けようとする適格環境団体は、その有効期間の更新を受けなければならない。

3　前項の有効期間の更新を受けようとする適格環境団体は、第1項の満了の日の九十日前から六十日前までの間（以下「更新申請期間」という。）に、内閣総理大臣等に有効期間の更新の申請をしなければならない。ただし、災害その他やむを得ない事由により更新申請機関にその申請をすることができないときは、この限りでない。

4　前項の申請があった場合において、第1項の有効期間の満了の日までにその申請に対する処分がされないときは、従前の認定は、同項の有効期間の満了後もその処分がされるまでの間は、なお効力を有する。

5　前項の場合において、第2項の有効期間の更新がされたときは、その認定の有効期間は、従前の認定の有効期間の満了の日の翌日から起算するものとする。

6　第9条、第11条及び前条の規定は、第2項の有効期間の更新について準用する。ただし、第11条第2項各号に掲げる書類については、既に内閣総理大臣等に提出されている当該書類の内容に変更がないときは、その添付を省略することができる。

（変更の届出）

第14条　適格環境団体は、活動を停止したとき又はその名称若しくは事務所の所在地を変更したときは、政令で定めるところにより、その旨を届け出なければならない。

（認定の取消し）

第15条　内閣総理大臣等は、適格環境団体について、次のいずれかに掲げる事由があるときは、第9条第1項の認定を取り消すことができる。

一　偽りその他不正の手段により第9条第1項の認定又は第13条の更新を受けたとき。

二　第9条第3項各号に掲げる要件のいずれかに適合しなくなったとき。

三　第10条に違反し、金銭その他の財産上の利益を受けたとき。

四　団体訴訟に関し、訴訟の相手方と通謀して請求の放棄又は国民の利
　　　益を害する内容の和解をしたとき。

第5章　訴訟手続の特例
　（書面による事前の請求）
第16条　適格環境団体は、団体訴訟を提起しようとするときは、その訴
　　えの被告となるべき者に対し、あらかじめ、請求の要旨及び紛争の要点
　　その他法務省令で定める事項を記載した書面により請求をし、かつ、そ
　　の到達した時から一週間を経過した後でなければ、その訴えを提起する
　　ことができない。ただし、当該被告となるべき者がその差止請求を拒ん
　　だときは、この限りでない。
　2　前項の請求は、その請求が通常到達すべきであった時に、到達したも
　　のとみなす。
　（訴額）
第17条　この法律の規定に基づく訴訟について、民事訴訟費用等に関す
　　る法律第4条の定める訴訟の目的の価額の算定については、財産権上の
　　請求でない請求に係る訴えとみなす。
　（移送）
第18条　裁判所は、本法の規定に基づく訴訟が提起された場合であって、
　　他の裁判所に同一又は同種の訴訟が係属している場合においては、団体
　　の事務所の所在地、尋問を受けるべき証人の住所、争点又は証拠の共通
　　性その他の事情を考慮して、相当と認めるときは、申立てにより又は職
　　権で、当該訴えに係る訴訟の全部又は一部について、当該他の裁判所又
　　は他の管轄裁判所に移送することができる。
　（弁論等の併合）
第19条　請求の内容及び相手方が同一である請求に係る団体訴訟が同一
　　の第一審裁判所又は控訴裁判所に数個同時に係属するときは、その弁論
　　及び裁判は、併合してしなければならない。ただし、審理の状況その他
　　の事情を考慮して、他の請求に係る訴訟と弁論及び裁判を併合してする
　　ことが著しく不相当であると認めるときは、この限りでない。
　2　前項本文に規定する場合には、当事者は、その旨を裁判所に申し出な
　　ければならない。
　（公表）
第20条　裁判所は、次に掲げる場合には、団体訴訟等について規則で定
　　めるところにより、遅滞なく、その旨及びその内容その他法令で定める
　　事項を内閣総理大臣等に通知するとともに、電磁的方法（電子情報処理
　　組織を使用する方法その他の情報通信の技術を利用する方法をいう。）
　　を利用して同一の情報を閲覧することができる状態に置く措置であって

第4章　取消訴訟の訴訟要件

法令で定めるものを講じなければならない。

一　訴えの提起があったとき。

二　判決の言渡しがあったとき。

三　前号の判決に対する上訴の提起又は同号の決定に対する不服の申立てがあったとき。

四　裁判上の和解が成立したとき。

（弁護士報酬等の負担の特例）

第21条　裁判所は、団体訴訟を提起した適格環境団体が勝訴（一部勝訴も含む。）した場合において、その委任した弁護士又は弁護士法人に報酬を支払うべきときは、敗訴した被告に対し、申立てにより、事案の難易、弁護士の労力その他の事情を勘案し、その報酬額の範囲内で相当と認められる額を支払わせることができる。

2　裁判所は、前項の規定にかかわらず、請求の内容、事案の解決その他の事情を勘案して相当と認めるときは、原告の負担すべき弁護士又は弁護士法人に対する報酬の全部又は一部を、申立てにより、被告となった行政庁に対し、支払わせることができる。

3　裁判所は、民事訴訟法第61条及び同法第64条の規定にかかわらず、請求の内容、事案の解決その他の事情を勘案して相当と認めるときは、訴訟費用の全部又は一部を、被告に対し、支払わせることができる。

（行政事件訴訟法等の準用）

第22条　団体訴訟等及び適格環境団体が行う不服申立てに関し、この法律に定めがない事項については、行政事件訴訟法及び民事訴訟法を適用する。

第6章　罰則

第23条　適格環境団体の役員及び職員が、団体訴訟等に規定する請求の相手方から、寄附金、賛助金その他名目のいかんを問わず、当該適格環境団体において団体訴訟等に規定する請求をしないこと若しくはしなかったこと、訴えの放棄をすること若しくはしたこと、その相手方との間でその訴えに係る和解をすること若しくはしたこと又はその訴えに係る訴訟を終了させたことの報酬として、金銭その他財産上の利益を受け、又は第三者（当該適格環境団体を含む。）に受けさせたときは、三年以下の懲役又は三百万円以下の罰金に処する。

2　前項の利益を供与した者も、同項と同様とする。

3　第1項の場合において、犯人又は情を知った第三者が受けた財産上の利益は、没収する。その全部又は一部を没収することができないときは、その価額を追徴する。

第24条　偽りその他不正の手段により第9条第1項の認定又は第13条の

更新を受けた者は、百万円以下の罰金に処する。

第25条 第11条第1項の申請書又は同条第2項各号に掲げる書類に虚偽の記載をして提出した者は、五十万円以下の罰金に処する。

(6) 消費者団体訴訟制度の先行とその評価、そしてその後[118]

民事法の分野では、消費者契約法、景表法（不当景品類及び不当表示防止法）、特定商取引法（特定商取引に関する法律）、食品表示法が改正され、適格消費者団体による差止請求が実施されている。また、2016年新たに施行された消費者裁判手続特例法（消費者の財産的被害の集団的な回復のための民事の裁判手続の特例に関する法律）では、適格消費者団体による差止請求、特定適格消費者団体による共通義務確認の訴え、簡易確定手続が定められている[119]。

行政法、行訴法としてどのようにするかが今後の課題である。

民事法の分野での制度がある以上、重ねて行政上の団体訴訟制度を設けることがダブル・トラック問題を生じさせると考えるか[120]、団体に消費者問題の行政訴訟の原告適格を認めるのが本質だと考えるか[121]など様々な立法論がある。

(7) その他の分野

大阪地判平24.12.21判時2192号21頁は、旧大阪中央郵便局庁舎の保存活動を行う団体の構成員であり、建築に関する学術研究を専門とする研究者である原告らが、被告国に対し、文部科学大臣において本件建物を重要文化財に指定する処分をすることの義務付けを求めた事案において、文化財保護法上、重要文化財の指定について、文化財の学術研究者の学問研究上の利益や、国民が文化財の保存・活用から受ける利益を保護するための手続的規定は設けられておらず、同法及び関係法令の規定において、文化

---

118) 斎藤誠「消費者法における団体訴訟——制度設計の考慮要素について」論究ジュリスト12号（2015年）131頁参照。

119) 適格団体を指定法人制度と同様の、"行政の伸びた手"で別働隊という理解の仕方もあることにつき、中川丈久「消費者——消費者法は行政法理論の参照領域たりうるか」（公法研究75号（2013年）所収参照。この制度の初活用は、2018年12月17日消費者機構日本が東京地裁に提訴した東京医大を被告とする、受験料など相当額の変換義務確認訴訟、簡易確定手続である（社会問題となった女子や浪人生を不利に扱った事件）。

120) 斎藤誠・前掲注118)137頁参照。

121) 中川・前掲注119)199頁。

第4章　取消訴訟の訴訟要件

財の学術研究者の学問研究上の利益や、国民が文化財の保存・活用から受ける利益を、個々人の個別的利益として保護すべきものとする趣旨を明記した規定がないこと等から、文化財の学術研究者の学問研究上の利益や、国民が文化財の保存・活用から受ける利益が、文化財保護法上、個々人の個別的利益として保護されているということはできない等として、原告らの原告適格を否定した。伊場遺跡最判の線を出ていないものであり、やはり団体訴訟の必要性が高い。

第3節　被告適格

改正により、取消訴訟の被告適格が、行政庁から行政（主体）に変わった（行訴法11条）。非常に重要な改正である。

1　深刻だった改正前の問題点

被告適格も行政訴訟を国民から遠ざけていた要因であった。

改正前の行訴法11条では、行政庁ということになっていたので、はたして何が、どこが行政庁に当たるかどうかが原告側にとって大問題であり、裁判所によって形式的に運用されたので、被告適格なしで却下されることも多くあったのである。

民事訴訟では考えられない行訴法独自の難物であった。

判例はごく少数の例外を除いて、取消訴訟等の抗告訴訟と当事者訴訟を形式的障壁（被告の違い）で峻別していた。

峻別の理由は、2004年改正で被告適格の主舞台から撤退した「行政庁」概念を抗告訴訟が使い（改正前の行訴法11条）、当事者訴訟はもともと民訴の原則から被告は当事者、つまり行政主体（国や公共団体）を使っていたことを理由としていた。

この行政庁という概念は、前述した取消訴訟中心主義の中核的な論点からは外れるが、やはり特殊な用語として初学者や行政訴訟になじみのない実務家にある種の戸惑いを与えるに十分なものであった[122]。

被告適格の2004改正は地味にみえて最も評価すべき点のひとつである。後述のように改正行訴法下では原則としてすべての行政訴訟の被告は行政主体になったのであり、格段のわかりやすさが到来した。

169

2004年改正は、行訴法制定論議の中での兼子一説に回帰したといえる
ものである。兼子教授は次のようにいっていた。至言というべきである。
　「從來は、處分官廳であるのが原則であつた。それは、行政部内では官
廳相互間に權限關係が成立しているので、各官廳自體について官廳の權利
能力や當事者能力が認められたのである。行政裁判所が行政事件を處理す
る場合も自らが監督官廳として同じ行政系統内にあつたのであるから人格
のない官廳を訴訟當事者として取り扱い、これに命令したのも不思議では
ないのである。ところが司法裁判所が行政事件を裁判する場合には、これ
と異なつて、私人と行政權の關係として現われ、私人としては、何れの官
廳の處分であっても、結局は、國又は公共團體の機關としてこれを受ける
のであるから、訴訟當事者間の關係は、私人と國との關係となるわけであ
る。……行政事件も、その效果が私人と國との間に生ずる點に鑑み、行政
廳を被告とすることは理論上疑問であり實際上も不便であると思われる。
一般に行政訴訟では、行政處分廳を相手方とする考が採られ、それが法規
の上まで現われ、現に、國の利害に關係のある訴訟についての法務總裁の
權限等に關する法律などがあるけれども、私としては理論的に統一して行
政事件も國又は公共團體を被告とすべきものであると思う。又實際上もそ
の方が便利ではないか。例えば、當事者が國又は公共團體ということにな
れば、それを代表する官廳は變更することが容易であり又追認さすことも
できるわけであるが、官廳が當事者であると考えると變更が困難となり、
行政事件のように被告を誤まらすことが多いので種々不便を生ずるのであ
る。又、行政處分の取消の訴に損害賠償、損失補償の請求が伴うとき、後
者の當事者は常に國又は公共團體であるから、若し前者の當事者と一致す
るならば被告は、一名で濟むことになり、併合も容易になるであらう。又
訴願を經て裁決に不服ありとして、その取消を求める訴において、處分廳
の處分をも同時に取消を求めるために裁決廳、處分廳を共同被告とするこ
となく國又は公共團體一名のみを被告とすれば、事が足りるのである。更

---

122)　行訴法改正前の芝池義一『行政救済法講義〔第2版補訂増補版〕』(有斐閣、
2004年) 53頁は「当該行為についての権限および責任を有する行政庁を被告適
格あるものとすることは、『きわめて合目的的』と言われる (杉本・解説44-45
頁)」。「しかし、行政体を被告としても、当該処分庁は訴訟の場にでることにな
るので,行政庁を被告とする方式と行政体を被告とする方式との間に大差がある
とはいえない。……ただ、抗告訴訟は権利関係ではなく第一義的には行政作用の
当否に関する訴訟であるため、行政体を当然に被告とする要請はないといいうる
にとどまる」としていた。

170

に、裁判所の判決は、國又は公共團體を被告とするならば、特に規定をまたず、關係行政廳を拘束することにもなる。これら實際上の便宜からも又、一般の民事訴訟と歩調を合せる上からも、行政訴訟においても官廳の當事者能力を認めない方がよいのではないかと思われる」と[123]。

行政事件訴訟特例法改正要綱試案（小委員会案）の審議中にもこの種の意見はあった[124]。

この問題は、被告を誤った訴えの救済の規定（行訴法15条）があっても解決しない問題であった。この救済の規定は取消訴訟の中での救済（抗告訴訟一般ではない──38条でわかる）の問題であり、取消訴訟から他の訴訟類型に変える場合には適用されない。行訴法21条で訴えの変更をしない限り、裁判所がイニシアティブをとることを困難にしていた。

訴訟類型ごとに被告を異ならせるやりかたはいかにも技術的すぎて、その立法的誤りが40年の実践で明確になったといえるわけである。

2　判例の元の状況

判例が混迷し、重要な国民の権利まで到達せず、つまらない形式論議にかかずらわっていた事例をみておきたい。

それは横川川事件（高知地判昭59.4.26WEB、高松高判昭63.3.23WEB、最判平元.7.4WEB）である。

行政訴訟検討会事務局は、この最高裁判決が長野勤評最高裁判決（最判昭47.11.30WEB）を引用して法律上の利益を欠く不適法な訴えとしたのに対し、高裁判決は次のように述べたと評価して紹介した。「自己の所有地が河川法6条1項1号の河川区域に該当しないとして、河川管理者である行政庁を相手に、予防的に河川法上の処分を行つてはならない義務の確認及び同法上の処分権限の不存在の確認を求める訴えが、右各訴えの訴訟の類型はいわゆる無名抗告訴訟に当たると解されるところ、当事者間の争いの根本的原因は、行政庁の公権力の行使そのものにあるのではなく、その前提たる右土地が、河川法6条1項1号の河川区域として、同法26条、27条等の制約に服するか否かという公法上の法律関係の存否の認識の対立にあるから、その抜本的解決のためには右公法上の法律関係の確認を求める当

---

123)　兼子一「行政事件の特質」法律タイムズ15号（1948年）18-19頁。
124)　塩野宏編著「日本立法資料全集5　行政事件訴訟法Ⅰ」（信山社）172-78頁、同「全集6」1228-1229頁、1278-1295頁参照。

事者訴訟によるべきであるとして、不適法とされた事例」と。つまり高裁は行政庁でなく国を被告とすれば義務確認等を求める当事者訴訟として救済できることを明確にしているというわけである。

この高裁判決に関与した市村陽典検討委員はこの検討会で率直なコメントをした。「何度言っても、原告代理人が、あくまで県知事を被告とするという考えだった。あのまま行っても、結局4条の処理としては、結論的には、被告を間違えているということで不適法とせざるを得ないし、予防的な無名抗告訴訟と考えると、従来から言われた成熟性の問題で、どうしてもぶつかってしまう、どちらで行った方がいいのかという形の問題だった。二審は、原理的には4条が使える可能性がある部分ではないかと考えたので、こういうふうになればという趣旨で書いた部分がある」[125]と。

しかし注目するのであれば、高裁判決よりも高知地裁判決をするべきであった。地裁判決は、河川管理者である県知事を被告として、自己所有地が河川法6条1項所定の河川区域でないことの確認を求める訴えが、ある土地が河川区域に当たるか否かは、右土地を占用し、又は右土地において土石の採取、工作物の新築、掘さく等の行為をしようとする者と河川管理者との間の公権力の行使に関する法律関係に影響を及ぼすから、将来の紛争を予防するための最も適切な方法であるとして、適法な抗告訴訟であるとし、自己所有地が河川法上の河川区域でないことの確認を求める訴えが適法な抗告訴訟であるとした。

つまり、地裁判決は、当事者訴訟としての確認訴訟といってしまうと被告が違うことになるので、河川法上の処分をダイレクトにアタックする訴訟としての確認訴訟、無名抗告訴訟であるという解決をしたのに、高裁は結果的には被告問題に目を奪われて、高知地裁の努力を消してしまった。最高裁は長野勤評の**最判昭47.11.30WEB**（「処分を受けてからこれに関する訴訟の中で事後的に義務の存否を争ったのでは回復し難い重大な損害を被るおそれがある等、事前の救済を認めないことを著しく不相当とする特段の事情のないかぎり」義務の存否の確定を求める法律上の利益を認めることはできないとした判決）を引用して、確認訴訟を不適法却下したのである。

この3審の判決は実に興味深い。

地裁は無名抗告訴訟として確認訴訟を認め、高裁は公権力関係でないか

125） 行政訴訟検討会第26回議事概要。

第4章　取消訴訟の訴訟要件

ら当事者訴訟が適切なのに被告が行政庁のままなので不適法却下、最高裁は無名抗告訴訟の確認であるとしつつも要件を厳しくして不適法却下したのであった[126]。すべてに被告適格論議が反映している。

　その他の実例をいくつかみておく。受刑者の丸刈差止事件判決（東京地判昭38.7.29WEB）は優れた内容をもっていた。被告を府中刑務所長とする強制剪剃差止めの無名抗告訴訟の適法性を認めたことはつとに有名である。この判決は確認訴訟にも言及し、形式的なことにとらわれるなと判例全体に警告を発している。この事例は、旧監獄法36条、同法施行規則103条に基づく剪剃実施の差止め請求であり行政立法を直接争うという論点となる。この事件は1962（昭和37）年12月10日過ぎに提訴されており、行訴法が施行された同年10月1日の直後の事件であった。判決は「前記諸条件の下で、行政行為の実行が許されるかどうかについて裁判所が第一次的に判断することがわが憲法下の権力分立の原則に反せず、これが許されるものであると解すべきである以上、行政庁がこの判断に拘束されて未然に行政行為を実行し得ないこととなるのは当然の結果であり、この当然の結果を判決主文に表示する方式として確認（行政行為実施の権限がないこと若しくは不作為義務があることの確認）の形式をとるか不作為の給付の形式をとるかは、いわば、便宜の問題ないしは司法権の行政権に対する用語上の礼譲の問題に過ぎないというべきであるから、原告の訴求するところが不作為の給付の要求であるということだけで、かような訴がただちに三権分立の原則上許されないとする形式論理は、当裁判所のとらないところである」と述べている。格調が高くかつ痛快である。行政の行為をダイレクトに争う確認訴訟を無名抗告訴訟として認めている。合議体は白石健三、濱秀和、町田

---

126)　横川川事件の最高裁判決につき「このようなケースにつき、最高裁は、これらの訴えが、実質的当事者訴訟に当たるのか無名抗告訴訟に当たるのかの振り分けに腐心するのではなく、……当該紛争の実態にかんがみ、どの段階で、どのような訴訟形態の争訟を認めるのが適切であるのかといった観点からの検討に重点を置いているように思われる」とする実務家の評価がある（実務的研究317頁）。全く的外れの評価ではなかろうか。最高裁は河川法75条に基づく監督処分その他の不利益処分をまって、これに関する訴訟等において事後的に右土地が河川法にいう河川区域に属するかどうかを争ったのでは、回復しがたい重大な損害を被るおそれがある等の特段の事情があるということはできないから、確認を求める法律上の利益を有するということはできないとして却下したのではなかったか（この件は特段の事情があるケースである）。当事者訴訟の検討をもした高裁判決を否定していることは明らかである──『最高裁　時の判例Ⅰ（平成元年〜平成14年）公法編』（有斐閣、2003年）225頁以下の増井和男執筆部分参照。

173

顕裁判官である。ここでこの判決は被告のことは直接触れていないが、行政庁を被告とする無名抗告訴訟と解しながら確認訴訟でもよいのだとする以上は、確認が当事者訴訟で被告はその場合国であるべきであろうが、これらのことは形式論理だと割り切っている[127]。

　首都高改定料金事件判決（東京地判平4.8.27WEB）は、首都高速道路の料金改定（建設大臣・運輸大臣の認可に係るもので内部行為とされる）に関する道路整備特別措置法11条1項の基準に基づく料金債務の不存在確認を適法として要旨次のように述べている。首都高速道路を通行したことによる料金債権は、通行という事実により当然発生する公法上の債権であって、その料金の額について行政処分が介在するわけではないと解されるところ、同条同項は行政指針ではなく効力要件であるから、高速道路の通行者は、債務不存在確認訴訟によって料金改定の同条項適合性を争うことができる、と。当事者訴訟として、法律関係を争う確認訴訟を認めた事例である。公団という当事者は、行政庁としても行政主体としても同じ表示であり、形式論理の出ようのない事例であったことも幸いしたのであろうか。

　このように通常の裁判所が越えられなかった被告適格の壁を2004年改正で撤去したので、これは実務上大きな影響が出ると思われる。

3　改正の内容

改正前の行訴法11条は、

> 第11条　処分の取消しの訴えは、処分をした行政庁を、裁決の取消しの訴えは、裁決をした行政庁を被告として提起しなければならない。ただし、処分又は裁決があつた後に当該行政庁の権限が他の行政庁に承継されたときは、その行政庁を被告として提起しなければならない。
> 2　前項の規定により被告とすべき行政庁がない場合には、取消訴訟は、当該処分又は裁決に係る事務の帰属する国又は公共団体を被告として提起しなければならない。

という簡単な条文であったが、改正11条は次のようになった。

---

[127]　私は行訴法改正の国会参考人としての公述において、この判決のような優れた内容ばかりの判決なら、行訴法の改正は必要ないものだとの趣旨を述べた（2004年6月1日参議院法務委員会議事録）。

第4章　取消訴訟の訴訟要件

(1)　行政主体へ（改正行訴法11条1項）

> 第11条　処分又は裁決をした行政庁（処分又は裁決があつた後に当該行政庁の権限が他の行政庁に承継されたときは、当該他の行政庁。以下同じ。）が国又は公共団体に所属する場合には、取消訴訟は、次の各号に掲げる訴えの区分に応じてそれぞれ当該各号に定める者を被告として提起しなければならない。
> 一　処分の取消しの訴え　当該処分をした行政庁の所属する国又は公共団体
> 二　裁決の取消しの訴え　当該裁決をした行政庁の所属する国又は公共団体

　この項の所属とは、行政組織として、国の行政庁であるのか、公共団体の行政庁であるのかによって決定されるものであり、事務の問題ではない。
　公共団体は、地方公共団体のほかに国の法令により特別の目的を与えられた法人で行政権能をもつものが含まれる。この点は改正前と同じである。
　被告はどのようになるのか[128]。

a　国が被告の処分
（i）　国の行政機関

　内閣、各省大臣、庁の長官、公正取引委員会、人事院、会計検査院等の合議制の機関、地方支分部局の長（税務署長等）の長のした処分や裁決（特別の法律により被告が定められいるものを除く）。

（ii）　国の行政組織上のその他の機関

①　供託官、登記官等の国に所属し、独立した権限を法令上付与されている者のした処分や裁決（特別の法律により被告が定められているものを除く）

②　国会又はその機関が行政上の処分として行った処分や裁決

③　裁判所の職員の任命、分限、懲戒等、裁判所がした行政処分や裁決

（iii）　被告の住所

　法務大臣権限法（国の利害に関係のある訴訟についての法務大臣の権限等に関する法律）の1条は、国が当事者となる場合にはその訴訟について法務大

---

128)　日弁連編・実務解説33頁以下参照。

175

臣が国を代表するものとされているから、原則として国の普通裁判籍の所在地である法務省の所在地（東京都千代田区霞ヶ関1-1-1）が送達先となる（ただし、訟務事務を分掌する法務局、地方法務局も送達場所となりうる）。

(iv) 管轄

行訴法12条1項により処分又は裁決を行った行政庁の所在地の管轄裁判所も原則的な管轄裁判所であることは維持されているから、東京地裁に提訴しなければならないわけではない。

b 地方公共団体が被告の処分

① 都道府県知事、市町村長等市町村の機関が行った処分や裁決

② 選挙管理委員会、教育委員会等地方公共団体の委員会が行った処分や裁決

③ 法定受託事務に属する処分や裁決

c 処分等を行った公共団体が被告の処分

(i) 弁護士会が行う行政処分

従前から、弁護士会が行う弁護士に対する懲戒処分[129]については、公権力の行使の性格を有する処分であるとされ、処分を行った当該弁護士会が被告とされていた。

(ii) 独立行政法人及びその機関の行った行政処分

国立大学法人その他の独立行政法人やその機関が行った行為については、その行為が処分性を有するものであれば、抗告訴訟の対象となるものと解されていた[130]。独立行政法人は、特別法により設立された法人であり公共団体であるものと解されるから、独立行政法人が被告適格を有する。

(iii) 公共組合の行った処分

健康保険組合は、保険料・徴収金の賦課、徴収に関する処分については、健康保険法旧42条ノ2により行政庁とみなされる。このため、保険料等の賦課徴収に関する処分に係る抗告訴訟については、健康保険組合を被告とすることとなる。

土地区画整理組合、土地改良区は、土地区画整理法、土地改良法により換地処分を行うことができ、かつ、清算金等の強制徴収を行うことが認め

---

129) 処分性の箇所（本章第1節2(8)d）で述べた東京地判平14.1.22WEBの述べるように限定すると懲戒処分だけということになる。

130) 独立行政法人制度研究会編『独立行政法人制度の解説』（第一法規出版、2001年）208頁。

第4章　取消訴訟の訴訟要件

られている。土地区画整理組合や土地改良区も特別法によって設立されたものであり、公共団体であるから、原告は土地区画整理組合や土地改良区を被告として抗告訴訟を提起することとなる[131]。都市再開発組合も同様である。

(iv)　営造物法人の行った処分

旧日本郵政公社（旧日本郵政公社法）、都市再生機構（独立行政法人都市再生機構法）等の特別法によって設立されたいわゆる営造物法人、独立行政法人も、法律上行政処分を行う権限を認められており、それらの処分については、当該営造物法人が公共団体として被告となる[132]。

(2)　処分や裁決をした行政庁が国又は公共団体に所属しない場合（改正行訴法11条2項）

> 2　処分又は裁決をした行政庁が国又は公共団体に所属しない場合には、取消訴訟は、当該行政庁を被告として提起しなければならない。

指定法人制度として、民間の通常の民事法規によって設立された法人（会社、財団法人、社団法人その他）に対して、処分権限を付与する場合が増加しており、これらの指定法人は、1項の公共団体に当たらず、かつ、国又は公共団体に所属しているものでもない。このような場合には、当該処分を行った指定法人等（行政庁）を被告として抗告訴訟を提起することとなる。

(3)　組織基準による被告適格がない場合（改正行訴法11条3項）

> 3　前2項の規定により被告とすべき国若しくは公共団体又は行政庁がない場合には、取消訴訟は、当該処分又は裁決に係る事務の帰属する国又は公共団体を被告として提起しなければならない。

改正前の2項を承継したものであるが、意味付けは変わった。改正前は、処分又は裁決をした行政庁が廃止され、その権限を承継する行政庁がない

---

[131]　土地改良区の被告適格を認めたものとして名古屋地判昭54.3.26WEB、土地区画整理組合の被告適格を認めたものとして大阪地判昭40.2.27行集16巻2号290頁。

[132]　旧日本国有鉄道に被告適格を認めたものとして最大判昭29.9.15WEB。

177

などの場合に、その行政庁を被告とできないため、事務の帰属する権利主体を被告とすることとしたものと説明されていた[133]。

しかし、改正11条では、1項が原則としてできたので、国や公共団体に属する行政庁が廃止された場合、1項によりその所属する国又は存続している公共団体を被告とすることができるのは当然ということになる。

そこでこの3項は、公共団体の処分についてその公共団体が消滅している場合や、2項による国・公共団体に属さない行政庁の処分について当該行政庁が解散等により消滅している場合が考えられる。

この点に関する裁判例としては、土地区画整理組合がした換地処分について同組合の解散後に県を被告としてその無効確認を求める訴えが提起された場合において、同換地処分が無効であるとすれば、権利義務はいまだ組合に帰属しているから、県が被告となるものではないとしたものがある[134]。

また、建築基準法6条の2の規定により、指定確認検査機関が建築確認を行ったが、その後同確認機関が解散してしまい、清算も終了しているような場合、本項により、確認事務の属する都道府県又は市町村を被告として、確認処分に対する取消訴訟を提起することになると思われる[135]。

(4) 訴状における行政庁の表示（改正行訴法11条4項）

> 4　第1項又は前項の規定により国又は公共団体を被告として取消訴訟を提起する場合には、訴状には、民事訴訟の例により記載すべき事項のほか、次の各号に掲げる訴えの区分に応じてそれぞれ当該各号に定める行政庁を記載するものとする。
> 　一　処分の取消しの訴え　当該処分をした行政庁
> 　二　裁決の取消しの訴え　当該裁決をした行政庁

裁判所や国・地方公共団体の訴訟事務担当者に対して処分庁を早期に明

133） 杉本・解説46頁。

134） 浦和地判平2.7.30WEB。当然の判断である。

135） 被告適格の問題ではないが、指定確認検査機関への取消訴訟遂行中に、完了検査終了により訴えの利益が消滅し、国賠に変更する場合の被告を事務の帰属する自治体とした最決平17.6.24WEB参照。この判決につき、仲野武志「事務の帰属する公共団体と指定確認検査機関」平成17年度重要判例解説43頁参照。ただし、東京地判平21.5.27判時2047号128頁では、申請土による指定確認検査機関に対する建築確認検査業務委託契約の善管注意義務違反に基づく損害賠償請求が肯定されている。なお、社会福祉法人の不法行為の国賠の被告を自治体とした最判平19.1.25WEB参照。

示し、訴訟の進行を円滑に行わせようとするものである。

しかし処分や裁決の名宛人以外の者が訴訟提起をする場合には、処分を行った行政庁が明らかでなく、記載ができなかったり、誤った記載をすることがありうる。本項においても、処分庁の記載がなかったり、誤った記載がなされた場合の処理についての規定はないが、これは記載が欠けたり、誤った記載がされた場合になんらかの不利益を課す趣旨のものではなく、訓示的なものだと考えられている[136]。

国会審議においてもこの点について「記載がない場合とか、あるいは誤って記載がされたという場合でも、原告が不利益を受けるということはございませんので、行政庁がはっきりわからない場合には記載しないまま訴状を提出されても結構であるということでございます」とする答弁がなされた[137]。

(5) 被告の処分行政庁等の明示義務（改正行訴法11条5項）

> 5　第1項又は第3項の規定により国又は公共団体を被告として取消訴訟が提起された場合には、被告は、遅滞なく、裁判所に対し、前項各号に掲げる訴えの区分に応じてそれぞれ当該各号に定める行政庁を明らかにしなければならない。

実質的な相手方である処分又は裁決をした行政庁を、遅滞なく、明確にし、訴訟の進行に資するための規定である。原告が被告を誤って提訴した場合には、本項は適用されない[138]。

実務的には、答弁書で処分又は裁決をした行政庁を記載することにより、これを明らかにすることとなろうが、本項の趣旨からすれば、原告の処分又は裁決をした行政庁が誤っている場合や記載がない場合には、国、公共団体が答弁書を提出する以前においても、必要がある場合には処分又は裁決をした行政庁を明らかにし、原告との間で早期かつ円滑に争点の整理がなされるように調整することが望ましい。

---

136)　小林・訴訟法232-233頁参照。
137)　山崎潮政府参考人答弁（衆議院法務委員会会議録2004年5月7日）。
138)　小林・訴訟法235頁参照。

(6) 処分又は裁決をした行政庁の訴訟遂行権限 （改正行訴法11条6項）

> 6 処分又は裁決をした行政庁は、当該処分又は裁決に係る第1項の規定による国又は公共団体を被告とする訴訟について、裁判上の一切の行為をする権限を有する。

この規定は、被告となっていないが、行政処分を行った行政庁に、裁判上の一切の行為ができる権限を与えているのである。民訴法、行訴法の参加などの規定を援用するのではなく、この規定で行政庁は訴訟行為ができるのである。

被告については、前記の通り、原則として、国又は公共団体とされた。このため、原則的には、国又は公共団体を代表する者（国の場合は法務大臣（法務大臣権限法1条）、地方公共団体の場合は原則として知事、市町村長）が訴訟を遂行することとなる。この規定は、取消訴訟以外の抗告訴訟、民衆訴訟又は機関訴訟で処分又は裁決の無効確認を求めるものにも準用される（行訴法43条2項で準用される同法38条1項）。

改正前においては、処分又は裁決をした行政庁が被告とされていたのであり、訴訟の対象が個別法によって行政庁に与えられた権限の行使についてのものであり、当該処分について最も詳しく、また、直接的な責任を負っているのが処分をした行政庁自身であることから、処分又は裁決をした行政庁が被告として訴訟遂行にあたることが相当であると考えられたためである。

ところが、改正法で被告適格が変わったのに、なお次のように6項の趣旨を説明する論者がある。すなわち、改正の前後を通じ、上で述べた行政庁の権限や責任には何らの変更もないから、抗告訴訟に対する行政庁の関与の在り方の実質を変更する理由はなく、行政庁の立場が改正の前後を通じて変化がないことを明らかにするためこのような規定を挿入したものである[139]と。

そのようなことでなく、被告でなくなった行政庁にも特に裁判上の権限を与えたのである。

立法関係者の「その訴訟に直接の利害関係を有する処分又は裁決をした

---

[139] 石川和雄「抗告訴訟の被告適格と法務大臣権限法の改正について」法律のひろば2004年10月号50頁。

第4章　取消訴訟の訴訟要件

行政庁が、訴訟においても自ら裁判上の行為を行う権限を有するのだという形にすることによって訴訟手続の円滑な進行が図られるのではないかと考えたところです」という説明の方が当然ながら説得力がある[140]。

　当然、2頭立てとなり、実際の訴訟手続において必要となる国又は公共団体の内部の意思決定がどうなるかという問題が生ずる。個別行政庁の権限と前記の法務大臣や公共団体の代表者との関係をどのように調整するかが問題となる。極論すれば、法務大臣の訴訟行為と各行政庁の訴訟行為が矛盾する場合も考えられる。

　国の場合、この点は、法務大臣権限法5条1項を「行政庁は、所部の職員でその指定するものに、当該行政庁の処分……又は裁決……に係る同法〔行訴法〕第11条第1項（同法第38条第1項（同法第43条第2項において準用する場合を含む。）又は同法第43条第1項において準用する場合を含む。）の規定による国を被告とする訴訟又は当該行政庁を当事者若しくは参加人とする訴訟を行わせることができる」と改正することにより一応の手当てがされた。

　地方公共団体の場合は、首長権限によって事実上統制されるから、このようなことは実際には起こらないと考えられがちだが、実際には深刻な問題は起こりうる。そこで行訴法の改正に合わせて地方自治法を改正したのである。教育委員会などの組織の処分については、被告は行政主体ではなく、委員会などが代表者となることとした（地方自治法105条の2、192条、199条の3など）。

　この改正により、処分等を行った行政庁は、従前と同様に指定代理人を指定し、訴訟遂行ができることとされた[141]。国の行政機関を被告とする訴訟については、主任の代理人を法務省所属の検察官とし、他の指定代理人を各行政庁の職員として共同で訴訟行為を遂行していくことが考えられている[142]。これまでも国の行政訴訟においては、そのような訴訟遂行がなされており、被告の対応そのものは、従前とほとんど変更がないことになる。

　また、現実には稀であろうが、行政庁の行う訴訟行為と法務大臣が行う訴訟行為が矛盾抵触することもありうる。

---

[140]　小早川編・研究44頁の村田斉志発言参照。
[141]　行政庁に訴訟遂行権が認められる訴訟については、法務大臣権限法2条の規定が適用されないと考えられる（石川前掲注139）55頁）。
[142]　小林・訴訟法237頁。

181

このような場合、民事訴訟の一般原則により解決することとなろうが、行政庁は、民訴法54条1項、55条4項の法令により裁判上の行為をすることのできる代理人に当たると考えられるから[143]、民訴法57条により事実に関する陳述は、当事者たる国を代表する法務大臣が直ちに取り消し、又は更正することができるものと解される[144]。

(7) 被告の教示

被告適格の改正に関連して、改正法により新しく行訴法46条が規定された。

46条は、行政庁は、取消訴訟や当事者訴訟を提起できる処分又は裁決をする場合には、当該訴訟の被告とすべき者等を教示しなければならないとしている。これにより、被告適格の簡易化と相まって、通常の処分において、処分の名宛人が被告を間違えることはほとんどなくなるのではないかと解される。

しかしながら、この規定は、例えば処分性に疑問があり、行政庁が処分性がないと考える処分については機能しない[145]。

このような場合には、なお、被告変更の許可の柔軟な運用の必要性が残ることになる。

(8) 被告を誤った場合の救済

行訴法15条1項は、実質的には出訴期間との関係規定である。

取消訴訟において原告が故意又は重大な過失によらないで被告とすべき者を誤ったときは、裁判所は原告の申立てにより決定をもって被告を変更することを許すことができるものと規定している。

この規定の許可の基準は、厳しく重過失の範囲を解していたが、2004年改正により少なくとも処分の名宛人に関しては、教示制度の存在もあって、被告を間違える可能性が格段に低くなり、教示を間違えたりした場合のほかは適用の必要性がなくなるのではないかとの意見がある。また、出訴期間の延長も訴訟が却下された場合の再訴の可能性を拡大している。

しかしながら、代理人が付かない本人訴訟の場合や処分の名宛人以外の場合には、なお、被告を間違えたことについて、一概に故意又は重過失あ

---

113) 小林・訴訟法238頁。
144) なお残された問題について様々な角度から議論した小早川編・研究37-46頁を参照されたい。
145) 本書の処分性検討事例（本章第1節2）の箇所を参照されたい。

りといえない場合も多いと考えられ、直ちに運用を厳しくすべきものでは
ないはずである[146]。

(9)　取消訴訟以外の抗告訴訟と被告適格

取消訴訟に関する行訴法11条の規定は、取消訴訟以外の抗告訴訟にも
適用される。

差止めの訴え等においては、性質上早急な審理が望まれるものが多いが、
担当する行政庁や処分権限の有無を確定するために時間を要するケースも
生まれかねない。漫然と国と記載して提訴するのではなく、提訴時に十分
な検討をすることが望まれる。

(10)　残された問題点[147]

従来からも行訴法45条の争点訴訟に行政庁が参加することがあり、こ
のような場合の判決の効力はどうなるのかということが詰められていない
ように思われる[148]。同じようなことが11条6項の場合に起こる。通説的
見解では、参加した行政庁には参加的効力は及ばないのだから[149]、まし
て行政主体には及ばないことになろう。しかし、参加的効力が及ぶという
説に立てば、行政主体との関係が問題となる。

また行訴法33条の拘束力の主観的範囲の問題も必ずしも明確でないが、
従来から通説は「その他の関係行政庁」を幅広に解釈していた[150]。改正
法は行政主体を被告として、その判決の拘束力を処分行政庁その他の関係
行政庁と従来のまま残したのであるから、これまでの「その他の関係行政
庁」概念はさらに広がると解すべきである。

4　被告適格を改正した意義の確認

行政訴訟検討会の塩野宏座長は次のように述べている。

「抗告訴訟かどうかという点については、今発言があったように、被告
が抗告訴訟の行政庁となっていたので、その問題があったが、今度は被告
の点が解消されたので、実は抗告訴訟も当事者訴訟である。そうすると、
あとは条文の準用の仕方の問題になって、大体全部準用していくことにな
ると、取消判決固有のものは別として、そんなに従来の垣根はさほどには

---

146)　本文と同じ発想法で救済している東京高判平19.11.29判時1996号14頁参照。
147)　小早川編・研究37頁における筆者発言及びその後の討論を参照されたい。
148)　全く定説がない（条解930頁参照）。
149)　第5章第7節2(3)参照。
150)　第6章第2節5(3)b(ii)で述べる。

ならない。あと、学問的にどう処理するかは、出来てから考えてほしいというのが率直な気持ちで、今、国民の権利利益をどうやって確保しようか、そして、確認の道がありますよというときに、抗告訴訟だと確認の道は狭いとか、当事者訴訟になると広いとかということではなくて、とにかく国民の救済を広げられるような方向は何かということで考えていただき、それを抗告訴訟に振り分けるかどうかは、最後の法制的な詰めがあるが、救済に穴があることになると、大変なことなので、そこは救済に穴がないようにするのがプロの役目ではないかということで、常々お願いしているところである。実は理論的には大変悩ましいので、一体どうなるのかということをよく聞くが、抗告訴訟なんてやめてしまえばいいではないかとまで言うが、なかなか難しいところがあるようで、これはその制度設計のプロにお任せする以外にないと思うが、プロが見落としていけないのは、国民の包括的な権利救済という理念だけは常に頭に置いていただきたい。……それを使うかどうかは弁護士の力量と裁判官の頭の働かせ方いかんによるということになる。他方、確認訴訟だけではなかなかうまくいかない領域は行政計画、行政立法があり、そこも十分にらみながら考えていくことになるが、ただ、出だしはとにかく道があるということを明確にすることだと思う」[151]。

被告適格を改正した意味と次の課題が明確に提起されていると思われる。

5 住民訴訟の被告適格

地方自治法242条の2の各種訴えで、行訴法11条改正による影響は次の通りである。

いわゆる2号請求（地方自治法242条の2第1項）は行訴法改正によりその被告は行政主体となったことは明らかである。

1号請求、3号請求、4号請求（地方自治法242条の2第1項）は、被告の指定があるから2004年改正とは関係がない[152]。

---

151) 行政訴訟検討会第26回議事概要。
152) なお日弁連編・実務解説243頁は行政主体と考える方が住民のためであるとしている。

第4章　取消訴訟の訴訟要件

第4節　狭義の訴えの利益

1　概説

　訴えの利益とは、民訴法理論によれば、本案判決を求める利益であり、「当事者適格と並ぶ訴権の要件の一つである。請求の内容自体に関して本案判決の必要性・実効性を問う点で、訴えで特定された当事者に対して本案判決をすることの必要性および実効性を問題にする当事者適格と一応区別して考察される」[153]。

　行訴法解釈においても前者を狭義の訴えの利益、後者を原告適格と扱うことでよいものと考えられる。狭義の訴えの利益は、提起された訴訟について裁判所が裁判をするについて裁判をするに値する客観的な事情ないし実益のことだといわれる[154]こともある。

　行訴法には原告適格と銘を打つ条文は存するものの、狭義の訴えの利益などという条文はないから、結局、行訴法7条の立場から、民訴法理論で解決すればよい。

　もっとも、行訴法は9条1項で、「法律上の利益を有する者」という文言に「(処分又は裁決の効果が期間の経過その他の理由によりなくなった後においてもなお処分又は裁決の取消しによって回復すべき法律上の利益を有する者を含む。)」という括弧書きをつけているので、行訴法においてこの条文が訴えの利益を規定しているとも言える。しかし、この条文は訴えの利益の一部を規定したものであるにすぎない[155]。この点は後述の事例の中で具体的に見ることとする。

　現実の行政訴訟において、狭義の訴えの利益が問題となるのは、原告の主張する権利（これは私の考えでは原告適格を構成する自己の法律上の利益である）に事後的に変動があったり、そのまま原告の主張する権利を認めて処分を違法とするには全法秩序の視点からそぐわないというような場合に限

---

153)　新堂・新民訴246頁。
154)　芝池・救済54頁参照。
155)　杉本・解説は、処分等の失効後においても「その処分等の取消しを求めなければ回復できないような権利等法律上の利益が残存するかぎり、処分または裁決の効力とは無関係に、訴えの利益は失われないと解されてよいはずである。本条は、この点について従来、学説、判例が分かれていたのにかんがみ、この見解を正当として明文化したものである」(38頁) という。

185

られるのではないかと思われる。結局は判決時において救済に値する利益を原告が維持しているかどうかである。後述3でこのあたりのことを再論したい。狭義の訴えの利益をじっくりと説いていると紹介される次の判例も、取消訴訟中心主義ではあるが私の見解と実質的には大きな違いはないのではないかと思われる。

・最判昭57.4.8WEB

「行政事件訴訟法に定める行政庁の処分の取消しの訴えは、その処分によって違法に自己の権利又は法律上保護されている利益の侵害を受けた者がその処分の取消しによって右の法益を回復することを目的とする訴えであり、同法9条が処分の取消しを求めるについての法律上の利益といっているのも、このような法益の回復を指すものと考えられる。換言すれば、違法な行政庁の処分がされ、そのために個人の権利ないし法律上保護されている利益が侵害されている場合に、その被害者からの訴えに基づいて右の処分を取り消し、その判決の効果によって右の権利ないし法律上保護されている利益に対する侵害状態を解消させ、その法益の全部又は一部を回復させることが行政庁の処分の取消訴訟の目的であり、その意義なのである。したがって、右のような法益の回復の可能性が存する限り、たとえその回復が十全のものでなくとも、なお取消訴訟の利益が肯定される反面、このような回復の可能性が皆無となった場合には、たとえその処分が違法であっても、国家賠償法の規定に基づく損害賠償等の請求により救済を求めるのは格別、処分の取消しの訴えとしてはその利益を欠くに至ったものとしなければならない」という。

また法律上の利益の判断では、被告適格のところで取り上げた（本章第3節2）横川川最高裁判決を改めてここでも扱っておかねばならない。

・最判平元.7.4WEB

「上告人が、河川法75条に基づく監督処分その他の不利益処分をまって、これに関する訴訟等において事後的に本件土地が河川法にいう河川区域に属するかどうかを争ったのでは、回復しがたい重大な損害を被るおそれがある等の特段の事情があるということはできないから、上告人は、あらかじめ河川管理者たる被上告人が河川法上の処分をしてはならない義務があることの確認（第一次的訴え）ないし河川法上の処分権限がないことの確認（第二次的訴え）及びこれらと同趣旨の本件土地が河川法にいう河川区域でないことの確認（第三次的訴え）を求める法律上の利益を有するとい

うことはできない」。

さらに、公務員が不利益処分を争う場合、不利益でなければ訴えの利益なしとして判例上扱われることもある。

・最判昭61.10.23WEB

「市立中学校教諭が同一市内の他の中学校教諭に補する旨の転任処分を受けた場合において、当該処分がその身分、俸給等に異動を生ぜしめず、客観的、実際的見地からみて勤務場所、勤務内容等に不利益を伴うものでないときは、他に特段の事情がない限り、右教諭は転任処分の取消しを求める訴えの利益を有しない」。

行訴法の改正により、原告適格の拡大が図られたのは、行政訴訟の救済機能の充実の精神からであり、訴えの利益判例も今後その立場から見直されなければならない。

しかし、改正直前の事例でも極めて狭い考えの判例もある。

戒告処分を受けた弁護士の執行停止の申立てを却下した**最決平15.3.11WEB**は、戒告処分の効力又はその手続の続行として、公告が行われると、弁護士としての社会的信用等が低下するなどして回復し難い損害を被るとして、主位的に戒告の効力の停止を、予備的に戒告に基づく手続の続行の停止を求めた事案で、弁護士に対する戒告処分は、それが当該弁護士に告知された時にその効力が生じ、告知によって完結する、公告は戒告の続行手続等として行われるものではなく、相手方の弁護士としての社会的信用等が低下するなどの事態を生ずるとしても、それは戒告によるものではないから、戒告により生ずる回復困難な損害に当たるということはできないとした。藤田宙靖判事も含めた全員一致決定である。このような続行的被害の救済手段は、当事者訴訟〜仮処分という道も含めて当然に必要であろう。さすがにこの決定は評判が悪い。多くの学説の批判を浴びている[156]。

改正後の下級審も狭い。2(7)の**東京地判平28.8.30**判時2337号12頁の事例をみられたい。

2　事例分析

(1)　在留許可自体の問題

権力的法制の影響が如実に出てしまう。

---

156)　塩野・Ⅱ209頁、宇賀・Ⅱ298頁、橋本・仕組み205頁など。

187

裁量の叙述でも述べるマクリーン事件の**最大判昭53.10.4WEB**が、外国人は、憲法上、わが国に在留する権利ないし引き続き在留することを要求しうる権利を保障されないという判断を示しているので、基本的にはこの枠を出られない。

　在留許可の年数を争った事件で**最判平8.2.22WEB**は、上告人は、本件処分当時、出入国管理及び難民認定法4条1項16号、同法施行規則2条3号に基づく在留資格をもって本邦に在留する者に当たるというべきである。右のような在留資格で本邦に在留する外国人については、当然に一定期間本邦に在留する権利が保障されているものということはできないから、その在留期間の更新申請に対し、在留期間を1年と指定してこれを許可した本件処分が、上告人の権利ないし法律上保護された利益を侵害するものであると解することはできない。したがって、本件処分の取消しを求める訴えは、その利益を欠くから、これを不適法として却下すべきものとした原審の判断は正当という。マクリーン判決の延長線上にある。

　もちろん許可されている在留期間と同じ期間の更新申請権はあるから（入管法21条2項）、それを拒絶されれば争う権利をもつ。

(2)　法的事情の変更

　難民不認定処分取消請求中に退去強制令書で出国させられた場合につき、**最判平8.7.12WEB**は、「もはや難民の認定を受ける余地はなく、本件難民不認定処分の取消しを求める訴えの利益は失われたもの」とする。

　同じく退去強制令書発付処分の取消訴訟中の出国につき、同日付の**最判平8.7.12**訟務月報43巻9号2339頁は「上告人は出入国管理及び難民認定法24条1号に該当して発付された退去強制令書の執行により本邦外に送還されてから既に1年が経過したというのであり、同法5条1項9号の規定により本邦への上陸を拒否されることもなくなったのであるから、もはや右退去強制令書発付処分の取消しにより回復すべき法律上の利益は何ら存在せず」としている。

　次の事例は後の(5)に分類する方がよいが、同じ入管法の問題なのでここで扱う。**最判平10.4.10WEB**は「再入国の許可申請に対する不許可処分を受けた者が再入国の許可を受けないまま本邦から出国した場合には、右不許可処分の取消しを求める訴えの利益は失われる」とする。

　福岡地判平19.3.13WEBは、商品取引員が商品取引所に預託した受託業務保証金につき、委託者による払渡請求の申出の総額が預託額を上回った

第4章　取消訴訟の訴訟要件

場合には、商品取引所は主務大臣が作成する配当計画に基づき払渡しを行うことになるが、この制度は、可能な限り公平かつ迅速に受託業務保証金の払渡を行うことを目的とするものであり、配当計画に従った払渡しが終了した後においては、仮に後に配当計画に誤りがあることが判明したとしても商品取引所は受託業務保証金の払渡義務を免れるため、委託者に配当計画の取消しを求める訴えの利益は存しないとした。

最判平14.2.28WEBは、本件条例（愛知県公文書公開条例）には、「請求者が請求に係る公文書の内容を知り、又はその写しを取得している場合に当該公文書の公開を制限する趣旨の規定は存在しない。これらの規定に照らすと、本件条例5条所定の公開請求権者は、本件条例に基づき公文書の公開を請求して、所定の手続により請求に係る公文書を閲覧し、又は写しの交付を受けることを求める法律上の利益を有するというべきであるから、請求に係る公文書の非公開決定の取消訴訟において当該公文書が書証として提出されたとしても、当該公文書の非公開決定の取消しを求める訴えの利益は消滅するものではないと解するのが相当である」とした。

選挙名簿につき最判昭58.12.1WEBは、「公職選挙法25条の規定に基づく訴訟は、選挙人名簿の脱漏又は誤載の修正（登録又は抹消）を目的とするものであるから、選挙人名簿が既に修正されたときは、訴えの利益を失うものと解すべきである」とする。

土地区画整理組合解散につき最判昭50.8.6訟務月報21巻10号2076頁は「土地区画整理組合が解散し」たため、替費地の「買主が換地処分により替費地の所有権を取得することができなくなつたときは、右替費地の使用収益権も消滅するから、替費地の買主は右使用収益権を前提とした替費地内の従前の土地の買収処分の無効確認を求める訴えの利益を有しない」とする。

公務員の俸給請求権に関する最判昭49.12.10WEBは、懲戒免職処分取消訴訟の原告が死亡した場合、取消判決によって給料請求権等を回復しその利益が相続によって承継されるときは、「給料請求権等を回復しうる関係は、右取消しに付随する単なる法律要件的効果ないし反射的効果ではなく、取消訴訟の実質的目的をなすものであつて、その訴訟の原告適格を基礎づける法律上の利益とみるべき」で、死亡によって当然終了するものではなく、相続人たる上告人において承継すべきものであるとした。

買収農地の時効取得に関する最判昭47.12.12WEBは、「原審は、補助参

189

加人の主張に基づき、国が上告人から自創法3条1項に基づき買収した本件土地につき、補助参加人が国から自創法16条1項に基づき売渡しを受けて昭和25年5月11日にその旨の登記を経、補助参加人はその頃から10年間所有の意思をもつて平穏、公然に本件土地を占有し、その自主占有の始め、善意、無過失であつた、との事実を確定したうえで、補助参加人が時効により本件土地所有権を取得したことを肯定しており、右判断は、如上の説示に照らし、正当というべきであるから、上告人は、本訴において本件土地の買収計画の取消判決を得たとしても、これによって右土地所有権を回復するに由なく、したがつて、この理由によっては、本訴につき訴えの利益を有するものとすることはできない。そして、上告人は、本訴における訴えの利益を肯定すべき事由としては、本件土地所有権の回復以外になんら他の権利利益の回復を主張していないから、結局本訴における訴えの利益は、これを否定するのほかはない」とする。

　最決平29.12.19WEBは、3対2の判決だが、留寿都村議会が、地方自治法127条1項に基づき、議員である相手方が地方自治法92条の2の規定に該当する旨の決定をしたため、相手方が、その取消しを求める訴えを提起した上、これを本案として、行政事件訴訟法25条2項に基づき、本件決定の効力の停止を求めた事案において、相手方は、原々決定により、本件補欠選挙の投票及び開票がされる前に留寿都村議会の議員の地位を暫定的に回復していたのであり、同選挙について公職選挙法所定の異議の申出の期間が経過しても、相手方が地位を喪失することはなく、そして、同議会の議員としての職務の遂行が制限されることによって相手方が受ける不利益は、その性質上、金銭賠償によって容易に回復し得ないものであるから、そのような重大な損害を避けるため本件決定の効力を停止する緊急の必要があると主張したが、現時点で、相手方はもはや上記議員の地位を回復することができない以上、本件決定の効力の停止を求める利益はないものといわざるを得ないとした。

(3)　法令の廃止・変更

　保険医指定の制度の変更を扱った最判昭41.11.15WEBは、保険医指定取消処分の取消訴訟について保険医指定の制度が個人指定から医療機関指定に変更され、「取消処分が取り消されたとしても、これによつて上告人の回復すべき旧法上の保険医に相当する地位は現行法上存在せず、上告人は……昭和32年8月1日付で新法による保険医の登録を受けている」事案で、

190

「新法施行の日に旧法による保険医であることが確定されたとしても、上告人の診療に従事する医療機関が新法による保険医療機関の指定を受けたものとみなされる余地がないことは明らかである」、「仮りに本件保険医指定取消処分が違法であるとしても、その処分によつて上告人のこうむる不利益は、上告人が保険医療機関の指定を現実に拒否された場合において、当該拒否処分の効力を争う訴訟によつて救済を受けることができるのであつて、前叙のごとき改正を経た新法の下では、右指定取消処分の取消訴訟によって救済されるに由ないものといわなければならない」とする。

(4) 工事の完了

最判昭59.10.26WEBは建築確認、最判平5.9.10WEBは開発許可、最判平7.11.9WEBは林地開発許可、最判昭43.10.29WEBは土地区画整理法の建物移転通知について、原則的にこれらの処分を取り消す訴えの利益を否定する。

基本となる最判昭59の判決理由を見ておきたい。

「建築確認は、建築基準法6条1項の建築物の建築等の工事が着手される前に、当該建築物の計画が建築関係規定に適合していることを公権的に判断する行為であつて、それを受けなければ右工事をすることができないという法的効果が付与されており、建築関係規定に違反する建築物の出現を未然に防止することを目的としたものということができる。しかしながら、右工事が完了した後における建築主事等の検査は、当該建築物及びその敷地が建築関係規定に適合しているかどうかを基準とし、同じく特定行政庁の違反是正命令は、当該建築物及びその敷地が建築基準法並びにこれに基づく命令及び条例の規定に適合しているかどうかを基準とし、いずれも当該建築物及びその敷地が建築確認に係る計画どおりのものであるかどうかを基準とするものでない上、違反是正命令を発するかどうかは、特定行政庁の裁量にゆだねられているから、建築確認の存在は、検査済証の交付を拒否し又は違反是正命令を発する上において法的障害となるものではなく、また、たとえ建築確認が違法であるとして判決で取り消されたとしても、検査済証の交付を拒否し又は違反是正命令を発すべき法的拘束力が生ずるものではない。したがつて、建築確認は、それを受けなければ右工事をすることができないという法的効果を付与されているにすぎないものというべきであるから、当該工事が完了した場合においては、建築確認の取消しを求める訴えの利益は失われるものといわざるを得ない」。

最判昭57.9.9WEBもこれらに類するものと分類できようか。いわゆる代替施設の設置によって洪水、渇水の危険が解消され、その防止上からは保安林の存続の必要性がなくなったと認められるに至ったときは、防止上の利益侵害を基礎として保安林指定解除処分取消訴訟の原告適格を認められた者の訴えの利益は失われるとする。

　しかし、失われない制度もあり、土地改良区を扱った最判平4.1.24WEBは、土地改良事業が完了しても改良事業施行認可処分の訴えの利益は失われないと次のようにいう。「本件認可処分は、本件事業の施行者である八鹿町に対し、本件事業施行地域内の土地につき土地改良事業を施行することを認可するもの、すなわち、土地改良事業施行権を付与するものであり、本件事業において、本件認可処分後に行われる換地処分等の一連の手続及び処分は、本件認可処分が有効に存在することを前提とするものであるから、本件訴訟において本件認可処分が取り消されるとすれば、これにより右換地処分等の法的効力が影響を受けることは明らかである。そして、本件訴訟において、本件認可処分が取り消された場合に、本件事業施行地域を本件事業施行以前の原状に回復することが、本件訴訟係属中に本件事業計画に係る工事及び換地処分がすべて完了したため、社会的、経済的損失の観点からみて、社会通念上、不可能であるとしても、右のような事情は、行政事件訴訟法31条の適用に関して考慮されるべき事柄であって、本件認可処分の取消しを求める上告人の法律上の利益を消滅させるものではないと解するのが相当である」。

　また、最判平27.12.14WEBは、「市街化調整区域のうち、開発許可を受けた開発区域以外の区域においては、都市計画法43条1項により、原則として知事等の許可を受けない限り建築物の建築等が制限されるのに対し、開発許可を受けた開発区域においては、同法42条1項により、開発行為に関する工事が完了し、検査済証が交付されて工事完了公告がされた後は、当該開発許可に係る予定建築物等以外の建築物の建築等が原則として制限されるものの、予定建築物等の建築等についてはこれが可能となる。そうすると、市街化調整区域においては、開発許可がされ、その効力を前提とする検査済証が交付されて工事完了公告がされることにより、予定建築物等の建築等が可能となるという法的効果が生ずるものということができる。

　したがって、市街化調整区域内にある土地を開発区域とする開発行為ひいては当該開発行為に係る予定建築物等の建築等が制限されるべきである

として開発許可の取消しを求める者は、当該開発行為に関する工事が完了し、当該工事の検査済証が交付された後においても、当該開発許可の取消しによって、その効力を前提とする上記予定建築物等の建築等が可能となるという法的効果を排除することができる」として訴えの利益を認めた[157]。

広島高判平25.11.13WEBは、国による公有水面の埋立事業に係る県知事による埋立承認処分の効力が埋立工事の竣工後に消滅した場合において、国の原状回復義務があるものとして承認処分の取消しを求める訴えの利益が認められるとした。

(5) 原告による新たな事情の創出、原告の事情変更

最判平7.2.23WEBは、組合員が存在しなくなったことなどにより労働組合が自然消滅した場合には、その組合が清算法人として存続していたとしても、使用者に対し右組合への金員の支払いを命じていた救済命令の拘束力は失われ、その結果、右命令の取消しを求める訴えの利益は失われるとする。

しかし、最判平24.4.27WEBは、労働組合からの申立てを受けて労働委員会が発した救済命令の取消しを求める訴えの利益が、使用者に雇用されている当該労働組合の組合員がいなくなるなどの発令後の事情変更によっても組合が産業別組織である場合には失われないとした。

最判平3.3.28WEBは、特許出願の取下げがあった場合には、拒絶査定に対する審判請求を不成立とした審決の取消しを求める訴えの利益は失われ

---

157) この判例と上述の平成5年の市街化区域における開発許可の事例（開発工事が完了すれば開発許可取消訴訟の訴えの利益は消滅する）との関係はややこしいが、建築物の制限に関する実定法（都市計画法24条1項）の規定ぶりにより違いはもたらされる。すなわち、市街化区域の場合の平成5年判例は、工事が終了し、検査済証が交付されれば、開発許可の効果は消滅し、その後是正命令を発するための障害ともならず、開発許可が取消されても是正命令を拘束しないと考えたのに対し（その前提に24条1項ただし書きにより、用途地域などが定められていれば開発許可の予定建築物等の縛りがなくなることがある——安本典夫『都市法概説〔第3版〕』（法律文化社、2017年）96頁参照——、調整区域の場合の平成27年判例は、工事が終了し、検査済証が交付されれば、予定建築物の建築が可能となるので、これを争う者は、訴えの利益を認めて裁判を続けられると考えたのである。というか、そのように両判例は並び立つことが可能と判示したものである。ただ、この二種類の判決をもって、市街化区域は訴えの利益なし、調整区域はありと単純に考えることは正しくない。市街化区域でも用途地域等が定められない地域もあるからである（開発許可制度研究会編『最新 開発許可制度の解説〔第三次改訂版〕』（ぎょうせい、2015年）298頁参照）。したがって、平成5年判決も27年判決も事例判決と捉え、各事例の訴えの利益についての個別判断と捉えることをもって是とすべきである。または27年判決の立場からの実質上の判例変更であると評価すべきであろう。もちろん、訴えの利益の容認は疑いもなく正しい。

るとする。

最判平元.4.27WEBは「懲戒免職処分を受けた国家公務員が当該処分係争中に公職の候補者として立候補の届出をした場合においても、同人の国家公務員たる地位は、右立候補届出の時点で確定的に消滅する」とする。これらの事例に限らず、争いの対象処分を自ら取り下げたりしたら利益を失うとするのが学説、判例の固まった立場である。

(6) 行政処分の取消変更

一般論として、判例は、処分の全部又は一部が、当該行政庁や上級庁によって取消し、撤回がされた場合には、取消し等がされた部分の取消しを求める訴えの利益は認められないとする（まからずや事件の最判昭42.9.19 WEB）。

各論事例は次のようなものである。

a 実用新案審決

最判昭59.4.24WEBは、実用新案登録に関する訂正審判の請求につき請求が成り立たない旨の審決の取消訴訟の係属中に当該実用新案登録を無効にする審決が確定した場合には、取消訴訟の訴えの利益は失われるとした。

b 増額再更正と減額再更正

租税の増額再更正が行われた場合には、当初の更正は増額再更正に吸収されて消滅するから当初の更正の取消しを求める訴えの利益は消滅する（最判昭55.11.20WEB）。

更正がなされた後に更正による額を上回る課税標準及び納付すべき税額で修正申告をした事案について、同様に訴えの利益が失われるものとしている（札幌高判平6.1.27判タ861号229頁）。

ただし、申告が税務署長所部係官の誤った示唆ないしは勧奨によりなされた事情のもとでは、訴えの利益の喪失を信義則上主張できないとして、原判決を取り消して差し戻した事例（東京地判平3.4.26WEB）、また更正による税額増加分に対する延滞税の関係では更正の取消しを求める利益があるとしている学説も存在する。ただ、これら吸収説[158]を徹底すると、国税通則法19条2項、4項1号の解釈上、更正後に修正申告する際は更正された額を基礎として修正申告すべきものとしているのが実務であることから、これを前提とするといわゆる義務的修正申告の場合でも、納税者が更正を

---

158) 金子宏『租税法〔第10版〕』（弘文堂、2005年）669頁参照。

争いつつ修正申告をすることができなくなるところに問題が残る。

　反対に、減額再更正が行われた場合には、これによって課税額の一部取消しがされる前の更正がその限度で存在しているから、その限度で前の更正の取消しを求める訴えの利益があるものとされている（最判昭56.4.24WEB）。これを併存説又は一部取消説[159]という。更正を一部取り消す異議決定又は裁決があった場合も同じように考えられ、前の更正の効果が存在している限度で訴えの利益が認められる。

c　懲戒処分の修正裁決

　公務員の懲戒処分につき人事院により修正された場合につき、最判昭62.4.21WEBは、「国公法は、懲戒処分等同法89条1項所定の処分に対する不服申立の審査については、処分権者が職員に一定の処分事由が存在するとして処分権限を発動したことの適法性及び妥当性の審査と、当該処分事由に基づき職員に対しいかなる法律効果を伴う処分を課するかという処分の種類及び量定の選択、決定に関する適法性及び妥当性の審査とを分けて考え、当該処分につき処分権限を発動すべき事由が存在すると認める場合には、処分権者の処分権限発動の意思決定そのものについてはこれを承認したうえ、処分権者が選択、決定した処分の種類及び量定の面について、その適法性及び妥当性を判断し、人事院の裁量により右の点に関する処分権者の意思決定の内容に変更を加えることができるものとし、これを処分の『修正』という用語で表現しているものと解するのが相当である。そうすると、懲戒処分につき人事院の修正裁決があつた場合に、それにより懲戒権者の行つた懲戒処分（以下『原処分』という。）が一体として取り消されて消滅し、人事院において新たな内容の懲戒処分をしたものと解するのは相当でなく、修正裁決は、原処分を行つた懲戒権者の懲戒権の発動に関する意思決定を承認し、これに基づく原処分の存在を前提としたうえで、原処分の法律効果の内容を一定の限度のものに変更する効果を生ぜしめるにすぎないものであり」とし、「原処分は、当初から修正裁決による修正どおりの法律効果を伴う懲戒処分としていたものとみなされることになるものと解すべき」であるとして当初の処分についての訴えの利益を肯定した。

---

159)　金子・前掲注158)669頁参照。

d 情報一部不開示決定の取消し後、改めて一部不開示決定

旧一部不開示決定を争う訴えの利益につき、大阪地判平29.9.21WEBは、次のように判示し、本件旧決定は、新決定により遡及的に効力を失っているから取消しの訴えの利益を欠くとした。すなわち、「行政処分の取消訴訟の目的は、処分の法的効果により個人の権利利益が侵害されている場合に、判決により、その法的効果を遡及的に消滅させ、個人の権利利益を回復させることにあるから、当該処分が権限ある行政庁によって全部取り消され、遡及的にその効力が消滅した場合には、取消しを求める対象が消滅しているのであるから、当該処分の取消しを求める訴えの利益は失われるものと解される。そうすると、本件取消決定により、本件旧決定は取り消され、遡及的にその効力を失ったのであるから、本件旧決定のうち不開示とされた部分の取消しを求める訴えの利益は失われたものというべきである」。

(7) 期間の経過と訴えの利益

これは前述の行訴法9条1項括弧書きの問題として典型的にあらわれる。

運転免許停止処分、営業停止処分のように行政処分が一定の期間に限って国民の権利利益を制約するものである場合、その期間経過後も法律上の不利益を受けるのでなければ、期間経過後に取消しの訴えの利益は認められないとされる。これが一般論である。

各論をみる。

最判昭55.1.25WEBは、宅地建物取引業者である上告人に対し、千葉県知事が業務の全部停止を行い、その取消訴訟であるが、業務停止期間経過後にも9条かっこ書所定の「処分の取消しによつて回復すべき法律上の利益」について、本件処分によって具体的現実的な不利益を受けておらず、また人格的利益の侵害も生じなくなっているとして、訴えの利益を欠き不適法却下すべきものとして原審を維持した。

最判平21.2.27WEBは、道路交通法所定の違反行為があったとして、優良運転者である旨の記載のない運転免許証を交付されて更新処分を受けた被上告人が、違反行為を否認し、優良運転者に当たるとして、一般運転者とする部分の取消し等を求めたところ、優良運転者である旨の記載のある免許証を交付して行う更新処分を受ける法律上の地位を回復するため、同更新処分の取消しを求める訴えの利益を有するとした[160]。

自動車運転免許停止処分に関しては、①停止処分の期間中に訴えの利益

が認められることに問題はない。②停止満了後1年間についても、この期間を経過しないと前歴のないものとして扱わないため、訴えの利益が肯定される（最判昭55.11.25WEBは、期間が経過し前歴がないものとして取り扱われることを根拠として、経過後の訴えの利益を否定している）。③停止処分の記載された免許証の有効期間中、この期間は5年を超えないが、停止処分が記載された免許証を所持しなければならないことによる名誉、感情、信用等を損なう可能性があることによって、訴えの利益が認められるかが問題とされてきた。上記昭和55年の最高裁判決は、この点について、名誉、感情、信用等が害される可能性の存在が認められるとしても、それは本件原処分がもたらす事実上の効果にすぎないという理由で訴えの利益を否定している。

　同様に、医業停止処分について最判昭56.12.18WEBは、医業停止による信用等の低下について、停止期間経過後の訴えの利益を否定している。

　弁護士業務停止期間経過後の訴えの利益について最判昭58.4.5WEBは、業務停止処分を受けた弁護士がその期間経過後において右処分を受けたことにより、日本弁護士連合会会長の被選挙権を有しない場合、処分にかかる裁決の取消しを求める訴えの利益は、業務停止の期間を経過したのちにおいても、右処分にかかる裁決の取消しを求める訴えの利益を有するとしている[161]。

　不当労働行為救済命令取消訴訟提起時すでに命令で命じられた謝罪文掲示期間を経過した場合、訴えの利益を欠くとして訴えを却下した東京高裁判決について最判昭60.7.19労働判例457号4頁は「本件初審命令の交付により、被上告人には同命令に従い謝罪文を掲示すべき義務が発生し、この義務は謝罪文掲示の履行が完了するまで存続するものというべきである。本件初審命令のいう『1週間』は謝罪文掲示の履行を猶予する期間にすぎず、また、同じく『14日間』は謝罪文の掲示を継続すべき日数であって、謝罪文の掲示が履行されないまま同命令交付後1週間が経過し更に14日間が経過したからといって、謝罪文の掲示義務が消滅したり、あるいは謝罪文の掲示が履行不能となるものでないことは明らかである。そうすると、本件初審命令による謝罪文掲示の義務は依然として存続しているものとい

---

160)　本判決の評釈と訴えの利益論一般につき、山本・探究473-483頁参照。

161)　園部逸夫「制裁的行政処分における『回復すべき法律上の利益』」今村成和教授退官記念『公法と経済法の諸問題（上）』（有斐閣、1981年）443頁参照。

うべく、右謝罪文の掲示が履行不能となったことを前提として、被上告人に本件再審査命令の取消しを求める法律上利益が存しないとし、本件訴えを却下した原判決には、法律の解釈を誤った違法がある」とする。

最判昭50.10.9訟務月報21巻11号2238頁は、監獄法の問題で、将来行刑上不利益な取扱いを受けるおそれがあることをもって、すでに執行を終了した懲罰処分の取消しを求める訴えの利益があるとはいえないとしている。粗い判断である。

前述の電波競願事件についての**最判昭**43.12.24WEBは、一方が、他方に対する免許処分または自己に対する拒否処分の取消しを訴求する場合において、一方に付与された免許の期間が満了しても、一方が再免許を受けているときは、他方の取消訴訟の利益は失われない、としている。

北朝鮮行事のための出国と再入国許可の問題につき**最判昭**45.10.16WEBは、朝鮮民主主義人民共和国創建20周年祝賀行事に参加することを目的とする再入国許可申請に対してされた不許可処分の取消しを求める訴えは、参加を予定した祝賀行事のすべてが終了した後約1か月を経過した時点においては、判決を求める法律上の利益を喪失しているとしている。

医業停止処分後停止期間が経過した場合と右処分の取消しを求める訴えの利益について**最判昭**56.12.18WEBは、当該停止期間が経過したときは、右処分の取消しによつて回復すべき法律上の利益を有しないとして、原審判断を引用するだけだが、原審（東京高判昭56.3.30）は判例集未登載である。

この最判を引用する**東京地判平**28.8.30判時2337号12頁は、医師法に基づく医業停止処分については、処分の期間経過後も当該処分を受けたことを理由とする不利益な取扱いを定める法令の規定はなく、被処分者が将来において不利益な取扱いの対象となり得ると認めるべき事情もうかがわれないから、同処分の期間経過後においては、その取消しを求める訴えの利益は認められないという。

最判平27.3.3WEBは、行政手続法12条1項により定められ公にされている処分基準において、先行の処分を受けたことを理由として後行の処分に係る量定を加重する旨の不利益な取扱いの定めがある場合には、先行の処分を受けた者は、将来において後行の処分の対象となり得るときは、先行の処分の効果が期間の経過によりなくなった後においても、処分基準の定めにより不利益な取扱いを受けるべき期間内はなお処分の取消しによって回復すべき法律上の利益を有するとしている[162]。

198

第4章　取消訴訟の訴訟要件

　同様の大阪地判平19.2.13WEBは、道路運送法40条に基づき近畿運輸局長から輸送施設使用停止命令処分を受けた一般旅客自動車運送事業等を営む原告は、使用停止期間の経過等により本来的な効果が消滅しても、処分を受けた事実が将来の同種処分を行う際の加重事由となる限り、本件処分を理由とする不利益を受けるおそれが3年間存続することから、処分に対する取消しの訴えにより回復すべき法律上の利益を有するとした。

　大阪地判平20.9.19WEBは、警察署長が、土木工事事業等を業とする会社の代表取締役に対してした、建築会社に解体工事の下請発注を要求する現場に指定暴力団の構成員である者を立ち会わせたり、その暴力的要求行為を助けてはならないことを内容とする、暴力団員による不当な行為の防止等に関する法律12条2項に基づく中止命令の取消しを求める訴えが、解体工事が既に終了しているので訴えの利益がないなどとして却下している。

　東京地判平29.2.7WEBは、精神保健及び精神障害者福祉に関する法律29条1項による措置入院決定を受けた者の入院措置が解除された後においても、入院費用徴収の可能性もあり当該措置入院決定の取消しを求める訴えの利益は失われないとする。

(8)　一連の手続を構成する処分

　一連の行政過程の中である処分を争っていると、それに続く処分がなされ、先行する処分を争う訴えの利益がなくなるとされることがある。

　まず、後続処分がなされることによって先行処分が失効するとされることがある。たとえば、仮換地処分は、換地処分がなされその旨の公告がされたときは、これによって失効するから、換地処分が行われたときは、仮換地処分の取消しを求める訴えの利益は消滅するとされる (最判昭48.2.2WEB)。

　先行処分と後続処分との間に違法性の承継が認められる場合、各処分の違法事由が同じであるとすれば、先行処分と後続処分のいずれかで争えばよく、両方を争える必要はないのではないかという疑問も提起されている。例えば、土地収用法の事業認定と収用裁決の場合について、事業認定が取り消されれば収用裁決は取消しをせざるをえないから、事業認定のみを争えば足り、収用裁決を争う訴えの利益はないという考え方も理論的には考えられる。

　しかしながら、先行処分取消しの訴訟物と後続処分取消しの訴訟物は異

---

162)　野口貴公美「行政立法の課題」行政法研究20号 (2017年) 19頁参照。

なり、かつ、要件も異なるものがあると考えられるから、少なくとも、両方を争える利益が肯定されるべきであろう[163]。

最判昭55.1.25WEBは、宅地建物取引業者である上告人に対し、千葉県知事が業務の全部停止を行い、その取消訴訟であるが、業務停止期間経過後にも9条かっこ書所定の「処分の取消しによつて回復すべき法律上の利益」について、本件処分によって具体的現実的な不利益を受けておらず、また人格的利益の侵害も生じなくなっているとして、訴えの利益を欠き不適法却下すべきものとして原審を維持した事例である。

3　訴えの利益の行政訴訟における位置（付　事実上の利益論）

2でさまざまな事例を見た上での1の再論を行う。実効的救済手段として行政訴訟が果たさねばならない役割の問題を考察するものである。

最近の訴えの利益に関する議論を検討してみたい[164]。

中川教授は同論文で、行政処分の直接効果と、土地区画整理をめぐるいわゆる青写真判決（最大判昭41.2.23WEB）で展開された付随的効果を区別することの有益性を強調され、多くの点で説得的である。

教授は、原告に、行政処分に不服があれば取消訴訟や無効等確認訴訟を、処分に不服はなく、処分の存在を前提として当該法律関係が発生すること自体についての紛争なのであれば、公法の場合、当事者訴訟を提起すべきであると言われる。この点に異論はないと思われる。ただ、訴えの利益との関係ではこれらの区別はあまり意味を持たないかもしれない。

教授が例としてあげるいくつかの判例のうち、在外被爆者事件の最判平19.2.6WEBは、受給決定処分に不服がなくただ出国により受給権が失権することを争った事例であり、当事者訴訟を選択するのが当然である。

ただ直接効果と付随的効果の区別は、もう一つの例ではうまく説明できないように思われる。それは、本書で筆者も上述した、退去強制令書不発布取消訴訟に関する処分に不服のある事例である最判平8.7.12WEBである。最高裁が、令書送還部分の執行が終了した場合の発布取消の訴えの利益は、付随的効果（再上陸拒否）も1年経過しており、なくなったから、何ら存在

163）　実務的研究130頁は、このような問題意識のもと、両方を同時に争う利益を肯定している。

164）　中川丈久「行政処分の法効果とは何を指すのか」石川古稀207頁以下、山本・拾遺49頁以下参照。

しないとしていることを取り上げ、教授は付随的効果が残っておれば訴えの利益が存続していたのだと論じている。結論は当然だが、それでは直接効果と付随的効果を区別した意味はなくなるのではないか。同最判は、訴えの利益の判断は直接的効果と付随的効果がともになくなったときになくなるという結論を導いているからである。そうすると、区別される付随的効果も訴えの利益に関しては行政処分の効果そのものと考えてよいのではないか。

　山本教授は注164の論文で、判例によると、処分が形成または確定し原告適格を基礎付ける実体法上の「国民の権利義務」ないし法的地位も、そこから派生して形成または確定される法的地位（上記俸給請求権の最大判昭49.12.10WEB、運転免許の最判昭55.11.25WEB）も、存在し得ない状態になれば、処分取消訴訟の訴えの利益は消滅する、との結論は論理必然的とはいえないと議論される。筆者にとっても異論のないところである。消滅した後も認められる訴えの利益として、教授は、(1)裁判所が処分の違法を宣言し、あるいはそれに基づいて行政庁が措置をとることによる原状回復の利益、つまり後続侵害ないし後継損害を除去する利益（昭和55年最判の事案）、(2)処分の違法事由、逆に言えば処分要件の不存在を、判決により確定させ、将来生じる可能性のある同種の紛争を予防する利益とが考えられるとしてドイツの後継確認訴訟を参照する。

　この(1)(2)につき教授は解釈論として、抗告訴訟で争わせるか当事者訴訟で争わせるかを検討した上で、抗告訴訟と当事者訴訟を峻別せず、両方に連続する確認訴訟を観念すべきという立法論を提起される。結論に異論はないが、解釈論と立法論が交錯する論議に思える。立法論は、ドイツ行政裁判所法に依拠した立法論である。その意味ではアメリカ法に依拠した日弁連の是正訴訟法案によっても峻別論から脱皮はできよう。

　取消訴訟、抗告訴訟の解釈論としての訴えの利益論としては、できる限りそれを広げ、限界に達した時には解釈論としての当事者訴訟、民事訴訟で救済する、落ちこぼれのない実効的救済解釈を及ぼさなければならないということに尽きよう。

　事実上の利益論

　山本教授も中川教授も処分から生み出される（処分をきっかけとして発動される）付属的効果よりもさらに遠い事実上の利益（逆から言えば事実上の損害）についても、できるかぎり当事者訴訟で救済すべきと考えておられ

るようである。

第5節　出訴期間

1　出訴期間制度の趣旨と経過

　本書第1章1「行政訴訟とは何か」で述べたように、行政分野の不完全な訴訟法である応急措置法、行特法、行訴法には一貫して出訴期間が規定されている。第二次大戦後すぐの応急措置法はその典型で、出訴期間以外はすべて民訴法で処理することになっていたのである。

　つまり、らっきょうや玉ねぎのように、行政訴訟関係の法律の外皮を順番にとっていくと、最後に残るものが出訴期間であるともいえるわけで、出訴期間こそは、これも本書第2章1「取消訴訟中心主義」の箇所で述べたように、行政訴訟、行政法の根幹であり、公定力概念、不可争力概念、取消訴訟の排他的管轄概念の中心に座る制度なのである。

　出訴期間という制度が訴訟法から放逐され、各個別法からも削除されれば、行政訴訟は民事訴訟の本当の一分野になる。この方が、国民の側にとってよほど良い制度となるであろう。将来のこの分野の改革課題である。原則として出訴期間を廃止した法案の最初の完成型が日弁連行政訴訟法案である。

　2004年改正前の行訴法14条1項は、「取消訴訟は、処分又は裁決があつたことを知つた日から3箇月以内に提起しなければならない」と規定し、取消訴訟が処分又は裁決があったことを知った日から3月以内でなければ提訴できないこととされていた。また、同条3項は「取消訴訟は、処分又は裁決の日から1年を経過したときは、提起することができない。ただし、正当な理由があるときは、この限りでない」と規定し、処分又は裁決があったことを知らなくても1年を経過すれば原則として取消訴訟を提起することができないことにもなっていた。

　このような出訴期間の制度が設けられている理由についていま一度角度を変えて述べれば、行政処分は、公共の利害に係るところが大きいため、瑕疵がある行政処分であっても、いつまでも取消訴訟で争える状態にしておくのは好ましくないとの立法政策上の配慮に基づくものであると説明されてきている。

202

判例上も、出訴期間が経過し取消訴訟が適法に提起できなくなると、当該行政処分は、いわゆる不可争力が生じ、有効として確定する（最大判昭33.4.30WEB）とされており、出訴期間は極めて厳格に運用されてきた。

しかしながら、この3か月という期間に絶対的な根拠があるわけではなく、行特法5条では処分があったことを知った日から6月以内とされていたのを、現行法になって3か月に短縮された経過がある。

2　検討会での検討の経過

3か月という期間については、すべての行政処分についてこのような出訴期間を設ける必要があるのかという根本的な批判があり、かつ、3か月という期間が弁護士に相談して、訴状をつくり、出訴するという決定をするための期間としては短すぎ、国民の行政訴訟を受ける門戸を不当に狭くしているとの批判も強くあったところであり、行政訴訟検討会では、①出訴期間について現行規定を維持するという考え方、②6か月に延長する考え方、③原則1年、教示があった場合に3か月とする考え方、④処分又は裁決ごとに個別に規定することとする考え方、⑤第三者の利害に影響を及ぼす処分のみ原則1年程度の出訴期間とし、他は実体法で時効の制度を定めることとする考え方、といった多様な考え方が検討されていた[165]。

④の出訴期間を原則的に廃止するとの日弁連案は有力だったが、行政庁側からの反対もあり、最終的に検討会の「考え方」で次のようにまとめられ、この方向で立法化された。

1) 「処分があつたことを知つた日から3か月」とされている取消訴訟の出訴期間を6か月に延ばす。ただし、出訴期間について、個別法で行訴法の特例が定められている場合には、個別法の趣旨を踏まえて取扱いを検討する。

2) 行訴法14条1項の出訴期間を不変期間と定める同条2項の規定を改め、出訴期間内に取消訴訟を提起できなかったことについて正当の理由があるときは、出訴期間を経過したときでも取消訴訟を提起できるようにする。

3) 審査請求に対する裁決を経た処分の取消しの訴えの出訴期間の起算日について「裁決があつたことを知つた日又は裁決の日」と定める

---

165) 第13回検討会資料（「出訴期間（第14条関係）についての検討課題」）参照。

規定を改め、裁決があったことを知った日又は裁決の日の翌日を起算日として、裁決の取消しの訴えの出訴期間の起算日と同様とする。

3 改正法の内容

行訴法14条1項が「取消訴訟は、処分又は裁決があつたことを知つた日から6簡月を経過したときは、提起することができない。ただし、正当な理由があるときは、この限りでない」と改正され、出訴期間が原則として処分又は裁決があったことを知った日から6か月に延長された。

また、この期間を不変期間と定めていた14条2項が削除され、14条1項但書により、6か月を経過しても、正当な理由があれば、取消訴訟を提起できることとされた。

出訴期間はこのように残されたわけだが、国民の立場からは前述のように廃止した方がよいのであるから、実務家、とりわけ裁判官はできるかぎり可能な解釈を駆使して、出訴期間徒過による不利益が原告に及ばないように努力すべきである。

4 出訴期間経過後提訴の「正当な理由」とは

(1) 正当な理由の事例

2004年改正では、行訴法14条1項の出訴期間が、処分又は裁決のあった日から6か月に延長され、さらに、この期間はこれまで不変期間とされていたのに対し、正当な理由があれば、6か月を超えても提訴することができることとされた。

従前の不変期間の場合、当事者がその責めに帰すことができない事情により不変期間を遵守できなかった場合にはその事由が消滅した後1週間以内に限り、訴訟行為の追完が認められていた（民訴法97条1項）が、2004年改正では、個別的な正当事由があれば、出訴が認められることとなり、提訴可能範囲が実質的に広がったことになる。

また、個別の法律で不変期間と定めていた規定も、改正法附則による個別法の改正により、原則として不変期間でなくなっている。

それではどのような場合に正当な理由があることになるか。

「正当な理由」というのは、出訴期間内に出訴しなかったとしても社会通念上相当と認められるような理由をいうものと解され、「責めに帰すべき事由がない」とか「やむを得ない」というよりも、緩やかに解すべきも

のと考えられる。

　正当な理由があるかどうかについては、出訴期間徒過の原因等、事件の内容その他種々の事情を総合的に判断して認定することになるものと思われるが、従前は、行政庁が出訴期間について誤った教示を行い、これに従ったときには追完が認められていた（最判昭55.12.9訟務月報27巻4号824頁）。また、従前の行訴法14条3項について、後見人がおらず出訴期間経過後に後見人が選任された場合や、海外に居住していた場合、温泉掘削の許可という紛争の性質上違法事由の調査に日数を要したといった場合に正当な理由の存在が認められていた。

　ただし、改正後の14条1項の正当な理由は、処分又は裁決があったことを知ったうえでの正当な理由であり、処分又は裁決があったことを知らなくて1年間経過した場合に認められる旧3項の正当な理由とは自ずと異なってくる。

　基本は、処分又は裁決の存在を知って6か月を経過した後に出訴することを認めるべき相当の理由ということになるのであるから、事案の調査の困難さのみでは、正当な理由があるとはいえないことになる可能性が高いものと思われ、提訴できなかったことについてどの程度宥恕すべき事由があるのかということと、事件の内容、救済の必要性等を総合的に判断して決すべきものと考えられる。しかし、なるべく可能な救済的解釈をすべきであることは前述の通りである。

　最判平28.3.10WEBは、個人情報の開示請求に係る一部不開示決定通知書が請求者の代理人弁護士の下に到達した時点で「処分があつた」（行政事件訴訟法14条1項）というべきで、「正当な理由」（同項ただし書）があるということはできないとした。

　東京高判平22.7.14税務訴訟資料260号順号11475は、国税不服審判所の職員が、控訴人の自宅を訪ねて、裁決書謄本を交付しようとしたが、控訴人や家人が不在のため、同宅玄関の郵便受けに裁決書謄本を投函して差し置いたもので、その日をもって、控訴人に送達がなされて、控訴人において裁決のあったことを知り得べき状態に置かれたといえ、期間徒過に正当な理由はないとした。

　横浜地判平22.1.27判例地方自治337号41頁は、神奈川県知事が、A社に対し、神奈川県生活環境の保全等に関する条例3条1項に基づき、乳酸菌清算物質の研究等の科学技術に関する研究、試験を行う事業所の設置を許

可する処分をしたことにつき、周辺等の住民である原告らが、許可処分は
違法であると主張して、その取消しを求めた事案において、平成19年8月
15日に住民と本件事業所の関係者との話合いが開かれたことによって、
直接には同話合いに出席しなかった者も含め、原告らが遅くとも同日には
本件処分の存在を認識したことは明らかであると認定し、本訴が提起され
たのが、その日から6か月間の出訴期間を徒過した平成20年5月28日であ
ることについて、行政事件訴訟法14条1項ただし書に規定される正当事由
があると認めることはできないとした。

　名古屋高判平20.10.30税務訴訟資料258号順号11064は、「証拠（乙7）に
よれば、原告代表者甲が本件裁決の前後に本邦を出国したのは、本件裁決
書の謄本が送達された後の平成19年12月26日であり、平成20年1月6日
に帰国し、その後出国したのは同年7月27日であると認められるから、出
訴期間経過後に本件訴えを提起したことにつき行政事件訴訟法14条3項た
だし書の『正当な理由』があるとの原告の主張は採用することができない」
としている。

(2) 請求の変更、再度の提訴との関係

　取消訴訟の提起がなされた場合において、対象とすべき処分を誤った場
合や被告とすべき行政庁を間違えた場合等において、その訴訟の中で変更
が許されない場合、いったん取下げないし却下され、別の処分を対象とし
て再度提訴する場合や、取消訴訟の提起後に請求が変更された場合で新た
な訴訟の提起とみなされる場合に、従来から出訴期間が問題とされてきた。

　多くの場合、3か月の期間経過により、再度の出訴ができなかったり、
請求の変更が許可されず、訴訟遂行ができないという問題となり、判例で
は、変更前の請求と変更後の請求の訴訟物が同一であるか、変更後の請求
に係る訴訟を変更前の訴訟提起時に提起したものと同視することができる
特段の事情がある場合には、変更後の請求に係る訴訟を変更前の請求に係
る訴訟と同時に提起したものとみることができる（最判昭58.9.8WEB）とか、
前の取消訴訟の提起が後の処分についての不服の表明の意思を含んでいる
から出訴期間は遵守されているとしたもの（最判昭61.2.24WEB）があった。
ただ、このようなケースはあくまでも例外的なものであり、被告違い、処
分性や訴えの利益がないとの理由で訴えを却下され、別の処分を争おうと
しても出訴期間が徒過していて争えないというのが原則であった。

　この点は、改正行訴法下では、このようなケースも、前の訴訟の結果を

第4章　取消訴訟の訴訟要件

みなければ、別訴の提起についての判断が客観的に困難だったような場合には、判例のような複雑な論理操作を経なくても、端的に正当な理由ありと判断される場合があるように思われる。

改正行訴法は、このような技術的な理由により救済されないケースの救済に効果があるような運用をすることが可能ではある。しかしながら、正当な事由は、提訴障害事由がやんだ後、直ちに提訴することも要件とされていることを忘れてはならない。

(3) 14条2項

行訴法14条2項は、「取消訴訟は、処分又は裁決の日から1年を経過したときは、提起することができない。ただし、正当な理由があるときは、この限りでない」と規定する。従前の14条3項が繰り上げられたが、内容はそのまま維持されているのである。

この点についても、検討会で廃止論があったところであるが、処分又は裁決があったことを知らなくとも進行する点で1項とは異なる。

起算点は、処分又は裁決の日であるが、相手方の受領を要する行政処分にあっては、相手方への告知等処分としての必要とされる成立手続が完了していることが要件とされよう。

しかし、事実行為的行政処分や相手方のない行政処分については、告知もないものがあり、この場合に2項の起算日がいつになるのかが問題とされている。

事実行為的行政行為に関しては、形式的な処分日を2項の起算日とすることは極めて不当であろう。事実行為が終了した日を、処分の日とみる古い見解もある[166]。

(4) 14条2項の正当な理由

2項も1項と同様に正当な理由があれば、期間経過後の提訴が許される。改正前においては、1項が不変期間とされていたことから、1項は無過失の場合にのみ救済するという規定であり、2項（旧3項）は、遅れた出訴が社会通念上許容されるか否かという基準による判断であるとされていた。

改正により、文言は同一の正当な理由となったのであるが、問題は1項の正当な理由と2項の正当な理由の内容は異なるのか否かである。

この点に関しては、1項が処分等の存在を知った後の規定であるのに対

---

[166]　広木重喜「事実行為に対する行政訴訟」『実務民事訴訟講座第8巻』（日本評論社、1970年）41頁。

207

し、2項は処分等の存在を知らない間に経過した期間の問題であることに注意する必要があろう。

　住民訴訟の出訴期間徒過についての正当な理由（地方自治法242条2項但書）の解釈につき、最判平14.9.12WEBは、住民が相当な注意をもってしても、当該財務会計上の行為の内容、違法性等について知ることができなかった場合、正当な理由があると判断したが[167]、これとパラレルに考えれば、原告が相当の注意をもって調査しても、処分の存在を知ることができなかった場合等においては、柔軟に解釈すべきものと考える。

(5)　14条3項

　処分又は裁決につき審査請求をすることができる場合又は行政庁が誤つて審査請求をすることができる旨を教示した場合において、審査請求があつたときは、処分又は裁決に係る取消訴訟は、その審査請求をした者については、前2項の規定にかかわらず、これに対する裁決があつたことを知つた日から6箇月を経過したとき又は当該裁決の日から1年を経過したときは、提起することができない。ただし、正当な理由があるときは、この限りでない。

　これが条文である。

　ここにいう審査請求、裁決とは行政不服審査法に基づくものだけに限らず、行訴法3条3項をうけて、さまざまな不服申立て、その結論である決定を含む[168]。そして、特別な不服申立てをしても、出訴期間はその実定法が短期の特例を定めていても、行訴法3項により、裁決を知ってから6か月、裁決から1年である[169]。

5　当事者訴訟についての出訴期間の改正

(1)　改正の概要

　当事者訴訟については、出訴期間の定めがなく、民事訴訟の例によるものと個別法に出訴期間の定めのあるものがある。

　改正前の行訴法40条1項は、「当事者訴訟につき法令に出訴期間の定めがあるときは、その期間は、不変期間とする」と規定していた。

　不変期間とされていたのは旧14条2項と同じ趣旨であり、民訴法97条

---

167)　藤山＝村田編・行政争訟5543頁以下〔古閑裕二執筆〕参照。
168)　最判昭56.2.24WEB参照。
169)　最判平24.11.20WEB参照。

208

第4章　取消訴訟の訴訟要件

により、その責めに帰することができない事由により不変期間を遵守することができなかった場合は、その事由が消滅した後1週間以内に限り、訴訟行為の追完をすることができるにすぎない。改正法は、この点を改め「法令に出訴期間の定めがある当事者訴訟は、その法令に別段の定めがある場合を除き、正当な理由があるときは、その期間を経過した後であっても、これを提起することができる」と改められた（行訴法40条1項）。

これにより、抗告訴訟から当事者訴訟に移行する場合等に出訴期間の徒過が救済される可能性が高くなった。

また、この規定の適用のある形式的当事者訴訟の出訴期間がすべて6か月に改められた。

(2)　出訴期間の定めのある当事者訴訟に関する改正

a　形式的当事者訴訟の出訴期間の延長

2004年改正では、実質的当事者訴訟に「公法上の法律関係に関する確認の訴え」が例示として明示される改正が行われ、その活用が期待されているが、形式的当事者訴訟についても重要な改正が行われた。

形式的当事者訴訟は、損失補償の額に関する不服の訴訟に多く用いられており、個別法に規定されている形式的当事者訴訟の出訴期間がすべて補償金額の通知等を受け取った日から6か月以内に改められた。各法律を活用する際には注意したい。

b　出訴期間徒過の正当理由

出訴期間の延長に加えて、出訴期間が不変期間であるとされていたのが、改正法で、正当の理由がある場合には、出訴期間経過後も出訴が認められることとなった。

この点での正当の理由というのは、どのようなものか。

（i）形式的当事者訴訟は、補償金等の金額を争うものであり、支払義務を負う者（例えば土地収用法133条3項の起業者）と補償等の請求権者との間で争われる。

このため、補償金等の裁定に不服がある者を想定した場合には、出訴期間の起算日は補償金額等を決定した通知等の受領日から出訴期間が始まることになり、処分があったことは通常知っていることになる。行為能力がなく、適切な代理人が選任されていないといった場合等を別にして適切に訴訟ができる能力がある場合には、容易に正当の理由が認められないのではと考えられる。

209

ただ、改正行訴法では、行政庁は、形式的当事者訴訟を提起することができる処分又は裁決をする場合には、①当該訴訟の被告とすべき者、②当該訴訟の出訴期間を教示しなければならないこととされており（46条3項）、この教示がされなかったり、誤っていたりした場合には、正当な理由が認められることが多いと考えられる。

(ii) 後述する新設の教示と正当事由との関係[170]

教示が誤っていれば正当事由となろう。教示がなかった場合は正当事由判断の重要要素となろう。

第三者に対する教示制度は規定されなかったが、教示のない第三者と出訴期間、そしてその徒過の正当事由という論点はありうる。その場合には基本的には1年としてその正当事由を考えるが、処分の相手方より緩めて考えるのが正当であろう。

c 訴えの変更との関係

形式的当事者訴訟において出訴期間徒過が問題となってきたのは、他の形態の訴訟を行っていて、それを形式的当事者訴訟（例えば損失補償増額の訴え）に変更しようとする場合などである。

（i） 例えば、土地収用法133条は、裁決の取消しの訴え（同条1項）と損失補償の額に関する不服の訴え（同条2項）を区別し、前者を抗告訴訟、後者を形式的当事者訴訟としている。裁決そのものに不服がある被収用者が裁決取消訴訟を提起し、敗訴したため、収用されることについては争えないが、損失補償の額について争いたいという場合、出訴期間の徒過により争うことができないという問題があった。この問題は、訴えの変更や被告の変更の問題としても議論されてきたが、判例は出訴期間後の請求の変更は出訴期間の遵守において欠けるところがないと解すべき特段の事情があるときを除き認められないと厳格に解してきた（前出の最判昭58.9.8）。これについては、批判的な学説も多く[171]、本改正では、正当な理由と文言が改められたことにより柔軟な解釈が許容される余地がある。

（ii） また民事訴訟と行政訴訟の関係で、民訴と思って提訴したら裁判所などの示唆で行訴だとわかって変更したときのケースでは、第1に最初の民訴が行訴の出訴期間内だったらそのときに行訴が提起されたとみなして救済されてきた。

---

170) 小早川編・研究54-56頁参照。
171) 阿部泰隆「収用と補償の諸問題（上）」自治研究62巻11号（1986年）22頁。

第4章　取消訴訟の訴訟要件

しかし、最初が徒過していたら正当事由の判断となろう[172]。

第6節　教示

2004年改正で、改正前にはなかった教示の制度が改正行訴法46条に新しく採り入れられた。

論議の経過と改正行訴法の内容、問題点の順に述べる。

1　日弁連の提案

行政訴訟法案には詳しい規定を置いた。

（教示義務）

第20条　行政機関等は、行政処分につき、被告適格を有する行政主体（出訴期間による制限を受ける場合は出訴期間を含む）をその行政処分の名あて人に対して教示しなければならない。

2　前項の場合において、特定の者を名あて人としない行政処分、100人以上の者を名あて人とする行政処分及び当該行政処分により100人以上の者の権利利益を害する行政処分については、官報（地方公共団体の場合にはその発行する公報）に掲載するとともに、その行政処分を記載した書面に前項の事項を記載しなければならない。

3　行政処分が場所に係るものであるときは、前2項の規定にかかわらず、関係者に周知するためその場所に公示しなければならない。

（誤った教示をした場合の救済）

第21条　行政処分の被告適格につき、原告が、行政機関等の誤った教示に基づいて、是正訴訟を提起した場合においては、裁判所は、被告適格を有する行政主体に対する是正訴訟としてその訴訟を取り扱わねばならない。

2　行政機関等が、行政処分について誤った教示をした場合においては、出訴期間の定めのある行政決定についても、その教示が是正されるまで、出訴期間は進行しない。

よく考えて作ったつもりであるが、今の時点からみるとなお足りない点

---

172)　条解938頁（竹野下喜彦執筆）参照。

がある。この点も含めて、後述する。

2　検討会での議論

(1)　教示義務の対象となる行為をどの範囲とするか
例えば、書面でする行為に限定すべきか否か。

(2)　教示を受ける相手方の範囲をどこまでとするか
例えば、処分等の教示義務の対象となる行為の相手方に限ることをすべきか否か。

(3)　教示すべき内容をどのように考えるか
例えば、次の事項について教示をすべきか否か。
　　①　取消訴訟を提起できる行為であること
　　②　訴訟の被告となるべき者
　　③　不服申立て前置の定めが適用される場合はその旨
　　④　出訴期間の定めが適用される場合は、その期間
　　⑤　訴えを提起することができる裁判所

(4)　教示の効果
誤った教示をした場合や教示をすべきであるのに教示をしなかった場合について法的効果を定めるか否か。教示が追完された場合はどうか。法的効果を定める場合、どのような法的効果を定めるか。

3　改正行訴法の内容（新設46条）

（取消訴訟等の提起に関する事項の教示）

第46条　行政庁は、取消訴訟を提起することができる処分又は裁決をする場合には、当該処分又は裁決の相手方に対し、次に掲げる事項を書面で教示しなければならない。ただし、当該処分を口頭でする場合は、この限りでない。
　一　当該処分又は裁決に係る取消訴訟の被告とすべき者
　二　当該処分又は裁決に係る取消訴訟の出訴期間
　三　法律に当該処分についての審査請求に対する裁決を経た後でなければ処分の取消しの訴えを提起することができない旨の定めがあるときは、その旨
　2　行政庁は、法律に処分についての審査請求に対する裁決に対してのみ取消訴訟を提起することができる旨の定めがある場合において、当該処分をするときは、当該処分の相手方に対し、法律にその定め

第4章　取消訴訟の訴訟要件

がある旨を書面で教示しなければならない。ただし、当該処分を口頭でする場合は、この限りでない。

3　行政庁は、当事者間の法律関係を確認し又は形成する処分又は裁決に関する訴訟で法令の規定によりその法律関係の当事者の一方を被告とするものを提起することができる処分又は裁決をする場合には、当該処分又は裁決の相手方に対し、次に掲げる事項を書面で教示しなければならない。ただし、当該処分を口頭でする場合は、この限りでない。

一　当該訴訟の被告とすべき者

二　当該訴訟の出訴期間

4　改正行訴法の解釈にあたっての論点

(1)　「考え方」に忠実な改正

46条は、検討会でなされた検討項目について、教示の効果を除いてほぼ網羅的にその取入れがなされている。

(2)　対象の狭さ、第三者問題

しかし、教示の対象となるのは、特定の者を名あて人とする口頭によらない行政処分又は裁決のみであり、かつ教示すべき内容の範囲は狭い。手続の面でも特定の者を名あて人としない行政処分や場所に係る処分等についての配慮がない。

特に、当該行政処分の名あて人ではない第三者に影響を与え、第三者が訴訟を提起することができる場合に、第三者が教示を求めてきた場合の教示の必要性は考慮すべきである[173]。

(3)　教示誤りの場合の対策

改正行訴法は、教示をしなかった場合や誤った教示がなされた場合について、何の救済規定も置いていない。

被告を誤った場合は、15条に救済規定があり、同条1項は、原告に故意又は重大な過失がない限り、原告の申立てにより、裁判所は被告の変更を許すことができるとする。したがって、被告についての教示を誤ったり、

---

173)　当然、行服法57条2項との比較もある。ただ行政は仮に第三者への教示が誤っていても自分で責任をとれるが、対裁判所の問題は責任はとれないということが根本にあるように思われる（小早川編・研究53頁〔村田斉志発言〕参照）。日弁連案でも考察できていない。将来課題としたい。

213

何らの教示もなされなかった場合には、故意又は重大な過失に当たらないとして、15条でもって、救済されると解すべきである[174]。

また出訴期間が教示されなかったり、誤って教示された場合については、出訴期間の徒過をもって却下するのではなく、「正当な事由」ありと解すべきである。

(4) 行服法との比較

行服法82条2項、3項は利害関係人から教示を求められたときは、教示すべき義務を定めている。また誤った教示や何らの教示もなされなかった場合は、同法22条や83条に救済規定を置いている。これらとの共通性を解釈に生かす必要がある。

第7節　不服申立て前置

処分に対し審査請求ができる場合に、行訴法は訴訟と審査請求のどちらを選んでもよいことにしているが（自由選択主義、8条1項本文）、他の法律に審査請求を経ないと訴訟ができない旨定めてあればそれに従わねばならない（同項但書）。この但書の内容を不服申立て前置主義という。但書は普通は例外だが、行政法のこの分野では例外が多い[175]。

なお、戦前と行訴法以前の用語では、不服申立てを訴願と呼称していたために訴願前置という言葉の方がこの節の内容としては通りやすい面もある。

新行服法は、第1に審査請求への一元化（異議申立てを廃止、例外的に再調査の請求、再審査請求は残った）、第2に行政不服審査法の施行に伴う関係法律の整備等に関する法律（以下「整備法」ともいう）で、審査請求前置の廃止・縮減などを実現させた。

以下では、自由選択主義の原則と例外の実態把握、例外としての不服申

---

174)　裁判所の感覚では被告や出訴期間ならともかく、行政庁が誤って行政処分だとしても裁判所がそれに拘束されるかどうかは難しいようである（小早川編・研究58頁〔鶴岡稔彦発言〕参照）。確かにそのように思われるが、行政の誤りのツケを国民に転嫁しない格別の配慮を裁判所に期待するところである。

175)　平成26年に制定され、同28年に施行された改正行政不服審査法（以下便宜上「新行政不服審査法」、「新行服法」ともいう）とともに多くの単行法から前置が外されたり、二重の前置が一重になったりしたが、まだ前置はかなり存在する。具体的には後述する。

立て前置の拘束力の強さの行訴法上の規定と、これらについての判例の状況把握、審査請求以外の不服申立てと訴訟との関係などを順次考察する。

1　不服審査の種類

行訴法8条にいう審査請求とは、行服法2条3条の審査請求だけでなく、同法5条その他の不服申立てを当然に含むものである（行訴法3条3項）。

2　原則と例外の実態

(1)　なぜ完全自由選択でないのか

戦前の行政裁判法も、行特法も、訴願前置を採用したが、戦後の混乱期をカバーした（本書冒頭で述べた）「応急措置法」がこの方式をとっていなかったことは注目すべきことである[176]。

そのような紆余曲折があったので、行訴法は妥協的な方式をとり、前述の原則と例外というかたちにした[177]。

立法担当者による例外としての前置主義の立法理由は、第1は大量処分の場合の統一性追求、第2は専門技術的で行政解決が望ましい、第3は第三者機関が判断する場合ということである（杉本・解説33頁）。このような場合に、狭義の法律で規定した場合のみ認めるという定めである。

個別法で前置を定める場合には、このような基準に合致していることが擬制されるが、実態はそうでないものが多くあり、「行政事件訴訟制度も含めた行政救済の在り方の問題としても検討されるべき」といわれていた[178]。

それを前述の通り、新行服法で前置をかなりしぼった。前置は次の4点

---

176)　兼子・争訟191頁によると以下のような歴史である。訴願前置をはずそうとしていた行特法立案担当者に対しGHQが強く示唆して入れさせた。それは行政に反省の機会を与えることと簡易の救済を得しめる仕組みとして合理的だというのである。こうして行特法には訴願前置が入った。私は、アメリカ占領軍担当者は日本の行政と裁判の関係をリアルにみないで、このような的外れなことをしたと考える。アメリカの行政手続法には訴願前置をとらないと定めているのにである（もっとも裁判所は不服申立手続がある場合には、当該手続を経たうえでなければ救済を拒否する態度を示す傾向があるという——1998年の総務庁の「事後救済制度に関する調査研究報告書」53頁参照）。田中二郎は、訴願前置の欠陥を鋭く指摘し続けた（例えば、田中・限界49頁、66頁、田中・総論335頁など）。

177)　法制審議会において、高辻正己委員は多数決で自由選択主義原則となったあとも、2度にわたり前置の合理性・必要性を説く意見を述べている（塩野宏編著・前掲立法全集(5)352頁以下）。

178)　総務省の行政不服審査制度研究会『行政不服審査制度研究報告書』（2006年）21頁。

215

に限られる。

(i)一審代替：不服申立ての手続に一審代替性（高裁に提訴）があり、国民の手続負担の軽減が図られている場合、(ii)大量性：大量の不服申立てがあり、直ちに出訴されると裁判所の負担が大きくなると考えられる場合、(iii)第三者機関：第三者的機関が高度に専門技術的な判断を行う等により、裁判所の負担が低減されると考えられる場合、(iv)特別の事情：上記のほか、議会への諮問など前置とする特別の理由がある場合[179]。

その結果、不服申立前置を定めていた96法律のうち68法律で不服申立前置が廃止または縮減された。47法律が全廃（そのうち5法律で二重前置が一気に全廃）、21法律が一部廃止・一部存置（16法律で二重前置を一重）である。これにより、二重前置を定める法律はなくなった。逆に、一歩も進まなかった法律もまだある（国家公務員法、地方公務員法、生活保護法、電波法等）[180]。

だいぶ改善されたがまだ限界がある。国民に任せる自由選択性の合理性を打ち破る論理はありえないといわねばならない。自由に考えて、行政の再考に頼った方がよいと国民が考えれば、自然にそのように行動を選択するであろう。

(2) 不服申立前置の意味

当然のことであるが、前置が不適法では前置として扱われない（最判昭30.1.28WEB）。不服申立機関が不適法としても、提訴された裁判所が適法と判断すれば前置となる（最判昭36.7.21WEB）。逆に、不服申立機関が適法とした結果、提訴があり、裁判所が不適法な前置だと考える場合は、私は前置は基本的には行政庁のためにある制度なのであるから、裁判所は行政庁の過誤の責任を重く見て、前置要件充足と判断すべきと考えるが、判例は反対である（最判昭48.6.21WEB）。

建築確認取消訴訟の共同原告の一部が前置していない場合につき、横浜地判昭59.1.30WEBは、他の者が経ている以上取消訴訟は不適法であるとは言えないとした。妥当である。他方、最判昭61.6.10WEBは、地方団体の徴収金の配当処分について、債権者と連帯保証人の関係にある両者のうち、債権者は前置を経たが、連帯保証人が同一処分であるから前置を経ないで提訴したのに対し、判決は不適法とした。債権者と連帯保証人は、本

---

179) 総務省の「不服申立前置の見直しについて」＝http://www.soumu.go.jp/main_content/000281290.pdfによる。
180) 宇賀・Ⅱ151頁参照。

216

件配当処分に対し一体的な利害関係を有しているということができず、債権者のした審査請求は同時に連帯保証人のための審査請求でもあるといえるような特段の事情は存しないという。

(3) 様々な緩和方向

a 訴訟類型

取消訴訟の行訴法8条の規定の準用などの整理であるが、ことは前置の拘束をどう緩和するかという問題意識が先行する。

裁決の取消しの訴えは取消訴訟だが、8条は性質上適用しようがない。

他の抗告訴訟では不作為の違法確認の訴えだけに準用されている（38条4項）。

当事者訴訟や民衆・機関訴訟は関係がない。

b 緩和規定

(ⅰ) 3か月裁決がないとき（行訴法8条2項1号）

3か月経てば提訴できるという規定だが、前置に全く期待をしないときには、審査請求を出すと同時に提訴すればよい。裁判所も通常裁決が3か月で出ることはないことを知悉しているから、訴状を送達し口頭弁論を開く。被告行政が型通りの本案前の抗弁を出すだけで、被告も含め少しも気にしないで訴訟は進行する。2段の審査請求規定がある立法例について裁判所は精一杯の緩和解釈をしていたが[181]、前述のように2段が新行服法のもとで無くなったので、この問題は起こらない。

(ⅱ) 緊急の必要（行訴法8条2項2号）

執行停止と連動させる規定である。執行停止をしたいのに前置などやってはいられない、そのことに対応する。この条文の「処分、処分の執行又は手続の続行により生ずる著しい損害を避けるため緊急の必要があるとき」との要件は執行停止の行訴法25条2項の改正前の規定（「回復の困難な損害」）とほぼ同じ文言であることからもそのことは理解できる。

判例でも執行停止の判断の中で前置が論じられ、執行停止が認められる

---

181) 労災保険法につき最判平7.7.6WEBは、2段目の審査請求から3か月と解すれば、1段目が遅延すると意味がなくなるので、いずれかが遅れたときにはこの緩和規定を適用するという。極めて優れた考えである。もっとも同判決中にもあるように、個別法（国税通則法115条1項1号）が別な定めをすることもあるから注意が要るが、同法はこの最高裁判決の趣旨通りの規定である。ただし本文に述べたように、3か月経って提訴できるのに、それをしない間に裁決が出れば、再審査請求前置の場合にはまた3か月の拘束は働いていた（同じく労災保険法の関係で大阪地判平8.7.29労判714号68頁）。

217

ような事案では前置は不要と論じられている[182]。

改正により執行停止の要件が「回復の困難な」から「重大」に緩和されたことからいえば、前置をはずされるような事案では執行停止は認められやすいと一応いうことができるであろう。

(iii) 正当な理由（8条2項3号）

緩和のための一般規定である。不服申立ては必要ないと誰もが納得するような場合にこの規定を使って不服申立て不要とする。

この規定の適用は個々に事例ごとの判断になる。平成に入ってからの判例をみてみるが、関連する事例で前置していれば十分という判断が多い。

徳島地判平18.2.17WEBは、県知事から漁業法に基づく小型機船底びき網漁業の許可を受けていた者からの承継許可申請等について、不許可処分が違法であるとして、農林水産大臣に対する審査請求に対する裁決を経ないでした不許可処分の取消しを求める訴えにつき、5年前にも共通の違法事由を主張した申請請求をしており農林水産大臣は同じように速やかな対応はとらないと考えても、3号の裁決を経ないことにつき「正当な理由がある」ときに該当するという。

福岡高判平10.10.9WEBは、生活保護申請で、世帯主が申請請求手続を経ていれば子らも前置要件を充たすとした。この判例は3号のことをいわず、当然充たすとしている。膝内障で公務災害認定申請をし、審査請求、再審査請求をしているときに、原因が膝内障であることがわかり審査会もこれを知ったうえで棄却裁決をした場合は、出し直して再審査を経由する必要はないとする。

182） 東京高決平3.7.20判タ770号165頁は公会堂（地方自治法の公の施設）使用許可に関する市町村長の処分への訴訟は地方自治法244条の4、256条（なお1999年の地方自治法改正により旧256条のような前置は削られた）により都道府県知事への審査請求を経てからということになっているが緊急の場合は必要がないとし、高知地決昭57.1.20判タ464号137頁と大阪地決昭44.9.20WEBは、議員の除名に際しての地方自治法256条（前述と同様）の知事の審決を緊急の必要があるので不要とする。

第4章　取消訴訟の訴訟要件

第8節　訴額と弁護士費用

1　訴額

　訴訟をするには印紙を貼らなければならず、行政訴訟もその点は同様である。行政訴訟の訴訟物が違法性であるといわれるために（第5章第1節参照）、よく非財産上の請求と考え、訴額は算定不能（民事訴訟費用等に関する法律4条7項）に該当し、現在では160万円とみて、印紙は原告が何人でも合計1万3000円であると考えがちである（むしろ考えたい）。

　しかしこの願いは二つの点で判例により破られている。

　第1は非財産上のものもあるが経済的に財産上の請求もあるというのである（最判昭34.8.28WEB）。確かにこの判例のような税金の事件などを考えればこの点は納得せざるをえない。

　この場合にはどこが訴額を具体的に判断するか。それは裁判所が民訴法8条1項により判断することになる[183]。

　ただし、行政事件は社会的意義ある世論喚起的事件も多いので、訴訟費用は定低額にすべきであるとは考える。

　第2は多数者の取消訴訟にはそれぞれ印紙を貼れと判例はいう（最判平12.10.13WEB）。この判例のケースは算定不能ではあるが、印紙は原告数分だというのである。いわく本件訴訟は、森林法10条の2に基づいてした林地開発行為の許可処分（以下「本件処分」という）の取消しを求めるものである。「訴状によれば、原告らは、右開発行為により、許可区域周辺の水質の悪化、水量の変化、大気汚染、その他の環境悪化を生じ、許可区域周辺に居住する原告らの水利権、人格権、不動産所有権等が害されるおそれがあるところ、本件処分には、同条2項所定の不許可事由があるのにされたという実体上の違法に加え、原告らの同意を得ないでされたという手続上の違法があるから、その取消しを求めるなどと主張している。

　これによると、本件訴訟において原告らが訴えで主張する利益は、本件処分の取消しによって回復される各原告の有する利益、具体的には水利権、人格権、不動産所有権等の一部を成す利益であり、その価額を具体的に算定することは極めて困難というべきであるから、各原告が訴えで主張する

---

183)　具体的算定方法は実務的研究51頁以下を参照されたい。

219

利益によって算定される訴訟の目的の価額は95万円〔筆者注：現在は160万円〕とみなされる（費用法4条2項）。そして、これらの利益は、その性質に照らし、各原告がそれぞれ有するものであって、全員に共通であるとはいえないから、結局、本件訴訟の目的の価額は、各原告の主張する利益によって算定される額を合算すべきものである。そうすると、訴えを却下した一審判決に対する本件控訴の手数料の額は、右合算額に応じて費用法別表第1の1項により算出される訴えの提起の手数料額を基として、その1.5倍の額の2分の1の額となる（同2項、4項）」。「抗告人らは右のような解釈は多数の住民が共同して提訴ないし控訴することを困難にするものであるというが、本件において、各原告は、単独で控訴をする場合には6150円の手数料を負担しなければならないところ、共同して控訴したことにより、右の合算をした上で前記の逓減がされる結果、約2567円の手数料を負担すれば足りるのであって、右の所論は当たらない。論旨は採用することができない」。

　この判例には批判が強いが、判例はその後変わらないので、日弁連は行政訴訟法案第4章69条に後記のような条文を入れた。いずれ判例を変更するかこのように立法により解決されるべきである。

　なお、判例は、訴えの取下げに関する次のような判例がある（東京高決平18.11.24判時1957号64頁）。相手方が、ハンセン病療養所入所者等に対する補償金の支給等に関する法律に基づき補償金の支給申請をしたところ抗告人（国）が不支給決定をしたため、相手方がこの決定の取消を求めて提訴し、控訴審に係属中、改正されたハンセン病補償法に基づき補償金の支給決定がなされたため訴えを取下げ、訴訟費用について抗告人に負担させるよう申立てた事案の抗告審において、訴えの取下げの場合には特段の事情のない限り訴訟追行の不成功という点において敗訴と同様に解されるから訴訟費用は原則として訴えを取り下げた者が負担すべきであるが、本件基本事件においては、その経緯にかんがみれば訴訟追行の不成功により終了したものではなく、敗訴と同様に解すべきでない特段の事情があるというべきで、実質的には相手方の全部勝訴と同視できるので民訴法64条を類推適用するのが相当であるとして、抗告人の負担とするのが相当である。

2　弁護士費用

　この問題も、日弁連の問題意識を法案71条の条文からみられたい。

第4章　取消訴訟の訴訟要件

第4章　訴訟費用等
　（訴え提起の手数料）
　第69条　国又は地方公共団体その他の公共団体に対する訴え提起の手
　　数料は、行政訴訟と民事訴訟とを問わず、一律1000円とする。
　2　すでに提起されている国又は地方公共団体その他の公共団体に対
　　する訴えに併合提起される同一主体に対する関連する訴えについて
　　は訴え提起の手数料を徴収しない。
　3　国と地方公共団体に対する関連する請求は、訴額の算定において
　　は、同一の請求とみなす。
　4　同一の行政決定に関する訴えについては、原告の数のいかんにか
　　かわらず、1つの請求とみなして訴額を計算する。

【説明】

　行政訴訟は行政の適法性の確保という目的を併有するため、訴え提起の
手数料を引き下げる趣旨から一律に1000円とした。国家賠償や損失補償
の場合も別に解する合理的理由は無いため同様とする。但し、純粋に私法
的な契約の履行を求めるような民事訴訟については、行政主体を被告とし
た場合に特別の優遇をする理由はなく、別途規定を設けるべきであるが、
今後の検討に委ねることとした。

　なお、ひとつの行政決定について訴えが提起された場合には、原告の数
の如何にかかわらずひとつの請求とみなして訴額計算をすることとした。
これは、反対の趣旨の最高裁決定（最決平成12年10月13日判時1731号3
頁）を変更するものである。

　（訴えの利益が消滅した場合の訴訟費用の負担）
　第70条　裁判所は、訴えの利益の消滅を理由として行政訴訟が却下
　　された場合において、その訴えの利益の消滅の原因が原告にないと
　　きは、被告となった行政主体に訴訟費用を負担させなければならな
　　い。

【説明】

　狭義の訴えの利益が消滅した場合には、訴えが却下されることになるが、
消滅の原因が原告にない場合には訴訟費用を原告に負担させる合理的な理
由はなく、行政主体に負担させるものとした。既に運用で同様の取扱をす
る例もあるようであるが、裁判所に対して義務づける規定を置いた。

221

（弁護士報酬の負担）

第71条 裁判所は、行政訴訟を提起した者が勝訴（一部勝訴を含む。）

した場合において、弁護士に報酬を支払うべきときは、敗訴した行
政主体に対し、その報酬額の範囲内で相当と認められる額を支払う
ことをその判決の中で命じなければならない。

2　行政訴訟において被告となった行政主体が勝訴（一部勝訴を含
む。）した場合において、弁護士に報酬を支払うべきときであって
も、敗訴した原告に対し、その額の支払いを請求することはできな
い。

【説明】

　行政訴訟は勝訴率が低く萎縮効果が大きいため、決して両面的敗訴者負
担を導入してはならない。行政訴訟は、行政決定の違法を訴訟物とするた
め、公益的性格を有しており、原告が勝訴し、行政決定の違法を是正した
場合にのみ、弁護士費用を敗訴者に負担させる片面的敗訴者負担制度を導
入する。なお、この制度はオランダで導入されている。

〈その他〉

　報奨金の支給についての規定を設けてはどうかという意見もあった。行
政訴訟を通じて違法な行政決定が是正された場合にはその公益は全国民に
帰する。したがって、公益に資することが顕著であると認められる場合に
は、勝訴原告に対して報奨金を支払うことを命ずることができるものとし、
報奨金の算定については、計算上の便宜から弁護士費用に20を乗じた額
を限度とする制度として、例えば下記のような提案してはどうかという意
見もあった。

第　条　裁判所は、行政訴訟を提起した者が勝訴（一部勝訴を含む。）
した場合において、当該行政訴訟の結果が公益に資することが顕著
であると認められる場合には、敗訴した行政主体に対し、前条の規
定により相当と認められる弁護士費用に20を乗じた額を限度とし
て、勝訴した原告に対して支払うことをその判決の中で命ずること
ができる。

2　前項の報奨金は、当該行政決定を行った行政機関等の予算等から
支出するものとする。

第5章

取消訴訟の審理手続（本案審理、違法性審理）の諸段階

　前章までで広義の訴訟要件を論じたので、ここからは本案に入った場合の審理手続を中心に述べる。

　本書では冒頭に次のような趣旨を述べた。

　行政訴訟といっても、行訴法に規定がない場合には民訴法が適用される。

　いずれにせよ行政訴訟は民事訴訟をベースにしていることはどの説でも争いはないから、審理手続は民訴のそれを理解していることが必要である。

第1節　訴訟の対象

　第4章の冒頭で述べたように、訴状に請求原因を記載して提出したとき、これまで述べてきたような訴訟要件審理がまずなされる。

　次がこの章で述べる本案審理である。

1　訴訟の対象、訴訟物

　その場合、まず原告が取消しを求める当該訴訟の本案判決の対象は何なのかが問われる。訴訟物といってもよい[1]。

　取消訴訟では、それは行政処分の違法性だといわれる[2]。

　このことはどこから導かれるか。

---

　　1)　厳密には新堂・新民訴306頁以下参照。

223

そもそも訴訟の対象を訴訟物と構成して、その意義について民訴学説では大論争がある。訴訟物という概念自体が学説上のものであるから、取消訴訟において違法性を訴訟物と考えることが理論上も実務上も便宜であるという意味では循環論法ながらそれでよい。しかし訴訟の対象が違法性であるとすることはどこから導かれるか。

　取消訴訟総論で略述したように（本書第3章）、違法性を対象とすることは、取消訴訟の定義そのものから導かれるのである。

　その他行訴法の中から取消訴訟の対象が違法性であることを間接的に定義している規定もあることに注意すべきである。それは前述した（本書第4章第2節10）行訴法10条1項である。同項は「取消訴訟においては、自己の法律上の利益に関係のない違法を理由として取消しを求めることができない」と規定するから、取消訴訟が違法の取消しを求めるものであることが理解できる。

　違法であればその処分、公権力の行使は判決で取り消される。

　これらの点は、取消訴訟を確認訴訟だと捉えても同じである。瑕疵ある行政行為ははじめから違法・無効であり、その違法性が訴訟物である。

2　違法とは

(1)　成文法違反

　成文法に違反することは理解しやすい。憲法、法律、条例違反が代表的である。成文法のうち、行政処分の根拠実体法違反は違法であること言うまでもないが、手続法（条例を含む）違反が、ただちに行政処分などを違法にするかについては様々な考えがある[3]。

　行政手続法、行政手続条例ができた今日では、行手法、行手条例違反が、軽微な瑕疵を除いて、行政処分を絶対的に違法にすると言う風に問題を簡単にしてしまえば良いとも考えられるが、学説、判例ともそう簡単なものでもない。

　行手法が平成5年にできたのち、最高裁は平成7年にいわゆる協議会を

---

　2)　圧倒的通説である（塩野・Ⅱ90頁、芝池・救済69頁など）。ごく少数の異論もある（「原告により一定の事実関係に基づいて申し立てられた裁判の要求」という　岡田正則「行政訴訟における取消訴訟の訴訟物」新井隆一先生古稀記念『行政法と租税法の課題と展望』（成文堂、2000年）3頁以下）。

　3)　田中健治「行政手続の瑕疵と行政処分の有効性」（藤山・村田編・争訟196頁以下）、本多滝夫「手続的瑕疵の是正訴訟について」（室井・追悼159頁）参照。

第5章　取消訴訟の審理手続(本案審理、違法性審理)の諸段階

開き、行手法違反の効果を相対的なものとして限定する議論をしている[4]。
この協議会で論じられた行手法以前の3つの最高裁判決、温泉審議会事件
(最判昭46.1.22)、個人タクシー事件（最判昭46.10.28）、群馬中央バス事件（最
判昭50.5.29）のいずれも相対的に捉えている点で、不満の残るものばかり
である。

　塩野説は上記4原則の場合には絶対的効果をもたそうとの考えであるが、
相対的に捉えていることに変わりはない。

　絶対的というか義務的手続的規定は行手法（条例）の4原則（告知・聴聞、
理由の提示、文書閲覧、審査基準の設定・公表)[5]に限られず、他法令における
審議会経由などにも存在する。

　またこの手続的瑕疵の問題は後述する裁量違反による違法にも繋がって
行く問題である。

　以下に挙げる行手法関連判例は基本的にこの協議会の議論方向の3説の
どれかに分類できるものである。

　行政処分を違法にする手続瑕疵を認めた判例を整理すれば次のとおりで
あり、今後ますます同種の判例が重ねられていくものと考えられる。

行手法（条例）の事例

　那覇地判平20.3.11WEBは、行政財産の使用許可等の審査基準を設定し
ていなかったことから、港湾施設使用不許可処分が、行手法5条に反する
として、取り消された事例。

　最判平23.6.7WEBは、公にされている処分基準の適用関係を示すことな
くされた一級建築士免許取消処分は、行手法14条1項の定める理由提示の
要件を欠いた違法な処分であるとした。

　大阪地判平24.6.28WEBは、行手法14条1項本文の定める理由提示の要
件を欠いた違法な処分であるとして一般貸切旅客自動車運送事業許可取消
処分が取り消された事例。

　名古屋高判平25.4.26WEBは、介護保険法に基づく指定通所リハビリ
テーション事業者の指定の取消処分は、取消理由の記載が、極めて抽象的
であり、不正請求と認定された請求に係る対象者、期間、サービス提供回

---

4) 最高裁判所事務総局編「行政裁判資料71号　行政手続法関係執務資料」法曹会、
1997年。「行政手続の違法は、行政処分の効力にいかなる影響を与えると考える
べきか」と問い、3つの広狭説が紹介されているが、どの説によっても手続違背
と処分の効力との関係は相対的である。つまり手続違背は処分違法とは言わない。
5) 塩野・Ⅰ321頁参照。

225

数及び請求金額等は何ら特定されておらずとして、行手法14条1項本文の要求する理由提示としては不十分であるとして、処分を取り消した事例。

金沢地判平26.9.29LEX/DB文献番号25504858は、聴聞を主宰した警察署長は捜査を指揮する立場にあり、営業停止処分の原因となる事実を認定するための証拠の収集に関与したのみならず、処分をすべき旨を上申しているのであるから、処分に至る過程で本件に密接に関与しており、処分の主宰者に指名される資格を有していなかったとして、本件処分は重大な違法があるとした。

最判平27.3.3WEBは、行手法12条1項の規定により定められ公にされている処分基準である規程の定めにより将来の営業停止命令における停止期間の量定が加重されるべき処分後3年の期間内は、なお処分の取消しによって回復すべき法律上の利益を有するものというべきであるとした。

行手法以外の事例

最判平16.12.24WEBは、紀伊長島町水道水源保護条例にもとづき、産業廃棄物処理業で水源の枯渇をもたらすとして禁止するためには、事業者と町長とがあらかじめ協議をし、町長が審議会の意見を聴くなどして慎重に判断する必要があるのにこれらを実施する配慮を欠き、しかもこの条例はその業者対策のためにつくられたものであるから、配慮義務に違反してされたもので、違法となるとした。

〈条約〉

条約違反は違法かという問題がある[6]。自動執行条約の場合は当然違法性を導くし、国内法をつくって条約に効力を与える場合も違法性がでる[7]。いわゆる間接適用問題は、これらとは違って、条約を参照して国内法の解釈をおこなうことを指す。判例にあらわれているのは間接適用のケースである。条約違反から直接行政処分を違法とすることはないが、法律に基づく裁量につき、条約との関係で裁量権濫用を導くことがある[8]。

(2) 不文法違反

不文法違反も違法である。

---

[6] 条約と憲法でどちらが優位かという論点もある。憲法優位説に立った叙述として原田・要論33頁参照。

[7] 宇賀・I 5頁参照。

[8] 出入国管理及び難民認定法と難民の地位に関する条約との関係につき東京地判平17.12.26WEB、名古屋地判平18.3.23WEBは、条約をおおいに参照して行政処分を覆している。静岡地浜松支判平11.10.12判時1718号92頁、札幌地判平14.11.11判時1806号84頁は、人種差別撤廃条約を参照して外国人への入店入浴拒否の損害賠償を認めている。

第5章　取消訴訟の審理手続（本案審理、違法性審理）の諸段階

〈慣習法〉

慣習法に基づいて行政処分を違法とした判例はなく、また行政処分以外の行政関係でも認められていないが[9]、違法の法源から排除する必要はない。

〈信義則〉

条理である法の一般原則のうち、信義則については行政関係で認められた例もある[10]。

〈他事考慮〉

行政が行政処分にあたり考慮すべきでない事項を考慮することを他事考慮という。裁量審査で取り上げられることが多いが[11]、不利益禁止等として明文に取り入れられていることもあれば（国公法108条の7、地公法56条）、行政処分を違法にする一般原則でもある。

〈比例原則〉

比例原則とは、達成されるべき目的とそのために取られる手段（措置）との間に合理的な比例関係が存在することを要請する原則である[12]。この原則も裁量審査で取り上げられることが多いが[13]、超過差押えの禁止等として明文に取り入れられていることもあり（国税徴収法48条1項）、行政処分を違法にする一般原則でもある。

〈平等原則〉

憲法14条により当然であるこの原則も裁量審査で用いられることも多

---

[9]　行特法時代に公水使用権につき理由中で一般論的に判示した例はあるが、結論は認めていない（長野地判昭32.5.28行集8巻5号912頁）。

[10]　最判平19.2.6WEBは被爆補償に関する地方自治体の時効主張を信義則により制限している。最判昭56.1.27WEBは村長の交替による工場誘致から反対への政策転換につき信義衡平の原則とか信頼関係を使って不法行為による損害賠償認定の理由にあげている。税法分野の取消訴訟では最判昭62.10.30WEBは信義則の適用による課税処分の違法取消しの一般的な適用可能性は承認しつつも、「租税法規の適用における納税者間の平等、公平という要請を犠牲にしてもなお当該課税処分に係る課税を免れしめて納税者の信頼を保護しなければ正義に反すると言える特別な事情が存する場合に、初めて右法理の適用の是非を考えるべきもの」と慎重である。宇賀・Ⅰ43頁以下〕参照。

[11]　須藤・比例原則63頁以下、195頁以下参照。

[12]　芝池・総論84頁、須藤・前掲注11）参照。

[13]　須藤教授の2018年公法学会における報告によると、最高裁は神戸税関の最判昭52.12.20WEB、国旗国歌懲戒等予防訴訟の最判平24.2.9WEB等で実質的には比例原則を取り入れているが、明言しない。明言しないのは、明言すると何と何とが比例して考慮したかを書かなければならず、比例原則に拘束され、総合考慮ができなくなる不都合があるという。至言である。

227

いが、裁量までいかなくても正面から行政処分を違法にする法律上の原理である[14]。

〈権利濫用〉〈目的・動機〉

行政が行政権を濫用すれば違法である[15]。

トルコ風呂建設を阻止するために余目町が児童遊園設置条例をつくった事例である**最判昭53.5.26WEB**は、条例に基づく児童遊園設置許可処分が、トルコ風呂営業を阻止、禁止することを直接の動機、主たる目的としてなされたもので行政権の著しい濫用としている。

これらの判例の当否については私は意見を持つが、それはともかくこれらの一般原理が行政の行為を違法とすることをおさえておきたい。これらの原理は裁量違反として使われることが多いが、本来の使われ方は、裁量に行く前に実体的に違法であることが重要である。

(3) 裁量の踰越、濫用

裁量の踰越、濫用は取り消されるから（行訴法30条）、違法ということになる。この点は取消訴訟審理の中心課題であるから節を改めて論ずることとしたい（第2節）。

3 関連請求

関連請求という概念は行政訴訟においてかなり重要なものである。わかりにくく悪名高い制度である。後述する併合関係で多用されるのでここで解説する。

それは行訴法13条の各号で次のように定められる。13条は移送のルールなのだが、移送の点は後に第8節1(2)eで述べることとして、ここでは関連請求という行訴法の技術用語をみる。

一　当該処分又は裁決に関連する原状回復又は損害賠償の請求

二　当該処分とともに一個の手続を構成する他の処分の取消しの請求

三　当該処分に係る裁決の取消しの請求

四　当該裁決に係る処分の取消しの請求

---

[14]　租税法分野で起る論点につき宇賀・I 57頁以下参照。

[15]　判例として、民事仮処分だが、最も良く別荘を使う時期に水道料金滞納で町が給水停止をすることは権利の乱用とした**甲府地決平11.8.10**判例地方自治212号62頁がある。

第5章　取消訴訟の審理手続(本案審理、違法性審理)の諸段階

> 五　当該処分又は裁決の取消しを求める他の請求
> 六　その他当該処分又は裁決の取消しの請求と関連する請求

　各号に現れる「当該処分」というワードでわかるように、処分の取消訴訟と関係する訴訟類型を考えられるかぎり掲げ、6号で一般規定も置いている。使われ方は、当該条文が取消訴訟に向けての移送であり、他の条文では取消訴訟中心の併合である。つまり取消訴訟中心主義の権化のような概念を用意しているわけである。

　行訴法発足当初の東京地裁行政部の歴代総括判事も、実務的な面からこの制度を酷評している[16]。

　最近の実務では非常に柔軟な取扱いがなされている[17]ので、原告側弁護士は関連請求概念を知ったうえで、それをはみ出す様々な工夫を裁判所と達成すればよいと思われる。

　条文の文言はかなり明確だが、6号の一般条項が問題となろう。

　この解釈で実務、学説上の争いがあった。第1の見解は5号までに準ずるほどの取消訴訟との密接な関係説、第2の見解は事実に関する争点の相当程度共通説である[18]。

　最高裁は柔軟化を打ち出した。**最決平17.3.29WEB**は、「本件は、同一人の所有に係る、同一の敷地にあって一つのリゾートホテルを構成している本件各建物について、同一年度の登録価格につき、需給事情による減点補正がされていないのは違法であるとして、本件決定のうち抗告人が本件各建物の適正な時価と主張する価格を超える部分の取消しを求める訴訟である。これによれば、本件訴訟に係る各請求の基礎となる社会的事実は一体としてとらえられるべきものであって密接に関連しており、争点も同一であるから、上記各請求は、互いに行政事件訴訟法13条6号所定の関連請求に当たるものと解するのが相当である。したがって、上記各請求に係る訴えは、同法16条1項により、これらを併合して提起することができるものというべきである。このように解することが、審理の重複や裁判の矛盾抵触を避け、当事者の訴訟提起・追行上の負担を軽減するとともに、訴訟の

---

16)　位野木等・研究会32頁参照。
17)　条解380頁以下（藤山雅行執筆）参照。
18)　前掲注17)参照。

迅速な解決にも役立つものというべきである」としている。

この判決は、引用の最後の部分を読めば、上記対立の第2の見解に立つ旨判示したものと考えられる。ただ事案は判示にあるようにかなり密接した事案であるから、今後どこまで広げられるかが課題である。

将来的にはこのような制度は廃止し、民訴法を基本にした制度運用が望ましい。

4 訴えの変更、客観的併合

(1) 訴えの変更

a 規定の整理

訴えの変更についての民訴法143条は次のように定める。

（訴えの変更）

第143条 原告は、請求の基礎に変更がない限り、口頭弁論の終結に至るまで、請求又は請求の原因を変更することができる。ただし、これにより著しく訴訟手続を遅滞させることとなるときは、この限りでない。

2 請求の変更は、書面でしなければならない。

3 前項の書面は、相手方に送達しなければならない。

4 裁判所は、請求又は請求の原因の変更を不当であると認めるときは、申立てにより又は職権で、その変更を許さない旨の決定をしなければならない。

行訴法の訴えの変更規定は同法21条である。

（国又は公共団体に対する請求への訴えの変更）

第21条 裁判所は、取消訴訟の目的たる請求を当該処分又は裁決に係る事務の帰属する国又は公共団体に対する損害賠償その他の請求に変更することが相当であると認めるときは、請求の基礎に変更がない限り、口頭弁論の終結に至るまで、原告の申立てにより、決定をもって、訴えの変更を許すことができる。

2 前項の決定には、第15条第2項の規定を準用する。

3 裁判所は、第1項の規定により訴えの変更を許す決定をするには、

第5章　取消訴訟の審理手続(本案審理、違法性審理)の諸段階

> あらかじめ、当事者及び損害賠償その他の請求に係る訴えの被告の
> 意見をきかなければならない。
> 4　訴えの変更を許す決定に対しては、即時抗告をすることができる。
> 5　訴えの変更を許さない決定に対しては、不服を申し立てることが
> できない。

同法19条20条も関係する。追加的併合の規定である。

> **（原告による請求の追加的併合）**
> **第19条**　原告は、取消訴訟の口頭弁論の終結に至るまで、関連請求
> 　に係る訴えをこれに併合して提起することができる。この場合にお
> 　いて、当該取消訴訟が高等裁判所に係属しているときは、第16条
> 　第2項の規定を準用する。
> 2　前項の規定は、取消訴訟について民事訴訟法（平成8年法律第
> 　109号）第143条の規定の例によることを妨げない。
> **第20条**　前条第1項前段の規定により、処分の取消しの訴えをその
> 　処分についての審査請求を棄却した裁決の取消しの訴えに併合し
> 　て提起する場合には、同項後段において準用する第16条第2項の規
> 　定にかかわらず、処分の取消しの訴えの被告の同意を得ることを要
> 　せず、また、その提起があつたときは、出訴期間の遵守については、
> 　処分の取消しの訴えは、裁決の取消しの訴えを提起した時に提起さ
> 　れたものとみなす。

　これらの関連条文は、互いに排除する関係にはない。別なことを定めて
いるからである。規定間に過不足があるから必要になるのである。以下論
じる。

b　行訴法21条の意義

　民訴法143条の規定があるのに、行訴法が21条を用意しているのは何の
ためか。

　民訴法143条は、当事者が同一であること、同種の訴えであることが必
要だが、行訴法21条の規定は、条文からその意義はよくわかるように、
これは取消訴訟を異種の国賠訴訟などに変更するルールである。新訴を提
起する場合と比べて証拠関係等、訴訟経済上合理的であることはいうまで
もない。

231

また改正法により被告が両訴訟とも同一になったので、当然認められる
べき制度である。改正前の適用では、取消訴訟から被告の異なる賠償など
に変更することは実務感覚ではなかなかたいへんだという感じがしたが、
改正後は自然である。改正後も処分に係る事務の帰属する国又は公共団体
と裁決に係る事務の帰属する国又は公共団体が違う場合もあるから、この
規定の意味はもちろん現在もある。

　取消訴訟と国陪訴訟は関連請求だが、行訴法21条は関連請求でなくて
も「請求の基礎に変更がない限り」許すのである。関連請求でない他のど
のようなものが考えられうるか。当事者訴訟や争点訴訟は当然含むとして、
国や公共団体宛の民事訴訟（例えば不当利得返還請求）がこれに当たるであ
ろう[19]。

　本条文の準用関係は行訴法38条1項、43条1項・2項、公職選挙法219
条1項にある。

　それではその他の訴えを取消訴訟に変更する行訴法21条1項の規定ぶり
の反対の場合はどのように考えるべきであろうか。

　学説、実務には意見の対立があるが[20]、新潟地決昭51.10.19判時844号
29頁はこれを21条で認めている。事案は収用の損失補償金請求を収用裁
決の取消しの訴えに交換的に変更した事案で、損失補償請求は形式的当事
者訴訟だが裁決の実質的取消しを求める点で抗告訴訟の性質も有している
こと、県と収用委員会とは密接な関係があること、請求の基礎は同一であ
ること、本人訴訟であること、取消しの訴えが遅れたことに（旧民訴法139
条の適用は否定するが）故意または重大な過失はないこと、訴訟遅延もしな
いことなどを述べて、出訴期間の徒過している裁決取消訴訟への変更を認
めた。優れた判断である。

　しかしその控訴審東京高判昭60.6.25判時1172号30頁はこれを覆した。
行訴法21条の適用はないとしている。理由中には県と収用委員会との被

---

19)　山形地決昭39.8.25行集15巻8号1463頁は、自作農創設特別措置法による県知
事を被告とする売渡処分無効確認訴訟から国を被告とする所有権確認訴訟への変
更を認めている。なお、最決平17.6.24WEBは、指定確認検査機関（株式会社）
による建築基準法6条の2第1項の建築確認の取消訴訟中に建物が完成し、行訴
法21条により損害賠償に訴えの変更をするにあたり、同法6条1項の確認をする
権限を有する建築主事が置かれた地方公共団体が、指定確認検査機関の当該確認
につき行政事件訴訟法21条1項所定の「当該処分又は裁決に係る事務の帰属する
国又は公共団体」に当たるとした。

20)　条解452頁参照。

第5章　取消訴訟の審理手続（本案審理、違法性審理）の諸段階

告適格の違いを論じる部分もあるので、行訴法改正で被告適格が現在では共通になった以上は、この高裁判決こそ見直される必要があるものと考える。

上述もしたが再論すれば、改正後の今日での21条の存在意義は、実務的に三つの点であると思われる。第1は民訴法143条は民訴と行訴という異種の訴訟間の変更は認めない。第2は上述しているように出訴期間の問題である。変更しようと思う訴訟の出訴期間が徒過していることが多いからである。新潟地裁は元の訴訟と次の訴訟の関係を仔細に検討して、出訴期間徒過の不利益を負わす必要はないと考えた。第3は印紙である。新訴提起には新しく印紙を貼らないと受理されないが、変更が認められれば不要だからである。

c　行訴法19条の意義

・民訴の学説判例では主観的追加的併合は認められないが、行訴法19条は追加的併合を主観的にも客観的にも認める点に意義がある。

準用は行訴法38条1項、41条2項、43条にある[21]。

なお、19条1項は関連請求どうしの訴えが適法であることが前提となっているが、後述する20条の例外のほか、出訴期間や審査請求前置の点で判例が救済した例が数多くある[22]。

取消訴訟を提起したのちに民事差止め訴訟を追加する場合には19条の検討課題となるが、行政訴訟の違法性判断と民事差止めの受忍限度判断は相当に異なり、社会的紛争は一つで事実関係も共通するかについて、関連請求性を超えるのは難しいかもしれない[23]。

・行訴法19条2項は注意的に取消訴訟に民訴法143条が適用されることを規定したが、民訴法143条は行訴法21条、19条があってもなお大きな意味を有する。

行訴法19条は関連請求の関係にある訴訟間のもの。民訴法143条は、行訴と民訴という異種間の場合ではだめだが、行訴間の変更に適用される。例えば開発許可差止め訴訟継続中に許可が出てしまえば、取消訴訟に変更

---

21)　したがって民衆訴訟たる住民訴訟にも適用され、横浜地判平23.10.5判タ1378号100頁、その控訴審の東京高判平24.3.21金融法務事情1957号127頁もあるが、判示は行訴法19条を「訴えを交換的に変更する」規定と捉えているようで、誤りであろうと考える。

22)　条解440頁（市村陽典執筆）参照。

23)　中川等・基礎610頁参照。

233

したいが、この二つは関連請求でもないと東京地裁も大阪地裁も扱う[24]。また開発許可が出てしまえば差止め訴訟は不適法になる。行訴法19条の併合要件には適法性が必要と解釈されているから、こんな場合に民訴法143条が必要となるのである[25]。

d 行訴法20条の意義

審査請求を棄却した裁決に取消訴訟を提起し、これに前条1項の規定により原処分の取消訴訟を併合提起しようとする場合の要件緩和規定である。

条文の意味は明快だが、同意不要は控訴審でも同じである点くらいは注意を要する。

準用は38条2項、43条1項・2項[26]。

(2) 客観的併合

a 規定の整理

客観的併合についても、民訴法の原則に対し行訴法も規定を設けた。

民訴法136条は次のように規定する。

（請求の併合）

第136条 数個の請求は、同種の訴訟手続による場合に限り、一の訴えですることができる。

行訴法16条は次のように規定する。

（請求の客観的併合）

第16条 取消訴訟には、関連請求に係る訴えを併合することができる。

2 前項の規定により訴えを併合する場合において、取消訴訟の第一審裁判所が高等裁判所であるときは、関連請求に係る訴えの被告の同意を得なければならない。被告が異議を述べないで、本案について弁論をし、又は弁論準備手続において申述をしたときは、同意したものとみなす。

---

24) 中川等・前掲注23) 608頁参照。
25) 条解445頁は、2004年の行訴法改正で被告適格が行政主体になったことで、取消訴訟と当事者訴訟間でも可能で、民訴法143条による変更の範囲が格段に広くなったという。
26) 不作為の違法確認にも準用すべきとの説、裁決主義の特別法で、本条を類推して救済した判例につき条解449頁参照。

加えて上述の行訴法19条が追加的併合の規定である。

この三つを並べればその意味はわかりやすいといえよう。

b　行訴法16条の意義

民訴法136条が同種の訴訟手続間に限定しているのに対し、行訴法16条は関連請求間であれば異種の訴訟でも客観的併合できるところに意義がある。

本条の準用は行訴法38条1項、41条、43条にある。

併合要件が欠缺している場合も他方の適法な訴えを独立の扱いにすることや、弁論の併合を活用するなど柔軟な扱いが必要であろう[27]。

併合されることによって訴額は合算され（民訴法9条1項）、逓減効果が得られ、証拠調べを含む弁論は同一に行われ、訴訟資料、証拠は共通となり、判決は一つである。

第2節　裁量判断

行政における裁量と、その裁量を訴訟の場で統制する裁量論がある。

本節の課題は後者であるが、そのためにも前者を簡潔に述べる。

第1款　行政裁量

1　行政権と行政裁量

日本国憲法は「行政権は、内閣に属する」(65条) とし、その内閣の職務の第1に「法律を誠実に執行し、国務を総理すること」(73条1号) を掲げるから、行政権は、国会が制定する法律を執行する権限で、内閣により総理（統括）される。

内閣は法律を執行するのであるから、行政活動は法律に基づいたものである。ところが法律は抽象的なものもあり、また国会の特色から細かい行政の活動基準を法律にすべて盛り込むことは不可能である。国会はそのために、法律に大小の判断権を行政に与えることを常とする。この行政に与

---

27)　条解422頁以下参照。弁論の併合・分離の基準についても同書425頁以下参照。

えられた法律の解釈の判断権を行政裁量と呼ぶのである[28]。

2　行政裁量の種類

行政活動は幅広いから、行政法学は総論で様々に分類する。

行政立法、行政計画、行政契約、行政調査、行政指導等々であるが、その最も重要なものとして行政行為（代表的には行政処分）がある。そしてそのそれぞれに行政裁量があるのである。

本書ではこのうち、行政行為の裁量を中心的に扱う。

行政裁量の種類分けは、論者で色々だが、昔からの要件裁量、効果裁量の考え方は、第2款のためにも重要だと考えられる。

要件裁量とは、行政行為の根拠法規の要件の事実認定・あてはめ解釈について行政権に与えられる裁量である。

効果裁量とは、行政行為をするかどうか、どんな行為をするかについて行政権に与えられる裁量である。

第2款　裁量統制

訴訟が、実体審理に入って、原告は行政処分の違法性を主張立証し、被告はこれを防衛する弁論を展開するわけだが、違法性といっても、通常明らかな法違反は稀であり、行政が三権の一つとして与えられている裁量の行使を根拠法規との関係で逸脱していないかどうかが多く問題となる。裁量が当不当の領域でとどまっているのか、行訴法30条のいう踰越、濫用の領域に踏み込んで違法といえるかによって訴訟の帰趨が決定されるのである。

行政処分の違法性判断についての司法審査の根幹というべき論点である。

2004年の行訴法改正にあたって、裁量分野の改正不可欠との主張は強かったが、残念ながら見送られた。

まず裁量統制の本質論、次に改正論議、その後で裁量に関する判例の状況を概観し、最後に最近の裁判所による裁量統制は深化しているのかを述

---

28)　山本隆司教授はこの点を「行政裁量は、行政機関が法規範を適用する際に、取捨選択して考慮・衡量できる要素、および行政機関が考慮・衡量する要素についてウェートづけできる幅が、一定程度広く開かれている場合に認められよう」と述べる（山本・探究224頁）。裁量があるか否かで微妙な土地収用の損失補償につき、最判平9.1.28WEBは、収用委員会の裁量を否定した。

236

第5章　取消訴訟の審理手続（本案審理、違法性審理）の諸段階

べたい。

第1　裁量統制の本質

1　社会通念でかたづけるなら裁判はいらない

のちに具体的に詳述するように、行政の裁量の是非を判断する際、最高裁以下の判決のかなりのものが、行政裁量が社会通念に合致するか否かで決めている。

裁判を社会通念でかたづけるならそれは裁判とは言えないであろう[29]。

ことは裁判の本質に関わる。

現代民主国家であれば共通のことだが、日本国憲法に即して言えば、司法権の独立を担保するために、裁判官の職権行使の独立（76条3項）と裁判官の身分保障（78条）を定めている。

裁判官は憲法と法律に厳格に従ってその職権を行使すべきであり、その身分は強く守られているのである。憲法と法律の解釈を憲法は最終的に裁判官に委ねている。職業裁判官の職権の崇高さはここにある。

憲法が裁判官に委ねた職権を発揮する時、憲法や法律の解釈にあたり、それは社会通念により判断すると言ったのでは憲法が与えた職権行使を放棄しているのと同じである。社会通念とは言い換えれば常識ということであるが、「常識のウソ」と名をつけた各種の書物がある[30]ように、社会通念や常識といわれるものを自らの法律解釈の良心で判断し切らねばならない。

司法権の独立を脅かす内外の動きがある。外は、大津事件、浦和事件、吹田黙祷事件など、内は、平賀書簡事件が例示される[31]。内の例としては、最高裁判所司法行政も上げねばならないであろう[32]。

そのような動きの結果、社会通念論がはびこっている面もあるように思

---

[29]　故滝井繁男元最高裁判事は、「社会通念というと、それは実証不能の概念で、基準として機能しないという批判を受けます」と述べている（中川丈久教授の質問に答えて、滝井追悼108頁で）。

[30]　枚挙にいとまはないが、例えば神野直彦『税金常識のウソ』（文春新書、2013年）、保坂正康『知らないと恥ずかしい！　日本の戦争　常識のウソ』（アスコム、2008年）、伊丹敬之＝東京理科大学MOT研究会編著『技術経営の常識のウソ』（日本経済新聞出版社、2010年）、三石巌『医学常識はウソだらけ　図解版　分子生物学が明かす「生命の法則」』（祥伝社、2017年）、左巻健男「水の常識ウソホント77」（平凡社新書、2015年）など。

[31]　芦部信喜〔高橋和之補訂〕『憲法〔第四版〕』（岩波書店、2007年）141頁。

[32]　斎藤浩「忖度をやめ、国民、企業に役立つ行政訴訟へ」（滝井追悼所収）参照。

237

えてならないが、裁判官には勇気を持って乗り越えてもらいたいと思う[33]。

2 裁判官の裁量判断とはいかなる行動なのか[34]

裁量の反対概念である羈束行為への判決に至る過程は、自由心証（民訴法247条）による事実認定で結論が決まる可能性が強く、判断場面で難しいことはないと思われる。

裁量行為への判決に至る過程も、自由心証による事実認定と判断である。

裁量行為の場合、事実も容易く認定できるものではなく、確定できない事実を含め事実関係が全面的に明らかではない状況下において、見込みを含む一定の事実認識の下に、裁量判断は行われる。それは裁判官による法的価値判断である[35]。

裁判官が行政の判断過程を審査すれば容易く行政段階の判断内容が明らかになり、余程のことがない限り、それを尊重すれば足りるかの如く言う学者の言質は、観念的で危ういものである。それら学者の言うことは、結果としては裁量審査をおこなう裁判官に法的価値判断をさせないことをもって結論としていると言わざるを得ない。

のちにも何度も取り上げる伊方原発設置許可処分取消訴訟上告審判決（最判平4.10.29WEB、以下「伊方上告審判決」などと略称することもある）が、当時の原子炉等規制法24条2項が、内閣総理大臣の設置許可の場合に「あらかじめ原子力委員会の意見を聴き、これを尊重してしなければならないと定めているのは」、同条1項3号・4号など「右各号所定の基準の適合性については、各専門分野の学識経験者等を擁する原子力委員会の科学的、専門技術的知見に基づく意見を尊重して行う内閣総理大臣の合理的な判断にゆだねる趣旨と解するのが相当である」という意味であるとしながらも、「原子炉設置許可処分の取消訴訟における裁判所の審理、判断は、原子力委員会若しくは原子炉安全専門審査会の専門技術的な調査審議及び判断を基にしてされた被告行政庁の判断に不合理な点があるか否かという観点から行われるべきであって、現在の科学技術水準に照らし、右調査審議において用いられた具体的審査基準に不合理な点があり、あるいは当該原子炉

---

33) 社会通念論を採用しながら、裁量統制をして処分を違法とした判決もある。これらの点は、後の「判例の状況」で詳述する。

34) 斎藤浩「原発訴訟と裁判官の営為について1、2」（自治研究1104号、1105号（2016年）所収）参照。

35) 藤山＝村田編・行政争訟410-414頁参照。

第5章　取消訴訟の審理手続（本案審理、違法性審理）の諸段階

施設が右の具体的審査基準に適合するとした原子力委員会若しくは原子炉安全専門審査会の調査審議及び判断の過程に看過し難い過誤、欠落があり、被告行政庁の判断がこれに依拠してされたと認められる場合には、被告行政庁の右判断に不合理な点があるものとして、右判断に基づく原子炉設置許可処分は違法と解すべきである」という基準を立てたのは、裁量過程審査にあたってもこれらの基準に則って、裁判所が、法律が行政に与えている裁量はどの範囲のものかを法的価値判断をすることを判示したものと理解するのが当然である。

ところがこの伊方上告審判決後の原発分野の判決では、もんじゅ最高裁実体判決（最判平17.5.30WEB）などは、原子力安全委員会の判断を尊重するだけで、当時の原子炉等規制法24条に関する日本国憲法に基づく裁判所、裁判官としての法的価値判断を放棄しているとしか言いようがない。

そしてさまざまな苦しい言い訳をしながら一部の学者は、この最高裁の判断放棄の判決を容認している。

行政の羈束行為への裁判官の判断は代置ではなく判断そのもの、代置に対比して言うとすれば判断正置である。

裁量における判断過程統制も終局的には裁判官の判断であり、裁量がない場合の判断と、判断という点では変わりはない。判断方法が変わるだけで、裁判所は判断するし、しなければならない。裁量行為といえども判断過程審査をした上で、法律が行政に与えている裁量はどの範囲のものかの最終判断を下さねばならない。

しかるに原発のような大型の専門的技術的行政行為についての一部の学者の言説は、判断過程審査の名を借りて、裁判所の判断回避を意図しているのではないかと考えざるを得ない。きちんと判断をした裁判所、裁判例に対し、判断代置をしたと批判をする[36]ことを通じて、裁判所の判断回避、判断放棄を迫っているとしか思えない。

行政の判断過程を統制することを通じ、法律が行政に与えている裁量はどの範囲のものかを判断することが裁量統制の課題である。しかし、それに対する概念としての判断代置と言う考え方を指定することは、本質を混迷させるだけで百害あって一利もない[37]。行政の判断過程への統制過程で、

---

36)　高橋滋「原子力関連施設をめぐる紛争と行政訴訟の役割―『もんじゅ』訴訟第2次上告審判決の検討」宮崎古稀所収72頁、高木光『技術基準と行政手続』（弘文堂、1995年）23頁（この部分の初出は1993年）など。

裁判官が当該行政の判断過程が適切でないと認定することは、代置ではなく、判断過程統制そのものである。

　裁判は、法的な紛争につき、証拠によって事実を確定し、法律を適用して原則として判決という形で結論を示す。

　例えば原発行政の分野の司法による裁量チェックは、行政段階の審査基準の合理性およびその具体化としての基本設計ないし基本的設計方針適合性を司法として単純にチェックするだけで、判断代置などという概念が入る余地はない。

　これらの司法作用、裁判官の判断内容はどのような性格の行為として説明できるか。

　①　単純なことだが、裁判官の裁量チェックは、要件裁量部分、効果裁量部分を通じて、事実の確定、事実認定に関わる点は自由心証主義による判断である。

　心証形成のために用いることができる資料は、口頭弁論の全趣旨及び証拠調べによる結果である（民事訴訟法247条）。証拠調べには当然鑑定が入るのであって（同法212条以下）、「鑑定人裁判の怖さ」などという判決批判[38]も見受けられるが、訴訟法を無視したものである。

　②　法律の適用に関わる点には、行政事件訴訟法30条の規定がある。今日的にはこの条文は裁量権の限界の規定として位置付けられる。位置付けられるが、内容のない規定であるから、この条文があろうとあるまいと、裁判官は行政裁量の統制を各分野の行政法令を適用して行うのであり、例

---

37)　判断代置の正しい意味は次の通りである。すなわち、園部逸夫元最高裁判事は「裁判所の公益判断を行政庁のそれと置きかえることまで要求される」行政事件訴訟においてと行政事件訴訟の特徴を表現された（『現代行政と行政訴訟』（弘文堂、1987年）19頁）。その場合の「公益判断の置き換え」は羈束行為に限らないことは当然の前提として含意されている。それを判断代置と呼ぶなら、行政の公益判断を司法（裁判所）の公益判断に置き換えることを意味している。これが正しい意味である。

　判断代置の誤った意味は次の通りである。すなわち、伊方上告審判決の調査官解説で高橋利文調査官が、原発許可のような「高度の専門技術的知見に基づく判断を必要とする当該処分」においては、裁判所は「実体的判断代置方式によらない」と述べた（『最高裁判所判例解説民事篇平成4年度』（法曹会）421-422頁〔高橋利文執筆〕）ことを皮切りに、公益判断の置き換えという論点が園部元判事のいう正しい意味から外れた。この調査官解説は、判決自体が使ってもいない判断代置と言う言葉を、さも判決が述べているかのように流布させた悪質な例の一つである。

38)　高木・行政訴訟論384頁以下。

えば、原発許可分野では当時の原子力等規制法24条の解釈判断であった。これは裁判体の判断そのものであり、判断代置などという考え方は寄りつき難い。これらの点は、福島事故以後の原子炉等規制法の改正により変わることはない。

第2　裁量統制強化に向けての改正論議とその見送り

　「裁量権の範囲をこえ又はその濫用があつた場合に限り」処分を取り消すことができるとする行訴法30条の規定は、具体的内容が何ら明らかではなく、司法による裁量審査の基準は明確となっていない。

　そこで諸学者の見解に学び討論した結果、日弁連は次のような改正案を行政訴訟法案に入れた。

（判断余地のある行政決定における行政主体の主張立証責任）
第35条　行政法規への事実の当てはめにおいて判断余地があるときは、行政主体は、是正訴訟において、その行政決定の前提となる事実、判断基準の合理性及び判断基準の事実への適用の合理性を主張立証しなければならない。
　2　前項において、判断基準が適法でなく、又は適正な判断基準への事実を行政機関等が適用する過程に法令の趣旨、目的、社会通念又は条理上、過誤・欠落がある場合には、裁判所はその行政決定が違法であると判断しなければならない。

【説明】

　行政決定において行政主体の判断余地がある場合には、行政主体に対して、前提事実、判断基準の合理性、事実への基準の当てはめの合理性についての主張立証責任を課した。その際の裁判所の判断基準を第2項に定めている。

　行政訴訟検討会は「主な検討事項」では次のような考え方を紹介し、それに対するコメントをしていた。

　「行政の裁量に対する裁判所の審査を充実させるために「裁量権の範囲をこえ又はその濫用があった場合に限り」処分を取り消すことができるとする行政事件訴訟法第30条の規定を見直すべきであるとの考え方」

【コメント】

この考え方は、行政事件訴訟法第30条には、裁量処分についても取り消すことのできる場合があることを明らかにする意味が立法当時はあったが、現在では、裁量処分を取り消すことができる場合を限定する規定となっている点で、裁判所の判断をむしろ制約するおそれがあるのではないか、との観点から、行政事件訴訟法第30条の規定を見直すべきであるとする趣旨の考え方である。

見直しの具体的な内容としては、例えば、次のような考え方がある。

　A案　行政事件訴訟法第30条の規定について、比例原則や合理性の基準なども規定すべきであるとの考え方

　B案　行政事件訴訟法第30条の規定は、裁量審査を抑制する効果を持つおそれがあるから削除すべきであるとの考え方

　C案　費用便益分析手法などの客観的科学的な基準が相応しい分野についてはそのような基準で裁量の審査をすべき旨の規定をする考え方

　D案　裁量基準及びその基準の適用の合理性を行政庁に主張立証させて行政庁の判断過程を明確にし、その判断の方法又は過程に誤りがある場合には処分が違法になるとの規定をすべきであるとの考え方

これらの考え方については、例えば次のような指摘がされている。

　ア　行政裁量は行政実体法の解釈の問題であるところ、裁量審査の手法は多様であるから、考えられるものをすべて規定することは困難である。

　イ　社会の熟度や社会の流れによって裁量の幅が変わることに法律の規定が対応できるか検討する必要がある。

　ウ　費用便益分析手法など、法的（価値）基準として用いるにはまだ未熟で進歩していく技術を審査の基準とすることは適切でない。

　エ　裁量の審査は、実体法の趣旨に沿って個別具体的に検討する手法が判例で確立しており、行政事件訴訟法第30条の規定が裁量審査を抑制しているとはいえない。

他方で、これらの指摘に対する次のような反論がある。

　ア・イについて　考えられるものをすべて規定する必要性は乏しく、基本的なものを規定して、あとは概括条項で定めればよい。また、裁量の司法統制の方法は、実体法の問題ではなく訴訟法の問題である。

第5章　取消訴訟の審理手続(本案審理、違法性審理)の諸段階

> ウについて　費用便益分析手法は、行政評価の分野などでは実際に法令上行政手法に組み込まれており、それが未熟だということになると、法的利益の比較衡量を求める既存の行政法令の要件解釈や、行政評価そのものが成り立たなくなる。

　しかし、結局は裁量の問題は「考え方」(2004年1月6日)には入れられず積み残し課題となった。

　司法制度改革推進本部事務局の「検討会最終まとめ」は、行政訴訟改革の主要な積み残し課題の一つに「裁量に関する司法審査」をあげているが、次のように、結局判例の発展に任せる考えになっている。

> 　裁量に関する司法審査に関しては、行政事件訴訟法の改正により、義務付け訴訟・差止訴訟や確認訴訟の活用などにより、多様な行政活動が司法審査の対象として取り上げられるようになっていくことが予想される中で、行政作用の基準・考慮事項などが抽象的に規定されている行政活動についても、適切な司法審査が行われる必要が増大すると考えられる。そこで、処分又は裁決の理由を明らかにする資料の提出等を行政庁に対して求める新設された釈明処分の特則の活用により裁量に関する審理の充実を図ることとの関係も含め、裁量に関する適切な司法審査を担保する観点から更に議論を深めておく必要があると認識されたことによるものである。

　前述の日弁連案も結局は前述の伊方原発の最高裁判例の線であるが、このような規定でも現行の行訴法30条よりもはるかに活用しやすいものではあろう。ただ後述のように最近の判例は積極的に裁量判断を行い、違法の結論に至るものも多いが、原発のような大型の専門的技術的案件を判断する場合に、裁判所が気後れして、伊方原発の線を守りながら創意工夫を持って事案に適用していくことがなかなかできない現状では、結局周辺住民は救われないことになるのではないかと考えられる[39]。

　改正のための知恵が集結することを期待したい[40]。

---

39)　筆者の日弁連案への追加条項の提案もあるが、福島事故後の原子力規制委員会の評価がそれにかかわる。後述する。

243

第3　判例の概況

A　判例が使用する行政裁量統制の基準

いろいろな分類も用語もあるが、端的なのは①社会観念（通念）審査、②判断過程の統制と分ける方法である[41]。

前者は、裁量の行使が箸にも棒にもかからないほどひどいことが明らか、通常ありえないほど明らかな非常識と断定する構文で、ふつうはそのようなことはない。したがって、この審査方法で違法となることはないということである。つまりこれは裁量統制の基準とは厳密な意味ではなりえず、裁量絶対追認の基準ともいうべきであろう。

後者は、行政の裁量判断過程をチェックしようというので、前者のように断定しないほとんどの判例がこちらに分類される。したがって後者には様々な統制方法、チェック方法が含まれる（この中には社会観念・通念審査との混合型も含める）。

ここでは最高裁判例を分類分析する（下級審はBで取り上げる）。

1　問答無用方式（社会観念、社会通念審査）

上述の総論では、社会通念を持ち出す判断について、憲法の司法権の独立の観点から論じたが、現代社会のように価値の多様化した時代に、社会観念とか通念とかという概念を持ち出して、行政の裁量を擁護するというのは、時代錯誤も甚だしく、KY度が甚だしいと言わねばならない。理屈はなく、問答無用で切り捨てるだけの内容である。

・社会通念判決の代表、在留期間更新不許可処分取消請求のマクリーン判決（**最大判昭53.10.4WEB**）は次のように言う。「出入国管理令21条3項に基づく法務大臣の『在留期間の更新を適当と認めるに足りる相当の理由』があるかどうかの判断の場合についてみれば、右判断に関する前述の法務大臣の裁量権の性質にかんがみ、その判断が全く事実の基礎を欠き又は社会通念上著しく妥当性を欠くことが明らかである場合に限り、裁量権の範

---

40)　阿部＝斎藤編・論点288-299頁、阿部泰隆「裁量に関する司法審査」自由と正義2006年3月号28-30頁も参照のこと。

41)　例えば山本・探究229頁以下。亘理格「行政裁量の法的統制」（争点119頁）参照。

第5章　取消訴訟の審理手続（本案審理、違法性審理）の諸段階

囲をこえ又はその濫用があつたものとして違法となるものというべきである。したがつて、裁判所は、法務大臣の右判断についてそれが違法となるかどうかを審理、判断するにあたっては、右判断が法務大臣の裁量権の行使としてされたものであることを前提として、その判断の基礎とされた重要な事実に誤認があること等により右判断が全く事実の基礎を欠くかどうか、又は事実に対する評価が明白に合理性を欠くこと等により右判断が社会通念に照らし著しく妥当性を欠くことが明らかであるかどうかについて審理し、それが認められる場合に限り、右判断が裁量権の範囲をこえ又はその濫用があつたものとして違法であるとすることができるものと解するのが、相当である」。

　この抽象的で悪魔の証明のような判決は、読めば読むほど、裁量統制はしないのだとの決意の表れのように見える。このような理不尽な判決はいかに出入国管理という法分野であっても許されるべきではない[42]。

　これほどではないにしろ、裁判所が裁量統制をしない場合に、この社会観念、社会通念基準が用いられる[43]。

　用いながら過程審査もして見つつ、結局社会観念（通念）を前面に出しているものは後の④、用いてはいるが言葉として使っているだけのものは後の⑤、用いてはいるが過程審査を重視したものは後の⑥に掲げる。

　しかし、マクリーン判決の裁量論は今に至るも多くの判決に引用され続けているのであり[44]、決して昔の判断ではない。

　なお、マクリーン判決が社会通念論とともに、セットのようにして用いている「全く事実の基礎を欠く」という表現が、「重要な事実の基礎を欠く」と変えられている判例（後の⑥で取り上げる広島県教組教研集会事件（最判平18.2.7WEB）など）を取り上げて、事実の審査密度が高まっていると評する意見もあるが、疑問である。その最判平18を検討しても、「全く」を

---

[42]　泉徳治元最高裁判事は、この判決が今日では実質的に変容しているとして、その理由を難民の地位に関する条約、市民的及び政治的権利に関する国際規約（人権B規約）、児童の権利に関する条約等の検討に求めている（自由と正義2011年2月号20頁）。

[43]　京都府立医大附属女子専門部学生懲戒放学処分に関する特別権力関係の代表判例：最判昭29.7.30WEB、足立江北医師会設立不許可処分に関する最判昭63.7.14WEB。

[44]　例えば地裁でいうと東京地判平29.1.31TKC文献番号25538507ほか極めて多数、高裁でいうと東京高判平21.5.27判時2062号33頁ほか一定数、最高裁でいうと最判平10.4.10WEBほか一定数ある。

245

「重要な」に変わったと思わせる具体的な判断材料は発見できない。

・新市長による政策変更に関する最判平10.10.8判例地方自治203号79頁、土地区画整理の照応の原則に関する最判平24.2.16WEB、最判平25.2.19判例地方自治368号76頁は、社会通念の典型的断定判決で問答無用である。

・厚木基地の自衛隊機運航差止め請求の最判平28.12.8WEBは、厚木海軍飛行場を使用する自衛隊機の運航には高度の公共性、公益性があるものと認められ、他方で、同飛行場における航空機騒音により周辺住民に生ずる被害は軽視することができないものの、被害軽減のため、自衛隊機の運航に係る自主規制や周辺対策事業の実施など相応の対策措置が講じられている等の事情を総合考慮すれば、同飛行場において、将来にわたり自衛隊機の運航が行われることが、社会通念に照らし著しく妥当性を欠くものと認めることは困難であるから、同飛行場における自衛隊機の一定の運航に係る防衛大臣の権限の行使が、行政事件訴訟法37条の4第5項の行政庁がその処分をすることがその裁量権の範囲を超え又はその濫用となると認められるときに当たるということはできないとした。

2 判断過程の統制方式——種類と広がり、誤りへの変質

　行政裁量を広く認めない場合に使われる手法として下級審から登場し、裁量の深化に役立ったが、原発許可の判断など大型の専門的技術的分野では、専門機関の判断の尊重とも相まって、逆にこの手法が行政裁量にものを言わない一連の重要判決を輩出している。これらを正確に分類し論じたい。

　① 純粋な判断過程審査型

　・最高裁判例ではないが、日光太郎杉事件（東京高判昭48.7.13WEB[45]）。

　「控訴人建設大臣の、この要件（注：土地収用法20条3号）の存否についての判断は、具体的には本件事業認定にかかる事業計画の内容、右事業計画が達成されることによつてもたらされるべき公共の利益、右事業計画策定及び本件事業認定に至るまでの経緯、右事業計画において収用の対象とされている本件土地の状況、その有する私的ないし公共的価値等の諸要素、

45）　白石健三裁判長の判決である。比例原則を適用した事例でもある。なおこの原審である宇都宮地判昭44.4.9WEBがこの白石判決を生み出したともいえるこれまた立派な判決である。

諸価値の比較衡量に基づく総合判断として行なわるべきものと考えられる」。

行政庁は「この判断にあたつて、本件土地付近のもつかけがいのない文化的諸価値ないしは環境の保全という本来最も重視すべきことがらを不当、安易に軽視し、その結果右保全の要請と自動車道路の整備拡充の必要性とをいかにして調和させるべきかの手段、方法の探究において、当然尽すべき考慮を尽さず……、また、この点の判断につき、オリンピックの開催に伴なう自動車交通量増加の予想という、本来考慮に容れるべきでない事項を考慮に容れ……、かつ、暴風による倒木（これによる交通障害）の可能性および樹勢の衰えの可能性という、本来過大に評価すべきでないことがらを過重に評価した……点で、その裁量判断の方法ないし過程に過誤」があったとした。

この判決が判断過程判決の嚆矢だと言われることがある。

② 手続統制型

行政手続法の立法事実となったような一連の判決がある。

・個人タクシー事件（最判昭46.10.28WEB）は、道路運送法3条2項3号に定める一般乗用旅客自動車運送事業である1人1車制の個人タクシー事業の免許にあたり、多数の申請人のうちから少数特定の者を具体的個別的事実関係に基づき選択してその免許申請の許否を決しようとするときには、同法6条の規定の趣旨に添う具体的審査基準を設定してこれを公正かつ合理的に適用すべく、右基準の内容が微妙、高度の認定を要するものである等の場合は、右基準の適用上必要とされる事項について聴聞その他適切な方法により申請人に対しその主張と証拠提出の機会を与えるべきであり、これに反する審査手続により免許申請を却下したときは、公正な手続によって免許申請の許否につき判定を受けるべき申請人の法的利益を侵害したものとして、右却下処分は違法となるものと解すべきである、とした。

・群馬中央バス事件（最判昭50.5.29WEB）は、一般乗合旅客自動車運送事業の免許に関する運輸審議会の公聴会における審理手続は、運輸審議会の客観性のある適正かつ公正な決定（答申）の保障のために公聴会審理を要求する法の趣旨に従い、申請者その他の利害関係人に対し決定（答申）の基礎となる諸事項に関する諸般の証拠その他の資料と意見を十分に提出してこれを運輸審議会の決定（答申）に反映させることを実質的に可能ならしめるようなものでなければならない。諮問の経由を必要とする行政処分が諮問を経てされた場合においても、当該諮問機関の審理、決定（答申）

の過程に重大な法規違反があることなどによりその決定（答申）自体に法が右諮問機関に対する諮問を経ることを要求した趣旨に反すると認められるような瑕疵があるときは、右行政処分は、違法として取消しを免れないとした。

③　考慮事項型（考慮事項甲型）

判断の過程で考慮すべき要素を指摘する一連の判決がある。そのうち社会通念と考慮事項を両方挙げながら考慮事項を重視した一連の判決は⑤で混合型Ｂ＝考慮事項乙型として分類している。

・広島今田校長分限事件：最判昭48.9.14WEB

「もとよりその純然たる自由裁量に委ねられているものではなく、分限制度の上記目的と関係のない目的や動機に基づいて分限処分をすることが許されないのはもちろん、処分事由の有無の判断についても恣意にわたることを許されず、考慮すべき事項を考慮せず、考慮すべきでない事項を考慮して判断するとか、また、その判断が合理性をもつ判断として許容される限度を超えた不当なものであるときは、裁量権の行使を誤つた違法のものであることを免れないというべきである」。このように総論では述べているが、分限を違法とした原審を破棄して、「原審の判断には、上告人が本件降任処分の事由の存否について上記のような裁量的判断権を有することを無視したか、ないしは裁判所のなすべき審査判断の範囲を超えて処分庁の裁量の当否に立ち入つた違法があるといわなければならない」とまで述べたひどい判決である。

・刑務所からの信書発信不許可に関する最判平18.3.23WEBは、国賠事件であるが、本件信書は、国会議員に対して送付済みの本件請願書等の取材等を求める旨の内容を記載したＣ新聞社宛のものであり、発信を許すことによって刑務所内に障害が生ずる相当の蓋然性があるということはできず、それらの考慮をせずなした刑務所長の発信の不許可は、裁量権の範囲を逸脱し、又は裁量権を濫用したものとして違法とした。

・林試の森事件（最判平18.9.4WEB）は、公道との接続部分として利用するため、国家公務員宿舎の敷地（跡地）として利用されている国有地（貴重な樹木が多い林試の森）ではなく、これに隣接する民有地を公園の区域に含むものと定めた都市計画決定について、裁量権の範囲を逸脱し又はこれを濫用したものということはできないとした原審（東京高判平15.9.11WEB）の判断に違法（国有地を使えば樹木に影響があるかどうかの具体的事実を確定し

248

第5章　取消訴訟の審理手続（本案審理、違法性審理）の諸段階

ていない）があるとされた事例。差戻し判決である。この判決は裁量とい

う言葉は使っていないが、裁判長を務めた滝井繁男元判事は、考慮事項を

示したものとして「今後この種の事件の裁量判断について重要な検討材料

を提供したものと評することができよう」としている[46]。一審判決（東京

地判平14.8.27WEB）の採用した公有地優先の原則は、二審判決とともに否

定したが、法廷意見はなるべく公有地を使う方向への努力を滲ませている。

補足意見もあり、これは公有地があることはあくまでひとつの考慮要素に

すぎないとする考えを述べている。法廷意見の民有地利用回避という考慮

要素は重視されていると評価される[47]。

④　混合型A（過程審査はするが問答無用に軍配をあげた型）

社会通念、社会観念などの用語も使いながら、過程審査をする方式を混

合型と名付ける。Aは結局社会通念、社会観念に負けた型である。

・神戸税関懲戒免職処分に関する最判昭52.12.20WEBは、国税庁職員で

ある被上告人らが、勤務評定反対闘争としてなされた勤務状況報告書の組

合保管等の争議行為を理由に上告人がした懲戒免職処分の取消しを求めた

事案だが、被上告人の各行為の性質、態様等を考慮すれば、報告書の提出

遅延が丸一日程度にとどまること、組合幹部に対する懲戒処分が停職であ

ることなどの諸事実を勘案しても、本件処分が社会観念上著しく妥当を欠

き懲戒権者に任された裁量権の範囲を超えたものということはできないと

する。

・伝習館高校事件の最判平2.1.18WEBは「上告人が、所管に属する福岡

県下の県立高等学校等の教諭等職員の任免その他の人事に関する事務を管

理執行する立場において、懲戒事由に該当する被上告人らの前記各行為の

性質、態様、結果、影響等のほか、右各行為の前後における被上告人らの

態度、懲戒処分歴等の諸事情を考慮のうえ決定した本件各懲戒免職処分を、

社会観念上著しく妥当を欠くものとまではいい難く、その裁量権の範囲を

逸脱したものと判断することはできない」と色々述べているが、最後の決

め手は社会観念に求めていると言えよう。

・全農林82年事件の最判平12.3.17WEBは、全農林労働組合の中央執行

委員であった上告人らが、集団的に職場を離脱して職務を放棄するという

争議行為を実施したため、被上告人（農林水産大臣）が行った懲戒処分の

---

46)　滝井・最高裁判所111頁。

47)　山本・探究271頁参照。

取消しを請求した事案において、第一審は同争議行為が人事院勧告の実施を求めて行われたものであったとしても憲法上許された争議行為と評価することはできないとし、同争議行為が暴力を伴ったものではないこと、全農林が争議行為に伴う障害の防止に努めたことなどを勘案してもなお、懲戒処分は未だ社会通念上著しく妥当性を欠き、裁量権の範囲を逸脱したものとまでいうことはできないとした点を支持した。

・小田急実体事件の上告審（最判平18.11.2WEB）は、1の社会観念・通念型と考慮要素型が融合した内容で、総論で、「裁判所が都市施設に関する都市計画の決定又は変更の内容の適否を審査するに当たっては、当該決定又は変更が裁量権の行使としてされたことを前提として、その基礎とされた重要な事実に誤認があること等により重要な事実の基礎を欠くこととなる場合、又は、事実に対する評価が明らかに合理性を欠くこと、判断の過程において考慮すべき事情を考慮しないこと等によりその内容が社会通念に照らし著しく妥当性を欠くものと認められる場合に限り、裁量権の範囲を逸脱し又はこれを濫用したものとして違法となるとすべきものと解するのが相当である」とする。

最高裁が周辺住民の原告適格を広く認める時代に入っても、大規模な行政の行為についてはなかなか裁量統制できないことをまざまざとみせつけた[48]。

具体的適用では、まず判決は行政が連続立体交差化事業に高架式を決定するに際し、都市計画法に基づき環境影響評価が適法に（東京都環境影響評価技術指針が定める環境影響評価の手法を基本とし、一般に確立された科学的な評価方法に基づき）行われたとし、考慮すべき事情を考慮せずにされたものということはできず、また、その判断内容に明らかに合理性を欠く点があるということもできないとする。

次に判決は、計画的条件、地形的条件及び事業的条件に係る考慮については、構造について三つの方式の比較検討をした際、すでに取得した用地の取得費や鉄道事業者の受益分を考慮せずに事業費を算定しているが、当該都市計画の実現のために今後必要となる支出額を予測するものとして、合理性を有する、1993（平成5）年当時、シールド工法により施工することができなかったことに照らせば、シールド工法により施工した場合にお

---

48) 第4章注54)で述べた筆者が小田急大法廷判決の時点で新聞に出したコメントによる期待は、裏切られることとなった。

第5章　取消訴訟の審理手続（本案審理、違法性審理）の諸段階

ける2線2層方式の地下式の事業費について検討しなかったことが不相当
であるとはいえないという。

判決は、さらに、1998（平成10）年以降、東京都から地下式とする方針
が表明されたが、1993（平成5）年決定に係る9号線都市計画においては地
表式とされていたことや、地下式とした場合に河川の下部を通るため深度
が大きくなるなどの問題があったこと等に照らせば、高架式が優れている
と判断したことのみをもって、合理性を欠くものであるということはでき
ないとする。これらの判示内容と後に紹介する地裁判決とを比べると、そ
の事実認定が全く逆であることがよくわかる。最高裁は、優れた地裁判決
を否定した。考慮事項は名ばかり、結局は社会通念のお化けに帰依してい
る[49]。

・仮換地指定処分取消請求の最判平25.2.19判例地方自治368号76頁は、
上告人の施行する土地区画整理事業の施行地区内に土地を所有する被上告
人らが、土地区画整理法98条1項に基づく仮換地指定処分の取消しを求め
た事案で、事業により各土地の利便性が向上することに伴い地価が上昇す
ることが見込まれるなどの諸事情を総合的に考慮すれば、本件各仮換地指
定処分により従前地の地積が減じられることを勘案しても、各仮換地は、
各従前地の状況と比較して、いずれも社会通念上不照応なものとはいえな
いとして、原判決を破棄し、被上告人らの請求をいずれも棄却した。

・厚木基地航空機運航差止等請求事件の最判平28.12.8WEBは、自衛隊
機の運航には高度の公共性、公益性があるものと認められ、他方で、飛行
場における航空機騒音により周辺住民に生ずる被害は軽視することができ
ないものの、被害軽減のため、自衛隊機の運航に係る自主規制や周辺対策
事業の実施など相応の対策措置が講じられている等の事情を総合考慮すれ
ば、飛行場において、将来にわたり自衛隊機の運航が行われることが、社
会通念に照らし著しく妥当性を欠くものと認めることは困難であるから、
飛行場における自衛隊機の一定の運航に係る防衛大臣の権限の行使が、行
政事件訴訟法37条の4第5項の行政庁がその処分をすることがその裁量権
の範囲を超え又はその濫用となると認められるときに当たるということは

---

49)　藤山=村田編・争訟235頁で、高木教授が、この判決の「裁量統制は、私の見
るところ、『判断結果の統制』＝『社会観念審査』に帰着し、『判断過程の統制』
を示すような部分はどちらかといえばレトリックにとどまっている」と述べてお
られることに、同感である。

251

できないとした。

・辺野古の地方自治法251条の7第1項の規定に基づく不作為の違法確認に関する**最判平28.12.20WEB**は、公有水面の埋立てが公有水面埋立法4条1項1号の要件に適合するとした県知事の判断には、当該埋立てがアメリカ合衆国軍隊の使用する飛行場の代替施設を設置するために実施されるものであって、県知事が、当該代替施設の面積や埋立面積が当該飛行場の施設面積と比較して相当程度縮小されることに加え、滑走路延長線上を海域とすることにより航空機が住宅地の上空を飛行することが回避されること並びに当該代替施設が既に同国軍隊に提供されている施設及び区域の一部を利用して設置されること等に照らし、同号の要件に適合すると判断したものであり、当該判断が事実の基礎を欠くものであることや、その内容が社会通念に照らし明らかに妥当性を欠くとの事情は認められないという事情の下では、違法又は不当があるとはいえないとした。

⑤　混合型B＝考慮事項乙型（過程審査をして考慮事項を審査し社会通念を使っただけ型）

・弁護士懲戒の**最判平18.9.14WEB**は、弁護士である被上告人が、所属する弁護士会から業務停止3月の本件懲戒処分を受け、上告人に対する審査請求をしたが、棄却する裁決を受けたため、同法62条に基づき、裁決の取消しを求めた事案の上告審において、被上告人が依頼者らに対して虚偽の報告をしたこと、及び独断で交渉を行った上で追加金を受領しながらこれを秘匿した各行為につき、弁護士法56条1項所定の「品位を失うべき非行」に当たるとし、業務停止3月の懲戒処分を相当とする旨の判断が<u>社会通念上著しく妥当を欠くものとはいえない</u>から、本件懲戒処分が裁量権の逸脱又は濫用に当たるということはできないとしている。

・指名競争入札における村外業者排除国賠事件の**最判平18.10.26WEB**は、「法令（地方自治法234条1項、同法施行令167条—引用者）の趣旨に反する運用基準の下で、主たる営業所が村内にないなどの事情から形式的に村外業者に当たると判断し、そのことのみを理由として、他の条件いかんにかかわらず、およそ一切の工事につき平成12年度以降全く上告人を指名せず指名競争入札に参加させない措置を採ったとすれば、それは、<u>考慮すべき事項を十分考慮することなく</u>、一つの考慮要素にとどまる村外業者であることのみを重視している点において、極めて不合理であり、<u>社会通念上著しく妥当性を欠くもの</u>といわざるを得ず、そのような措置に裁量権の逸脱又

第5章　取消訴訟の審理手続（本案審理、違法性審理）の諸段階

は濫用があったとまではいえないと判断することはできない」とした。

　⑥　混合型Ｃ＝考慮事項丙型（過程審査をして考慮事項を重視し問答無
　　　用を排した型）

　・岐阜県海津町一部事務組合の接待公金返還住民訴訟の最判平元.9.5
WEBは、水防事務組合の管理者による県知事、県土木部職員等の接待に
ついて、接待が行なわれるにいたった経緯、本件宴会に要した費用の総額、
またこれに相当高額な芸妓花代も含まれていること、さらには二次会で遊
興した費用までも訴外組合において負担していること等を考慮すると、社
会通念上儀礼の範囲を逸脱したものといわざるをえないとした。

　・エホバの証人事件（最判平8.3.8WEB）は、市立高等専門学校の校長が、
信仰上の理由により剣道実技の履修を拒否した学生に対し、必修である体
育科目の修得認定を受けられないことを理由として2年連続して原級留置
処分をし、さらに、それを前提として退学処分をした場合において、学生
は、信仰の核心部分と密接に関連する真摯な理由から履修を拒否したもの
であり、他の体育種目の履修は拒否しておらず、他の科目では成績優秀で
あった上、右各処分は、同人に重大な不利益を及ぼし、これを避けるため
にはその信仰上の教義に反する行動をとることを余儀なくさせるという性
質を有するものであり、同人がレポート提出等の代替措置を認めて欲しい
旨申し入れていたのに対し、学校側は、代替措置が不可能というわけでも
ないのに、これにつき何ら検討することもなく、右申入れを一切拒否した
など判示の事情の下においては、考慮すべき事項を考慮しておらず、又は
考慮された事実に対する評価が明白に合理性を欠き、その結果、社会観念
上著しく妥当を欠く処分をしたものと評するほかなく、右各処分は、裁量
権の範囲を超える違法なものというべきである、としている。

　社会観念論と考慮事項の両方を出したが、考慮事項不足を重視したもの
である。この判決の社会観念論は考慮事項に融解している。

　・違法公金支出返還事件の最判平18.1.19WEBは、住民訴訟であるが、
各補助金の交付は、被上告人元議員会の事業の内容や会員数に照らしても、
県議会議員の職にあった者に対する礼遇として社会通念上是認し得る限度
を超えるものであり、地方自治法232条の2の「公益上必要がある場合」
に当たるものと認めた県としての判断は裁量権の範囲を逸脱したもので
あって、支出は全体として違法とした。

　・広島県教組教研集会事件（最判平18.2.7WEB）は、国賠事件であるが、

253

教職員団体である被上告人が、集会の会場として、中学校の体育館等の学校施設の使用を申し出たところ、いったんは口頭でこれを了承する返事を校長から得たのに、その後、市教育委員会から不当にその使用を拒否されたとして、上告人に対し、損害賠償を求めた事案で、中学校及びその周辺の学校や地域に混乱を招く等との理由で行われた不許可処分についての判断。「司法審査においては、その判断が裁量権の行使としてされたことを前提とした上で、その判断要素の選択や判断過程に合理性を欠くところがないかを検討し、その判断が、重要な事実の基礎を欠くか、又は社会通念に照らし著しく妥当性を欠くものと認められる場合に限って、裁量権の逸脱又は濫用として違法」との見地の上に立って、考慮すべき事項に対する評価が明らかに合理性を欠いており、他方、当然考慮すべき事項を十分考慮しておらず、その結果、社会通念に照らし著しく妥当性を欠いたものということができるとし、上告を棄却した。この判決も、社会通念論と考慮事項の両方を出したが、考慮事項不足を重視したものである。この判決の社会通念論は考慮事項に融解している。また一般論も、マクリーンの「全く事実の基礎を欠く」を「重要な事実の基礎を欠く」と変化させている。

・徳島県旧木屋平村事件（最判平18.10.26WEB）は、損害賠償事件であるが、最高裁は、主たる営業所が村内にないなどの事情から形式的に村外業者に当たると判断し、そのことのみを理由として、他の条件いかんにかかわらず、およそ一切の工事につき村外業者を指名せず指名競争入札に参加させない措置を採ったとすれば、それは、考慮すべき事項を十分考慮することなく、一つの考慮要素にとどまる村外業者であることのみを重視している点において、極めて不合理であり、社会通念上著しく妥当性を欠くものといわざるを得ず、そのような措置に裁量権の逸脱又は濫用があったとまではいえないと判断することはできないとした。

行政契約をめぐる裁量問題である。社会通念型と考慮事項型の融合であるが、社会通念は考慮事項に融解している。この判決は判断過程型の伊方上告審の事例とは異なるが、行政機関が用いる基準（本件では村内業者基準）の合理性を判断している事例である。前述したように、原発事件では最高裁は自ら立てた判断過程審査方式（審査基準、それへの当てはめ）の審査基準に触れようとしないわけだが、本件では判断している。

よく似た事例として最決平29.1.17TKC文献番号25545522（実質判断は福岡高判平28.5.19TKC文献番号25543341）がある。

第5章　取消訴訟の審理手続(本案審理、違法性審理)の諸段階

・海岸占有不許可事件の最判平19.12.7WEBは、採石業等を目的とする被上告人が、採石場地先の海岸に桟橋を設置するために、一般公共海岸区域占有許可申請をしたところ、占有の許可をしない旨の処分を受けたところから、その取消し及び損害賠償を求めた事案につき、海岸法37条の4により一般公共海岸区域の占有の許可をするためには、行政財産の使用又は収益の許可の要件が満たされている必要があるというべきであって、その用途又は目的を妨げない限度において、その占有の許可をすることができるものと解するのが相当であり、許可をしないものとした上告人の判断は、考慮すべきでない事項を考慮し、他方、当然考慮すべき事項を十分考慮しておらず、その結果、社会通念に照らし著しく妥当性を欠いたものということができ、裁量権の範囲を超え又はその濫用があったとして違法とした。

・国歌国旗起立斉唱減給事件の最判平24.1.16WEBは、(1)〜(3)などの事情の下では、減給処分は、「期間の長短及び割合の多寡にかかわらず、処分の選択が重きに失するものとして社会観念上著しく妥当を欠き」裁量権の範囲を超えるものとして違法であるとした。(1)不起立は、教職員の歴史観ないし世界観等に起因するもので、積極的な妨害等の作為ではなく、物理的に式次第の遂行を妨げるものではなく、式典の進行に具体的にどの程度の支障や混乱をもたらしたかの客観的な評価が困難なものであった。(2)処分の加重の理由とされた過去の懲戒処分の対象は、入学式の際の服装等に関する校長の職務命令に違反した行為であって、積極的に式典の進行を妨害する行為ではなく、当該1回のみに限られており、不起立の前後における態度において特に処分の加重を根拠付けるべき事情もうかがわれない。(3)教育委員会の通達を踏まえて毎年度2回以上の卒業式や入学式等の式典のたびに不起立又はこれと同様の行為を理由とする懲戒処分が累積して加重されると短期間で反復継続的に不利益が拡大していくこととなる状況にあった。

⑦　実体法的又は判断代置型

前述した原発訴訟をめぐる判断代置議論とは別に、その際に述べた正しい意味の判断代置はあるのである。

・水俣病認定事件（最判平25.4.16WEB）は、原審が伊方上告審型の判断過程審査をして認定却下を適法としたのに対し、最高裁は、公害健康被害の補償等に関する法律4条2項に基づく水俣病の認定の申請を棄却する処分の取消訴訟における裁判所の審理及び判断は、処分行政庁の判断の基準

とされた運用の指針に現在の最新の医学水準に照らして不合理な点がある
か否か、公害健康被害認定審査会の調査審議及び判断の過程に看過し難い
過誤、欠落があってこれに依拠してされた処分行政庁の判断に不合理な点
があるか否かといった観点から行われるべきものではなく、経験則に照ら
して個々の事案における諸般の事情と関係証拠を総合的に検討し、個々の
具体的な症候と原因物質との間の個別的な因果関係の有無等を審理の対象
として、申請者につき水俣病の罹患の有無を個別具体的に判断すべきもの
であるとして、破棄差し戻した。

⑧　専門機関を組み入れた判断過程判決

⑧-1　原像

・その代表である伊方上告審判決（最判平4.10.29WEB）。

本款第1の2で中心的判示は取り上げたが重要なので再録する。

当時の原子炉等規制法24条2項が、内閣総理大臣の設置許可の場合に
「あらかじめ原子力委員会の意見を聴き、これを尊重してしなければなら
ないと定めているのは」、同条1項3号・4号など「右各号所定の基準の適
合性については、各専門分野の学識経験者等を擁する原子力委員会の科学
的、専門技術的知見に基づく意見を尊重して行う内閣総理大臣の合理的な
判断にゆだねる趣旨と解するのが相当である」という意味であるとしなが
らも、「原子炉設置許可処分の取消訴訟における裁判所の審理、判断は、
原子力委員会若しくは原子炉安全専門審査会の専門技術的な調査審議及び
判断を基にしてされた被告行政庁の判断に不合理な点があるか否かという
観点から行われるべきであって、現在の科学技術水準に照らし、右調査審
議において用いられた具体的審査基準に不合理な点があり、あるいは当該
原子炉施設が右の具体的審査基準に適合するとした原子力委員会若しくは
原子炉安全専門審査会の調査審議及び判断の過程に看過し難い過誤、欠落
があり、被告行政庁の判断がこれに依拠してされたと認められる場合には、
被告行政庁の右判断に不合理な点があるものとして、右判断に基づく原子
炉設置許可処分は違法と解すべきである」。

この判示中の後半のいわば伊方方式を厳密に守り、審査基準の点検と専
門委員会の判断の点検を、現在の科学技術水準でバックフィット的に行え
ばよいのである。この点をみれば、伊方上告審判決は専門機関組入れの判
断過程審査の基本方式を示したものといえる[50]。

第5章　取消訴訟の審理手続(本案審理、違法性審理)の諸段階

⑧-2　専門機関任せに変質型

・教科書検定の最判平5.3.16WEBは、国賠事件である。

判決は「文部大臣の検定権限は、……憲法上の要請にこたえ、教育基本法、学校教育法の趣旨に合致するように行使されなければならないところ、……検定の具体的内容等を定めた旧検定規則、旧検定基準は右の要請及び各法条の趣旨を具現したものであるから、右検定権限は、これらの検定関係法規の趣旨にそって行使されるべきである。そして、これらによる本件検定の審査、判断は、申請図書について、内容が学問的に正確であるか、中立・公正であるか、教科の目標等を達成する上で適切であるか、児童、生徒の心身の発達段階に適応しているか、などの様々な観点から多角的に行われるもので、学術的、教育的な専門技術的判断であるから、事柄の性質上、文部大臣の合理的な裁量に委ねられるものというべきである。したがって、合否の判定、条件付合格の条件の付与等についての教科用図書検定調査審議会の判断の過程（検定意見の付与を含む）に、原稿の記述内容又は欠陥の指摘の根拠となるべき検定当時の学説状況、教育状況についての認識や、旧検定基準に違反するとの評価等に看過し難い過誤があって、文部大臣の判断がこれに依拠してされたと認められる場合には、右判断は、裁量権の範囲を逸脱したものとして、国家賠償法上違法となると解するのが相当である」と述べる。

伊方上告審判決とほぼ同じであるが、裁判所の審理、判断が審査基準に及ぶとしていない点は、安易に流れている。

---

50)　原審までで争われていた原子力委員会若しくは原子炉安全専門審査会の公正性、審議手続の問題が判断から欠落していることは注意しなければならない。内閣総理大臣が原子炉設置許可をする際には、自らの判断のみによるのではなくこれらの機関の専門的判断に依拠する構造になっているから、これらの機関の特性が非常に重要である。伊方の原告らはこの点を鋭く問うていた。控訴審まででその点が誤って事実認定されてしまったので、伊方最高裁判決は依拠する構造自体の点検はしていない。要するにそれらの機関は独立しておらず、原子力行政を推進する役所の外局にすぎないのである。この時期、わが国の原子力行政は、独立した原子力規制機関をもっていなかった。後の原子力安全・保安院も原子力を推進する立場の経産相のもとにあった。わが国は原子力発電推進機関が安全審査をする唯一の国である（城山英明「原子力安全規制の基本的課題——技術基準の設定と実施に焦点を当てて」ジュリスト1245号（2003年）87頁参照）。
行政が独立、中立でない専門家機関に許可の判断を丸投げして、それを司法もチェックしなかったところに伊方判決群の限界がある。
　福島事故以後、原子力規制委員会が改組されたことから見れば、本来この論点は重要であった。斎藤・前掲注34)「原発訴訟と裁判官の営為について2」85頁参照。

・もんじゅという悪質な高速増殖炉についての**最判平17.5.30WEB**は、第1に2次冷却材ナトリウムの漏えい事故対策、第2に蒸気発生器伝熱管破損事故対策、第3に炉心崩壊事故対策が、いずれも原子力安全委員会等における前記事象に係る安全審査の調査審議及び判断の過程に看過し難い過誤、欠落があるということはできず、これに依拠してされた高速増殖炉の設置許可に違法があるとはいえないとした。ここには審査基準自身の言及はなく、伊方上告審判決の内容から後退しているばかりでなく、本件最高裁判決の判断がその後の度重なる事故等により裏切られ、ついに政府はもんじゅの廃炉を2016年12月21日決断したのである。伊方上告審判決からの逸脱、形式的適用の実態が明らかになった判決である。この形式的適用は、判断過程審査方式の変容を物語っており、結局は専門的委員会などの判断をフリーパスさせる方式に行き着いたものと言えよう。

伊方上告審判決の審査方法を厳密に守れば、審査密度が高まることは次に述べる下級審判決により実証されている。

⑧-3　専門機関の判断を過程審査する型

・教科書検定の**最判平9.8.29WEB**は、国賠事件であるが、次のように裁量権の逸脱を認めた。「「七三一部隊」の記述に対する修正意見について」、「関東軍の中に細菌戦を行うことを目的とした「七三一部隊」と称する軍隊が存在し、生体実験をして多数の中国人等を殺害したとの大筋は、既に本件検定当時の学界において否定するものはないほどに定説化していたものというべきであり、これに本件検定時までには終戦から既に三八年も経過していることをも併せ考えれば、文部大臣が、七三一部隊に関する事柄を教科書に記述することは時期尚早として、原稿記述を全部削除する必要がある旨の修正意見を付したことには、その判断の過程に、検定当時の学説状況の認識及び旧検定基準に違反するとの評価に看過し難い過誤があり、裁量権の範囲を逸脱した違法があるというべきである」。

伊方上告審判決とほぼ同じである。ただ、裁判所の審理、判断が審査基準に及ぶとしていない点は問題であるが、違法判断をした点に意義がある。

・生活保護の老齢加算廃止の**最判平24.4.2WEB**は興味深い。

保護基準改定のために、厚生労働大臣は、生活保護制度の在り方に関する専門委員会の中間報告を得て、それを受けて減額し、老齢加算の廃止をする改定を行い、それに基づき保護変更決定された原告が取消訴訟を起こした事案だが、原審（福岡高判平22.6.14WEB）が、専門委員会の意見を踏ま

第5章　取消訴訟の審理手続(本案審理、違法性審理)の諸段階

えた検討がなされていないことを理由に、裁量濫用とし、原告を勝訴させたのに対し、最高裁は破棄したが、その理由中に「専門委員会の意見は、厚生労働大臣の判断を法的に拘束するものではなく」との判示をしたのである。法的に拘束はしないが、伊方上告審判決以来、各専門分野の学識経験者等の専門技術的知見に基づく意見を尊重して行うことが専門機関を設けた時の常識的判断手法であるはずであるのに、専門機関の検討結果が完全には処分理由と一致しない場合には、最高裁はこんな風に言うのだとわからせてしまった。要するに結論ありきで、専門機関論は軽いものだと白日のもとに晒してしまっている[51]。完全には一致しない場合には、行政庁(本件では厚生労働大臣)自身の判断過程の審査をさらに詳しくやらなければならないのは当然であろう。とりわけ前田雅子教授が言われるように、被保護者の生活実態への考慮がなされなければならないであろう[52]。

B　優れた下級審判例

上記A2の分類を使いたい。
〈純粋な判断過程審査型〉
・もんじゅ実体判決の名古屋高金沢支判平15.1.27WEB
この判決は、伊方最高裁判決の判断方式を確認したうえで、原子炉の潜在的危険性の重大さからすると、無効確認訴訟要件の明白性はいらないとし、「本件安全審査は、設計基準事故である『2次冷却材漏えい事故』及び『蒸気発生器伝熱管破損事故』並びに5項事象である『反応度抑制機能喪失事象』の調査審議及びその判断の過程に看過し難い過誤、欠落があり、また、『反応度抑制機能喪失事象』の最大有効仕事量の解析評価に対する判断も適正を欠くものと認められ、その本件安全審査の瑕疵により、本件原子炉施設については、その原子炉格納容器内の放射性物質の外部環境への放散の具体的危険性を否定することができず、かかる重大な瑕疵がある本件安全審査に依拠したと認められる本件許可処分は無効と判断すべきである」とした。

---

51)　なお、同じ事案を扱った異なる小法廷の最判平24.2.28WEBは、専門機関の報告と整合性に欠けるところはないとして、法的に拘束云々は述べていない。
52)　二つの最高裁判決の評釈として、前田雅子「老齢加算の廃止を内容とする保護基準改定の裁量とその司法審査」(平成24年度重要判例解説(ジュリスト臨時増刊)38頁)参照。なお、前田雅子「厚生労働大臣の定める保護基準と保護実施機関による最低限度の生活の判断権限」(滝井追悼所収)参照。

259

審査基準をあてはめその結果が不適正であることを指摘した判決である。

極めて明快な判決であり、判決時点で1995（平成7）年12月から7年以上も事故で停止していたこの高速増殖炉に対する国民感情にも合致した。

・圏央道あきる野IC事業認定・収用裁決取消事件の**東京地判平16.4.22 WEB**

建設予定地に権利を有する原告ら及び周辺住民である原告らが、建設大臣がした圏央道についての事業認定の取消しを求めるとともに、同事業認定に基づく収用裁決の取消しを求めた事案で、事業認定においては、瑕疵ある営造物の設置を目的とするものではないことが黙示の前提要件とされているが、本件道路が事業計画通りに建設され、供用が開始された場合、相当範囲住民に騒音被害を与えるものであるから、事業認定は同要件を満たさないものであり、また、事業認定庁は、事業によって得られる公共の利益の点につき、具体的な根拠もないのにこれがあるものと判断したと認めざるを得ず、その判断過程に社会通念上看過することができない過誤欠落があり、本件事業認定は、土地収用法20条3号の要件を満たしていない等として、本件事業認定を違法として取消した上、その違法は収用裁決にも承継されるとして、収用裁決もすべて取り消した。

しかし控訴審（東京高判平18.2.23WEB）は、事業認定に係る営造物そのものに重大な欠陥があるかどうか、あるいは営造物が完成後供用目的に沿って利用されることとの関連において、騒音等の危害を生ぜしめる危険性があるかどうかということは土地収用法20条における要件と解することはできないとした上で、事業認定庁が同法20条3号の要件を充たすと判断したことに、裁量権の逸脱、濫用であると認めることはできないとして、1審を取り消した。この判決は①の分類のままで、1審と正反対の結論であったと言えよう。社会通念、社会観念の用語は使っていない。

・障害児就園仮の義務付け決定：**徳島地決平17.6.7WEB**

本決定は「本案について理由があるとみえるとき」の判断の中で裁量論を扱っている。というより判示の大半が裁量論である。豊かでない町財政での加配、施設改善の困難、障害児の介助、安全の確保などからの就園上の負担を丹念に認定したうえで、それでも決定はこの障害児を町立幼稚園に就園させないことは裁量権の逸脱、濫用であるとして次のような丁寧で説得的な判示をした。

　ⅰ　地方公共団体がその財政状況の悪化等を理由として、心身に障害を

第5章　取消訴訟の審理手続(本案審理、違法性審理)の諸段階

有する幼児について公立幼稚園への就園を不許可にすることができるとすれば、多くの地方公共団体の財政状況が悪化している現状において、およそ障害を有する幼児のすべてが公立幼稚園へ就園することができないことになりかねない。ii　教職員の加配に要する費用については被申立人の予算全体からみれば多額とはいえない。また心身に障害を有する幼児のために教職員の加配をしている。iii　他の幼稚園においては、障害を有する園児1人に対して教職員1人の加配がされている。iv　A1人のために教職員の加配措置を採ると、他の4人の障害幼児にも同様の対応策を採らなければならなくなる可能性があり、財政上とうてい不可能であるというが、4人の幼児が町立幼稚園への就園を希望しているか否かも、Aと他の4人の幼児とで就園の諸条件に係る事情が類似するものであるか否かも明らかではないのであるから、Aについて教職員の加配措置を採ったとしても、他の4人の幼児にも同様の措置を採る必要があるということはできない。v　財政や教育関連予算等に与える影響等を具体的に検討した形跡はない。

これらの事情からすれば、被申立人の財政上の理由を、Aについて教職員の加配措置を採らないとする決定的な理由とすることはできない。

「障害を持つ幼児が就園することによって、教育上、ある程度の制約が生じるとしても、そのような制約は、特段の事情のない限り、障害を有しない幼児や幼稚園において受忍すべきものである」。

「仮に、被申立人等において、教職員の加配措置を直ちに採ることが困難であるとしても、前記1の認定事実によれば、Aがγ幼稚園に体験入園をしているときは、申立人がAの移動等の介助をし、保育時間中もAに付き添うことにより対応しており、その際にAの安全等について問題が生じたことはうかがわれず、申立人は、Aがα幼稚園に就園する場合にも、Aに付き添うことを申し出ていることなどからすれば、加配措置が採られるまでの間のAの移動等の介助、安全の確保については、Aの母である申立人がAに付き添うことにより対応することが可能であるというべきである。直ちに加配する措置を採ることができないからといって、加配する措置が講じられるまでの間、Aの就園を認めないとすることは相当ではない」。

財政難にあえぐ町当局は理性と決断をもって司法の判断を尊重し誠実に対応し、決定は確定し、Aは就園した。感動的な事例である。司法の人権感覚とあたたかみを感じる好例である。

261

〈考慮事項型（考慮事項甲型）〉
・アフガン難民の東京地判平18.6.13判時1957号26頁。

　詳細な事実認定のうえに原告を難民と認定し、法務大臣には広範な裁量はあるが、本件では、「当然に考慮すべき重要な要素を一切考慮」しなかったもので、裁量権の範囲を逸脱しているとした。

　・群馬の森追悼碑事件の前橋地判平30.2.14WEBは、「戦時中に労務動員され、群馬県内で亡くなった朝鮮人（大韓民国及び朝鮮民主主義人民共和国の人々……）労働者を追悼する追悼碑……の被告が管理する県立公園における設置許可を受けた団体」の承継団体である原告が、設置許可の期間満了に当たり、群馬県知事に対し、都市公園法5条1項に基づき、追悼碑の設置期間の更新申請をしたところ、更新不許可処分を受けたため、不許可処分の取消しと許可の義務付けを求めた事案。判決は「知事は、本件追悼碑が本件公園の効用を全うする機能を喪失したと判断するにつき、当然考慮すべき事項を十分考慮しておらず、本件更新不許可処分は、この点においても、その裁量権行使の判断要素の選択に合理性を欠いているといわざるを得ない」、被告が「3つの代替案をいずれも拒否しており、被告が、上記3つの代替案を受け入れることができるか否かについて、具体的に検討したことを認めるに足りる証拠はないことからすれば、群馬県知事は、本件追悼碑が本件公園の効用を全うする機能を喪失したと判断するにつき、当然考慮すべき事項を十分考慮しておらず、……その裁量権行使の判断要素の選択に合理性を欠いているといわざるを得ない」とした。なお、義務付けまでは認めなかった。

〈混合型B=考慮事項乙型（過程審査をして考慮事項を審査し社会通念を
　　使っただけ型）〉
　・退去強制令書発付処分等取消請求の名古屋高判平30.1.19WEBは、入管法49条1項に基づき、法務大臣に対して異議の申出をしたところ、名古屋入国管理局長から理由がない旨の裁決を受け、名古屋入管主任審査官から、退去強制令書発付処分を受けたため、本件裁決及び本件処分の取消しを求めた事案の控訴審において、本件裁決は、本件裁決当時において、控訴人と本邦の永住者の在留資格を有するfとの内縁関係が安定かつ成熟していたという積極要素を全く考慮せずなされたものであり、社会通念に照らし著しく合理性を欠くから、裁量権の判断を逸脱した違法があり、取り消されるべきと判断した。

第5章　取消訴訟の審理手続(本案審理、違法性審理)の諸段階

・保険医取消しの取消請求の甲府地判平22.3.31TKC文献番号25480810は、「確かに、原告の行為は、いずれも保険診療上許容されるべきでものはなく、長期間にわたってはいるものの、患者のためを思っての行為であり、悪質性は高いとまではいえないものが占める割合が多いこと、その金額は多額ではないこと、また、不正・不当請求も原告自らの利益のみを追求するようなものではなく、いずれも患者の希望や要請に基づいて、患者のためを思って診察ないし処方を行っていること、他事例で行われているように、原告に対しても、個別指導を行った上で経過を観察したり、再度の指導をするなどの方法を採ることや、監査を行った上で他の処分を行うことも十分可能であったことからすると、指定取消処分を受けた場合、保険医としても保険医療機関としても再登録は、原則5年間できないという実情に鑑みると、原告及び本件診療所に対する本件各取消処分は、社会通念上著しく妥当性を欠くことが明らかであり、裁量権の範囲を逸脱したものとして違法となり、取消しを免れない」とした。

控訴審の東京高判平23.5.31TKC文献番号25480809は、地裁の判断に次のように追加して支持した。「監査要綱が定める上記基準は、健康保険法80条及び81条に基づく保険医療機関の指定及び保険医の登録の各取消処分における処分基準であり、処分理由とされるべき行為を『不正又は不当』な診療又は診療報酬請求とし、これに加えて、『故意』により行うこと又は重大な過失により『しばしば』行うことをその要件としている。この基準は、健康保険法80条及び81条に基づく処分が、療担規則に従った診療及び療養の給付を行うことを命ずる同法70条1項及び72条1項に違反したこと及び療養の給付に関する費用の請求等について不正があったことを中核的な処分要件としていることに対応したものであり、控訴人の主張するとおり、健康保険法の趣旨・目的に適った合理的なものであると認められる。したがって、監査要綱が定める上記基準で要件とされている事項が処分に際して考慮すべき中核的な事情であることは明らかであるが、保険医療機関の指定及び保険医の登録の各取消処分が事実上、医療機関の廃止及び医師としての活動の停止を意味する極めて重大な不利益処分であることに鑑みると、健康保険法の解釈として、処分の際に考慮すべき事情がこれらに尽きるということはできず、処分理由とされるべき行為の動機をはじめとする上記の諸事情も処分に当たって考慮しなければならないと解すべきであるから、控訴人の上記主張を採用することはできない」。

263

〈実体法的または判断代置型〉

・二風谷ダム収用裁決取消事件：札幌地判平9.3.27判時1598号33頁

　まず判決は次のように述べて事業計画の要件判断を行う判断基準を定立する。「土地収用法20条3号の『事業計画が土地の適正且つ合理的な利用に寄与するものであること』との要件は、当該事業の起業地がその事業に供されることによって得られる公共の利益と、その土地がその事業に供されることによって失われる公共的又は私的利益とを比較衡量して、前者が後者に優越すると認められるかどうかによって判断されるべきであると解される。そして、右比較衡量に当たっては、事業計画策定に至る経緯、事業認定に係る事業計画の内容、事業計画の達成によって得られる公共の利益、事業計画の実施により失われる利益ないし価値、本件事業により失われる諸価値に対しなされた配慮等を総合し行われるべきであると考えられる」。

　そして比較衡量の原則を裁量論の立場から次に定立する。「土地収用法20条3号所定の要件は、事業計画の達成によって得られる公共の利益と事業計画により失われる公共ないし私的利益とを比較衡量し、前者が後者に優越すると認められる場合をいうことは前記のとおりであるところ、この判断をするに当たっては行政庁に裁量権が認められるが、行政庁が判断をするに当たり、本来最も重視すべき諸要素、諸価値を不当、安易に軽視し、その結果当然尽くすべき考慮を尽くさず、又は本来考慮に入れ若しくは過大に評価すべきでない事項を過大に評価し、このため判断が左右されたと認められる場合には、裁量判断の方法ないし過程に誤りがあるものとして違法になるものというべきである」。

　これらの原則に従い判決は、「少数民族が自己の文化について有する利益の法的性質について」として、市民的及び政治的権利に関する国際規約、憲法13条を検討し、「アイヌ民族の先住性」を詳しく検討してその結論を次のように述べる。

　「以上のところを総合すると、本件において起業者の代理人であるとともに認定庁である建設大臣は、本件事業計画の達成により得られる利益がこれによって失われる利益に優越するかどうかを判断するために必要な調査、研究等の手続を怠り、本来最も重視すべき諸要素、諸価値を不当に軽視ないし無視し、したがって、そのような判断ができないにもかかわらず、アイヌ文化に対する影響を可能な限り少なくする等の対策を講じないまま、

第5章　取消訴訟の審理手続（本案審理、違法性審理）の諸段階

安易に前者の利益が後者の利益に優越するものと判断し、結局本件事業認定をしたことになり、土地収用法20条3号において認定庁に与えられた裁量権を逸脱した違法があるというほかはない。したがって、本件事業認定は土地収用法20条3号に違反し、その違法は本件収用裁決に承継されるというべきである」。

　裁量判断として格調高くかつ説得的である。事情判決である点が悔やまれる。

　・小田急事件実体一審：東京地判平13.10.3WEB

　都市計画決定における裁量判断の原則を述べた部分は次の通り。（都市計画）「法13条1項柱書き前段は、都市計画基準につき、都市計画は、当該都市の特質を考慮して、都市施設の整備に関する事項で当該都市の健全な発展と秩序ある整備を図るため必要なものを、一体的かつ総合的に定めなければならない旨規定し、都市施設に関し、同項5号において、『都市施設は、土地利用、交通等の現状及び将来の見通しを勘案して、適切な規模で必要な位置に配置することにより、円滑な都市活動を確保し、良好な都市環境を保持するように定めること。』と規定している。都市計画基準としてこのような一般的かつ抽象的な基準が定められていることからすれば、都市施設の適切な規模や配置といった事項は、これを一義的に定めることのできるものではなく、様々な利益を比較衡量し、これらを総合して政策的、技術的な裁量によって決定せざるを得ない事項ということができる。したがって、このような判断は、技術的な検討を踏まえた1つの政策として都市計画を決定する行政庁の広範な裁量にゆだねられているというべきであって、都市施設に関する都市計画の決定は、行政庁がその決定についてゆだねられた裁量権の範囲を逸脱し又はこれを濫用したと認められる場合に限り違法となるものと解される。すなわち、都市計画決定の適否を審査する裁判所は、行政庁が計画決定を行う際に考慮した事実及びそれを前提としてした判断の過程を確定した上、社会通念に照らし、それらに著しい過誤欠落があると認められる場合にのみ、行政庁がその裁量権の範囲を逸脱したものということが許されるのである」。

　この原則を具体的に適用して認可の違法を判示する。「本件鉄道事業認可自体については、その基礎となる都市計画決定の経緯を理解せず、確たる根拠に基づかずに事業施行期間の適否を判断するなど、十分な検討に基づいて行われたか否かすら疑わしいし、事業認可申請書中の事業地の表示

265

が本件鉄道事業の事業を行う土地の範囲を正確に表示せず都市計画決定とも一致していないにもかかわらず、これを看過したこと、及び事業施行期間についての判断にも不合理な点があることの2点において、法61条に適合しないものである。次に、本件各認可の前提となる都市計画決定（平成5年決定及びこれと一体をなす本件各付属街路都市計画）に当たっての考慮要素には、その当時の小田急線には騒音の点において違法な状態が発生しているのではないかとの疑念が生じる状態であったにもかかわらず、この点を看過し、この疑念を解消し得るものか否かや、それが解消し得ない場合には新たな都市計画によってその解消を図るという視点を欠いていた点において、その著しい欠落があった。また、都市計画決定に当たっての判断内容については、第1に、高架式を採用すると相当広範囲にわたって違法な騒音被害の発生するおそれがあったのにこれを看過するなど環境影響評価を参酌するに当たって著しい過誤があり、第2に、本件事業区間に隣接する下北沢区間が地表式のままであることを所与の前提とした点で計画的条件の設定に誤りがあり、第3に、地下式を採用しても特に地形的な条件で劣るとはいえないのに逆の結論を導いた点で地形的条件の判断に誤りがあり、第4に、より慎重な検討をすれば、事業費の点について高架式と地下式のいずれが優れているかの結論が逆転し又はその差がかなり小さいものとなる可能性が十分あったにもかかわらず、この点についての十分な検討を経ないまま高架式が圧倒的に有利であるとの前提で検討を行った点で事業的条件の判断内容にも著しい誤りがある。

　これらのうち、当時の小田急線の騒音が違法状態を発生させているのではないかとの疑念への配慮を欠いたまま都市計画を定めることは、単なる利便性の向上という観点を違法状態の解消という観点よりも上位に置くという結果を招きかねない点において法的には到底看過し得ないものであるし、事業費について慎重な検討を欠いたことは、その点が地下式ではなく高架式を採用する最後の決め手となっていたことからすると、確たる根拠に基づかないでより優れた方式を採用しなかった可能性が高いと考えられる点において、かなり重大な瑕疵といわざるを得ず、これらのいずれか一方のみをみても、優に本件各認可を違法と評価するに足りるものというべきである。したがって、以上の諸事情を考慮すると、本件各認可については、その余の点を判断するまでもなく違法であるといわざるを得ない」。

　利便性の向上と騒音の違法状態解消とを比べ前者を上位に置いたもので

第5章　取消訴訟の審理手続（本案審理、違法性審理）の諸段階

あり、代替案の無検討から裁量権の逸脱を導いている。

・伊東市建築不許可都市計画決定事件：東京高判平17.10.20WEB

「本件は、都市計画法（平成10年法律第79号による改正前のもの。以下「法」という。）第21条第1項に基づいてされ、平成9年3月25日付け静岡県公報で告示がされた都市計画変更決定（静岡県告示第313号。以下、この決定を「本件変更決定」という。）に関し、本件変更決定により定められた都市計画道路の区域内において建築物の建築をしようとした控訴人らが、被控訴人に対し、法第53条第1項に基づき、上記都市計画道路の区域内において上記建築物の建築をすることの許可申請をしたところ、被控訴人から、法第54条の許可基準に合致していないとして、これを不許可とする決定を受けたため、その取消しを求めた事案である」。

「法第21条第1項により都市計画が変更される場合においても変更の結果新たな都市計画が定められることになるのであるから、当該都市計画についても、その内容は、都市計画法第13条第1項各号の定める基準に従って定められなければならないというべきである。したがって、被控訴人が、本件変更決定により、従前の都市計画を変更して新たに都市計画を定めるに当たっても、法第6条第1項の規定による都市計画に関する基礎調査の結果に基づき、土地利用、交通等の現状及び将来の見通しを勘案して適切な規模で必要な位置に配置するように定めることを要するのであり、法第6条第1項の規定による都市計画に関する基礎調査の結果に基づかずに、上記のように抽象的に社会環境が大きく変化したことを挙げるだけでは、都市計画法第13条第1項第6号の定める基準に従って新たに都市計画を定めたとするには不十分であるといわざるを得ない」。

「拡幅の根拠は右折車線の設置と歩道の拡幅とにあるから、これらを必要とする合理性が問題となるところ、……被控訴人が本件変更決定をするに当たって勘案した土地利用、交通等の現状及び将来の見通しは、都市計画に関する基礎調査の結果が客観性、実証性を欠くものであったために合理性を欠くものであったといわざるを得ない。そうである以上、本件変更決定は、そのような不合理な現状の認識及び将来の見通しに依拠してされたものであるから、法第6条第1項の規定による都市計画に関する基礎調査の結果に基づき、都市施設が土地利用、交通等の現状及び将来の見通しを勘案して適切な規模で必要な位置に配置されるように定めることを規定する都市計画法第13条第1項第14号、第6号の趣旨に反して違法であると

267

いうべきである」。

市民に建築制限をするにはその根拠となった都市計画が適法でなければ
ならないが、その判断基準となる基礎調査が客観性、実証性を欠く場合に
は、都市計画の裁量は違法となるというのである。

〈専門機関の判断を過程審査する型〉

伊方上告審の過程審査が審査基準自体とそれへのあてはめに及ぶことを
厳密に判断した下級審判決を例示しておきたい[53]。

・志賀原発の差止めを命じた金沢地判平18.3.24WEBは、民事判決だが、
伊方上告審判決を引用した上で、「被告が基準地震動S2を定めるに当たっ
て考慮した地震の選定は相当でなく、基準地震動S2の最大速度振幅は、
過小に過ぎるのではないかとの強い疑いを払拭できない」と述べた。

・大飯原発の再稼働の差止めを命じた福井地判平26.5.21WEBは、民事
判決だが伊方上告審判決を引用した上で次のように判示する。福島事故後
の原子炉等規制法改正が行われたのちの判決ではあるが、改正後の原子力
規制委員会の許可が出る前の再稼働差止め判決であるので、旧原子力安全
委員会の審査基準が判断対象になっている。同判決は「基準地震動の信頼
性について　被告は、大飯の周辺の活断層の調査結果に基づき活断層の状
況等を勘案した場合の地震学の理論上導かれるガル数の最大数値が700で
あり、そもそも、700ガルを超える地震が到来することはまず考えられな
いと主張する」。「しかし、この理論上の数値計算の正当性、正確性につい
て論じるより、現に、下記のとおり（本件5例）、全国で20箇所にも満たな
い原発のうち4つの原発に5回にわたり想定した地震動を超える地震が平
成17年以後10年足らずの間に到来しているという事実（前提事実⑩）を重
視すべきは当然である」と述べた。

・高浜原発3号機4号機差止仮処分決定の保全異議決定である大津地決
平28.7.12判時2334号113頁は、民事決定であるが、新規制基準につき「新
規制基準がこのような経緯において制定されているからといって、新規制
基準の内容に立ち入ることなく直ちに、新規制基準そのものが社会におい
て許容され受入れるべき危険の限度を画するものとなっているとすること

---

53) 審査基準についての裁判所の審査方式につき、高木教授は、福島第二原発訴
訟判決にて、「基準自体が許可当時の科学技術の水準に照らして合理的なもの
であることを被告側は立証しなければならない」と言われる（高木・技術基準
26頁）。当然の言説で、全く同感である。

第5章　取消訴訟の審理手続（本案審理、違法性審理）の諸段階

はできない。もちろん、リスクゼロを求めるものではないが、先に述べたとおり……、災害が起こる度に『想定を超える』災害であったと繰り返されてきた過ちに真摯に向き合うならば、本件各原発の立地を含めた安全性のみならず、対策の見落としにより過酷事故が生じる可能性を前提として、致命的な状態を避け得るだけの対策を講ずることが必要である。本件での債務者の主張及び疎明の程度では、新規制基準がこのような対策として十分であるといえるものではない。」とし、さらに活断層についての規制基準の安全性についての疎明が不足しているとした[54]。

・伊方原発3号機運転差止めの広島高決平29.12.13WEBは、民事判決であるが、新規制基準に基づく審査基準にあたる火山ガイドにつき「当裁判所の考える上記社会通念に関する評価と、最新の科学的、技術的知見に基づき社会がどの程度の危険までを容認するかなどの事情を見定めて専門技術的裁量により策定した火山ガイドの立地評価の方法・考え方の一部との間に乖離があることをもって、原決定（及び原決定の引用する福岡高裁宮崎支部決定）のように、火山ガイドが考慮すべきと定めた自然災害について原決定判示のような限定解釈をして判断基準の枠組みを変更することは、上記の原子炉等規制法及びその原子炉等規制法の委任を受けて制定された設置許可基準規則6条1項の趣旨に反し、許されないと考える。……以上によれば、立地評価について、相手方による基準適合判断の合理性の疎明がされたということはできないから、原子力規制委員会の基準適合判断の不合理性が事実上推定される」とした[55]。

・なお本書初版に入れていた永源寺第二ダム土地改良事業計画決定事件（大阪高判平17.12.8WEB）は、もう一度検討すると裁量問題ではなく、法解釈の問題である。法（土地改良法87条2項、8条2項、3項）に基づく基準を充たすかの審査が専門知識を有する技術者の調査報告によらねばならないのに、それを実施していないので違法だとするものであるので、参考判例としてとどめおく。

---

54)　大阪高決平29.3.28WEBは、この決定を取り消している。
55)　この広島高決平29.12.13を覆した保全異議決定の広島高決平30.9.25WEBは、火山ガイドを不合理と認定し、それなら平29年決定と同じく原発は安全でないというのかと思えば、国民の大多数が問題にしていないということを社会通念として、安全とした。これは司法判断とは言えない。これでは裁判所は不要で、国民の世論調査で決めれば良いことになる。迷決定といえるであろう。基準を不合理と認めながら、社会通念で補って安全だとした支離滅裂な決定である。

269

第4　裁量統制は深化しているか

私は第3A2で最高裁の判例を8種、枝番を入れると10種に分類した。

これらをつぶさに見ると、問答無用の観念的・裸の社会通念から、社会通念内容を現実社会に求め、社会通念を具体化し、さらに社会通念では足りない部分を裁判所が考える考慮要素という形で追加してきた経過だと考える[56]。

その意味で、明らかに深化している。

ただ深化しない分野を明確にした経過でもあった。それは、公務員ストライキ懲戒、鉄道、区画整理など大規模都市計画、安保・防衛、原発である。

なぜ深化しないのか。

それは、これらの分野では考慮要素の客観性が低いからである。

例えば前掲の厚木基地の自衛隊機運航差止め請求の最判平28.12.8を好例としてあげるならば、航空機騒音により周辺住民に生ずる被害は軽視することができないとしながら、対策措置が講じられている等の事情を「総合考慮」してしまい、結局「社会通念」に逃げ込み、戦闘機等の運航の公共性を認める。被害は対抗措置で無くなったとは最高裁も言えない、なぜなら凄まじい騒音は現にあるから。言えないから総合考慮という名で結論を決めるのである。それは結論が先にあると言うに等しいであろう。

そのような広大な行政領域を残したまま、裁量密度が他の分野では深化した、全体としては深化したと最高裁は言うのであろうか。

第5　裁量とそれをとりまく諸条件についての日弁連の改革案

前述の日弁連「行政事件訴訟法5年後見直しに関する改正案骨子」の中で、裁量をめぐる改革を次のように提起している。

【意見】

裁量審査を強化すべく、①行訴法10条1項を削除し、②主張立証責任、説明責任を条文化するとともに、比例原則等の一般原則を明記し、③行政決定に至る各時点の文書の作成整理保管を義務付けることを前提に、行政は行政決定の適法性を当該文書をもって主張立証すべき旨の規定を新設し、

---

56)　滝井追悼108-109頁の故滝井元判事の発言を参照されたい。

第5章　取消訴訟の審理手続（本案審理、違法性審理）の諸段階

　さらに、④処分理由の追加については、処分にあたり当該理由を考慮しておくべき場合には許容しないとの規定を新設すべきである。

　さらに、⑤釈明処分の特則については、原告の申立権を認め、また、対象となる資料について「原告が主張および証明しようとする事実に関する資料」を追加すべきである。

【理由】

　現在、行訴法10条1項を適用して違法主張を制限する裁判例が出始めているが（参考判例：**東京地判平20.5.29判時2015号24頁**）、上述の行政訴訟制度の趣旨を没却しかねない大きな問題である。原告適格を有する者は、自己の利益に明らかに無関係なもの以外すべての違法事由を主張できることとすべきである。そこで、上述のとおり目的規定を明示的に置くとともに、このように有害無益な10条1項を削除すべきである（①）。

　また、裁量審査については、行政庁が処分をした以上は責任を持って処分の理由、根拠事実を主張立証できるとの観点から、主張立証責任、説明責任を条文化するとともに、比例原則等の一般原則を明記すべきである（②）。

　さらに、行訴法と同時に行政手続法に、行政決定にいたる各時点の文書の作成整理保管を義務付け、行政争訟に当たって行政は行政決定の適法性を当該文書をもって主張立証すべき旨の規定を新設すべきである（③）。

　また、処分理由の追加については、処分にあたり当該理由を考慮しておくべき場合には許容しないとの規定も新設すべきである（④）。例えば労災保険給付拒否処分であれば、労働者性と業務起因性はいずれも処分をするに当り考慮しておくべきものである。

　また、釈明処分の特則についてはさらに活用可能性を高め、行政訴訟制度を実質化し深化させるために、上記意見の通り改革すべきである（⑤）。

　さらに、後述13⑨の恒常的改革機関には実体法を不断に点検する機能を持たせ、裁量審査の深化に資するようにすべきである。

　なお、裁量審査の見直しは、行政訴訟検討会がその時点での改正課題には入れないが「更に議論を深めておく必要があると考える論点」として明記した4論点（以下「4論点」という。）の一つである。

271

第3節　取消理由の制限

1　自己の法律上の利益に関係する違法

　行訴法10条1項は「取消訴訟においては、自己の法律上の利益に関係のない違法を理由として取消しを求めることができない」と定める。

　この点は第4章第2節12で述べたので、そちらを見られたい。

2　原処分主義、二つの取消訴訟の関係

(1)　原処分主義

　行訴法10条2項は「処分の取消しの訴えとその処分についての審査請求を棄却した裁決の取消しの訴えとを提起することができる場合には、裁決の取消しの訴えにおいては、処分の違法を理由として取消しを求めることができない」と定める。

　原処分の取消訴訟と裁決の取消訴訟の両方ができる場合には、裁決取消訴訟では原処分の違法を主張できない（できるのは裁決に固有の違法のみである）というのがこの規定の正面からの意味である。これを逆から読めば、原処分の違法は原処分の取消訴訟においてのみ主張できるということになる。この逆読みの意味を通常原処分主義という。行特法がこの規定をもたなかったので実務上混乱していたのをこの規定で整理している。

　裁決で一部取消し、変更（二つを合わせて修正である）が出た場合に、原処分主義はどのように変容するであろうか。

　この点については学説判例が千々に乱れていたが、人事院が停職から減給に修正裁決した米子郵便局懲戒事件に関する**最判昭62.4.21WEB**が一応の決着をつけたといえる[57]。

　同判決は「原処分は、当初から修正裁決による修正どおりの法律効果を伴う懲戒処分として存在したものとみなされる」として、停職にした懲戒処分は「懲戒権の発動に基づく懲戒処分としてなお存在する」から被処分者は「処分事由の不存在等本件懲戒処分の違法を理由としてその取消しを求める訴えの利益を失わない」としたのである。

　つまり減給とした人事院裁決を受けて取消訴訟をする原告は、なお停職

---

[57]　人見剛「懲戒処分と人事院の修正裁決」行政百選7版Ⅱ288頁参照。

第5章　取消訴訟の審理手続(本案審理、違法性審理)の諸段階

とした原処分の違法性を争えばよいし、それで足りるということである。実践的には、原告は懲戒すべきでないという争いをするのであるから、この最高裁判決の意義は大きい。

(2)　二つの訴訟の関係

主張制限は行訴法10条2項で整理できても、それぞれの固有の違法をもった二つの訴訟が存在しうるのであるから、この二つの関係を整理する必要もあり行訴法13条、20条が存在する。

13条は後述する移送の規定であるが、その3号と4号に裁決取消請求と処分取消請求が掲げられており、両訴が関連請求であることが確認される。そして裁決取消請求に処分取消請求を併合する場合には、取消請求の被告の同意もいらず、取消請求としては出訴期間が徒過していてもかまわないと20条は規定する（第3章3も参照されたい）。

準用

10条2項は38条2項、4項、43条1項、2項で準用されている。

第4節　違法判断の基準時

1　取消訴訟の基準時

裁判所は処分の違法をどの時点で判断するべきかという論点である。

行政処分が違法か否かは処分時であり、取消訴訟はそのことを判断するものだと考えれば処分時説が当然であるように考えられる。これが今の通説判例であるといわれる。

しかし、これには田中二郎、雄川一郎という両巨頭がやや異なる理由[58]で判決時説を唱えて対立するほか（過去の通説であった）、行政過程、行政法規ごとに考えていけばよいとのいわば折衷説が現れている[59]。

瑕疵ある処分はいつでも無効であるべきであり、取消訴訟はそのことを確認する一つの手段であると捉えれば、判決時の違法性が当然である。

伊方上告審判決が、最新の科学的知見で違法性を判断する、と判断した

---

[58]　田中説は行政庁の第一次判断権の重視（田中・行政法上348頁）、雄川説は行政行為の行政法規への適合性の視点（雄川・争訟219頁）から判決時説をとる。

[59]　塩野・Ⅱ201頁参照。前述の伊方最高裁判決平4.10.29が最新の科学的知見で違法性を判断することにし、この種の裁判では定着したので、この影響が大きいと思われる。

273

ことは、その意味から大きな意味をもつと思われる。私はこの判決で違法判断の基準時は判決時説に大きく軸足を移す可能性が出てきたと考える[60]。

この判決の担当調査官が、最新の科学的知見で判断するというこの判決の意味を、「違法判断の基準時論で律することは適当でないように思われる」といい、「どの時点の科学技術水準により判断すべきかは、科学的経験則の問題であり、従来の科学的知識の誤りが指摘され、従来の科学的知識に誤りがあることが現在の学界における通説的見解となったような場合には、現在の通説的見解(これが当該訴訟において用いられるべき科学的経験則である)により判断すべきであろう」[61]としていることを裁判実務家は尊重してか、この判決と違法の判断時の関連を検討しようともしていない[62]。しかし調査官解説のこの部分は言葉遊びの感が強い。当該処分の違法性評価を論じるのに、処分当時になかった違法性評価が判決時に出てきても、それは処分時の違法性評価といえるといっているのであり牽強付会である。

小早川[63]、芝池[64]両教授が言われるように、基準時問題は処分時と判決時とで法規が変化した問題と捉えれば、伊方最高裁判決はそれには関わらないことになろうが、そのように問題を限定する必要はないように思われる。

そこで、判決時説に立った場合に、法規の変化をどうとらえるべきであろうか。

判決時に違法であれば取り消すことは当然である。問題は処分時に違法であったのに法規が変化し違法でなくなった場合である。この場合は法規が変わったときから瑕疵の治癒がなされたとみるべきで、取消請求は棄却となる。一定の時点の適法、違法が判断対象となる、例えば課税処分の場合、法規が改廃されれば、その法規に過去の扱いの経過規定を入れるのが当然であり、ない場合にはやはり請求は棄却となろう。

---

60) 最判昭27.1.25WEBが処分後に改正された法令では処分の当否を論じられないといっているから、明示的に変えるには大法廷判決がいるのであろう。なお同判決の評釈と基準時一般論について行政百選7版Ⅱ398頁〔横田明美執筆〕参照。

61) 高橋利文「伊方・福島第二原発訴訟最高裁判決」ジュリスト1017号(1993年)57頁参照。

62) 実務的研究182頁以下、藤山=村田編・行政争訟〔長屋文裕執筆〕325頁以下参照。

63) 小早川光郎発言「座談会 伊方・福島第二原発訴訟最高裁判決をめぐって」ジュリスト1017号(1993年)19頁。

64) 芝池・救済74頁以下。

274

第5章　取消訴訟の審理手続（本案審理、違法性審理）の諸段階

2　その他の抗告訴訟における基準時

(1)　無効等確認訴訟

判例は処分時である（最判昭36.3.7WEB）。

(2)　不作為の違法確認訴訟

不作為が違法かどうかは、時間の経過にもよるから、判決時になろう[65]。

義務付け訴訟、差止め訴訟

申請型でも非申請型でも、義務付けは、処分がまだないので、原則的には判決時となろう。ただ、取消訴訟と併合提起の申請型で、同時判決の場合、取消訴訟は処分時で判断され、義務付け部分は処分時に取消すべき違法をそのままにせず判決時に適法にするために処分を義務付けるのであるから判決時と言えるだろう。

差止めは当然判決時である。

第5節　違法性の承継

(1)　承継とは

連続した行政の行為が行われる場合に、後の行為には違法性は認められなくても前の行為に違法性があれば、前の行為を争う出訴期間が徒過していても裁判所は前の行為の違法を理由に後の行為を取り消せるかという実践的関心事がある。

国民の立場からみると取り消すのが当然である。

前の行為も争われ取消訴訟が棄却され確定していると、後の行為の取消訴訟では前の行為の違法性は主張できないとある下級審（熊本地判昭43.11.14行集19巻11号1727頁）は言い、学説も認めている[66]。

これまでに違法性の承継として学説上語られた事例は次のようなものであった。

土地収用の事業認定と収用裁決、農地買収計画と買収処分、滞納処分による差押えと公売処分、土地区画整理の仮換地指定処分と建築物の移転・除却通知などで、下級審によって認められてきている。逆に農地買収処分

---

[65]　東京地判昭48.9.10WEB参照。

[66]　塩野・Ⅱ194頁。

275

と売渡し処分、行政処分と強制執行行為には認められていない。

議論が一気に華やかになったのは最判平21.12.17WEBの登場によってであった。事例は、東京都建築安全条例4条3項に基づく安全認定の瑕疵を、続く建築確認の取消訴訟で主張できるかという点である。

最高裁は次のように判示した。同条例の同条項の安全認定は、知事が、建築主に対し、建築確認申請手続において同条1項所定の接道義務違反がないものとして扱われるという地位を与えるものであるが、建築確認における接道要件充足の有無の判断と、安全認定における安全上の支障の有無の判断は、もともとは建築基準法において、建築主事が一体的に行っていたものであり、平成10年の建築基準法改正で、建築確認等を指定確認検査機関が行うことができるようになったことから、分離されたものである。しかし、安全認定と建築確認は、避難又は通行の安全の確保という同一の目的を達成するために行われるものであって、安全認定は建築確認と結合して初めてその効果を発揮するといえ、また、周辺住民など安全認定の適否を争おうとする者に対し、これを争うための手続保障が十分に与えられているとはいえないから、安全認定が行われた上で建築確認がされている場合、建築確認の取消訴訟において、安全認定が違法であるために同条1項違反があると主張することができる。

この最高裁判決は、違法性の承継という言葉は使っていないが、従来からの違法性の承継の意味を判断したものと言えるが、次のような特徴をもつために、その射程距離が注目される[67]。

すなわち、第1は現在は二つの異なる行政庁による処分だが、もともと一体の制度であったこと、第2は安全認定は建築確認おいて接道義務違反がないものとして扱われるという地位を与えるものであること（つまり安全認定は完結する行政処分ではなく、建築確認という行政処分のなかで効果があるに過ぎない）、第3は前段階の安全認定を争う手続保障が不十分であるという3点をどうみるかである。

(2) 最高裁平成21年判決以後の判例

最高裁平成21年判決の射程距離という点から、従来、違法性の承継としてあげられてきた事例の今を点描してみたが、事業認定と収用裁決以外にはなさそうである。しかも、下の判決は従来の学説の立場を否定して、

---

[67] 川合敏樹「違法性の承継」行政百選7版 I 170頁参照。

第5章　取消訴訟の審理手続(本案審理、違法性審理)の諸段階

承継を認めなかった。

静岡地判平23.4.22判時2214号9頁：「現行の行訴法を前提として、土地収用法の定めを検討する限り、『相連続する2以上の行為が結合して一の効果の発生を目指している』からといって違法性の承継を直ちに認めることはできず」とし、その理由として原告らの主張である「収用委員会が事業認定の違法性につき審査権限を有しないことは、違法性の承継を積極的に認める論拠となるものではない」など逐一従来の学説の立場を否定した。控訴審（東京高判平24.1.24判時2214号3頁）は特に取り上げず、最決平25.10.15TKC文献番号25502301は、不受理決定をしている。

(3)　区画整理事業計画決定の処分性に関する最大判平20.9.10WEBの近藤補足意見との関係

第4章第1節（処分性）の2(7)aで取り上げたこの最高裁大法廷判決には近藤崇晴裁判官の次の様な補足意見がついていた。

「公定力と違法性の承継

(1)　ある行政行為について処分性を肯定するということは、その行政行為がいわゆる公定力を有するものであるとすることをも意味する。すなわち、正当な権限を有する機関によって取り消されるまでは、その行政処分は，適法であるとの推定を受け、処分の相手方はもちろん、第三者も他の国家機関もその効力を否定することができないのである。

　そして、このことがいわゆる違法性の承継の有無を左右することになる。すなわち、先行する行政行為があり、これを前提として後行の行政処分がされた場合には、後行行為の取消訴訟において先行行為の違法を理由とすることができるかどうかが問題となるが、一般に、先行行為が公定力を有するものでないときはこれが許されるのに対し、先行行為が公定力を有する行政処分であるときは、その公定力が排除されない限り、原則として、先行行為の違法性は後行行為に承継されず、これが許されないと解されている（例外的に違法性の承継が認められるのは、先行の行政処分と後行の行政処分が連続した一連の手続を構成し一定の法律効果の発生を目指しているような場合である。）。

(2)　したがって、土地区画整理事業の事業計画の決定についてその処分性を否定していた本判決前の判例の下にあっては、仮換地の指定や換地処分の取消訴訟において、これらの処分の違法事由として事業計画の決定の違法を主張することが許されると解されていた。これに対し、本判決のようにその処分性を肯定する場合には、先行行為たる事業計画の決定には公定

277

力があるから、たとえこれに違法性があったとしても、それ自体の取消訴訟などによって公定力が排除されない限り、その違法性は後行行為たる仮換地の指定や換地処分に承継されず（例外的に違法性の承継を認めるべき場合には当たらない。）、もはや後行処分の取消事由として先行処分たる事業計画の決定の違法を主張することは許されないと解すべきことになろう。

そうすると、事業計画の決定の処分性を肯定する結果、その違法を主張する者は、その段階でその取消訴訟を提起しておかなければ、後の仮換地や換地の段階ではもはや事業計画自体の適否は争えないことになる。しかし、土地区画整理事業のように、その事業計画に定められたところに従って、具体的な事業が段階を踏んでそのまま進められる手続については、むしろ、事業計画の適否に関する争いは早期の段階で決着させ、後の段階になってからさかのぼってこれを争うことは許さないとすることの方に合理性があると考えられるのである」。

この裁判官出身の有力判事の意見は大きな影響力を持つと思われる。従って、上述の平成21年最判も明示的に違法性の承継といわなかったのかもしれないのである。

しかし、この補足意見は一見当然の様に見えても、結局は行政の安定性という価値のみを評価しているに過ぎないのである。対極にある行政の適法性を軽視した意見であると言わざるを得ない。公定力という概念を所与のものとして前提にする一種の観念論とも言えるのである。公定力概念は第3章で述べた様な学問上のものであり、裁判実務において金科玉条のものではない。

例えば、第4章第1節2(7)bで取り上げる、第1種市街地再開発のどの行政行為を争うかの論点で、近藤意見によるとすれば、事業計画認可に処分性を肯定すると権利変換の場面では事業計画認可の違法性は主張できないことになるが、行政の適法性の確保も行政訴訟の目的であってみれば、各法分野の実定法研究の上にたった、広い違法性承継の容認が必要である。

(4) 住民訴訟

住民訴訟分野は深刻な事態になっている。

いくつかの最高裁判例があるが、一般論では承継を認めるものの別の理屈も出して結論はいずれも認めない。

基本判例は津地鎮祭に関する大法廷判決（最大判昭52.7.13WEB）であり、「公金の支出が違法となるのは単にその支出自体が憲法89条に違反する場

第5章　取消訴訟の審理手続（本案審理、違法性審理）の諸段階

合だけではなく、その支出の原因となる行為が憲法20条3項に違反し許されない場合の支出もまた、違法となることが明らかである」と一般論のみ認める。

収賄罪で逮捕された職員を分限免職にして退職金を支払った自治体の事例（最判昭60.9.12WEB）は、分限処分に違法があれば、退職手当支給決定も違法となるという一般論を昭和52年大法廷判決を引用しつつ述べるが、前者は裁量により違法でないとする。

住民訴訟に独自の別な理屈も述べる。すなわち前の処分に違法性があっても後の処分が「予算執行の適正確保の見地から看過し得ない瑕疵」をもつ場合にのみ取り消せるというのである。そしていずれの事例でもその判断は違法でないという[68]。

住民訴訟分野では違法性の承継は最高裁によって否定されているといってもよいであろう。先行行為の違法性の大きさにより、後行行為たる支出行為につき権限の有無に関係なく違法であるとの当然の判決を得なければならない。

その後、最判平20.1.18WEBは、地方自治法改正前の代位請求事案に関し、土地開発公社が普通地方公共団体との間の委託契約に基づいて先行取得を行った土地について、当該普通地方公共団体が当該土地開発公社との買取りのための売買契約を締結する場合において、委託契約が私法上無効であるときには、普通地方公共団体の契約締結権者は、無効な委託契約に基づく義務の履行として買取りのための売買契約を締結してはならないという財務会計法規上の義務を負っていると解すべきであり、契約締結権者がその義務に違反して買取りのための売買契約を締結すれば、その締結は違法なものになるというべきであると一般的に承継を認め、ただし、原判決が委託契約が私法上無効であるかどうか等について十分に審理していないからと言って差し戻した。

差戻控訴審（大阪高判平21.2.13WEB）は、委託契約の内容は「本件委託契約は、そもそも代替地用地として取得する必要のない本件土地を対象とし、かつ、その取得価格も著しく高額で不当なものであったと認められるから、

---

[68]　最判平4.12.15WEBは昇給させたうえでその号級で退職金を出した事例、最判平15.1.17WEBは議員の全国軟式野球大会旅費を議会が決めれば長は是正権がないとした事例、最判平17.3.10WEBは同じく県職員が議員の全国軟式野球大会のために派遣された旅費につき、旅行命令は違法だが、議会が決めれば財務会計職員には支出を是正する権限もない等とした事例。

279

本件委託契約が控訴人主張のように公序良俗に違反し当然に無効であると
か、宮津市に私法上の取消権または契約解除権が認められるとはいえない
としても、本件委託契約は、上記のとおり著しく合理性を欠き、そのため
その締結に予算執行の適正確保の見地から看過し得ない瑕疵が存するもの
といわなければならない」とし、かつ、客観的にみて市が本件委託契約を
解消することができる特殊な事情があったのであるから、被控訴人（宮津
市長）としては、本件売買契約の締結を委任した助役に対し、売買契約を
締結することを阻止すべき指揮監督上の義務があったにもかかわらず、こ
れに違反したと違法性を認めた。

　しかし、やはり最高裁は一筋縄ではいかなかった。

　差戻上告審（最判平21.12.17WEB）は、(1)市長は公社の理事長を兼務して
いたものの、理事長として上記委託契約の解消の申入れに応ずることは、
公社に損害を与え、職務上の義務違反が問われかねない行為である上、市
は公社の設立団体の一つにすぎず、出資割合も基本財産の約14％を占め
るにとどまっていたことなどから、市長が理事長として上記解消につき他
の設立団体や理事の同意を取り付けることは困難が予想された。(2)上記土
地を公社に売却した者が公社との間で契約の解消に応ずる見込みが大きい
とか、公社がこれを第三者に上記売買契約の代金額相当額で売却すること
が可能であるなどの事情は認められないから、客観的にみて市が上記委託
契約を解消することができる特殊な事情があったとはいえず、市が上記公
社の取得した上記土地を上記委託契約に基づく義務の履行として買い取る
売買契約を締結したことは、違法とはいえない、とした。

　さらに、最判平25.3.28WEBは、広域連合がし尿及び浄化槽汚泥の積替
え保管施設等の用地として土地を賃借する契約につき、用地を確保するた
め賃借する必要性、施設の性質に伴う用地確保の緊急性や困難性といった
事情について十分に考慮することなく、契約において鑑定評価を経ずに定
められた賃料額が私的鑑定において適正とされた賃料額と比較して高額で
あることをもって直ちに、当該契約が違法に締結されたものでありその賃
料の約定が私法上無効であるとした原審の判断には違法があるとした。

　これでは、本書初版に戻り、住民訴訟分野では違法性の承継は最高裁に
よって否定されているとするのが正確である。

280

第5章　取消訴訟の審理手続（本案審理、違法性審理）の諸段階

第6節　理由の追加・差替え

　行政処分に付けられた処分理由をみて、その相手方や利害関係者は取消訴訟を提起し、違法性主張を行う。その訴訟中に行政が理由を追加したり差し替えたりして処分の正当化を図ることがある。これはどこまで許されるのか。なお、追加と差替えとは異なるという考えもあるだろうが、この点は学説は大きく括って、差替えと捉えて論じている。

　アメリカにおいてはこの問題は極めて厳密に主張制限するというスタンスが判例上確立しているというのに[69]、日本では判例[70]も学説も緩やかである。

　しかしなぜ緩やかなのか理解できない。

1　緩やかに解している学説[71]の説明にそって検討してみたい

　公務員の懲戒処分の非行理由は国家公務員法89条に処分説明書の交付が義務付けられているから、交通違反を理由としていたのを秘密漏洩に差し替えることはできないとしつつ、ある集会に出席していたことで処分したところ別な集会だった場合などは差し替えてよいという。とんでもないことである。行政の事実認定の誤りなのであって、これをあいまいにすることはできない。処分の同一性の捉え方が広すぎることと、手続的正義の要請への抜本的なところでの無理解が根底にあろう。

　この学説が自説を擁護するかのように引用している判例（東京高判昭59.1.31WEB）は、収賄で懲戒免職した処分理由が現金の収賄の容疑で逮捕、留置されたというものであり、基本的に同一の事実であると認められる事実であって、処分の当時に処分権者がその存在を認識し、処分の理由とする意思を有していた事実については追加はよいというのであり、また、「本件訴訟では、控訴人が右現金30万円を現実に収賄した事実があるか否かが問題となるのではなく、前記認定のような事実関係に基づいて被控訴人のした控訴人が右現金30万円の収賄行為を行つたとの認定判断が、懲戒

---

[69]　中川丈久「行政訴訟に関する外国法制調査　アメリカ（下-3）」ジュリスト1248号（2003年）87頁参照。

[70]　基本判例は最判昭53.9.19WEBである。

[71]　塩野・Ⅱ175頁以下参照。

281

権者として遵守すべき法令上の義務に照らして適法といえるか否かの点のみが問題となるにすぎず、仮りに控訴人が右現金の収賄を行っていなかつたとしても、諸般の情況に照らして懲戒権者たる被控訴人のした右収賄行為が認められるとの認定判断に十分に合理的な根拠が存在していると考えられる場合には、なお被控訴人のした右認定判断を違法とすることはできないのである」というむちゃくちゃな理屈なのである。追加しなくても懲戒が認められるなら追加しなければ良いのであり、追加して悪情状を裁判所にアピールした処分庁に対し、追加してもいいよと裁判所が言うのは滑稽である。追加は違法であり、処分理由から除外すべきである。

　次にその学説は、公務員の分限処分は適格性審査、全体的評価だから、処分説明書記載の事実以外もすべての事由が裁判所での審理対象だとするレッドパージ事件の東京高判昭34.1.30行集10巻1号171頁を全面的に擁護している。上述と同じ誤りだが、誤りの程度は大きい。全体評価であったとしても、処分のときにその全体評価をすべて摘示するべきであり、それに入っていないことを後に追加することはできない。理由を付記する意味を重視しなければならない。

　次にその学説は、国税通則法に基づく更正・決定を納税者が争うとき、税務署長は処分時にいっていなかったあらゆる理由を主張できるとする判例を支持する。その判例とは、直接的には大阪高判昭52.1.27WEBで、被控訴人が、係争事業年度において不動産を7600万9600円で取得し、7000万円で販売したものとして法人税につき青色申告書による確定申告をしたのに対し、控訴人（中京税務署長）が不動産の取得価額は6000万円であることなどを更正の理由として更正通知書に付記した上で本件更正処分をしたため、更正処分取消訴訟において、更正処分庁が、更正処分に附記した理由によっては更正処分を維持し難い場合に、付記理由以外の理由による納税義務者の事業年度の新たな所得金額の存在を主張・立証し、更正処分において認定した所得金額以上の所得金額の存在を裁判所に認容させ、更正処分の維持を図ることは当然に許容されるとしたものである。租税訴訟分野の訴訟物が総額主義か争点主義かの論争は、のちの最判平4.2.18WEBが前者の立場で決着をつけたものであるが（青色申告の最判昭56.7.14WEBと同旨。その要旨は、青色申告書による法人税の申告について不動産の取得価額が申告額より低額であることを更正の理由としてした更正処分の取消訴訟において、課税庁は、当該処分の適否に関する攻撃防禦方法として、当該不動産の販売価額が申

第5章　取消訴訟の審理手続（本案審理、違法性審理）の諸段階

告額より多額であることを主張することができる。というもの）、昭和52年の大阪高裁判決はその立場から、追加が許されるとしたものである。

この学説は、所得額、税額が争われているからその理由はよいのだとの趣旨を述べるが暴論である。基本的事実が同一であればともかく[72]、総額を維持するためには付記理由はどうでも構わないといわんばかりの論説は、国民の適正手続保障を無にするものである。

このような学説にも依拠したのか、情報公開における判例、逗子市情報公開条例に関する最判平11.11.19WEBは、非公開理由の記載の意味を極めて小さく限定し、取消訴訟中では他の理由も主張できるとし、拒否処分の繰返しを避けるためにこれでよいのだとする実務家の一部の支持も得ている[73]が、やはり誤っていると考える。

取消判決の拘束力（行訴法33条）、既判力の掘下げにより、拒否処分の繰返しを防ぐという理論を作り上げねばならない。この点は判決効、義務付け訴訟の箇所で後述する（第6章第2節5など）。

申請拒否処分と義務付け訴訟の関係の論点は第8章第4節3で述べるが、紛争の一回的解決、迅速な解決の必要ということがこのような学説の正当化根拠となっている。改正行訴法による申請型義務付け訴訟と取消訴訟の提起強制のもとでは、迅速解決の内容は複雑となる。

2　制限すべきであるとする説

小早川教授は、処分理由が、行政手続法または個別行政法令で義務付けられている場合には、取消訴訟では、基本的には、その処分時に示された処分理由の当否が審理判断の対象になるものと考えられるとされる。修正の範囲を超えて根拠事実を差し替えることはできない（裁判所がそれを維持することはできない）と言うのである[74]。

極めて自然で説得的な結論である。

申請拒否処分の場合には、教授は、申請人にとっての不利益は、基本的

---

[72]　松沢智「青色申告の法理（3・完）」判時1074号（1983年）15頁はこのことを指摘する。

[73]　ただ、最判平11.11.19WEBに関する同じ筆者の評釈でみると、本書初版の頃の行政判例百選Ⅱ5版398頁は、紛争の一回的解決の視点からかなり緩やかだったが、6版406頁、7版390頁と下るに従って、やや慎重になっているようにも見えるが、行政の便宜をなお重視しすぎているようである。

[74]　小早川・下Ⅱ206-213頁参照。

283

には、拒否処分がされたことではなく、求める処分がなされないことであることを理由に、訴訟の中で行政庁に追加主張を許し、一挙に処理してしまう方が合理的（そして前述の情報公開の平成11年最判をあげて支持）としつつ、行政庁が形式上の理由で不適法として却下したり形式的理由により拒否処分をし、訴訟中に実質的理由を追加する場合には取消判決をすべきであるとする[75]。　その例としてあげられるのがベンジジンの最判平5.2.16WEB[76]である。ベンジジン判例は、行政庁はもともと労災保険法施行以前の事案だからとしていたのに、1審で破れるや2審になって、業務起因性なしという理由を追加したものであって、2審、上告審は追加を認めず、法施行前の事案にも適用ありとして救済したものである。

　私は拒否処分の場合も、理由を問わず、処分庁による差替えは許すべきでないと考える。

　本章第1節の手続的違法のところで取り上げた一級建築士免許取消事件（最判平23.6.7WEB）の、理由提示の重要さの判示は、当然理由の追加、差替えを制限する方向で今後射程を広げるであろう。

3 「実務的研究」[77]の説

　訴訟物との関係で2分説が唱えられる。訴訟物は第一次判断権が行使された処分要件であると捉え、実定法により、処分のためには第1は法律の定めた処分要件全部を満たすことが要求されるものと、第2はどれかひとつが満たされることで処分が可能となるものとがあると分類する。第1類型はすべての要件に第一次判断権が行使されているから処分理由の差替えは許され、第2類型は他の理由には差替えは許されないという。

　この2分説は徹底して第一次判断権で論を展開するが、これを批判する説[78]もいうように、行政が第一次判断権を放棄して差替えを主張しているのであるから疑問である。ただし批判する説は、差替え・追加を認めて判断すればよいというのであるから、私の立場とは正反対である。私は差替え・追加も認めず別処分も認めないことこそ重要であると考える[79]。

---

75)　小早川・前掲注74)214頁参照。
76)　この事件は、1審判決・2審判決ともに優れていた。
77)　実務的研究142頁以下。
78)　藤山＝村田編・行政争訟266頁以下〔鶴岡稔彦執筆〕。

284

第5章　取消訴訟の審理手続（本案審理、違法性審理）の諸段階

4　自説の理由

　後の判決の効力のところで詳述するように、判決の拘束力（行訴法33条）は、訴訟物全般について及ぶ既判力と異なり、理由中の判断に生じるから、どの処分理由のどの点が違法なのかが厳格に識別されなければならないのである。処分で述べられていなかった処分理由を裁判で初めて持ち出すことを許したのでは、民訴法と異なる拘束力という行政事件訴訟法が定めた特別な効力の意義を著しく減じることとなり、行政処分を争う原告に明らかな不利益を与える。

　一回的解決を理由とすることも、上から目線のおせっかいというべきである。原告が、敗訴した行政がのちに異なる理由で同様の処分をもう一度してくることとなっても再び提訴するからしっかり行政敗訴の判決を出してくれと望んでいるのに、紛争の一回的解決の方が望ましいでしょうなどと考えるのは、行政訴訟を誰のために論じているのかと言いたい。誤った行政のために一回的解決を論じることは天に唾するものではないだろうか。

第7節　共同訴訟（主観的併合）、訴訟参加

1　共同訴訟（主観的併合）

(1)　行訴法17条と民訴法の適用
①　適用の整理
民訴法では、必要的共同訴訟と通常共同訴訟とがある（38条〜41条）。行訴法には17条という規定がある。

> **（共同訴訟）**
> **第17条**　数人は、その数人の請求又はその数人に対する請求が処分又は裁決の取消しの請求と関連請求とである場合に限り、共同訴訟

---

79)　鶴岡判事は私のような結論につき、第2類型では訴訟物が具体的な処分理由、違法性となってしまい、違法性全般という通説からあまりにかけ離れると批判している。しかしこの批判は本末転倒ではなかろうか。そもそも2分説を前提にすることはできないのではないか。2分説の第2類型という概念はそもそも存在せず、行政が一つの要件で処分をするときもすべての要件について判断していると考えるのが現実的である。ベンジジン事件の行政庁も、実はすべてを判断していたと見るべきである。

人として訴え、又は訴えられることができる。

2　前項の場合には、前条第2項の規定を準用する。

　これは行訴法7条との関連では、民訴訟以外に行訴法に「定めがある事項」であり、民訴法38条の内容と完全に重なりながら別異に要件を定めているから、同条の規定は適用しないということになる。行訴法の17条はすべての行政訴訟に準用されている。

　しかし共同訴訟人の地位の民訴法39条、必要的共同訴訟の同法40条、同時審判の申出がある共同訴訟の同法41条は、行訴法7条で、これら民訴法の規定が適用されると考えられる。

　行訴法17条の趣旨は、裁判の矛盾抵触や心理の重複を回避し、当事者の訴訟遂行上の負担を軽減しながら、他方で、関連請求に限定することにより、訴訟手続きの錯綜を避け、迅速な審理を確保しようとするものである[80]。

　判例は民訴法40条を行政訴訟に大いに適用している。最高裁判例だけいくつか拾ってみる。

　・最判平7.3.7WEBは、実用新案登録を受ける権利の共有者が、共同で拒絶査定に対する審判を請求し、請求が成り立たない旨の審決を受けた場合に提起する審決取消訴訟は、固有必要的共同訴訟であるとした。

　・複数の住民が起こした住民訴訟につき最大判平9.4.2WEBは、いわゆる類似必要的共同訴訟と解するのが相当であるとした。

　・選挙無効に関する最大判平10.9.2WEBは「同一の選挙区内の複数の選挙人の提起した選挙の効力に関する訴訟がいわゆる類似必要的共同訴訟に該当すると解することもできない」と判示した。

　・商標権共有に関する最判平14.2.28WEBは各共有者が共同して又は各別に取消訴訟を提起した場合には、これらの訴訟は、類似必要的共同訴訟に当たると解すべきとした。

　・共同特許に関する最判平14.3.25WEBも同じ趣旨である。

　②　行訴法17条の要件

　注意すべきことは、両方の訴訟が適法であること、取消訴訟に関連請求を併合するのであり逆ではないことくらいである（後者は客観的併合の箇所

---

80)　条解428頁〔市村陽典執筆〕参照。

でも述べた―本章第1節4）。

③　民訴法41条と主観的予備的併合の可否

上述したように民訴法41条は行政事件にも適用される。行政主体と行政庁との関係においては主観的予備的併合を行政事件の場合には許してもよいという理論問題と判例があったが、2004年の行訴法の改正によってそういう必要はそもそもなくなる可能性も生じたし、民訴法41条の同時審判申出に係る共同訴訟の規定を活用して併合審理をすることで理論問題は解決されたといえよう。

(2)　第三者による請求の追加的併合

行訴法18条に次のような条文がある。

（第三者による請求の追加的併合）
第18条　第三者は、取消訴訟の口頭弁論の終結に至るまで、その訴訟の当事者の一方を被告として、関連請求に係る訴えをこれに併合して提起することができる。この場合において、当該取消訴訟が高等裁判所に係属しているときは、第16条第2項の規定を準用する。

第三者が、行政庁と原告との取消訴訟に併合提起することを保障する制度であり民訴法の発想にはない規定である。主観的追加的併合提起とでもいえようか。既存訴訟の原被告のどちらかをこの条文による新訴の被告とすることとなる。通常は行政庁を被告とすることが多いであろう。

その第三者要件は関連請求を起こすということのみである。取消訴訟も関連請求も適法であることは前提となる。

不適法の場合につき、**最判昭59.3.29WEB**は、会社代表取締役が国立公園特別地域内の会社所有の土地上に自己のため建物を建築するにつき県知事から不許可処分を受けたのを不服として提起した取消訴訟が控訴審に係属中に、会社がその土地上に建物を建築することが不可能とされたことにより土地所有権の行使ができなくなったことを理由として、憲法29条3項の規定に基づき損失補償請求の訴えを追加的に併合提起した場合に、後者の訴えが、「専らかかる併合審判を受けることを目的としてされたものと認められるものでない限り」行訴法13条の関連請求に当たらないからといって直ちに不適法として却下することなく管轄裁判所に移送すべきであるとしている。

287

福岡地判昭62.6.30判時1250号33頁は上記最高裁判決を引用し、例外部分に当たるとして却下した。事案は、在留許可3年希望に対し1年にされた取消しは訴えの利益がないから不適法で国賠と併合が認められないケース。

京都地判平5.12.10判タ872号209頁も、上記最高裁の例外ケースに当たるとして却下。住民代位請求と国賠だが、住民訴訟の請求では、告訴に要した費用の公金支出の適法性が争点であるのに対し、国家賠償請求では、右支出の結果なされた本件告訴の違法性が争点であって、両請求の主要な争点は共通でないので関連請求の要件を充たさず、もっぱらかかる併合審判を受けることを目的としてなされたというもの。

18条はすべての行政訴訟に準用される。

2 参加

(1) 規定の整理

民訴法では、第三者が訴訟に参加する方法を、補助参加（42条～46条）、独立当事者参加（47条）、共同訴訟参加（52条）で規定し、学説上ではさらに共同訴訟的補助参加が認められている[81]。

行訴法では、第三者の訴訟参加、行政庁の訴訟参加のために次の条文を用意している。

（第三者の訴訟参加）

第22条 裁判所は、訴訟の結果により権利を害される第三者があるときは、当事者若しくはその第三者の申立てにより又は職権で、決定をもつて、その第三者を訴訟に参加させることができる。

2 裁判所は、前項の決定をするには、あらかじめ、当事者及び第三者の意見をきかなければならない。

3 第1項の申立てをした第三者は、その申立てを却下する決定に対して即時抗告をすることができる。

4 第1項の規定により訴訟に参加した第三者については、民事訴訟法第40条第1項から第3項までの規定を準用する。

5 第1項の規定により第三者が参加の申立てをした場合には、民事訴訟法第45条第3項及び第4項の規定を準用する。

---

[81] 住民訴訟レベルで補助参加と共同訴訟的補助参加の区別を判示した**最判昭63.2.25WEB**参照。

第5章　取消訴訟の審理手続(本案審理、違法性審理)の諸段階

　（行政庁の訴訟参加）

第23条　裁判所は、処分又は裁決をした行政庁以外の行政庁を訴訟
　　に参加させることが必要であると認めるときは、当事者若しくはそ
　　の行政庁の申立てにより又は職権で、決定をもつて、その行政庁を
　　訴訟に参加させることができる。
　2　裁判所は、前項の決定をするには、あらかじめ、当事者及び当該
　　行政庁の意見をきかなければならない。
　3　第1項の規定により訴訟に参加した行政庁については、民事訴訟
　　法第45条第1項及び第2項の規定を準用する。

(2)　第三者の訴訟参加

①　使い方

　多面的利害が錯綜する現代社会においては重要な規定である。行政訴訟
が行われていることに関し、知らないうちに結果が出ていても行訴法32
条で第三者効を受ける（本書第6章第2節5）。確定した後に知ったとしたら
第三者再審（本書第6章第3節）で争える。この規定は、訴訟係属中にその
訴訟の結果次第では権利を害されると思う第三者が使うものである。自ら
がその訴訟との関係で関連請求を有すると思えば、前述の第三者による請
求の追加的併合（行訴法18条）を駆使するのもよい。関連請求の要件はな
いが、ともかく自分の権利が害されると思うときに使うのがこの行訴法
22条の条文である[82]。もちろん条文上、職権判断による参加ということ
もありうる。

　民訴法42条の単なる補助参加でもよいが、利害関係よりも自分の権利
が害されるとまでいえれば、この行訴法22条を使えばよい。

　地裁判決ではあるが、行訴法22条の使い方の典型的な判示をした**東京
地決平18.10.23WEB**を少し長いが引用しておきたい。

　「本件の本案訴訟において、本件不承認処分が取り消されたとしても、
これ自体によっては、申立人らには何らの権利義務の変動も生じないから、
申立人らは、取消判決の形成力によって直接その権利を害されることには
ならない。しかし、当該取消判決が確定した場合、厚生労働大臣は、本件
申請について改めて判断することになるが（以下、これを「第2次処分」とい
う。）、その際には、取消判決の拘束力が働く結果、本件申請を承認する処
分をする可能性は、相当高いことが認められる。そして、確定給付企業年

289

金法6条の承認を講学上の認可と解し、それを得て初めて確定給付企業年金額変更の私法上の効力を生ずるとすると、第2次処分により、直接申立人らの受給権が減額され、権利を害される関係にあるということができる（なお、同条の承認を講学上の許可と解したとしても、承認を欠く規約変更は私法上も違法無効であると解する余地があり得ることからすれば、やはり、取消判決の拘束力と申立人らの権利侵害との間には直接的な関係があるものというべきである。）。また、実質的にみても、申立人らは、第2次処分の取消訴訟において、厚生労働大臣が取消判決の拘束力にしたがって第2次処分をした場合には、これを違法ということはできないと解されるから（最高裁平成4年4月28日第3小法廷判決・民集46巻4号245頁参照）、本案訴訟において申立人らに行訴法22条による参加を認めて、共同訴訟的補助参加の地位を与える必要性があることも否定し難いところである。

　相手方（原告ら）は、本件不承認処分が取り消され、厚生労働大臣が第2次処分をする場合でも、当該取消判決の拘束力に従って法律上当然に承認処分を行うことになるのではなく、第2次処分時を判断基準時として新

82）　最決平8.11.1判時1590号144頁は、不当労働行為の労働委員会命令に対し、使用者又は労働組合が取消訴訟を起こしている場合に、労働組合又は使用者は行訴法22条の参加申立てができるとした。争いがあった点を明確にした判決である。

　加えてその場合に、組合員は行訴法22条1項の参加ができるかという論点があり、最決平14.9.26WEBはこれを否定した。理由は次の通り。「労働組合法27条に定める労働委員会の救済命令制度は、不当労働行為につき一定の救済利益を有すると認められる労働組合及び労働者に対し、それぞれ独立の救済申立権を保障するものであるから、労働組合のみが労働委員会に救済を申し立てた場合に、その申立てに係る救済命令又は救済申立てを棄却する命令が確定したとしても、当該労働組合に所属する労働者が自ら救済申立てをする権利に何らかの法的影響が及ぶものではない。上記各命令の確定後に労働者が自ら救済申立てをしようとしても、救済申立期間の経過により、これを行うことができなくなっていることもあるが、それは自ら救済申立期間内に申立てをしなかったことの結果にすぎない。そして、労働組合の救済申立てに係る救済命令の内容が労働者個人の雇用関係上の権利にかかわるものである場合には、当該労働者は、使用者が公法上の義務としてこれを履行することにより利益を受けることになり、上記救済命令が判決により取り消されれば、その利益を受けられなくなるのであるが、当該労働者は上記の義務の履行を求める権利を有するものではないし、救済を申し立てなかった当該労働者の救済命令を求める権利が侵害されることもないのであるから、上記利益を受けられなくなることによりその者の法律上の利益が害されたということはできない。以上によれば、上記労働者は行政事件訴訟法22条1項にいう『訴訟の結果により権利を害される第三者』には当たらないというべきである」。

　しかしこの判断は典型的な悪しき形式論理の所産である。参加させても、その主張を認めることとは異なるのであるから、なるべく参加させて真実発見に努めるべきである。

第5章　取消訴訟の審理手続（本案審理、違法性審理）の諸段階

たな処分を行うのであるから、申立人らは取消判決の拘束力を通じて権利を害される第三者に当たらないし、第2次処分の取消訴訟においては、取消判決の拘束力にかかわらず、第2次処分の違法を主張することができる旨主張する。しかし、拘束力の制度が、このような基準時の違いを前提としてもなお意義のあるものとして設けられていることは明らかなのであるから、大きな事情変更が予想される特段の事情が存する場合はともかくとしても、そのような事情のいかんにかかわらず、処分の判断基準時が異なることを理由に取消判決の拘束力を否定することは、およそ拘束力という概念を否定するものであり、失当というほかない」。

②　効果、準用等

参加した第三者は民訴法40条の必要的共同訴訟の当事者と同様の立場になると明文で準用されているのであるが（行訴法22条4項）、関連請求のような独立の要求をもっているわけではないから係属中の訴訟との関係では、原告又は被告行政庁の味方をするのである。したがってやはり参加というにふさわしい。

その点で、民訴法の独立当事者参加（47条）、共同訴訟参加（52条）は、参加が認められれば共同訴訟当事者となるのであってみれば、あえてこれらの規定を行政訴訟の場で排除する必要は全くないが[83]、今論じている行訴法22条の制度との差異は明らかであろう。それぞれに独自の役割があると考えられる。

なお参加する相手、味方する相手が被告行政庁のみだとする見解がある[84]。しかしそのように断定する根拠はない。その見解を自説のために引用している東京地判昭46.2.6判時628号84頁は、むしろ参加人が原告側に味方している事案で、そのことを前提に害される関係にはないとしているもので、誤引用ではなかろうか。被告側への参加が多いであろう[85]。

参加の効力であるが、この制度を使う目的はともかく係属訴訟においてどちらかの当事者に味方することを通じて自己の害を回避することにある。もともと判決の第三者効が及ぶのであるから行政敗訴の場合には参加的効

---

[83]　特許関係の事件では独立当事者参加は多用されている。例えば東京高判平13.5.23WEBでは独立当事者参加人の主張が認容され、審決が取り消されている。

[84]　本書初版で、条解〔3版〕427頁〔新山一雄執筆〕及びそこに引用された文献を批判的に引用したが、条解460頁〔神橋一彦執筆〕は、昭和46年東京地判の解釈も含め、本書の評価・解釈に近づいた。

[85]　実務的研究279頁は、通常被告側だという表現にとどめている。

力は論じる必要はないが、原告敗訴の場合には参加的効力が問題となる。原告敗訴の場合の参加的効力は、行政から行訴法22条の参加人に訴訟が起こる際の主張制限であるが、あまり起こらないことなので想定できない[86]。

本規定は抗告訴訟に準用される（行訴法38条1項）。改正法により義務付け、差止め訴訟が明文化された今日では、第三者の被る害は広がると思われ、行訴法22条が多用される場面が増えるかもしれない。

なお行訴法22条が民訴法46条の参加的効力を準用していない点を、山本教授は立法上の問題として指摘している[87]。

③　補助参加との関係

取消訴訟への補助参加を認めた**最決平15.1.24WEB**は重要である。廃棄物の処理及び清掃に関する法律15条2項1号、2号の趣旨は「周辺地域に災害が発生することを未然に防止するという観点からも」、「技術上の基準に適合するかどうかの審査を行うことを定めている」、「人体に有害な物質を含む産業廃棄物の処理施設である管理型最終処分場については、設置許可処分における審査に過誤、欠落があり有害な物質が許容限度を超えて排出された場合には、その周辺に居住する者の、生命、身体に重大な危害を及ぼすなどの災害を引き起こすことがあり得る。このような同項の趣旨・目的及び上記の災害による被害の内容・性質等を考慮すると、同項は、管理型最終処分場について、その周辺に居住し、当該施設から有害物質が排出された場合に直接的かつ重大な被害を受けることが想定される範囲の住民の生命、身体の安全等を個々人の個別的利益としても保護すべきものとする趣旨を含むものと解するのが相当である。したがって、上記の範囲の

---

86)　条解〔3版〕432頁〔新山一雄執筆〕参照。

87)　山本・拾遺53頁参照。行政事件訴訟法は多数当事者間の紛争解決制度に問題があるという指摘である。すなわち、22条が民訴法46条の参加的効力を準用しないのは、行訴法32条の第三者効で足りると想定されていたが、32条は法関係を原状回復させるにとどまり、法関係を確定する効果までは含まないとして次の例をあげる。「Aに対する許可について、Bが提起した取消訴訟において実体法上の理由により取消判決が下された後、Aが許可を再度申請し、行政庁が取消判決の拘束力（行訴法33条1項）により、申請拒否処分をしたところ、Aが申請拒否処分取消訴訟および許可の義務付け訴訟を提起した場合、行訴法32条の第三者効は再度の処分には及ばず、他の判決効がAに及ばないとすると、Aの申請が一事不再理の法理に抵触するとも言い難いように思われる」。つまり教授は、このような場合、最初の訴訟にAかBの申し立てまたは職権で、Aを参加させて参加的効力を持たせるようにすれば、一回的解決が図れるというのであろう。この点、理論的に準用することの提案もある（福井等・新行政事件訴訟法99頁〔村田斉志執筆〕）。

第5章　取消訴訟の審理手続（本案審理、違法性審理）の諸段階

住民に当たることが疎明された者は、民訴法42条にいう『訴訟の結果について利害関係を有する第三者』に当たる」とする。極めて妥当な判決である。原告適格の判断ではないが、行訴法9条2項ができる前ながら、最高裁がそのようなところまで原告適格が広がることを予測して出したことは明らかである。

問題は、最高裁がさらに進んで、このような個別具体的な保護要件は必要ないという立場に、将来立つことができるかどうかである（第4章第2節3を参照されたい）。

なおこの点の下級審の展開は、本書の予想通りになっており、さいたま地決平20.3.31WEB、抗告審の東京高決平20.6.26WEBは行訴法22条参加の解釈を原告適格解釈と同様になしている。

また、行訴法22条参加の要件があるのに、あえて補助参加をした場合につき、仙台高判平25.1.24WEBは、民事訴訟法の定める補助参加人としての地位に基づく権限を有するにすぎず、被参加人である控訴人の訴訟行為と抵触する訴訟行為を行うことができない結果、控訴人がした控訴の取下げは、控訴人補助参加人の同意の有無に関わりなく、有効であるとしている。

(3)　行政庁の訴訟参加

① 　本条の趣旨と行訴法改正による意義低下

行訴法23条はすべての行政訴訟に準用されている。

この条文は、もともと他の行政庁を訴訟に引き込み、そこにある資料や情報を集中させた方が紛争の解決に便宜と考えられために設けられている。例えば改正前の住民訴訟の代位請求について多く活用された。市長個人を被告とし、市に代位してされた地方自治法旧242条の2第1項4号に基づく損害賠償請求住民訴訟事件において、被告である市長個人が申立人となり、市を事件に参加させることなどの場合である。

民訴法上の前述からの参加の形態とは趣旨が異なるものである。

しかしこの行訴法23条の条文をめぐる情勢は変わった。最大の変化はいうまでもなく2004年の行訴法改正により被告適格が行政庁から行政主体に原則として変更されたことによる。

同改正でこの23条の条文自体も「他の行政庁」から「処分又は裁決をした行政庁以外の行政庁」に変えられた。

上記の例でも、また裁決取消訴訟の原処分庁でも、それらはすべて国と

293

か地方公共団体のひとつの機関となったので、本来は同条のような規定は
いらなくなったのである。

参加的効力はないものと考えられる[88]。

② 適用事例

そうであれば、今も有効な場面はどのような場合であろうか。

古い事例だが、福島地会津若松支判昭39.6.4行集15巻12号2434頁は争
点訴訟の案件である。境界確定事件において、訴外喜多方市を施行者とす
る土地区画整理に関する換地処分の効力等が争われており、右争点に関し
て喜多方市は被告の主張を正当としていると認められるから、被告のため
に行訴法23条で参加させるとしている。

近時の判例として、大阪地決平26.1.27判時2316号60頁がある。原告会
社が堺市長によって決定され固定資産課税台帳に登録された家屋の価格を
不服として、堺市固定資産評価審査委員会に対し、審査の申出をしたが、
一部しか変更されなかったので、堺市を被告として5億3100万円を超える
部分の取消訴訟を提起した事案。他方、地方税法388条1項により、総務
大臣は、固定資産課税台帳に登録すべき価格を算定するための固定資産の
評価基準を定めた行政庁。被告は、評価基準には一般的合理性があり、こ
れに従って決定した価格は、評価基準が定める評価の方法によっては適切
に算定することができない等の特別の事情の存しない限り、その適正な時
価であると推認されるから（最判平15.7.18WEB）、評価基準に従って堺市長
が決定した本件家屋の各登録価格も適正な時価と推認されると主張した。
これに対して、原告は、評価基準に合理性がない等と主張したので評価基
準の合理性が本案事件における争点となった。しかし、被告は、評価基準
の基礎となる調査、検討資料等を保有しておらず、調査、検討に関する詳
細な事情を明らかにすることはできない。そのために原告は総務大臣の訴
訟参加の申立てをし、総務大臣は不要と主張したが、裁判所は、その事情
に通じた行政庁を訴訟に参加させ、訴訟資料を豊富にすることによって適
正な審理・裁判が実現することを目的とした行政事件訴訟法23条1項所定
の行政庁の訴訟参加の制度の目的に適うものとして申立てを認容し、被告
のために参加させた。

その他、23条の適用場面は、改正行訴法11条2項、3項、6項などの場合

---

88) 実務的研究283頁、条解478頁参照。

第5章 取消訴訟の審理手続(本案審理、違法性審理)の諸段階

が考えられよう。

③　参加人の地位

条文上、補助参加人に準ずる地位となる。

被参加人は条文上は原被告双方だが、原告だとすると、参加行政庁が被告である行政と争うことになり適切でないからである[89]。上記大阪地判も被告のためと明言している。

第8節　審理の舞台装置

主体の問題は前節で扱ったので、ここではその他の審理ルールと主張責任、立証責任の点をみていく。

行政事件も民事事件であるから、行訴法が特別な規定を置いている場合以外は民訴法の例による（行訴法7条）。

1　管轄

民訴法4条から22条まで管轄の関連規定を置くが、これらの規定は基本的にすべて適用される。行訴法に矛盾する特別規定はないからである。ただし、個別行政法での専属管轄に注意することは重要である。

(1)　日弁連の改正提案

行政訴訟法案では次のようにした。

（管轄）

第16条　是正訴訟は、原告の普通裁判籍の所在地又は被告となる行政主体の所在地を管轄する裁判所の管轄に属する。

2　土地の収用、鉱業権の設定その他不動産又は特定の場所に係る行政決定についての是正訴訟は、その不動産又は場所の所在地の裁判所にも提起することができる。

3　是正訴訟は、その行政決定に関し事案の処理に当たった行政機関の所在地の裁判所にも提起することができる。

4　当該行政決定に係る事務の帰属する行政主体が地方公共団体である場合は、当該地方公共団体の所在地の裁判所の専属管轄とする。

---

89)　杉本・解説82頁参照。

295

これくらいの改正は必要だと思われる。見直し時にまた提起することになろう。

検証研究会において、原告の普通裁判籍問題を日弁連委員が再び提起したが、わけのわからない理由で改正しないと決めた[90]。このような検証には疑問がある。

(2) 改正後の管轄に関する規定内容

a 被告と行政庁の所在地に関する管轄（行訴法12条1項）

> **（管轄）**
> **第12条** 取消訴訟は、被告の普通裁判籍の所在地を管轄する裁判所又は処分若しくは裁決をした行政庁の所在地を管轄する裁判所の管轄に属する。

民訴法4条の普通裁判籍の行政事件における具体化である。

2004年改正前は行政庁の所在地の裁判所であったが、被告適格が行政主体となったので、このように改正された。

国が被告の場合は、国の普通裁判籍は、民訴法4条6項により「訴訟について国を代表する官庁の所在地」と定められ、法務大臣権限法1条が、国を当事者又は参加人とする訴訟は法務大臣が国を代表する旨定めているから、法務省の所在地である東京都千代田区霞が関1丁目1番1号が国の裁判籍の所在地となる。つまり東京地方裁判所が管轄裁判所となる。

そこで、改正行訴法は従来通り、国の地方支分部局の行った処分については、当該処分庁所在地の裁判所にも管轄を認めることとしたものである。

取消訴訟以外のその他の抗告訴訟にも行訴法12条1項は準用されるが（同法38条1項）、それ以外の訴訟すなわち当事者訴訟、民衆訴訟及び機関訴訟には準用されない。

b 不動産などに係る処分等に関する管轄（行訴法12条2項）

> 2 土地の収用、鉱業権の設定その他不動産又は特定の場所に係る処分又は裁決についての取消訴訟は、その不動産又は場所の所在地の裁判所にも、提起することができる。

---

[90] 高橋編・検証457頁所収の検証研究会報告書96頁部分参照

改正はなかった。

どこに管轄があるかは明快だが、その前の要件は難しい日本語である。

この2項の文言をかなり総合的に解明した判例がある。それは東北・上越新幹線工事実施計画変更認可処分取消請求に関する浦和地判昭55.9.30行集31巻11号2436頁で、「行政事件訴訟法12条2項は、右の処分の例として『土地の収用』、『土地の収用に係る処分』、『鉱業権の設定に係る処分』を明示しているところからみると、『不動産に係る処分』とは、不動産に関する権利の設定、変更や権利行使の制限禁止等を目的とする処分を、『特定の場所に係る処分』とは、特定の場所において一定の行為をする権利や利益を付与したり、これを制限、禁止する等の処分を指すとともに、右の効果は、当該取消訴訟の対象となつている処分から直接発生するものでなければならないと解するのが相当である」。

奈良地決昭57.8.26WEBは、「『特定の場所に係る処分』とは、同項に例示されている土地の収用、鉱業権の設定等の対比から言つて、単に『特定の場所に関係ある処分』という程度では足りず、少なくともその行政目的が特定の場所に結びつけられているような処分、たとえば、特定の地点または区域において一定の行為をする権利、自由を付与する処分あるいは特定の地域を定めて一定の行為を制限禁止する処分などを指すものと解するを相当とする」とする。

大阪高決昭59.10.1判時1146号42頁は、「行政事件訴訟法12条2項にいう「特定の場所に係る処分」とは、特定の場所においてなされた処分ではなくして、特定の場所を限定し、当該場所自体を処分の要素としてなされた処分をいうもの」とする。

これらの判決から日本語の読み方を理解できるだろう。場所というのは一般語すぎてわかりにくいワードだが、旅客や貨物、文化財、開発許可などで場所を指定して免許などを与える法制度[91]がこれに当たる。

c　下級行政機関所在地による管轄（行訴法12条3項）

> 3　取消訴訟は、当該処分又は裁決に関し事案の処理に当たつた下級行政機関の所在地の裁判所にも、提起することができる。

---

91)　条解364頁参照。例えば道路運送法4条、5条、電気事業法2条、3条、水道法6条、7条、航空法2条、38条などがあげられている。

改正はなかった。

事案の処理にあたった下級行政機関については**最決平13.2.27WEB**があり、事案の処理にあたった下級行政機関とは、「当該処分等に関し事案の処理そのものに実質的に関与した下級行政機関をいうものと解するのが相当である。そして、当該処分等に関し事案の処理そのものに実質的に関与したと評価することができるか否かは、上記の立法趣旨にかんがみ、当該処分等の内容、性質に照らして、当該下級行政機関の関与の具体的態様、程度、当該処分等に対する影響の度合い等を総合考慮して決すべきである。このような観点からすれば、当該下級行政機関が処分庁の依頼によって当該処分の成立に必要な資料の収集を補助したり事案の調査の一部を担当したりしたにすぎないような場合や、申請書及びその添付書類を受理してその形式審査を行い、申請人に対しその不備を指摘して補正させたり添付書類を追完させたりした上でこれを処分庁に進達したにすぎないような場合などは、当該下級行政機関は、原則としていまだ事案の処理そのものに実質的に関与したと評価することはできないというべきである。しかしながら、当該下級行政機関において自ら積極的に事案の調査を行い当該処分の成立に必要な資料を収集した上意見を付してこれを処分庁に送付ないし報告し、これに基づいて処分庁が最終的判断を行った上で当該処分をしたような場合はもとより、当該下級行政機関において処分庁に対する意見具申をしていないときであっても、処分要件該当性が一義的に明確であるような場合などは、当該下級行政機関の関与の具体的態様、程度等によっては、当該下級行政機関は当該処分に関し事案の処理そのものに実質的に関与したと評価することができるものというべきである」という。わかりやすい判示である。

最決平26.9.25WEBは、国民年金法に基づき年金の給付を受ける権利の裁定に係る事務の委託を受けた日本年金機構の下部組織である事務センターが日本年金機構法等の定めに従って裁定に係る処分に関わる事務を行った場合、センターが事件の処理に当たった下級行政機関といえるかについて、「行政事件訴訟法12条3項の趣旨等に鑑みると、処分行政庁を補助して処分に関わる事務を行った組織は、それが行政組織法上の行政機関ではなく、法令に基づき処分行政庁の監督の下で所定の事務を行う特殊法人等又はその下部組織であっても、法令に基づき当該特殊法人等が委任又は委託を受けた当該処分に関わる事務につき処分行政庁を補助してこれを

第5章　取消訴訟の審理手続(本案審理、違法性審理)の諸段階

行う機関であるといえる場合において、当該処分に関し事案の処理そのものに実質的に関与したと評価することができるときは」該当するものとした。同趣旨の下級審はすでに出ていた（高知地決平24.6.26判時2164号50頁）。

　思うに、事件の受理などを出先機関に行わせているのはいわば住民に対するサービスによるものであるから、この趣旨を生かし、行政側としてはこの基準によらず応訴し、応訴管轄を生じさせるべきである[92]。

d　特定管轄裁判所（行訴法12条4項）

2004年改正法で新設された。日弁連提案のようには割り切れなかった行政訴訟検討会、司法制度改革推進本部事務局の妥協策である。

> 4　国又は独立行政法人通則法（平成11年法律第103号）第2条第1項に規定する独立行政法人若しくは別表に掲げる法人を被告とする取消訴訟は、原告の普通裁判籍の所在地を管轄する高等裁判所の所在地を管轄する地方裁判所（次項において「特定管轄裁判所」という。）にも、提起することができる。

　行政機関の保有する情報の公開に関する法律と独立行政法人の保有する情報の公開に関する法律には、これから述べる特定管轄裁判所の制度が入っていた。これを行訴法改正の際に、他の法分野に一般化したのがこの4項である。

　8高裁の所在地の地裁が特定管轄裁判所になる[93]。

　高裁の支部所在地にある地方裁判所（金沢、宮崎、松江、秋田、那覇）は、この特定管轄裁判所に当たらない。支部の設置は、裁判所内部の事務分配規程に依拠しているにすぎないからである。また地方裁判所の支部は、裁判所の事務分配に関する規則で、行政事件訴訟を取り扱わないこととなっているため（地方裁判所及び家庭裁判所支部設置規則1条2項）、特定管轄裁判所の支部は、本項の規定にかかわらず取消訴訟を取り扱わない。検証研究会において、この点の法改正を日弁連委員が提起したが、上述と同様、わけのわからない理由で改正しないと決めた

　特定管轄裁判所への管轄の拡大の例外は、専属管轄の規定がある場合及

---

92)　日弁連編・実務解説127頁参照。なお行訴法12条2項・3項の運用実績につき小早川編・研究49頁参照。

93)　以下の論述は小林・訴訟法245頁、日弁連編・実務解説128頁参照。

299

び本条の適用除外が定められている場合である。

専属管轄は次のような制度である。

① 公正取引委員会の審決に関する訴訟―東京高等裁判所の専属管轄（私的独占の禁止及び公正取引の確保に関する法律85条）

② 特許審決に対する訴訟―東京高等裁判所の専属管轄（特許法178条1項）

適用除外は次のような制度である。

① 中央労働委員会の命令に対する取消しの訴え―東京地方裁判所が管轄（労働組合法27条の19第2項が、中央労働委員会の命令に対する取消訴訟については、行訴法12条3項から5項までの規定は適用しないと規定するため、行訴法12条1項にかえり、被告である中央労働委員会の普通裁判籍の所在地を管轄する裁判所つまり東京地方裁判所の管轄となる）

② 逃亡犯罪人引渡法に基づく処分又は裁決に係る抗告訴訟―東京地方裁判所が管轄（逃亡犯罪人引渡法35条2項により、上記中労委と同じことになる）

行訴法12条4項が規定の趣旨を国と独立行政法人に限定したのは、地方公共団体に対する訴訟が、処分後に住所を変更した原告の住所地を基準として地方公共団体の所在地と関係のない管轄地の裁判所に提起されないよう配慮したものである[94]。

e 移送（行訴法12条5項）

2004年改正法で新設された。

> 5 前項の規定により特定管轄裁判所に同項の取消訴訟が提起された場合であつて、他の裁判所に事実上及び法律上同一の原因に基づいてされた処分又は裁決に係る抗告訴訟が係属している場合においては、当該特定管轄裁判所は、当事者の住所又は所在地、尋問を受けるべき証人の住所、争点又は証拠の共通性その他の事情を考慮して、相当と認めるときは、申立てにより又は職権で、訴訟の全部又は一部について、当該他の裁判所又は第1項から第3項までに定める裁判所に移送することができる。

---

[94] 福井等・新行政事件訴訟法69頁参照。

第5章　取消訴訟の審理手続(本案審理、違法性審理)の諸段階

（i）　他規定との関係

特定管轄裁判所は、原告の普通裁判籍よりは狭いが、改正前の行政庁の所在地の裁判所よりも広いために、同一の原因にもとづく処分や裁決を争う事件が他の裁判所に係属していることがありうるので、当事者の申立または職権でその裁判所に移送して、遅延、判断の不統一を避けようとする[95]ものである。

わかりやすい規定だが行訴法13条との関係、民訴法との関係を理解しなくてはならない。

①　行訴法13条との関係

前述もし、後述もする行訴法13条は関連請求間の移送だが、行訴法12条5項はその要件はない。悪名高い関連請求概念を緩めて移送するために、同項は重要な規定として登場した[96]。

②　民訴法との関係

移送の一般規定は民訴法17条に定めがあるが、行訴法12条5項の規定はその例外となっている[97]。

例外の第1は、民訴法17条は「他の管轄裁判所に」と規定するのに対して、行訴法12条5項はその要件を外している。

第2は、民訴法17条の遅滞要件、衡平要件を緩和している。

第3は、民訴法17条の考慮事項「当事者及び尋問を受けるべき証人の住所、使用すべき検証物の所在地その他の事情」を「当事者の住所又は所在地、尋問を受けるべき証人の住所、争点又は証拠の共通性その他の事情」と換えている。明らかに広がっている。

（ii）　「他の裁判所に事実上及び法律上同一の原因に基づいてされた処分又は裁決に係る抗告訴訟が係属している場合」の考え方

立法関係者からは、これについては民訴法38条の共同訴訟の要件が同じような規定であるので、その解釈が参考にされるべきだと説かれている[98]。

---

95)　宇賀・Ⅱ145頁参照。
96)　条解371頁〔仲野武志執筆〕が、13条6項との違いを、12条5項は裁判所に裁量があり、13条6項は当事者の申立てがあれば必ず併合しなければならないと解している点、理解し難い。その解釈だと、13条6項の「職権で」の文言が死文化しよう。
97)　小林・訴訟法60頁参照
98)　福井等・新行政事件訴訟法73頁。そこに紹介されている具体例も参照のこと。より根本的には新堂・新民訴771頁以下参照。

301

2 関連請求と移送ルール

関連請求という考え方については本章第1節3に述べた。

行訴法13条は移送のルールである。ルールといっても精神はただ一つ、関連請求は取消訴訟がある裁判所に集中させようというものである。

ときに実務で直面するのは、取消訴訟が適法であるかどうかの問題である。

適法といってもいろいろな局面がある。取消訴訟でない事件が係属する裁判所の判断で、「相当と認めるとき」決定することにも関係する。双方当事者の意見をきいて判断することが好ましいことは当然だが、移送先の、つまり取消訴訟が係属している裁判所の意見はきくのであろうか。同一裁判所内の他の部に移送するかどうかの判断では、書記官が事実上移送先の部の書記官と打合せをすることは実務であるが、違う裁判所の場合はどうしているのか、やはり打合わせは行われるのであろう。

これらのことを前提にして次のように考える。

・被告行政が訴訟要件を争って、裁判所もまだ結論を決めていないような場合、これは移送すべきということになろう。

・同じく、ほぼ要件論争に決着がついて却下間近な場合、移送しても仕方がないことになる。

第9節　あるべき審理方式

1 行政訴訟に適した審理方式

民訴法を基礎にしている行訴法であるが、当事者が対等でない行政訴訟において、民訴法をどのように修正するのかが重要であり、それを考える上で重要な規定が行訴法の中にいくつも存在する。

審理方式について言えば行訴法23条の2と24条である。

ところがこの二つの条文、一つは2004年の改正で入った23条の2、いま一つは制定時からの24条、いずれも現在の裁判実務においては無視され、眠らされている。この二つの条文の復権[99]が行政訴訟を活性化する重

---

99) 正確に言えば復権ではない。一度も力を持たされたことがないからである。覚醒、開花などの用法が正確であろうか。

第5章　取消訴訟の審理手続(本案審理、違法性審理)の諸段階

要な要素である。

23条の2が新設される前の状態のもとで、民訴の釈明権規定と、行訴の職権証拠調べを有機的に関連させて、行政訴訟のあるべき審理方式を考察する論考もあった[100]。

23条の2ができた現在、その論考の問題意識はさらに発展させなければならない。

まず民訴法の釈明権（同法149条）の意義は、当事者の弁論の申立て・主張などの不十分さを補い、または修正するものである。

23条の2と24条を有機的に活用する審理方式を総論的にまず述べれば次のようなことである。

(1)　23条の2と24条の職権発動消極姿勢

のちに順次見るように、現在の裁判実務は両条文をほとんど使わない。

そのことは、法解釈の問題ではなく、今の裁判所が、行政事件を民事事件と同様の当事者主義、処分権主義、弁論主義の中で捉えている姿勢、実務運営の問題に帰着する。

行政訴訟の陥っている原因を私は五つに分析している[101]。

この状況を正さなければならない。

(2)　法解釈の問題

23条の2と24条の裁判所権能を、権能とのみ捉えていては前進はない。23条の2、24条を裁判所の義務と捉える解釈論、その義務違反の法的サンクションを明確にしなければならない。

(3)　行政訴訟の活性化、迅速化が確実に可能となる

裁判所が釈明処分の特則の23条の2と職権証拠調べの24条を縦横に使えば、行政訴訟は現在の姿を変えるであろう。

まず、裁判所は、新行政事件が係属した場合、訴状審査ののち、23条の2を発動して処分の根拠法令、処分理由の資料、これらを前提とする答弁書を第一回口頭弁論に用意するよう被告に命ずる。

口頭弁論や弁論準備を経て、争点が明確になれば、裁判所は、当事者に証拠調べ計画を提出させるとともに、24条を発動して、裁判所も、必要と思われる証拠調べ計画を明らかにする。当事者の証拠調べ計画と裁判所の証拠調べ計画に重複があれば、調整し、証拠調べを実施し、判決や和解

---

100)　山岸敬子「釈明権・職権証拠調べ・職権探知」（中京法学36巻3=4号、2002年）21頁以下。

303

に可及的速やかに達する。

これが行政訴訟のあるべき審理方式である。

2　釈明処分の特則

2004年の改正で入ったこの制度がすでに眠りに入っている。制度導入
の趣旨、眠り込み状態の確認、早めの覚醒のための方策を提起する。

訴訟指揮権のひとつとして釈明権と釈明処分がある。

民訴法149条が裁判長の釈明権を規定し、同法151条が裁判所の釈明処
分を規定している。

---

101)　斎藤浩「忖度をやめ、国民、企業に役立つ行政訴訟へ」（滝井追悼201-202頁）
で次のように分析している。
①　司法、法務分野における三権一体的運営
　議院内閣制であるわが国においては国会と内閣とは連帯責任を負っているので
（日本国憲法66条3項）、行政権が属し行政活動を統括する内閣の一部門である法
務大臣、法務省は法務行政において国会に連帯責任を負う。法務行政は内閣と通
じ国会多数派と一体であることになる。法務省は、「基本法制の維持及び整備、
法秩序の維持、国民の権利擁護、国の利害に関係のある争訟の統一的かつ適正な
処理並びに出入国の公正な管理を図ることを任務とする」（法務省設置法3条1
項）もので、検察に関する所掌事務のほか「民事法制に関する企画及び立案に関
すること、刑事法制に関する企画及び立案に関すること、司法制度に関する企画
及び立案に関すること、司法試験に関すること、内外の法令及び法務に関する資
料の整備及び編さんを行うこと、法務に関する調査及び研究に関すること」など
を含む（同法4条）。
　検察に関する所掌事務を除きここにあげた事務にあたっている法務省職員の責
任者、上層部は検事の身分ながら本籍は裁判官である。つまり裁判所からの出向
組、私の呼称では本籍裁判官である。また争訟に関わる職員の大半も本籍裁判官
である。
　裁判官は裁判所においては国会で成立した法律を主として適用して裁判をおこ
なっている（憲法76条3項）。
　これらの結果、裁判官が法務省職員（検事）として起案した法案を、内閣が閣
議決定して国会に上程し（法案を最終チェックする内閣法制局にも裁判官が検事
に任命替えされて出向している）、与党の力により制定された法律を、裁判所で、
裁判官が適用する、行政関係の裁判では裁判官出身の検事が国の代理人となって
活動したうえで（いわゆる判検交流による裁判官が国の指定代理人をつとめてい
る12）、裁判官が裁判をする、ということになっている。
　つまり、司法、法務分野においては、国会、内閣、裁判所は形式的には分立し
ているが、実質的には一体化した組織運営がおこなわれている。
②　最高裁、裁判所は、政治部門、とりわけ外交・防衛などの統治行為、原発な
ど主要な政策への司法審査を実質的または形式的に回避する。
③　最高裁事務総局人事局、行政局などにより、重要行政事件対策のために、裁
判官の恣意的な転任、補職がおこなわれている。
④　法曹一元制度を二度にわたり流産させた。
⑤　行政事件訴訟法の抜本改正を行わず、各行政法規に国民の権利利益を重視す
る条項をもうけない。

304

第5章　取消訴訟の審理手続(本案審理、違法性審理)の諸段階

そして2004年行訴法改正で、釈明処分の特則23条の2が行訴法に導入された。

まず経過と意義を論ずる。

(1)　なぜ釈明処分の特則が導入されるに至ったか

a　行政訴訟検討会への日弁連の提案

日弁連は、行政訴訟法案をつくり、その中で、訴訟審理に関しては、行政処分の適法性だけでなく行政側の裁量が認められる場合の前提事実、判断基準の合理性、事実への基準の当てはめの合理性について行政側に主張立証責任を負わせることとした（日弁連法案34条、35条―本書第2節1参照）。

さらに、資料提出に関して行政決定に際して収集した資料や審理に必要な資料を原則的に裁判所が行政側に開示させる開示命令（同法案39条）や開示命令に従わない場合の真実擬制（同法案40条）を提案した。

b　行政訴訟検討会での議論

第6回検討会フリートーキング資料では「取消訴訟をはじめとする行政訴訟の審理手続については、処分又は裁決に関する資料の提出や根拠の説明などの義務を行政に課することなどにより訴訟資料を充実させ、適正迅速な審理に役立てるべきである」との観点から上記日弁連の提案も扱われた。

その後の議論で「主張立証責任の点」では、行政処分について行政庁として最小限度それが違法でないことの説明を要し、必要があれば立証すべきであるとし、行政庁側がその役割を果たしていないと裁判所が判断すれば、裁判所の権限でそれを果たさせていくという一種の説明責任の問題と理解された[102]。しかし、これに対しては訴訟における説明責任と主張立証責任の分配は別の問題とし、立証できなかった場合の不利益をすべて行政に負わせることには、否定的な見解が強く表明された[103]。取消訴訟における立証責任については様々な見解もありその検討も必要になるとされ、今回法律として規定することについては見送られた。

次に「資料収集の点」では文書提出命令制度を用いるべきとの意見もあった。提出しない場合のサンクションも定める文書提出命令制度を用いるべきであるとの見解[104]であった。しかし、これに対しては、文書提出

---

[102]　行政訴訟検討会第14回小早川委員意見、福井委員、水野委員も同旨。

[103]　行政訴訟検討会第14回市村委員意見。審理の効率性の問題と要件の存否がわからないときのリスクの話とは別問題であるとする。

305

命令制度が問題となるのは証拠調べ段階であるが、それより早期の主張整理の段階で訴訟関係を明瞭にすることが審理の充実・迅速化に資するとの意見が強調され[105]、また文書提出命令の場合には文書の特定が必要であるという意見や文書提出命令制度について2001年に民事訴訟法が改正され、公文書も一定の公務秘密文書（民訴法220条4号ロ）を除き広く提出命令の対象とされたばかりなのでもう少し運用をみるべきという意見等が出され、文書提出命令制度の強化案も見送られた。

　そこで、主張段階で訴訟関係を明瞭にするために詳しい行政庁の内部資料提出方策として、釈明処分として行うのがよいのではないかとの見解[106]が示され、改正につながった[107]。

(2)　改正行訴法と民訴法などの関係、実務的論点

行訴法23条の2は次のように定める。

> **（釈明処分の特則）**
> **第23条の2**　裁判所は、訴訟関係を明瞭にするため、必要があると認めるときは、次に掲げる処分をすることができる。
> 　一　被告である国若しくは公共団体に所属する行政庁又は被告である行政庁に対し、処分又は裁決の内容、処分又は裁決の根拠となる法令の条項、処分又は裁決の原因となる事実その他処分又は裁決の理由を明らかにする資料（次項に規定する審査請求に係る事件の記録を除く。）であつて当該行政庁が保有するものの全部又は一部の提出を求めること。
> 　二　前号に規定する行政庁以外の行政庁に対し、同号に規定する資料であつて当該行政庁が保有するものの全部又は一部の送付を嘱託すること。
> 　2　裁判所は、処分についての審査請求に対する裁決を経た後に取消訴訟の提起があつたときは、次に掲げる処分をすることができる。

---

104)　行政訴訟検討会第14回福井秀夫委員意見。
105)　行政訴訟検討会第14回市村委員意見。
106)　行政訴訟検討会第17回深山委員意見、第14回第17回市村委員意見。
107)　この立法経過は、いかにして行政庁側にある検討資料を訴訟の場に開示するかという視点であったことが明らかである。条解481頁〔菅野博之執筆〕が、それ自体は認めながら、「対等性の確保や原告側に有利な事実の取集という点は、本条による釈明処分が結果的にそのように役立つことがあるという程度に理解すべきであり、これらの点を本条の主要な趣旨・目的であると位置づけて解釈、運用していくことは相当でない」と述べるのは、立法経過の無視、曲解である。

第5章　取消訴訟の審理手続(本案審理、違法性審理)の諸段階

> 一　被告である国若しくは公共団体に所属する行政庁又は被告で
> ある行政庁に対し、当該審査請求に係る事件の記録であつて当
> 該行政庁が保有するものの全部又は一部の提出を求めること。
> 二　前号に規定する行政庁以外の行政庁に対し、同号に規定する
> 事件の記録であつて当該行政庁が保有するものの全部又は一部
> の送付を嘱託すること。

a　処分関係と裁決関係

　行訴法23条の2第1項が処分等の理由を明らかにする資料、2項が審査請求の一件資料を被告から裁判所に提出させる方策である。

　1項にも2項にも裁決が出てくるが、1項は裁決そのものの理由を明らかにする資料、2項は裁決に至る審査請求の一件資料である。逆に読めば、審査請求の一件資料に含まれていない裁決に関する資料は1項で求めればよい。

　1項は「訴訟関係を明瞭にするため」、「必要があると認めるとき」、「理由を明らかにする」という要件があるが、2項ではともかく出せと求められるのである。

b　民訴法の制度との異同

　民訴法149条の釈明権の規定では、裁判長が何を求めるのかの対象を明示していないのに対し、行訴法23条の2第1項は具体的に規定している。

　民訴法151条1項3号の釈明処分では、裁判所が提出させるのは、訴訟資料は当然だが文書等も訴訟で引用されたものに限られるのに対し、行訴法23条の2第1項はそのような限定を付していない。

　いずれも制裁はないが、拒否すれば心証形成には響くだろう。響いてもらわねば困る[108]。

　民訴の釈明と釈明処分の違いは、釈明は裁判所が事実、法律関係につき問いを発したり、立証を促すのに対して、釈明処分は裁判所自ら事実関係を明らかにするのである。しかも、両制度は裁判所の権能ではあるけれども、判例多数説は、裁判所には釈明義務が存在し、その義務違反は上訴理由となると解している[109]。

　行訴法の釈明処分の特則は、民訴の釈明処分の特則なのであるから、裁

---

108)　衆議院法務委員会山崎潮答弁（2004年5月17日）参照。
109)　中野等・講義231頁参照。

判所自らが規定されている対象を得ることを目的とするものであり、それは裁判所の義務と解することができよう。

この制度の実質化は裁判所の積極性以外に方策はない。しかるに現状ではhで述べるように、積極性が全くないのである。

c 対象

規定の内容にどこまでが含まれるのかは、今後の実践課題だが、当面次のようにはいえよう。

行訴法23条の2第1項の「その他処分又は裁決の理由を明らかにする資料」であるが、行手法5条1項が定める審査基準、同法12条1項が定める処分基準、行政機関相互間の連絡調整過程での参照資料なども含まれよう。ここでの資料は、既存の資料の提出を想定しており[110]、新規に作成した資料は民訴法上の釈明を行うことになる[111]。

会議録や個人メモなども対象にする努力をすべきであろう[112]。

行訴法23条の2第2項は文言から明らかなように、審査請求の一件資料である。訴訟審理において、当該審査請求に係る事件記録が重要な役割を果たすものであるが、従来えてして審査庁は、裁判所が命じても十分に文書を検討しないまま、秘密文書であるとして当該記録の提出を拒むことが多かった。この事態の改善のために裁判所が審査請求に係る記録の提出を求めることができることを明記したものである。

d 文書提出命令、その他の制度との関係

cの対象を考える際に実務家が必ず考えるであろうことは、後述（本章第10節3）の文書提出命令、情報公開などの併用である[113]。

釈明権の特則で行政が出さなかったものを、サンクションのある文書提出命令に対しては出すというような事態は問題であるので、行政は様々な制度のことを総合的に考慮して、釈明権、釈明処分に対し出す方向で対処することが望ましい[114]。

---

110)　行政訴訟検討会第26回での小林久起参事官の説明参照。
111)　日弁連編・実務解説135頁参照。
112)　小早川編・研究172頁の中川丈久発言。
113)　参議院法務委員会山崎潮答弁（2004年6月1日）は「この両制度の理解については、争点をなるべく早期に集約していくというために釈明処分という方法でやって、これでも十分足りない、足りないような場面においては証拠の文書提出命令を使っていくということで、双方でなるべく事実を審理の中に出してきちんとした判断をしていくという役割分担である」と説明している。
114)　小早川編・研究172頁の村田斉志発言。

第5章　取消訴訟の審理手続（本案審理、違法性審理）の諸段階

情報公開制度はこの場面では使いにくいかもしれない。

立法担当者であった村田斉志判事は、その他民訴法157条の時機に後れた攻撃防御方法却下の規定、冒頭で述べた民訴法149条の活用も提示している[115]。

行訴法23条の2では、行政庁が拒否できる場合を規定していない。また上述したようにできるだけ拒絶しない実務運営をすべきである。

それでもあえていえば、行政庁は、「正当な理由」があれば資料・記録の提出・送付を拒むことができると解釈される。

拒絶できる「正当な理由」とは、やはり第三者の利益を害するおそれ（個人のプライバシーや企業秘密などの情報を含む場合）であろう[116]。

e　提出された資料の扱い

この釈明権の特則は証拠調べではないので、出てきた資料を原告側に閲覧させるかどうかは別のことであるから、通常はその資料は第3分類の訴訟記録に分類される。それを原告が即座に謄写してしまうことが重要である[117]。

行政庁から提出された資料等の原本は、裁判所が留置決定をしたうえで（行訴法7条、民訴法151条4項）、民事保管物となり、閲覧謄写の対象となる。

行政不服審査法53条は、審査庁は、裁決をしたときは、速やかに、提出された証拠書類若しくは証拠物又は書類その他の物件及び提出要求に応じて提出された書類その他の物件をその提出人に返還しなければならない、と定めるから、返還しなければならなくなった資料は、23条の2の1項2号または2項2号により送付嘱託を申し立てれば良い。

返還しなくて良い資料は訴訟記録になる。

---

115)　小早川編・研究174頁の村田斉志発言。

116)　日弁連編・実務解説137頁及び注参照。当該注では小林・訴訟法271頁、橋本・解説100頁を参考に概略次のように整理している。行手法18条1項の「第三者の利益を害するおそれがあるときその他正当な理由があるとき」の、「第三者の利益を害するとき」については閲覧を求めている資料の中に個人のプライバシーや企業秘密が記載されているときを想定し（総務省行政管理局編『逐条解説行政手続法〔増補新訂版〕』（ぎょうせい、2002年）173頁）、「その他正当な理由があるとき」については、閲覧者の利益を上回る他の利益が認められる場合を指し、理論上のケースとして、①閲覧させることにより取締りの秘密等機密が漏れるなど公益上の支障があるときのほか、②審理の争点に関係ないものを求められたときや、③明らかに審理の引き伸ばしを図るための閲覧請求をした場合などがあげられている（同173頁、塩野宏＝高木光『条解行政手続法』（弘文堂、2000年）248頁参照）。

117)　小早川編・研究172頁の小早川光郎、鶴岡稔彦、筆者発言参照。

309

訴訟記録であろうと保管物であろうと、23条の2の趣旨に鑑み、いずれにせよ閲覧謄写できるはずであり、原告は、閲覧謄写し、そのうちから必要な書証を発見する。裁判所が閲覧謄写に応じなければ、新しい異議申立方法を考えることになろう（国賠も含む）。

f　準用関係

行訴法23条の2は、無効等確認の訴え（同法38条3項）、形式的当事者訴訟（同法41条1項）、争点訴訟（同法45条4項）に準用されている。

つまり、行訴法23条の2及び準用条項は、行政処分が先行する場合だけを想定し、処分に関わらない場合には同条の適用外としていることになる。義務付け訴訟、処分を前提としない当事者訴訟に準用されなかったのである。

準用の精神を拡大する解釈方法が望まれる[118]。

g　アメリカとドイツの制度

アメリカ連邦法では、司法審査訴訟（行政活動の是正を求める訴訟）では、正式な手続または準司法手続がとられる場合、司法審査は行政記録に基づき行われるので、その前提として行政記録が裁判所に送付される。そして原則としてこの行政記録が審理の対象となる。ディカバリーも適用されるが、行政記録が裁判所にあるので、この手続では重要性は低い。行政記録の扱いが徹底している[119]。

ドイツでは、行政裁判所法99条が、行政訴訟における行政庁の資料開示及び情報提供の義務を定める、裁判所は同条に基づいて、文書を個別に特例せずに、事案に関わる全ての文書の開示を求めることもできる。行政庁に強制することはできないが、99条違反は証明妨害にあたり、行政庁は本案の事実認定において、証明妨害の法理により不利な扱いを受ける[120]。

h　制度についての法務省の解説と最高裁（裁判所）の対応

（ⅰ）　法務省「平成16年改正行政事件訴訟法の概要」の「3　審理の充実・促進の観点から釈明処分の規定を新設」の中で次のように積極的に説かれている。行政訴訟検討会で、前述のように深山委員の発言の方向が23条の2を作ったからである。

---

118)　小早川編・研究174頁の小早川光郎、村田斉志、筆者発言参照。

119)　中川・前掲注69）88-89頁参照。

120)　山本隆司「行政訴訟に関する外国法制調査　ドイツ（下）」ジュリスト1239号（2003年）127-128頁参照。

第5章　取消訴訟の審理手続(本案審理、違法性審理)の諸段階

こうは述べているが、後述するように、法務省の訟務部門は、23条の2の発動に一貫して非協力である。

・改正前の行政事件訴訟法

改正前には、釈明処分に関する特則は設けられていなかったところ、行政事件訴訟法は、同法に特別の定めがない事項については、民事訴訟の例によると規定しているため（第7条）、釈明処分として裁判所が提出を求めることのできる文書の範囲は訴訟で引用された文書等に限定されていた（民事訴訟法第151条第1項第3号参照。）

処分又は裁決がされたことを前提としてその効力を争う類型の行政事件訴訟においては、処分又は裁決における行政庁の専門的・技術的判断や裁量判断の当否が争われることが多く、そのような訴訟について裁判所が迅速かつ充実した審理・判断をするためには、行政庁が処分又は裁決を行う際に判断の根拠とした資料を早期に訴訟の資料とすることが必要であり、裁決があった場合の審査請求に係る事件の記録においては、裁決をした行政庁により争点整理がされ、その争点に対する判断がされているのが通常であり、これを早期に訴訟の資料とすることも審理の充実・促進に資すると考えられた。

・平成16年改正法の内容

そこで、平成16年改正では、釈明処分により提出を命ずることのできる文書の範囲を拡大し、処分又は裁決の理由を明らかにする資料や審査請求に係る事件の記録の提出を求めることができることとされた。

また、提出を求め又は送付を嘱託する相手方についても、被告である国又は公共団体に所属する行政庁や被告である行政庁に限らず、それらの行政庁以外の行政庁に対しても、処分又は裁決の理由を明らかにする資料や審査請求に係る事件の記録の送付を嘱託することができる旨の規定が新設された（第23条の2。）

(ii)　最高裁（裁判所）

最高裁事務総局行政局監修『改正行政事件訴訟法執務資料』（法曹会、2005年）では、同年（平成16年）10月7日の行政事件担当裁判官協議会の協議状況を概要次のようにまとめている。積極的に読める。上記のように、行政訴訟検討会で、前述のように市村委員の発言の方向が23条の2を作ったから、当然と言えば当然である。

311

問1　対象となる資料の特定

　厳密な特定は必ずしも必要でなく、釈明処分を行う時期、訴訟手続の段階、その必要性に応じて適切かつ可能な範囲で特定すれば足りることについては特に異論はなかった。

問2　第一回口頭弁論期日前にその全部の提出を命ずるべきか、提出の必要性、

　記録の量などにつき当事者の意見を聴取した後決すべきか

　第一回口頭弁論期日前に原則としてすべての裁決記録を提出させる運用は行き過ぎであるとの意見が多数であった。

　そして、臨機応変または相当早い段階、さらに原告の主張が不明確な場合に早期にという意見が紹介されている。

　しかし、日弁連行政訴訟センターや大阪弁護士会行政問題委員会が調べた結果によると、東京地裁、大阪地裁をはじめ、各地裁、全国の裁判所で、今日まで、この制度が正式に使われたという実例がないことが判明している[121]。

i　日弁連の運動的提起

　今の眠り込み状況は正常ではない。

　そこで、日弁連行政訴訟センターは、日弁連執行部の承認を得て、行政訴訟を担当する会員が行訴法23条の2の発動を裁判所に求めていく訴訟活動をするよう求める意見[122]を作成し発信した。

　この意見書などが広く活用され、全国の裁判所で23条の2活性化の動きを作らなければならないと考える。

3　職権証拠調べの活用を

（職権証拠調べ）

第24条　裁判所は、必要があると認めるときは、職権で、証拠調べをすることができる。ただし、その証拠調べの結果について、当事者の意見をきかなければならない。

---

(1)　立法趣旨

　杉本・解説には次のように書かれている。引用としては少し長いが、制定当時から発動されていないこの制度につき、立法担当者がどのように捉えていたかが重要なので引く。

312

第5章　取消訴訟の審理手続(本案審理、違法性審理)の諸段階

121)　大阪地裁の行政部と大阪弁護士会行政問題委員会の毎回の協議会で、この問題は話題となるが、歴代総括裁判官の見解は大要つぎのとおりである。
　「最近の行政部の審理の運用は、弁論や弁論準備手続で、裁判所が必要と思うもの、原告が特に要望するものは、たいてい被告に出させていますが、何か足らなかったような実例はありますかね。釈明処分の特則は、命じてはいませんが、実質的には審理は充実しているのではないでしょうか。(最高裁行政局を経験し、また最高裁調査官として本書4章4節の狭義の訴えの利益に関する最判平27.12.14WEBを担当した林俊之東京地裁民事30部総括が、最近でも「実際には釈明処分をするまでもなく、被告側にこの点はどうなのですかと主張を促せば、必要な資料も含めて対応がなされる状況だ」＜ジュリスト2018年12月号68頁＞と述べているのである)
　このようなやりとりを毎年のように続けていた弁護士の側にも問題があることが、学者との行政訴訟抜本研究会(2017年12月1日号の行政訴訟センターニュース参照)で明らかになった。
　なお抜本研では、裁判所が上記のような運用をする原因をつぎのように分析している。
　民訴151条の釈明処分もちゃんと運用されていないのに、その行政事件における特則を裁判官も弁護士もちゃんとつかう能力もなく努力もしていないのではないか。
　上記裁判所の見解には、驚くような、23条の2の法意の誤解がある。厳密な証拠として必要かどうかは見て検討してみないとわからないが、行政庁にある資料を、訴訟関係を明瞭にするために原告が必要だとして申し入れ(裁判所の職権発動を促し)、裁判所がそれに応じて釈明処分するのが23条の2である。
　原告もちゃんと、営々と、どの事件ででも、やっていないから、裁判所はさぼるし、必要だと思っていないのではないか。
　行政事件では、裁判官が独立していないから行政に対して及び腰なのであろう。
　本書の校正段階で、実例の報告を受けることとなった。慶賀の至りである。法人税更正処分等取消請求事件における原告の上申を受けて、広島地裁は平成29年12月7日付決定で、被告国に対し、行訴法23条の2第2項1号に基づき、主文を次のようにして釈明処分をした。

主文

　広島国税不服審判所に対し、平成29年12月27日までに、株式会社Aを審査請求人、下関税務署長を原処分庁とする平成27年11月16日付け審査請求に係る事件の記録であって広島国税不服審判所が保有する下記のものの提出を求める。

記

　広島国税不服審判所が職権で関係者から事情聴取した供述書並びに収集した書証
　広島国税不服審判所は広島地裁宛に平成30年1月19日、書類等を送付した。
　他の裁判所でも決定例が始め出ているようである。

122)　日弁連理事会の議を経て「行政事件訴訟法23条の2(釈明処分の特則)を活用するための取組について」として公表した(弁護士会員は日弁連HPの会員専用サイトの書式・マニュアルの項で閲覧できる)。その概要は次の通り。
　行政訴訟を担当する代理人弁護士は、裁判所に対して、行訴法23条の2の実質化を求める訴訟活動を展開すべきである
　23条の2の発動をもとめる上申書、上申書を提出する
　マニュアルに基づき各地の裁判所に上申書、準備書面を提出するよう、全国の弁護士に呼びかける。
　裁判所がそうした当然果たすべき任務を怠っていると判断できる場合には、訴訟の遅延を主張して賠償を求めたり、裁判官の職務怠慢に対するしかるべき措置を取ることも考慮すべきである。

313

(1) 本条は、行政事件訴訟においては、その結果について国または公共団体などの行政主体が利害関係をもち、公益に影響するところが少なくないので、その裁判の適正を期するためには民事訴訟のように、審理のすべてを弁論主義に委することなく、多少とも職権審理主義を加味する必要があるとする見地から、特例法第9条の規定を承継したものである」と述べられている。

(2) 特例法第九条の規定については、行政事件訴訟においては、人事訴訟と同様、裁判所が当事者の主張をしない事実をも探索して判断の資料に供するいわゆる職権探知を認めたものであると説く見解もあったが、通説および裁判例は、弁論主義の下に補充的に証拠調べを職権で行いうる場合を認めたもの、すなわち、当事者の主張する事実で証拠が不充分なため心証の得られない場合に、裁判所に職権で証拠調べをすることができる権能を与えたにとどまるものであって、裁判所に職権をもって証拠を収集し事実を探知すべき義務を課したものではないと解してきた。本条は、後説に従うものである。

(3) 本条は、特例法第九条にくらべると、職権行使の要件について「公共の福祉を維持するため」という語句を削除し、ただ「必要があると認めるとき」に証拠調べができるものとした。裁判所が公正妥当な裁判をすること自体、公共の福祉に適合するものであることはいうまでもないから、その裁判に必要のため行なう証拠調べにつき公共の福祉維持を要件とすることは蛇足であり、却って、行政主体に利益の維持、すなわち、棄却判決するためにのみ職権証拠調べが許されるとするような感じを抱かせるおそれがあったからである。

(4) 本条は、特例法第9条と同じく、この証拠調べの結果について、当事者の意見をきかなければならないとしている（ただし書）。このただし書を維持した理由は、本来、かように証拠調べの結果について当事者の意見をきかなければならないとすることは、職権探知主義を採る下においては意義を有するのであるが（人事訴訟手続法第14条但書）、本条のように弁論主義を原則とする下においては、この必要性が疑わしい。しかし本条による職権証拠調べは、行政事件訴訟における原則ではなく、あくまで弁論主義の例外としてなさるべきものなること並びに行政事件訴訟が公益に影響するところが少なくないことにかんがみ、裁判所は当事者の意見をきき、できるだけ専断を避けるように努むべきであることを示す上において全く意義なしとはいえないから、これを削除するまでのことはないというのである。したがって、本条による証拠調べの結論について、当事者の意見をきくべきではあるが、これをしなかったとしても、そのことだけでは、訴訟法上の効力に影響がないと解すべきであ

第5章　取消訴訟の審理手続(本案審理、違法性審理)の諸段階

ろう。

(5)　本条は、抗告訴訟の章下に設けられているが、取消訴訟のみならず、すべての行政事件訴訟にも準用される（第38条第1項、第41条第1項、第43条参照）。ただし、民事訴訟には特別の規定（第45条第4項参照）がある場合のほか適用されない。したがって、関連請求（たとえば損害賠償請求）のうち、取消訴訟の対象たる処分または決裁と共通しない事実関係については、本条によって職権証拠調べをすることができないと解すべきであろう。[123]

(2)　実態

しかし、実際には、本条はほとんど利用されていない[124]。

前注の後半の説のような条件の下でこの制度の活性化を展望することは一つの積極策である。

しかし行政訴訟の現状はもっとこの制度の活用が必要であると思われる。そこで、少し職権調査のそもそも論から考察する。

(3)　民事訴訟法における職権証拠調べ

管轄に関する事項の証拠調べ（14条）、調査の嘱託（186条）、鑑定の嘱託（218条）、公文書真否の問合わせ（228条3項）、当事者尋問（207条1項）、検証の際の鑑定（233条）、訴訟係属中の証拠保全としての証拠調べ（237条）は職権でできる旨の各規定がある[125]。

(4)　行政訴訟における職権証拠調べ

民事訴訟法が規定する職権証拠調べは、行政訴訟においてもそのまま実施すべきである。

---

123)　杉本・解説83-84頁。本文の(5)の準用部分は、現行法とは異なっているが、引用なのでそのままにしておく。

124)　実務的研究215頁、条解491頁〔藤山雅行執筆〕参照。ただ、この二つの参照文献はあるべき行政訴訟像をイメージしているか否かで天地の差がある。前者はこの条文があるから当事者が裁判所の求釈明にほとんどの場合に答えているとか、それにより職権証拠調べをしてまで公益に配慮する必要はないとか、裁判所が有効かつ適切な証拠を発見し、特定することは実際上困難などと述べる。この執筆陣の多くの人士が判検交流で法務省経験を持つ裁判官であるので、この部分の著述は、むしろ法務省検事としての感覚であるかのようである。後者は、実態が本条の不活用であることに続いて、裁判所の専門化や審理促進の制度が確立してくれば、原告側の情報不足や行政庁の消極的審理姿勢があるときは、行政庁が保管する文書の早期提出等を中心として、従来とは異なる本条の運用が必要になると述べる。私はこの論述に、すでに述べた23条の2の活用を加味して、行政訴訟に適した審理方式を裁判所が確立していくことを望むのである。

125)　新堂・新民訴621頁参照。

315

加えて行訴法24条には内容に限定がないのであるから、証拠調べ概念に入るものは何でも裁判所が職権でできるのである。立法関係者の上述の見解（「当事者の主張する事実で証拠が不充分なため心証の得られない場合に、裁判所に職権で証拠調べをすることができる権能を与えたにとどまるものであって、裁判所に職権をもって証拠を収集し事実を探知すべき義務を課したものではない」は（立法時の通説判例だというけれども）、解釈論としては無理がある。

　また、権能の不行使は前述の釈明権の不行使と同様違法であり、上訴理由となる。

　学者・研究者は24条積極活用論に立つ論者においても、必要性を説くにとどまり、具体例を示せない。そのようなことは実務家が理論化し実例も示さなければならないであろう。

　行政庁は調査権を有するから、裁判所がそのために職権調査、職権証拠調べをする必要性はない[126]。

　私は40数年行政事件を原告側代理人として務めて、職権証拠調べが必要なのは証人尋問であると思う。

　行政庁内部の公務員やその周辺の人々は、原告側の要証事実につき原告側にたって客観的証言をしないことが社会通念であるから、原告は、反対尋問的主尋問のためにでも証人申請をすることは通常ない。しかし、行政庁関係者でも、それ以外の人でも、行政庁の有形無形の圧力で原告側証人としては出廷できないものの、裁判所から召喚されれば事実を証言する可能性のある人が存在する。そのような証人尋問を職権でやるのが好ましい。この場合、裁判所にはそのような証人の存在はわからないのであるから、原告側がその旨の事情を準備書面に記載し、裁判所の証拠調べの職権発動を求める。この点は弁論主義の内包であって、裁判所は弁論主義を補充するために職権証拠調べを実施すれば良いのである。

　なお実務家において、職権証拠調べの実例を追加すべきである。

126） 阿部・再入門下143頁参照。

第5章　取消訴訟の審理手続（本案審理、違法性審理）の諸段階

第10節　現状の証拠収集、証拠調べ

前節で述べた方式にもっていくことを急ぎつつ、現状の証拠収集、証拠調べを、特に原告が行政その他のもつ情報、証拠をどのようにして収集するかの手段を中心にまとめておきたい。

1　情報公開請求、個人情報開示請求による証拠収集[127]

次に順次述べていく提訴前、提訴後を通じて、情報公開請求は不可欠なツールである。これをどれほど駆使するかが、原告の訴訟遂行の重要な基礎条件となる。

やや図式的に言えば、情報公開請求は行政訴訟の前哨戦とも言えるし、情報公開請求が非公開になれば行政訴訟を活用して非公開請求の取消しや公開の義務付けをするもので、劇中劇の様相を呈する。

関係する法律・条例は次の通りである。

行政機関の保有する情報の公開に関する法律　2001年

独立行政法人等の保有する情報の公開に関する法律　2003年

行政機関の保有する個人情報の保護に関する法律　2003年

独立行政法人等の保有する個人情報の保護に関する法律　2003年

個人情報保護法　2003年

加えて情報公開法、個人情報法保護法には、対応する条例がある。

(1)　情報公開法・条例による公開請求

情報公開分野の裁判例は、情報公開条例の事案を中心に数がきわめて多く、最近になって法に基づく請求の事例が出てきている。以下では最高裁の判例を中心に分析する。

情報公開法及び条例は、それぞれ基本的な仕組みは共通であるが、それでも、細かな条文の違いによって解釈に差が出てくることがないとはいえない。

①　行政文書

行政機関の職員が職務上作成し、又は取得した文書、図画及び電磁的記録であって、行政機関の職員が組織的に用いるものとして、行政機関が保

---

127)　この項の叙述は、私も編集に参加した中川等・基礎271頁以下に一部依拠している。

317

有しているもの（同法2条2項）である。

② 不開示事由の諸相

不開示事由該当性の判断については、行政機関の判断に裁量を認める余地は無いと考えられており（情報公開法でいえば、5条3号の外交情報、同4号の公共安全のような規定ぶりのものを除く）、裁判所が様々な法律解釈とその適用を展開している。

上述もしたように判決例の多くは情報公開条例についてのものであり、近時法律に関するものもある。

a　個人情報該当性

・大阪市財政局食糧費事件の最判平15.11.11WEB

大阪市公文書公開条例6条2号にいう「個人に関する情報（事業を営む個人の当該事業に関する情報を除く。）」は、個人にかかわりのある情報であれば、原則としてこれに該当するが、「法人等を代表する者が職務として行う行為等当該法人等の行為そのものと評価される行為に関する情報については、専ら法人等に関する情報としての非公開事由が規定されているものと解するのが相当である。したがって、法人等の行為そのものと評価される行為に関する情報は、同条2号の非公開情報に当たらないと解すべきである。そして、このような情報には、法人等の代表者又はこれに準ずる地位にある者が当該法人等の職務として行う行為に関する情報のほか、その他の者の行為に関する情報であっても、権限に基づいて当該法人等のために行う契約の締結等に関する情報が含まれると解するのが相当である」。他方、公務員の職務の遂行に関する情報は、公務員個人の私事に関する情報が含まれる場合を除き、公務員個人が「個人」に当たることを理由に同号の非公開情報に当たるとはいえないとした。

整理すると、食糧費の相手方の氏名等については、市民が個人の資格で食糧費の相手になっているときは「個人情報」として保護されるのに対し[128]、企業の代表者として相手になっているときは、「法人等情報」としての保護の要否を考えることになり、公務員が相手になっているときは、それが職務関連であると見做される限り、公開される。

・これに対して大阪府知事交際費事件の最判平13.3.27WEB。

知事の交際費は部局の交際費とは異なる広範囲の情報を不開示とする。

---

[128]　公務員相手に飲食をしておいて、個人情報もないであろう。将来的には公開すべきであるとの反対意見もある（最判平15.12.18WEBにおける泉徳治反対意見）。

第5章　取消訴訟の審理手続（本案審理、違法性審理）の諸段階

個人に対する出版祝い、退官祝い、当選祝いに係る祝金、国会議員主催の会合に対する祝金、政界関係者の後援会、懇談会に対する祝金、団体に対する周年祝いの祝金、せん別、賛助金又は援助金に関する情報が記録されている歳出額現金出納簿中の部分及び支出証明書又は領収書、香料又は見舞いに関する情報が記録されている歳出額現金出納簿中の部分及び支出証明書又は領収書、懇談会に関する情報が記録されている現金出納簿中の部分及び請求書兼領収書などを全て非開示とする。

・国土交通省事件の最判平22.7.6情報公開・個人情報保護関係答申・判決データベース（総務省）は、高松高判平22.3.18WEBが、地番表示のない補正後の公図情報、すなわち、本件行政文書から現況図記録部分及び地番記録部分を区分して除いた部分も、情報公開法5条1号の不開示情報に当たるとした判断を維持している。

b　法人等情報該当性

・大阪府水道部懇談会費事件の最判平6.2.8WEB

水道局が支出した会議接待費等について関連文書の公開を求めたところ、正当な利益を害するおそれがある文書である等として非公開としたことが争われ、最高裁は、飲食店を経営する接客業者の営業上の有形・無形の秘密、ノウハウ等、特に秘匿を要する情報が記載されている訳ではなく、また、条例の指定する非公開文書にも該当しないとした。

整理すると、文書に記載されているのは飲食店等の場所名称とその飲食に係る料理等の売上単価及びその合計金額のみで、飲食店を経営する業者の営業上の秘密、ノウハウなど同業者との対抗関係上特に秘匿を要する情報が記録されているわけではなく、また、府水道部による利用の事実が公開されたとしても、特に業者の社会的評価が低下するなどの不利益を被るとは認め難いので、文書の公開により業者の競争上の地位その他正当な利益を害するとは認められない。

・奈良県食料費事件の最判平14.9.12WEB

銀行口座の開示については、飲食店が顧客への請求用として通常用いる印影であったり、顧客に示す取引銀行名、口座番号であったりする限りは、開示されても飲食店の正当な利益が害されることはないとして、開示を命じている。

c　事務事業情報該当性

・上述の大阪府水道部懇親会費判決は、まず、開示請求された文書の記

319

載事項が「懇談会等の開催場所、開催日、人数等のいわば外形的事実に関するものであり、しかも、そこには懇談の相手方の氏名は含まれていないのがほとんどである」ことを指摘したうえで、「このような会合の外形的事実に関する情報からは、通常、当該懇談会等の個別、具体的な開催目的や、そこで話し合われた事項等の内容が明らかになるものではなく、この情報が公開されることにより、直ちに、当該若しくは同種の事務の目的が達成できなくなり、又はこれらの事務の公正かつ適切な執行に著しい支障を及ぼすおそれがあるとは断じ難い。」として、事務事業の支障をもたらす情報には該当しないとの判断を示している。

そのうえで、こうした外形的事実と、新聞等から得られる関連情報を照合することによって、会議の目的・内容を推察することができる場合があることをふまえたうえで、そのような場合のうち、「事業の施行のために必要な事項についての関係者との内密の協議を目的として行われたもの（例えば、水道事業のための買収予定地の個々の地権者等に対する事前の意向打診、個別折衝等を目的とする会合）」については、そ「の懇談会等に関する本件文書を公開し、その記録内容等から懇談会等の相手方等が明らかになると、相手方において、不快、不信の念を抱き、また、会合の内容等につき様々な憶測等がされることを危惧することも考えられ、その結果、以後会合への参加を拒否したり、率直な意見表明を控えたりすることも予想される。そうであれば、このような文書を公開することにより当該又は同種の事務の公正かつ適切な執行に著しい支障を及ぼすおそれがあることは否定できない。」として、そのような場合には、事務事業に支障があるとして不開示事由に該当しうるとの判断を示している。

・愛知労働局事件の最決平22.1.12情報公開・個人情報保護関係答申・判決データベース（総務省）は、上告不受理決定で、名古屋高判平21.3.25が、労働基準監督官がＡ社に交付した是正勧告書を公開法5条2号イにあたるとした判断を維持している。

・経産省事件の最判平23.10.14判時2159号59頁は、「エネルギーの使用の合理化に関する法律」に基づき、第一種特定事業者が第一種熱管理指定工場及び第一種電気管理指定工場における燃料等及び電気の使用の状況等に関する事項を記載して経済産業局長に提出した定期報告書に記載された、燃料等及び電気の使用量等の数値情報は、公にされることにより右事業者の競争上の地位その他正当な利益を害するおそれがあるものとして、情報

第5章　取消訴訟の審理手続（本案審理、違法性審理）の諸段階

公開法5条2号イにあたるとした。

・沖縄返還密約事件の最判平26.7.14WEBは、「他国との外交交渉の過程で作成される行政文書に関しては、公にすることにより他国との信頼関係が損なわれるおそれ又は他国との交渉上不利益を被るおそれがあるもの（情報公開法5条3号参照）等につき、その保管の体制や状況等が通常と異なる場合も想定されることを踏まえて、その可否の検討をすべきものというべきである」との一般論を述べた上で、不開示決定の取消しを求める者が、当該決定時に当該行政機関が当該行政文書を保有していたことについて主張立証責任を負うなどとした。民主政治の根幹である情報公開を、このような結論ありきの判断で切り抜けようとする最高裁を残念に思う。不開示を正当化する主張立証責任は当然行政にある。

③　審理方法

不開示を情報公開・個人情報保護審査会レベルで不服審査審理をする時は、インカメラ方式、ヴォーンインデックスが通常取られる（情報公開・個人情報保護審査会設置法9条1〜3項、条例では例えば大阪府情報公開条例23条1項2項）。ヴォーンインデックスは、アメリカ情報公開法の審理においてヴォーン教授によって考案された方法が持ち込まれたもので、行政機関に不開示とされた文書について項目（どのような種類の情報が記載されているのか。）を作成させ、項目ごとに不開示の理由を説明させる方法である。たとえば、支払の決裁書であれば、その書式を提出させて、どの部分にどのような種類の情報（氏名、金額、日付、支払の原因など）が記載されているのかをわかるように書面にして提出させるのである。

しかし、訴訟段階に入るとインカメラは採用されていない（ヴォーンインデックスは情報公開法22条などにある）。後述する文書提出命令において採用されているに過ぎない。

情報公開訴訟の審理は、被告側が不開示決定した文書を原告はもちろんのこと、裁判官にも見せないまま、被告が当該文書についてする説明（ヴォーンインデックスを含む。）だけをもとに、不開示事由該当性などの争点について審理が進められることとなる[129]。

---

129)　後述の文書提出命令のところでも取り上げるが、最判平21.1.15WEBは、情報公開請求にインカメラ審理を工夫してとりいれることを判示した原審を破棄し、やはりだめと判示している。泉徳治判事は補足意見で、法改正により取り入れるべきで、憲法82条に反しないと述べている。宮川光治判事の補足意見もほぼ同旨である。

このように、原告と被告の間の手持ち情報が違うわけであり、さらに、事務事業の内容を知っているのは行政機関自身であるという点からみても、事務事業上の支障に関する主張立証責任を当該情報を保有する行政側に負わせることは当然である。

④　マスキング

一部開示、一部不開示の判断を行政庁がする時、全部をマスキングして公開請求者に出すのはありなのかという論点である[130]。非公開情報の単位の問題である。

最判平19.4.17WEBが、「本件予算執行書又は本件支出金調書中に、非公開情報に該当しない公務員の懇談会出席に関する情報が記載されている場合には、その記載が上記各文書中のいずれの箇所にあるかを問わず、すなわち、その記載が上記各文書中の「題名」欄ないし「執行の目的」欄、「執行の内容」欄にあるか、あるいはその余の箇所にあるかを問わず、すべてこれを公開すべき」としたことから、問題は解決したかに思えた。つまり、公開すべき部分は非公開部分と一緒に非公開とすることは許されず、文書のどの部分にあっても公開すべきというのである[131]。

しかし、その後の高裁判決は一体的マスキングを認めた**最判平13.3.27WEB**の影響下から抜け出せていないようである[132]。それは平成19年判決が、大法廷判決として判例変更を明確にしなかったことによることが原因である。

⑤　主張立証責任

取消訴訟全体の主張立証責任は5で後述するので、ここでは沖縄返還密約事件の**最判平26.7.14WEB**の内容を述べておきたい。

判決は、情報公開法に基づく開示請求の対象とされた行政文書を行政機関が保有していないことを理由としてなされた不開示決定の取消訴訟において、不開示決定時に行政機関が行政文書を保有していたことについては原告が主張立証責任を負い、原告がそれを直接立証することができず、また、そのことについて推認することもできないときは、右不開示決定は適

---

130)　塩野・Ⅰ368頁はこれから述べる平成13年最判を独立一体説と述べている。ただこの考え方は条例に関するもので、情報公開法には及ばないとする。宇賀・Ⅰ194頁も参照のこと。

131)　宇賀克也『新・情報公開法の逐条解説〔第6版〕』(有斐閣、2014年) は、この判決の解釈が立法意思、従前実務、情報開示の理念に適合しているとする。

132)　行政百選7版Ⅰ76頁〔早川和宏評釈〕参照。

第5章　取消訴訟の審理手続(本案審理、違法性審理)の諸段階

法と認められるとした[133]。

　初審（東京地判平22.4.9WEB）は、原告である開示請求者が、行政機関が行政文書を保有していることについて主張立証責任を負うが、原告が、過去のある時点において、行政機関の職員が行政文書を職務上作成し、又は取得し、行政機関がそれを保有するに至ったことを主張立証した場合には、その状態がその後も継続していることが事実上推認され、被告において、行政文書が不開示決定の時点までに廃棄、移管等されたことによりその保有が失われたことを主張立証しない限り、当該行政機関は不開示決定の時点においても当該行政文書を保有していたと推認される、として開示を命じていたのであった。

　原審の東京高判平23.9.29WEBは、事実上の推認までは初審と同じだが、本件においては、外務省が本件各文書を保有していたことを認めるに足りないとして、事実上の推認を否定した。

　公開を命じた1審判決を裁判所ウエブに採用せず、否定した2審、3審のみを採用するという最高裁の判例登載政策を通じても、最高裁の情報公開に対する存念を見透かすこともできる[134]。

(2)　個人情報保護法・条例による公開請求

①　法律と条例、そして判例

　個人情報保護法、行政機関個人情報保護法、独法等個人情報保護法、そして自治体の対応する条例の基本的な仕組みは、情報公開法と共通している（開示請求権者が、未成年を含む「何人も」であること、対象情報が情報公開法の個人情報であることが重要である[135]—行政機関個人情報保護法12条1項）。

　行政訴訟に必要な情報を、このツールを使って入手する方法がここでの課題である。

　行政機関個人情報保護法及び同条例については、最高裁判例はないが、

133）　平成26年度重要判例解説（ジュリスト臨時増刊）49頁の板垣勝彦解説は、文書がもはや存在しない以上、この結論以外にはないというが疑問である。しかし存在は2審判決を読めば結局推認しているだけである。不存在の照明は突き詰めれば推認である。2審判決が述べる事実認定風の部分は、ないと言った文書が次々と現れる財務省や防衛省の2017〜2018年の実情にかんがみれば、脆弱である。それに比して初審判決の先見性は顕著である。

134）　拙稿「永住外国人の生活保護に関する最判平26.7.18のレベルと誤り」（立命館法学361号（2015年）126頁）に、判例登載政策の分析をしている。

135）　宇賀克也『個人情報保護法の逐条解説〔第4版〕』（有斐閣、2013年）266頁以下参照。

323

高裁以下の判例は一定数出てきているので、これを整理しておきたい。

・受験のための自己調査書の大阪地判平6.12.20判時1534号3頁。

大阪府高槻市立の中学校が公立高等学校志望校決定の参考資料等にするため、高槻市個人情報保護条例に基づき、自己の調査書の開示を求めたところ拒否されたので、取消訴訟と国賠を起こした。判決は、すでに高校に送付されているとして取消訴訟の訴えの利益を否定したが、開示すべきであったとして慰藉料5万円の支払いを認めた。

・指導要録、調査書の大阪高判平11.11.25WEB。

西宮市個人情報保護条例に基づき、自己に関する指導要録、調査書の開示請求を行ったところ、被控訴人が一部開示を拒んだので取消を求めた事案。原判決は一部不開示だったが、控訴審は、「先の調査嘱託の結果から、現に多くの自治体で調査書・指導要録の開示が開始されており、歴史が浅いとはいえ、社会の趨勢を示すものと認められるが、これらの自治体において特に問題が生じているとは認め得ない点等を考慮すれば、『所見』欄等の教師の主観的評価を含む記載を開示することにより、『公正かつ適正な行政執行が妨げられることが〈明らか〉である』とは到底いえない」とし、また「『本人に知らせないことが正当であると認められるもの』という要件についても、既に述べたとおり、教育の性質に照らすと、仮に日頃の指導などに表れない不利益な記載等がなされているとすれば、そのこと自体に問題があるのであり、自己の評価等を知ることを本人が希望しているのに、右記載を開示すれば教師との信頼関係が破壊されるなどといって開示を拒む根拠とはなり得ない」として全面開示を認めた。

・ケースワーカー記録の東京高判平14.9.26WEB。

北本市個人情報保護条例に基づき、高齢者福祉サービスホームヘルパー派遣申請に関して生活指導記録表の開示請求をしたが、相当部分は黒塗りだった。原判決は棄却したが、控訴審は、全面開示を命じた。的確な表現で記載されていれば信頼関係が著しく損なわれるおそれがあるとは認め難いなど、非常に説得力ある判示である。

・指導要録及び就学指導調査個票の静岡地判平14.10.31WEB。

伊東市個人情報保護条例に基づき開示を請求したところ、不開示とする決定を受けた。判決は、検査月日及び検査名の各欄に記載される情報は、いずれも客観的事実に関する情報であるから、これらの情報は本条例13条2項2号にいう「個人の評価、診断、判定、選考、指導等に関する情報」

であると認めることはできない。他方、上記各欄のうち知能指数欄に記載される情報は、同号にいう「個人の評価、診断、判定、選考、指導等に関する情報」であると認められるが、この情報が客観的な検査の結果に基づく判定であり、記入者の評価、判断等が入り込む余地のない情報であることからすると、これを本人に開示するとしても、本条例13条2項2号にいう「当該評価、診断、判定、選考、指導等に著しい支障が生じるおそれがある」と認めることはできない。

また、これらの情報が上記のような性質を有することからすると、これらを本人に開示することとしても、それにより児童生徒又はその保護者と記入者等との間でトラブルが生じたり、また、これを記載する教師等がその記載を躊躇するなどの弊害が生じるとは認められないから、同項3号に規定する「実施機関の公正又は適正な職務の執行が著しく妨げられると認められるもの」に該当するともいえないとして不開示を違法とした。知能検査の結果を知ることにより本人又は保護者がダメージを受けることはあり得るが、そうであるとしても、そのこと自体は本条例13条2項各号の非開示事由には該当しないとしている。

・介護の苦情報告書の東京地判平18.9.28判例秘書判例番号L06133928は、東京都板橋区個人情報保護条例に基づいて、当該文書の開示請求をして、一部が非開示となったので、取消訴訟を起こした。判決は、開示しても、訪問介護事業者である株式会社Aの業務の遂行を妨害するような不当な抗議行動等が原告ないしその家族によって行われるおそれは考えられないし、被告が指摘するAの業務支障に関しても、これが更に深刻化すると認めるだけの根拠はないものといわざるを得ないとして不開示を違法とした。

・実況見分調書等の名古屋地判平20.1.31WEB。

愛知県個人情報保護条例16条1項に基づき、愛知県警察本部長に対し、高所から落下して死亡した長男Aの死亡現場を見分した調書等の開示を請求したところ、同本部長から一部不開示とされたので取消訴訟。2箇所については、Aの落下の原因は自殺と判断されており、その死亡に関する将来の捜査等に具体的な支障が生ずるおそれがあるともいえず、また、将来の他の事件の捜査等に支障があるということもできず、これを不開示とした愛知県警察本部長の判断は合理性のある判断として許容される限度を越え、裁量権を逸脱し又はこれを濫用した違法な処分である等として、原告の請求を一部認容。控訴審（名古屋高判平20.7.16WEB）は逆転。

・措置入院に関する資料の**水戸地判平20.2.26WEB**は、茨城県個人情報の保護に関する条例に基づき開示請求された当該資料の不開示につき、指定医等が、このような事項について、専門的知見に基づいて公正に評価・判断している限り、個人識別情報を除く部分を開示したからといって、指定医等が、否定的な評価をありのままに記載することを差し控えたり、画一的な記載に終始したりするようになるとまでは考え難く、前記開示請求部分を開示することにより、措置入院業務をはじめとする精神保健福祉業務遂行に必要な情報の入手や正確な情報の把握が困難になり、精神保健福祉業務の適正な遂行に支障を及ぼすおそれがあるとまではいえないとして、前記各情報は、前記条例15条4号所定の非開示事由（事務事業情報）に該当しないとした。

・司法試験論文式試験の科目別得点の**福岡地判平22.1.18情報公開・個人情報保護関係答申・判決データベース（総務省）**は、法14条は、開示しないことに合理的な理由がある情報を不開示情報として具体的に列挙し、不開示情報が含まれない限り、開示請求に係る保有個人情報を開示しなければならない旨定めている。このような法の趣旨に照らせば、法14条7号柱書に定める「支障」の程度は、名目的なものでは足りず、実質的なものが要求され、「おそれ」の程度も、単なる抽象的な可能性ではなく、法的保護に値する蓋然性が必要とされるものと解すべきであるとし、具体的に検討し、公開の義務づけを認めた。

・労災の実地調査復命書の**札幌地判平22.7.26WEB**は、「A医師の評価の引用部分については、……引用元である本件個人情報1が既に原告に開示されているのであるから、その要約ないし結論部分である本件個人情報3の当該部分を開示したとしても、そのこと自体によって、同医師に対して、さらに、いわれのないひぼうや中傷がなされる蓋然性があるとまではいい難い。……本件個人情報3のうち、A医師の評価の引用部分については、個人情報保護法14条7号の不開示事由があるということはできない」とした。控訴審の**札幌高判平23.3.10WEB**も同旨。

・本巣市議会の議員非違行為検討委員会の議事録の**岐阜地判平22.11.24WEB**は、一部の開示を認めた。

・変死体等取扱報告の**京都地判平24.9.21WEB**は、興味溢れる事案である。京都府個人情報保護条例は法と異なり、生存する個人に関する情報という限定はない。当該報告が死者の姉（原告）の個人情報にもなり得るので、

第5章　取消訴訟の審理手続（本案審理、違法性審理）の諸段階

それをなり得ないとした不開示決定を取り消し、義務付けは行訴法37条の3第5項を充たさないから棄却した。控訴審の大阪高判平25.10.25WEBも同旨で開示の幅を広げた。

・人権侵犯事件記録の東京地判平25.2.7TKC文献番号25510707は、自らの運営するインターネットサイトの中で論評をしたところ、大阪法務局長から本件ブログを管理するプロバイダーに削除要請がされたため、人権侵犯事件記録の開示請求をしたが、同法14条各号に基づき、一部を不開示とし、その余を開示する部分開示決定を受けたため、国を被告として、対象文書を不開示とした処分の取消しと、開示決定の義務付けをそれぞれ求めた事案において、請求の一部の取消しを認容し、その部分につき開示決定を義務付けた。

・いじめ調査報告書の大津地判平26.1.14判時2213号75頁は、死亡した中学生の親が、大津市個人情報保護条例に基づき、当該文書の開示請求を行った場合において、死亡した生徒に対して行為をした者の個人名及び死亡した生徒以外の者の個人名を除く部分については、開示請求者以外の個人の権利利益が侵害されるおそれ等があったとまでは認められないにもかかわらず、右書面原本のほとんどの記載内容について不開示とする旨の処分を行ったことは、同条例18条の適用を誤るものとして、違法であるとした。

・自殺事情聴取結果の広島地判平29.8.9TKC文献番号25546993は、東広島市内の中学校に通っていた原告の子が自殺したとされる事件に関し、処分行政庁が設置した調査委員会が実施したアンケート調査及び事情聴取について、原告が、東広島市個人情報保護条例に基づき、実施機関である処分行政庁に対して、本件各アンケートの回答用紙、本件各アンケートの集計結果及び本件聴取の記録の各開示請求をし、全部不開示であったため、取消し及び義務付けを求めた事案において、請求を詳細な理由を付けて一部認容した。

②　本人通知制度の整備

開示請求権を実質的に保護するためには、本人が自己情報の存在を認識することが重要である。

一部の自治体では、戸籍謄本などの請求が第三者からあった場合には、当該本人に知らせ、交付請求書の開示請求をできるようにしている。そのような自治体が増えているが、住民基本台帳法の改正などで、徹底すべき

であるという意見もある[136]。重要な視点である。

2　提訴前の証拠収集

(1)　概要

行政法関係では行政処分前の手続としては、不利益処分であれば聴聞の機会に「当該事案についてした調査の結果に係る調書その他の当該不利益処分の原因となる事実を証する資料」の閲覧を求めることができる（行手法18条）。

また処分後には、審査請求の機会に書類その他の物件の提出要求（行服法38・32・33条）や検証の要求（同法35条）ができる。

さらに弁護士法23条の2の照会制度などが活用されなければならない（ただ、照会拒絶についての判例理論は問題が多い。本書第9章を参照されたい）。

民訴法の規定も当然活用できる。

訴えの提起前における当事者照会及び証拠収集の処分（民訴法132条の2〜132条の9）、証拠保全手続（同法234条〜242条）を利用することとなる。

(2)　当事者照会、証拠収集処分

2003年の民訴法改正によって、提訴前当事者照会制度が新設されたが（同法132条の2、132条の3）、裁判所が関与しないこの制度の効果はまだ未知数である。私の経験では、原告予定者の代理人として被告予定者に対してこの制度を利用してみても何らの応答もなく、訴訟が始まっても、担当弁護士は、被告が応答しなかった時代には自らは関与していなかったので、反省も関心ももたないように見受けられた。

しかし、2003年改正の提訴前証拠収集処分（民訴法132条の4〜132条の9）は、行政訴訟にとっては今後かなり活用できるものではないかと考える[137]。

その概要をまとめておきたい[138]。

民訴法132条の4では、当事者照会と同様、原告予定者（予告通知者）が被告予定者に予告通知をした場合、被告予定者が返答すれば（被予告通知者）、そのどちらもが「予告通知に係る訴えが提起された場合の立証に必

---

136)　宇賀・前掲注135) 270頁参照。

137)　ただ、隔年ごとくらいに開かれる大阪弁護士会と大阪地裁行政部の協議会においてきくところ、活用された例の報告はない。

138)　新堂・新民訴390頁以下、小野瀬厚「民事訴訟法改正の経緯と概要」ジュリスト1252号（2003年）6頁以下、上野泰男「証拠収集手続の拡充」同21頁以下参照。

第5章　取消訴訟の審理手続（本案審理、違法性審理）の諸段階

要であることが明らかな証拠となるべきもの」について、次の証拠収集処分を申し立てることができる。

　　1号処分（文書の送付嘱託）　文書（民訴法231条の準文書を含む）の所持者にその文書の送付を嘱託すること。

　　2号処分（調査の嘱託）　必要な調査を官公署等（官庁若しくは公署、外国の官庁若しくは公署又は学校、商工会議所、取引所その他の団体）に嘱託すること。

　　3号処分（専門家の意見陳述の嘱託）　専門的な知識経験を有する者にその専門的な知識経験に基づく意見の陳述を嘱託すること。

　　4号処分（執行官による調査）　執行官に対し、物の形状、占有関係その他の現況について調査を命ずること。

　これらの中で4号処分だけがやや強制力を思わせる表現だが、命じられた対象物の権利者は受任義務を負わないので、やはりそれらの者の協力が前提となっている[139]。

　これらと、後述の文書提出命令の申立ての関係が問題となる。文書提出命令は理論的には可能だが、重たい審理の必要な文書提出命令の申立ては、事前の証拠収集処分には含めないこととしたといわれる[140]。

　詳しい手続は民訴法の条文に譲るが、この任意の手続は裁判所が関与することにおいて利用価値がある。これらの処分を命ずる裁判所に対し、行政が全く非協力であることは当然提訴後の裁判所に影響を与えるであろうからである。使う前から消極評価をせずに、使うことにより局面打開の努力をすべきであろう[141]。この結論は次にみる証拠保全の判例によっても確信がもてるところである。

---

139)　上野・前掲注138）26頁参照。
140)　上野・前掲注138）26頁参照。
141)　判例で提訴前証拠収集処分が現れたものに東京地判平25.5.8TKC文献番号25513592があるが、「**本件提訴前証拠収集処分申立事件において、裁判所は、被告に対して本件携帯電話番号の契約者の氏名及び住所等に関する調査嘱託を命ずるか否かの判断にあたり、嘱託をうけるべき者の負担が不相当なものとなるか等の要件を検討するため、民事訴訟規則52条の7第1項を根拠として本件意見聴取を行い、これに対して、被告は、同調査嘱託に応じるのは難しいと考えている旨の本件回答をし、裁判所によって上記判断がされる前に、原告が申立てを取り下げた**」と判示されており、原告にとって使い勝手は良くないようである。裁判所が制度を生かそうとしているのか、そのような意見聴取が必要なものか疑問なしとしない。

(3) 証拠保全

　民訴法234条は「裁判所は、あらかじめ証拠調べをしておかなければその証拠を使用することが困難となる事情があると認めるときは、申立てにより、この章の規定に従い、証拠調べをすることができる」と定めて提訴前にもそれを可能とする。

　医療過誤訴訟などではほとんどといってよいほどカルテの保存に多用されるが、行政訴訟においてもときに活用される。

　文書を含む物の検証、証人尋問などが典型である。

　裁判所が保全決定を出すわけだが（民訴法237条）、実施されれば、記録は本案の受訴裁判所に送付され（民訴規則154条）、口頭弁論に提出されると、本案の証拠調べと同一の効力をもつ。訴状に証拠保全をどの裁判所でしたかを記載する（民訴規則54条）。

　保全決定を命じられた相手方がこれを拒否すれば強制力はない。しかし事実上大きな役割を果たす。

　判例をみてみよう。

　まずは、証拠保全そのものの判断に関する判例は次の通りである。

　・大阪高決平28.10.5賃金と社会保障1675号10頁は、相手方が保管する申立人の生活保護に関するケース記録票一式の検証及び検証物提出命令の発令を求めたところ、申立てが却下されたため、申立人が抗告。相手方職員の認識及び開示文書の不自然さに照らせば過去の相談時期が明らかになることを嫌って記録票の一部が隠匿されたり改ざんされるおそれは、証拠保全の事由の判断としては、一応これを肯定せざるをえず、証拠保全の事由の疎明があるというべきであるとし、原判決を取り消し、差し戻した。

　次に裁判所の心証形成に影響したと思われる判例である。

　・水戸地判昭55.11.20判時999号118頁は、「原告は、第2次試験受験者15名のうち成績が最下位であることが認められる。しかし、右各書証は、原告が昭和51年7月5日に申立て、同月15日に水戸地方裁判所が『書類の送付嘱託をし、かつ、同年8月5日午後1時当庁において、その検証を行う。』旨の決定をした証拠保全の目的となった文書であるところ、被告らは、右証拠保全の段階において右各文書を提出せず」、その後に、乙第10号証（第2次試験受験者成績名簿謄本）、乙第11号証の1ないし4（採点表）、乙第13号証の1ないし15（採点者宮本作成の口述試験採点表）を提出したこと、「一方これらの文書につき原告が昭和51年11月4日に文書提出命令の申立

第5章　取消訴訟の審理手続(本案審理、違法性審理)の諸段階

をしたことはいずれも当裁判所に顕著な事実であり右提出の経緯に不自然
な点があること、乙第10号証の作成年月日が昭和51年12月25日と記載さ
れていること（被告らは、右日付は作成者たる宮本が昭和50年12月25日と記載
すべきところを昭和51年12月25日と誤記したものというが、そもそも公文書の作
成にあたる公務員が、日付ならとも角、作成の年度を間違えること自体不自然であ
るばかりでなく、経験則上昭和51年を昭和50年と勘違いすることはあり得ても、
その逆の思い違いをすることは至って少い。結局、右乙第10号証は、作成年月日と
して記載されている昭和51年12月25日即ち本訴係属後に作成されたものと認めら
れる。）、右乙第10号証の記載が全面的には信用できない以上、これと符合
するように点数が記載されている乙第11号証の1ないし4の信憑性も疑わ
しいこと、乙第13号証の1ないし15も整然と記載されていて、第2次試験
の現場ないし、その直後に記入されたものとは到底認め難いことなどの点
に、先に認定した原告の受験から不採用通知を受けるまでの経過を総合し
て判断すれば、試験の成績に関する右各乙号証の記載を、その額面どおり
に信用することはできず、これらの書証をもって原告の受験成績に関する
前記認定を覆すに足りるものとすることはできないというべきである」と
する。証拠保全に誠実に応えなかったことが裁判所の心証に大きな影響を
与えている。

　大阪地判昭63.6.24判タ679号165頁は、「被告ら及び水道部側は、本訴
の証拠保全手続において本件各支出と本件各会議接待との関連性を明らか
にするについての重要な資料と考えられる債権者の請求書、領収書等の関
係文書の提示を一切拒み、本訴の弁論においても右文書を書証として提出
しないばかりか、本人尋問等においても右関係文書の存在、内容を自ら直
接確認してこれを供述することを避け、監査委員の認定を事実上追認する
供述をなすにとどまるなど極めて消極的な姿勢に終始しているのであつて、
前記の本件各支出と本件各会議接待との関連を肯定し難い諸事情に加え、
このような本件各支出手続の違法性、被告らの立証態度等をも総合勘案す
ると、本件各支出が本件各会議接待の費用に充てられたとの事実を認める
ことは到底できないのであつて、本件各支出が水道企業経営に必要な正当
な目的の会議や接待の費用として支出されたものとは認められないから、
本件各支出は違法な公金の支出にあたると認めるほかはないというべきで
ある」として、証拠保全に不誠実に対応した行政に厳しい心証形成で臨ん
でいる。

331

3 提訴後の証拠収集

(1) 概要

行訴法では職権証拠調べ（24条）があるが、ほとんど用いられることはないことは前節で述べた。

証拠収集方法についての行訴法の独自の規定はないから、民訴法の例による（行訴法7条）。民訴法には、証拠調べとして、提訴後の照会制度（163条）、調査及び鑑定の嘱託の申立て（186条、218条）、文書送付嘱託の申立て（226条）、文書の提出（219条）、文書提出命令の申立て（219条～225条）、鑑定の申立て（212条～217条）、検証物の送付嘱託の申立て（232条、226条）、検証物提示命令の申立て（232条、223条）がある。

これらのうち、文書提出命令が行政訴訟分野でもつ意味を考察してみたい。

(2) 文書提出命令

民訴一般論は省略することとして、行政事件特有の問題を扱う[142]。

a 概論

民訴法220条柱書きは端的に次のようにいう。「次に掲げる場合には、文書の所持者は、その提出を拒むことができない」。この規定方式は旧民訴法312条も同じであったが、現行民訴の220条以下の規定の力は、旧民訴とは質的に異なる制度になったといってよい。制度を日々活用する実務家としての実感である。

民訴法220条の本文は次の4号からなっている。

（文書提出義務）

第220条　次に掲げる場合には、文書の所持者は、その提出を拒むことができない。

一　当事者が訴訟において引用した文書を自ら所持するとき。

二　挙証者が文書の所持者に対しその引渡し又は閲覧を求めることができるとき。

三　文書が挙証者の利益のために作成され、又は挙証者と文書の所持者との間の法律関係について作成されたとき。

四　前3号に掲げる場合のほか、文書が次に掲げるもののいずれにも該当しないとき。

---

[142]　藤山＝村田編・行政争訟415頁以下〔北澤晶、村田一広執筆〕を参照のこと。

第5章　取消訴訟の審理手続(本案審理、違法性審理)の諸段階

> イ　文書の所持者又は文書の所持者と第196条各号に掲げる関係
> 　を有する者についての同条に規定する事項が記載されている
> 　文書
> ロ　公務員の職務上の秘密に関する文書でその提出により公共
> 　の利益を害し、又は公務の遂行に著しい支障を生ずるおそれ
> 　があるもの
> ハ　第197条第1項第2号に規定する事実又は同項第3号に規定
> 　する事項で、黙秘の義務が免除されていないものが記載され
> 　ている文書
> ニ　専ら文書の所持者の利用に供するための文書（国又は地方
> 　公共団体が所持する文書にあっては、公務員が組織的に用い
> 　るものを除く。）
> ホ　刑事事件に係る訴訟に関する書類若しくは少年の保護事件
> 　の記録又はこれらの事件において押収されている文書

　この1号から3号は旧民訴法312条と同じであったが、1996年新民訴法では4号が追加され、かつ2001年改正でさらに同号ロ、ニのかっこ、ホが追加されて上記のようになった。

　4号の追加は、限定列挙であった旧法に対し、提出義務を課する一般条項を創設したものであり、イからホの例外がついているもののその意味はすこぶる大きい。

　行政訴訟でもこれを活用することができる。弁護士にとってこの制度をどのように賢明に利用するかが、その能力の一部となるような重要規定である。

　その場合、4号の例外規定のうち、ロとニのかっこをどう解釈するかが帰趨を決することになる。

　塩野教授は「今後は、この文書拡大規定が取消訴訟に適合的に運用されるかどうかが問題となるところである」と述べて、研究者と判例に課題を投げかけている[143]。

　判例に沿って重要な要件解釈の現状を整理してみよう。

b　4号ロの解釈

・県と漁協との補償額算定調書補償額見積額記載部分についての最決平

---

[143]　塩野・II 172頁。

333

16.2.20WEBは、「上記の諸点に照らして考えれば、本件文書は抗告人が、A漁協との漁業保障交渉に臨む際の手持ち資料として作成した前記保障額算定調書の一部であり、交渉の対象となる上記の総額を積算する過程における種々のデータを基に算出された本件許可漁業に係る数値（補償見積額）が記載されたものである。したがって、本件文書は、民訴法220条4号ロ所定の『公務員の職務上の秘密に関する文書』に当たるものというべきである。また、本件文書が提出され、その内容か明らかになった場合には、抗告人が、各組合員に対する補償額の決定、配分についてはA漁協の自主的な判断にゆだねることを前提とし、そのために、上記の交渉の際にも明らかにされなかった上記の総額を算出する過程の数値（個別の補償見積額）の一部が開示されることにより、本件漁業補償協定に係る上記の前提が崩れ、A漁協による各組合員に対する補償額の決定、配分に著しい支障を生ずるおそれがあり、A漁協との間の信頼関係が失われることとなり、今後、抗告人が他の漁業協同組合との間で、本件と同様の漁業補償交渉を円滑に進める際の著しい支障ともなり得ることが明らかである」と原審を破棄して消極判断をしている。

・難民認定申請に関し法務省が外務省を通じて外国に照会した依頼文書控えについての最決平17.7.22WEBは、「抗告人らの主張によれば、本件依頼文書には、本件逮捕状等の写しの真偽の照会を依頼する旨の記載のほか、調査方法、調査条件、調査対象国の内政上の諸問題、調査の際に特に留意すべき事項、調査に係る背景事情等に関する重要な情報が記載されており、その中にはパキスタン政府に知らせていない事項も含まれているというのである。そうであるとすれば、本件依頼文書には、本件各調査文書によって公にされていない事項が記載されており、その内容によっては、本件依頼文書の提出によりパキスタンとの間に外交上の問題が生ずることなどから他国との信頼関係が損なわれ、今後の難民に関する調査活動等の遂行に著しい支障を生ずるおそれがあるものと認める余地がある」。「また、抗告人らの主張によれば、本件照会文書及び本件回答文書は、外交実務上『口上書』と称される外交文書の形式によるものであるところ、口上書は、国家間又は国家と国際機関との間の書面による公式な連絡様式であり、信書の性質を有するものであることから、外交実務上、通常はその原本自体が公開されることを前提とせずに作成され、交付されるものであり、このことを踏まえて、口上書は公開しないことが外交上の慣例とされているとい

第5章　取消訴訟の審理手続(本案審理、違法性審理)の諸段階

うのである。加えて、抗告人らの主張によれば、本件照会文書及び本件回答文書には、発出者ないし受領者により秘密の取扱いをすべきことを表記した上で、相手国に対する伝達事項等が記載されているというのである。そうであるとすれば、本件照会文書及び本件回答文書には、本件各調査文書によって公にされていない事項について、公開されないことを前提としてされた記載があり、その内容によっては、本件照会文書及び本件回答文書の提出により他国との信頼関係が損なわれ、我が国の情報収集活動等の遂行に著しい支障を生ずるおそれがあるものと認める余地がある」。「したがって、本件各文書については、抗告人らの主張する記載の存否及び内容、本件照会文書及び本件回答文書については、加えて、これらが口上書の形式によるものであるとすれば抗告人らの主張する慣例の有無等について審理した上で、これらが提出された場合に我が国と他国との信頼関係に与える影響等について検討しなければ、民訴法223条4項1号に掲げるおそれがあることを理由として同法220条4号ロ所定の文書に該当する旨の当該監督官庁の意見に相当の理由があると認めるに足りない場合に当たるか否かについて、判断することはできないというべきである。そうすると、この点について審理を尽くすことなく前記のとおり説示して本件各文書の提出を命じた原審の判断には、裁判に影響を及ぼすことが明らかな法令の違反があり、この趣旨をいう論旨には理由がある」として差し戻した。差戻審の東京高決平18.3.30判タ1254号312頁は結論を分けた。すなわち、依頼文書は220条1号、4号ロにはあたらないが、照会・回答文書は4号ロにあたるとした。

・全国消費実態調査の調査票情報を記録した電磁的媒体に関する最決平25.4.19WEBは、本案訴訟において提出されると、個人の情報が保護されることを前提として任意に調査に協力した被調査者の信頼を著しく損ない、ひいては、被調査者の任意の協力を通じて統計の真実性及び正確性を担保することが著しく困難となることは避け難く、これにより、基幹統計調査としての全国消費実態調査に係る統計業務の遂行に著しい支障をもたらす具体的なおそれがあるものと認められるから、220条4号ロに当たるという。

c　4号二の解釈（4号二のかっこ書きの重要性）

民訴法220条4号二の本文「専ら文書の所持者の利用に供するための文書」に該当すれば提出義務はなくなるが、かっこ書きで「(国又は地方公共

団体が所持する文書にあっては、公務員が組織的に用いるものを除く。）」となっているから、かっこ書きつまり公務用文書は原則に戻って一般的に提出義務があるのである。したがって、公務用文書であると認定すれば、専ら所持者の利用であっても開示義務があり、4号ロに該当するかどうかが問題となる。この点に関する最高裁の判例を見ておきたい。

・2001年の改正の直前に出た**最決平12.3.10WEB**は旧法時代と同じ感覚で原審を破棄し自判しているが、結論は変わるはずである[144]。

しかし一筋縄ではない。

・名古屋市議会の政務調査報告書とこれに対応する領収書についての**最決平22.4.12WEB**は、4号ニ所定の「専ら文書の所持者の利用に供するための文書」に当たるとした。会派が、市から交付を受けた政務調査費を所属議員に支出する際に、各議員から提出を受けていた政務調査費報告書及びこれに対応する領収書は、議長等の会派外部の者による調査等の際にこれらの書類を提出させることを予定したものではなく、専ら会派内部の者の利用に供する目的で作成されたものであり、これが開示されると所持者の調査研究活動の目的、内容等を推知され、その調査研究活動が執行機関や他の会派等からの干渉によって阻害されるおそれがあるし、本件各文書には、調査研究活動に協力するなどした第三者の氏名等が記載されている蓋然性が高く、開示により以後の調査研究活動への協力が得られにくくなって支障が生ずるばかりか、その第三者のプライバシーが侵害されるなどのおそれもあり、所持者の側に看過し難い不利益が生ずるおそれがあるので、「専ら文書の所持者の利用に供するための文書」に当たると言うのである。

驚いて開いた口がふさがらない。税金の使途が書かれた文書が地方自治法100条14項に基づいて議長に提出されていても、条例規則で概括的な報告で良いとされているから自己使用文書なのだと最高裁は言っている。このような感覚の法廷意見裁判官に国民のための公文書判断を委ねるのは無理というものであろう。反対意見の須藤正彦裁判官の感覚が、通常の市民感覚である。

・弁護士懲戒の綱紀委員会議事録についての**最決平23.10.11WEB**も、結論は「専ら文書の所持者の利用に供するための文書」にあたるという。弁

144）　本書旧版213頁、宇賀・Ⅱ252頁参照。

第5章　取消訴訟の審理手続(本案審理、違法性審理)の諸段階

護士法の委任を受けて定められた弁護士会の内部規則の規定の内容等に鑑みると、専ら内部の利用に供する目的で作成され、外部に開示することが予定されていない文書であり、審議の内容である「重要な発言の要旨」も綱紀委員会内部における意思形成過程に関する情報が記載されているものであるから、これが開示されると綱紀委員会における自由な意見の表明に支障を来しその自由な意思形成が阻害されるおそれがあるので、特段の事情の存在がうかがわれないというのがその理由である。この問題は、220条4号ニのカッコ書きの文言からすると、やむを得ない結論であろう。弁護士会の文書が、どれほど公的色彩を帯びていても（綱紀懲戒を弁護士会において行うことが許されている現行法の下では、弁護士の綱紀懲戒は公的行為であり、懲戒が行政処分にあたることも争いのないところである）、カッコ書きの文書ではないからである。ただ、次に見る平成25年の最決のように、懲戒手続関連文書はカッコ書き文書に準ずる解釈も可能かもしれない。

　比較的すっきりした判断も出始めている。

　・国立大学法人が所持しその役員又は職員が組織的に用いる文書に関する**最決平25.12.19WEB**は、それら文書にはかっこ書きが類推適用されると次のように述べる。国立大学法人は、国立大学を設置することを目的として設立される法人で（国立大学法人法2条1項）、その業務運営、役員の任命等及び財政面において国が一定の関与をし（同条5項、同法7条、12条1項・8項等）、その役員及び職員は罰則の適用につき法令により公務に従事する職員とみなされる（同法19条）ほか、その保有する情報については、独立行政法人等の保有する情報の公開に関する法律が適用され（同法2条1項、別表第1）、行政機関の保有する情報の公開に関する法律の適用を受ける国の行政機関の場合とほぼ同様に開示すべきものとされていることを考慮すれば、国立大学法人は、民事訴訟法220条4号ニの「国又は地方公共団体」に準ずるものと解され、国立大学法人が所持し、その役員又は職員が組織的に用いる文書についての文書提出命令の申立てには、民事訴訟法220条4号ニ括弧書部分が類推適用されると解するのが相当であると。

　・上記名古屋市議会の平成22年決定とよく似た事例で結論を逆にした岡山県議会に関する**最決平26.10.29WEB**は、政務調査費の支出に係る1万円以下の支出の領収書その他の証拠書類等及び会計帳簿は、次のような理由で、4号ニ所定の「専ら文書の所持者の利用に供するための文書」に当たらないとした。条例で、議員は収支報告書に1万円を超える支出に係る

337

領収書の写しその他を議長に提出しなければならず、何人も議長に対して
これらの書類の閲覧を請求することができることとされていること、条例
の委任を受けた規程において、金額の多寡にかかわらず、議員に対して領
収書その他の整理保管及び保存が義務付けられており、会計帳簿は、領収
書その他の証拠書類等を原始的な資料とし、これらの資料から明らかとな
る情報が一覧し得る状態で整理されたものであるところ、上記条例の委任
を受けた上記規程においては、政務調査費の支出につき、議員に対して会
計帳簿の調製及び保存が義務付けられており、会計帳簿は、議長において
条例に基づく調査を行う際に必要に応じて直接確認することが予定されて
いるからというもの。平成22年決定と同じ小法廷ながら、一人を除いて
裁判官は入れ替わっている。両判決に共通する判事は、判断の違いは条例
の違いであるというのであろうか。

d 文書の所持者

　明確な最高裁判決が出て、やっと行政主体となった（最決平29.10.4WEB）。
この事件の初審（高松地決平28.9.14民集71巻8号1230頁）までまだ行政庁だ
としていたのであるから、本書旧版で変更予言してから改まるまで約10
年かかったことになる。

e インカメラ（判事室内）手続

　民訴法220条4号の文書の場合、裁判所がイ〜ニに当たるかどうかの判
断のために必要があれば、裁判所（裁判官）だけで当該文書を提示させ閲
覧する（同法223条6項）。行政関係の文書は大半がこれの対象となるが、当
然、最終的に文書提出命令申立てを却下するかもしれない立場[145]で裁判
官はみるわけであるから、慎重になる傾向はあろう。

　行政判例ではないがインカメラ手続が濫用されたとの当事者の非難につ
き大阪高決平12.1.27判時1715号39頁（引用されている民訴法の条文223条3項
は2001年改正前のもので、現在のインカメラ手続の223条6項のことである）は、
「確かに、〔民訴〕法222条が文書特定のための手続を設けている趣旨等に
照らすと、法が本来予定しているのは文書提出命令の申立人が識別可能な
程度に文書を特定したうえ、文書の所持者に文書の『表示』及び『趣旨』
を明らかにすることを求め、対象を特定して文書提出命令の申立てを行う

---

145) 新堂・新民訴409頁が整理するように、その立場と、事件を知らない他の裁
判官にみせることの負担を考慮する立場とのバランスの上にこの制度はなってい
る。

第5章　取消訴訟の審理手続（本案審理、違法性審理）の諸段階

という手続きである。法223条3項のインカメラの手続きの目的が「第220条第4号イからハまでに掲げる文書のいずれかに該当するかどうかの判断をするため必要があると認めるとき」と限定している点に照らすと、法は右除外事由の判断の前提として同手続きを使用することを予定しているものと認められる」。「しかし、本件監査調書は種々の書証を含む膨大な記録であるから、法222条が予定する文書特定の手続きによることは、迂遠で、当事者に過大な負担を強いることになりかねない。そもそも文書提出命令の申立てに際して文書の特定が要求される所以は、文書の特定がなされなければ、裁判所において、当該文書の提出の必要性と提出義務の有無を判断できない点にあり、裁判所がこれらの判断を行いうる場合には証拠の不特定という形式的な理由だけから証拠申請を却下することは許されないものというべきである。また、原審裁判所がした本件監査調書一式の提示命令は、訴訟の円滑な運営という観点から訴訟指揮の一環として行われたものと認められ、抗告人両名も異議なくこれに従っているから、仮に法223条3項が予定するところを超える点があっても、直ちに違法ということはできない」と判示している。これは特異な判断だといえよう。インカメラ手続が濫用されているとの非難は免れまい。この点は後述の**東京地決平16.12.21**の判示が正当であろう。

国税不服審判所に対する参考人の答述記載書面に関する**東京高決平16.5.6**判時1891号56頁は次のようにいってインカメラ手続も活用せずに秘密性を主張する行政庁にお灸をすえている。

「本件において抗告人が問題にしているのは、非公開を前提に作成、収集した文書を公開されることによってもたらされる一般的な問題であることは上述したとおりである。仮に、当該文書の性質上、秘密性を害することなく公務秘密文書に該当することを具体的に明らかにすることが困難な場合には、民訴法223条6項に基づく当該文書の提示（いわゆるインカメラ）手続の活用を裁判所に促すこともできるのであるから、除外文書の要件について個別具体的な主張、立証を求めることは、文書の所持者に不可能を強いることになるものではない」。極めて説得力ある判示である。

東京地決平16.12.21訟務月報51巻10号2578頁は、「原告は、明文の規定がなくても、憲法76条によって付与された司法権の一環として、裁判所は検証をインカメラ審理によって行うことができる旨主張する。しかしながら、現行の民事訴訟法は、検証物提示義務の存否及び文書提出義務の存

否の審理に限ってインカメラ審理に関する規定を設ける（民事訴訟法223条6項、232条1項）一方で、そのほかには、このような規定を置いていない。そして、検証をインカメラ審理によって行うという手続は、相手方当事者にその内容を知らせず非公開で行う特別な制度であるから、明文の定めがないにもかかわらず、裁判所が憲法76条の規定を根拠として直ちにこのようなインカメラ審理を行うことができると解することはできない」と判示する。この判決は文書提出命令（検証命令）を出さなかった点では評価できないが、この部分の判示は当然のことと考えられる。

　同様な判示は**最決平21.1.15WEB**においてもなされている。

　裁判所がインカメラ提示を促すのに行政が応じない場合を扱った**広島高判平17.1.18WEB**は、「控訴人らは、Ａ選挙管理委員会は、合理的な理由もなく裁判所のインカメラ審理手続のための提示命令を拒否して、控訴人らの唯一の立証方法を奪ったのであるから、〔民訴〕法232条、224条3項により、控訴人らの不在者投票が本件不在者投票に含まれているとの主張を真実と認めるべきである旨主張する。しかし、法224条3項は、訴訟の当事者が文書提出命令（法232条により検証の目的の提示について準用されている。）に従わないときの効果について規定するものであって、文書提出命令の相手方が訴訟の当事者でない場合や法223条6項のいわゆるインカメラ審理手続のための提示命令に従わない場合には同条項の適用はない。しかるところ、本件では、訴訟の当事者でないＡ選挙管理委員会（控訴人らは、同選挙管理委員会は、控訴人らの選挙権を侵害した当の行為者であるから、被控訴人と独立別個の訴訟当事者外とはいえない旨主張するが、選挙管理委員会は、公正な選任のために独自の執行権限を有する行政機関であるから、被控訴人と同視することはできない。）がいわゆるインカメラ審理手続のための提示命令に従わないのであるから、前記のとおりいずれの点からも、法224条3項が準用される余地はなく、控訴人らの主張は採用できない」と判示し、この引用部分に続く部分で不快感を表明するのだが、結論はなすすべもなく行政の無法を許している。不快感を判断内容に転化しないと意味はないであろう。

f　情報公開制度との関係

　二つの論点がある[146]。

　第1は、両制度は目的が違うが同じ領域を扱うもので、情報公開法や条

---

146)　藤山＝村田編・行政争訟434-436頁以下〔北澤晶、村田一広執筆〕参照。

例より民訴法の文書提出義務の範囲が広いということである。

第2は、情報公開制度を利用せずに民訴法220条4号で一般的に文書提出命令を申し立てたときも、裁判所は民訴法221条2項を理由に不適法であると解釈すべきではないとい

うことである（反対説もある）。

4　証拠調べ

第9節で職権証拠調べのことは述べたので、それ以外のことを述べておきたい。

以外といえば、独自の規定が行訴法には存在しないから、民事訴訟法の例によるのである（行訴法7条）。文書提出命令申し立ての高さが特徴である[147]。

5　主張・立証責任

いうまでもなく民訴法を基礎にしている行政事件訴訟であるから、主張・立証責任も民事訴訟のそれを参考にすべきであるが、この分野においては民事訴訟理論は大きな変容を受けるべきものと考えられる。

主張責任としては、行政が行政処分の適法性について主張責任を負うことが原則であり、訴訟要件は職権調査事項である。そのうえで、人的物的力量、資料量において隔絶した有利さをもつ行政は、処分の適法性を具体的に処分経過も含めて主張すべきである。原告も、できるかぎり具体的に違法性の主張をすべきである[148]。主張責任を一般的に論じた判例はない。

行政訴訟における立証責任は、民事訴訟理論の変容すべき分野である。当事者は対等ではないから民事訴訟の基本理念は通用しない。行政が人的物的力量、資料量において隔絶した有利さをもつからである。

判例は個々のケースでの妥当性判断をしており、やはり一般論を論じない。

学説は区々に分かれており、圧倒的通説のようなものは存在しない[149]。

---

147)　実務的研究214頁参照。
148)　この点につき極めて具体的かつ実践的な藤山・村田編・行政争訟389-392頁〔藤山雅行執筆〕を参照のこと。
149)　学説の整理としては藤山＝村田編・行政争訟392頁以下、条解236頁以下〔鶴岡稔彦執筆〕参照。

(1) 立証責任の考え方

考え方としては、法治主義根拠説、憲法秩序帰納説、実質説を取り込んだ新たな法律要件分類説が正しいと考える。

新堂教授も改説して法律要件分類説が民訴学界では通説的存在となっている[150]。根拠規定の要件事実に分類して立証責任を決めるのである。この説に対しては行政法規は裁判規範としてできていないのでそのような分類は無理だとの批判がある[151]。しかしこの努力を放棄しては、結局何説といおうと論者の主観を語るだけになる。この努力のために、私は憲法秩序帰納説、実質説を取り入れたい。また、後述の裁量判断との関係でこの説が原告に立証責任ありとの結論を導きやすいことを捉えての批判があるが、法律要件分類説が必ずそうなるわけではないので[152]、その批判はややすれ違いの感がある。

法治主義根拠説は、法治主義の立場からは、行政は処分の適法性をすべて立証する必要があるとの立場で極めて魅力的な説である。後述する私の説において、原告が立証責任を負う例外の考察に便宜である。

憲法秩序帰納説は、行政法規を憲法上保障された権利に関するものか否かで分類し、前者は行政に立証責任を負わせるが、後者は民訴の原則に帰るとする。分類はなかなか難しいと思われるが[153]、すべての法規を憲法秩序から評価しなおすことは重要である。私は、この説が提起している憲法価値実現のために行政に強い立証責任を負わせるという姿勢を取り入れたい。

実質説は、侵害処分については原則として行政庁が立証責任を負い、申請拒否処分については一律に考えるのではなく、当該申請制度における原

---

150) 宇賀克也・大橋洋一・高橋滋編『対話で学ぶ行政法』(有斐閣、2003年) 167頁〔山本和彦発言〕。これに対して、条解241頁〔鶴岡執筆〕は、「このような理解は、少なくとも現状の理解としては、正しくないと思われる」とする。該博な検討をした上での結論は「個別説をベースにしつつ他の発想を加味すると説明することも、他の説の発想も取り込んだ法律要件分類説に立つと説明することも可能であり、どのように説明するかは言葉の問題にすぎない」(同書245頁) というものである。本書の立場と同旨である。

151) 藤山・村田編・行政争訟396頁ほか。

152) 藤山・村田編・行政争訟408頁参照。

153) 私は本書旧版198頁で、藤山判事が、拠出制の年金請求権や各種の保険給付請求権を私法上のそれらとほとんど変わらないと書いておられるのを批判したが、批判を引用しつつ同判事は静観しているので (藤山＝村田編・行政争訟404頁)、今一度私の方の表現を変更する。確かに、年金や保険には私法上のものと変わらないものがある。

第5章　取消訴訟の審理手続(本案審理、違法性審理)の諸段階

告の地位を考慮して判断するとする[154]。私の目からみると、この説明は法律要件分類説の一種のようにみえる。

次に、裁量判断と立証責任の点を考察したい。

法律要件分類説では行訴法30条の解釈から立証責任は原告にあるという結論となるとの非難がある[155]。しかし、法律要件分類説でも全く逆の論者もいるのであるから[156]、この非難はあたらないばかりか、非難論者がいうように、行訴法30条のあるべき解釈に帰することでもある。

法治主義根拠説では、裁量を特別に扱うことはない。

この点は本書本章第2款第1の2で述べたところでもあるが、さらに論じておきたい。

藤山判事は、行訴法30条を理論的、実務的に深く分析している。同判事の指摘する通り立証責任は事実認定の問題であり、「そのようにして認定された事実関係を前提として裁量権の行使に逸脱濫用があるか否かを決する場面は、もはや事実の有無を確定するものではなく、裁判官の法的価値判断を表明すべき場面であるから、真偽不明という事態が生ずる余地はなく、客観的な立証責任を云々する必要がない」[157]との指摘は、論議を整理するうえで極めて重要なものである。

そのように整理すると、裁量場面での立証責任はその他の場面でのそれと異なるところはないといえよう。つまり行政庁の立証責任ということである。

実質説の結論も変わらない[158]。

私も上記と同様に考える。

以上により、私は、行政対国民という図式で捉えるならば、力量に大いに差異のある当事者であってみれば、各実体法に基づく処分理由、処分根拠についての立証責任は、原則行政にあると解すべきであり、例外的に原告に負わせるかどうかの判断については、法治主義、憲法的視点から実質

---

154)　塩野・Ⅱ166頁参照。ただし、塩野教授が同頁で「当該申請制度が自由の回復・社会保障請求権の充足であるときには被告行政庁が、資金交付請求であるときには原告が負う」という点には私は理解が及ばない。資金交付要求に様々な種類・性格がある中で、このような分類が果たして有効なのか疑問である。

155)　藤山=村田編・行政争訟407頁参照。

156)　遠藤博也=阿部泰隆編『〔青林新講義シリーズ行政救済法〕講義行政法2』(青林書院新社、1982年) 240頁〔浜川清執筆〕参照。

157)　藤山=村田編・行政争訟410頁。

158)　塩野・Ⅱ166頁参照。

343

的に考察し、例外はあくまで少ないものであることを心すべきであると考える。

(2) 判例の傾向

本書の違法性判断の裁量の箇所（本章第2節）でも詳しくみた伊方原発の最判平4.10.29WEBが、専門技術的判断につき、その不合理さの主張立証責任が原告にあると述べている点については、上記立場からすれば誤りであるし、多くの学説からも批判的に扱われよう。ただし判決が続いて「当該原子炉施設の安全審査に関する資料をすべて被告行政庁の側が保持していることなどの点を考慮すると、被告行政庁の側において、まず、その依拠した前記の具体的審査基準並びに調査審議及び判断の過程等、被告行政庁の判断に不合理な点のないことを相当の根拠、資料に基づき主張、立証する必要があり、被告行政庁が右主張、立証を尽くさない場合には、被告行政庁がした右判断に不合理な点があることが事実上推認されるものというべきである」と述べて、事実上の行政側への立証責任転嫁をしているので、上記の私の立場にも近いものとなっている。ここまでいうのであれば、先の一般論は不要ではないだろうか。

大阪府水道部の交際費情報公開に関する最判平6.2.8WEBは、「本件文書を公開することにより右のようなおそれがあるというためには、上告人の側で、当該懇談会等が企画調整等事務又は交渉等事務に当たり、しかも、それが事業の施行のために必要な事項についての関係者との内密の協議を目的として行われたものであり、かつ、本件文書に記録された情報について、その記録内容自体から、あるいは他の関連情報と照合することにより、懇談会等の相手方等が了知される可能性があることを主張、立証する必要があるのであって、上告人において、右に示した各点についての判断を可能とする程度に具体的な事実を主張、立証しない限り、本件文書の公開による前記のようなおそれがあると断ずることはできない筋合いである」と判示する。上記に紹介したどの説からも妥当に導かれる結論である。

国籍確認に関する最判平7.1.27WEBは、「〔国籍〕法2条3号の『父母がともに知れないとき』という要件に当たる事実が存在することの立証責任は、国籍の取得を主張する者が負うと解するのが相当であるが、出生時の状況等その者の父母に関する諸般の事情により、社会通念上、父及び母がだれであるかを特定することができないと判断される状況にあることを立証すれば、『父母がともに知れない』という要件に当たると一応認定でき

第5章　取消訴訟の審理手続(本案審理、違法性審理)の諸段階

るものと解すべきである」。「ある者が父又は母である可能性は高いが、な
おこれを特定するには至らないときも、法2条3号の要件に当たると解す
べきであることからすると、国籍の取得を争う者が、反証によって、ある
者がその子の父又は母である可能性が高いことをうかがわせる事情が存在
することを立証しただけで、その者がその子の父又は母であると特定する
には至らない場合には、なお右認定を覆すことはできないものというべき
である」として原審判断を破棄して自判した。原告側に簡単な立証責任を
負わせるものの、本格的な要件についての立証責任は行政に負わせており、
基本的に支持できる内容である。

　このように判例は、立証責任を現実的に判断しており、上記の主要な学
説のどの立場からも、大きな論争点にはなっていない。

345

第6章
訴訟の終了

第1節　放棄、認諾、取下げ、和解

　行政事件においても請求の放棄、認諾（民訴法266条、267条）、取下げ（民訴法261条～263条、267条）、和解（民訴法264条、265条、267条）はある。

　「和解」については本書第1章1(2)bで述べたのでそこを読まれたい。

　これらは当事者の意思による訴訟の終了原因であり、処分権主義[1]の発露であるから、行政事件にもそのまま適用してよいのか。統計にあるにもかかわらず、和解と同様、「認諾」はいけないと伝統的思考[2]では考える。

　しかし和解について私が述べたことは認諾にも適用されるべきで、大いに活用すればよいと私は考える。

　認諾については、東京地判昭23.11.10行政裁判月報9号33頁は、旧自作農創設特別措置法に基づく買収計画についての訴願についての裁決取消訴訟を提起したところ、東京都農地委員会が認諾した事案である。また津地判昭31.2.22行集7巻2号244頁が認諾を有効と判示する。訴願無効訴訟で被告農業委員会が認諾したため、訴願は係属中となり、それなのに旧自作

---

[1]　新堂・新民訴328頁以下参照。

[2]　代表的な学説がそうであるほか、判例も特許審判について処分権主義を排し職権探知主義の原理に立っているから認諾は認められないとする東京高判昭36.12.21行集12巻12号2475頁、立候補禁止請求訴訟における訴訟物は、被選挙権という公法上の権利の制限に係るものであり、私法上の処分権限の及ぶ範囲を超えるものであるから、請求の認諾の対象にはならないとする仙台高判平7.8.29WEBなどがある。

農創設特別措置法上の手続を進めたことは重大かつ明白な瑕疵となり買収は無効であるといっている。

住民訴訟で勝訴した場合の弁護士報酬請求に関し**最判平10.6.16WEB**が、「地方自治法242条の2第7項にいう『勝訴（一部勝訴を含む。）した場合』には、同条1項4号の規定による訴訟を提起された者が請求の認諾をし、それが調書に記載された場合も含まれると解するのが相当である」と住民訴訟における認諾を認めている。もっともこの事例は住民訴訟の4号請求（地方自治法242条の2第1項）であるから行政訴訟ではないともいえる。

「放棄」、「取下げ」は原告側のことであるから処分権主義を適用させてもよいと考えられている。

ただし、放棄について、住民訴訟の代位請求に関する判例がある。**最判平17.10.28WEB**は、代位請求を起こした住民は放棄できないと判示した。公共団体の有する権利を代位している以上、処分権は公共団体に属するから当然のことといえよう。

第2節　判決

却下、棄却、認容の3種類であることは、民事訴訟の例による（行訴法7条）以上当然のことである。

1　却下

訴訟要件が欠けている場合に裁判所は却下判決をする。

行政訴訟の歴史は却下判決という供花で埋まってきた。原告側実務家はこの状態をなくすために努力してきた。多くの研究者の努力も見逃せない。行政訴訟も裁判である以上、憲法32条の定める国民の裁判を受ける権利を実質化するために非常に重要な努力であった。

裁判を受ける権利を「奪われない」とは、「民事事件と行政事件においては、自己の権利または利益が不法に侵害されたとき、裁判所に対して損害の救済を求める権利、すなわち裁判請求権または訴権が保障されること、したがって裁判所の『裁判の拒絶』は許されないことを意味する」[3]ので

---

3)　芦部信喜『憲法　第四版』（岩波書店、2007年）244頁。佐藤幸治『憲法　第三版』（青林書院、1995年）611頁参照。

あり、これまでの行政訴訟の歴史はこの視点から、あらためて点検されなければならない。筆者の本書にかける思いはこの作業の一環だと心得ている。

訴訟要件のところで何度も述べたように、被告適格の改正、行訴法9条2項の新設と全体としての処分性拡大の判例傾向などは、これらの努力の途上で勝ち取られたものである。

2　棄却

訴訟要件判断を経て本案審理の結果、原告の請求に理由がない場合には、裁判所は棄却判決をする。これにより争われた行政処分は違法性がないとされ適法性を獲得する。

取消訴訟が違法の取消しを求めるもの、換言すれば取消訴訟では違法性一般が訴訟物であり、原告の主張した違法性一般が、判決により否定されるわけであるから、既判力により同じ原告は二度と同じ行政処分の取消しを求めることはできない。

しかし本書の随所に書いたように、却下されなかったら原告、国民は満足するのではない。そのようなことは全くありえない。

今後の行政訴訟が棄却判決という別な供花で埋まるということのないよう、実務家・裁判所も理論家も努力を傾注しなければならない。努力は解釈論の精緻さとともに現実的な立法論の構築である。行訴法改正の再改正、各実定法の裁量要件の改革に向けて努力したい[4]。

3　事情判決

(1)　棄却の変種

行訴法31条に次のように定めるところである。

> **（特別の事情による請求の棄却）**
> **第31条**　取消訴訟については、処分又は裁決が違法ではあるが、これ

---

4)　日弁連は、2005年9月16日に「行政諸法制の抜本的再検討と継続的監視・改善のための恒常的改革機関の設置に関する提言」を、2006年10月18日に「行政法制度に関する第二次改革の要望書」を公表し、行政法制度改革の必要性とそのための継続的な改革組織を内閣に創設する必要性を訴えた。また、検証研究会に向けては、2010年11月17日に「行政事件訴訟法5年後見直しに関する改正案骨子」、2012年6月15日に「行政事件訴訟法第二次改正法案」を公表した。いずれも日弁連HPにUPされているので参照されたい。

第6章　訴訟の終了

> を取り消すことにより公の利益に著しい障害を生ずる場合において、原告の受ける損害の程度、その損害の賠償又は防止の程度及び方法その他一切の事情を考慮したうえ、処分又は裁決を取り消すことが公共の福祉に適合しないと認めるときは、裁判所は、請求を棄却することができる。この場合には、当該判決の主文において、処分又は裁決が違法であることを宣言しなければならない。
> 2　裁判所は、相当と認めるときは、終局判決前に、判決をもつて、処分又は裁決が違法であることを宣言することができる。
> 3　終局判決に事実及び理由を記載するには、前項の判決を引用することができる。

　違法な処分を裁判所が違法と認めながら棄却するというこの制度は、極めて便宜主義的な色彩を帯びているから、当然廃止論がありうる。

　しかし、「行政訴訟検討会」でも「フリートーキング参考資料」には「改正すべき点があるか」という形で整理はされ、「主な検討事項」には「事情判決の制限」という1項が設けられたが、その後の詰めた検討の対象にはならなかった。検証研究会でも同様であった。

　違法な行政でもその上に既成事実が積み重なった場合に、これを覆滅してしまうことへの恐れ、常識が感得される。

　しかし筆者はこの制度は廃止すべきであると考える。ただ、制度がある以上その内容を正確にみることは本書の立場である。

(2)　使われ方

a　一般的使われ方

　行政過程が進み既成事実が積み重ねられている場合に、後に行政処分が取り消されたら大きな混乱が生ずると思われる場合にこの制度が使われる。

　土地改良区に関する行特法時代の最判昭33.7.25WEB、区画整理の換地処分の広島地判昭59.10.17WEB、名古屋高判平17.1.27WEB、横浜地判平22.10.20判例地方自治344号76頁、保育所民営化の横浜地判平18.5.22WEB、特急料金認可の大阪地判昭57.2.19WEB、一票の格差の大阪高判平21.12.28WEB、広島高判平22.1.25WEB、東京高判平22.11.17WEB、東京高判平25.3.6WEB、高松高判平25.3.22WEB、東京高判平25.3.26判時2188号48頁などである。二風谷ダムのための収用に関する札幌地判平9.3.27判時1598号33頁は、裁量論のところで優れた判決として紹介したが（第5章第2節第2款第3B）、事情判決を採用している。

349

b 訴えの利益喪失まで行き着く使われ方

加えて事情判決制度があることにより処分が違法でも原状回復の可能性がないことを進めて、そのような場合には当該取消訴訟の訴えの利益を欠くという学説（いわゆる却下説）が出てそれに支持される判例も出た（除却が完了した後の建築基準法に基づく除却命令等の取消しに関する最判昭48.3.6WEB、公有水面埋立免許取消しに関する名古屋地判昭53.10.23WEBなど）。

しかし土地改良事業に関する最判平4.1.24WEBは訴えの利益ありとしてこの議論に決着をつけている（第4章第4節2(4)で判決を引用しているのでそこをみられたい）。

c 選挙の定数是正問題での使われ方

世間の印象では定数是正問題で事情判決が使われることが多い[5]が、選挙には事情判決を準用しないと明文（公職選挙法219条）でなっている。したがって、定数是正判決は事情判決制度を法の一般原則として使用しているのである。

しかし、一票の格差という憲法問題に事情判決を使えば、「定数配分規定の不平等が大きければ大きいほど、判決後の混乱の予測も大きくなる。混乱の予測が大きくなればなるほど、事情判決を言渡す必要性も大きくなる。その場合、配分規定を憲法違反と認めても、そのすべての判決が事情判決となる。事情判決を認める考えには、『選挙無効判決』を言渡す可能性がない。実際、事情判決を最初に認めた昭和51年（1975年）の大法廷判決から今日までの40年間、最高裁は『選挙無効判決』を言渡したことがない。我々は、違憲状態を放置することになる『事情判決』の考えを認めることはできない[6]」。

(3) 要件

裁判所が、行政処分が違法なのに請求を棄却できる要件である。

a 取り消すことにより公の利益に著しい障害を生ずること

公の利益を一原告対多数者の利益と言い換える学説があるが誤りであろ

---

5) 違憲だが有効とする最大判昭51.4.14WEB、最大判昭60.7.17WEB。

6) 山口邦明「衆議院議員定数是正訴訟」（法セミ2016年3月号35頁）参照。思い出したい法曹先達の勇気がある。太平洋戦争末期、東條英機が主導した昭和17年の翼賛選挙に、20年3月大審第3民事部（吉田久裁判長）が、選挙無効を言い渡した。不法選挙運動が組織的かつ全般的に行われたと認定したのである。その結果。その選挙区の選挙は戦争も最末期、やり直しが行われたのである（清永聡『気骨の判決――東條英機と闘った裁判官』（新潮新書、2008年）参照）。そこには事情判決の「じ」の発想もない。

第6章　訴訟の終了

う。一原告が提起した問題が公益につながることがあるからである。ことはそのような抽象的な文言ではなく、極めて具体的かつ個別に判断されるべきである。

例外的であるべきこの制度をあえて適用するためには、第1に原告と行政庁以外に多くの第三者が登場すること、第2にその多くの第三者との利害調整が、権利関係が重畳的に積み重ねられているために、金銭をもって一義的に計算できないこと、第3にその処分又はそれに基づく事業により、原告が有する保護法益が存在しなくなったこと、というべきではなかろうか。これらの3条件全部が備わることが必要であろう。

このように考えれば、上記事例の保育所民営化や特急料金問題などは事情判決をする必要の全くないものではなかろうか[7]。

巨額な費用を要することをこの要件充足の例にあげている説[8]もあるが、賛成できない。判例でそのように述べるものもあり[9]、陥りやすい思考だが、大きい事業ほど取消しの可能性を奪う法律論議は、取消訴訟の足下を切り崩す危険なものである。

b　原告の受ける損害の程度、その損害の賠償又は防止の程度及び方法その他一切の事情を考慮すること

わかりにくい要件である。「防止の程度及び方法」とは何か。上記の具体的事例で考えても、損害の除外施設というような概念はおよそ考えられない。ダムに沈む法益にとって防止の程度方法など想定もできない。区画整理や収用のような事例でも、防止の程度方法などということは考えにくい。

要するにこの要件は、これまでの事情判決を真剣に考察してこなかった人々がつくった法文といわざるをえないように思われる。

この要件は前半部分にのみ意味があるであろう。

c　取り消すことが公共の福祉に適合しないと認めるとき

a要件の「公の利益」とこの要件の「公共の福祉」とは違う概念なのであろうか。後者の方が高次なのだとの考えもあるが、私は同じものと考え

---

7)　大阪地判平20.1.30判タ1274号94頁は、緑地協定を違法に廃止し、マンション建設をした業者の開発を見逃した行政に対する廃止認可取消訴訟において、協定上ただちに違反者に原状回復義務が課されるものではなく、公の利益に著しい障害を生ずるとはいえないとして、行訴法31条1項の適用を否定し請求を認容した。

8)　条解635頁〔石井昇執筆〕。

9)　上述の二風谷判決（札幌地判平9.3.27判時1598号33頁）など。

351

てよいと思う。

d　選挙以外の最高裁判決での事情判決の扱い

処分性の時に述べた（第4章第1節2(7)a）土地区画整理事業計画についての最大判平20.9.10WEBでは、従来判例通り換地処分段階で争わせることでは「その時点で事業計画の違法を理由として当該換地処分等を取り消した場合には、事業全体に著しい混乱をもたらすことになりかねない。それゆえ、換地処分等の取消訴訟において、宅地所有者等が事業計画の違法を主張し、その主張が認められたとしても、当該換地処分等を取り消すことは公共の福祉に適合しないとして事情判決（行政事件訴訟法31条1項）がされる可能性が相当程度ある」としている。

(4)　判決の内容

主文において処分が違法であることを宣言しなければならない（行訴法31条1項）。これまでの事情判決をみればすべて、「棄却する」のあとに処分が違法であると書いている。そして訴訟費用は被告の負担とされている。

中間判決で違法の宣言ができる（同条2項）。

中間判決に加えて、終局判決をする場合には、中間判決を引用できる（同条3項）。

(5)　事情判決の対価

実務的に考えれば、(3)bで述べた「損害賠償」の主張立証は被告行政側が行うから、すでに賠償が行われて裁判所の認定の中にそのことが相当な賠償として現れれば、仮に別訴で請求しても追加の賠償が認められる確率は極めて低いであろう。

相当でない損害賠償と認定されれば事情判決にはならない。

事情判決が出た後別訴で賠償請求することが可能かのような論があるが[10]疑問である。

それでは、判決で事情判決と賠償とが同時に出されるためにはどのようなことが必要であろうか。裁判所ウエブに現れる2例で考察する。それは前述の保育所民営化の横浜地判平18.5.22WEBと特急料金認可の大阪地判昭57.2.19WEBである。両方とも取消しと賠償を請求の趣旨に入れている。前者は賠償が認められ[11]、後者は認められなかった。要するに、賠償が事情判決と同時に認められるためには口頭弁論集結までに賠償を請求しなけ

---

10)　塩野・Ⅱ197頁参照。
11)　ただし、控訴審（東京高判平21.1.29WEB）は賠償を認めなかった。

ればならない。

　この特急料金認可の大阪地判昭57.2.19が賠償を棄却したのは、旧地方
鉄道法21条1項、同法施行規則38条2項、旧許可認可等臨時措置法1項6
号、旧許可認可等臨時措置令4条1項1号(イ)に基づき陸運局長がした私鉄
の特別急行料金改定の認可処分につき、右私鉄の通勤定期券を購入して特
別急行列車に乗車している者が右の認可処分の違法を理由にした国家賠償
請求訴訟は、陸運局長にはその権限を有しないのに右認可処分をしたこと
につき故意、過失はなかったとの理由である。

　これらの判決が事情判決にまつわる賠償について、賠償説をとっている
ことは明らかである。これに対し損失補償説もあるが、この立場の判例は
検索した限りでは見当たらない。

(6)　準用

　準用の明文はない[12]。無理に準用的解釈をすべきでもない。最高裁が選
挙の定数是正判決で、前述のように、公選法の禁止にもかかわらず、一般
法理として事情判決の考え方を使ったことにヒントを得て、区画整理事件
の古い下級審[13]が一般的な法の基本原則などとして、無効確認に事情判決
を使った例があり、これを支持する学説[14]もあるが疑問である。

(7)　廃止すべきである

　事情判決のような例外的制度を使用すべきでないと切々と説いた優れた
判決を最初に確認しておきたい。

　圏央道あきる野IC事業認定等に関する東京地判平16.4.22WEBは、

　「しかしながら、現時点で事業を中止すれば無益な投資の相当部分は避
けられること、当事者はいずれもこの点について何ら主張をしていないこ
と、また、事業認定及び収用裁決を取り消す旨の判決の効力が生じるのは、
当該判決が確定した時点であるところ、本件訴訟のこれまでの経過に照ら
せば、本件取消判決に対して被告らが控訴することなく第一審限りで確定
させることはおよそ想定し難いというべきであるから、結局のところ、第
一審裁判所である当裁判所において、行政事件訴訟法31条の事情判決の
可否を検討する必要性はないというべきである。

---

12)　杉本・解説125頁参照。
13)　大阪地判昭57.12.24判時1078号64頁、控訴審の大阪高判昭61.2.25判時1199号
　　59頁。
14)　条解643頁。

なお、付言するに、このような事情判決といった例外的な制度の運用の可否が問題となるのは、計画行政一般につき、計画策定以降長期間にわたって事業認定等の行政処分をしないまま、任意買収の形で着々と事業の準備を進め、それが完了した段階で事業認定を得て、それについて取消訴訟が提起されても一気呵成に事業を続行して完成に至らせるという行政の運用とそれを可能とする法令の定めがあることによるものであり、これを国民の側からみると、例えば、本件のように都市計画法に基づく都市計画施設に関する都市計画決定がされた場合、その計画区域内に居住する住民らは、都市計画決定は行政処分ではないため、同法53条による建築制限の効果を受けるにもかかわらず、決定に不服があってもこれを直接争うことができず、あくまで計画に反対する場合は、建築制限による不便を忍びつつ、本件のような事業認定又は都市計画法に基づく事業認可という行政処分がされるのを待って取消訴訟を提起するほかないのであって、しかも、これを提起しても事業の進行を止めることはできず、強制収用を甘受するしかない地位に置かれるのである（執行停止制度が有効に機能しないことは、本件において明らかとなった。）。このような状況に直面した場合、多くの住民は、計画への不服の有無にかかわらず、任意買収に応じざるをえなくなるのであり、その結果、計画行政の分野においては、司法によるチェック機能が十分に働かず、国民は行政のなすがままに任されているといえよう。これは、一般法としての行政事件訴訟法のみでは、この種類の争訟を有効に解決することができないことを示しているのであり、この分野における法の支配を有効に機能させるには、都市計画法等の個別実体法において事業計画の適否について早期の司法判断を可能にする争訟手段を新設することが是非とも必要である。これが実現するならば、事業進捗前に事業計画の適否が明らかとなっており、それを前提とした事業の進行を図ることにより、事情判決という例外的な制度の発動を検討する必要性もほとんど消滅するものと考えられるのである」といっている。真摯な判決である。

　この制度のような法治主義の原則にももとるような制度は廃止すべきである。そのためにはこの制度の必要性をなくすような仕組みを同時に作らねばならないであろう。

　それはとりもなおさず、執行不停止原則の見直しである。

　見直しの徹底したものは執行停止原則に制度を改正することである。後述（本書第10章第1節）のように日弁連も筆者も停止原則の立場で条文作り

第6章　訴訟の終了

まで行った。しかるうえで同時に事情判決を廃止することが重要である。

　このような徹底した改正までの間、執行停止制度の運用をさらに柔軟にすることである。

　なお、これらの結論に阿部教授は反対されている。事情判決が法治主義に適合とまでいわれる。「違法なのに取り消さないのであるから、法治国家違反であるとの批判は絶えないが、既に執行されてしまってから原状回復をすると、公の利益に著しい障害を生ずる場合には、善後策を講じた上で、処分自体を維持するのもやむをえないと思われる。……むしろ事情判決の制度がないと、かえって、今更で、取消しの利益がないとの判断もなされる可能性があるので、事情判決は、処分を違法と判断して損害賠償、改善策の道を開く点で、法治国家に適合するのである」[15]とする。

　しかし、違法な行政には正面から取消し判決をすべきであり、賠償や補償の問題は別途の法制度として構築すべきであると考える[16]。

---

15)　阿部・解釈学Ⅱ253頁。
16)　もちろん悩み深いことであって、私も参加して作った日弁連の是正訴訟法案には次のような条文を置いている。
（事情判決）
　第51条　行政決定が違法と判断された場合に取られるべきその違法確認、撤廃、除去、原状回復措置などの措置により公の利益に著しい障害を生ずる場合においては、裁判所は、当事者の申立て又は職権により、行政決定の違法を確認する中間判決を行わなければならない。
　2　前項の場合において、被告は、裁判所及び原告に対し、原状回復措置、原告に対する損害賠償及び損害の防止方法を提案しなければならない。
　3　前項の規定により当事者間に公共の利益に反しない合意が成立したときは、裁判所は、それを訴訟上の和解として確認する。
　4　前2項の合意が成立しない場合には、原告は、予備的に、原状回復措置が講じられない場合に発生する損害の賠償を求める訴えを追加的に併合することができる。この損害賠償請求権は、国家賠償法又は民法の規定にかかわらず、行政決定の違法のみを要件として発生し、その損害額の算定基準時は、当初の行政決定の効力発生時又は判決時のうち原告の指定する時点とする。
　5　裁判所は、原告の受ける損害の程度、その損害の賠償又は防止の程度及び方法その他一切の事情を考慮したうえ、なお原状回復措置を講ずることが公共の福祉に適合しないと認めるときは、その判決の主文において、当該行政決定が違法であることを宣言した上で、請求を棄却するとともに、前項の損害賠償訴訟について判決を下さなければならない。この場合において、裁判所は一切の事情を考慮して、算定された損害に50パーセント以内の付加金の支払いを命ずることができる。
　6　終局判決に事実及び理由を記載するには、第1項の中間判決を引用することができる。

355

4 認容

訴訟要件判断を経て本案審理の結果、原告の請求に理由がある場合には、裁判所は認容判決をする。取消判決である。原告の裁判の目標はこの判決である。

5 認容判決の効力

取消判決も民事訴訟の判決の一種であるから民事訴訟一般論が適用され、加えて行訴法の特別規定の効力が加わる。

民事訴訟としての判決は既判力、執行力、形成力をもつとされている[17]。行訴法としては第三者効（形成効ともいうが私は32条の効力を第三者効と呼ぶ）、拘束力の規定がある（行訴法32条、33条）。

これらの効力の関係はどのように考えればよいか。

取消訴訟を形成訴訟とみる説では、行訴法の第三者効、拘束力は形成力の特別規定と考えることになる。

取消訴訟を確認訴訟のひとつとみる説（取消訴訟中心主義からの脱却の試みをみた第3章2参照）でも、第三者効や拘束力は行訴法が創設した特別規定とみるから、形成訴訟説と確認訴訟説とは理論上の違いはあっても実際上の違いはほとんどないといってよい。

なお考えてみれば、行訴法自体が条文に第三者効とか次に述べる拘束力などと標題を付けているわけではなく、32条、33条を通じて「取消判決等の効力」と標題を付けているだけであるから、第三者効とか拘束力というのは学説上の呼び名としてこれを廃止し、32条の効果、33条の効果とするのが、愛想はないが最も端的なことかもしれない。

本書は当面行政法学界での慣習に従い、32条を第三者効、33条を拘束力として記述したい。

(1) 問題の所在——32条・33条総論

判決の効果については学説に帰一するところがなく、民訴法理論と行訴法の規定を巡って夥しい議論がある。

私は次のように整理したい。

---

[17] 新堂・新民訴670頁以下参照。同書によれば覊束力、争点効なども論じられるが、本書では扱わない。なお本書旧版では執行力は当事者訴訟の給付判決以外は関係ないようなことを書いていたが不明だった。執行力はのちの(7)で扱う。

第6章　訴訟の終了

　行訴法に定めがない事項は民事訴訟の例によるのであるから（行訴法7条）、判決の効力についての行訴法32条、33条の規定以外のことは民訴法及び民訴理論から考えることでよい。

　民訴の判決の効果に任せず行訴法が32条、33条を設けた意味を考察したい。

　32条は第三者効であり、民訴理論から完全にはみ出す。民訴理論では判決の効果は訴訟当事者間であるのに、第三者に及ぶことにしたからである。しかし完全にはみ出すといってみても、例えば株主総会決議取消判決は、1人の株主の行動でも、判決の効果はすべての株主に及ぶことに争いはないことから考えれば、この規定は行政分野に必要な効果を定めたものといえよう。この規定は国民と行政双方にとって必要なフラットな性格といえよう。

　行訴法33条は拘束力ともいわれるが、名称の点はしばらくおくとして、どのような本質をもつか。この点、学説上、既判力説と特殊効力説とが対立する。

　33条は後に詳述するように1項で行政側の当事者の拡大を行い、2項、3項で積極的作為義務を行政に負わせる点に特徴がある。既判力説は1項で既判力の拡大を規定しているというが、2項、3項の説明は苦しく、現行法下で無理に既判力だなどと言わなくてよいのではないか。私は特殊効果説であり、それが条文の素直な読み方である[18]。

　問題は2項、3項の本質である。

　2項の成立過程について克明な研究が発表されたので（興津・是正232頁以下）、それをふまえ、判例、学説の動向をより説得的に考察しなければと思う。

　民訴法、民訴理論の既判力では、勝訴でも敗訴でも当事者に積極的作為義務を負わせることはない。したがって、行政敗訴の場合に積極的作為義務を負わせる行訴法33条2項、3項はこの点において国民の側に立ち、行政を縛る規定である、と誤解されそうである[19]。

　しかし行政は国家、地方公共団体にかかわらず、法的規制を受けながらそれぞれの目的の積極的実現をめざして行われる活動であるから[20]、裁判

18）　興津・是正253頁参照。
19）　これまでの学説の中には本文のように誤解している論説もあるが、偽善的な論説も見受けられる。

357

所から敗訴たる取消判決を得れば、趣旨に従い行政活動をやりなおすは当然であることからすれば、同条2項、3項はいわば当然のことを注意的に規定したことになろう。

なぜこのような規定を注意的に置くことにしているのであろうか[21]。

行政敗訴の場合に既判力に任せたのではまずいからにほかならない。既判力は後に述べるように、勝訴敗訴を問わず両当事者に生ずる。

行訴法は、国民敗訴は既判力に任せている。

行政敗訴は既判力だけに任せず、32条、33条を作っている。

32条は原被告にフラットな規定だとして、33条は被告行政の都合を拡大し、敗訴しても別な行政処分を行える規準を与える規定だと考えられる。積極的作為義務自体は当然のことでそれでよいが、同条2項では判決の趣旨に従い、3項では判決で指摘された手続のやりなおしを通じて、同一事情でも異なる理由を付ければ同一内容の処分は禁止されないことを許容する規定である[22]。

したがって、33条2項、3項の解釈としては、積極的作為義務は大いに活用しつつ、再処分の可否は厳しくチェックする姿勢が求められる。再処分の是非を問う反復禁止効は33条に依拠せず、既判力の立場から33条のその面での無限定な広がりをチェックする解釈論が求められる[23]。

小早川教授は拘束力の解釈として次のように述べ[24]、私の見る限り、こ

---

20) 田中・行政法上5頁参照。

21) 行政裁判法、行特法に遡った検討も重要だが（例えば、条解647頁以下参照）、行訴法立法者も含め、整理された見解はないといえよう。

22) 2項、3項の解釈を私と同様に解する論説として、藤山=村田編・争訟260頁以下〔鶴岡稔彦執筆「抗告訴訟の訴訟物と取消判決の効力」〕、特に272頁参照。
　この点を考える好個の判例がある。東京高判平22.3.30WEBである。この判決は、行政不服審査法の拘束力を扱っている。行服法には行訴法33条2項にあたるものがなく3項にあたるものだけしか存在しない（52条2項、旧43条2項）が、次のように述べる。「(旧) 行政不服審査法43条2項によって、再度の許可処分が許されるのは、当初の申請と同一事情下で先に述べたような範囲の瑕疵の追完がなされた場合に限られると解すべきであり、処分後に実体的事由に関する事情を新たに追加し、あるいは変更することによって再度の許可処分を得るということは、もとより予定されていないものというべきである（そう解さなければ処分庁は、一度の申請により何度も処分時点における許可要件存否の実質的判断を強いられることになる。）。結局、立論論としてはともかくも、行政不服審査法43条2項は、同条1項を前提として規定されており、明文上同条2項に該当しない以上、同条1項に基づき、処分庁は、残存した申請について、裁決の拘束力に従って不許可処分をすべきであるというべきである」。この判断の前提には、行訴法33条2項の実体的違法の取消しの拘束力は、新たな事情を追加したり変更したりして出す判決には及ばないことがある。

358

第6章　訴訟の終了

の解釈が自然なのかもしれない。

　すなわち、行政庁が一定の根拠aにより拒否処分をした後、裁判所が根拠aは成り立たないと判断し、拒否処分を違法として取り消した場合、行政庁は、別の根拠bが成り立つとして拒否処分を繰り返すことができるかと設例する。解としては、裁判で、行政庁は新たな根拠の追加主張がありうるときはそれをすべきであり、しない場合は裁判所は根拠a以外にも拒否処分を適法ならしめる根拠は存在しないと判断して、それを前提として処分を違法と判断する。したがって、取消判決がされると、根拠aは成り立たず、それ以外にも処分を適法ならしめる根拠は存在しないとの判断について拘束力が生じ、訴訟において主張されえたはずの他の根拠に基づいて行政庁がもう一度拒否処分を繰り返すことはできないと解すべきである。

　次に、関係当事者の立場の問題がある。33条2項、3項の解釈は争う立場の国民だけでなく、取り消される行政処分で権益を保護されていた国民もいるのであって、その者の立場も考察しなければならないと考えられる。しかし、その者の立場は独自に尊重する必要はないものである。そのシチュエーションの場合、権益を保護される国民は判決で破れた行政の立場と利害は一致しているからである。

(2)　第三者効

　行訴法32条は次のように定める。

（取消判決等の効力）

第32条　処分又は裁決を取り消す判決は、第三者に対しても効力を有する。

　2　前項の規定は、執行停止の決定又はこれを取り消す決定に準用する。

　この規定を素直に読めば、取消判決は国民の誰に対しても効力があり、万人はこれを尊重すべしということになろう。それで利益を害される第三者が出れば、後述の第三者の再審の訴えが用意されている（行訴法34条）し、途中でそのような第三者が発見されれば前述のように訴訟参加を保障する

---

23)　しかし、塩野・Ⅱ191-194頁のように、反復禁止効は要するに既判力でいけば良いのだとするだけでは、もともと民訴法の原則である既判力とは別に行訴法が33条をのちに定めていることを説明するには不十分であり、既判力と33条の関係をもっと有機的に考えなければならないであろう。

359

規定も用意されている（同法22条）。論理的には整合性ある制度設計ということができる。

　しかしここからややこしい議論が展開される。実務の世界は論理的整合だけでは成り立たず、このような制度設計で社会的妥当性をもつのかが実際のケースを通じて検討されるのである。論者は自らの社会的妥当だとする解釈を様々に唱える。

　①　議論を呼んだ判例

　論議は東京地決昭40.4.22行集16巻4号708頁を巡って起こった。位野木益雄コートの判断である。この執行停止決定は、行政処分性のところでもみた（第4章第1節2⑴b②）健康保険法に基づく療養に要する費用の額の算定方法の一部を改正する告示に関する事例であり、無名抗告訴訟との関係で抽象的規範統制訴訟ではないかといわれる各種論点がてんこ盛りの著名裁判例である。

　主文は次の通り。

　「申立人安田健康保険組合、同保土谷化学健康保険組合、同全国食糧健康保険組合及び同三井健康保険組合の申立てに基づき、被申立人が昭和40年1月9日厚生省告示第10号をもって『健康保険法の規定による療養に要する費用の額の算定方法』（昭和33年6月30日厚生省告示第177号）の一部を改正した行為並びに被申立人が昭和40年1月9日厚生省告示第11号をもって『看護、給食及び寝具設備の基準』（昭和33年6月30日厚生省告示第178号）の一部を改正した行為の各効力を、右各申立人に対する関係において、昭和40年5月1日から本案判決の確定するまで停止する」。

　決定要旨は次のようにまとめられている。

　前記両告示をもって「診療報酬を改定増額した行為は、右告示当時の保険者等だけでなく将来保険者等となる者にも一般的に適用されるから立法行為たる性質を有するが、他面右告示は他に行政庁の何らの処分を要することなく直接に右告示当時存立する申立人ら各健康保険組合が将来支払うべきことの確実な診療報酬を増額する等右申立人らに対し直接法律上の不利益を与えるものでもあるから、取消訴訟の対象となる。ただ、この場合、立法行為たる性質を有する行政庁の行為が一般的に取り消されるのではなく、当該行為の取消しを求めている原告に対する関係において取り消されるにとどまる」。

　この決定が扱ったのは、判決の第三者効の限定であった。

第6章　訴訟の終了

雄川一郎教授はこの決定につき、「〔行訴法〕32条1項にいう『第三者』というのが眼中においていたのは、反対の利害関係人を考えていたのですが、ところがいまのような場合ですと、原告は4組合できたのです。そのほかに同じ組合があって、そうすると同じ組合というのは反対利害関係人ではないわけで、それに対しては判決の効力が及ばないのではないかという……」、「これも一種のノルメンコントローレ、規範統制訴訟式に考えると、告示そのものの効力が一時とまってしまうのです。そうすると原告以外の各健康保険組合だって値上げ以前の医療費しか支払い義務がないということになるし、またそのほうが合理的だとおもうのですが」と感想を述べたが、当の位野木判事は「そういうふうな取上方はしませんでした。行政訴訟の対象となる処分として対世効をあまり広く認めることに躊躇を感じたわけです」と答えた。雄川教授がさらに「あれは実際問題としては、当時は法律上は二重価格だということになったのですね。しかしそれですと、32条の趣旨そのものは、そういう法律状態が当事者によって変わるということを避けるというのが基本的な考えだったわけです」と言うと、位野木判事は「ここでは議論は避けたいと思いますが、賛否両論が考えられます」と答えている[25]。

まさに利害を共通する第三者について、この賛否両論がその後たたかわされたが（絶対的効力説と相対的効力説）[26]、筆者は、行訴法32条の文言重視の立場から絶対的効力説をとるべきであると考え、限定は立法をもってすべきであるという結論[27]が極めて説得的であると考える。

②　決着をつけたと思われている判例

第4章の処分性のところで取り上げた（第4章第1節2(1)a①）保育所廃止条例の最判平21.11.26WEBは、「市町村の設置する保育所で保育を受けている児童又はその保護者が、当該保育所を廃止する条例の効力を争って、当該市町村を相手に当事者訴訟ないし民事訴訟を提起し、勝訴判決や保全命令を得たとしても、これらは訴訟の当事者である当該児童又はその保護

---

24)　小早川・下Ⅱ225頁以下。興津・是正21頁と引用文献もその趣旨であろう。

25)　以上、雄川、位野木発言は、位野木等・研究会28頁。雄川教授は同ジュリスト論文で、このケースでは「対世効を率直に認めてしかるべきではなかったかと思う」とさらに論じている。

26)　塩野・Ⅱ183頁以下、芝池・救済97頁以下、条解657頁以下〔興津征雄執筆〕など参照。

27)　塩野・Ⅱ184頁参照。

361

者と当該市町村との間でのみ効力を生ずるにすぎないから、これらを受けた市町村としては当該保育所を存続させるかどうかについての実際の対応に困難を来すことにもなり、処分の取消判決や執行停止の決定に第三者効（行政事件訴訟法32条）が認められている取消訴訟において当該条例の制定行為の適法性を争い得るとすることには合理性がある」としたから、絶対的効力説で決着がついたと思われている[28]。

(3) 拘束力

行訴法33条は次のように定める。

第33条 処分又は裁決を取り消す判決は、その事件について、処分又は裁決をした行政庁その他の関係行政庁を拘束する。

2 申請を却下し若しくは棄却した処分又は審査請求を却下し若しくは棄却した裁決が判決により取り消されたときは、その処分又は裁決をした行政庁は、判決の趣旨に従い、改めて申請に対する処分又は審査請求に対する裁決をしなければならない。

3 前項の規定は、申請に基づいてした処分又は審査請求を認容した裁決が判決により手続に違法があることを理由として取り消された場合に準用する。

4 第1項の規定は、執行停止の決定に準用する

判決の効力は行政庁に対して生じることは明らかだが、複雑な内容となっている[29]。

2004年行訴法改正前は、1項の「処分又は裁決をした行政庁」のところが「当事者たる行政庁」となっていたが、当事者適格の改正で自動的に変わった。意味は変わらない。

a 1項と2項・3項との関係はどう考えるべきか──取消訴訟中心主義からの脱却視点を加えて

大半の解説書は、取消訴訟中心主義に意識的かどうかはともかく立って

---

28) 調査官解説もその考えのようである（古田孝夫解説（法曹時報64巻3号222頁））。しかし、山本教授は決着はついていないとの立場である（山本・探究421頁）。

29) 行訴法制定時の議論を詳細に踏まえ、拘束力についての本格的研究が、興津・是正227頁以下である。しかし立法過程をこれほどに綿密に辿ってみても、拘束力の条文の意味は一義的に確定はできない。各論者が、論理を駆使して解釈論を展開し、判例がどれを採用するかで決まるものであろう。条文的な画期は義務付け訴訟の明定であり、この点は後述する。

第6章　訴訟の終了

いるから、33条1項と2項、3項との関係を検討するけれども、1項のみの独自の効力を正確に論じていない。取消訴訟中心主義に批判的な筆者も、本書改訂前の記述では明確に論じきってはいなかった。

改訂前本書も含め、1項の独自の効力を論じない論者は行訴法41条の当事者訴訟の準用規定を忘れていることになる。

当事者訴訟には33条1項のみが準用されているのである。したがって、1項の独自の解釈が論じられねばならない。

行訴法33条1項は一般原則で、2項、3項が具体的適用であるというのが一般の理解[30]である。

2項、3項以外に1項の活躍する場面はあるのかという場合に、あるというのが一般の理解であるが、それを反復禁止効と説明する[31]。

通説による説明としては、1項が反復禁止効（取り消された行政処分と同一事情のもとで、同一理由、同一内容の処分を行うことの禁止の効果）、2項が拒否処分取消しの場合の拘束力、3項が手続理由取消しの場合の拘束力ということになろう。そう捉えた場合、1項も拘束力なのかという点は、拘束力は取消判決の行政庁に対する拘束的効果であるから拘束力に含むということになるのであろう。

前述のように、33条に記載していることを33条の効果と呼べばこのような複雑な解説はいらないが、それにしても通説的理解は複雑すぎるし、文言解釈としては無理である。

1項の独自の意味は反復禁止と呼ぶには相応しくない。詳細は当事者訴訟のところで書くが、それとの平仄を合わせた解釈は次のようなこととなろう。

確認訴訟にも適用される拘束力、つまり33条1項の意義については、平成16年の行訴法改正を機に重要性が増した[32]。実質的当事者訴訟についても、確認判決の場合などを中心に、判決の趣旨に従った行政庁による後始末が必要となることは少なくない[33]。行訴法改正で当事者訴訟に光をあて、注目をする以上は、その判決の拘束力についても処分・裁決ではないものについての判断にまで広げるのはジャンプが必要がある[34]と説かれる

---

30)　塩野・Ⅱ186頁。
31)　例えば、芝池・救済100頁、条解664頁など。
32)　条解697頁参照。
33)　条解866頁〔山田洋執筆〕参照。
34)　小早川編・研究163頁〔小早川発言〕参照。

363

ところである。

　判例でも、公務員の非違行為を理由としてされた減給措置に対し、減給分の支払いを求める実質的当事者訴訟としての不当利得返還請求訴訟で非違行為の不存在が確定された場合には、判決の拘束力により当該非違行為を理由としてされた戒告処分は取り消されるべきものとしたもので、それをしない行政の国家賠償責任まで認めている（名古屋地判平16.3.26WEB[35]）。

　つまり行訴法33条1項は、2項・3項とは独自に、行政に対し判決内容の認定判断に強制されるという効力（従わなければ職務上の不作為として国家賠償責任まで負わせられる効力）を持つのである[36]。

　33条1項はこのような内容で、2項が拒否処分取消しの場合の拘束力、3項が認容処分取消しの場合の拘束力ということになろう。

　このような1項の内容は反復禁止力などではなく、**本体拘束力**と呼ぶのが相応しい。それと対応して2項は拒否処分取消拘束力、3項は認容処分手続理由取消拘束力と正確に呼びたい。

b　本体拘束力（行訴法33条1項）

（i）　その事件について及ぶ

　「その事件」とは、その原告の主張した違法性、訴訟物である。このように解することと、拘束力を既判力から説明するか行訴法が創設した特別な効力と説明するかは関係がない。

　判例を見たい。

　知財関係の一連の判決があるが、基本判例（最判平4.4.28WEB）がかなり明確に行訴法33条1項の意味を判示しており、知財関係の案件はこの最判が基準となっている。「審決取消訴訟は行政事件訴訟法の適用を受けるから、再度の審理ないし審決には、同法33条1項の規定により、右取消判決

35）　大阪地判平21.9.25WEBもこの趣旨を含むと解される（控訴審（大阪高判平22.9.9WEB）はこれを逆転させている。この大阪高裁判決の問題点については後述する）。

36）　33条1項のみで（2項を使わずに）拘束力の意義を東京高判平28.1.14WEBは次のように述べる。「国税徴収法173条は、不服申立てに対する税務署長等の権限を定めたものであって、取消訴訟において公売公告が違法であるとして取り消された場合、判決の拘束力が同条によって制限されると解する根拠はなく、税務署長等は、判決の拘束力により、後行処分である売却決定等を取り消さなければならないと解される（行政事件訴訟法33条1項）。このように解するのでなければ、国税徴収法173条によって、取消判決の拘束力に従い後行処分である売却決定等を取り消すか否かが税務署長等の行政庁の裁量に委ねられているということになり、かかる解釈を是認することができないことは明らかである」。

364

第6章　訴訟の終了

の拘束力が及ぶ。そして、この拘束力は、判決主文が導き出されるのに必要な事実認定及び法律判断にわたるものであるから、審判官は取消判決の右認定判断に抵触する認定判断をすることは許されない。したがって、再度の審判手続において、審判官は、取消判決の拘束力の及ぶ判決理由中の認定判断につきこれを誤りであるとして従前と同様の主張を繰り返すこと、あるいは右主張を裏付けるための新たな立証をすることを許すべきではなく」、「再度の審決取消訴訟においては、審判官が当該取消判決の主文のよって来る理由を含めて拘束力を受けるものである以上、その拘束力に従ってされた再度の審決に対し関係当事者がこれを違法として非難することは、確定した取消判決の判断自体を違法として非難することにほかならず、再度の審決の違法（取消）事由たり得ないのである（取消判決の拘束力の及ぶ判決理由中の認定判断の当否それ自体は、再度の審決取消訴訟の審理の対象とならないのであるから、当事者が拘束力の及ぶ判決理由中の認定判断を誤りであるとして従前と同様の主張を繰り返し、これを裏付けるための新たな立証をすることは、およそ無意味な訴訟活動というほかはない）」。

・その他の事例

盛岡地判平26.12.19TKC文献番号25505474は、「取消判決の拘束力は、同一事情の下で、同一理由に基づく同一内容の処分をすることができないことを内容とするものであり、同一理由に基づく処分をすることをすべからく禁ずるものではないと解されるところ、前提事実……のとおり、前回の退職手当支給制限処分は一般の退職手当等の全部を支給しないとする内容の処分であるのに対し、本件前訴判決を受けてされた本件退職手当支給制限処分は一般の退職手当等の一部を支給しないとする内容の処分であって、前回の退職手当支給制限処分と本件退職手当支給制限処分は同一内容の処分ではない」とする。

(ii)　処分等をした行政庁その他の関係行政庁に及ぶ

「その他の関係行政庁」とは、判決に基づきなされる作為、不作為の権限を有するすべての行政庁が含まれると考えられる。

判例をみてみよう。

福井地決昭46.10.16WEBは、公安委員会に対する横断歩道廃止処分取消しの執行停止申立ての却下決定であるが、傍論で、「本件横断歩道廃止処分が違法で裁判により取消された場合（右横断歩道廃止処分の効力を停止する裁判があつた場合も同様であるが）には、行政事件訴訟法第33条により、福

365

井県は関係行政庁として右裁判による拘束を受け、前記鉄柱などの工作物を撤去しなければならないことはいうまでもない」としている。

京都地判昭50.6.20WEBは、下京税務署長と大阪国税局長につき、「『その他の関係行政庁』とは、取消された処分または裁決を基礎又は前提とし、これに関連する処分又は附随する行為を行なう行政庁をいうと解すべきところ、本件における被告国税局長は、被告税務署長のなした原処分の適否を審査する裁決庁であるから、右規定における『その他の関係行政庁』に該当するものといわなければならない。そうすると、被告国税局長は、被告税務署長のなした原処分を違法として取消した判決と牴触する判断はできないこととなるから、原告の被告国税局長を相手方とする裁決取消の訴えは、その利益を喪失し、却下を免れない」としている。33条1項の使い方としては予想外の判断である。

前述の最判平4.4.28は、特許無効審決の取消判決が確定した以上、再度の審決手続では審判官は当然取消判決と別異の事実認定も拘束力によってできないとする。

c　拒否処分取消拘束力（行訴法33条2項）

この2項が取消訴訟の勝訴の場合の華である[37]。行政庁に判決に従った積極作為義務を課している。

3項と対比して読めば、2項は取消しの理由が内容でも手続でも、行政庁に判決に従った積極作為義務を負わせている。

2項の規定の意味は明快であるが、「判決の趣旨に従い」という内容が解釈をはらむ。

（i）判例を見る。

国税通則法の異議申立棄却決定取消事件で最判昭49.7.19WEBは、「異議申立人が異議決定取消しの判決をえ、その判決により異議決定が遡つて効力を失う結果として、異議申立ての時から3月以内に決定がされていない状態に復帰することがあつても、その場合に、〔国税通則法〕旧法80条1項1号により審査手続に移行するものと解するとすれば、異議決定庁がその拘束を受ける取消判決の趣旨を没却させ、異議手続による救済を求める申立人の権利を認めないのと同一の結果に帰着することとなるのであるから、このような解釈は、法の趣旨、目的に反し、採ることができない。す

37）　華ではあるが、問題の所在の箇所で述べたように、2項、3項には行政の都合を拡大する要素が強いので注意が必要である。

なわち、取消判決の確定が異議申立ての時から既に3月を経過していても直ちに当然に審査手続に移行するものではなく、異議手続は依然として係属し、異議決定庁は、これに対して改めて適法な審理、決定をすべき拘束を受けるものと解すべきである」とする。

特許の審決取消判決の拘束力に関する最判平4.7.17WEBは、「本件無効審判請求につき前にされた審決の取消訴訟における判決は、右訴訟の係属中に特許請求の範囲の減縮をも目的とした訂正審決が確定したことにより、訂正前の本件明細書の特許請求の範囲第1項に記載された発明を対象とした右審決は結果的に審判の対象を誤った違法があることになるとし、更に進んで、訂正後の本件明細書の特許請求の範囲第1項に記載された発明につき無効原因はないとの判断も加えて、審決を取り消したというのであり、そうであるならば、右取消判決の拘束力の生じる範囲は、審決が審判の対象を誤ったとした部分にとどまるのである。本件無効審判請求につき更にされた本件審決は、右取消判決の拘束力に従い訂正後の本件明細書の特許請求の範囲第1項に記載された発明を審判の対象とした上で、右発明につき無効原因はないと判断しているが、右判断は右取消判決の拘束力に従ってされたものではないというべきであり、これが右取消判決の拘束力に従ってされたものであることを前提とする原判決の説示部分には、審決取消判決の拘束力に関する法令の解釈適用を誤った違法があるといわなければならない」とする。

問題判決、問題解説もある。

一般旅券発給拒否処分が争われた大阪地判昭63.5.27WEB（控訴審：大阪高判平2.11.27WEB）は、「前処分が最高裁判所判決により取消されるべきものとされた理由は、外務大臣において旅券法13条1項5号の規定を根拠に一般旅券の発給を拒否する場合には、申請者に対する通知書に同号に該当すると付記するのみでは足りず、いかなる事実関係を認定して申請者が同号に該当すると判断したかを具体的に記載することを要し、単に『旅券法13条1項5号に該当する。』と理由を付記されているにすぎない前処分の通知書は、同法14条の定める理由付記の要件を欠くもので、前処分は違法であるというものであることは当裁判所に顕著な事実である。そうすると、被告外務大臣は、本件申請に対しては右判決の趣旨に従って、いかなる事実関係を認定して原告が同号に該当すると判断したかを具体的に記載しなければならないとの拘束を受ける（行訴法33条2項）こととなるが、被

告外務大臣が本件処分の通知書に旅券法13条1項5号に該当すると判断した具体的な事実関係を付記したことは前記2で判示したとおりであるから、本件処分に行訴法33条2項の違反はない。また、被告外務大臣が判決によつて前処分を取消された後に本件申請に対してする処分は、前処分とは別個の処分であるから、被告外務大臣は、右処分の通知書に前処分の際に付記しえた前処分と同じ理由を付記しえないとの制約を受ける根拠はなく、この点の原告の主張も失当である」とした。前述の33条2項の危険な本質が典型的に現れた裁判例である。1項の原則を2項で緩める働きをしている。

　タクシーの初乗り料金値下げ申請を却下した運輸局の処分を前判決が取り消したのに、再び却下した場合、通常拘束力により再度の却下は取り消されるはずである。大阪地判平21.9.25WEBはそのように判断し、取消しと申請の義務付けを認めたが、大阪高判平22.9.9WEBは逆転させた。地方運輸局長が前判決が考慮事項として挙げた事項を考慮した上で行った再度の却下処分は、同判決の拘束力に反するものではないとするのだが、裁判所がその裁量権の行使としてされた判断の適否を審査するに当たっては、行政庁の一次的な裁量判断が存在することを前提として、それが考慮すべき事項を考慮せず、考慮すべきでない事項を考慮するとか、その判断が合理性を持つ判断として許容される限度を超えた不当なものであるかどうかの観点から、裁量権の範囲の逸脱又は濫用の有無を判断して行うべきであるなどといって、拘束力を無視して裁量そのものの判断にしてしまった。最決平23.9.16WEBも上告を棄却している。判決で指摘された事項をもう一度適切に考慮して処分をやり直すことが必要であるという文脈でこの大阪高判を扱い、あたりまえのことを述べて判決の問題点を指摘しない議論[38]もあるが、このような判決やその許容解釈が出るところに、前述の33条2項、3項自体の問題点がある。

　(1)の問題の所在で述べたようなあるべき解釈を取りたいし、拘束力違反についての執行の問題を現実のものとしなければならない。執行の点は後述する。

　(ii)　先行処分、後行処分

　両処分が互いに前提になっている場合、先行処分が判決で取り消された

38）　条解675頁

ら、後行処分は当然存在が許されないから、学説のように拘束力と言わないか、判例のように拘束力と言うかの違いはあっても、結論には変わりはない。

逆の場合も（後行処分の取り消し）、先行処分は効力を失うという結論においては、判例、学説に違いはないようである[39]。

d 認容処分手続理由取消拘束力（行訴法33条3項）

2項との違いは認容処分であることと、それを取り消す場合の積極作為義務を手続に違法があったときに限っていることである。つまり手続違反が申請認容の処分に手続違反があったと判決で指摘されれば、もう一度手続をやりなおせということが法文のすなおな読み方である。手続には広義のもの[40]を含めばよい。

内容に瑕疵があれば取消判決確定後は、その行政処分はなかったものとなり、行政庁が積極的作為などする必要はないということである。

有力説はやや迷走している。

塩野教授は「裁量処分に関する手続的コントロールではあるが実体関係的な審査により取消された場合」、芝池教授は「行政庁が利益衡量を誤った場合も含まれる」なども含める[41]が疑問である。裁量は違法内容の根幹にかかわる。このようなことを取消判決で指摘されたならば、行政庁に積極作為義務を課すことなく、判決でその認容処分は取り消されたままでよいのである。このあたりの有力解説が出る点にも33条2項3項の筆者の言う弱点が現れていると考える。

私の検索結果では33条3項が現れるのは前述の東京高判平22.3.30WEBだけである。

e 拘束力から義務付けへ

筆者の述べる拘束力の弱点、危険性を取り除く道は、諸外国法制にある義務付け訴訟を実現することであった。

取消訴訟中心主義から、取消判決後の後始末は拘束力に任せて、つまり行政に任せるのは、司法国家としては中途半端の限りであり、司法が乗り出し、取消判決より更に積極的関与を行政課程に行うことが当然必要で

---

39) 条解676-679頁参照。
40) 例えば、処分庁の構成、他の機関の同意の不履践、承諾等の欠缺、行為の形式、表示の瑕疵など（塩野・Ⅱ187頁参照）。
41) 塩野・Ⅱ187頁、芝池・救済100頁。

あったのである[42]。

　もちろん義務付け判決が完全に行政の判断をなくすわけではなく、抽象的義務付けも当然にあり、その場合のために拘束力を含む行訴法33条は義務付け判決にも準用されている（38条1項）。

f　拘束力違反の効果

　これまでの学説は拘束力違反について論じない[43]。

　もちろん裁判所にも責任がある。例えば、**最決平29.12.19WEB**は第10章の執行停止のところでも取り上げる判例。村議会議員の失職決定に対し1審裁判所が執行停止決定をしたので、議員は欠けていないはずにも関わらず村は補欠選挙を行い、新しい議員を選んでしまった。執行停止決定の拘束力（行訴法33条4項）に村が反しているのだが、同最高裁決定は選挙を有効として元の原告議員の訴えを全て退けた。最高裁は、拘束力違反の選挙を無効とせず[44]、拘束力違反について執行力を構想すらしなかった。この判例の最高裁判事の意見や補足意見を読んで、その右往左往ぶり、誤った「法的安定」思考ぶりに驚くのである。最高裁は拘束力について二重の誤りを犯していると考えられる。

(4)　既判力

　行訴法が民事訴訟の例による（行訴法7条）以上、行政事件の確定した終局判決に既判力があることは基本である。

　民訴法114条に既判力という固有名詞が現れ、あまりにも簡単な規定であることもあって、民訴法の教科書では種々説かれ、民訴理論のひとつの基本論点である。新堂教授は「終局判決が確定すると、その判決における請求についての判断は、以後、当事者間の法律関係を律する規準となり、同一事項がふたたび問題となったときには、当事者はこれに矛盾する主張をしてその判断を争うことが許されず、裁判所もその判断に矛盾抵触する判断をすることが許されなくなる。この確定判決の判断に与えられる通用

---

42)　しかし、なお拘束力と義務付けの訴訟の有機的関係が理解できていないとみられる判決も散見される（東京高判平19.10.17WEB）。

43)　例えば、条解もそのような項目を立てない。義務付け訴訟の拘束力（第8章第3節4）、本章(7)の執行力のところで批判する塩野説は、拘束力違反がないという認識のようで、楽天的すぎる。

44)　湊二郎「村議会議員が地方自治法92条の2に該当する旨の決定の効力停止を求める利益が否定された例」（TKC『新・判例解説Watch』2018.4.13行政法No.189）参照。

45)　新堂・新民訴679頁。

性ないし拘束力を既判力という」[45] と説かれる。

既判力は給付判決、確認判決、形成判決すべてに認められるから[46]、取消訴訟を形成判決と考えるか確認判決と考えるかでは結論に差異は生じない。

それでは民訴の既判力概念は、行訴で何か変容したり追加されたりするであろうか。

a 行訴法32条、33条の存在

前述もしたように行訴法32条、33条を第三者効とか拘束力とか呼び慣らわしてきたが、行訴法自体がそのように名付けているのでない以上、これらの条文は取消判決等の効力なのであり、行訴における既判力を考える際にも当然考慮すべきである。私の基本的考えは問題の所在の箇所で述べ、具体的には下記で述べる。

b 既判力と拘束力——訴訟物との関係

既判力の客観的範囲は訴訟物であり、行訴では訴訟物は違法性であるから、行訴では既判力は違法性について生ずる。

したがって既判力は違法性一般に及ぶが、前述したように拘束力は訴訟で問題となった具体的事情、同一理由について生ずるのであってみれば、拘束力は具体的違法性のみについて働くのである。

この既判力と拘束力の違法性の範囲の違いをどのように考えればよいのであろうか[47]。

まず原告にとって敗訴判決の既判力は同一行政処分の違法性全体に及ぶから、前訴が棄却で確定すれば、いかなる理由であれ当該行政処分につきどのような争いも二度と不可能である。

この原告敗訴の場合の厳しい（当然の）既判力効果を常に見据えながら、行政敗訴の場合の既判力、拘束力を考察しなければならない。

行政敗訴の場合も、いかなる理由であれ二度と同一内容の行政処分をしてはならないという既判力の当然の考え方で、行訴法33条2項、3項を制限しなければならない。

行政庁敗訴の確定判決があれば拘束力で積極的作為義務を負う（取消判決により拒否処分は実体、手続両面で、申請認容処分は手続面で積極的作為義務を

---

46) 異論もある。新堂・新民訴215頁以下とそこに引用された文献参照。
47) ドイツ法では、判決の既判力と異なる拘束力なる概念を導入していないので、すっきりしている（興津・是正44頁参照）。

371

負う）が、それは処分について指摘された具体的違法についてのみである。

するとこの拘束力の特徴を利用して、行政庁が前訴で指摘された具体的違法をはずして別の拒否処分や不利益処分をした場合に、国民・原告はその処分に対して取消訴訟を起こし、別な違法性を主張することは、既判力が違法性一般であるから禁止されるのか。

そのような馬鹿げた結論を誰も許容しないから、別な処分だから既判力には抵触しないと説明するのである[48]。

このような説明だと行政訴訟における既判力の意味はほとんど無意味に近いことになる。学説では、取消訴訟の既判力について多くの議論はあるが、結局有効な結論に達していないと考えられる[49]。

前訴後訴の反復禁止効は既判力として説明することが適していると私は思うので、後の(5)でみることにする。つまり私は、行訴法33条の解釈は前述のように行い、同条の不当な拡大を既判力で阻止すべしと考えるものである。

判例をみておくが、学説の状況を反映してか、きちんとした既判力論を構築してはいない。

処分性のところでも取り上げた過誤納金取戻しに関する**最判平17.4.14WEB**は、「被上告人は、国を相手方とし、前記のとおり納付した登録免許税の還付請求に係る訴えを本件訴えに併合して提起したところ、原審は、上記のとおり本件訴えを却下すべきものとするとともに、被上告人の国に対する還付請求についてはこれを棄却する旨の判決を言い渡し、同判決のうち上記の請求を棄却する部分が確定したことは記録上明らかであるから、被上告人が前記のとおり納付した登録免許税の還付を受けることができる地位にないことは既判力をもって確定されている。したがって、被上告人は、本件訴えにおいて本件拒否通知を取り消す旨の判決を得たとしても、これによって上記の還付を受けることができる地位を回復する余地はないから、本件訴えにつき訴えの利益を有するものとすることはできない。そうすると、本件訴えを不適法として却下すべきものとした原審の判断は、結論において是認することができる」と述べている。給付訴訟としての当事者訴訟と取消訴訟との間の既判力の問題である。

情報公開についての**高知地判平16.11.30WEB**は、「原告は、本件行政情

---

48) 例えば、条解542頁参照。
49) 興津・是正14頁以下の1章での論考が最も総合的な検討である。

報について、旧請求をした上、異議申立てを経て、旧処分に対し前訴を提起していることが認められる。しかし、取消訴訟の訴訟物は、行政処分の違法一般と解されるところ、平成12年9月20日付け12環保第1153号行政情報一部公開決定通知書による旧処分と、平成15年7月16日付け15環保第1141号行政情報一部公開決定通知書による本件処分とでは、取消し対象となる処分が異なっていること、原告が求めている本件行政情報の公開方法も、旧請求が閲覧であるのに対し、本件請求が写しの交付である点で異なっていること、前訴の口頭弁論終結日である平成14年7月5日から、本件訴訟提起時である平成16年6月29日までに、約2年が経過しており、その間には、前記第2の2(5)に認定のとおり、情報公開制度を取り巻く社会情勢が変わり、高知市においても対象情報や非公開条項等のあり方を見直して、旧条例から本件条例に改正されるなど一定程度事情の変化が認められること、などにかんがみると、今後も原告により本件行政情報についての公開請求や訴え提起が繰り返された場合に訴権の濫用になり得ることは別として、本件訴訟の訴訟物が、前訴の訴訟物と実質的に同一であるとはいえず、本件訴訟における原告の主張が、前訴の既判力に触れ、主張自体失当になるということはできない」と述べている。訴訟物を違法性一般としたうえで、前訴と本訴の訴訟物を実質的に評価しなおしている。私によれば拘束力と既判力の混同ともいえるが、具体的妥当性を実直に探っている。

　不当労働行為救済措置の取消しに関する**東京地判平11.2.18労働判例762号60頁**は、「取消訴訟において行政処分が違法であるとして取消判決がされるためには、個々の処分要件（適法要件）のうちいずれか一つが充足されておらず違法であると判断されれば十分であることからすれば、前訴上告審判決は前記不当労働行為に対する救済措置全体が違法であることについてのみ判断したに過ぎないのであって、そうであるとすると、前訴上告審判決について既判力が生ずるのは右の判断についてのみであり、『使用者の当該行為が不当労働行為でないこと』を主張することが、前訴の既判力によって遮断されるわけではないと解するのが相当である」と述べ、既判力は個々の違法性についてのみ生ずるといわんばかりの口吻である。

　特許の審決取消事件についての**東京高判平2.7.19WEB**は、「しかしながら、拘束力については、行政事件訴訟法第33条の規定上明らかなように、行政処分を取り消す判決は、その事件について当事者たる行政庁その他の

関係行政庁を拘束するにとどまり、他の裁判所を拘束するところはないから、本件に対する裁判所の判断について、一次判決の拘束力が働く余地はない。また、既判力については、そもそも既判力は当該判決の対象たる訴訟物について生じるにすぎないものであるところ、一次判決は一次審決を訴訟物とするものであるのに対して、本件訴訟の訴訟物は本件審決であるから、一次判決の既判力が本件訴訟物に及ばないことは明らかである」とし、一次審決と二次審決とは訴訟物が異なると判断する。このような平板な既判力理解は誤っているといわねばならない。この判決は(3)b(i)でみた最判平4.7.17の原審であるが、上告審ではここに引用した部分への言及はない。

c 既判力で論じられる主観的範囲と国賠訴訟との関係

（i）主観的範囲

2004年改正前は行政庁と行政主体との関係で主観的範囲が双方に及ぶとされてきたが、被告適格の改正後は両者は行政主体として一体であり、この問題は主観的範囲の問題からは消えた。

もっとも、大阪地判平16.3.4WEB が、行政訴訟の被告大阪府知事と損害賠償請求の被告知事個人とは既判力が及ぶ関係にないとしているが、これはこれで妥当である。

（ii）国賠訴訟の違法性と取消訴訟の違法性

取消訴訟で処分が取り消されたら、被告行政はその既判力により、国家賠償訴訟において処分の適法性を主張することはできない。

(5) 反復禁止効

前述のように行訴法33条の意味を理解したとしても、未検討の大きな分野が残っている。

取消判決を得た行政庁は、判決の趣旨に従って拒否処分を認容に変えたり、手続をやりなおすことで認容処分を取り消す場合は、積極的作為義務として大いに結構なわけである。

加えて、33条の効果として、2項で拒否処分をやりなおしたり、3項では手続をやりなおして認容処分をやりなおしたりする場合が以下の考察の重点である。2項の場合どの範囲がやりなおしか、同じことの反復か、3項の場合どの程度の手続やりなおしが同じ手続の反復とみられるか、という分野である。

学説により拘束力として説明するか既判力として説明するかに違いはあ

374

るが、この分野の検討は実践的には避けて通れない。

　私は前述したように33条2項、3項のこの機能を既判力で規制しようとする立場である。

　通説によると判決により取り消された行政処分と同一事情のもとで、同一理由、同一内容の処分を行うことは禁止される。

　となれば、同一事情、異なる理由、同一内容の処分は禁止されないと、33条2項ではなる。これをなるべく制限したい。また3項で、判決で指摘された手続を違法でない手続に変えて同一処分をすることは禁止されないとなることを、なるべく制限したいのである。私の制限方法は(1)で述べた。

　判例は、(4)でみたように、別の行政処分であるとして反復禁止効を免れさせることがある。

　禁止効を既判力に求める説に対して、特に申請拒否処分の場合、第1に取消訴訟の訴訟物に関する通説的見解からは再度の処分を防ぐのは無理だとの批判がある[50]。また既判力は処分は違法という抽象的レベルで生じ具体的な違法事由について生じるものでないので、再訴禁止をそのように及ぼすと手続違反で取り消されても再度の処分ができないのはおかしいとの批判がある[51]。

　しかしこのような批判はおかしい。むしろ逆ではなかろうか。訴訟物は違法性全般であり、既判力はまさに処分は違法という抽象的レベルで生ずる。したがって、既判力としては行政が同一事項で再度の処分をすれば再訴禁止効が働く。しかし拘束力の行訴法33条2項、3項があるから実際には許さざるをえない。この苦悩を今論じているのである。

　既判力説に対する第2の批判は、実質的理由である。申請拒否処分の場合、原子炉設置許可申請拒否が判決で取り消された場合、新たな原子炉欠陥が判明しても処分後の新たな事情と認められない限り再度の申請拒否ができないのはどうなのかと問う[52]。人権権的立場からは既判力には負の面が出ることを使った絶妙な問いである。この問いかけが通常起こりそうにない極端な例だと非難する必要はない。判決で取り消されたのは行政が指摘し申請を拒否したＡという欠陥につき判決はそのような欠陥はないと判断したということであろう。このたび行政はＢという欠陥をみつけたの

---

50)　藤山＝村田編・行政争訟274頁〔鶴岡稔彦執筆〕参照。
51)　同上。
52)　前掲注50)275頁参照。

である。この問いかけを素材に既判力、拘束力を考察してみよう。

　拘束力が働くのは具体的違法である。もんじゅ事件を例にとれば、安全審査で「2次冷却材漏洩」、「蒸気発生器伝熱管破損」、「1次冷却剤流量減少時反応度抑制機能喪失事象」という項目のどれか（例えば、「2次冷却材漏洩」の1）を行政が問題として申請拒否をし、これに対する取消判決があれば、拘束力はその具体的項目（「2次冷却材漏洩」の1）に生ずるからそれだけが欠陥であったら申請を認容すべきであろう[53]。しかし他の欠陥が発見された。この欠陥が同一項目（「2次冷却材漏洩」の1）の中に含まれる性質では拘束力でも再申請拒否はできないが、他の項目（例えば、「2次冷却材漏洩」の2又は「蒸気発生器伝熱管破損」）に欠陥が発見されれば拘束力は及ばず再申請拒否できる。それでは既判力は訴訟物に生じ、それは違法性全般であるから、この設例ではそのような再申請拒否は前訴の既判力にふれるか。この点では、前訴の訴訟物は「2次冷却材漏洩」のおそれはないのにあると判断し、申請を拒否した違法性であったから、訴訟物もその点についての違法性であり、「蒸気発生器伝熱管破損」の違法性ではない。したがって「蒸気発生器伝熱管破損」の危険性ありとの違法性には及ばない。別訴といってもよい。しかし「2次冷却材漏洩」の2については、既判力は及ぶ。原告が「2次冷却材漏洩」と認定した行政の瑕疵を問題にし、判決が「2次冷却材漏洩」の1だとはいえ「2次冷却材漏洩」はないと判断したものであれば、「2次冷却材漏洩」の2と認定して申請拒否する処分は既判力にふれるということになる。人権権的立場からは既判力には負の面が出るが、これは理論上の検討でありやむをえない。

　この設例からも理解されるように、前訴の既判力と拘束力が働く違法性の広狭が論点であり、行訴法33条2項、3項の無規律な拡大適用は既判力で反復禁止効を与えるべきであると考える[54]。

(6)　形成力

　取消判決を形成訴訟とみる通説の立場からは判決には形成力があり、行政処分は最初からなかったことになる。

---

53)　法的にはこのような設例でこのような結論になれば、原子炉が欠陥のまま許可されるということになるが、それが司法の機能であり、その欠陥は報道され放置されることはないと考えられる。

54)　鶴岡判事は藤山＝村田編・行政争訟277-278頁で、第三者の利害なども考慮し、反復禁止は既判力などでよりも、権利濫用等の一般法理の活用によるのがよいのではないかと述べている。

確認訴訟説からすれば、もともと無効の処分が無効と確認されたことになる。

(7) 執行力

判決の執行力については論じられてこなかった。

判決が出れば、司法国家たる我が国では、行政は粛々とそれに従うという牧歌的な発想から論じられないのであろう[55]。

しかし実践上も解釈論上も取り組まねばならない課題である[56]。

① 裁判例

近時、これを考えるための好個の一群の判例が出た。以下考察する。

まず仮の差止め決定（東京地決平28.12.14判時2329号22頁）が出た[57]。その執行の問題である。

オウム事件の死刑確定者として東京拘置所に収容されている申立人との、再審の請求の打ち合わせを目的とする、弁護士による面会の申出について、職員を立ち会わせた上での30分の面会しか認められなかったことにつき、このような制限は違法であるとして、東京拘置所長において、職員を立ち会わせる措置を執る旨の処分等をすることの差止め等を求めた申立人が、各処分の仮の差止めも求めた事案において、同東京地決は、面会の許可によって認められた死刑確定者の面会の利益を制約することとなるから、これらの措置は、抗告訴訟の対象となる行政処分にあたり、立会い措置の方は裁量権の範囲を逸脱し又はこれを濫用するものであるとして同措置を仮に差止めを認容し、時間制限の方は現時点では、直ちに同措置が裁量権の範囲を逸脱し又はこれを濫用するものとなるか否かを判断することはできないとして却下した。

ところが、なんと東京拘置所長は、認容決定を守らず職員の立会いを続けたので、申立人は東京地裁に民事執行法172条に基づいて間接強制の申立て、執行文の付与を求め、拒否されたので同法32条1項に基づき異議申

---

55) しかし、鹿児島県阿久根市の竹原信一市長が、何度も判決を無視したことは有名である（例えば、「鹿児島・阿久根市長：元係長の勝訴判決を無視、給料不払い継続」毎日新聞2010年4月22日付）。

56) 実は、行政訴訟検討会での「主な検討事項」には「作為の給付の判決の執行についての考え方」という形で入っていた。しかし、「見直しのための考え方」に至ると削ぎ落とされた。

57) もちろん第10章でもこの決定は扱う。抗告審の東京高決平29.3.29TKC文献番号25547458はこれを維持し、特別抗告審（最決平29.6.30TKC文献番号25547457）は特別抗告事由に不該当とした。

立をした。

　東京地決平29.8.21TKC文献番号25546971は、上記仮の差止め決定を出したと同じ裁判長であるが、次のように述べ却下した。重要な（しかし誤った）決定文であるので長いが引用する。

　「行政事件訴訟法には、義務付け・差止めの訴えに係る請求認容判決及び仮の義務付け・仮の差止めの決定について、直接、間接等の方法のいかんを問わず、これを強制的に執行することを認める規定は置かれていない。これは、同法において、行政庁は裁判所の判決又は決定によって命ぜられたことを当然に任意に履行すべきであり、そのことを一般に期待することができることを前提に、これらの判決及び決定に係る執行確保のための制度を設けないこととする趣旨に出たものと解される。

　この点につき、義務付け・差止めの訴え及び仮の義務付け・仮の差止めの申立ての制度の新設等を内容とする行政事件訴訟法の一部を改正する法律案の国会審議において、政府参考人である司法制度改革推進本部事務局長は、義務付けの訴えに係る請求認容判決の執行につき、『これは現行法でもそうでございますが、間接的に強制する方法も、あるいは直接強制をする方法、これは設けておりません。要は、行政は命ぜられたことについては履行する、これが前提でできているわけでございまして、仮にそういうことに従わないといったときには行政そのもののあり方を問われるわけでございますし、その辺の是正というのはまた別途の形で、行政内部の形、あるいは国会の御審議を経ながらそれをやっていくということになろうかと思いまして、そこは政治責任的な話になっているわけでございます。』と答弁しており（第159回国会衆議院法務委員会会議録第21号（平成16年4月28日））、このことからも上記の立法趣旨をうかがうことができる」。

　「申立人は、……行政庁が裁判所の仮の差止めの決定を任意に履行しない場合には、例外的に、行政事件訴訟法7条により、民事執行法の規定を準用し、当該決定について間接強制を認めるべきである旨主張する。

　そこで、行政事件訴訟法7条について見ると、同条の規定は、行政事件訴訟に関し、その性質に反しない限り、民事訴訟に関する法令の規定を準用する趣旨のものと解される。しかるに、前記……で述べたところからすれば、仮の差止めの決定については、直接、間接等の方法のいかんを問わず、強制的な執行を認めないこととするのが行政事件訴訟法の趣旨と解されるから、間接強制に係るものを含めて、強制執行に関する民事執行法の

378

規定を仮の差止めの決定に準用することは、その性質に反するものといわざるを得ず、そのような準用がされるものということはできない。……

仮に、申立人が主張するように東京拘置所長が本件決定に反する処分をしていたとすれば、それは行政事件訴訟法の想定しない事態というほかないが、そのような事態が生じたからといって、同法が予定していない強制執行が可能となるものということはできない。

したがって、仮の差止めの決定について、行政事件訴訟法7条により民事執行法の規定を準用し、間接強制を認めるべきである旨の申立人の主張は採用できない」。

これが我が国の裁判所の裁判所の姿である[58]。

調査官や行政局付だった裁判官たちがドイツ行政裁判所法を知らないはずはない[59]。裁判を受ける権利が保障されている我が国において、上記の決定のような判断で仕方がないと考えるのは、第一に行政に対する思いやりか、第二に実定法の不存在を理由に憲法規定の実効性を図ろうとしない不作為である[60]。

② 行訴法7条の解釈が誤っている

7条は、この法律に定めがない事項については「民事訴訟」の例によると定めている。民事訴訟の例によるというのは、民事訴訟法、民事保全法等々の民事訴訟に関する法令の規定が、さまざまな場面で準用されるのである[61]。その中に民事執行法が含まれることは当然であろう[62]。

---

58) この事件の申立人（代理人）は、執行裁判所にも間接強制を申し立て、東京地決平30.1.17TKC文献番号25549365（単独裁判所）は、行政事件の東京地決平29.8.21と同様の判断をしている。その執行抗告審（東京高決平30.3.26判例秘書）も同様である。

59) ドイツ行政裁判所法172条は、被告が義務付け判決に従って行政行為を発令しない場合には、原告に執行権を認めている（八木良一＝福井章代著・司法研修所編『ドイツにおける行政裁判制度の研究』（法曹会、2000年）250頁参照）。執行権の内容は、1万ユーロ以下の賦課金であり、行政がこれを支払う事例が少なくはない。

60) この弁護士が国賠請求したところ東京地判平30.9.19TKC文献番25561322は認容した。国側は拘置所長が「仮の差止めの決定を受けた経験がなかったこともあり、本件各決定が確定するまではその効力が生じないと誤信しており、また、本件各決定に対する即時抗告を被告がしていたことから、本件各処分をすることが本件各決定に反するという認識はなかった」と主張したのだから驚く。しかも仮の差止め担当の裁判長から、即時抗告しても仮の差止め決定の効力が発生していることを指定代理人から拘置所長に伝えよと指示されていた事案であったのである、オウム事件であったから、拘置所長（法務省）は、違法承知であえて職員を立ち会わせたのであろうか。

61) 小早川・下Ⅱ132頁参照。

上記平成29年東京地決の行訴法7条論はいただけない。行訴法改正過程で改正担当者が義務付け判決の強制方法は条文に設けていないと言ったから、7条も発動できないと言うだけだが、論理的におかしい。義務付け等につき強制方法が定められていないのはその通りだが、そのことと7条解釈は関係がないではないか。行訴法に明文がない場合に7条が発動されるのであって、本末転倒の理由づけである。

7条の立場からは、民事訴訟の民事執行法が準用され、上記申立人の申立て通り、間接強制ができるのは当然である。

③　日弁連法案の立場

日弁連行政訴訟法案は次のようにしている[63]。

（民事訴訟との関係）

第3条　行政決定の違法は、民事訴訟においてもこれを争点とすることができる。

2　前項で争点とされた行政決定を行った行政機関等の属する国又は地方公共団体その他の公共団体は前項の訴訟に参加することができる。

3　民事訴訟の判決を執行するために、新たな行政決定が必要である場合においても、民事執行法第172条の規定を適用する。

4　行政主体は、行政上の義務の履行を求めるため、民事訴訟を提起し、及び仮処分の申立てをすることができる。

5　第1項の民事訴訟においては、第2章第2節の規定を準用する。

第3節　第三者の再審の訴え

行訴法34条はこの制度を次のように定める。

（第三者の再審の訴え）

第34条　処分又は裁決を取り消す判決により権利を害された第三者で、

---

62)　行政事件訴訟法制定当時は、民事訴訟法の中にのちに分法される民事執行法も民事保全法に該当する条文が含まれていたことにも留意すべきであろう。

63)　曽和・執行システム187頁は、司法的執行を授権する法律は、個別法か、民事訴訟法・民事執行法の改正によるか、行政事件訴訟法の改正によるべきだとし、日弁連案を紹介している。

第6章　訴訟の終了

> 　自己の責めに帰することができない理由により訴訟に参加することができなかつたため判決に影響を及ぼすべき攻撃又は防御の方法を提出することができなかつたものは、これを理由として、確定の終局判決に対し、再審の訴えをもつて、不服の申立てをすることができる。
> 2　前項の訴えは、確定判決を知つた日から30日以内に提起しなければならない。
> 3　前項の期間は、不変期間とする。
> 4　第1項の訴えは、判決が確定した日から1年を経過したときは、提起することができない。

　この制度は、前述のように取消判決に第三者効が認められるために、それにより権利を害される第三者の救済のためにある。第三者の範囲についてもすでに論じた（本章第2節5(2)）。

第7章
不作為の違法確認訴訟、
無効等確認訴訟

第1節　不作為の違法確認訴訟

1　行訴法改正とこの訴訟類型の将来

　行訴法が改正されたので、この訴訟類型自体ではほとんど出番はなくなるのではなかろうか。往年の主演スターのひとりは表舞台から去るのである。

　しかし助演スターとしては渋く生き残る。それは義務付け訴訟を主演とする改正行訴法37条の3第3項2号という舞台においてである。

　以下順次述べる。

2　従来の使われ方

　行手法ができる前は、行政庁に申請しても何らの応答がない場合にこの訴訟は多用された。私もよく使った。

　使ったが効用は限定されていて、提訴すれば行政庁は通常、拒否処分をしてくるので、これを取消訴訟に変更して訴訟を継続するのである[1]。第5章第1節4(1)で述べた民訴法による訴えの変更である。

---

[1]　この可否につき、学説は許容していると書いて判例のことを書いていない著書もあるが、実務は簡単に認めてきた。定着した扱いであろう。

第7章　不作為の違法確認訴訟、無効等確認訴訟

　もちろん、この訴訟をしたからといって行政庁は拒否処分をするとは限らず、争って原告側の訴訟要件の不備を衝くこともあり、私の最長経験では一審で5年、二審で1年かかったこともある。このような本格的な論争では、原告が勝てば判決の拘束力により（行訴法38条1項、33条）、たいていの場合拒否処分でない申請認容の行政処分がなされるであろうが、いずれにせよ迂遠な方法であり、義務付け訴訟の導入が待たれ、行訴法改正で実現した。かつ仮の義務付けも制度化された。

3　訴訟要件

　抗告訴訟のひとつであり、取消訴訟で述べた訴訟要件中、処分性、原告適格[2]、被告適格、狭義の訴えの利益までは同様であるからその部分をみられたい。

　出訴期間は性質上問題とならない。

　不服申立て前置は行訴法8条の準用がある（同法38条4項）。

　重要なのは「法令に基づく申請」要件の解釈である[3]。

　原告適格と処分性にまたがる特別要件と言われる。この訴訟類型を利用した原告側が苦労したのは、ひとえにこの要件の狭さであった。

　原告適格についての同法9条2項の付加とそれらに影響されての全体としての処分性の拡大については第4章第1節に述べたところであるが、「法令に基づく申請」要件の解釈も拡大していくことに間違いはない。

　原告は法令に基づく申請をした者ということになるから、この文言は原告適格文言であるということになる。

a　法令

　法令の定義は今では行手法2条1号にある。「法律、法律に基づく命令（告示を含む。）、条例及び地方公共団体の執行機関の規則（規程を含む。以下「規則」という。）をいう」である。

　明文からはいえないが、解釈で法律に基づくものと認められるものは当然含まれる（判例はのちに検討する）。なぜなら、行手法の上記定義によらない行政内部の根拠で行われている申込み（申出など様々である）――通知（給付など様々である）の応答体制が各種あるのにもかかわらずこの訴訟類型が全く使えないとするのは、国民の裁判を受ける権利保障の点からおか

---

2)　申請した者である。
3)　村上裕章「『申請権』概念の生成と確立」（滝井追悼336頁以下）参照。

383

しいからである。判例も少ないが様々な工夫をしてきた。

　逆にいえば、検討対象である法令に基づく申請かどうかは第4章第1節2で詳しくみた処分性要件の検討、特にその(1)bの「行政立法」につながっていることが理解できよう。

　この要件は処分性要件でもある。

　2018年5月9日現在、LEX/DBでキーワード「不作為の違法確認」、「法令に基づく申請」と入れて検索して出てくる判例137件中、行手法の法令以外で「法令」と認めた判例は次のものである。

　金沢地判昭46.3.10WEBは、国立大学学生の学部内規に基づく履修科目受験申請が、「法令に基づく申請」に当たるとした。

　京都地判昭48.12.12訟務月報20巻5号124頁は、国民公園及び千鳥ケ淵戦没者墓苑管理規則2条、3条には、国民公園及び墓苑内で、集団行進など2条1号ないし7号に定める行為をなそうとする者は、環境庁長官に対し許可申請書を提出し、その許可を受けなければ右の行為をなすことができない旨規定されているから、原告には許可を求める申請権があるとした。

　京都地判昭50.3.14判時785号55頁は、固定資産課税台帳登録事項証明書交付申請は地方税法20条の10の1項で保障されているとは言えないが、「地方税法によつて市町村に備えなければならないものと義務づけられた固定資産課税台帳の課税標準価額について、国民は市町村長に対し、評価証明書に記載された事項が右課税台帳に登録されている事項と同一であることを認証した評価証明書の交付を申請し得ることが地方税法上の制度として認められているものというべく、この制度を利用した評価証明書交付申請は法令に基づくもので、原告には申請権があると認めるのが相当である」とした。次の大阪高判や福岡高判と同様の裁判所のあるべき判断方式を示している。

　大阪高判昭54.7.30WEBは、市長の制定した保育所児童に対する服装品及び保育用品購入費助成金支給要綱に基づき同和地区内に居住する児童及びその保護者が市の民生局職員に対してした保育所児童服装品及び保育用品購入費助成金の支給申請が、「法令に基づく申請」に当たるとした。

　福岡高判昭56.7.28WEBは、市進学奨励金及び入学支度金支給要綱に基づき同和地区内に居住する児童及びその保護者が市教育委員会教育長に対してした進学奨励金及び入学支度金の交付申請が、「法令に基づく申請」に当たるとした。原審の福岡地判昭55.9.26判時998号38頁も同旨。

384

第7章　不作為の違法確認訴訟、無効等確認訴訟

横浜地判平14.8.7判例地方自治239号8頁は、住民基本台帳法の転入届を「法令に基づく申請」とした。第4章第1節1(1)cで取り上げた。

東京地判平25.2.26WEBは、と畜場法14条に規定する検査の申請は同法に定める「法令に基づく申請」に該当するとした。第4章第1節2(8)oで取り上げた。

処分性拡大の判例と同様、これらの判例は正しい。

そこで、次に、拡大しても処分性が認められない場合又は拡大して処分性を認める場合でも、抗告訴訟など使わず当事者訴訟や民事訴訟で請求すればよいではないかとの立場もありうるし、筆者はむしろその方が本則ではないかとも思う。このことは本書の随所で書いていることである。実践的には、現在のような考え方の過渡期にあっては、被告適格が原則行政主体となったのであるから、不作為の違法確認も当事者訴訟・民事訴訟も同時に同じ訴状で提訴してみるのもひとつではないかと考える。

b　申請

この要件は明示的に「申請」という文言でなくてもよい。国民が求め、行政が応える制度が作られている場合というほどの意味である。

申請は、様式にかなってなくてもよい（東京地判昭48.9.10WEB、東京地判昭56.7.16WEB。両判決とも柔軟である）。つまり申請と同視できる応答を求める行為があればよいのである。

4　本案要件＝違法性

「相当の期間内に何らかの処分又は裁決をすべきであるにかかわらず、これをしない」（行訴法3条5項）の解釈であり、これが違法性判断である。

(1)　相当の期間

何をもって相当というかはあまり実践的には重要ではない。国民が困るほどの期間が経っていればよいし、裁判を考えようというほどの事案では必ずといってよいほど経っている。

行手法6条の標準処理期間を経過しておれば、行政の側に特段の事情がない限り不相当といえる[4]。特段の事情の主張立証責任は当然行政にある。高知地判平14.12.3WEBはこのことを明確に判示している。

(2)　何らかの処分又は裁決をすべきであるにかかわらず、これをしない ＝不作為

何らの応答をしないことは不作為であり、当然に違法となる。

385

行手法ができてからずいぶんと改善はされたが、いまだに申請の握りつぶしが行われることがある。

握りつぶしにはいくつかの類型がある。

a　申請書不交付

近時、北九州市に関して報道[5]されたような生活保護の申請書不交付行政が典型である。

この点について、神戸地判昭45.9.8訟務月報17巻4号613頁は、職業安定法27条による就職促進措置の認定の申請に際し、申請書用紙の交付請求をしたところ、その交付がなされなかった場合において、申請書用紙の交付がなされない以上、要式行為である認定申請は事実上不可能であり、しかも不交付を正当化すべき特段の事情が認められないことを理由に、申請書用紙の交付請求をした行為をもって申請行為をしたものとみなすのが条理上相当と判断した。極めて妥当な判断である[6]。

b　不受理

前述したように申請は様式にかなっていなくてもよいのであるから、申請書が到達しておれば不受理は不作為である。これは行政手続法7条の趣旨からも明らかなことである。

前述の大阪高判昭54.7.30は、「市長の制定した保育所児童に対する服装

---

4)　ただ、取消訴訟や国賠請求の場合は、標準処理期間徒過は別異に扱われる。岡山県日生町の有線テレビ放送施設設置不許可処分に関する取消訴訟で、東京高判平11.1.25判時1700号17頁が、標準処理期間を過ぎていても違法でないといっている。そこでは不許可の違法が問題となっており、その局面では標準処理期間経過の違法は直接違法とは扱われない。

　　また国賠の場合の最判平3.4.26WEBは、公害に係る健康被害の救済に関する特別措置法等の水俣病患者認定申請をした者が相当期間内に応答処分されることにより焦躁、不安の気持ちを抱かされないという利益は、内心の静穏な感情を害されない利益として、不法行為法上の保護の対象になるとしつつも、不当に長期間にわたらないうちに応答処分をする条理上の作為義務違反となるためには、客観的に処分庁がその処分のために手続上必要と考えられる期間内に処分ができなかっただけでは足りず、その期間内に比して更に長期間にわたり遅延が続き、かつ、その間、処分庁として通常待される努力によって遅延を解消できたのに、これを回避するための努力を尽くさなかったことが必要でそうでない場合は不法行為は成立しないとした。

　　なお、地方自治251条の7の不作為の違法確認について最判平28.12.20WEBを参照のこと。

5)　例えば、毎日インタラクティブ2007年3月18日付。

6)　生活保護申請書の不交付からもめて、結局申請書を出さなかったが、それにつき不交付の国賠責任があるかないかで、認容した原審（大阪地判平13.3.29WEB）と棄却した控訴審（大阪高判平13.10.19WEB）とで判断が分かれた。

品及び保育用品購入費助成金支給要綱に基づき同和地区内に居住する児童
及びその保護者が市の民生局職員に対してした保育所児童服装品及び保育
用品購入費助成金の支給申請における市同和事業促進協議会長及び市同和
事業各地区協議会長の推せんの欠如が、一見明白な申請要件（受給資格）
の欠缺に当たらない」としてこの点を明確にしている。もっともこの事例
では、市同和事業促進協議会長などの推薦は単なる様式の問題ではなく、
同和事業としての給付かどうかを同会長などに判断させるものであるとの
主張も大阪市側からはあったのであるが、裁判所は同和団体が複数ある以
上、当該推せんに市側主張のような実体的意味をもたせず、様式の欠如と
考えたものである。正しい判断方法である。

　不受理の処分性を肯定している各種事例は第4章第1節2(2)cに整理した。

c　返戻

　返戻の処分性を肯定している各種事例も第4章第1節2(2)cに整理した。

　返戻を不作為とみて違法とした事例は、仙台地判平10.1.27WEBで、廃
棄物の処理及び清掃に関する法律14条4項に基づく産業廃棄物処理業の許
可申請及び同法（平成9年法律第85号による改正前）15条1項に基づく産業廃
棄物処理施設の設置許可申請に対し、行政指導を継続していることを理由
として何らの処分をしないことが違法であるとして、知事に対してされた
不作為の違法確認請求につき、当該申請者が前記各申請をしてからすでに
2年余を経過しているうえ、同人は同各申請をする前にもこれと同内容の
申請をし、その際にも知事から申請書を返戻されたものであるところ、そ
の時点からは4年余を経ていること、前記申請者は知事の行政指導に従う
意思がない旨を明確に表明していること、不作為の違法確認の訴えにおい
ては行政指導の継続の必要性を処分留保の理由とすることはできないこと
などからすると、前記各申請が、大規模な産業廃棄物処理施設に関するも
のであり、それが認められた場合の社会的影響も大きく、その許否につい
ては慎重な行政上の判断が要求されることを考慮しても、その判断の遅延
及びそれに伴う相当期間の経過に正当な理由があるとはいえないとしてい
る。

5　判決

　行訴法38条は33条を準用する。

6 補充性

不作為の違法確認は、取消や無効に対し補充性があるとされる（杉本・解説17頁）。

判例にもその趣旨のものがある。長野地判平5.5.20判例地方自治128号103頁は、不作為の違法確認の訴えは処分の取消しの訴え等の補充的性格の訴えであり、申請に対する拒否処分についての取消しの訴えが提起されたと仮定して、その訴えの利益が消滅している場合には、不作為の違法確認の訴えの利益も消滅すると解すべきところ、申請に対する拒否処分の取消しの結果行政庁が当初の申請に対し改めて許否の決定をすることができず、これによる法律上の地位の取得自体が不可能となるような事由が生じた場合には、拒否処分の取消しを求める訴えの利益もまた失われることとなり、「法律上の地位の取得が不可能」となる原因には、法令の改廃により申請に対する行政庁の応答義務がなくなった場合も含まれるものと解されるから、新法の施行により産業廃棄物処理施設の設置が届出制から許可制に変更され、県知事としてはもはや届出を受理する余地がなくなった以上、当該届出の受理不受理を決定しないことの不作為の違法確認を求める訴えの利益も消滅するとしている。

第2節　無効等確認訴訟

1 行訴法改正とこの訴訟類型の将来

この訴訟類型については理論的には多くのことが論じられてきたが、現時点でみると必ずしも必要なこととはいえない論争が多い。

実践的に必要な範囲で理論の検討は行いたい。

無効確認訴訟は時機に後れた取消訴訟[7]とか、取消訴訟の補完[8]と特徴表現されてきた。

行訴訟改正により出訴期間が2倍に延長され、差止め訴訟が明文化され、後述の当事者訴訟としての確認訴訟にスポットライトもあたったので、ここではこれらの類型との関係で、無効等確認訴訟の特徴を整理してみる。

---

[7] 塩野・Ⅱ219頁。
[8] 芝池・救済116頁。

第7章　不作為の違法確認訴訟、無効等確認訴訟

　なお、条文の「等」とは、存在確認訴訟、不存在確認訴訟、有効確認訴訟、無効または失効確認訴訟を含む意味がある[9]。

	取消	無効等確認	差止め	確認	争点
大類型	抗告訴訟	抗告訴訟	抗告訴訟	当事者訴訟	民事訴訟 (抗告訴訟)
出訴期間	○				
不服前置	実定法による		△		
違法性	違法	重大、明白 な違法	法令上明白 裁量違反	違法 (確認の利益)	違法
処分の前後	後	後	前	前または後	後
原状回復機能	○	○	○	○	○
差止め予防機能	○		○	○	
排他性	○				
拘束力	○	○	○	○	
執行停止	○	○			

　このように整理すると、後述の当事者訴訟としての確認訴訟の本質把握にも関わるが、私のように確認訴訟には拘束力があり判決を受けた行政庁がその趣旨に従い改めて処分をしなおすことを重視する見解で、確認訴訟の補充性を大きくは重視しない立場に立てば、無効等確認訴訟の役割は小さくなったと考える。

　無効等確認訴訟は出訴期間徒過の行政処分を争う手段であり、執行停止制度も連動しているが、違法性の重大、明白性を論じなければならない点において主張立証責任は重く、行政処分後には当事者訴訟としての確認訴訟に、処分前には確認訴訟や差止め訴訟に道を譲る運命にある往年の大スターなのではなかろうか。

2　訴訟要件

　抗告訴訟のひとつであり、取消訴訟で述べた訴訟要件中、処分性、原告適格[10]、被告適格、狭義の訴えの利益までは同様であるから、その部分をみられたい。

---

　9)　杉本・解説15頁参照。

出訴期間、不服申立て前置は不要である。行訴法38条は14条、8条を準用していないからである。

問題は、これから述べる特別要件に関する悪文の典型[11]のような行訴法36条の条文の解釈である。

(1) 特別な要件1

「当該処分又は裁決に続く処分により損害を受けるおそれのある者その他当該処分又は裁決の無効等の確認を求めるにつき法律上の利益を有する者」

(2) 特別な要件2

「当該処分若しくは裁決の存否又はその効力の有無を前提とする現在の法律関係に関する訴えによつて目的を達することができないもの」

この「当該処分若しくは裁決の存否又はその効力の有無を前提とする現在の法律関係に関する訴え」とは、当事者訴訟又は争点訴訟である。

(3) 二つの特別な要件をどう読むか

実務は真剣勝負であり、説明責任を負わなければならない。しかし悪文を恣意的に読んでよいわけでもない。

この悪条文の読み方は、通常の国語能力に従えば、要件1も要件2も充たさなければ無効等確認訴訟は提起できない（1元説）ということであることは明らかである。しかし反対説（2元説）が強い（(4)で詳述する）。

要件1の前半「当該処分又は裁決に続く処分により損害を受けるおそれのある者」は後半の「当該処分又は裁決の無効等の確認を求めるにつき法律上の利益を有する者」の最も典型的な例示である。

最大の論争点は、両要件はいるのか、要件1全体に要件2がかぶるかである。

反対説も強いが、文言上はかぶるとしか読めない。これを無理に逆に読んだりしては、法律学が論理学や国語文法から独立した学問といわれそうである。そんなものは学問でもなく、便宜主義の思いつきともいえよう。

条文を変えればいいと思うが、法律改正は政治であるから、政治力学を

---

10) 私はこのように考えるし、多数説と思われる（芝池・救済117頁と注参照）。もともと無効確認訴訟には行訴法9条の準用がないから、改正9条2項も準用されないこととなり、改正の狭間の矛盾である。芝池教授らもいうように、準用があるものと考える。もんじゅ事件の第1次最高裁判決（平4.9.22WEB）は、行訴法36条の「法律上の利益を有する者」を9条と同義に解するとした。

11) 「者」と「もの」とはmonoでないというべきか。

第7章　不作為の違法確認訴訟、無効等確認訴訟

縫って廻ってくる改正チャンスの際は、他に切迫した論点があればそれを優先することとなる。行政訴訟検討会では、「第6回行政訴訟検討会フリートーキング参考資料」(2002年7月11日) に無効と取消しとの区別の観念変更の可否という形で取り上げられているが、それ以後終了まで一切話題にならなかった[12]。

(4)　読み方[13]

特別な要件1は予防的機能、予防訴訟と呼ばれる。

特別な要件2は、原告適格と考えられ、補充性機能、補充訴訟と呼ばれる。これをそれぞれの独立存在理由とするものを二元説という。

他方そのような恣意的な解釈は採れず、「当該処分若しくは裁決の存否又はその効力の有無を前提とする現在の法律関係に関する訴えによって目的を達することができないものに限り」という補充性機能はいわゆる前文にもかかると言うのが一元説である。

悪条文をそのまま論理として文法として読むと一元説以外には考えられないが、立法関係者や有力学説[14]、判例[15]は二元説を採り、前文の予防訴訟を独立して認める。

そして判例は二元説を更に実務的に押し進めて、「直截的で適切」であれば補充性はいらないという立場[16]に立つに至っている。新二元説[17]と名付けておきたい。

(5)　無効確認訴訟における補充性

この場面の補充性は「当該処分若しくは裁決の存否又はその効力の有無

---

12)　日本弁護士連合会の行政訴訟法案 (2003年3月13日) は無効と取消しの差異をなくす是正訴訟の立場であるから、当然無効確認訴訟と言う条文は廃止している。

13)　斎藤浩「行政訴訟類型間の補充性について」立命館法学338号 (2011年) 2-8頁参照。

14)　杉本・解説120頁が最も明確である。田中・行政法上356頁、塩野・Ⅱ216-217頁は、立法ミス (最初の「者」のところに点「、」があるものである) と予防訴訟的機能の必要性から二元説を採る。宇賀・Ⅱ313頁は、差止め機能、予防訴訟としての面から二元説を採る。

15)　最判昭62.4.17WEB以来定着している。同判決は「換地処分を受けた者が照応の原則に違反することを主張してこれを争う場合には、自己に対してより有利な換地が交付されるべきことを主張していることにほかならないのであって、換地処分がされる前の従前の土地に関する所有権等の権利の保全確保を目的とするものではないのであるから、このような紛争の実態にかんがみると、当該換地処分の無効を前提とする従前の土地の所有権確認訴訟等の現在の法律関係に関する訴えは右紛争を解決するための争訟形態として適切なものとはいえず、むしろ当該換地処分の無効確認を求める訴えのほうがより直截的で適切な争訟形態」とした。

391

を前提とする現在の法律関係に関する訴えによつて目的を達することができないもの」の解釈であり、当事者訴訟又は民事訴訟に対するものである[18]。

しかし抗告訴訟でありながら、民事訴訟や当事者訴訟との関係で補充性をもたされるという立法をなぜ行訴法はしているのかという根本問題がある。

後に検討するように、当事者訴訟は抗告訴訟に対し補充性をもたされるのであり、他方で抗告訴訟に位置づけられる無効確認訴訟が当事者訴訟に対し補充性をもたされることは矛盾と言わねばならない。

つまり現行行政事件訴訟法の訴訟類型の立て方、相互関係には当初から解決不能の無理があったのである。

判例・学説が明文に反する解釈論を採用、進化させるにいたったのはある意味で当然である。

平成4年の前記第1次もんじゅ最高裁判決は「処分の無効確認の訴えは、……当該処分の効力の有無を前提とする現在の法律関係に関する訴えによって目的を達することができないものに限り、提起することができるとの要件を定めているが、本件原子炉施設の設置者である動力炉・核燃料開発事業団に対する前記の民事訴訟は、右……にいう当該処分の効力の有無を前提とする現在の法律関係に関する訴えに該当するものとみることはできず、また、本件無効確認訴訟と比較して、本件設置許可処分に起因する本件紛争を解決するための争訟形態としてより直截的で適切なものであるともいえないから、被上告人らにおいて右民事訴訟の提起が可能であって現にこれを提起していることは、本件無効確認訴訟が同条所定の右要件を欠くことの根拠とはなり得ない」とした。

この新二元説判例の立場は予防訴訟には補充性は不要とするもので、学説もこれに追随している[19]。明文を無視した便宜論[20]である。しかも「直

---

16) もんじゅ判決（最判平4.9.22WEB）以降の判例の現在の立場である。明示的に「直截的で適切」の場合は当事者訴訟や民事訴訟が可能でも無効確認ができるとしたのはもんじゅ判決だが、「直截的で適切」というワーディングは前注の昭和51年判決から使われているし、同判決は明示してはいないが補充性不要と言っているのだという解釈もある（条解第3版補正版624頁、631頁）。内山衛次「原子炉設置許可処分の無効確認訴訟の補充性」（判例タイムズ1062号（2001年）226頁）参照。

17) 条解731頁は直截・適切基準説と名付けている。

18) 塩野・Ⅱ218頁参照。取消訴訟との関係ではもちろん補充性がある（判例では、例えば大阪地判平20.5.16WEB：併合提起され取消が認められれば無効は却下される）。

第7章　不作為の違法確認訴訟、無効等確認訴訟

截的で適切」の意味は必ずしも明らかではない[21]。

　前記のように行訴法立法事務局であった杉本の前掲書や、行訴法立法審議に深く関わった田中の前掲書が明快な二元説を最初から採っていることは、無効確認訴訟の予防訴訟の側面だけは抗告訴訟の独自の類型と言えるかもしれないが、補充訴訟の説明に窮することは同じである。

(6)　「等」確認訴訟に視野を広げて

　行訴法36条はこれまで述べて来た無効確認訴訟だけでなく、存在・不存在確認、有効確認、失効確認なども可能である。

　予防的ではない一般的な無効等確認訴訟と当事者訴訟とでは、無効等確認に補充性をもたせるのが判例の立場と思われる[22]。

　例えば、みなし道路指定に関する判例[23]の調査官解説[24]の中で、同判例が適法と認めた不存在確認訴訟につき、当事者訴訟ができるなら行訴法36条の「現在の法律関係に関する訴えによって目的を達することができないものに限り」の解釈から当事者訴訟が優先すべきだが、みなし道路指定の処分性を肯定する以上当事者訴訟と構成するのは困難だから[25]、（補充性はなくなり：引用者）、不存在確認は適法なのだと述べ、当該最高裁判決も「そのような趣旨によるものということができよう」と感想を述べる。この解説の基本的立場は行訴法36条の不存在確認訴訟と当事者訴訟としての確認訴訟の関係の解釈としては不存在確認に当事者訴訟への補充性を認めるものに分類できよう[26]。

---

19)　塩野・Ⅱ219頁、芝池・救済法121頁、宇賀・Ⅱ318頁以下参照。

20)　判例の便宜論の他の分野での例を阿部・解釈学Ⅱ506頁参照。

21)　芝池・救済法121頁。

22)　碓井光明「公法上の当事者訴訟の動向1、2——最近の裁判例を中心にして」（自治研究85巻3号（2009年）17頁以下、4号3頁以下）参照。判例としては、碓井論文2の14頁が分析している大阪高判昭47.2.16判時679号78頁、東京地判平11.4.22判タ1047号177頁がこれにあたろう。また横川川事件の高裁判決（高松高判昭63.3.23WEB）もこの立場である。これらの判例は行訴法36条（「現在の法律関係に関する訴えによって目的を達することができないものに限り」）の解釈から無効確認の補充性を導いている。学説としては、山本隆司『行政上の主観法と法関係』（有斐閣、2000年）487頁も原則は同じだが、給付訴訟と無効確認訴訟の併合した訴訟との立場をとる（これは平成4年もんじゅ判決が民事訴訟と無効等確認の二者択一的アプローチをとったことからの発想法であろうか——条解第3版補正版631頁も参照のこと）。

23)　最判平14.1.17WEB。

24)　『最高裁判所判例解説民事篇平成14年度』1頁以下〔竹田光広〕。

25)　この考え方は改正法前の解釈としても、もちろん改正法後の解釈としては狭すぎるものと言わざるを得ない。次注で述べる長屋評釈は当事者訴訟としての構成も肯定しているようである。

393

逆の判例もある[27]。その判例では無効確認と当事者訴訟としての地位確認との関係を、行訴法36条がありながらも、当事者訴訟の方に補充性を認める。その理由は「控訴人らは、当審において、当裁判所の示唆もあって、地位確認請求を追加したが、本件処分が取り消され、又は無効が確認されれば、その判決の効力により、被控訴人との間に請求に係る地位が確認されるというべく、地位確認請求をするまでもないと解せられ、同請求は、訴えの利益を欠き、却下を免れない」というものである。

(7) 小活

先に述べた解決不能の無理は行訴法自体の問題である。

抗告訴訟に対し補充性を持たされる当事者訴訟と、行訴法36条の文言により補充性を持っている抗告訴訟である無効等確認訴訟との補充性の強さは如何ということになる。

無効等確認訴訟は抗告訴訟性の弱い（持たない）存在であると言えるであろう。

抗告訴訟とは、「通常の主観訴訟のように権利の有無を直接争いの対象（訴訟物）とする『権利訴訟』ではなく、行政庁の公権力の発動ないし不発動の適否を争う『行為訴訟』のかたちをとるところに特徴がある」[28]と言われるわけだが、その定義からすると無効等確認訴訟は権利訴訟的側面と行為訴訟的側面の両方を持つということになろうか。特例法以前から判例により生み出された無効確認訴訟が抗告訴訟か当事者訴訟かについては争いがあったが、行訴法が成文化し抗告訴訟に組み入れたのであった。しかし当事者訴訟的母斑も色濃く残っているのである。

他方当事者訴訟については法関係訴訟説と、法関係訴訟＋行為訴訟の両

---

26) しかしこのような調査官解説ではなく判決自身が明確に判示しなければならないであろう。逆に言えば、理由らしい理由を言っていない判例に、担当調査官がこのような解説を付けること自体越権も甚だしいものである。調査官解説につき、滝井・最高裁判所35頁は、有益なことを認めつつも、あくまで調査官個人の考えによるものであり、その使われ方の行き過ぎに注意を喚起している。なお、この判決よりあとに調査官になる長屋文裕裁判官の評釈はやや詳しく本判決が判示した（もともと原告の理論構成だが）不存在確認を適切なものと評価している。「客体又はその範囲が一定の表示ないし条件によって画される行政処分に付いて、特定の者や物件がその客体に含まれるものであったかどうかを争う訴訟は、行政処分の存否確認訴訟の本来の存在意義に適う類型といえよう」と（「平成14年度主要民事判例解説」判タ1125号272頁）。

27) 東京高判平16.6.30WEB。碓井・前掲注22) 論文2・15頁で注目されている。

28) 原田・要論353頁参照。

第7章　不作為の違法確認訴訟、無効等確認訴訟

方に及ぶとする控除説と呼ばれる考え方がある[29]。

　現行行訴法の無効等確認訴訟も当事者訴訟も、抗告訴訟的側面と当事者訴訟的側面の両方を持っているのである。

　結局、行訴法の抜本的改正、訴訟類型の整理整頓しか手はないと言えよう。

3　本案要件

　行訴法3条4項がこの訴訟の定義である。「無効等確認の訴え」とは、「処分若しくは裁決の存否又はその効力の有無の確認を求める訴訟をいう」。

　この定義からは無効と取消しの違法性の質的違いはうかがえない。それでよいと私は思うが、しかし、出訴期間を過ぎても違法性が主張できるその違法、つまり公定力が働かない違法とは、通常の違法でなく大きな違法を意味するとこれまでの法学の伝統的思考[30]からは解されてきた。

　判例もそういっている。

　判例は重大明白な違法性を無効とする姿勢を今も採っている。以下、分析する。

(1)　重大の概念

　軽微でないということであるが、それは言い換えているにすぎないから、事例の積み重ねで判断するしかない。

　しかし無効の内容である違法性につき重大と明白とを区別して論じている判例はわずかである。代表的な4例から意味を探りたい。

　農地買収などの無効確認を扱った最判昭32.1.31WEBは、「訴願の裁決に法律の要請する理由の説示を欠如する違法があるとしても、ただその事だ

---

29)　芝池義一「抗告訴訟と法律関係訴訟」(新構想Ⅲ 33頁以下) 参照。
30)　日弁連や私のこの点の考えは全く異なる。日弁連行政訴訟法案の7条の解説、説明に次のように考えを凝縮して述べている。「是正訴訟においては行政決定の違法確認が本則となる。違法な行政決定は最初から最後まで無効であり、それを確認することが是正訴訟の基礎である。違法な行政決定が有効であるということはなく、是正訴訟は形成訴訟として構成されるものではない。違法確認に付加して具体的な給付判決がなされることになるが、第41条にその例が挙げられている。違法の解釈についても法律上明確にすることとした (第2項)。違法な行政決定の効力は無効であり、いかなる効力も存在しない。したがって、違法確認判決がなされた行政決定は勿論効力を有しない (第3項)。この点、違法であることの確認と行政決定の効力を切り離して考える立場もあり得るので、明文で違法な行政決定の効力を規定した。但し、差戻判決、事情判決及び判決効の制限の場面においては、例外的に違法な行政決定の効力の一部又は全部を認めるものとした」。

395

けではその裁決は形式的には要式行為としての方式の一を欠き、実質的には如何なる理由でなされたかが不明であるに止まり、もとより如何なる裁決がなされたかを明認し得ること勿論であり、訴願庁の裁決としての外観的形態を具備しないものということはできない。そしてかかる裁決のあつた場合においても当事者は法定の出訴期間に訴訟を提起し係争行政処分の取消を求め得るのであるから、この違法は必ずしもここにいわゆる重大な違法に該当するものではない。この事は民事訴訟法においても判決にはその理由の説示を必須の要件としているのであるが（民訴191条1項3号参照）、誤つてその説示を欠如した場合にもかかる判決を当然無効とはせず単に判決破棄の事由としたに過ぎないこと（同395条1項6号参照）に徴しても容易に了解することができるであろう」とする。

　裁決書に必要な理由説示の要件が欠けても裁決としての外形的形態を具備していないとはいえず、裁決に取消訴訟もできるから重大な違法とはいえないといっている。

　同じく農地買収の無効確認を扱った最判昭38.12.12WEBは、「被上告人Ａが農地委員会長として本件農地買収計画樹立決議の議事に関与したことが、所論のごとく農地調整法15条ノ12に違反するものであり、従って原審の判示に右法条の解釈適用を誤った違法があるとしても、自作農創設特別措置法3条の規定に基づく農地買収にあつては、農地委員会の裁量権行使の範囲は比較的限定されていること、買収された農地が現実に売渡されるためには改めて市町村農地委員会のその旨の審議議決を必要とすること（同法16条1項、18条1項参照）にかんがみ、他に著しく決議の公正を害する特段の事由の認められない本件においては、右農地買収計画樹立決議の瑕疵は同決議を無効ならしめるほどの重大な違法とはいえないと解するのを相当とする」とする。

　要するに関与してはならない委員が関与した農地委員会の議決は、裁量の幅も限定され、もう一度農地委員会で議決するのだから議決には重大な瑕疵はないといっている。

　譲渡所得に関する最判昭48.4.26WEBは、「課税処分につき当然無効の場合を認めるとしても、……何時までででも争うことができることとなるわけであるから、更正についての期間の制限等を考慮すれば、かかる例外の場合を肯定するについて慎重でなければならないことは当然であるが、一般に、課税処分が課税庁と被課税者との間にのみ存するもので、処分の存在

を信頼する第三者の保護を考慮する必要のないこと等を勘案すれば、当該
処分における内容上の過誤が課税要件の根幹についてのそれであつて、徴
税行政の安定とその円滑な運営の要請を斟酌してもなお、不服申立期間の
徒過による不可争的効果の発生を理由として被課税者に右処分による不利
益を甘受させることが、著しく不当と認められるような例外的な事情のあ
る場合には、前記の過誤による瑕疵は、当該処分を当然無効ならしめるも
のと解するのが相当である。」「建物のいずれをも所有したことがなく、そ
の真の譲渡人はＡであり、したがつて、譲渡所得はほんらい同人に帰属し、
上告人らについては全く発生していないのであるから、本件課税処分は、
譲渡所得の全くないところにこれがあるものとしてなされた点において、
課税要件の根幹についての重大な過誤をおかした瑕疵を帯有するものとい
わなければならない」といった。当然であるが明快な基準である。この判
決は明白性を要求していない。

　もんじゅの第２次控訴審判決である名古屋高金沢支判平15.1.27WEBは、
「安全審査に瑕疵があり、その結果として、放射性物質が環境に放散され
るような事態の発生の具体的危険性を否定できないときは、安全審査の根
幹を揺るがすものであるから、原子炉設置許可処分を無効ならしめる重大
な違法（瑕疵）があるというべきである」と端的かつ明瞭に述べている。
この判決も明白性を要求していない。

　これらの代表的４判例からみえてくる重大性の概念要素は次のようなも
のであろうか。

　行政処分の形式に欠けるところがあっても全体として整っておればよく、
また関与してはならない者が行政過程に関与してもその行政過程の効力が
小さければ最終の処分には影響しないというのが古い最高裁２事例の考え
方である。このような発想には同意できないが、古い最高裁の思考形式と
いう意味で押さえる必要はある。このようなことを今の最高裁がいうかど
うかは別問題である。それに引き換え、後の２例は異論のないほどクリア
である。行政の最重要のチェック点を摘示しそれに具体的に疑問があると
いうのである。

(2)　明白の概念

　代表的な４判例から意味を探りたい。

　国税賦課処分無効請求事件である最判昭36.3.7WEBは、「瑕疵が明白で
あるというのは、処分成立の当初から、誤認であることが外形上、客観的

に明白である場合を指すものと解すべきである」。「行政庁が怠慢により調査すべき資料を見落したかどうかは、処分に外形上客観的に明白な瑕疵があるかどうかの判定に直接関係を有するものではなく、行政庁がその怠慢により調査すべき資料を見落したかどうかにかかわらず、外形上、客観的に誤認が明白であると認められる場合には、明白な瑕疵があるというを妨げない」といっている。事例を一審福島地裁、二審仙台高裁の判決でみると、山林原野の複雑な権利関係を前提に、立木売却で利益を得たのは実際にはSであってWでないのに、関係書類上はWとみえる形式がとられていたので、税務当局がWに課税した事案である。瑕疵だが明白でないとして高裁、最高裁は無効を認めなかったのである。

　買取処分無効確認請求に関する最判昭37.7.5WEBは、「客観的に明白ということは、客観的ということが主観的に対応する概念であるから、処分関係人の知、不知とは無関係に、特に権限ある国家機関の判断をまつまでもなく、何人の判断によっても、ほぼ同一の結論に到達し得る程度に明らかであることを指すものと解すべきである。従って、原審の所論判示は、瑕疵の明白性の基準を処分庁側の主観的事情に求めた疑なしとしない点において、判例に違反するのではないかとの疑がないわけではない。しかし、原判決が当事者間に争がない事実として或はその挙示の証拠によって認定した事実関係の下においては、本件処分庁の主観的事情はともあれ、本件処分の瑕疵は客観的に明白なものであると認定するを相当とする。従って本件処分は結局無効と認めざるを得ない」として希少な無効判断をしている。具体的事例を一審盛岡地裁、二審仙台高裁でみると、農地買収対象田畑は登記簿上は亡父の所有名義、関係者、農地委員会では被上告人の所有であると認識、了解されていたが、小作人からの買収申請もあり、農地委員会は亡父を売主として買収計画を立て買収処分をした。一審は瑕疵はあるが登記に依拠しているから明白でないとしたが、二審、最高裁は被上告人が所有者だとする確定判決があり登記名義も買収令書交付半年前には変更されていた、農地委員会はこれらの事情を知悉していた、知事も了知していたと推認できるから明白であるというのである。

　依願免職の効力が争われた最判昭37.7.13WEBは、「被上告人がした本件退職願の撤回は信義に反するものではなく、これを無視してした上告人の依願免職処分が違法であることは前述のとおりである。しかしながら、退職願の撤回が信義に反するかどうか、従つて、依願退職処分が違法である

第7章　不作為の違法確認訴訟、無効等確認訴訟

かどうかは必ずしも明白ではなく、本件の場合、上告人がした免職処分は違法ではあるが、その違法は重大かつ明白な違法ということはできず、従つて、本件免職処分を無効と解することはできない」。この判決は依願免職処分の取消しを認め、無効としなかった[31]。一審松山地裁、二審高松高裁の認定でも判例解説15でもわかりにくい。なぜ撤回の信義違反が問題にあるのかわからない。問題にするのであればそれは免職処分の適法性のためであるはずで、違法性の明白性のためではないはずであるから。総論はわかるが明白の具体的事実はわからない判決である。

依願免職処分無効確認請求の**最判昭38.11.26WEB**も同じ判示をしている。これらの客観明白説はおかしい。改められなければならない。

改める方向は三つある、第1は客観明白でなくても、よく調べたら明白という場合も含む方向である。調査義務説[32]、明白性補充要件説[33]と呼ばれる。

第2は明白要件を棄てることである。次の(3)で述べる方向である。

第3は前述したように違法はすべて無効とすることである。

(3) 両方いるのか

第三者保護が必要である場合を除き、明白性は不要であるとする説が台頭している。判例も前述の**最判昭48.4.26WEB**が明白性をいわずに判断しているから、このことを強く示唆している。また前述の**名古屋高金沢支判平15.1.27WEB**は明示的にこの説をとっている。

従来の無効概念は否定されるべきであり、換言すれば違法はすべて無効であると考えるべきだが、無効概念を維持する場合には重大な違法を無効とすればよく、明白性など全く不要である[34]。

東京地判平20.2.8WEBは明白性を求めず無効とした。すなわち、ミャンマー連邦国籍を有する男性に対して、法務大臣から権限の委任を受けた東京入国管理局長がした出入国管理及び難民認定法61条の2の2第2項による在留特別許可をしない旨の処分につき、在留特別許可をしない旨の処分が当該外国人に対してのみ効力を有するもので、当該処分の存在を信頼す

---

31)　取消しと無効確認を両方求めていたのである。行特法時代の産物である。行特法時代の無効確認の歴史については条解722頁〔大橋真由美執筆〕の整理がわかりやすい。

32)　芝池・救済160頁参照。

33)　塩野・Ⅰ181頁参照。

34)　森稔樹「行政処分の無効」(争点38頁) 参照。

399

る第三者の保護を考慮する必要が乏しいこと等を考慮すれば、当該処分の瑕疵が出入国管理及び難民認定法の根幹についてのそれであって、出入国管理行政の安定とその円滑な運営の要請を考慮してもなお、出訴期間の経過による不可争的効果の発生を理由として当該外国人に処分による重大な不利益を甘受させることが著しく不当と認められるような例外的な事情のある場合には、過誤による瑕疵が必ずしも明白なものでなくても、当該処分は当然無効となる。我が国が難民の地位に関する条約及び拷問及び他の残虐な、非人道的な又は品位を傷つける取扱い又は刑罰に関する条約を批准し、難民の地位に関する条約33条1を前提に出入国管理及び難民認定法53条3項が規定されていること、出入国管理及び難民認定法上の難民の意義、性質等に照らせば、難民である外国人を、これを迫害するおそれのある国に向けて送還してはならないことは明らかであるから、前記処分は、難民である男性について在留特別許可を付与せず、その結果、男性を、これを迫害するおそれのある国に向けて送還しようとする点において、同法の根幹についての重大な過誤というべき瑕疵を有するとして、当然に無効であるとしたものである。すがすがしい判決である。

控訴審の東京高判平20.8.27WEBは明白性も備わっているとしている。

しかし、最判平16.7.13WEB（藤田宙靖裁判長）は、課税庁においてC研究所が法人でない社団の要件を具備すると認定したことには、それなりの合理的な理由が認められるのであって、仮にその認定に誤りがあるとしても、誤認であることが本件各更正の成立の当初から外形上、客観的に明白であるということはできないとして、従来の立場をなお維持している。

4　判決

行訴法33条は準用される。

第8章
義務付け訴訟、差止め訴訟

2004年、長年の懸案が立法化された[1]。大いに活用できる制度であり、現にその後活用されてきたが、欠陥も目につく。現状と、改善方向を探りたい。

第1節　改正までの判例の動向と改正後の無名抗告訴訟

(1)　改正まで

義務付けの訴えや差止めの訴えは、改正前は無名抗告訴訟とか法定外抗告訴訟と呼ばれて[2]、判例にまかせられていた。

しかし、前述したように行訴法3条があいまいな規定であったことに加え、裁判所が全く消極的にしかこれを運用しなかったことで、判例は惨憺たる状況だった。最高裁ホームページで、下級審の行政判例集から「無名抗告訴訟」で検索すると、改正法施行前で37件、別に「法定外抗告訴訟」で検索すると2件あるが、これらのうち実際にその判断が行われたうち、

---

1)　これでやっと、ドイツ、アメリカ、フランス並みになったようである。小早川編・研究117頁の小早川光郎発言参照。

2)　法定外抗告訴訟という呼び名が「適切」であるとか、「わかりやすい」とかいわれることがあるが、疑問である。無名抗告訴訟は抗告訴訟総論部分で述べたように法定されていたと私はみるので、無名抗告訴訟という呼称をもって正しいものと考える。宇賀・改正法27頁、橋本・解説59頁は、どちらの用語法も兼ねて使っている。ただ、第3章でも述べ、第9章でも述べるように、そもそも抗告訴訟という概念に異議を唱えている私としては、現在行訴法が抗告訴訟という呼称の元に規定している訴訟類型を、使うとすれば抗告訴訟なのである、と捉えることに徹すれば、無名抗告訴訟という呼称が正しいなどということ自体が矛盾しているともいえる（中川・基本構造(1)4頁参照）。

401

義務付け訴訟として容認されたのは2件、却下15件、棄却1件、差止め訴訟として却下11件、法律上の争訟性なしが4件である。

(2) 改正後

改正後も今日まで、無名抗告訴訟として判例がみとめた例が出ている。

一つは、差止めの訴えのところでまとめる（第7節1(2)）横浜地判平26.5.21WEBの自衛隊機運航処分の差止めである。

二つは、東京高判平30.1.31WEBの防衛出動命令に服従する義務がないことの確認を求める訴えである[3]。

第2節　改正行訴法の義務付けの訴えの種類、準用関係

1　種類

改正法は、行訴法3条6項に「義務付けの訴え」の規定を置き、抗告訴訟の4番目の類型を明示した。無名抗告訴訟の明示である。

3条6項では「この法律において『義務付けの訴え』とは、次に掲げる場合において、行政庁がその処分又は裁決をすべき旨を命ずることを求める訴訟をいう」というふうに定義をしている。

そして二つの種類を書き分けた。

1号では、「行政庁が一定の処分をすべきであるにかかわらずこれがされないとき」として括弧の中で「次号に掲げる場合を除く」と定める。したがって、2号に掲げる場合は、1号の義務付けの訴えからは除かれる。

2号では、「行政庁に対し一定の処分又は裁決を求める旨の法令に基づく申請又は審査請求がされた場合において、当該行政庁がその処分又は裁決をすべきであるにかかわらずこれがされないとき」と定める。

この1号と2号の場合において、「行政庁がその処分又は裁決をすべき旨を命ずることを求める訴訟」、これを「義務付けの訴え」と定義していることになる。

---

3) 防衛出動命令に基づく職務命令への不服従を理由とする懲戒処分を受けることの予防を目的として、自衛官が自衛隊法76条1項2号による防衛出動命令に服従する義務がないことの確認を求める訴えは、存立危機事態における防衛出動命令に基づき自衛官に対して下される職務命令に服従する義務がないことの確認を求めるものであるところ、自衛官に対して生じる重大な損害を避けるため他に適当な方法がないのであるから、適法な訴え（無名抗告訴訟）であるとした。

第8章　義務付け訴訟、差止め訴訟

「義務付けの訴え」を抗告訴訟の一類型として定義することにより、行訴法38条1項で、取消訴訟に関する一部の規定が準用されている。

ここにいう「処分又は裁決」は、処分性のところで述べたようにそれぞれ定義がある。

3条2項で「処分」を定義し、処分は「行政庁の処分その他公権力の行使に当たる行為」とされている。

「裁決」は、3条3項で、「審査請求、異議申立てその他の不服申立てに対する行政庁の裁決、決定その他の行為」とされている。

義務付けの訴えでいう「行政庁がその処分又は裁決をすべき旨を命ずることを求める訴訟」というのは、こういう定義の処分又は裁決を求める訴訟をいう。

3条6項の1号と2号で、「義務付けの訴え」を区別しているのに応じて、「義務付けの訴え」の要件が、37条の2と37条の3で書き分けられている。

申請をした場合ではない「3条6項1号の義務付けの訴え」については、37条の2の要件が適用され、申請をした場合の「3条6項2号の義務付けの訴え」については、37条の3の要件が適用されることになる。

この2種の名称はいろいろ出されているが、本書では「非申請型」、「申請型」と名付ける[4]。

非申請型は、例えば周辺住民が近隣にできた有害施設について、行政に規制権限の発動を求める場合などが典型例である。

申請型は、例えば生活保護の申請をしたのに拒否されたり放置されたりした場合に、申請内容の義務付けを求める場合などが典型例である。

どちらに分類するのがよいのか迷うケースもある。鶴岡稔彦判事の講演[5]での例では、在留特別許可の義務付け訴訟では、申請権はなく異議の申出だけと考えるか、異議の申出を経てからしかやらないから申請型と考えるか、また減額更正処分の義務付け訴訟では、更正の請求を求めるから申請型か、更正の期限を徒過してからやることもあるから非申請型かというような場合である。今後の豊富な実例の積み上げの中で解決すべき問題である。

---

4)　小林・訴訟法8頁もこの用法である。
5)　第4章第2節3で引用した鶴岡稔彦判事の2006年6月23日の日弁連研修での講演より。

403

2　準用関係

　なお、義務付け訴訟に共通のこととして、改正行訴法新設の釈明処分の特則（23条の2）の準用がない。まだ処分がなされないうちの訴訟であるからその要件がそのままでは適用しようがないことが理由であろうが、だからといって義務付け訴訟で行政側が、説明責任を免除されたわけではないことを特に注意しなければならない。

第3節　非申請型義務付け訴訟──37条の2

1　訴訟要件（行訴法37条の2第1項～4項）

(1)　総論

　第1は原告適格で、申請をしていない者からの請求であり、同条3項の規定するところであり、同条4項により、同法9条2項が準用される。

　第2は損害要件であり、同法37条の2第1項により「一定の処分がされないことにより重大な損害を生ずるおそれがあること」と規定される。

　第3は補充性要件であり、同じく同項により「その損害を避けるため他に適当な方法がないとき」と規定される。

　前述したこれまでの無名抗告訴訟判例が到達していた要件のうち、一義性要件が抜けていることが注目されよう。これは後述する本案要件に移されたのである[6]。これにより、義務付け訴訟の却下が減ることは間違いない。もちろん、こういう訴えを提起する国民にとっては、訴訟要件であろうと本案要件であろうと突破しなければ勝訴しないという意味では一緒だが、実体判断を受けやすくする立法態度は歓迎すべきことである。

(2)　損害要件

a　一定の処分の特定度合

　「一定の処分がされないことにより」という規定の、原告が求めるべき「一定の処分」にかなりの特定を必要とするならば、それは独立の訴訟要

---

　6)　しかも後述のように、一義性でなく、単に「処分の根拠となる法令の規定から明らかであると認められ」ることで足りることになった。「考え方」に付けられた水野武夫委員の意見でもそのことは明示的に要求され、阿部泰隆教授も強調したところである（阿部等・鼎談19頁参照）。

第8章　義務付け訴訟、差止め訴訟

件に昇格してしまう。

　しかし、行訴法37条の2第5項で規定されているように、この一定の処分とは処分の根拠となる法令の規定から明らかであるかそれをしないことが裁量逸脱、濫用となる場合なのであり、かなりの解釈の幅がある。したがって、損害要件としての一定の処分の意味は、原告により法令の規定の解釈の範囲内で求める処分をそれなりに具体化されておれば足りるということになり、それでこの訴訟要件は充足しており、その当否は裁判所が本案で判断することになる。この点をあまり厳格に考える必要はないし、厳格に考えてはならないのである（一定の処分については本案要件の箇所でも述べる）[7]。

　ドイツ法における再決定義務付け判決[8]と同様の判決を求めることが、特定性に欠けるとして否定することはないと言われる。行訴法33条の準用の意味でもあるとの考え[9]に賛同する。

b　損害の解釈基準

　第2要件には次のような解釈基準が明文化された。すなわち「裁判所は、前項に規定する重大な損害を生ずるか否かを判断するに当たつては、損害の回復の困難の程度を考慮するものとし、損害の性質及び程度並びに処分の内容及び性質をも勘案するものとする」（行訴法37条の2第2項）。

　第2要件では後述する執行停止に関する行訴法25条の改正要件と同じく「重大な損害」という用語が使われ、25条3項と一字一句異ならない解釈基準が付いたことになる。

　前述したこれまでの無名抗告訴訟に関する判例が、この点を「回復しがたい損害」と書くことが多かったのと比べれば、執行停止要件と同様、「重大な損害」と緩めたことになる。

　義務付け訴訟の要件の問題については、国会での質疑でも深められるこ

7）　具体例としては、「騒音を減らせ」だけでは困るが、離着陸の経路や時間などの指定を求め、航空機騒音障害防止法3条1項の要件判断を裁判所ができる程度に対象が特定されていればよいと語られている（小早川編・研究133頁参照）。なお山本・義務付け・差止め上78頁も同じ考えだが、原告が特定すればするほど行政庁の裁量の余地を広くし、再決定義務付け判決にしか至らない可能性があるが、強く特定しなければ、行政庁が当該処分を行うよう覊束されて、「完全な」特定処分義務付け判決に至る可能性が高くなるという。
　　なお、住民訴訟の1号請求でも特定性の程度問題はある。
8）　特定処分義務付け判決と再決定義務付け判決の概要は、さしあたり山本・義務付け・差止め上71頁参照。
9）　山本・義務付け・差止め上79頁参照。

405

とはなかった。義務付け訴訟が導入されたということだけが、積極的に取り上げられただけであった。しかし要件の解釈次第では抜けない宝刀になることさえありうる[10]。

　山本隆司教授は[11]、重大な損害の意味につき、「申請権が法定されていないにもかかわらず処分を求める法的地位を原告に認めるには、特別の要件を課す必要があるという点にあった」[12]とし、第2要件の「一定の処分がされないことにより重大な損害を生ずるおそれがあること」について、「行政庁が事案調査・解明を開始・継続するか否か決定する裁量を、制限する要素であろう。一般に、行政庁は法を執行するために限られた資源をどの事案にどれだけ割り当てるか決定する裁量を、ある程度持つと考えられる。しかし、違法な状態が放置されている疑いが濃い場合、そのような裁量は縮減し、行政庁には事実の調査・解明義務が生じよう[13]。つまり『重大な損害を生ずるおそれ』は、違法な状態が存在するのではないかという合理的な疑いがある場合に認められるのではないか」という。抽象的な要件が具体的なイメージをもって語られている。そして教授は続いて、「原告にとっては、違法な状態が公知でない限り、申請を行なう場合に相当する調査ないし資料の提出が要求されることになる」という。

　この最後の点に、私は本書旧版で異論を唱え、なぜ非申請型義務付け訴訟の原告に、そこまでのハードルを訴訟要件として課さねばならないか理解できないと述べていた。

　この点、興津征雄教授が山本教授と同様の立場に立ち、さらにわかりや

---

10)　塩野・Ⅱ239頁も「重大性要件については、国民の権利利益の実効的救済の観点からして、柔軟に解釈されるべきことは当然である」とする。なお小早川編・研究127頁以下の、筆者、村田斉志発言を参照のこと。

11)　山本・訴訟類型661頁以下、山本・諸問題73-74頁参照。

12)　小林・訴訟法161頁参照。これに対し、阿部泰隆教授は、加重要件的に捉えることに反対し、原告適格としての法律上の利益があれば、あとは実体法上処分が違法かどうかの問題であるとする（阿部・解釈学Ⅱ296頁以下参照）。また、小早川光郎教授は、実体法的に言えば、一般には、局外の第三者が行政庁と規制相手方との関係に関与する権利を持たないのに、特別な場合にそこに介入請求権を認めるための要件として重大な損害が規定されているとする（小早川編・研究127頁参照）。この小早川説は立法関係者説に近いと言えるであろう。

13)　この点につき大貫裕之「義務付け訴訟・差止め訴訟」（争点135頁）は、この考えは魅力的だが、自己に対する職権による授益処分を求める場合には妥当しないと述べる。この場合には、当該職権処分が名宛人にとって利益を付与するものである以上、処分がなされないことは重大か否かはともかく損害をもたらすものと言えるから、調査・釈明義務は問題にならないとする。

406

第8章　義務付け訴訟、差止め訴訟

すく分析している[14]。

すなわち、非申請型は、手続の発動を求める権利が存在しない状況で、適法な処置を求めるものであるから、行政庁が調査・検討をしていない段階でいきなり裁判所に案件が持ち込まれる性質であり、行政庁の調査・検討抜きに裁判所が判断できるほど争点が明確化・具体化される必要があり、損害の重大性とは、行政庁による調査・検討を省略することを正当化するほどに重大な損害でなければならない、というものである。

この議論はわかりやすいので、尚更、私はこの点での山本教授、興津教授の分析には同意できない。

行政は適正、適法でなければならないから、申請権があろうとなかろうと、原告が行政の違法性を主張し、自らの立証と、裁判所の職権調査を加味して、違法性が現れれば、それによって被っている原告の損害を、よほどの軽微なものでない以上、重大な損害と扱えば良い。行政が調査・検討していないなどと言われるが、行政は担当法領域について常に調査・検討しておくべきであるし、仮にそうでないとしても非申請型義務付けを突きつけられてから調査・検討することは人的資源が豊富な行政にとって困難なことではない。論者の論法は類型論にすぎるのではあるまいか。

訴訟要件としては、山本教授のワーディングを借りれば、原告には、「行政に、違法な状態が存在するのではないかという合理的な疑いがある」ことを主張させることで足りると考える[15]。

訴訟要件の判例の目を覆う状況は(4)でまとめる。

(3)　補充性要件

「他に適当な方法がないときに限り」について、国会では繰り返し、民事訴訟が起こせるからといって義務付けができないわけではないとの趣旨の答弁が行われた[16]。しかし民事訴訟といっても幅広くその内容の分析が必要であり、この点でも山本教授説が注目される。

---

14)　興津・是正289-291頁参照。

15)　山本・諸問題74頁で、「解釈論としても、『重大な損害』は、本案勝訴要件から独立に設定された要件ではなく、本案勝訴要件と連続する要件と見るべきであろう」とされている点はもちろん賛成である。

16)　例えば、司法制度改革推進本部山崎事務局長の衆議院法務委員会2004年5月12日答弁。他に小早川編・研究124頁の村田斉志発言は建築紛争と民事訴訟の場合をあげ、そのような場合も他に適当な方法があるとはいえないといっている。他方、続いて125頁では、村田、小早川光昭発言は、申請権があるのに申請をしていない場合には他の適当な方法だとしている。

407

教授は、行政処分の根拠法規が考慮されるだけの民事訴訟[17]では適当な
方法とはいえない、独禁法24条の不公正な取引方法の差止め民事訴訟を
認めるような、根拠法規を民事訴訟により執行・実現できる状況にある場
合にのみ適当な方法に当たるという[18]。極めて妥当な解釈であると考えら
れる[19]。

　民事訴訟でない他の方法として、例えば建築基準法上の是正命令を求め
る義務付け訴訟において、建築確認の違法性を原告が問題にする場合には、
確認の取消訴訟が適当な方法といえるかというような問題もある。この場
合には、裁判所はその取消訴訟も提起させて、弁論を併合して最も根本的
な解決をめざすことになろう[20]。

(4)　訴訟要件についての改正後の判例

①　判例（却下を●、本案棄却を△、本案認容を〇と表記する）

　△東京地判平17.11.25WEBは、出入国管理法24条4号ロに該当するとさ
れたバングラデシュ人民共和国の国籍を有する外国人が、同法（平成16年
法律第73号による改正前）49条1項に基づく異議の申出には理由がない旨の
裁決を受けて退去強制令書発付処分を受けた後に、日本人との婚姻の成立
を理由とする在留特別許可の付与についての再度の審査の申入れをしたと
ころ、裁決を取り消す余地はない旨の通知を受けたため、通知の取消しを
求める訴えとともに提起した法務大臣から権限の委任を受けた入国管理局
長が在留特別許可を付与すべき旨を命ずることを求める訴えにつき、同法
24条に該当する外国人には自己を在留させることを法務大臣等に求める
権利はなく、非申請型であるとしたうえ、裁決がされた時点では、在留特
別許可をすべきであるという事情がいまだ存在せず、その後の事情変更に
より当該事情が生じたという場合には、出入国管理及び難民認定法（平成
16年法律第73号による改正前）49条1項の異議の申出に理由がない旨の裁決
又はこれを前提とする退去強制令書発付処分の取消訴訟を提起しても勝訴

---

17)　山本教授はこの例が大半なのでいちいち例はあげていないが、例えば日照権
　侵害に基づく建物建築禁止の民事訴訟（仮処分含む）においては、建築基準法の
　日影規制条文違反は受忍限度判断で考慮されるだけであるというようなことであ
　ろう。賛成する。

18)　山本・訴訟類型662頁参照。

19)　小早川編・研究124頁の村田斉志発言は、過大な納税申告の是正を求めるには、
　減額更正の義務付け訴訟ではなく、更正の請求の制度（国税通則法23条）によ
　るという例を出している。

20)　小早川編・研究125-126頁の鶴岡稔彦発言参照。

408

することはできず、同取消訴訟によって目的を達することができないのは明らかであるところ、裁決後に生じた事情を考慮に入れて在留特別許可の付与の当否について再度の審理を行ったうえで、在留特別許可を与えるべきである旨主張しているのであるから、行訴法37条の2第1項の「その損害を避けるため他に適当な方法がないときに限り、提起することができる」との要件を充たし、さらに、同項の「一定の処分がされないことにより重大な損害を生ずるおそれ」も認められるとして、訴えを適法であるとした。しかし本案は「法50条1項は、在留特別許可の要件や基準等について何ら規定しておらず、在留特別許可を付与するか否かの判断は、法務大臣等の極めて広範な裁量にゆだねられていると解されるから、原告aについて在留特別許可を与えるべきことが、法令の規定から明らかであると認めることができない」として棄却。この判決のように国外退去を余儀なくされることだけで重損要件を認めたり（東京地判平26.11.25TKC文献番号255224475）、また5年間本邦に上陸できなくなることだけで重損要件を認める判例は東京地判平28.3.24TKC文献番号25543238）にある。

　●東京地判平17.12.16WEBは、建築物周辺の住民による違反建築物に対する建築基準法9条1項に基づく是正命令の義務付けの訴えにつき、原告敷地には、日影規制に反する日影が生ずると認めることはできず、また、本件建築物と原告敷地との間には、幅員7メートル強の道路があることから、火災の際の消火活動等に支障が生ずるとは認め難く、原告に「重大な損害を生ずるおそれ」を認めることはできないとして却下。控訴審の東京高判平18.5.11WEBもほぼ同旨。

　●大津地判平18.6.12判例地方自治284号33頁は、原告が、被告滋賀県に対し、不法占有者に河川法75条1項等に基づく工作物の除去命令及び原状回復命令を発令することを求める義務付けの訴えを提起した事案で、既に河川法75条1項に基づく監督処分がされた以上、本件不法占有者が同処分に従うか、あるいは行政庁たる県知事が行政代執行の手続をとることにより、原告らが本案訴訟により実現しようとする原状回復が現実に達成され、原告が求める本案判決の内容が既に実現されているものであり、本案判決による紛争解決の実効性・必要性がないから、本件訴えはいずれも「訴えの利益」を欠くとした。

　●東京地判平19.2.9税務訴訟資料257号順号10630は、人格のない社団である本件団体に自己の財産を持ち込んで参画し、その後脱退した原告ら

が、本件団体が納付した贈与税について、本件団体が減額補正をしないので、本件団体に代わって原告らが減額補正の請求をすることができるとして、減額補正をすべき旨を処分行政庁に義務付けることを求めた事案。原告らは、本件団体が納付した贈与税につき更正の請求をすることはできず、申請型でなく非申請型義務付けであるとし、その原告適格は、当該処分が行われないために自己の権利もしくは法律上保護される利益が侵害された状態または必然的に侵害されるおそれのある状態にあり、当該処分によりこれが回復される者のことをいうと解されるところ、原告らがかつて本件団体に対して不当利得返還請求権を有していたとしても、それはすべて弁済によって消滅しているのであり、現時点において原告らが本件団体に対して請求し得るものが存在しない。原告らは本件団体に対して権利を有する立場にないのであるから、その主張する減額更正が行われたとしても原告らの地位に何ら影響はなく、この義務付けを求めるにつき法律上の利益を有するということはできない。その他の理由もなく「原告適格」は認められないとして、訴えを却下した。控訴審の東京高判平19.12.19税務訴訟資料257号順号10851も、やや異なる理由ながら結論を同じくした。

　●横浜地判平18.7.19WEBは、控訴審判決の前半と同じ。控訴審の東京高判平18.11.15WEBは、地方税法第417条1項の規定による固定資産課税台帳の登録価格の修正・登録の義務付けの訴えにつき、登録価格については審査委員会に対する審査の申出（同法432条1項）及び同委員会の決定の取消訴訟の提起（同法434条1項）によって争うことができる一方で、これらの方法によらなければ登録価格について争うことはできないとされている（同条2項）として、地方税法上、このような訴訟は許されず、また、審査請求があるため「他に適当な方法がない」とはいえないとして却下した。

　●大阪地判平19.2.15判タ1253号134頁は、市長が都市計画法に基づいてなしした開発許可につき、近隣で事業を営み、あるいは、隣接する土地を所有する原告らが、都市計画法等に違反するとして、被告会社に対し是正命令を発することを求めて提訴した事案において、「重大な損害」を生ずるおそれがあることが訴えの適法要件である。本訴訟形態においては、法令上の申請権がない者にあたかも申請権を認めたような結果となるため、救済の必要性が高い場合に限り認めるという趣旨で、補充性の要件とともに規定された。本件開発地区の立地や、従前自動車教習所の跡地であったこと等に照らし、付近の交通事情や環境が大きく変化するとは考えられず、

原告らの事業活動に支障を来したり、原告らの権利や利益に具体的危険があるとはいえないとして、訴えを却下した。

●東京高判平19.11.5WEBは、原審である東京地判平19.5.31WEBが要件充足と判断した住民票作成の義務付けにつき、手続に煩瑣な点があるとしても同じ扱いがされる場合が多い、選挙人名簿への登録については現在2歳で不利益は現実化していないなどと判断して「重大な損害」が生ずるおそれがないとして却下した。上告審（最判平21.4.17WEB）は非申請義務付け要件は審理されていないが、申出に応答義務なし、事実上の応答は行政処分にあたらないとした。

△東京地判平19.9.7WEBは、建築物の周辺に居住する住民による違反建築物に対する建築基準法9条1項に基づく是正命令としての工事禁止命令及び撤去命令の義務付けの訴えにつき、接道義務の不充足があるとすればこれによって火災等の拡大により身体・生命に危険が及ぶおそれがあるとして「重大な損害」の生ずるおそれがあるとした。本案については建築基準法令に違反する点はないとして棄却。控訴審の東京高判平20.7.9WEBは、建物完成による訴えの利益無しで終了。

●広島地判平19.10.26WEBは、所得税及び消費税に係る減額更正処分の義務付けの訴えにつき、更正の請求制度（国税通則法23条）は、更正の請求をすることのできる期間が制限されている趣旨から、その期間を経過した後は、義務付け訴訟を提起することは不適法であるとして却下した。

●京都地判平19.11.7WEBは、敷地の周辺住民である原告らが、その土地は開発許可がいるのに許可無しで建築しているとして争い、建築物の完成後は是正措置（擁壁設置、排水設備設置）の義務付けを求めたが、前者の措置は構造耐力があるので不要で、後者の措置は地下水は存在しないから設備がなくても「重大な損害」は生じないとした。

●神戸地判平20.7.31判例地方自治320号56頁は、原告が、被告神戸市に対し、平成18年度の神戸市国民健康保険料を52万1950円とする賦課処分の取消しを求めるとともに、平成19年度以降の原告の国民健康保険料について、上記取消判決中の理由の判断に従った賦課処分をすることの義務付けを求めた事案において、判決は、すでに神戸市長の委任を受けた垂水区長から賦課処分がされており、原告は同賦課処分に対する取消訴訟を提起して争うことができるから、「損害を避けるために他に適当な方法がない」とはいえないとした。

411

△東京地判平20.8.22WEBは、地方入国管理局長がした出入国管理法49条1項に基づく異議の申出には理由がない旨の裁決後に新たな事情が生じたことを理由に、在留特別許可の義務付けを求める訴えにつき、法務大臣又は法務大臣から権限の委任を受けた地方入国管理局長が、前記裁決後に生じた新たな事情を考慮して、在留特別許可をすることを認めた法令の規定は存在せず、また、他にこのような権限を認めるべき根拠も存在しないから、行政庁に「法的権限のない処分を求める」ことにほかならないとして却下。なお同じ判決で実体判決もあるが棄却なのでここに記す。上記裁決の撤回は、専ら公益上の必要性がある場合に、処分をした行政庁が職権によりすることが認められるにすぎないところ、処分後の事情変更を理由として撤回を求めることができる旨の規定がない以上、関係者の撤回を求める申請権は認められないから、前記義務付けを求める訴えはいわゆる非申請型の義務付けの訴え（行政事件訴訟法3条6項1号、37条の2）であるとし、在留特別許可をするか否か、すなわち前記裁決をするか否かの判断は、法務大臣又は法務大臣から権限の委任を受けた地方入国管理局長（以下「法務大臣等」という。）の極めて広範な裁量にゆだねられているとしてこの事例では濫用無しとした。特別在留許可の根拠、権限がないとした同種判決として、東京地判平27.3.10TKC文献番号25525344（重損要件の判断をしていない）。

●知財高判平20.8.26WEBは、特許協力条約に基づき特許庁長官に対して国際出願をし、その後国際予備審査の請求をした控訴人が、特許庁審査官が作成した特許性に関する国際予備審査報告には誤りがあるとして、被控訴人を相手として、再審査を求める訴えを提起したが、判決は、「国際予備審査報告に、何らかの法的効力があるわけではなく、出願人が後に権利を取得したい指定国に国内移行する際の判断資料になることがあり得るとしても（甲20）、そのような効果はあくまでも事実上のものであるといえる」とし、再審査がされないことにより、「重大な損害」を生ずるおそれがあるとはいえないとした。

●東京高判平21.3.5WEBは、在留特別許可の義務付けの訴えにつき、非申請型の義務付けの訴えに該当すると解した上で、入管法49条1項の異議の申出に理由がない旨の裁決の取消しを求める訴えにより在留資格を取得することができるから、「重大な損害」を生ずるおそれがあり、かつ、「損害を避けるため他に適当な方法がない」ときに当たらないとして却下した。

東京地判平20.2.29WEBは後述のように申請型と捉え、認容判決をしている。

△東京地判平21.3.25WEBは、上述東京地判平20.8.22と同旨。

△大阪地判平21.9.17判例地方自治330号58頁は、建築物周辺の不動産所有者による違反建築物に対する建築基準法9条1項に基づく是正命令の義務付けの訴えにつき、マンション敷地と隣接した土地を所有し、境界及び擁壁に近接して建築された建物に居住する者は、マンションと同程度の規模の建物が倒壊又は炎上すると直接被害を受ける蓋然性があり、マンションにより建物の日照にも一定の影響が及ぶから、生命・身体の安全に影響が及ぶおそれあるとして「重大な損害」の生ずるおそれがあるとし、かつ、建築主等に対して民事上の請求をすることが可能としても、請求の相手方、要件、効果の諸点で異なっており、実効的な権利救済という見地からしても、救済手段としての義務付けの訴えを直ちに排除すべきでないから損害を避けるため「他に適当な方法」があるとはいえないとした。本案については建築基準法令に違反する点はないとして棄却。

●東京地判平21.11.26判例集未登載は、建築物周辺の住民による建築基準法9条1項に基づく除却命令等の義務付けの訴えにつき、火災などの災害時に原告に生ずると原告の主張する様々な危険については認められず、重大な損害が生ずるおそれがないとして却下。

△京都地判平21.12.14WEBは、老齢加算の削減・廃止がない状態を前提とする生活保護決定の義務付けの訴えにおいて、仮に老齢加算の削減・廃止によって健康で文化的な最低限度の生活が侵害され、削減・廃止が違法であると判断される場合、原告は、右決定がされていないことによって、健康で文化的な最低限度の生活を下回る状況に置かれていることになるから、右決定がなされないことにより「重大な損害」を生ずるおそれがあると認められ、かつ、老齢加算の削減・廃止を内容とする生活保護変更決定を取り消す判決の拘束力によって重大な損害を必ずしも避けられるとはいえないため、右損害を避けるため「他に適当な方法」がないときに当たると認められとしたが、本案は裁量濫用なしとして棄却。

●東京地判平22.4.28WEBは、独占禁止法に基づく課徴金納付命令の取消しの義務付けの訴えにつき、課徴金納付命令については特別の救済手続が排他的に法定されているから、「他に適当な方法がないといえない」、また資金繰りが破綻するなどの「重大な損害」のおそれはないとして却下し

た。

●福井地判平22.6.25判例地方自治340号87頁は、小浜市内に居住する原告らが、市長が被告補助参加人Bに対してした平成22年改正前の廃棄物処理法に基づく一般廃棄物収集運搬処分業許可更新処分について、Bには同法7条の4第1項2号前段又は同項1号に該当する事実があるから市長は処分を取り消す義務があると主張して、取消処分の義務付けを求めた事案。判決は、原告らは、その生活環境に直接かつ著しい被害を現に受けているか又は受けることが想定されている範囲の住民に当たるとはいえないから、「法律上の利益を有する者」に当たるとは認められず、「原告適格」を有しない等として、本件訴えをいずれも却下した。

●横浜地判平22.6.30判例地方自治343号46頁は、本件各建物に近接して居住する原告らが、被告川崎市に対し、川崎市長が、建築基準法9条1項に基づき、各建物の所有者らに対し、一部の除却命令、新築工事の施工停止命令、大規模修繕工事の施工の停止命令等の各義務付けを求めた事案において、原告らの土地及び建物の日影について、日影規制を29分あるいは12分超過する程度のものが発生するにとどまり、「重大な損害」が発生しているとは言い難く、また、住民らが主張する、建築基準法に違反する建物であること自体による危惧感等もいずれも抽象的な危険、不安感にすぎず「重大な損害を生ずるおそれ」があるとは認められないとした。

●東京地判平22.9.10訟務月報58巻5号2118頁は、原告が厚生労働大臣に対し、原告の年金の標準報酬月額を実際に支給された給与総額に相当する額に改定することの義務付けを求める事案厚生年金保険の保険給付及び保険料の納付の特例等に関する法律（以下「納付特例法」という。）1条1項に基づく改定の義務付け請求。納付特例法は、第三者委員会の該当意見があった場合を対象として、厚年法75条の例外として特別の救済措置を定めた法律であるというべきであり、第三者委員会の該当意見がない場合には、厚生労働大臣は、この特別な救済措置のある納付特例法1条1項に基づく確認等をすることはできない（権限がない）。仮に、第三者委員会の該当意見がなくても、厚生労働大臣は納付特例法1条1項に基づく確認等をすることが可能であると解した場合には、そのような金銭的損害については、国家賠償法に基づく損害賠償によって回復が図られ得るものであり、その損害の程度も著しいものとは認め難いのであって、行訴法37条の2第1項にいう「重大な損害を生ずるおそれ」があるということはできない。

控訴審（東京高判平23.5.26訟務月報58巻5号2104頁）も同旨。

●さいたま地判平23.1.26判例地方自治354号84頁は、廃棄物処理法に基づく措置命令等の義務付けの訴えにつき、廃棄物による環境権、所有地の財産権の侵害や、予定していた事業利益を取得できないなどの損害が「重大な損害」に該当すると認めるに足りる証拠がないとして却下した。

●横浜地判平23.3.9判例地方自治355号72頁は、自ら経営するオートキャンプ場付近の河川の流路が他の競業する民間業者の行った河川工事によって変更されたため、所有地等に溢水の危険が現に生じているとする原告らが、当該民間業者及びその承継人に対して河川法75条又は自然公園法27条1項に基づく是正命令を発することの義務付けを求めた事案につき、原告らの指摘する流路の形成は当該民間業者の工事に起因するとはいえず、仮にそうであるとしてもその掃流力の変化は約1.17倍にとどまる、本件各土地は河川区域内にあり、河川区域外と同様に考えることはできないなどとした上で、主張されている損害は信用毀損を除き、金銭的損害に限られる上、原告が後に自ら原状回復工事を行っていることからしても損害の回復の困難の程度が高いとはいえないし、信用毀損についても河川付近で営まれるキャンプ場について土砂が流出するなどしたとしても通常時の安全性に疑義を生ずるものではないとして、「重大な損害」を生ずるおそれがあるとはいえないとして却下。

●東京地判平23.11.9労働経済判例速報2132号3頁は、被告（武蔵野市）の国民健康保険の診療報酬請求明細書整理員に採用され、レセプトの点検業務に従事してきた原告が、同業務の再委嘱を拒否されたことについて、主位的には、再委嘱拒否が無効であるとして、予備的には、再任用しなかったことが違法であるなどとして、地位確認を求めるとともに、再委嘱拒否の後の未払賃金及び遅延損害金の支払い等を求めた事案において、原告の任用継続に対する期待は法的保護に値し、再委嘱拒否により、原告の期待を違法に侵害したとして、慰謝料150万円の支払いを認めたが、被告における原告の就労は私法上の雇用契約関係に基づくものではないから、地位確認請求は理由が無いこと、被告に原告の任用を義務付けなければ、原告に「重大な損害」を生じるとまでは認められないことなどから、任用の義務付けを却下した。ほぼ同じ事例のほぼ同じ判決として**大阪地判平28.8.29TKC文献番号25543806**がある。

●水戸地判平24.1.13判例地方自治369号112頁は、農地法に基づく義務

づけ請求事件において、土地に対し G 社等から持ち込まれた建設残土が有害物質が含む的確な証拠がなく件土地から有害物質が流出するおそれやこれが原告らの耕作地に到達するおそれがあると認めることはできず、被告が原状回復命令をしないことにより、原告らに「重大な損害」が生じるおそれがあると認めることはできないとし、訴えを却下した。

　●東京地判平 24.2.17 判時 2221 号 17 頁は、国の重要文化財である建築物の近隣に居住する住民が文化庁長官において当該建築物の隣地に高層マンションの建築を行った者に対して文化財保護法 45 条 1 項に基づく重要文化財の保存のための環境保全命令をすることの義務付けを求める訴えの「原告適格」を有しないとした。控訴審の東京高判平 25.10.23 判時 2221 号 9 頁も同旨。

　○福島地判平 24.4.24WEB は、産業廃棄物処理施設の設置許可について、一旦右許可の効力を争い得なくなった後に、廃掃法等に違反する事情が生じ、許可を取り消すべき事由が存在するにもかかわらず、それが放置されることにより、施設の周辺住民等の生命及び健康に重大な損害を生ずるおそれがある場合、損害は事後的な金銭による回復に委ねることが相当でない性質のものであるから、たとえ民事上の請求は可能であっても、許可の取消し処分を義務付ける他に、損害を避けるための適当な方法はないと認められるとして認容した。控訴されたが取り下げられ終了した（仙台高判平 25.1.24WEB）。

　●東京地判平 24.4.26 訟務月報 61 巻 2 号 308 頁は、原告父が世田谷区長に対し、原告母との間の子である原告子に係る出生届を提出したところ、届書に「嫡出子又は嫡出でない子の別」を記載しなかったために不受理処分を受け、さらに、原告子に係る住民票の記載を求める申出をしたところ、これをしない旨の応答を受け、その後も原告母とともに同様の申出をしたものの住民票の記載がされなかったことから、その義務付けを求めた事案。住民票の記載をする行為は、抗告訴訟の対象となる行政庁の処分その他公権力の行使に当たる行為（行政事件訴訟法 3 条 2 項）に該当するが、行訴法 9 条 2 項によっても「原告子本人ではなく、原告父母において区長が原告子に係る住民票の記載をすべき旨を命ずることを求めるにつき固有の法律上の利益を有するということはできない」し、また「原告子は、住民票の記載がされている者と同等又はその者に準じたサービスを受けていると認めることができるので」重大な損害もないとした。控訴審（東京高判平 24.9.27

第8章　義務付け訴訟、差止め訴訟

訟務月報61巻2号347頁）もほぼ同旨。上告審（最判平25.9.26WEB）もこの義務付け請求部分は上告理由不該当とした。これらの判断は、同一原告の前訴の上述の控訴審判決（東京高判平19.11.5WEB）の線である。

●東京地判平24.6.6TKC文献番号25481345は、被告（東京都）の設置する都立高校に勤務する教員である原告が、教育長が行った原告の相対評価には違法があるなどとして、昇給を最上位にすることの義務付けを求めたほか、国家賠償法1条に基づき、慰謝料及び逸失利益の支払いを求めた事案において、義務付け請求については、「重大な損害」を生ずるおそれが認められないから、不適法であるとして却下し、その余の請求は、被告に裁量権の逸脱ないし濫用は認められないとして、棄却した。

●大阪高判平26.6.18判例地方自治405号10頁は、町道の一部を占拠していると主張する者に対し、処分行政庁の原状回復をするための行政処分をすることの義務付の訴えについて、「重大な損害」が生ずるとは認められない不適法であるとした。原審（奈良地判平25.10.22判例地方自治405号14頁）に依拠している。

●大阪地判平25.2.20TKC文献番号25500388は、吹田市の職員である原告が、公平委員会に対し、建築課（資産経営室）への異動を求める措置要求をしたのに対し、公平委員会が、地方公務員法46条の「勤労条件」に該当しないとして、措置要求を却下するとの判定をしたことから、原告が被告に対し、却下判定の取消し及び原告を資産経営室に異動させることの義務付けを求めた事案において、判決は、エネルギーセンターから資産経営室への異動という一定の処分がなされないことによって、職員に「重大な損害を生ずるおそれ」があるとは認められない、他の職場への異動でも損害回避は可能であり、「適当な方法がない」とはいえないとし、また本件措置要求は、個別の人事権の行使という管理運営事項そのものについて措置を要求するものであって、勤務条件に関するものとはいえないとして却下した。

●東京地判平27.12.15TKC文献番号25532484は、原告が、処分行政庁から、相続税の滞納処分として不動産の差押えを受けたのに対し、違法であるとしてその取消しを求めるとともに、処分行政庁が国税徴収法153条1項に基づき不動産に関する滞納処分の執行停止をすることの義務付けを求めた事案において、滞納処分・換価により賃料収入は断たれるが他の収入があるので生活がたちゆかなくなることはないとして重大な損害は否定し、

417

「公売公告がされた時点において、その取消しの訴えを提起するとともに執行停止の申立てをするという適切な方法があり」、「他に適切な方法」がないとはいえないとした。

△東京地判平28.3.24TKC文献番号25543238は、タイ王国国籍を有する原告が、東京入国管理局長から出入国管理及び難民認定法49条1項の規定による異議の申出には理由がない旨の裁決を、東京入国管理局主任審査官から退去強制令書発付処分をそれぞれ受けたのに対し、裁決の無効確認及び処分の無効確認を求めるとともに裁決の撤回の義務付けを求めた事案で、「先行処分等の撤回という処分がされないことにより重大な損害が生ずるか否かを判断するに当たっては、損害の回復の困難の程度を考慮し、損害の性質及び程度並びに当該処分の内容及び性質をも勘案するものであるが……、現に先行処分等の結果として重大な不利益が生ずるのであれば、当該不利益が、先行処分等又はその執行に通常伴うことが想定されているものであるからといって、そのことから直ちに当該不利益が上記の『重大な損害』に該当しないということはできないというべきである。

……原告は、本件裁決及びそれに基づく本件処分を受けており、本件裁決が撤回されなければ、入管法24条4号ロに該当する外国人として本邦から退去強制され、この場合、入管法5条9号ロにより、原則として5年間、本邦に上陸することができなくなるのであるから、本件裁決が撤回されないことにより、現に原告において『重大な損害を生ずるおそれ』があるものと認めるのが相当である」とした（本案は棄却）。

この重損の認め方は、東京地裁民事2部の増田（稔）コートの特徴であり、数多くの同種判例が平成27年、28年にある（一部38部の判決にもある）。同時期の東京地裁行政部では5年間本邦上陸不可能に、家族関係なども加味して重損を認めた51部判決もある。51部の小林（宏治）コートは、親子関係の形成などがあっても重損を認めない東京地判平27.7.16TKC文献番号25531155など一連の判決と、子の養育監護などを理由に認める東京地判平27.4.14TKC文献番号25525890など一連の判決がある。

② 分析

これだけ多くの判例を分析しても、「重大な損害」要件について言えば、本案と訴訟要件との混同の感を強くせざるを得ない。このように混同すると、これは加重的訴訟要件となっていると言わざるを得ないであろう[21]。特に、また環境事案において、原告がその悪化を訴えるのに対し、被告立

証に引っ張られてのことと思うが、裁判所がたいした悪化ではないなどと認定するのは、本案要件すらも通り越した異質の新要件を課していることになる。

重損要件の容認の仕方の自然な典型例は、①の最後に総括した入管事件における増田コートの方式があろう。また経済事案においては京都地判平21.12.14WEBや後述(6)で取り上げる和歌山地判平23.1.28WEBのように、実定法の縛りを重視する方式が有効であろう。

2　本案要件、勝訴要件（行訴法37条の2第5項）

(1)　羈束処分、裁量処分

過去の判例で、一義性要件と呼ばれていたものが、行訴法37条の2第5項で本案要件として定められた。

「行政庁がその処分をすべきであることがその処分の根拠となる法令の規定から明らかであると認められ又は行政庁がその処分をしないことがその裁量権の範囲を超え若しくはその濫用となると認められるとき」という文言の解釈である。

行政の行為については、行政がその法的根拠と責任において、法律で与えられた裁量権を行使することは当然であるが、三権分立のもとではその厳格な適用が要請される。

この条文は行政が法律で羈束されている場合と、行政がこの当然の理を踏み外した場合に、司法の介入を認めているのである。

第1に法令上「すべき」ことが明らかであること（羈束処分）、又は第2に法令上すべきことを「しない」ことが裁量権の踰越・濫用の場合（裁量処分）である[22]。

改正前の無名抗告訴訟としての認容判例事例がこの2点をどう扱ってい

---

21)　島村健「非申請義務付け訴訟における『重大な損害を生ずる恐れ』の判断方法について―自らに対する処分の義務付け訴訟にかかる裁判例の概観と分析―」（滝井追悼275頁）参照。なお前掲した山本・諸問題74頁も参照のこと。

22)　塩野・Ⅱ240頁が、この本案要件は「いずれも実体法に関することであるとともに、解釈上当然のことであり、法定するに及ばないものである。あえて説明するとすれば、前者については、改正前の法定外抗告訴訟においては処分の一義性が要件とされ、その一義性が一件明白性と理解されていたことからこのような疑義を予め解消しておくこと、後者については取消訴訟における裁量条項（30条）との平仄を合わせることにあると思われる。その意味で、裁量権の濫用の認定につき特段の要素がここで付加されたとみるべきではない」と指摘する点は、非常に重要であり、特に裁判官に肝に銘じてもらいたいと思う。

たかをみておきたい。

国立マンション事件の**東京地判平13.12.4WEB**は、建築基準法、国立市条例の解釈と事実認定を詳細に行い、是正命令発令に関しては告知聴聞を経ていないので一義的明白性に欠けるとする一方、是正命令権限を行使しないことが違法であることの確認を求める請求が含まれているとして、この点は一義的明白性の要件を充たしているとした。筆者は告知聴聞をこのように扱うことには後述（本章第5節）のように反対だが、後半の判示は優れた裁量判断である。この判例は行訴法37条の2第5項の2点を同時的に判断しているといえる。

横川川事件の**高知地判昭59.4.26WEB**は、河川区域でないことの確認訴訟を、義務付け訴訟としての適法性を認めたうえで、本案判断の中で、河川区域であることが明らかだと認定している。この判例は37条の2第5項の2点を適用する前に、事実認定で否定的に決着をつけている。

東京地判昭56.5.27判時1043号91頁は、原告の実用新案登録出願について、出願公開しなければならない義務があることを確認する請求を認容し、「実用新案法第13条の2第1項の規定によれば、被告は新法適用の事案であるすべての実用新案登録出願について、その出願の日から1年6月を経過したときは、出願公告をしたものを除き、出願公開しなければならない法律上の義務を負う（被告に自由裁量の余地はない）」といっている。この判例も行訴法37条の2第5項の2点を同時的に判断しているといえる。

神戸地判昭48.9.4WEBは、受刑者の刑務所長に対する健康診断を求める義務付け訴訟が許されると訴訟要件を認め、その事実認定で、受刑者の刑務所長に対する旧監獄法施行規則107条及び結核予防法4条1項に基づく定期健康診断の施行請求につき、当該刑務所の医療態勢、利用者に対する日常の衛生、健康管理は相当に充実し、かつ、健康診断も年に1回ないし2回実施されているとして、右請求は理由がないとした。この判例も行訴法37条の2第5項の2点を同時的に判断し、どちらの要件も充たさないといっていると思われる。

福岡地判昭40.1.19行集16巻1号1頁は、農業委員会は不在地主の所有する小作地があると認めた場合には、買収のため農地法8条による公示及び通知を行うが、これは行政処分であり、裁量の余地はないとして、公示及び通知の義務確認の訴えを認めた。この判例は行訴法37条の2第5項の2点のうち、行政がすべきことをしない裁量権の踰越・濫用を判断している

といえる。

　これらの判例を今後のこの要件の解釈の参考にするとともに[23]、前述のように裁量については2004年改正が行われなかった分野だが、そこにメスが入れられなければならない。

(2)　原告の求めている処分と裁判所の命ずる判決の関係

　これとの関連で、原告が求める「一定の処分」の幅と、裁判所が判決する「処分すべき旨命ずる判決」の幅とが問題となる。

　原告が求める「一定の処分」に幅があることは前述もし、国会の政府側答弁にもそのことは肯定されている[24]。

　次に、裁判所の判決の幅の問題がある。

　裁判所が原告の求める一定の処分に関し、法令の規定とその裁量解釈から特定の処分を命ずることは当然である。これが義務付け訴訟の本道である。そうであるとすれば、裁判所は原告が一定の処分を求めているのに、抽象的な作為命令や不作為の違法確認のような判決を出せるのかが論争となっている。

　阿部泰隆教授が強唱しているのは、審理してみると単なる不作為が違法というだけでなく、義務付けまでは無理だけれどもこれこれの事由で違法であるからこれを回避してもう1回判断しなおせ、という再決定判決を出せないかという論点で、行訴法37条の2に37条の3第6項のような規定はないがどうなのかという点である[25]。それはドイツの指令判決のような考えといえよう[26]。

---

23)　これまでの国家賠償判例の影響につき北村和生「行政権限不行使に対する司法救済」ジュリスト1310号（2006年）35頁参照。

24)　「この特定の程度については、当然、当該処分または裁決の根拠法令の趣旨及び社会通念に従って判断すべきものと考えられますが、そうした観点からは、特定の必要性の限度を超えて過度に厳密な特定が必要とされるということはないだろうと思いますし、例えば、是正措置の具体的な方法につきまして、その根拠法令において複数の選択肢が定められている場合に、その根拠法令の定める範囲内における一定の幅のある処分の義務づけを求める訴えであっても、その根拠法令の趣旨に照らして、義務づけの対象となる一定の処分としてその対象が特定されているというぐあいに解されれば、そういった、ある程度幅の持った一定の処分を義務づけ訴訟で求めるということも可能ではないか、こう考えられます」（衆議院法務委員会会議録2004年4月27日の房村精一法務省民事局長の答弁）。

25)　阿部等・座談会31頁の阿部発言。同旨山本・義務付け・差止め上79頁。

26)　阿部等・鼎談20頁の阿部発言。同頁で小早川教授はそのようなことは検討会で必要があればできると議論をしていると発言している。なお、橋本・解説69頁参照。

これには、大は小を兼ねる、一部認容という視点から認める補強的見解もある[27]。

これに対しては、無名抗告訴訟だとしても抽象的作為命令を原告が求めていないとだめだという反対意見もある[28]。

筆者は、やはり大は小を兼ねるという権限を裁判所に与えることが重要であると思う。ただ、小である違法の確認の心証がもてたからといって、大である義務付けを判断しないことは許されない。大を判決理由中で判断し、そこまでの心証が得られないことを述べ、そのうえで小に判断を進めるやり方でないと許されないというべきである。

この論点は、裁判所が、行政処分の変更をする判決ができるかどうかの点にも応用すべきものである。

この点に関連して、改正前にいわゆる市村判決がやったようにもともとできるものを改正法下でできなくすることはおかしいという論議がある。しかしこれこそおかしい議論である。市村判決は2つの請求のうち義務付けを認めず、阿部教授のいう意味の不作為の違法確認を認めたものである。何も大とか小とかいう問題ではなく、現に大は小を兼ねる論について市村は前述のように反対なのである。

3 審理手続

第三者による不利益処分の義務付け訴訟の場合、処分の名宛人の地位をどのように扱うかは重要な手続問題である。

ドイツでは行政裁判所法65条2項により、必要的引き込み規定がある。

我が国の解釈としても、行訴法22条1項を準用し（33条1項）、参加させることになるが、判決効をどう考えるかが問題となる。その場合、行訴法7条により民訴法46条を類推適用して、行訴法22条1項による参加人に判決の参加的効力を及ぼすことが提起されている[29]。仮の義務付けの場合は、行訴法7条、民訴法42条53条でいくことが提起されている[30]。

---

27) 阿部等・座談会31頁で、阿部教授、深山卓也も容認するニュアンスを述べる。また阿部等・鼎談19頁の芝池義一教授発言もこの立場である。

28) 阿部等・座談会31頁の市村陽典発言。この発言は、市村が裁判長として出した国立マンション訴訟における前述したいわゆる市村判決（東京地判平13.12.4 WEB）の立場を主張している。

29) 福井等・新行政事件訴訟法98、129頁〔村田斉志執筆〕参照。

30) 以上、この項全体で、山本・義務付け・差止め下104頁参照。

422

第8章　義務付け訴訟、差止め訴訟

4　判決の効力

　義務付け訴訟には取消訴訟の判決の拘束力（行訴法33条）は準用したが（同法38条1項）、第三者効（同法32条）は準用していない。

　判決の拘束力につき、塩野宏教授はそれを持ち出すまでもないとして、わが国では、裁判所の判決に行政庁が従わないという事例がいまだ生じていないこともその理由のひとつにしている[31]。しかしそのような楽天的なことを言えるような状況ではない。6章の末尾、判決の執行力の項（第2節5(7)）で述べたので具体的展開は省略する[32]。いずれにせよ、義務付け判決に反した処分を行政が行えばその処分は無効の瑕疵を帯有すると解すべきである。

　これらのことが主として問題となるのは非申請者型である。

　原告が他人への行政行為を求めている場合には、その他人は行政庁が義務付け判決に基づいてなす自分への行政行為についてはあらためて争えるのは当然である。当然ではあるが、できれば紛争の一回的解決のために、義務付け訴訟手続の中で民訴法53条の訴訟告知か行訴法38条1項が準用する同法22条の第三者の訴訟参加が選択されるべきであるとの議論がある[33]。賛成である。

　山本教授は、義務付け訴訟において行政主体は、拒否処分の理由となり得る考慮要素の主張を尽くさなければならず、再決定義務付け判決を受けた行政主体が、新たな考慮要素を援用することによって、判決の示す法理解を適用する場合より原告に不利な措置（処分の＜一部＞拒否）をとるのは、判決の既判力ないし拘束力に抵触すると解釈すべきであろうとされる[34]。賛成である。

　さらに山本教授は、準用される拘束力につき、「取消判決の拘束力は、

---

31)　塩野・Ⅱ244頁。

32)　6章で挙げた例のほか、2002（平成14）年12月19日に、大津地方裁判所が豊郷小学校校舎保存の仮処分決定を出したが、翌20日、町長がこれを無視して解体工事に着手した例がある（大津地決平14.12.19判タ1153号133頁）。塩野教授はこれは仮処分であって判決ではないといわれるのかもしれないが、異常な政治家、行政マンはどこにでもいるので楽観は禁物である。

33)　小早川編・研究118頁以下の村田斉志、小早川光郎発言参照。なお同箇所のそれに続く中川丈久発言は、非申請型の義務付け訴訟の原告と、求められる行政処分が対象とする第三者との直接的法的紛争論であり、重要かつ興味ある展開といえよう。なお山本・義務付け・差止め下105頁参照。

34)　山本・義務付け・差止め上75頁参照。

423

処分取消しの判断のみに生じるが（最判平4.4.28民集46巻4号245頁）、義務付け訴訟では、申請拒否処分の取消理由に限らず、行政庁が再決定に当たり考慮すべき事由が審理され、ドイツでいう再決定義務付け判決の効力は、こうした事由に関する裁判所の判断の全体に生じる」とされる[35]。明快である。

5　中間判決の可否

申請型の審理の特徴は後に詳しく述べるが、非申請型の場合に行政にいったん差し戻すような訴訟手続は可能であろうか。

原告が求めている内容が、行政手続の瑕疵を理由としている場合には、申請型で論議されるところの行政に差し戻すための手段として、非申請型では中間判決を考えたらどうかとの提案がある[36]。

しかし、そのような場合は中間判決などせず、義務付け判決に進んだ方がはるかに事態を前に進める。行政は手続違背をただすことができ、判決の拘束力、既判力により行政の判断手続をやりなおし、正当な行政処分に向けて歩を進めることができよう。

6　実体判断についての判例の状況

わずかな認容例をあげる。

○東京地判平19.5.31WEB：住民票作成の義務付け

出生届が受理されなかったことを理由に住民票が作成されなかった者がした住民票の作成の義務付けの訴えにつき、住民票に記載されないことによる社会生活上の不利益の累積は市民生活上看過し難い、将来の選挙人名簿への未登録が回避できないなどとして重大な損害が生ずるおそれの存在を認めた上で、当該義務付けの訴えに係る請求を認容。しかし、前述のように、控訴審はこれを逆転させて、重損要件なしで却下したのである。

○東京地判平20.8.22WEBは、入管法49条1項に基づく異議の申出に理由がない旨の裁決の後に日本人と婚姻したこと等を理由とする同裁決の撤回の義務付けの訴えにつき、非申請型の義務付けの訴えに該当するとした上で、訴訟要件を判断せず、いきなり本案に入り、本案については裁量権の逸脱・濫用があるとはいえないとして棄却。私は勝訴が重要なので、訴

---

35)　山本・義務付け・差止め上79頁。
36)　山本・義務付け・差止め上96頁。

訟要件を後回しすることには異議はないが、本案を先にすることは結局敗訴ということでもあろう。

○和歌山地判平23.1.28TKC文献番号25445767は、「原告が、処分行政庁から、平成19年度の介護保険料を7万1400円とする賦課決定を受け、これを徴収されたが、その後に同年度の市民税が非課税になった結果、所定の介護保険料は2万8560円になったと主張して、被告に対し……減額更正する処分の義務付けを求めた事案」について、「本件訴えに係る減額更正処分がされないことによって原告の被る損害は金銭的損害であり、その額は大きいとはいえない。しかし、介護保険法には、介護保険料の賦課決定をした後、当該介護保険料を減額させる事由が発生した場合に、被保険者が、介護保険料の減額を保険者に求める権利を認めた規定がない。この点、審査請求の制度は設けられているが（介護保険法183条1項……）、本件に関しては、原告の審査請求を棄却する旨の裁決がされた……。また、原告は、後発的な事由をもって、平成19年度の介護保険料の賦課決定及び徴収の不当を主張するものである。このような損害の性質及び程度並びに処分の内容及び性質を勘案すると、原告の損害を回復することは困難であると認められる。

そして、以上のような損害の回復の困難の程度を考慮すると、本件訴えに係る減額更正処分がされないことにより、原告に重大な損害を生ずるおそれがあると認められ、かつ、その損害を避けるために他に適当な方法がないと認められる」とし、本案も介護保険法の規定から明らかであるとした。

○福岡高判平23.2.7判時2122号45頁：廃棄物処理法の措置命令の義務付け

産業廃棄物処理場の周辺地域に居住する者による廃棄物処理法19条の5基づく措置命令等の義務付けの訴えにつき、産業廃棄物処分場の周辺住民には生命、健康に損害を生ずるおそれがあるものと認められるとした上で、その性質上回復が著しく困難であるから「重大な損害」の生ずるおそれがあるとし、かつ、処分業者に対する民事訴訟の提起が可能であるとしても直ちに「他に適当な方法」があるとはいえないとし、「これらの事情を総合すると、現時点において、福岡県知事が法に基づく上記規制権限を行使せず、本件措置命令をしないことは、上記規制権限を定めた法の趣旨、目的や、その権限の性質等に照らし、著しく合理性を欠くものであって、そ

の裁量権の範囲を超え若しくはその濫用となると認められる」とした。上告審（最決平24.7.3TKC文献番号25482345）は、これを維持した。

○福島地判平24.4.24WEB：廃棄物処理法の設置許可取消の義務付け

1(4)で取り上げた判決である。

第4節　申請型義務付け訴訟——37条の3

1　訴訟要件

非申請型とは全く異なる。

原告適格などは性質上問題とならず、損害要件や補充性要件も求められず、他の訴えとの関係が主として問題となる[37]。

申請型にはさらに二つの種類があり、要件は次のように定められている。

(1)　不作為型（行訴法37条の3第1項1号、2項、3項1号）

①　当該法令に基づく申請又は審査請求に対し相当の期間内に何らの処分又は裁決がされないこと

②　不作為の違法確認の訴えを併合提起

(2)　拒否処分型（行訴法37条の3第1項2号、2項、3項2号）

①　当該法令に基づく申請又は審査請求を却下し又は棄却する旨の処分又は裁決がされた場合において、当該処分又は裁決が取り消されるべきものであり、又は無効若しくは不存在であること

②　取消訴訟又は無効確認の訴えの併合提起

この場合、取消訴訟には出訴期間があるので、これを併合提起しなければならない以上、この型の義務付け訴訟には出訴期間要件が付着していることになるので注意が必要である。

(3)　共通する、併合提起するにあたってのルール（行訴法37条の3第7項）

本来義務付けの訴えで原告が求めているのは、一定の処分であって、一定の裁決ではないはずなので、改正行訴法はその整理と例外を定めている。

---

[37]　なぜこのような併合強制を行う立法にしたかは、ドイツでの法実践が下敷きになっているように思われる（山本・義務付け・差止め上70頁以下参照）。山本教授はこれらの併合強制に係る不作為違法確認や取消訴訟の判決を差戻し的判決と呼ぶ。義務付け訴訟で裁判所が積極的に判断するよりも、いったん行政にもう一度判断させた方が迅速であるという意味である。

第8章　義務付け訴訟、差止め訴訟

裁決の義務付けは、取消しの訴え又は無効等確認の訴えを提起することができないときに限り、提起できるというルールである。この例外に当たる例は、実定法が裁決主義を採用している場合である[38]。

(4) 併合強制の意味と問題点

山本教授はのちの3で述べる審理の特徴（37条の3の第6項）については工夫が凝らされていると評価しつつも、次のような問題点があることを指摘している[39]。

すなわち、義務付けを取消しに従属させたがために義務付けの独自性がなくなっているとの趣旨である。

その第1は取消請求に理由があることが、義務付けの訴訟要件にも本案案要件にもなるので、取消訴訟等が認容されれば、義務付けの本案要件も認められることになる。不自然な重複と表現される。

第2は第1の逆のようなことであるが、処分時の事情によれば申請拒否処分が適法であったが、判決時までに法令等が変わり申請に応じる処分をすべき場合でも、37条の3第1項、5項からは義務付け請求も認容されないことになる。

第3は差替えが認められないような複数の拒否要件がある場合、一つの理由による拒否処分の取消と義務付けが提起されたとき、取消判決を分離して下してもその拘束力は、他の拒否理由には及ばないから、他の理由も判断しなければできない義務付け判決が困る。

第4は取消しや不作為違法の判決が分離してなされた後の、義務付けの手続きが不明瞭である。行政庁があらためて拒否処分をした場合、原告は義務付け判決を得るには併合提起要件のため、再び取消訴訟を提起する。その場合の、出訴期間、不服申立前置については、山本教授は救済的工夫を提案している。さらに、教授は、控訴審で取消判決が分離してなされ、行政庁が再度の拒否処分をした時、それの取消訴訟は行訴法19条2項民訴法143条により訴えの変更を考えることになると考察している。

---

38)　塩野・Ⅱ48頁での例では、鉱業等に係る土地利用の調整等に関する法律50条（裁定を申請することができる事項に関する訴は、裁定に対してのみ提起することができる）、電波法96条の2（この法律又はこの法律に基づく命令の規定による総務大臣の処分に不服がある者は、当該処分についての異議申立てに対する決定に対してのみ、取消しの訴えを提起することができる）がその例としてあげられている。

39)　山本・拾遺55頁以下参照。

427

その上で、山本教授は、併合強制が義務付け訴訟機能を阻害しないように次のような工夫が必要とする[40]。

義務付けだけの提訴があったら、裁判所は釈明で取消も提起するよう求める扱いであるべき。また分離した取消事件が確定して、義務付け係属中に行政庁が新たな拒否処分をしたら、その取消しは提起されたものと扱うべき。その場合、不服申立前置は経由ありと扱うべし（8条2項3号）。

さらに、本書のここで紹介するのは早すぎるようにも思うが、つぎのような立法論を提起している（難解な言い回しなので私の理解の限りによる）。

・併合強制の撤廃（義務付けの取消への従属は放棄。義務付けを起こし、その判決と矛盾すれば申請拒否処分を取消たり、無効等を宣言できる制度。

・行政手続と訴訟手続との客観的接続を適切に行う（裁判所は義務付けで判断を尽くす。事前行政手続を取るためや、原告が求める処分をしない行政庁の理由の一部がないことを確認するために、行政に差戻す趣旨の一部判決制度。

2　本案要件、勝訴要件（行訴法37条の3第5項）

(1)　勝訴見込要件

併合提起の「請求に理由があると認められ」ること。

義務付けの訴えの勝訴には、併合提起の各訴えも勝訴する場合であることが前提になっている。

(2)　羈束処分・裁量処分要件

「その義務付けの訴えに係る処分又は裁決につき、行政庁がその処分若しくは裁決をすべきであることがその処分若しくは裁決の根拠となる法令の規定から明らかであると認められ」るか、又は「行政庁がその処分若しくは裁決をしないことがその裁量権の範囲を超え若しくはその濫用となると認められるとき」。

申請者型の義務付けの訴えには審査請求の不応答、拒否も入っているため、少し要件が長いが、この二つの要件は第三者型の場合に述べたことと全く同じであるので同所を参照されたい。

勝訴見込要件が認められても羈束処分・裁量処分要件が認められない場合には、併合提起した訴えの認容判決が出されることになる。

---

40)　山本・義務付け・差止め上94頁以下参照。

第8章　義務付け訴訟、差止め訴訟

　この立法は、過去の判例の混乱を防止するためのものでもある。過去の判例で、原告が義務付け訴訟と取消訴訟を併合提起したときに、そもそも併合提起だから却下する[41]とか、義務付け訴訟の訴訟要件を充たしていても取消訴訟と併合提起なので訴えの利益がない[42]などの迷走判断があり、それに終止符を打つことにもなる。

3　管轄と審理の特徴（行訴法37条の3第3項、4項、6項）

(1)　管轄

　申請者型の義務付け訴訟の管轄は、併合提起する訴えについて他の法律で管轄が定められているときには、その裁判所に併合提起することになる。例えば、特許法178条1項は「審決に対する訴え及び審判又は再審の請求書の却下の決定に対する訴えは、東京高等裁判所の専属管轄とする」と定めるので、これらの手続についての義務付け訴訟は東京高等裁判所に提起しなければならない。

(2)　審理方法

a　総論

　申請者型の義務付け訴訟は、併合提起した訴えと弁論、裁判を分離しないで行われる。

　上にも述べたように、勝訴見込要件が認められても羈束処分・裁量処分要件が認められない場合には、併合提起した訴えの認容判決が出されるが、認容判決だけでなく、「裁判所は、審理の状況その他の事情を考慮して、第3項各号に定める訴えについてのみ終局判決をすることがより迅速な争訟の解決に資すると認めるときは、当該訴えについてのみ終局判決をすることができる」（行訴法37条の3第6項）ことになっている。この場合に裁判所は当事者の意見を聞いて、当該認容判決の訴訟手続が完結するまで、義務付けの訴えの訴訟手続を中止することができる。

　この審理の特徴は、外国のモデルがないもので[43]、併合提起の場合に、

---

41)　大阪地判昭55.11.12WEB。
42)　徳島地判昭50.4.18WEB。
43)　小早川編・研究138頁の小早川光郎発言参照。モデルがないといってもよいし、山本隆司教授のように「ドイツ法の下で残されていた問題を、義務付け訴訟に不作為の違法確認訴訟又は取消訴訟を併合提起するよう強制することによって解決する試みをしたもの」（山本・義務付け・差止め上90頁）といってもよいであろう。

429

義務付けまでは無理だと思われる事案[44]の場合に、様々な事例が今後積み重ねられていくと思われる。

山本隆司教授の様々な重要指摘の中でもとりわけ大切なのは、「見込み」問題である。立法関係者が、裁判所が、取消判決があると行政庁が原告の請求を満たす処分をする見込みがある場合に分離判決されると述べるのに対し[45]、山本教授は、そのような見込みが真に明白であれば、裁判所は取消訴訟を分離せずに特定処分ないし再決定の義務付け判決まで下すべきであろう、当事者の意思に反して、見込みを理由に義務付け訴訟手続を中止すると、紛争解決がむしろ遅延するおそれがあると言う[46]。至言である。

b 「迅速な争訟の解決」とはどのような場合か

山本隆司教授の事例予測では次のような類型があげられている[47]。

i 原告が行政手続の瑕疵を理由に手続のやりなおしを、あるいは申請に対する行政庁の不作為の違法を理由に何らかの応答処分を求めている場合。この場合に、裁判所が義務付け請求に関する実体法上の判断と同時に行政手続の瑕疵を判決で示しても、行政手続を実施ないし反復する意味がほとんどなくなる、あるいは逆に裁判所の実体判断が無駄になるおそれがある。そして、長時間が経過してから行政手続をやり直すのでは、手続の適時性が失われて手続の質が低下し、また、事案の最終的な解決が非常に遅延する。

ii ある要件事実ないし考慮要素について、行政庁が行政手続ないし行政機関の手続を経て判断していないが、こうした手続を経ずに裁判所が義務付け訴訟手続において審理・判断を行うと、行政手続に関わる私人の権利や行政機関の権限が侵害されることになる場合。義務付け訴訟が認容される可能性があると判断する裁判所は、当該行政手続ないし行政機関間の手続の実施を求める趣旨で、まず申請拒否処分取消判決あるいは不作為違法確認判決のみを下すべきである。

iii 行政庁が申請拒否の理由とした要件事実ないし考慮要素Aを、裁判

---

44) 山本教授は、その場合、行政機関に差し戻す効果を持つ判決と表現するのは、実質的には不正確で、裁判所が争点を整理することによって、原告と被告が、主張・立証、事案の調査・判断を効率的・重点的・合理的に行えるようにする趣旨の判決と言うべきとしている（山本・義務付け・差止め上94頁）。
45) 福井等・新行政事件訴訟法150頁〔村田斉志執筆〕。
46) 山本・義務付け・差止め上94頁。
47) 山本・義務付け・差止め上91-92頁参照。

所は認めない判断を固めたが、行政庁が処分時に調査・判断していなかった、Aとは別種の要件事実ないし考慮事実Bが複雑で、訴訟手続において審理・判断するのに時間を要する見込みの場合。この場合、要素Aの不存在を理由とする申請拒否処分取消判決を下すほうが迅速な解決に資するという。

ただしiiiの場合、処分理由の差替え・追加についてさらに慎重に検討すべきである。この点はeで述べる。

c　手続の中止

bの場合、裁判所は「当事者の意見を聴いて」、ⅰⅱのような場合には当然、iiiの場合も義務付け訴訟の手続は中止される。この実例は、後述の大阪地判平19.3.14WEB、大阪地判平21.9.25WEB、大阪地判平31.4.11（弁護団より入手）がある。

d　判決の基準時

併合提起の取消訴訟と義務付けで、その性質上違法判断の基準時が異なってくることにも注意しなければならない[48]。

山本教授は、仮に両訴の基準時を判決時と前提にした場合、次のような注意事項を提起している[49]。

第1は、行政庁が当初に適法に処分していれば得られたはずの私人の法的地位が、判決時には変化していて却って著しく公益に反し根拠法の趣旨に適合しなくなったケースでは、拒否処分取消訴訟は認容し、義務付けは棄却して、いわば事情判決の場合と同様、損失補償を認めるべきである。

第2は、行政庁が処分後の事情について十分な調査・判断をしないまま拒否処分を維持しているときに、こうした調査・判断に関する処分の手続的瑕疵を理由に、行訴法37条の3第6項により、義務付けから分離して拒否処分取消判決を下し、行政庁に調査・判断を促すことが考えられる。

e　理由の差替え

前述（第5章第6節）したように、取消訴訟における理由の差替えについて判例はかなり自由に認めている状況といってよい。例えば情報公開の場合がそうであるように、法が消極要件を定め、そのひとつでも存在すれば

---

[48]　通説では取消訴訟は処分時で、義務付け訴訟は判決時ということになろう。私は第5章第4節に述べたように判決時と考える。事例に応じて様々な考慮が必要である。小早川編・研究139頁以下参照。

[49]　山本・義務付け・差止め下101-102頁参照。

431

申請を拒否することができる場合、行政庁は訴訟になって別な消極要件を主張できるというのが通説判例である[50]。

このような判例の立場を前提にすると、申請型義務付け訴訟の審理の特徴である併合提起の強制の中で、bで述べた「迅速な解決」のために、取消訴訟や不作為の違法確認の判決を出す基準は慎重にしなければならない。b ⅲの場合、裁判所が考慮要素Bについて判断せずに当初の申請拒否理由Aについて申請拒否処分取消判決を選択することはできない[51]。Bを全く判断しないでは、Aだけ判断してみても差戻し的意義がほとんどないからである。判例上実例はないが、実例が現れれば認められるであろうと思われる例、例えば、酒類の販売免許申請に対し税の滞納処分を受けた者であるから（酒税法10条6号）として拒否しておいて、義務付け訴訟においてこれが維持できないからとして未成年に飲酒させた者だとする（同条7号の2）理由の追加が出たときは、いくら何でもこの追加は許すべきでないから、裁判所は前者の理由が存在しないとして直ちに取消判決を出し、これで他の理由の追加は許さないとすればよいのではなかろうか。この場合には、義務付け判決までいった方が迅速な解決になるといえるかもしれない。

理由の差替え、追加を厳格に限定する立場だと（筆者はこの立場である）、当初の拒否理由だけに取消判決はなるので、こんな判決を義務付け請求から分離して下しても、争点はほとんど解消されず、紛争の迅速な解決に示唆ない場合が多いと言われることがある[52]。しかし、そのような考えは、実務とか実践の軽視ではないだろうか。訴訟の局面は動くのである。当初の拒否理由だけの取消判決が出ることにより起こるエネルギーが、行政を包囲し、別の理由による拒否をしにくくする状況を結果することもあるのである。したがって、学説は、安易な理由の差し替え、追加は許されないとの原則的対応を取ることが正論であると思料する。

f 義務付け判決は留保して取消判決を出した場合の再度の拒否処分

ともかく裁判所には、慣れ親しんだ取消訴訟中心主義から、せっかくできた義務付けに様々な考慮を加えて、勇躍踏み込んでもらいたいものである[53]。

---

50) 塩野・Ⅱ243頁、第5章第6節で引用した逗子市情報公開条例に関する最判平11.11.19WEB参照。
51) 山本・義務付け・差止め上93頁参照。
52) 山本・義務付け・差止め上93頁参照。

第8章　義務付け訴訟、差止め訴訟

　併合強制とそれに伴う審理の特徴が、義務付け判決を回避する方向で運用されるならば、羊頭狗肉ということになってしまう。この点で裁判所の積極性とこれに対応する行政の法規範意識向上を望みたい[54]。

　最大の論点は、再度の拒否処分は許されるかという点に集約される。併合強制による審議の中で、義務付け訴訟を置いたまま、申請拒否処分取消判決が出され確定した場合、行政は再度の拒否処分をなしうるか。

　基本的にはなしえないといわねばならない。それは第1にすでに判決の効力のところで述べたように、取消判決の拘束力により行政はその判決の趣旨に従った処分をしなければならず（行訴法33条2項）、判決で取り上げられた違法事由に限られず、同一事情のもとでの同一内容の拒否処分はできないからである[55]。

　第2に原告が義務付け判決を求めているのに、裁判所が「迅速な争訟の解決に資する」と判断して取消訴訟を選択しているのであるから（行訴法37条の3第6項）、同条項の効力により、行政は迅速な解決を図らねばならず、義務付け訴訟原告の地位悪化となる再度の拒否処分はなしえない。迅速解決のために取消判決が選択されたのであり、義務付け訴訟の原告の地位の悪化は絶対に許されない[56]。

　例外は手続瑕疵による取消しであろうが、その場合でも行政は裁判所に義務付け訴訟が依然係属していることを重く考えるべきである。

g　中間判決、再決定義務付け判決と具体的義務付け判決

　非申請型義務付け訴訟の場合に中間判決の活用を提起する論者は、申請型の場合はより有力に提案される[57]。その例として、金額を確定ないし確認する行政行為の義務付け訴訟が例に上がる。

　私は非申請型で述べたように、ここでもやはり最終義務付け判決までいった方が、事案の解決に役立つと考える。

---

53)　この点では、仮の義務付けを改正法直後に出した徳島地決平17.6.7WEBの決定内容は極めて優れている。詳しくは第10章第5節(1)で取り上げる。
54)　鶴岡稔彦判事は、この点ではまだ事例は少ないが、取消訴訟に回帰するというより、同時判決を選択することの方が多くなるかもしれないという。それより基準時の違いの方が重要という。取消しは処分時、義務付けは弁論終結時であるから、例えば社会保障給付で現在からの給付は要件が合わない場合は過去の分を取るために取り消し、そのうえで過去の義務付けということもあるというのである（2006年6月23日の日弁連研修での講演）。
55)　第6章第2節5(3)b(ii)、塩野・Ⅱ192頁参照。
56)　山本・義務付け・差止め上95頁参照。
57)　山本・義務付け・差止め上92頁参照。

433

実際の裁判例において、仮の義務付け事案であるが、那覇地決平21.12.22 WEBは、生活保護開始の仮の義務付けを、「(1)生活扶助として、平成21 年12月から平成22年10月まで毎月1日限り5万4634円を、同年11月から 毎月1日限り4万0317円を仮に支払え。(2)住宅扶助として、平成21年10 月から毎月1日限り2万2500円を仮に支払え」という内容で認めた（即時 抗告審の福岡高那覇支決平22.3.19WEBも同旨）。生活保護法24条について、決 定が要件裁量を認めるかの口吻はあるが、それでも具体的な程度や方法に ついて、従前受給実績を足がかりに、金額を確定したことは義務付け（仮 の義務付け）の法の趣旨に適合したものと言えよう。

4　求める「一定の処分」の特定性（行訴法3条6項2号）

「一定」の意味を探索するためには行訴法37条の3での規定ぶりを見定 める必要がある。非申請者型義務付け訴訟で述べたことと同じであり、そ こを参照されたい。

申請型に特有なこととして、併合された取消訴訟の判決を出せば再決定 義務付け判決に近い効果はあるという点である[58]。

5　改正行訴法適用の実例（主として認容ケース）

情報公開請求の不開示の取消訴訟で、取消される場合には同時に義務付 け請求も認容されるの実務は定着しているので、その種の判例は省略する。

・東京高判平17.12.26WEBは、有効期間を3年とする運転免許証の交付 を受けた者がした、有効期間を5年とする運転免許証の交付の義務付けの 訴えにつき、有効期間を3年としたことに違法はないとして、併合提起さ れた取消しの訴えに係る請求を棄却しつつ、義務付けの訴えについては、 行政事件訴訟法第3条第6項第2号の「行政庁が一定の処分をすべきであ る」かどうかは義務付けの訴えの実体要件であり、訴訟要件ではないとし て却下しなかった。請求は棄却である。

・東京地判平18.2.28WEBは、服役中の受刑者がした、刑務所内で受け た診療等の診療録の開示の義務付けの訴えにつき、個人情報保護法に基づ く診療録の開示の申請をしていないから、申請型の義務付けの訴えとして

---

[58]　再決定義務付け判決の拘束力を厳密に定めるドイツと異なり、日本において はどちらも拘束力は判決の趣旨とそれを導くのに必要な理由中の判断のみに生ず るからである（山本・義務付け・差止め上79頁参照）。

は不適法であるとして却下した。

・岡山地判平18.4.19WEBは、処分性のところでも取り上げた判例だが、原告が、いわゆる既存宅地にホテルの建設を計画し、建築確認を申請するため、被告に対して、都市計画法施行規則60条書面の交付を申請したところ、不交付の通知を受けたことに対し、原告が、不交付の通知の取消しを求め、併せて規則60条書面の交付を求めた事案で、改正条例附則3項は、都市計画法の定める経過措置の期間を2年近くも短縮するものであって、都市計画法及び建築基準法の一部を改正する法律が地権者保護のために5年間の経過措置を設けた趣旨を没却するものであるから、同法に違反し無効であり、違法無効な条例に基づいてなされた本件不交付通知は違法であるとし、請求を認容した。

・東京地判平18.10.25WEBは、障害児就園義務付け東京事件についての本訴判決であり、確定した。なおこの事件の仮の義務付け決定については第10章第5節(1)で取り上げる。原告は児童福祉法24条1項本文の保育に欠ける要件を充たしている。但書は保育しなくてよい例外を定めるが、本件児童は障害はあっても精神的機能、運動機能に特段の障害はなく、たん等の吸引も危険回避は可能で（2、3時間に1回、1分程度看護師が世話すればよく、自分でも吸引ができるまで発達しているので）保育が可能な状態であり、これを不能とするのは裁量の範囲を超え、又は裁量権を濫用したことになるので、行訴法37条の3第5項に基づき、入園を承諾すべき旨を命ずる判決をするのが相当とした。

・大阪地判平19.3.14WEBは、個人タクシー業者からタクシー事業に係る旅客の運賃及び料金の変更認可申請を却下した運輸局長の処分に審査基準の不作成等の手続的違法があるとしてされた前記処分の取消し及び前記変更認可をすることの義務付けを求める訴えにつき、行政事件訴訟法37条の3第6項前段に基づき、取消訴訟についてのみ終局判決をした。

・東京地判平19.9.5WEBは、障害基礎年金及び障害厚生年金の裁定請求をしたところ、裁定請求日前については各障害年金を支給しない旨の処分（請求日後は障害等級2級）がされた事案につき、不支給期間についての障害等級2級の障害給付の支給決定の義務付けの訴えに係る請求を一部認容した。

・東京地判平20.2.29WEBは、在留特別許可の義務付けの訴えにつき、入管法の仕組みからすれば、入管法は、異議の申出権につき在留特別許可

435

を求める申請権としての性質を併せ有するものとして規定し、かつ、当該申請に対して在留特別許可をするか否かの応答をすべき義務を法務大臣に課したものと解するのが自然であるとして、申請型の義務付けの訴えに該当するとした上で、義務付けの訴えに係る請求を認容した。非申請型の判例として取り上げた、東京地判平20.8.22WEBと、同時期ながら、申請、非申請の考え方が異なる。

・新潟地判平20.11.14WEBは、豚舎に通じる通路の敷設を目的とする、市の管理に係る水路の使用許可申請に対して不許可処分がされた事案につき、豚舎の臭気の問題は水路の用途、目的とは直接の関連性がないことなどから、市長による不許可処分は、重視すべきでない事項を重視し、当然考慮すべき事項を十分考慮しておらず、社会通念に照らし著しく妥当性を欠き、裁量権の範囲を超え又はその濫用があったものとして違法となるとした上で、許可処分をしないことは市長の裁量権の範囲を超え又はその濫用となるとして、使用許可の義務付けの訴えに係る請求を認容した。

・大阪地判平21.9.25WEBは、初乗運賃を480円などとする一般旅客自動車運送事業に係る旅客の運賃及び料金の変更認可申請が道路運送法9条の3第2項3号の基準に適合しないとして同申請を却下した近畿運輸局長の処分が判決により取り消された後、再度、上記申請が上記基準に適合しないとして同申請を却下した同局長の処分につき、裁量権を逸脱し又はこれを濫用した違法があるとして、取消判決をするのに熟しているが、義務付けの訴えについて審理を続けた場合、審理が遅延し、迅速かつ適切な救済が得られないおそれがあるなどとして、行政事件訴訟法第37条の3第6項前段の規定に基づき、取消判決のみの終局判決（上述の大阪地判平19.3.14WEBと同様の判決スタイル）。控訴審の大阪高判平22.9.9WEBは、変更認可申請の（再）却下処分は適法であるとして当該却下処分の取消しの訴えに係る請求は棄却するとした上で、義務付けの訴えは却下処分が取り消されるべきものであるときに提起が可能であるものであり、当該義務付けの訴えは不適法であるとして却下した。

・東京地判平22.4.9WEBは、沖縄返還協定の締結に至るまでの日米政府間の交渉におけるいわゆる「密約」を示す行政文書等の不開示決定に対する、開示決定の義務付けを認容した。

・和歌山地判平24.4.25WEBは、筋萎縮性側索硬化症（ALS）の患者に対する障害者自立支援法に基づく介護給付費支給決定について、1か月当た

りの支給量が542.5時間を下回らない決定をしないことが裁量権の逸脱濫用になるとして、当該決定の一部を取り消すとともに、この限度で支給決定をするよう義務付けた。

・東京地判平25.2.26WEBは、原告（八王子食肉処理場協同組合）が、と畜場法4条1項に基づく一般と畜場設置許可処分を取り消す旨の処分を受けたため、被告八王子市に対し、取消処分の取消し、と畜検査員によるとさつ等の検査の申請について八王子市長が何らの処分をしないことの違法確認、及び八王子市長がと畜検査員に上記検査を行わせることの義務付けを求めた事案において、「八王子市長は、東京都八王子市α×丁目×××番地×ほか土地所在のと畜場（八王子食肉処理場）において、と畜検査員に、原告が平成24年10月4日付け及び同年11月1日付けでした各申請に係ると畜場法14条に規定する検査を行わせよ」との主文で認容。

・大阪地判平26.9.10WEBは、被告（大阪市）の職員が加入する労働組合等である原告らが、被告の市長に対し、3回にわたり、市庁舎の一部を組合事務所として利用するため、その目的外使用許可を申請したところ、いずれも不許可処分を受けたことから、平成26年度の不許可処分について、その取消しを求めるとともに、市庁舎の一部に係る目的外使用許可処分の義務付けを求めた事案において、同不許可処分は、取り消されるべきものであり、大阪市長が義務付けの訴えに係る処分をしないことがその裁量権の逸脱・濫用となることが認められるとした。しかし控訴審の大阪高判平27.6.26WEBは、不許可処分を適法とし、義務付けは却下した。上告審の最決平29.2.1判例集未登載は不受理。

・東京地判平28.6.17WEBは、原告が、道路の位置の指定のされた所有する土地の一部と他の者の所有する土地の一部から成る土地について、その指定の取消しを申請したところ、新宿区長から、当該道路の位置の指定のされた土地、これに沿接する土地及びこれらの土地にある建築物に関して権利を有する者の承諾が得られていないとして、道路の位置の指定の取消しをしない旨の処分をされたことについて、これらの者の承諾を得る必要はないから、上記処分は違法であり、指定を取り消す義務があるとして、処分取消しと指定取消しの義務付けを求めた事案において、新宿区長が道路位置指定の取消しをすべきことが法の規定から明らかであると認められるとして、原告の請求を認容した。控訴審の東京高判平28.11.30判時2325号21頁も同旨。

437

第5節　事前手続経由がある行政処分の義務付け

　実際に義務付け訴訟を、改正行訴法に基づき動かす場合に実務的にぶち
あたるであろう問題のひとつに、一定の手続を履践することが法定されて
いる処分について、どのように考えるかという点がある[59]。

　審査請求前置、告知聴聞、公聴会、審議会に諮って計画を策定すること、
都道府県知事の意見を聴く等の手続のことである。

　これは特に非申請権型の方で問題となる。申請型では取消訴訟との併合
提起でかなりのところ解決できるからである。

〈聴聞・弁明の機会等〉

　行手法3条1項2号が、「裁判所若しくは裁判官の裁判により、又は裁判
の執行としてなされる処分」を適用除外としているから、義務付け訴訟判
決の場合、聴聞・弁明の機会は行わなくて良い。

　実質的に見れば、例えば、違反建築物に対する除却等の措置には、その
命じようとする者に対して、意見書の提出又は公開による意見の聴取を必
要としているが（建築基準法9条）、それなくしても緊急の場合は使用禁止、
使用制限はできる（同条7項）し、また同じような手続を裁判所の審理の
中で保障することも考えられる。

〈審査請求〉

　審査請求前置の場合、前置の存在理由がおよそ三つあるといわれる。①
は大量的に行われる処分（生活保護法など）、②は専門技術的性質を有する
処分（原子炉等規制法など）、③は裁決が第三者機関によってなされること
になっている処分（独禁法、国民年金法など）。

　③についてはその争訟手続の整備度により前置制に理由があり、裁判所
の負担軽減にも役立つが、②は専門技術的な行政審査機関が独立性をもっ
て整備されていない限り、司法的救済を待たせる理由としては不十分であ
り、①は司法国家原理のもとにあって、訴訟制限によって行政統一を図っ
たり、手続的保障なしで裁判負担軽減を本位にしてはならない、不服申立

---

[59]　小早川編・研究145頁の筆者発言と150頁までの議論を参照されたい。この議
論は、改正直後の議論であるが、10数年たった今でも、案件が起こるごとに参
照すべき論点がかなりの程度つまっている。また、執務資料36-40頁も、各考え
方の整理を詳しくしている。

第8章　義務付け訴訟、差止め訴訟

てを待って処分是正を図るようなことはそもそも原処分を最終行政決定とする仕組みを疑問視させるという批判がある[60]。

③の場合で、義務付け訴訟になりそうなものとして、1999年改正前の独禁法旧88条で考察してみたい。特定の商品需給が著しく均衡を失したために事業者の事業の継続が困難になるような場合には、例外的に公正取引委員会の認可を得て生産調整などができるが（同法旧24条の3）、その認可を得た企業が制度の趣旨を逸脱して利益追求に走り、他の事業者を圧迫するような場合、圧迫された事業者が認可の取消しを求める義務付け訴訟を提起するには、独禁法旧88条が取消しの提訴には異議申立て前置（公開の聴聞を内容として委員会規則で定める）を定めていることとの対比でどう考えるかという問題となる。この場合は異議申立てであり、司法救済を優先しても差し支えないといえよう。

〈審議会〉

別な例としては、国土利用計画法14条で規制区域内の土地取引の許可を知事から得ている者が、まさに取引をしようとしているとき、その許可に係る価格は実際の取引価格と異なり、知事を騙してその地域に違法の開発をしようとしていると近隣住民が許可の取消しを求める義務付け訴訟を提起しようとした場合、同法21条で許可の取消しは土地利用審査会の裁決がいると規定している。この場合どうすることになるか。開発審査会や建築審査会などの事案では、近隣住民が開発や建築に待ったをかける義務付け訴訟をするにはやはり審査会を経る必要はあると考えられ、これと同様に考えてよいものと思われる。

審議会について、阿部泰隆教授は「もう1回検討せよ」という義務付け判決の必要性を説くために、「審議会などの手続が必要な場合は裁判所が勝手に命令を出しにくいので、何とか審議会でこういう観点から審理し直せという義務付け判決が要るのではないか」といっている[61]。

第6節　義務付け訴訟改正案

前述の日弁連「行政事件訴訟法5年後見直しに関する改正案骨子」の中

---

60)　条解第3版238頁以下参照。
61)　阿部等・鼎談22頁参照。

で、義務付け訴訟の改革を次のように提起している。

【意見】

　いわゆる非申請型義務付け訴訟については、重大な損害要件を削除して申請型義務付け訴訟と一本化するとともに、処分の特定要件を削除すべきである。また、義務付け判決の第三者効を明示し、義務付けられることになる第三者の手続保障の規定を置くべきである。

【理由】

　平成16年改正で導入された非申請型義務付け訴訟は、想定されていた三面関係訴訟など典型的な事例では認容例は見当たらず、ほとんど活用されていない。これは、重大な損害要件が厳格に運用されていることが一因と考えられる（参考判例　大阪地判平19.2.15判タ1253号134頁）。原告に「重大な損害のおそれ」がないとして、違法な行政の不作為が放置されている。もともと、非申請型は、申請権がないから、重大な損害要件を課すという立法趣旨であるが、三面関係における取消訴訟においても申請権は要求されていない。したがって、義務付け訴訟においてのみ申請権がないという理由で訴訟要件を厳格にする理由はない。

　そこで、本訴訟がより活用されるよう訴訟要件の緩和や手続の改正をすべきである。

第7節　差止めの訴え

1　総論

(1)　改正前後から平成24年最判まで

　義務付けと同様、無名抗告訴訟の明示である。予防的不作為訴訟とか、不作為の給付訴訟などと呼ばれてきた。

　長野勤評事件（最判昭47.11.30WEB）[62]、横川川事件（最判平元.7.4WEB）[63]に典型的に見られるように、様々に構成された無名抗告訴訟としての不存在

---

[62]　長野県教育委員会教育長の通達の定める勤務評定書に自己観察の結果を表示することを命ぜられた教職員が、その不履行に対して懲戒その他の不利益処分を受けるのを防止するために、あらかじめ右義務の不存在確認を求める訴えにつき、不利益処分を受けたのちこれに関する訴訟において義務の存否を争うことによっては回復しがたい重大な損害を被るおそれがあるなど、事前の救済を認めないことを著しく不相当とする特段の事情がないかぎり、訴えの利益を欠き不適法であるとした。

440

第8章　義務付け訴訟、差止め訴訟

確認は、処分差止機能を持つと扱われ、適法の扱いを受けていなかった。

　これらの訴訟が果たして無名「抗告」訴訟なのか、実質的当事者訴訟であるのかの区別は分明でなかったと言ってよいと思われる。

　差止訴訟が明文化されたのちも、予防的当事者訴訟との区別はやはり分明とは言えない。国旗国歌懲戒等予防訴訟の1審判決（東京地判平18.9.21WEB）は、国賠部分を除くと次のような請求の趣旨であった。

> 1　原告らが、被告都教委に対し、勤務する学校の入学式、卒業式等の式典会場において、会場の指定された席で国旗に向かって起立し、国歌を斉唱する義務のないことを確認する。
> 2　被告都教委は、原告らに対し、勤務する学校の入学式、卒業式等の式典会場において、会場の指定された席で国旗に向かって起立しないこと及び国歌を斉唱しないことを理由として、いかなる処分もしてはならない。
> 3　原告らが、被告都教委に対し、勤務する学校の入学式、卒業式等の式典の国歌斉唱の際に、ピアノ伴奏義務のないことを確認する。
> 4　被告都教委は、原告らに対し、勤務する学校の入学式、卒業式等の式典の国歌斉唱の際に、ピアノ伴奏をしないことを理由として、いかなる処分もしてはならない。

　これに対し、東京地裁は基本的にすべて認容したのであるが、判決の内容の訴訟類型についての評価が議論を呼んだ。無名抗告訴訟＝義務不存在確認訴訟を認めたと解するのが評者の多くを占めた。改正法は適用されるが、差止め判決だとする評者は少数だった。無名であろうと差止めであろうと、義務と言っているから処分を前提にしていると解しそのような評論となるが、法律関係の確認とも読める内容である。東京高裁は通達に処分性を認め、通達の取消訴訟等が可能とし、無名抗告訴訟としての不存在確認訴訟は不適法とし、本案結論ではすべて原告敗訴と変更した。

63）　河岸の土地の所有者が、土地が河川法上の河川区域に当たらないとして、河川管理者に対して、将来、同法上の処分禁止義務があることの確認、同法上の処分権限不存在の確認及び同法上の河川区域でないことの確認をそれぞれ求めた訴えにつき、河川法75条に基づく監督処分その他の不利益処分をまって、これに関する訴訟等において事後的に右土地が河川法にいう河川区域に属するかどうかを争ったのでは、回復しがたい重大な損害を被るおそれがある等の特段の事情があるということはできないから、右確認を求める法律上の利益を有するということはできないとした。

441

最高裁は（最判平24.2.9WEB）は、結論は原告敗訴のままだったが、訴訟類型を整理した。通達の処分性は否定した上で、予防的機能を持つ確認訴訟と、差止め訴訟の守備範囲を決めたのである。

すなわち、同じ職務命令に対する論点ではあるが、職務命令違反を理由とする懲戒処分には職務命令を違法とする差止訴訟と、職務命令違反を理由とするその他の不利益措置には職務命令を違法として職務命令の義務の不存在確認訴訟という当事者訴訟とに峻別した[64]。

(2) 無名抗告訴訟の可能性

平成24年最判のあとも敢然と無名抗告訴訟としての差止めを肯定した判決が出た。無名抗告訴訟の可能性を認めた判決とともに取り上げる。

差止め無名抗告訴訟を肯定した判決

厚木自衛隊機運行処分差止め訴訟の1審判決（横浜地判平26.5.21WEB）である。

いわく、「法定の差止訴訟は平成16年法律第84号による行訴法の改正によって導入されたものであるが、同改正の立案に携わった者は、行訴法3条7項にいう『一定の処分』に関して次のように述べている。『民事訴訟などでは、一定の程度を超える騒音を発生させてはならない旨を命ずることを求める差止めの訴えが認められることがありますが、このような差止めを求める行為を処分によってもたらされる結果だけから特定し、その原因となる処分にはさまざまなものがあるため、具体的にどの処分の差止めを求める訴えであるかが特定できないような訴えは、『一定の処分』をしてはならない旨を命ずることを求める訴訟であるとはいえませんから、第3条第7項の差止めの訴えとしては、適法な訴えとはいえないと考えられます』（小林久起『司法制度改革概説3・行政事件訴訟法』（商事法務、平成16年）185頁～186頁）。本件自衛隊機差止めの訴えのうち航空機騒音が75Wを超

---

64) 山本・諸問題78頁参照。私の言葉では抗告訴訟中心主義の発露ということになるが、山本教授も、限定、峻別は不要であったと述べ、無理に峻別しないための立法論を述べる。すなわち、処分差止訴訟は他の抗告訴訟とは法的性格が異なり、当事者訴訟とは異ならないことを前提に、当該事案における争点および行政手続の態様に鑑みて必要な場合には、処分に係る（一部の）行政手続の間、訴訟手続を中止できる旨の定めを置き、また仮の差止めの一種として、処分を行うことを妨げないが、行われた処分の効力を処分の確定までの間停止するような、事前の執行停止を申し立てる制度を設けるというものである。差止訴訟が処分手続と衝突しないための調整規定だと述べる（同79頁）。また、この最高裁判決の射程範囲は狭いと述べている（同78頁、山本「日の丸・君が代事件」論究ジュリスト3号（2012年）127頁参照）。

えることとなる運航の差止めを求める部分は、正にこの記述が想定している抽象的不作為命令（本件に即していえば、『原告らの居住地において75Wを超える騒音を発生させてはならない』という命令）と実質的には同じというべきであり、この記述に従えば、法定の差止訴訟になじまないということになる。

　以上の検討によると、自衛隊機運航処分の差止めは、法定の差止訴訟によってこれを求めるのは困難であるといわざるを得ないから、無名抗告訴訟によってこれを求めるべきであり、無名抗告訴訟としてその要件を構成すべきである（塩野宏「無名抗告訴訟の問題点」鈴木忠一＝三ヶ月章監修『新・実務民事訴訟講座9』（日本評論社、昭和58年）113頁参照）。法定抗告訴訟に関する行訴法の各規定が想定していない自衛隊機運航処分という特殊な行政処分に対しては、これに応じた特殊な救済方法が認められなければならないのである」と。

　自主的に考え抜かれた判決である。我々が求める司法の姿が具体化された見事な判決というべきである。

　控訴審（東京高判平27.7.30民集70巻8号2037頁）は、法定差止訴訟と捉え、午後10時から翌日午前6時までの自衛隊機の運航は、これによって周辺住民に与える被害がその運航により達成しようとする行政目的と対比して過大であり、客観的にやむを得ない事由に基づく場合を除き、原則として、自衛隊法107条5項により周辺住民に対して講ずべきものとされる災害防止等の措置義務に反し、防衛大臣に与えられた運航統括権限の範囲を逸脱又は濫用するものとして違法であり、防衛大臣は、平成28年12月31日までの間、上記の場合を除き、厚木飛行場において上記の時間帯において自衛隊の使用する航空機を運航させてはならないと述べた。

　しかし、上告審（最判平28.12.8WEB）は、行政事件訴訟法37条の4第1項所定の「重大な損害を生ずるおそれ」があると認めたものの、被害軽減のため、自衛隊機の運航に係る自主規制や周辺対策事業の実施など相応の対策措置が講じられている等の事情を総合考慮すれば、同飛行場において、将来にわたり自衛隊機の運航が行われることが、社会通念に照らし著しく妥当性を欠くものと認めることは困難であるから、同飛行場における自衛隊機の一定の運航に係る防衛大臣の権限の行使が、行政事件訴訟法37条の4第5項の行政庁がその処分をすることがその裁量権の範囲を超え又はその濫用となると認められるときに当たるということはできないとして、

原告らの訴えをすべて認めなかった[65]。

2　訴訟要件（行訴法37条の4第1項～4項）

(1)　原告適格

9条2項が、第三者の処分の差止めに適用されることになる（行訴法37条の4第3項、4項）。

(2)　「一定の処分又は裁決がされることにより重大な損害を生ずるおそれがある場合」（損害要件）。

①　一定の処分

非申請型義務付け訴訟で述べたことと同様と考えるが、後述の東京地判平20.1.29WEBは、裁判所が判断することができる程度にまでは特定している必要があるとしている。

②　重大な損害

この要件の重大な損害についての解釈指針として同条2項があり、これは非申請型の義務付け訴訟のところで述べたと同様であるので、その箇所を参照されたい。

この要件は、前述の長野勤評の最高裁判決の要件「回復し難い重大な損害」を明らかに立法で緩和した。

山本教授は、この重大な損害要件は執行停止の重大な損害と法的性質を同じだとし、非申請型義務付けの重大な損害とは異にするという[66]。

すなわち、差止めと執行停止の重大な損害は、権利保護のタイミングまたは紛争の成熟性に関わり、その時点で裁判手続による権利保護を求めることを根拠づける（不）利益とする。具体的には、差止めの重大な損害は、行政手続と行政訴訟手続との結節点よりも前の時点で訴えの利益を根拠づけるだけの、個別事案における原告個々人の具体的状況から生じる現実の

---

[65]　このいわゆる第4次厚木基地訴訟で、運航という事実行為に対し自衛隊機運航処分という不自然な構成をし、差止訴訟の基礎にしたのは、弁護団でも第4次訴訟の地裁～最高裁でもない。いわゆる第1次訴訟の最高裁判決（**最判平5.2.25WEB**）である。そしてその後ろには大阪空港判決（**最大判昭56.12.16WEB**）が控えている。空港については民事上の請求は不適法とし、第1次訴訟最高裁判決もこの立場を継承したために、いわば行政事件で争うしかないようにいわば追い込まれての結果である。不自然な行政処分構成をやめ、民事訴訟や当事者訴訟で争えるようにする責任は最高裁大法廷にあろう。なお、弁護団の中心である福田護弁護士の「厚木基地航空機飛行差止訴訟の現場から」（判時2330号56頁）は、この問題の理論、実務、運動の集大成である。

[66]　山本・諸問題74-75頁参照。

第8章　義務付け訴訟、差止め訴訟

（不）利益であること。執行停止の重大な損害は、他の仮の救済の場合と同様、原告＝申立人が当該事案において本案判決までの時間に失う利益を、より具体的に示す必要があることとする。

③　新たな要件の付与

　この規定ぶりにつき、「行政処分がなされる前に差止訴訟を提起するのか、具体的な処分が行なわれた後に取消訴訟等を提起して執行停止をかけるのか、というルート選択が問題になるとき、後者が原則的（優先的）であるという整理がされたものということもできる」と述べる解釈（執行停止優先論と名付ける）[67]があるが疑問である。

　執行停止の要件と同じ要件にして、どちらの選択も同等としたとみるのが自然であり、実践的であり、かつ取消訴訟中心主義からの少しでもの脱却という精神からしても当然のことと思われる[68]。

　しかし、最高裁では前述の最判平24.2.9により、執行停止優先論がとられた。

いわく「行政庁が処分をする前に裁判所が事前にその適法性を判断して差止めを命ずるのは、国民の権利利益の実効的な救済及び司法と行政の権能の適切な均衡の双方の観点から、そのような判断と措置を事前に行わなければならないだけの救済の必要性がある場合であることを要するものと解される。したがって、差止めの訴えの訴訟要件としての上記『重大な損害を生ずるおそれ』があると認められるためには、処分がされることにより生ずるおそれのある損害が、処分がされた後に取消訴訟等を提起して執行停止の決定を受けることなどにより容易に救済を受けることができるものではなく、処分がされる前に差止めを命ずる方法によるのでなければ救済を受けることが困難なものであることを要すると解するのが相当である」と。

　これにより、重大な損害要件には、法文によらず限定要件が追加されたことになる。

④　重大な損害の具体的なかみ

　執行停止では容易に救済ができないその具体的なかみを最高裁は次のように判断している。

「本件通達を踏まえて懲戒処分が反復継続的かつ累積加重的にされる危

---

67)　橋本・解説78頁。小林・訴訟法188頁も同旨。
68)　小早川編・研究142頁以下の議論参照。特に143頁の筆者発言を参照されたい。

445

険が現に存在する状況の下では、事案の性質等のために取消訴訟等の判決
確定に至るまでに相応の期間を要している間に、毎年度2回以上の各式典
を契機として上記のように懲戒処分が反復継続的かつ累積加重的にされて
いくと事後的な損害の回復が著しく困難になる」。

この点を、山本教授は「将来発生する紛争ないし権利侵害を根本的・抜
本的に解決ないし除去する現実の必要性」と評し、現に存在する危険が認
められれば、不利益処分差止めを適法とする余地があるとしている[69]。

⑤　第三者の不利益

重大な損害に第三者の損害も含まれるのかという論点である。

山本隆司教授は、25条2項の重大な損害が違法性判断と実務上相関し、
37条の4第1項の重大な損害とある程度連動していることを考慮し、判断
すべき第三者の利益が、10条1項の意味で、原告ないし申立人の法律上の
利益に関係し要保護性のある利益、原告ないし申立人の利益に関係する違
法性を根拠づける法規範が保護する利益であれば、重大な損害に含めてよ
いという[70]。

検証研究会の報告書では、第三者の不利益を本人の不利益と同視して考
慮することが、改正の要否はともかく、望ましいとの点には異論はなかっ
たとされている[71]。

(3) 「損害を避けるため他に適当な方法があるときは、この限りでない」 （補充性要件）。

「他に適当な方法」の意味については、非申請型の義務付け訴訟のとこ
ろで書いたことを参照されたい[72]。

他の適当な方法に当たる場合としては、個別法において一定の処分を猶
予する特別の救済手段を定めている場合（例えば、国税徴収法90条3項、国家
公務員法108条の3第8項、地方公務員法53条8項、職員団体等に対する法人格の付
与に関する法律8条3項）のような場合といわれている[73]。

---

69)　山本・前掲注64)「日の丸・君が代事件」122頁参照。
70)　山本・諸問題75頁参照。
71)　高橋編・検証414頁参照。
72)　小早川編・研究144頁の亘理格、村田斉志発言により、補充性が限定的であ
　　ることを参照されたい。また塩野・Ⅱ249頁も、補充性要件が差止めでは義務付
　　けと違って但書として規定されていることに注意せよとして「重大な損害が生ず
　　るかぎり訴訟要件は充足するわけで、例外を認めるには相応の根拠が必要であ
　　る」という。
73)　第26回行政訴訟検討会配付資料参照。

446

第8章　義務付け訴訟、差止め訴訟

3　本案要件、勝訴要件（行訴法37条の4第5項）

「その差止めの訴えに係る処分又は裁決につき、行政庁がその処分若しくは裁決をすべきでないことがその処分若しくは裁決の根拠となる法令の規定から明らかであると認められ又は行政庁がその処分若しくは裁決をすることがその裁量権の範囲を超え若しくはその濫用となると認められるとき」という要件は、義務付け訴訟の場合と同様であり、前述したところを参照されたい。

義務付け訴訟にも共通するこの本案要件に関し、「行政の第一次判断権」との関係で、従来は論じられてきた。裁判所が義務付けや差止めをすることが、行政の第一次判断権を侵すかどうかという議論である。

しかし、訴訟類型に取り入れられたいわば「有名」抗告訴訟としての要件としては第一次判断権の問題は考慮する必要はなくなり[74]、この本案要件を充たせばよいことに、端的になる。

したがって、ノーアクションレター（法令適用事前確認手続）[75]も、行訴法3条7項の「すべきでないにかかわらずこれがされようとしている場合」の解釈として活用すればよいと思われる。

問題はここでも、行訴法37条の4第1項に定める「一定の処分又は裁決」の一定の内容を、どの程度まで特定する必要があるかということである。これも義務付け訴訟の項で説明した。

4　行政手続との関係、第三者の参加、判決の効果

行政手続との関係は、義務付け訴訟で述べたところを参照されたい。

審議会については、後述する東京地判平19.5.25WEBを参照されたい。

差止め訴訟にも当然第三者が想定されるから、差止め訴訟にその第三者をなるべく引き込んでおくべきことは、非申請型の義務付けの項で述べた通りである。

差止め判決に反した処分を行政が行えば、その処分は無効の瑕疵を帯有

---

74)　橋本・解説66頁参照。
75)　藤山＝村田編・行政争訟196頁以下〔阿部哲茂執筆〕参照。この論稿によると本来の語感に合致するアメリカの制度と、日本版の法令適用事前確認手続とは異なるものである。アメリカのそれはノーアクションレターを受け取ることにより法執行の不存在証明となるのであるが、日本版のそれは単なる確認にすぎない。なお、同書253-254頁〔徳地淳執筆〕も参照のこと。

447

すると解すべきである。

5　改正法適用の実例

・大阪地判平18.2.22WEBも控訴審の大阪高判平19.1.24WEBと同旨。リサイクルセンターを設置して建設廃材の中間処理業を営むとしてされた産業廃棄物処分業の許可処分について地域住民等が差止めを求めた事案。高裁は、構造、設備、処分予定の廃棄物の種類、量等のほか、被害は周辺地域において生活し続け、これを反復・継続して受けるに従って増大、深刻化等する性質であることにかんがみると、本件許可処分がされ、産業廃棄物の処理が開始されることによって直ちに生命、健康又は生活環境に係る著しい被害を受けるような事態は想定し難いとした上で、取消しの訴えを提起して執行停止を受けることにより避けることができるような性質、程度のものであり、「重大な損害」を生ずるおそれがないとして却下。

・名古屋地判平18.8.10WEBは、窃盗の罪で実刑判決を受けて受刑することになった原告が、生物学上及び戸籍上は男性であるものの、性同一性障害のため、心理的、社会的には女性として生活してきたことを理由に、拘置所長により、刑事施設及び受刑者の処遇等に関する法律37条に基づく男子受刑者としての調髪処分を受けることになれば、耐えがたい精神的苦痛を被り、そのような処分は憲法上保障されている髪型を自由に決定する権利を侵害する違法な処分であるなどと主張して差止めを求めた。判決は調髪処分がなされるときは、原告に同処分の取消しの訴え及び執行停止による事後審査によっては、回復することが困難な「重大な損害」が生じるおそれがあると認めるのが相当であるとして、その要件の充足は認定したが、本案要件としては、拘禁目的との関係では髪型処分には名古屋拘置所長の裁量権の範囲を超え若しくはその濫用となると認めることはできないとして認めなかった。

・東京地判平18.9.21WEB、控訴審東京高判平23.1.28WEB、最判平24.2.9WEBは、すでに詳細に見てきたところであるので、参照されたい。国旗国歌事件である。

・東京地判平18.10.20WEBは、18歳に満たない者を深夜業に使用したとの事実により罰金刑の判決を言い渡された者が、労働者派遣事業の適正な運営の確保及び派遣労働者の就業条件の整備等に関する法律14条に基づく一般労働者派遣事業の許可の取消処分の差止めを求めた事案につき、①

448

第8章　義務付け訴訟、差止め訴訟

有罪判決を受け、控訴審においても控訴棄却の判決を受けていること、有罪判決を受けたことが許可の取消事由に該当することなどから取消処分の「相当の蓋然性」があり、②許可の取消処分が行われれば営業の基盤に甚大な影響が生じるなどとして「重大な損害」を生じるおそれがあるとした。本案については裁量権の逸脱・濫用はないとして棄却。

・東京地判平19.5.25WEBも控訴審の東京高判平19.12.5WEBと同旨。高裁は、アマチュア無線局の免許等を有する者らが、2メガヘルツから30メガヘルツまでの周波数に係る電力線搬送通信設備に係る総務大臣がする電波法施行規則44条1項1号(1)及び46条の2の型式指定並びに電波法100条1項1号の許可の各差止めを求めた事案につき、これらの総務大臣の処分は異議申立てがあったときは電波監理審議会の議に付し、その審理を経た上で、その議決により決定を行うこととされ、その審理においては準司法手続が採用され、異議申立てに対する決定に対してのみ取消訴訟が提起できるという裁決主義が採用され、さらに、その取消訴訟は第一審が省略されて東京高等裁判所に専属し、実質的証拠法則が定められているところ、その趣旨は、電波法等に基づく処分の適否という専門技術的事項については、電波監理審議会の専門的知識経験に基づく事実認定を尊重し、裁判所が証拠に基づく事実認定を行うことを留保したものであり、差止めの訴えを許容した場合にはその趣旨を没却することになるなどとした上で、電波法は電波監理審議会の審理を経た後の決定に対する取消訴訟のみを救済手段として予定しているとして、当該差止めの訴えは不適法であるとした。

・大阪地判平19.11.28WEBは、運転免許停止処分を受けたタクシー乗務員がその後の違反行為を理由とする再度の運転免許停止処分（「第二処分」）の差止めを求めた事案につき、第二処分がされれば乗務員として勤務することが不可能になるものの他の業務に一時的に就くことまで禁じられていない、第二処分の取消訴訟を提起するとともにその執行停止を申し立てることは妨げられないし、取り消されれば前歴として評価されることもないなどとした上で、取消しの訴えを提起して執行停止を受けることにより避けることができるような性質、程度のものであり、「重大な損害」を生ずるおそれがないとして却下した。

・東京地判平20.1.18WEBは、公安委員会から違反点数を合計6点付加された者が、30日間の運転免許停止処分がされる状況になったとして、その差止めを求めた事案につき、免停処分により移動手段を奪われ、移動

449

の自由や活動がある程度制限され、ある程度の経済的損害が生じ、これに伴い精神的苦痛を被ることがあるとしても、免許の効力停止等の行政処分手続が達成しようとする行政目的を考慮すると、そのような不利益は当然に予定されているというべきであり、仮に違反行為の事実関係を争いたいというのであれば、取消訴訟を提起してその適法性を争うことができ、それで足りるなどとした上で、「重大な損害」を生ずるおそれがないとして却下。

・東京地判平20.1.29WEBは、小田急事件の1事件であるが、「鉄道施設変更後の高架鉄道施設上を（鉄道運送事業者が）鉄道を複々線で走行させることを許す一切の処分」の差止めを求めた事案につき、鉄道事業法及び同法施行規則上列車の走行に直接関係すると考えられる処分だけでも複数あるが、原告はこれ以上特定できないと主張するのみで、どの処分を審理の対象として取り上げるべきかを知ることさえできないのであり、行政事件訴訟法第3条7項の定める「一定の処分」に当たらないとして、当該差止めの訴えは不適法として却下。

・大阪地判平20.1.31WEBは、保険医療機関の指定を受けた歯科医院の開設者及び保険医の登録を受けた歯科医師が、健康保険法80条に基づく保険医療機関指定の取消処分及び同法81条に基づく保険医登録の取消処分の各差止めを求めた事案につき、各取消処分によって生じる大幅な収入の減少や歯科医師等としての社会的評価、信用性の失墜によって、歯科医院の経営破綻という「重大な損害」を受けるおそれがあるとした。本案については違法ではないとして棄却。

・那覇地判平21.1.20判タ1337号131頁は、建築予定の建物の近隣住民が建築基準法6条1項に基づく建築確認処分の差止めを求めた事案につき、①確認申請に係る所定の補正がされれば速やかに処分がされる可能性が高いため処分の「蓋然性」が相当程度あるというべきであり、②建物が建築されることで日照等を阻害され、災害により倒壊する等した場合には生命、身体及び財産が侵害される可能性があるから、「重大な損害」が生ずるおそれがあり、かつ、これを避けるため「他に適当な方法」があるとはいえないとした。景観利益は一定程度制限される可能性があることは認められるものの、具体的にどの程度侵害されるものであるかは明らかではなく、全証拠によっても「重大な損害」を生ずるおそれがあると認めることは困難であるとした。本案については建築計画に違法はないとして棄却。

450

第8章　義務付け訴訟、差止め訴訟

・広島地判平21.10.1WEBは、鞆の浦事件の本訴判決であり、初の差止め判決である。公有水面埋立の免許（公有水面埋立法2条1項）の差止めを求めた事案につき、景観利益を主張する者について、①免許に基づく工事の施工後はその復旧は容易でなく、取消しの訴えを提起した上で執行停止の申立てをしたとしても、直ちに執行停止を受けることができるとは考え難いこと、②景観利益は日々の生活に密接に関連した利益といえ、金銭賠償によって回復することは困難な性質のものであることを理由に「重大な損害」を生ずるおそれがあり、かつ、その損害を避けるため「他に適当な方法」があるとはいえないとした上で認容した。この件の仮の差止めについては第10章で取り上げる。

・福岡高判平22.3.25WEBは、成建築確認を受けた建築計画に基づく建築工事を請け負った建設業者が、建築基準法第9条1項に基づく是正命令としての工事施工停止命令の差止めを求めた事案につき、工事遅延による信用毀損や経済的損害は、停止命令の取消訴訟を提起し、認容されれば回復が可能であるなどとした上で、「重大な損害」を生ずるおそれがないとして却下。

・大阪地判平22.8.27判例地方自治347号84頁は、被告補助参加人Ａ社が、市道に都市ガス管の埋設を計画し、被告門真市に道路法32条1項に基づく市道の道路占用許可処分を申請したところ、市道にLPガス管を埋設してLPガス管小規模供給事業を営んでいる原告が、処分は道路法33条1条等に定める保安協議要件を満たさない違法なものであり、処分がされることにより原告に重大な損害が生ずるおそれがあるなどとして、差止めを求めた事案において、裁判所は、埋設工事及びその後の掘削工事等の際、原告が主張するような事故が発生する可能性は高くないというべきであるから、通常の一般人からみて処分がされることにより損害が生ずる具体的なおそれがあるとは認められず、つまり、本件処分がされることにより「重大な損害」が生ずるおそれがあるとは認められないからとして却下した。

・福岡地判平23.9.29判例秘書L0660543は、東九州自動車道の新設工事に関し、予定路線地の所有者等が、土地収用法20条に基づく事業認定の差止めを求めた事案につき、処分の蓋然性は認めたものの、事業認定がされたとしても、別途収用裁決等がされるまでは所有権その他の権利が奪われるなど重大な影響が生ずるわけではなく、その他の影響についても収用裁決等によって生じるものであり、事業認定処分及び収用裁決等がされた

451

後にその取消訴訟等を提起し、執行停止を受けることで回避が可能であるなどとした上で、「重大な損害」を生ずるおそれがないとして却下。

・名古屋地判平25.5.31WEBは、タクシー事業を営む原告が、一般乗用旅客自動車運送事業における指定地域及び乗務距離の最高限度を定める公示が違法である旨主張して、本件公示の取消し等を求めるとともに、本件公示に係る乗務距離の最高限度を超えたことを理由とする処分の差止め等を求めた事案において、本件公示当時のA社圏においては、乗務距離規制の最高限度を設けるまでもなく、乗務距離が減少したものであり、輸送の安全確保のための規制手段としての乗務距離規制の効果という観点からも、新たにA社圏を乗務距離の規制地域に指定する必要性が認められるとした運輸局長の判断は、事実の基礎を欠き、社会通念に照らして著しく妥当性を欠くものであり、裁量権の範囲を逸脱し又はこれを濫用したものといわざるを得ないとし、「自動車その他の輸送施設の当該事業のための使用の停止、事業の停止又は許可の取消しの各処分をしてはならない」との差止めを認容した。控訴審の名古屋高判平26.5.30WEBも同旨。

・奈良地判平25.8.20判例地方自治387号57頁は、原告らが、葛城市は金剛生駒紀泉国定公園の第2特別地域内に所在する計画図の赤線で囲まれた部分の土地に一般廃棄物処理施設（クリーンセンター）の建設を計画しているところ、建設されて稼働を始めると、本件予定地周辺の自然的、歴史的及び文化的な景観利益が侵害され、事後的に同利益を回復することは不可能となる旨主張して、被告（奈良県）に対し、処分行政庁が本件予定地における本件施設の建設に係る自然公園法20条3条に基づく許可をすることの差止めを求めた事案において、原告らの本件訴えは、「蓋然性」、「重大な損害」の要件がなく不適法であるとして却下した。控訴審の大阪高判平26.4.25判例地方自治387号47頁も同旨。

・東京地判平26.3.28判時2248号10頁は、「特別区・武三交通圏」において道路運送法に基づくタクシー業を営む原告が、関東運輸局長がした一般乗用旅客自動車運送事業における指定地域及び乗務距離の最高限度に関する公示が違法であるとして、被告（国）に対し、主位的には、同公示のうち乗務距離の最高限度を定めた部分の取消しと、最高限度を超えたことを理由とする不利益処分の差止めを、予備的には、同公示に定められた最高限度を超えて運転者を事業用自動車に乗務させることができる地位にあることの確認と、最高限度を超えたことを理由とする不利益処分の差止め

第8章　義務付け訴訟、差止め訴訟

を求めた事案において、事後的に金銭による回復が可能として「重大な損害」がないとして却下し、予備的請求のうち、地位確認請求に係る部分を認容した。控訴審の東京高判平27.2.12TKC文献番号25543384も差止請求部分は同旨。

・津地判平26.4.17判時2285号39頁は、採石計画について、業者が認可を早く出せと義務付けを申し立て、漁連が認可を差止めよと申し立てた両件が併合された興味のある事件である。裁判所は業者の義務付けを認容し、漁連の差止めを「重大な損害」の立証がないとして却下した。控訴審の名古屋高判平27.7.10判時2285号23頁は、業者の義務付けを実体判断で棄却した。最決平28.7.5TKC文献番号25543633は上告棄却、受理しない決定。

・厚木基地の横浜地判平26.5.21WEB、控訴審（東京高判平27.7.30民集70巻8号2037頁）、最判平28.12.8WEBについては、すでに詳細にみたので参照されたい。

・東京地判平26.8.8訟務月報62巻9号1548頁は、水俣病に罹患したとして熊本県知事に対して公健法に基づく水俣病の認定申請をした原告が、被告国が発出した「公害健康被害の補償等に関する法律に基づく水俣病の認定における総合的検討について（通知）」は違法であって、同通知に基づいて認定審査がされると原告が水俣病と認定される可能性がなくなるなどと主張して、被告国に対し、取り消すことの義務付けを求めるとともに、被告熊本県に対し、認定審査をすること及び処分をすることの差止めを求めた事案において、各訴えは、通知や認定審査に「処分性」がなく、「重大な損害」もないとして、いずれも不適法であるとして、却下した。控訴審の東京高判平27.6.25訟務月報62巻9号1533頁も同旨。最決平27.12.1TKC文献番号25542412は上告棄却、受理しないとした。

・大阪地判平27.11.20WEB、大阪高判平27.11.20WEBは、上述の名古屋地判平25.5.31WEB、名古屋高判平26.5.30WEBと各同旨の判決。

・大阪地判平27.12.16WEBは、タクシー事業を営む原告が、原告の届け出た運賃が公定幅運賃の範囲内にないことを理由として、輸送施設使用停止処分及び運賃変更命令を受けるおそれがあり、さらに、運賃変更命令に違反したことを理由として、事業許可取消処分を受けるおそれがあるなどと主張して、被告に対し、本件各処分の差止めを求めた事案において、本件公定幅運賃の下限額は、考慮すべき事項を考慮せずに指定されたものであり、合理性を欠くものと認められ、本件公定幅運賃の範囲の指定につい

453

ては、近畿運輸局長の裁量権の範囲を超え又はその濫用があるものということができるから、上記指定を前提に、運賃変更命令又は運賃変更命令違反を理由とする使用停止処分若しくは事業許可取消処分をすることも、裁量権の範囲を超え又はその濫用があるとして、違法となるとし、差止め請求を一部認容した。控訴審の大阪高判平28.6.17WEBは、差止め部分の一部を変更して却下したが、運賃変更命令の差止は維持している。

第8節　差止め訴訟改正案

　前述の日弁連「行政事件訴訟法5年後見直しに関する改正案骨子」の中で、差止め訴訟の改革を次のように提起している。

【意見】
　差止めの訴えについては、「重大な損害」要件の削除を含め、より活用されるよう、訴訟要件を緩和すべきである。また、裁決主義・不服申立前置との関係や取消訴訟への訴えの変更について、差止訴訟のさらなる活用を図る方向で、立法上の手当てをすべきである。

【理由】
　現在、差止訴訟は十分に活用されているとは言いがたい。特に重大な損害要件について確立されつつある現在の解釈は、取消訴訟及び執行停止との役割分担の観点から考えても厳格に過ぎ、差止訴訟の有効活用の障害になっていると考えられる（参考判例　大阪地判平19.11.28判例地方自治315号73頁）。取消訴訟の段階で救済される可能性があるからという理由で差止訴訟を却下するのではなく、紛争の成熟性があり、司法判断が可能であれば、事前に差し止めることが合理的な救済制度であると考えられる。そこで、上記意見のとおり訴訟要件を緩和すべきである。
　また、差止訴訟を提起し、仮の差止めを申立てていても、訴訟係属中に処分がされ、訴えの利益を失うケースが見られるが、裁決主義・不服申立前置との関係や取消訴訟への訴えの変更について、差止訴訟のさらなる活用を図る方向で、立法上の手当てをすべきである。

第9章
当事者訴訟、争点訴訟

第1節　総論

　当事者訴訟は行訴法4条、39条から41条、46条3項に規定されており、44条の適用関係も問題となる。

　当事者訴訟とは、改正後は「この法律において『当事者訴訟』とは、当事者間の法律関係を確認し又は形成する処分又は裁決に関する訴訟で法令の規定によりその法律関係の当事者の一方を被告とするもの及び<u>公法上の法律関係に関する確認の訴えその他の公法上の法律関係に関する訴訟をいう</u>」(4条) となっている。

　アンダーライン部分が改正で入った部分である。

　改正内容、改正条文のうち、この当事者訴訟は、被告適格の次に多用され、原告代理人たちのお気に入りツール、多用ツールとなっている。そして、この類型はまだ発展途上であると考えられる。

　なお、第10章で取り上げるが、当事者訴訟の仮の救済手段についての理論的な詰めがこれまで弱かった。この点を明確にすることも、当事者訴訟の機能を利用勝手の良いものにする方策である。

第2節　当事者訴訟の歴史、種類

当事者訴訟というネーミングが明文に現れたのは1962年の行訴法だっ

た。行訴法の体系はすでに第1章で述べたが、当事者訴訟は抗告訴訟と並ぶ行政訴訟の一類型となったのである[1]。

行特法1条が「行政庁の違法な処分の取消又は変更に係る訴訟その他公法上の権利関係に関する訴訟については、この法律によるの外、民事訴訟法の定めるところによる」と定めて、行政訴訟の概念を取消訴訟を含む「公法上の権利関係に関する訴訟」（現在の当事者訴訟と同じ表現である）と端的に規定していたから、当事者訴訟の中に取消訴訟が含まれると観念され、または観念される可能性をもっていたのであったこと、ところが行訴法が、行政訴訟の概念を「抗告訴訟」、「当事者訴訟」、「民衆訴訟」、「機関訴訟」と四つに分けてしまったことにより、抗告訴訟の中核である取消訴訟と当事者訴訟は切断されたという点については第3章で述べたところである。

明文化された行訴法の当事者訴訟は2種ある（4条）。

第1は「当事者間の法律関係を確認し又は形成する処分又は裁決に関する訴訟で法令の規定によりその法律関係の当事者の一方を被告とするもの」で、これを講学上「形式的当事者訴訟」という。

第2は「公法上の法律関係に関する確認の訴えその他の公法上の法律関係に関する訴訟」で、これを講学上「実質的当事者訴訟」とか「公法上の当事者訴訟」という。

第3節　形式的当事者訴訟

行訴法4条の法文にあるように、この類型は法令の規定によって定められているから、さして難しい論点はない[2]。

法令の規定は次のようなものである。

① 損失補償に関する訴訟

土地収用法133条、河川法42条、公有水面埋立法44条、ガス事業法45条、航空法49条、鉱業法97条、道路運送法69条、鉄道事業法22条、都市計画法28条、52条の5、60条の3、道路法69条、自然公園法53条、結核予防法31条、文化財保護法41条、港湾法41条、漁業法39条、自衛隊法105条

---

1) 公法上の当事者訴訟の歴史、特徴については、阿部・要件論234-240頁参照。
2) 以下の分類や制度説明については、条解113頁以下〔山田洋執筆〕を参照した。

第9章　当事者訴訟、争点訴訟

など。

② 知的財産に関する訴訟

特許法183条、184条、179条、123条、実用新案法47条、48条、意匠法59条、60条、著作権法72条、商標法63条など。

この訴訟の性質についての議論はあるが、その分類によって結論が決まるものでもないので、特に取り上げることはしない。

第4節　実質的当事者訴訟

1　総論——大きく再登場

行特法が行訴法下での実質的当事者訴訟を行政訴訟全体を指すものとして使用していたことは本章第2節で述べた通りである。私法をつかさどる民事訴訟に対する、公法をつかさどる行政訴訟の意であった。

しかし行訴法が行政訴訟を大きく抗告訴訟と当事者訴訟に分けたことにより、実質的当事者訴訟が行政訴訟を代表するものでなくなったばかりでなく、マイナーな行政訴訟とでもいう存在になったこと、そして公法上の当事者訴訟の別名をもつこの制度は、公法私法二元論への風当たりが強くなっていった学界においては、ほとんど論じられることのない制度として存在した[3]。

ところが行訴法改正において、その存在は今や大きなものとして再登場した[4]。

2　処分性に関する改正を見送ったことへの代替的改正

すでにみたように処分性に関する改正は見送られた。

---

[3] 阿部泰隆教授は当事者訴訟の「安楽死」を提案したほどであった（阿部・要件論234頁以下）。阿部教授が批判した園部逸夫、高木光説などは当事者訴訟に光を当てていた数少ない論者であった。なお、碓井光明「公法上の当事者訴訟の動向（一）（二）」自治研究85巻3号、4号（2009年）、野口貴公美「『確認の利益』に関する一分析」法学新報116巻9・10号（2010年）参照。

[4] これに対し、改正を担当した行政訴訟検討会の塩野宏座長の教科書では、準用される職権証拠調べ（24条）、判決の拘束力（33条1項）などにつき、「必ずしも重要なものではない」と書かれている（塩野・Ⅱ258頁）。この表現は学者としての体系上のものであろうが、改正法の審議過程を見続けたものとしては違和感があり、弁護士としては異論がある。そのことは8章までとこの後の本書の記述内容から理解願えると確信している。

457

訴訟類型では、表面的にみると、抗告訴訟に義務付けの訴え（行訴法3
条6項）と差止めの訴え（同条7項）が追加され、当事者訴訟の公法上の法
律関係に関する訴訟に注意的に「公法上の法律関係に関する確認の訴えそ
の他の」という修飾節が付加されたことがあげられる（この付加され再確認
された訴えを本書では今後「確認の訴え等」と略称する）。

　「表面的」の意味は、行政訴訟検討会では、2004年改正は処分性に関す
る改正を見送るかわりに、「確認の訴え等」により処分性を拡大するのと
同じような効果をもたせたいという意向が事務局から発信され[5]、両院の
各法務委員会における法案の政府側及び参考人からの説明にもこのことが
強調された[6]。

　「確認の訴え等」が裁判実務においても、現実にこのように運用される
とすれば、処分性に関する改正が見送られたにもかかわらず、かなりの程
度処分性の拡大と同様の効果をもたらすことになると思われる[7]。

　このような意味で、2004年改正は表面だけを形式的にみずに、立案経過、
審議経過にそって全面的に捉える必要がある。したがって、改正法は、訴
訟類型の補充によって処分性問題にも一定の影響を与えたとみるべきであ
る。

　そして、このような見方を支える理由がもうひとつ存在する。それはす
でに述べた被告適格の改正である。抗告訴訟の被告も改正前の「行政庁」

---

　5)　第10回検討会資料1「行政訴訟の類型に関する検討資料（補充）」の「1(2)の③
　　無効等確認の訴えの限界及び問題点」の中に当事者訴訟としての確認訴訟が明確
　　に記述され、第19回検討会での「主な検討事項」で明確化され、第24回検討会
　　での「たたき台」ではさらに明確にしたうえで最優先課題としてでなく、第2レ
　　ベルの「なお検討」項目に落とされ、第27回検討会のまとめである「考え方」
　　でも立法化見送りの公算の強い記述となっていた。そこで我々が各方面に働きか
　　けた結果、推進本部は2004年1月23日の自民党政務調査会司法制度調査会経済
　　活動を支える民事・刑事の基本法制に関する小委員会で、今回の改正のように明
　　文化することを表明した。
　6)　衆議院法務委員会では2004年4月27日の実川幸夫法務副大臣の答弁、山崎潮
　　司法改革推進本部事務局長の答弁、同月28日、同年5月7日の同事務局長の答弁、
　　参議院法務委員会での5月27日の同事務局長の答弁。
　7)　中川・確認訴訟の可能性973頁は「正面から『確認訴訟の活用』という切り口
　　のアイディアが提示されたことは、行政法学説としては虚を衝かれたというのが
　　正直なところであろう」と表現している。なお、この中川論文が、後述する在外
　　国民選挙権確認訴訟大法廷判決にいたる回付前の第二小法廷で、その扱いに悩ん
　　でいた滝井繁男判事を大きく元気付けたと同判事がのちに語っている（『行政訴
　　訟の新しい潮流を読む―最高裁判例を中心に―』17頁（大阪弁護士会友新会、
　　2007年）。また同書で、同判事は、「調査官室も改正法で確認訴訟が従前と変わっ
　　たものになるか、については消極的だったですね」とも語っている。

458

第9章　当事者訴訟、争点訴訟

から「国又は公共団体」と原則的に改正されたので、被告の点においては「確認の訴え等」の当事者訴訟と同じになった。このことも、「確認の訴え等」がかなりの程度処分性の拡大と同様の効果をもたらすことの支えになるものと期待される。

3　当事者訴訟の具体化はどのような意味をもつか

明文化しようとしまいと同じだとの乱暴な発言もある[8]。しかし、条文化しないのとしたのとでは違うと考えるのが法論理的思考である。推進本部事務局が条文化に躊躇していた原因は、やはり抗告訴訟方式、取消訴訟中心主義の護持にあると思われる。改正法がいわゆる閣法（内閣提出の法律）である以上は、1省の反対があっても出せないわけで、事務局の苦労は並大抵のものではなかったであろう。

しかし、世論は条文化に踏み切らせた[9]。そのことは、躊躇の一画を破ったことであり、行政の立場は引っ込められる方向でこの条文化に力を与えたものと考えるべきであろう。要するに、当事者訴訟についての文言追加は、新しい判例の輩出を目的としたものである[10]。

中川丈久教授は、確認訴訟の活用論の登場は、取消訴訟ないし抗告訴訟が使えないときどうするかという文脈においてであったと述べているが[11]、

---

8) 深山卓也法務省審議官（行政訴訟検討会委員、現最高裁判事）は「この文言自体は紆余曲折を経て条文に入ったもののようですが、ごく常識的に見ると、入っても入らなくても法規範としての意味は同じ、要するに注意的、確認的に強調したというメッセージでしかないということなのです」、「第4条の法規範としての意味は、現行法と何も変わっていませんので、現行法の下で可能なら可能なのです」（阿部等・座談会38頁）と述べる。この発言は、行政訴訟の閉塞を少しでも改革しようとする微妙な姿勢をみることができず、まことに残念というほかはない。ただこの座談会は、法案段階のものであるので、法律となった以上は、この改正の意義を、そのものとして正面から積極的に捉えることを期待しておきたい。深山発言と同じく、越智敏裕弁護士の「確認訴訟については今後守備範囲が徐々に明らかになっていくのでしょうけれども、意外と私、その範囲は狭いのかなとも思っておりまして」との発言（阿部等・座談会40頁）及び同弁護士の行政百選7版 II 429頁の解説参照。

9) この点は、世論の強い声に応じて与党が条文化を政治選択したものであり、政府の担当部局である推進本部事務局が、議院内閣制の立場から、条文化せざるをえなかったものである。後述補章でも取り上げる。なお、この点のさらに詳細な経緯は、水野武夫弁護士からリアルに語られている（滝井追悼70-71頁）。

10) なお、念のためであるが、日弁連は、是正訴訟法案の提唱者であるから、確認訴訟も当事者訴訟としてのそれだけではなく、抗告訴訟としてのそれを当然要求したのであるが、結果として当事者訴訟としての確認訴訟という形になったものである。第2章2で述べたところを参照されたい。

11) 中川・確認訴訟の可能性966頁。

459

本書と同じ立場である[12]。

　中川教授は、前掲「確認訴訟の可能性」論文からさらに進め、抗告訴訟と当事者訴訟の同義性を強調される[13]。そして前者を行為訴訟、後者を法律関係訴訟とよびならわす多くの学説に対し、それは見た目の違いを述べるだけで、本質的な差を示すことには成功していないという[14]。

　山本隆司教授は、「解釈論としても、抗告訴訟は、行政訴訟の特徴を最も端的に備えた訴訟であること以上の意味を持つものでも、それ以下の意味しかないものでもない」とし、「立法論としては、行訴法全体の構造を……現在の行訴法4条後段の当事者訴訟を一般的行政訴訟とし、無名抗告訴訟は廃止し、現在の抗告訴訟に関する規定は、処分を対象とする訴訟について個々に特則をとして置くものとし（こうした訴訟を抗告訴訟と総称することは構わないが、独立の訴訟類型としては位置づけない）、行訴法4条前段の当事者訴訟のみを当事者訴訟とする」とする[15]。

　私が旧版時代から注目し、随所で依拠してきた両教授のこの分野のこの

---

12)　第4章第1節2(1)eで取り上げた地区計画条例に関する東京高判平17.12.19 WEBは、取消訴訟と確認訴訟などを同一に論じて、具体的、現実的な争訟の解決を目的とする現行訴訟制度のもとでは、その訴訟形態が法定の抗告訴訟、当事者訴訟又は無名抗告訴訟であるかを問わず、当該法令によって、侵害を受ける権利の性質及びその侵害の程度、違反に対する制裁としての不利益処分の確実性及びその内容又は性質等に照らし、同処分を受けてからこれに関する訴訟の中で事後的に当該法令の効力を争ったのでは回復し難い重大な損害を被るおそれがある等、事前の救済を認めないことが著しく不相当とする特段の事情がある場合でない限り、あらかじめ当該法令の効力の有無の確定を求める法律上の利益はないというべきであるという。
　　しかしこれは言いすぎであり、取消訴訟が同判決のような意義だとしても、当事者訴訟も同じだと解することはできない。原告所有地が地区計画により不安定な地位に半永久的に置かれることからすれば、地区計画の効力を受けない法律的地位、法律関係の確認は地区計画条例に処分性を肯定しなくても、あるいは肯定しない場合には確認の利益を肯定することができる場合もあるのである。同判決の立場は、前述もし、後述もする最判平24.2.9WEBで是正されたとみてよいのではなかろうか。つまり、確認訴訟の予防的機能である。
13)　中川・基本構造全体がその抜本的問いかけである。とりわけわかりやすい表現としては、「抗告訴訟とは、理論的には『公権力の行使に対する不服』（行訴法3条1項）という紛争を取り扱う当事者訴訟に、行訴法が、抗告訴訟という別名を付しているだけと考えられる」という説明である（同論文(1)3頁）。
14)　中川・基本構造(1)7頁参照。そこでは、原田尚彦、高木光、芝池義一、大貫裕之の各教授の著書が引用されている。そしてしばしば、行為訴訟のことをダイレクトアタックと呼ぶ論者がいることにつき、アメリカ法のdirect attackとcollateral attackの区別は、取消訴訟と争点訴訟の対比に当たるとして、誤用を戒めている。なお、中川・概念小史も参照のこと。
15)　山本・諸問題79頁参照。

460

ような類似は、慶賀の至りであり、力強い。

4 改正後の三つの最高裁判例で誘導されている方向

(1) 在外邦人選挙権確認訴訟：最大判平17.9.14WEB

　改正行政事件訴訟法は2005（平成17）年4月1日に施行されたが、早くもその年の9月にこの判決が出た。最高裁は大法廷判決をもって確認訴訟の進むべき道を打ち出した。

　この判決は立法裁量に対する新判例であり、憲法判例としても、国家賠償判決としても最重要判決のひとつになるものだが、ここでは当事者訴訟、確認訴訟についての判決内容を検討し、その射程距離をはかりたい。

　① 事案

　在外国民が衆議院小選挙区選出議員選挙及び参議院選挙区選出議員選挙において選挙権を行使できていないので行使する権利を有することを確認するという請求への最高裁の判断である。原審である東京高判平12.11.8WEBは、「公職選挙法の規定の一部の違法確認を求める訴えと解さざるを得ないから、このような訴えは、具体的紛争を離れて、抽象的、一般的に法令等の違憲あるいは違法性等に関する判断を求めるものといわなければならず、裁判所法第3条第1項にいう『法律上の争訟』に該当しないので、不適当である」としていたものであり、初審東京地判平11.10.28判時1705号50頁も同様であった。私は当事者訴訟に関する改正により、これらの判断が変更される可能性を予測していた[16]。

　② 判決内容

　大法廷は、まず在外国民の選挙権の行使を制限すること、国会が行使のための所要の措置をとらないことが憲法15条1項及び3項、43条1項並びに44条但書に違反するとし、続いて過去の選挙権不行使の違法確認は「過去の法律関係の確認を求めるものであり、この確認を求めることが現に存する法律上の紛争の直接かつ抜本的な解決のために適切かつ必要な場合であるとはいえないから、確認の利益が認められず、不適法である」としたうえで、また現在選挙権の行使を認めないことの違法の確認は「他により適切な訴えによってその目的を達成することができる場合には、確認の利益を欠き不適法であるというべきところ、本件においては、……予備的確

16）　日弁連編・実務解説69頁。なお北村和生「在外日本人選挙権剥奪訴訟における行政法上の論点について」ジュリスト1303号（2005年）28頁参照。

461

認請求に係る訴えの方がより適切な訴えであるということができるから、上記の主位的確認請求に係る訴えは不適法であるといわざるを得ない」としたうえで次のように本論に進む。

「本件の予備的確認請求に係る訴えは、公法上の当事者訴訟のうち公法上の法律関係に関する確認の訴えと解することができるところ、その内容をみると、公職選挙法附則8項につき所要の改正がされないと、在外国民である……上告人らが、今後直近に実施されることになる衆議院議員の総選挙における小選挙区選出議員の選挙及び参議院議員の通常選挙における選挙区選出議員の選挙において投票をすることができず、選挙権を行使する権利を侵害されることになるので、そのような事態になることを防止するために、同上告人らが、同項が違憲無効であるとして、当該各選挙につき選挙権を行使する権利を有することの確認をあらかじめ求める訴えであると解することができる。

選挙権は、これを行使することができなければ意味がないものといわざるを得ず、<u>侵害を受けた後に争うことによっては権利行使の実質を回復す</u><u>ることができない性質</u>のものであるから、その権利の重要性にかんがみると、具体的な選挙につき選挙権を行使する権利の有無につき争いがある場合にこれを有することの確認を求める訴えについては、それが有効適切な手段であると認められる限り、確認の利益を肯定すべきものである。そして、本件の予備的確認請求に係る訴えは、公法上の法律関係に関する確認の訴えとして、上記の内容に照らし、確認の利益を肯定することができるものに当たるというべきである。なお、この訴えが法律上の争訟に当たることは論をまたない。

そうすると、本件の予備的確認請求に係る訴えについては、引き続き在外国民である同上告人らが、次回の衆議院議員の総選挙における小選挙区選出議員の選挙及び参議院議員の通常選挙における選挙区選出議員の選挙において、在外選挙人名簿に登録されていることに基づいて投票をすることができる地位にあることの確認を請求する趣旨のものとして適法な訴えということができる」。

「そこで、本件の予備的確認請求の当否について検討するに、前記のとおり、公職選挙法附則8項の規定のうち、在外選挙制度の対象となる選挙を当分の間両議院の比例代表選出議員の選挙に限定する部分は、憲法15条1項及び3項、43条1項並びに44条ただし書に違反するもので無効で

462

第9章　当事者訴訟、争点訴訟

あって、……上告人らは、次回の衆議院議員の総選挙における小選挙区選出議員の選挙及び参議院議員の通常選挙における選挙区選出議員の選挙において、在外選挙人名簿に登録されていることに基づいて投票をすることができる地位にあるというべきであるから、本件の予備的確認請求は理由があり、更に弁論をするまでもなく、これを認容すべきものである」。

③　評価

この判決は、当該部分の公職選挙法が違憲違法状態にあることを確定したうえで、あるべき権利が存在すること、権利を行使する地位にあることを端的に確認する手法を打ち出している。

この手法は筆者が本書やこれまでに書いてきた手法そのものである。法律、条例、命令等、計画等に行政処分性があるとしての争い方でなく、法律、条例、命令等、計画等が違憲・違法である場合に、それらの規範から本来保障されるべき権利、地位の確認である。この手法の射程は長いものであると考えられる。

それなら本件が憲法という最高法規から保障されるべき最重要な選挙の権利を扱っているから、他の通常の権利の事例には適用されないのかというと、そのようなことはこの判例のどこにも表現されず暗示さえもされていない[17]。憲法上重要かどうかというような視点ではなく、「侵害を受けた後に争うことによっては権利行使の実質を回復することができない性質」であることの視点である。

この表現は、長野勤評判決（最判昭47.11.30WEB）が「事前の救済を認めないことを著しく不相当とする特段の事情」としていたのとは大きく異なる。

この判決が示した確認の利益の考え方をまとめると、(ア)権利利益の重要性、性質、(イ)救済手段としての有効、適切性、(ウ)補充性ということになろうか。

最高裁が当事者訴訟の改正後の活用方法を示したというべきである[18]。

④　誘導

(3)の判決と共通するが、予防的確認訴訟で使えるとのメッセージである。その視点は、「侵害を受けた後に争うことによっては権利行使の実質を回復することができない性質」との内容である。予防としては差止め訴訟や

---

17)　滝井・最高裁判所99頁は、自由権や財産権にも及びうるとする。なお、山本・探究493頁は、権利の重要性を要求する必要はないと述べる。

463

義務付け訴訟が考えられるが、選挙で言えば、どの段階の行政の行為を行政処分と扱うかは大きな難しい論点となろう。そこで、原告は当事者訴訟を選択したものであり、最高裁はそれに応えている。

加えて、山本教授は、法令違法の場合の確認方法につき、最高裁は消極的確認方式をとったと述べる。すなわち、選挙権の積極的確認ではなく、「原告の法的地位を侵害する点で法令の規定が違法であること」の確認の方式である[19]。

(2) 非準正子国籍確認訴訟：最大判平20.6.4WEB

① 事案、判決内容

法律上の婚姻関係にない日本国民である父とフィリピン共和国籍を有する母との間に本邦において出生した上告人らが、出生後父から認知を受けたことを理由として法務大臣あてに国籍取得届を提出したところ、国籍取得の条件を備えておらず、日本国籍を取得していないものとされたが、最高裁は、国籍法3条1項所定の国籍取得の要件のうち、日本国籍の取得に関して憲法14条1項に違反する区別を生じさせている部分、すなわち父母の婚姻により嫡出子たる身分を取得したという部分（準正要件）を除いた要件が満たされるときは、国籍法3条1項に基づいて日本国籍を取得することを確認した（原判決を破棄し、控訴を棄却したから、1審の確認判決（鶴岡裁判長）を認めた）。

② 評価、誘導

(1)判決と同様、最高裁は、裁判所による立法作用という評価を避けて、消極的確認方式をとった。

---

18) 第二小法廷から大法廷への回付など、この判決実現に大きな役割を果たした滝井繁男元裁判官（泉徳治元裁判官は、回付の主唱者は福田博判事で、滝井元判事は後押ししたと述べておられる（滝井追悼66頁））は、在任中いちばん心に残る判決であった旨、町田顯元最高裁長官も印象深いといっていたというエピソードを語っている（雑誌「おおさかの街」66号（2007年）18頁）。なお、滝井・最高裁判所158頁では、反対意見を書かねばならぬかと思っていたのに、大法廷で全員一致になった旨を述べている）。ただ勝訴した担当弁護団は冷静であり大法廷判決の抱える様々な論点を理論的に摘出している（古田啓昌「在外邦人選挙訴訟」法学セミナー2006年3月号30頁、同「在外邦人選挙権訴訟—大法廷までの道程と残されたいくつかの疑問」日弁連編・実務研究②85頁）。特に主文はどの時点の法律関係を確認しているのかという点は重要であろう。なお越智敏裕「在外邦人の選挙権に関する確認訴訟」行政百選5版Ⅱ428頁参照。

19) 山本・探究493-495頁参照。

第9章　当事者訴訟、争点訴訟

(3) 国旗国歌懲戒等予防訴訟：最判平24.2.9WEB

① 事案、判決内容

第8章の差止め訴訟の部分で詳細に述べている。

② 評価、誘導

第8章で述べたように、この判決は、予防的機能を持つ確認訴訟と、差止め訴訟の守備範囲を決めた。すなわち、抗告訴訟である懲戒処分差止訴訟と職務命令に基づく義務の不存在確認訴訟という当事者訴訟とを、後者を処分以外の不利益措置の差止めを目的とする訴訟と限定することにより、峻別した[20]。

さらに、(1)で述べたように、長野勤評判決の「事前の救済を認めないことを著しく不相当とする特段の事情」というような表現は全く使わず、「処遇上の不利益が反復継続的かつ累積加重的に発生し拡大する危険が現に存在する状況の下では、毎年度2回以上の各式典を契機として上記のように処遇上の不利益が反復継続的かつ累積加重的に発生し拡大していくと事後的な損害の回復が著しく困難になることを考慮すると、本件職務命令に基づく公的義務の不存在の確認を求める本件確認の訴えは、行政処分以外の処遇上の不利益の予防を目的とする公法上の法律関係に関する確認の訴えとしては、その目的に即した有効適切な争訟方法であるということができ、確認の利益を肯定することができる」というのである[21]。

(4) 最高裁の誘導のまとめ

三つの判決での最高裁の誘導は、公法分野において、第1に国民の不利益への予防的機能として活用することができること、第2にその場合には不利益が行政処分の形をとることが予測されれば差止訴訟を使い、行政処分以外の不利益措置が予測されればその不利益を法律関係、権利関係に構成して当事者訴訟を使うこと、第3に予防的機能だけでなく、法令の違憲・違法から導き出される状態を争うときは、それらの法令が是正された状態の法律関係、権利関係の確認訴訟（法令の違法の消極的確認方式と呼んでも良い）を使うこと、第4に確認の利益は、「侵害を受けた後に争うことによっては権利行使の実質を回復することができない」性質の利益、「事後的な損害の回復が著しく困難」な利益であり、差止め訴訟と同様の重大な損害

---

20) 峻別には当然異論がある。山本隆司「日の丸・君が代事件」（論究ジュリスト3号（2012年）126頁）参照。

21) 山本・前掲注20)123頁は、長野勤評判決からの離脱と表現している。

465

要件は要求していない。

5　改正後の確認判決の動向

(1)　権利、義務の存在確認、不存在確認
・前掲の最大判平 17.9.14WEB、最判平 24.2.9WEB が代表例である。
・大阪高判平 17.11.24WEB：再放流禁止義務の不存在確認
　原審は改正前だが、この控訴審は改正後であるので取り上げる。琵琶湖において、レジャー活動として外来魚を採捕した場合には、これを再び琵琶湖に放流してはならない旨を規定する県条例の規定は、立法事実が存在せず、釣り人である原告らの権利を侵害する違憲・違法なものであると主張する者が、①主位的に、過去の一定の日時場所において原告らが採捕した外来魚を生きたまま再放流したことについて、原告らには外来魚を再放流してはならないとの義務のないことの確認を求める訴えを提起した。裁判所は、請求はただ単に、過去の時点における義務違反の存否を事実上確定するだけにすぎず、また、当該規定には罰則がないことを考え併せると、上記確定により、本件規定を巡る現在の紛争を直接かつ抜本的に解決することにはならないとして訴えの利益を認めず、予備的請求の、現在における条例に基づく義務がないことを確認する訴えは、一般に、一般私人が琵琶湖のような公共用物（自然公物）を使用することによって享受する利益（いわゆる自由使用）は、公共用物が一般私人の使用に供されていることによる反射的利益にすぎず、公法上の権利として当該公共用物を使用する権利ないし法律上の利益を有するものではなく、特定の個人がオオクチバス等を生きたまま琵琶湖に再放流する権利ないし法律上の利益を有しているとはいえないとし、条例の規定は、特定の個人の具体的な権利ないし法律上の利益に影響を及ぼすものではないから、県条例の規定に基づく禁止義務のないことの確認を求める法律上の利益を肯定することはできないとした。
・横浜地判平 18.3.22WEB：県市間の合意上の義務確認
　原告が、横浜市と神奈川県との「池子住宅地区及び海軍補助施設」についての合意に基づき、横浜市域に所在する土地に米軍家族住宅を建設してはならない義務及び「緑地の現況」を変更してはならない義務があることの確認を求めた事案である。裁判所は、裁判所がその固有の権限に基づいて審判することのできる対象は、裁判所法 3 条 1 項にいう「法律上の争訟」、

第9章　当事者訴訟、争点訴訟

すなわち当事者間の具体的な権利義務ないし法律関係の存否に関する紛争であって、かつ、それが法令の適用により終局的に解決することができるものに限られる（最判昭56.4.7WEB）との立場から、本件訴えが、原告と被告との間の具体的な権利義務ないし法律関係の存否に関する紛争であって、かつ、それが法令の適用により終局的に解決することができるものであるかどうか、すなわち、本件合意が、原告と被告との間に、具体的な権利義務ないし法律関係を発生させるものであるかどうかについて検討したとして、本件合意は、それぞれ行政主体としての立場で、今後執るべき行政上の施策ないし方針について合意したものであって、政治的、行政的意味での拘束力はあるとしても、原告と被告との間に本件各義務を含む法的な権利義務を発生させるものではないとして却下した。

・東京地判平18.3.24WEB：受信義務確認（住基ネット訴訟）

杉並区が東京都に対して住民基本台帳法30条の5第1項所定の本人確認情報を住民基本台帳ネットワークシステムを通じて送信する場合に、杉並区民のうちの通知希望者に係る本人確認情報を被告東京都はこれを受信する義務があるとして、その確認を求めるものである。原告は当事者訴訟と構成したが、裁判所は当事者訴訟は主観訴訟の一類型であるから、法律上の争訟でなければならないが、「裁判所がその固有の権限に基づいて審判することのできる対象である『法律上の争訟』の観念は、国民の裁判を受ける権利（憲法32条）との関係で検討されるべきであり、行政主体又はその機関相互間において、その権限の存否又は行使に関して提起した訴訟は、行政主体が国民と同様の立場から、自己の権利利益の保護救済を目的とするものということはいえないのであって、『法律上の争訟』に当たらない」とした（控訴審の東京高判平19.11.29も同旨）。宝塚判決（最判平14.7.9WEB）などに従って、形式判断をしているが、宝塚判決には強い批判もあり、当事者訴訟を使うかどうかの判断は、公法分野の幅広い概念であるから、この結論には違和感が残る。

・福岡地判平18.12.19WEB：諫早湾堤防開門事件

国営諫早湾土地改良事業が行われ、潮受堤防の締切後に赤潮による漁業被害が発生したことから、被害の原因について、潮受堤防の各排水門を開門して、潮汐、潮流、水質、底質等の調査を行う義務が国に発生したとして、付近沿岸の海について漁業権を有する漁業組合連合会が、調査義務を国が負うことの確認を求める訴え。判決は、実質的当事者訴訟として、被

467

告に開門調査義務が存在することの確認を求めるものであるから、正に、開門調査義務の存否という当事者間の具体的な公法上の権利義務の存否に関する紛争であって、かつ、法令の適用により終局的に解決することができる性質のものであり、法律上の争訟といえるとした上で、公法上の法律関係に関する確認を求めている場合においては、その有無は正に本案の対象になるのであり、確認を求められた公法上の法律関係が存在しない場合は請求棄却判決がされるべきであるとして、当該確認の訴えは適法とし、本案は棄却した。

・東京地判平19.11.7WEB：混合診療事件

健康保険法63条1項に規定する「療養の給付」に当たる療養（インターフェロン療法）に加えて、「療養の給付」に当たらない療養（活性化自己リンパ球移入療法）を併用する診療（いわゆる混合診療）を受けた場合であっても、「療養の給付」に当たる診療については、なお同法に基づく「療養の給付」を受けることができる権利を有することの確認を求める訴え。原告は、今後とも、インターフェロン療法と活性化自己リンパ球移入療法を併用する療養を受ける可能性が高いと認められ、仮に、原告が今後とも活性化自己リンパ球移入療法を受けようとすれば、インターフェロン療法に要する費用についても全額自己負担とされ、多額の医療費の負担を余儀なくされるおそれがあることに照らすと、上記の権利を有することを確認すべき法律上の利益は肯認することができるとして、当該確認の訴えは適法とした（本案も認容）。

控訴審（東京高判平21.9.29WEB）、上告審（最判平23.10.25WEB）は、本案についての結論を逆転させたが、確認訴訟の適法性と確認の利益の点は地裁判決を維持した。

・福岡地判平20.4.25WEB：解散届提出義務不存在確認

水産業協同組合法68条5項所定の解散届提出義務が存在しないことの確認を求める訴えにつき、組合が解散届を提出しないことを理由に、知事から行政指導や過料通知を受けるなど、現に当事者間に同法上の解散届提出義務の存否という法律関係に関して争いがあるから、前記義務の存否の確定が、当該紛争の解決に資することは明らかであるところ、仮に漁業権の不免許処分及び漁業権行使規則の不認可処分の取消請求事件において各処分時において同条4項の規定による法定解散をしていないとの理由で各処分が取り消されたとしても、組合が口頭弁論終結時において法定解散して

第9章 当事者訴訟、争点訴訟

いるか否か、解散届の提出義務を負うか否かについてはその拘束力が及ばないから、法定解散しているか否かを巡る当事者間の紛争を抜本的に解決するためには、確認判決により不利益を除去する必要があるのであって、即時確定を求める法律上の利益があるとした（本案は棄却）。

・名古屋地判平21.2.19WEB：「有害」図書撤去義務不存在確認

通信制御販売システムに係る自動販売機に県青少年保護育成条例で収納を禁止された業者が、県を被告として、同条例の定める届出義務及び図書の撤去義務を負わないことの確認を求める訴えを提起したところ、裁判所はその二つの点に見解の相違があり、これにより、原告と愛知県知事との間に現実かつ具体的な紛争が生じていることが認められ、かつ、原告が勝訴すれば、その判決の拘束力（行訴法41条1項、33条1項）により、県知事は判決主文が導き出されるのに必要な事実認定及び法律判断につき判決に拘束されることになり、上記の紛争が終局的に解決されることとなると考えられるから、確認の利益が認められるとして、当該確認の訴えは適法とした（本案については棄却）。優れた判断であり、(5)であらためて述べる。

・福岡高判平21.9.11WEB：解散届提出義務不存在確認

県知事から既に法定解散をしているから水産業協同組合法68条5項所定の解散届を提出するよう行政指導を受けるなどした原告が、その義務が存在しないことの確認を求める訴えを提起した。裁判所は、現に当事者間に同法上の解散届提出義務の存否という法律関係に関して争いがあるのであるから、その存否の確定が上記紛争の解決に資することは明らかである、法定解散を前提にされた不免許処分等の取消訴訟において取消判決がされてもその拘束力は法定解散しているか否か、解散届の提出義務を負うか否かについては及ばず、原告が法定解散しているか否かを巡る当事者間の紛争を抜本的に解決するためには、確認判決により不利益を除去する必要があるのであって、即時確定を求める法律上の利益があるとして、当該確認の訴えは適法とした（本案については棄却）。原審（福岡地判平20.4.25WEB）も同旨。優れた判断であり(5)で再論する。

・横浜地判平21.10.14判例地方自治338号46頁：有料指定収集袋を使用
しないでごみの収集を受ける地位があることの確認

市民が一般廃棄物を排出しようとする場合に有料指定収集袋を使用することを義務付けた市廃棄物の減量化、資源化及び適正処理等に関する条例の規定が、地方自治法第227条に反し違法であると主張する市民が、市を

被告として、有料指定収集袋によらないで排出された一般廃棄物を収集・処分する義務があることの確認を求める訴えを提起したところ、市が指定する有料指定収集袋を使用しなければ、日々発生する可燃ごみ及び不燃ごみの収集を一切受けられない立場にある者らが、上記条例施行後においても、有料指定収集袋を使用することなく、一般廃棄物である可燃ごみ及び不燃ごみの収集を受ける地位があることの確認を求めることが、市との間の紛争解決にとって有効適切であり、即時確定の現実的利益があるといえるなどとして、当該確認の訴えは適法とした（本案については棄却）。

・東京地判平24.2.17判時2221号17頁：重要文化財旧磯野家住宅の現状変更等にかかる許可手続を行う義務があることの確認

野村不動産のマンションが存在することにより、本件建物の所在する場所の近隣に居住する者とし有する私法上の利益である本件利益（文化財の価値を享受する利益と良好な景観の恵沢を享受する利益とが一体不可分に結合した法的利益）に現に危険・不安が生じているとして、その危険・不安を除去するために、文化庁長官において、野村不動産に対して文化財保護法43条1項本文に規定する許可に係る手続を行う義務のあることの確認を求める訴え。判決は、それは同法45条1項の規定に基づく環境保全命令によって対処すべきことが予定されているから、主張の義務は文化庁長官にはないとして、確認の利益はないとした。控訴審（東京高判平25.10.23判時2221号9頁）も同旨。上告審（最決平26.11.25）は棄却、不受理。

・札幌地判平25.4.15WEB：現存道路非該当確認

自己所有の土地が現存道路に該当するとされることにより、所有者が、右土地を一般交通の用に供する義務を負担し、建築制限や私道の変更又は廃止の制限を受けるなど、所有権に基づく土地利用を現に制約され、その財産権に制約を受けるに至っていると認められる場合、所有者は、その土地が現存道路として一般交通の用に供する義務がないことの確認を求める利益を有する（本案も認容）。

・京都地判平26.2.25WEB：風俗案内所営業権確認

風営法の京都府施行条例所定の第3種地域において風俗案内所を営んでいた原告が、京都府風俗案内所の規制に関する条例（本件条例）の規制は憲法に違反すると主張して、主位的に、原告が、(1)第3種地域において風俗案内所を営む法的地位を有すること、(2)風俗案内所において営業をする法定地位を有することの確認を求め、予備的に、第3種地域の内の、本件

条例に係る保護対象施設の敷地から70mの範囲に含まれない場所におい
て、主位的請求と同様の法的地位を有することの確認を求めた事案におい
て、第3種地域のうち、保護対象施設（学校、児童福祉施設、病院、無床のも
のを含む診療所及び図書館）の敷地から少なくとも70mを超える区域におい
て接待飲食等営業の情報提供を行う風俗案内所の営業を全面的に禁止する
本件条例の規定は、府民の営業の自由を立法府の合理的裁量の範囲を超え
て制限するものとして、憲法22条1項に違反し無効であるとして、(2)に係
る訴えをいずれも却下し、主位的請求(1)を棄却し、予備的請求(1)を一部認
容した。確認の利益の部分は「本件条例は、3条1項所定の営業禁止区域
における風俗案内所の営業を一律に禁止する一方、その余の区域において
は、その営業を無制限に許すものであり、風俗案内所の営業につき許可制
等を採用する場合と異なり、風俗案内所の営業開始に先立ち、何らかの行
政処分が予定されているわけではない。そうすると、営業禁止区域におけ
る風俗案内所の営業を望む者が、同営業に先立ってあらかじめその適法性
を確認するためには、本件訴えのような、実質的当事者訴訟としての確認
の訴えによるほかはない。……

　本件条例3条1項所定の営業禁止区域における風俗案内所の営業を望む
者に対して、事前にその適法性を確認することを認めず、実際に同営業を
開始し、事業停止命令を受けたり、起訴されたりした後に、専ら事業停止
命令の取消訴訟や刑事訴訟の中で、本件条例3条1項、13条1項、16条1
項1号等の合憲性を争うことを求めるのは、あまりに酷であり、紛争解決
の方法として極めて迂遠である。したがって、本件条例3条1項所定の営
業禁止区域において風俗案内所の営業を行う蓋然性があると認められる者
については、同営業を適法に営む法的地位を有することの確認を求める訴
えの利益があると解するのが相当である」とした。優れた判断である。控
訴審（大阪高判平27.2.20判時2275号18頁）も確認の利益判断はほぼ同旨であ
るが、本案は逆転させて棄却。上告審（最判平27.12.15WEB）は、訴えの利
益判断には及んでいない。

・横浜地判平26.5.21WEB：運航させない義務等確認

　差止め訴訟のところで取り上げた厚木基地判決の予備的請求部分である。
判決は、自衛隊機運航処分は抗告訴訟の対象となる行政処分であるから、
これに不服を有する者は抗告訴訟を提起して争うべきであり、同じ内容を
確認請求によって実現することは許されない。予備的請求は、いずれも確

認請求によって厚木飛行場における自衛隊機運航処分に対する不服をいい、実質的には本件自衛隊機差止め請求と同じ内容を実現しようとするものである。したがって、これらの確認請求に係る訴えはいずれも確認の利益を欠くというべきであり、不適法として却下を免れないとした。前掲最判平24.2.9の峻別論を使っていると思われる。控訴審、上告審も同旨。

・東京地判平27.3.6WEB：手数料納付義務不存在確認

　発明の名称を「国会議員選挙事前調査政党別議席数予測システム」とする特許出願をした原告が、特許法195条2項の規定により納付すべき手数料の支払いを命じた本件補正命令の支払い義務が不存在である旨の確認を求めた事案において、本件補正命令についての不服は、取消訴訟の対象となる行政処分に当たる手続却下の処分がされた後、当該却下処分の取消しを求める中で本件補正命令の違法を主張することによるべきであり、原告が主張する権利又は法律上の地位の危険や不安を除去するために「他に適切な手段」が存在するものといえるから、確認の利益を欠き、不適法であるとした。

・名古屋高判平27.11.12判時2286号40頁：懲戒不処分違法確認

　土地家屋調査士法44条1項に基づく土地家屋調査士に係る懲戒申出に対し、地方法務局長がした懲戒処分を行わないとの決定は、応答義務に基づくものであり、内部的行為ではなく、申請を拒否する行政処分に当たるから、行政事件訴訟法4条の実質的当事者訴訟として提起された右決定の違法確認を求める訴えは、抗告訴訟としての取消訴訟又は無効確認訴訟として提起すべきものを、訴訟類型を誤って実質的当事者訴訟として提起したものとして不適法であるとし、前掲の最判平24.2.9を引用した。同判決のところで述べた峻別論が悪くでたケースである。

・東京地判平29.3.23TKC文献番号25547730：命令服従義務不存在確認

　自衛官が、存立危機事態において防衛出動命令に服する義務のないことの確認を求めた。判決は、現に存立危機事態が発生し、又は近い将来存立危機事態が発生する明白なおそれがあると認めるに足りないから、そもそも自衛官が自衛隊法76条1項2号による防衛出動命令が発令される事態に現実的に直面しているとはいえず、また、自衛官は、入隊後、これまでの間に直接戦闘を行うことを主たる任務とする部隊に所属したことがなく、自衛官が現在所属する陸上自衛隊関東補給処総務部総務課運営係は戦闘部隊でもないというのであり、この点からも、現時点において、自衛官又は

第9章　当事者訴訟、争点訴訟

自衛官が所属する部署に対し、防衛出動命令が発令される具体的・現実的可能性があるということはできず、自衛官の生命等に重大な損害が生じたり、自衛官が同命令に従わないで刑事罰を科されたりするという、自衛官が主張する危険又は不安は不確定かつ抽象的なものにとどまるといわざるを得ないのであって、現に、自衛官の有する権利又は法律的地位に危険や不安が存在するとは認められないから、本件訴えは、確認の利益を欠き、不適法とした。控訴審（東京高判平30.1.31WEB）は、無名抗告訴訟として認め、重大な損害要件があるとして、地裁に差し戻した。

・名古屋高判平29.6.30WEB：23条照会報告義務確認

弁護士法23条の2第2項に基づく照会（23条照会）を本件会社に対してした弁護士である控訴人が、本件会社を吸収合併した被控訴人（日本郵政）に対し、主位的に、本件会社が23条照会に対する報告を拒絶したことにより控訴人の法律上保護される利益が侵害されたと主張して、上告人が23条照会に対する報告をする義務を負うことの確認を求めた事案の差戻控訴審。最高裁までは確認の訴えについては判断がなかったので、本件としては初判断。控訴人の報告義務確認の訴えに確認の利益が認められるとした上で、本件においては、照会事項のうち、〔1〕郵便物についての転居届の提出の有無、〔2〕転居届の届出年月日及び〔3〕転居届記載の新住所（居所）については、23条照会に対する報告義務が郵便法8条2項の守秘義務に優越するので報告義務があり、〔4〕転居届に記載された電話番号については、同項の守秘義務が23条照会に対する報告義務に優越するから、報告義務はないとした。同種事件として東京地判平24.11.26判タ1388号122頁が報告義務の確認を認めたのに対し、その控訴審（東京高判平25.4.11金融法務事情1988号114頁）が否定していたのに対し、名古屋高判の判断で、別の解釈を示した。

しかし、最判平30.12.21WEBは名古屋高裁の判断を覆し、確認の利益なしとした。その理由は「弁護士法23条の2第2項に基づく照会（以下「23条照会」という。）の制度は、弁護士の職務の公共性に鑑み、公務所のみならず広く公私の団体に対して広範な事項の報告を求めることができるものとして設けられたことなどからすれば、弁護士会に23条照会の相手方に対して報告を求める私法上の権利を付与したものとはいえず、23条照会に対する報告を拒絶する行為は、23条照会をした弁護士会の法律上保護される利益を侵害するものとして当該弁護士会に対する不法行為を構成す

473

ることはない（最高裁平成27年（受）第1036号同28年10月18日第三小法廷判決・民集70巻7号1725頁）。これに加え、23条照会に対する報告の拒絶について制裁の定めがないこと等にも照らすと、23条照会の相手方に報告義務があることを確認する判決が確定しても、弁護士会は、専ら当該相手方による任意の履行を期待するほかはないといえる。そして、確認の利益は、確認判決を求める法律上の利益であるところ、上記に照らせば、23条照会の相手方に報告義務があることを確認する判決の効力は、上記報告義務に関する法律上の紛争の解決に資するものとはいえないから、23条照会をした弁護士会に、上記判決を求める法律上の利益はないというべきである。本件確認請求を認容する判決がされれば上告人が報告義務を任意に履行することが期待できることなどの原審の指摘する事情は、いずれも判決の効力と異なる事実上の影響にすぎず、上記の判断を左右するものではない。

　したがって、<u>23条照会をした弁護士会が、その相手方に対し、当該照会に対する報告をする義務があることの確認を求める訴えは、確認の利益を欠くものとして不適法であるというべきである</u>」とするものである。

　これは上記東京高判のように弁護士会に対して負う一般公法上の義務にすぎないと言うのと同じである。拒否しても不法行為にならないという最高裁判決を前提に、制裁規定もないから、報告義務があることを確認する判決の効力は、上記報告義務に関する法律上の紛争の解決に資するものとはいえないので確認の利益なしとする問題判決である。

(2)　一定の地位の確認を求めるもの

　前掲非準正子国籍確認訴訟の最大判平20.6.4がこの典型である。

　・東京高判平17.12.19WEB：条例の定めに従わない地位の確認

　本件は、結論は違法性がないとして蹴ったが、高層マンション規制条例を当事者訴訟としての確認訴訟で争う方法を次のように広く認めている。注目すべき判決である。「本件地区計画と本件条例は、それぞれ一般処分又は法令の形式をとっているが、これらは対象区域内の建築物の高さ制限を具体的に規制し、第一審原告の権利義務に直接変動を及ぼすものであるから、その無効確認請求は具体的な法的紛争として法律上の争訟に該当する」。「第一審原告は、第一審被告らが主張する建築物の高さ制限への服従を拒否しているところ、第一審原告がその法律上の地位の不安定を解消するためには、現在の法律関係に関する訴えの一種である当事者訴訟として

第9章　当事者訴訟、争点訴訟

本件条例部分の無効確認の訴えを提起することができるというべきである。なぜならば、本件においては、過去の法的関係である本件条例部分の無効を判決で確認することが最も有効かつ適切であり、紛争の抜本的解決をもたらすことになるからである」。「本件条例は、本件地区計画が存在するために制定可能になったものであって、本件地区計画と本件条例は、先行行為と後行行為の関係にある。本件地区計画のうち、当該区域内の建築物の高さを20メートル以下に制限する部分が違法ないし無効である旨が確定すれば、本件条例の該当部分も無効になる関係に立つ。改正後の行政事件訴訟法のもとでは、当事者訴訟としての確認訴訟は、確認の利益が存する限り、一般的抽象的な効力を有するにすぎない行為についても適法に提起することができると解される」。

・東京地判平18.9.12WEB：助成金受給地位の確認

独立行政法人雇用・能力開発機構が、中小企業における労働力の確保及び良好な雇用の機会の創出のための雇用管理の改善の促進に関する法律等の規定に基づき、雇用安定事業として行う中小企業基盤人材確保助成金に関し、その支給の申請をした者が、助成金を支給しない旨の決定を受けたことから、支給を受けられる地位を有することの確認を求める訴えを提起したところ、関係法令をみても行政庁の「処分」に基づいて支給することを予定していると解釈できるような規定は何ら存しないから、助成金を支給しない旨の決定には処分性はないとした上で、助成金の支給を受けられる地位にあることの確認訴訟を提起し、助成金支給の可否について裁判所の公権的判断を求めることは、助成金支給の要否をめぐる問題を解決するための適切な手段であるといえる一方、他に適切な解決手段も存在しないことからすれば、確認の利益を肯定することができるとして、当該確認の訴えは適法とした（本案についても認容）。確定した。(5)で述べる通り、行訴法改正の趣旨を体現する判決である。

・千葉地判平18.9.29WEB：許可不要の地位確認

廃棄物処理施設を使用しようとする者が、同施設は、改正前の廃棄物処理法施行令の施行前から存在し、かつ、同法15条1項に基づく知事の産業廃棄物処理施設の設置に係る許可が必要でない既設ミニ処分場に該当していたとして、同令施行後においても許可を要しない地位にあることの確認を求める訴え。裁判所は、原告は、被告県からの本件通知及び本件警告等の強い行政指導を受け、刑罰を受けることをおそれて、事実上、本件土地

475

を既設ミニ処分場として使用することができない状態となっているところ、行政指導の取消訴訟等を提起することはできないことなどからすれば、刑事手続において、本件許可の要否を争うことができるとしても、これが他により適切な手段によってその目的を達成することができる場合とまでいうことはできず、不利益を除去するためには、本件許可の要否を本件訴訟において確認することが、原告と被告県との間の現在の紛争を直接かつ抜本的に解決するために有効適切な手段であるというべきであるとして、許可を要しない地位にあることの確認の訴えは適法とした（本案については棄却）。

　控訴審（東京高判平19.4.25WEB）は、確認の利益も次のように否定した。同法及び関係法令において、既設ミニ処分場を設置利用している者に対し何らの公法上の権利が付与されているわけでないことは明らかであり、具体的な公法上の地位ないし具体的な公法上の権利義務を対象とするもので訴えは不適法とした。

　・広島高判平20.9.2WEB：一定日時に法の定める被爆者である確認
　日本国外に居住する者が原子爆弾被爆者に対する援護に関する法律に基づいてした被爆者健康手帳の交付申請に対し県知事がした却下処分の取消訴訟を申請者の死亡により承継した者が、申請者が過去の一定日時において同法1条1号に定める被爆者の地位にあったことの確認を求める訴えを提起。裁判所は、訴えは過去の法律関係の確認を求めるものであって、特段の事情がない限り、訴えの利益を欠くとした上で、同条所定の「被爆者」の地位、健康管理手当の支給を受けることができる権利は、被爆者健康手帳の交付を受けることによって初めて取得されることになるものであり、また「被爆者」の地位は、相続の対象となるものではないから、申請者が死亡した以上、被爆者の地位にあったことを確認することに法的意味はないなどとして、訴えの利益を欠くとした。

　・東京地判平22.3.30WEB：医薬品ネット取引地位の確認
　薬局開設者又は店舗販売業者が当該薬局又は店舗以外の場所にいる者に対する郵便その他の方法による医薬品の販売又は授与を行う場合には、第一類医薬品及び第二類医薬品の販売又は授与は行わない旨の規定並びに同医薬品の販売又は授与及び情報提供は有資格者が対面により行う旨の規定を薬事法施行規則に設ける改正省令は、薬事法の委任の範囲外の規制を定めるものであって違法であると主張する原告会社が、販売することができ

第9章　当事者訴訟、争点訴訟

る地位の確認を求める訴え。裁判所は、公法上の当事者訴訟のうちの公法上の法律関係に関する確認の訴えと解することができるとした上で、原告らは、上記の改正省令の施行前は、一般販売業の許可を受けた者として、郵便等販売の方法の一態様としてのインターネット販売により一般用医薬品の販売を行うことができ、現にこれを行っていたが、改正省令の施行後は、本件各規定の適用を受ける結果としてできなくなったものであり、この規制は営業の自由に係る事業者の権利の制限であって、その権利の性質等に鑑みると、原告らが、本件各規定にかかわらず販売をすることができる地位の確認を求める訴えについては、本件改正規定の行政処分性が認められない以上、本件規制をめぐる法的な紛争の解決のために有効かつ適切な手段として、確認の利益を肯定すべきであり、また、単に抽象的・一般的な省令の適法性・憲法適合性の確認を求めるのではなく、省令の個別的な適用対象とされる原告らの具体的な法的地位の確認を求めるものである以上、この訴えの法律上の争訟性についてもこれを肯定することができると解するのが相当であるとして、当該確認の訴えは適法とした（本案は棄却）。確認の利益の判断は優れている。控訴審（東京高判平24.4.26WEB）、上告審（最判平25.1.11WEB）は、本案も認容。

・名古屋地判平25.5.31WEB：乗務距離制限オーバー乗務の確認

タクシー事業を営む会社が、地方運輸局長の定めた乗務距離の公示の最高限度を超えて運転者を事業用自動車に乗務させることができる地位の確認を求める公法上の法律関係に関する確認の訴え。判決は、公示は行政立法で、処分性を持たないので、確認訴訟が「原告の不利益の予防を目的とする有効適切な争訟方法であり、確認の利益がある」と判断した（本案も認容）。控訴審（名古屋高判平26.5.30WEB）も同旨。東京地判平26.3.28判時2248号10頁、その控訴審（東京高判平27.2.12TKC文献番号25543384）も同旨。

・東京地判平27.12.15判時2302号29頁：助成金受給資格確認

障害者の雇用の促進等に関する法律49条1項5号等に基づく重度障害者等通勤対策助成金の一つである重度障害者等用住宅の賃借助成金の受給資格の不認定決定を受け、受給資格を否定されたことにより、その者の法律上の地位に危険又は不安が生じ、これを除去するためには、その者が同助成金の受給資格の認定がされるべき事業主であることを確認することが有効かつ適切な手段であるということができるから、その者が、同助成金の支給につき、支給対象事業主であることの確認を求める訴えには、「原告

477

は、被告から、本件各不認定決定を受けて、本件各申請に係る本件助成金の受給資格を否定されたことにより、原告の法律上の地位に危険又は不安が生じており、原告がこれを除去するためには、原告が本件各申請に係る本件助成金の受給資格の認定がされるべき事業主であることを確認することが有効かつ適切な手段であるということができる」として確認の利益を認めた（本案は棄却）。

　・さいたま地判平28.8.31判例地方自治427号86頁：位置指定道路の範囲確認

　土地に建築物を新築したとしても、位置指定道路の位置及び範囲が明確でなく、指定が土地にかかっている可能性が否定できないとして、建築物又はその敷地と道路の関係等に関する建築基準関係規定に適合しているとは認められず、検査済証が交付されない蓋然性が高いと認められる場合、建築主が、市との関係において、位置指定道路の範囲の確認を求める訴えには、確認の利益が認められるとした（本案も認容）。

(3)　行政の行為の違法性の確認を求めるもの

　・東京地判平20.12.19WEB：地区計画等の変更決定違法確認

　都市計画法に基づく地区計画の変更決定及び第1種市街地再開発事業の都市計画の決定の違法確認を求める訴えを当該地区計画の区域内に不動産を所有する者が提起。裁判所は、これらの決定は直ちに第1種市街地再開発事業の手続の現実的かつ具体的な進行を開始させるものではなく、原告らの権利又は法的地位に具体的な変動を与えるという法律上の効果が生ずるものではなく、原告らの法的地位に係る不安が現に存在するとまではいえないこと、また過去の法律関係の確認だとして却下した。これは、地区計画の処分性判断を確認訴訟にもそのまま当てはめているだけであり、当事者訴訟の存在意義がわからない謬論である。のちにも論ずる。

　・名古屋地判平21.1.29WEB：区画整理道路位置違法確認

　区画整理事業の施行地区内の土地所有者が土地区画整理組合を被告として事業計画における区画道路の位置の定めが違法であることの確認を求める訴えを提起したところ、裁判所は、当該区画道路の位置の定めを争うには県を被告として県知事のした土地区画整理組合の設立の認可について取消訴訟等で争うべきであり、公法上の当事者訴訟によってその違法性を確認することは許されないものというべきであるとして却下。

　・東京地判平24.10.24判例地方自治373号34頁：業績評定と本昇給につ

第9章　当事者訴訟、争点訴訟

いての違法確認

　確認の利益肯定要素として「行政の活動、作用等により、原告の有する権利または法的地位に対する危険または不安が現に存在し、これを行政過程がより進行した後の時点で事後的に争うより、現在、確認の訴えを認めることが当事者間の紛争の抜本的な解決となり、有効適切といえることを要するものと解される」とした点は理解できるが、その前提に「公法上の法律関係の確認の訴えに将来の不利益処分等の予防という機能があることにかんがみ、機能的に類似する差止訴訟において『重大な損害を受けるおそれがある場合（行訴法37条の4第1項）』が要件とされていることとの均衡も考慮されるべきである」と述べる。その上で、本件に当てはめるのだが、通知は事実行為だなどとして、通知の基礎をなす業績評定と本昇給が争点であるとして自らが立てた基本を崩し、さらに「本件業績評定及び本件昇給について違法が確認されたとしても、次年度以降の業績評定及び昇給は、本件業績評定及び本件昇給とは異なる期間を評価対象として、それぞれ別個独立になされるのであり、本件業績評定及び本件昇給についての違法を確認することがその後の紛争を予防し、これを抜本的に解決するという関係に立つものではない」などと言って、確認の利益を認めなかった。上記前提を使いはしなかったが、いずれにせよ、前述の最高裁の誘導から大きく外れる判示である。事情は分からないが、このような判決を確定させたのは残念である。

(4)　その他

・大阪地判平19.8.10WEB：反則点数不付加確認

　座席ベルト装着義務違反に基づき道路交通法施行令の定める違反行為に付する点数1点が付された者が、違反行為の事実はないと主張して、違反行為がないことを前提とする現在の累積点数の確認を求める訴えを提起。裁判所は、義務付けの訴え及び差止めの訴えの規定の文言及びその趣旨に照らせば、公法上の法律関係に関する確認の訴えにおいて確認の利益を肯定するためには、行政の活動、作用（不作為を含む。）によって重大な損害が生じるおそれがあり、かつ、その損害を避けるために他に適当な方法がないことが必要であり、他に適当な方法がないか否かについては、当該紛争の実態に鑑み、当該確認訴訟が原告の法的地位に生じている不安、危険を除去するために直截的で有効、適切な訴訟形態か否かという観点から判断すべきであるとした上で、原告は、現時点において、本件違反に係る基

479

礎点数1点が付加されることにより、法令により免許の効力の停止の要件として規定された累積点数に達するものでもなく、また、今後免許証の更新を受ける地位(優良運転者、一般運転者又は違反運転者等の区分)に直ちに影響を及ぼすものでもなく、このほか、原告が一般乗用旅客自動車運送事業の許可を申請しているなどといった事情もないから、重大な損害が生ずるおそれがあるということはできず、当該点数付加行為によって原告の法的地位に生じている不安、危険を除去すべき現実的必要性を欠くものといわざるを得ないから、確認の利益を欠くものというべきであるとして却下した。控訴審(大阪高判平20.2.14WEB)は、重大な損害がないというのではなく、事実上の効果とした。地裁のような確認利益判断は、この判決時点ではすでに出ていた最高裁の前掲の在外国民選挙権確認訴訟、この後に出た国旗国歌懲戒等予防訴訟の誘導からそれた、確認訴訟を使いにくくする典型的手法であり、これ以後は出ないものと期待したい。高裁の判断の事実上の効果というのは意味不明である。

・東京地判平19.12.26WEB:既得権確認

改正前の風営法28条3項により同条2項に基づく条例の適用を受けないものとして店舗型性風俗特殊営業を継続していた者が、その営業所の建物の工事をした後にした、その営業について、改正前の風営法28条1項の規定又は2項に基づく条例の規定が適用されないことの確認を求める訴えを提起したとこ

ろ、当該確認の訴えの適否の判断はせずに、本案を優先させ棄却した。控訴審(東京高判平21.1.28WEB)も同旨。この判断方式は、本案に理由がないのだから、確認の利益の判断など不要というもので(まさか、このような訴えの確認の利益は言うまでもなくあると判断しているわけでもあるまい)、ありうる方式であるとは考える。

・大阪地判平21.10.2WEB:反則点数不付加確認

横断歩行者等妨害等(物損事故)の道路交通法違反行為に基づき道路交通法施行令の定める違反行為に付する点数2点が付された者が、違反行為がないと主張し、点数付加のため原告が地方運輸局長が定めた法令遵守基準を満たさないこととなり、個人タクシー事業の許可を受けられないなどとして、点数付加がないことの確認を求める訴えを提起。裁判所は、法令遵守基準は、法律上の処分要件とされているものではないから、点数付加が違法であっても直ちに申請拒否処分が違法になるという保障もないこと

第9章　当事者訴訟、争点訴訟

から、端的に本件点数付加がないことの確認を求める訴えを認めることが、紛争の直接かつ抜本的な解決のため有効かつ適切であるとし、その上で、違反点数の付加は、通常の行政処分と同様、行政庁の第一次的判断は明確に示されているのであるから、司法と行政の役割分担を考慮するに当たり、行政庁の第一次的判断が示されているとは限らない義務付けの訴えや差止めの訴えと平仄を合わせる必要は必ずしもなく、重大な損害等の厳格な訴訟要件は要しないというべきであるとして、確認の訴えを適法とした（本案棄却）。非常に優れた判断。上述の**大阪地判平19.8.10**のなした重大な損害要件の当事者訴訟への混入を防いだ点も大きい。

・**東京地判平29.8.10WEB：区議会幹事長会で発言する権利確認**

特別区の議会の会派無所属議員が区議会幹事長会及び区議会各派代表者会に出席し、発言する権利を有することの確認を求める訴え並びに区議会幹事長会運営規程及び区議会各派代表者会運営規程に違法があることの確認を求める訴えが裁判所法3条1項にいう「法律上の争訟」に当たらないとされた。

(5)　分析

①　予想以上の多くの事例が積み重ねられた。改正の成功を意味するであろう。

②　行政の行為に処分性が認められなければ、確認訴訟でいけばよいとする改正の精神が発露しているのが、改正直後の(2)の**東京地判平18.9.12**、**東京地判平22.3.30**である。

③　行政がないという権利に基づき営業するに先立ってあらかじめその適法性を確認するためには、刑事事件や取消訴訟をせよというのは酷かつ迂遠であり、実質的当事者訴訟としての確認の訴えによるほかはなく、権利行使の蓋然性があれば訴えの利益を認めると述べるのが(1)の**京都地判平26.2.25**である。

④　上記最高裁3判決が出るまえに、それを先導し、誤った要件混入を防いだ判決（(4)の**大阪地判平21.10.2**）などの存在は大きい。下級審の重要性を痛感させる事例である。

⑤　上述の最高裁3判決のあとは、その誘導は基本的に効いているが消極的例外もあり（(4)の**大阪地判平19.8.10**、(3)の**東京地判平24.10.24**は重大な損害を要件であるかのように書いている）、また(1)の**東京地判平29.3.23**も重大な損害要件を要求したし、その控訴審の**東京高判平30.1.31**は無名抗告訴訟と

481

扱い、重大な損害要件を必要とし充たしているともした。さらなる積み重ねが必要であろう。

最高裁のとる前記峻別論が過度に効いていると感じさせる判決もある。(1)の名古屋高判平27.11.12、(3)の名古屋地判平21.1.29。

⑥　確認の利益の判断で、実効的解決の立場から優れた判断が随所にある。

(1)の名古屋地判平21.2.19、福岡高判平21.9.11が、原告と行政庁との間に現実かつ具体的な紛争があること、原告が勝訴すれば拘束力により紛争が解決することを確認の利益判断にまとめたことは、極めて優れている。この判断様式こそが、確認の利益論の基礎とならねばならない。(1)の福岡地判平20.4.25もこれに近い。

6　改正直後「なかなかうまくいかない領域」と検討会座長が記した領域を、いまも裁判所、国会は放置している

(1)　塩野教授の整理

塩野宏教授は、行政訴訟検討会座長時代に次のように述べていた。

「抗告訴訟かどうかという点については、今発言があったように、被告が抗告訴訟の行政庁となっていたので、その問題があったが、今度は被告の点が解消されたので、実は抗告訴訟も当事者訴訟である。そうすると、あとは条文の準用の仕方の問題になって、大体全部準用していくことになると、取消判決固有のものは別として、そんなに従来の垣根はさほどにはならない。あと、学問的にどう処理するかは、出来てから考えてほしいというのが率直な気持ちで、今、国民の権利利益をどうやって確保しようか、そして、確認の道がありますよというときに、抗告訴訟だと確認の道は狭いとか、当事者訴訟になると広いとかということではなくて、とにかく国民の救済を広げられるような方向は何かということで考えていただき、それを抗告訴訟に振り分けるかどうかは、最後の法制的な詰めがあるが、救済に穴があることになると、大変なことなので、そこは救済に穴がないようにするのがプロの役目ではないかということで、常々お願いしているところである。実は理論的には大変悩ましいので、一体どうなるのかということをよく聞くが、抗告訴訟なんてやめてしまえばいいではないかとまで言うが、なかなか難しいところがあるようで、これはその制度設計のプロにお任せする以外にないと思うが、プロが見落としていけないのは、国民

第9章　当事者訴訟、争点訴訟

の包括的な権利救済という理念だけは常に頭に置いていただきたい。……
それを使うかどうかは弁護士の力量と裁判官の頭の働かせ方いかんによる
ということになる。他方、確認訴訟だけではなかなかうまくいかない領域
は行政計画、行政立法があり、そこも十分にらみながら考えていくことに
なるが、ただ、出だしはとにかく道があるということを明確にすることだ
と思う」[22]。

　この発言の前半部分は、上述した中川教授、山本教授の、また不肖私の、
抗告訴訟と当事者訴訟との関係性主張と同旨のものと言えよう。

　ここでは後半部分を取り上げる。

(2)　「うまくいかない領域」についての確認訴訟等

　塩野教授の提起の行政計画、行政立法については、第1章の4、5ですで
に述べたので、その箇所も参照されたい。

①　行政立法と確認訴訟

　行訴法の立法過程でもこの規範統制訴訟（ノルメンコントローレ）の導入
は検討された[23]。しかし明確には法定されなかったので、裁判所の解釈に
委ねられた。しかし裁判所はこの期待に反した。

　判例、通説では、法令の効力を争う訴訟は、一般的には「法律上の争訟」
には当たらず不適法となるが、法令によって直接に個人の具体的な権利義
務に変動を及ぼす場合には「処分」に準じて取消訴訟の対象となりうると
いうのが原則である[24]。

　処分に当たらない場合に、確認訴訟を活用しようというのが改正法の趣
旨であるので、上述した改正後判例から、処分に当たらない行政立法に関
する判決を検討する。その前に、改正前の判例を検討する。

(i)　改正前の判例の検討

　薬事法事件（東京地判昭31.10.24行集13巻10号1858頁、東京高判昭38.4.26民集

---

22)　行政訴訟検討会第26回議事概要。
23)　雄川一郎発言「いまノルメンコントローレの話が出ましたが、これも当時の
　法制審議会でかなり議論された問題です。……中間に出た小委員会第2次案（法
　制審議会行政訴訟部会小委員会・行政事件訴訟特例法改正要綱試案（第2次）・
　公法研究19号掲載）でしたか、そこでは一応そういう訴訟をある範囲内で法定
　する（上記要綱試案第5第3号は「法令の効力に関する訴訟」を規定していた。
　また要綱第3次試案「法令の違法宣言の訴」を規定していた。参照、続十年史49
　頁）ということを考えていた時期がありましたけれども結局立法にはでなかっ
　た」（位野木等・研究会28頁）。
24)　雄川一郎「行政訴訟の型態」ジュリスト527号（1973年）48頁。本書第4章
　第1節を参照されたい。

483

20巻6号1234頁、最大判昭41.7.20WEB）についていえば、薬事法の憲法違反を理由として、許可又は許可の更新を受けなくても特定日以降も薬局の開設ができることの確認を求めた訴え自体を適法とした地裁判断を高裁が引用したものを最高裁がそのまま是認していると検討会事務局はいう。しかし、この地裁判決は行特法時代であり、前述したように同法が抗告訴訟と当事者訴訟を厳然と区別していなかった特色からすれば当然のことであり、高裁、最高裁は地裁判決の行特法に関するその判断を変更しなかったにすぎない。

　また長野勤評事件（長野地判昭39.6.2行集15巻6号1107頁、東京高判昭41.2.7WEB、最判昭47.11.30WEB）については、検討会事務局はこの地裁判決が通達に基づく義務の不存在確認の訴えを適法としたことに着目するわけだが、これも行特法時代の判決であり上と同様のことである。むしろ、東京高裁が通達の無効確認訴訟と解したうえで、この訴えは法律上の争訟に当たらないと判断し、最高裁が「処分を受けてからこれに関する訴訟の中で事後的に義務の存否を争ったのでは回復し難い重大な損害を被るおそれがある等、事前の救済を認めないことを著しく不相当とする特段の事情のないかぎり」義務の存否の確定を求める法律上の利益を認めることはできないとした方が悪い意味で重要である。つまり、検討会事務局の誘導と異なり、高裁、最高裁が確認訴訟を厳しく排斥しているところにこの事件の教訓はある。鶴岡判事の提起によれば、例えば長野勤評事件の事例を今どう争うかといえば、ひとつは通達違反で懲戒処分を受けそうなので受けないことの確認を求める場合は抗告訴訟としての確認訴訟であり、差止め訴訟の要件を考える必要がある。二つ目は懲戒処分のおそれがあるので通達で義務を課されること自身が重大な不利益だと確認の利益を構成しての当事者訴訟である[25]。

　検討会事務局はあげていないが、本書被告適格（第4章第3節2）で検討した受刑者の丸刈差止事件判決（監獄法施行規則を直接争った東京地判昭38.7.29行集14巻7号1316頁）は優れた内容をもっていた。

　対比して形式的判断が際立つ判決、例えば、毒物等取締法事件（東京地判昭56.11.27WEB、東京高判昭57.6.30WEB）をみておきたい。これが判例の主流であった。ホストキシン（薬剤）を毒物及び劇物取締法施行令28条所定

---

25)　鶴岡稔彦判事の日弁連行政関係事件研修会（2006年6月23日）での講演より。

第9章　当事者訴訟、争点訴訟

の使用者以外の者に譲り渡した場合において、厚生大臣及び都知事から毒物及び劇物取締法の輸入業又は販売業の各登録の取消し等の不利益処分を受ける地位にない旨の確認を求める訴えが、公法上の当事者訴訟であるとすれば右厚生大臣らには被告適格がなく、また、将来における不利益処分の防止を目的とする無名抗告訴訟であるとすれば事前救済を認めないことを著しく不相当とする特段の事情が認められないとして、不適法とされた事例である。被告を行政庁である厚生大臣としたために当事者訴訟としての確認訴訟が認められていない。その高裁も同様の判示である。

　被告適格が2004年改正で変わったので、被告問題から確認訴訟不適法という格調の低い判決は一掃され、いずれも当事者訴訟としての確認訴訟はできることになるであろうし、抗告訴訟の方がやりやすければ、被告は同じなので、訴訟類型と請求の趣旨を変更して対処することになろう。

(ii)　改正後の判例

委任命令

4(2)の東京高判平24.4.26WEB、最判平25.1.11WEBは、薬事法施行規則等の一部を改正する省令により、郵便等販売を行う場合は、第一類・第二類医薬品の販売又は授与は行わない旨の規定が設けられたことについて、改正省令は、新薬事法の委任の範囲外の規制を定めるものであって違法であることを確認訴訟で認めたものである。

公示

4(2)の名古屋地判平25.5.31WEBを始めとするタクシー事業の乗務距離規制等の公示が扱われ、処分性がないので、確認訴訟で公示の違法性が判断されている。同地裁判決は、営業の自由の立場から、公示当時のA社圏においては、乗務距離規制の最高限度を設けるまでもなく、乗務距離が減少していたものであり、輸送の安全確保のための規制手段としての乗務距離規制の効果という観点からも、新たにA社圏を乗務距離の規制地域に指定する必要性が認められるとした運輸局長の判断は、事実の基礎を欠き、社会通念に照らして著しく妥当性を欠くものであり、裁量権の範囲を逸脱又はこれを濫用しているとし、抗告訴訟と同様の本案判断をしている。確認訴訟が有効に機能している。

　なお、東京高判平25.9.26民集69巻8号2391頁、上告審（最判平27.12.14 WEB）は、重複受給年金返還請求の民事事件であるが、従来は日本電電公社（現在は企業年金）の関係であったので、公法関係と言えた。公法関係の

485

時代であったら、当事者訴訟としての給付訴訟であろう。ここで取り上げるのは委任の適否の論点である。高裁は、本件政令では、複利計算を前提として、その利率を年5.5％と定めているのであるが、民法が明文で定めている利率を、法律の明文によらずに国民の不利益に変更するものであるから、その効力を認めることはできず、厚生年金保険法の目的から、返還を求める場合であっても、労働者の生活の安定に十分配慮しなければならず、利子の利率については、公平、平等を図るために何が合理的なのかについて慎重な審議を経た上で、法律をもって定められるべきものであり、仮に政令への委任がやむを得ないものとして認められる場合であっても、利率の決定に際して考慮すべき要素やその上限等について明確な基準となるものを示した上で委任されるべきであったのに、附則では白地で包括的に政令に委任したものであって、委任の範囲を逸脱するもので、本件政令で定められた利率は無効だとした。最高裁は「国公共済法附則12条の12第4項は、退職一時金に付加して返還すべき利子の利率について、これを予定運用収入に係る利率との均衡を考慮して定められる利率とする趣旨で政令に委任したものと理解することができ、また、厚年法改正法附則30条1項についても、これと同様の趣旨で退職一時金利子加算額の返還方法についての定めを政令に委任したものと理解することができる。そして、本件政令4条2項が定める利率は、国公共済法附則12条の12第4項の委任に基づく国家公務員共済組合法施行令附則7条の3第1項の定める利率と同じく、年金財源の予定運用収入に係る利率に連動して定められてきたものであり（平成11年政令第249号による改正前の国家公務員共済組合法施行令12条3項参照）、国公共済法附則12条の12の経過措置を定める厚年法改正法附則30条1項の委任の趣旨に沿うものというべきである。また、これまで説示したところによれば、上記の利率がおよそ不合理で無効であるとはいえない」として逆転判断をした。委任は国民の立場から明確でなければならず、この二つの判断を見れば、高裁判断の優位性は明らかであろう[26]。

---

26)　この最高裁の判断方式につき、高橋滋「法曹実務のための行政法入門(9)」(判例時報2349号131頁) は「最高裁判所は、委任規定の文言のみに依拠することなく、法律全体の趣旨、目的等、規律対象事項の内容、性質等を踏まえた、法律の体系的な解釈を通じて委任の趣旨、目的を導き出すことよって（ママ）、当該委任は白紙委任の禁止に触れないと判断する傾向にある」と肯定的に述べるが疑問である。

第9章　当事者訴訟、争点訴訟

② 行政計画

ここでも改正前の判例と、改正後の判例を整理しておきたい。

（i）改正前の判例の検討

　a　確認訴訟が適法とされた事例

行政訴訟検討会事務局は、当事者訴訟として行政計画に基づく義務の存否が争われた事例のいくつかを討議のために紹介した[27]。しかし、紹介したといっても、本案前の判断で確認請求の適法性を認めたのは次のただひとつなのであった。

それは、ダストボックス置場からの廃棄物収集義務確認を認めた東京地判平6.9.9WEBで、一般廃棄物処理計画に基づく義務の存在確認請求が適法とされた事例である（同旨の判決、東京地判平7.11.28判例地方自治151号61頁もある）この判決が重要なのは「原告の被告に対する本件収集義務の存在確認の訴えは、ごみの収集義務という公法上の義務の存否に関する当事者訴訟と解され、本件建物の占有者である原告と被告との間に右義務の存否を巡って紛争が存在しており、その確認を求める以外に紛争解決のための適切な手段がない以上、原告は、右義務の存在確認を求める法律上の利益を有すると解するのが相当である」とした本案前の判断にある。この判決が「その確認を求める以外に紛争解決のための適切な手段がない以上」というのは、青梅市のごみ収集問題では取消訴訟も提起され、他の部の事例であっても、条例に定める廃棄物保管場所等の設置届の不受理が取消訴訟の対象とならない（この判決の後だが東京地裁の他の部はそのような判決、東京地判平6.11.30判例地方自治143号36頁を出している）と、当時の東京地裁行政部が考えていたからだと考えられる。

　b　確認訴訟が不適法とされた事例

検討会事務局の資料で、この東京地判平6.9.9をはさむ3判例はいずれも土地区画整理事業をめぐる事案で、いずれも確認請求は不適法却下されている。

まず土地区画整理事業地区内に自己の土地があることの確認を求める第1事例である東京高判昭56.11.30判時1030号25頁は、土地区画整理事業の施行地区内に自己の所有地が存在することの確認を求める訴えが、単に土地の位置、存在についての事実の確認を求めるにすぎないもので確認を求

27）　行政訴訟検討会第25回資料4。

487

める法律上の利益はないので不適法とし、また土地区画整理事業の施行地区内の自己の所有地につき県に換地処分をすべき義務のあることの確認を求める訴えが、換地処分の対象となるべき土地の存否について別の救済方法があり、その方法によることなく、直接県に右義務の確認を求めることは許されないとして、不適法としている。この判決のいう「別の救済方法」とは「換地処分の対象となるべき土地の所在の確定は、土地区画整理法及びこれに基づく施行規程に定められた手続に従って、施行者においてこれをなし、その結果権利を害せられる者は、同処分を争う方法によって救済を図るべきであり、更にその前提となるべき私法上の権利の帰属について争いのあるときには、争いのある当事者間で権利関係を確定すべき」というのである。最大判昭41.2.23WEBが最大判平20.9.10WEBに変更されても、それは事業計画についてであり、処分性拡大の点でも、都市計画分野は「うまくいっていない」ことは第4章で詳述したところであるが、今検討している昭和56年の東京高裁判決も確認訴訟の成熟性、確認の利益を肯定できる事案であると考える。

　次に同じような論点の第2事例である東京高判平2.6.28判時1356号85頁は、土地区画整理組合が土地の共有者らに対して当該土地が土地区画整理事業の施行地区の範囲内に属することの確認を求める訴えが、事実の確認を求める訴えであって、かつ、将来当事者間で発生することが予想される紛争の解決に資するものではないから、訴えの利益を欠き、また、これを同組合が当該土地について土地区画整理事業を行う権限を有することの確認を求める趣旨と解したとしても、法令に基づく抽象的な権限の確認を求めるものにすぎず、紛争の成熟性を欠き、さらに、同訴えを前記共有者らが同組合の組合員であることの確認を求める趣旨と解したとしても、同組合は、あらかじめ判決により前記のような確認を受けることなく、公権力の行使により各種の行政処分を行うことができるから、特段の事情のない限り、前記訴えを提起する必要性はないとして、不適法とされた事例である。このケースは、第1事例、第3事例とはいわば逆の論点であり、判示に問題はないともいえる。

　第3事例は、土地区画整理事業区域内の土地の所有者から事業者である旧住宅・都市整備公団に対し、当該土地につき事業の施行をすることができないことの確認を求めた東京地判平10.11.25訟務月報45巻7号1397頁である。当該事業により、同人らの権利が侵害又は制限されたときは、各個

第9章　当事者訴訟、争点訴訟

の処分に対して抗告訴訟を提起することができるのであるから、これらの
処分のない状態で、一般的に、同公団の施行権限の存否の確認を求める訴
えは、いまだその確認を求める法律上の利益がないものというべきである
として、前記訴えを不適法とした。この事例は同日同一部で出された別訴
で、原告は公団の立入りや建物の除却なども争っており、その別訴の存在
がこの判決の理由をいっそう素っ気ないものにしているともいえよう。

　改正法審議の国会では、司法制度改革推進本部の山崎潮事務局長は次の
ように答弁して、行政計画にも確認訴訟が使える旨を述べている。

　「今後、行政計画だとか、行政立法だとか、通達だとか、そういうもの
に個別に不満があっても、それ自体に文句を言うんではなくて、それが自
分の権利に影響がありますよという場合にはこういう類型を使って争って
いただきたい、それをはっきりさせるためにここで明示的に書いて、利用
していただきたい、こういうことで設けたわけでございまして、なかった
ものではないんですね。あるものを明確にした、こういうことでございま
す」[28]。

　「土地区画整理事業計画ですか、これにつきましては、一般的には、処
分性がないということから取り消し訴訟の対象にはならないというふうに
言われているわけでございまして、今回も、その点については改正の対象
にしておりませんので、それは同じ問題が生ずるということでございます。

　……その計画があることによって何らか自分の権利に影響があるという
場合、これは確認訴訟、いわゆる当事者訴訟の中の確認訴訟ですね、こう
いう類型で可能な場合もあり得るわけでございます、すべてが可能と言っ
ているわけではございませんけれども。

　そういう場合に、同じ国でございますので、そうなりますと、訴えの変
更、こういうことが可能になってくるわけでございまして、そういう意味
では、従来よりは、当事者を間違ったから、あるいは種類、類型を間違っ
たからそれでだめですよということがなるべく少なくなるような手当てを
して、なるべく使い勝手がいいような形にさせていただいた、こういうこ
とでございます」[29]。

　中川丈久教授は、都市計画についての確認訴訟は、有用性、有効性をも
つとして、土地政策の観点から個別法で争訟方法が定められるまで、この

---

28)　衆議院法務委員会会議録2004年4月28日。
29)　衆議院法務委員会会議録2004年5月7日。

489

分野で確認訴訟を構想することに極めて積極的な論を展開している[30]。極めてバランスのよい、改正行訴法の精神を最大限発揮する解釈だと考えられる。

改正法の立案に深くかかわった村田斉志判事は、行政立法、行政計画、通達、行政指導自体、またはそれをきっかけにして生じた紛争を確認訴訟に乗せることが考えられることを述べている[31]。

(ii) 改正後の判例

地区計画

4(3)の東京地判平20.12.19は、地区計画の変更決定など直ちに第1種市街地再開発事業の手続の現実的かつ具体的な進行を開始させるものではなく、原告らの権利又は法的地位に具体的な変動を与えるという法律上の効果が生ずるものではなく、原告らの法的地位に係る不安が現に存在するとまではいえないこと、また過去の法律関係の確認だとして却下したのであるが、これは、地区計画の処分性判断を確認訴訟にもそのまま当てはめているだけであり、当事者訴訟の独自性を考えないものである。

区画整理

4(3)の名古屋地判平21.1.29は、区画道路の位置の定めの争いは、土地区画整理組合の設立の認可について取消訴訟等で争うべきとして、確認訴訟ではとりあげない。出訴期間等で取消無理な場合、また無効等確認では重大かつ明白な瑕疵などの要件で難しいから、確認訴訟を選ぶわけであり、このような判示は意味がない。当事者訴訟としての確認請求を抹殺するような判示である。

このように、改正後もやはり「うまく行っていない」のである。第1章の5で述べたように、裁判所の実効的解決への努力と、立法府の行動に期待するところである。

7 確認訴訟における確認の利益

あらためて、改正後の学説、判例の動向を踏まえて、確認の利益についてまとめておきたい。

行訴法は「行政事件訴訟に関し、この法律に定めがない事項については、

---

30) 中川・確認訴訟の可能性995-996頁。
31) 小早川編・研究153頁。なお、確認訴訟の使い方についての鶴岡稔彦判事の発言（同書154-156頁）を参照されたい。

第9章　当事者訴訟、争点訴訟

民事訴訟の例による」(7条)と定めている。

(1)　まず、確認の利益についての民訴の議論を参照したい。

　第19回行政訴訟検討会に招かれた民事訴訟法の山本和彦一橋大学教授は、大要次のように述べた[32]。

　第1に確認の対象としては、民事訴訟では、原則として過去の法律関係の確認は許されず、現在の法律関係の確認を求めるべきであるが、例外的に過去の法律関係が現在の法律関係の基礎にあり、それを確定する方が現に存する紛争の直接かつ抜本的な解決のために適切かつ必要であると認められる場合には確認の利益が容認されるのが学説判例である。したがって、例えば、行政立法などについては、その無効確認を求める方が、それから由来する現在の多数の法律関係の個別確認を求めるよりも抜本的な紛争解決を可能にするという場合があるとすれば、そのような場合については、民訴的な観点からは、行政立法の無効確認について確認の利益を認めることに違和感はない[33]。

　第2に狭義の確認の利益（即時確定の利益）としては、確認の利益の本質というか、最も中心的な、中核的な部分であり、現在は原告の地位に対する危険・不安の存在と、この危険・不安の現実性に分けて論じるのが一般的である。

　まず、危険・不安の存在という点は、確認請求をすることによって、原告が得られる実益があるのかどうかが問題になる。ただ、この実益については、事実上の利益ないし期待でも足りるというのが最近の学説の一般的な理解であり、問題はそのような利益の蓋然性がどの程度あるかである。そういう意味では事実認定の問題と理解されている。例えば、行政指導が原告に事実上の不利益を与える蓋然性があるという場合には、民訴的にはその行政指導を争う利益というものが認められる余地がある。原告の不利益が現在の特定的な法律関係に換言できるような場合には、その法律関係の確認を求めるのが民訴の原則だが、行政指導の効力自体を対象とした方が、抜本的な紛争解決が可能となるような場合、例えば、行政指導による不利益が非常に拡散したものであるような場合には、行政指導それ自体の無効確認を直接請求できる余地も判例、学説の理解からはありうる。

　第3に危険・不安の現在性については、将来の法的地位については確認

---

32)　行政訴訟検討会第19回議事録、議事概要（2003年7月4日）参照。
33)　過去の行為の確認につき小早川編・研究154頁の鶴岡稔彦発言参照。

491

の利益は否定されるのが原則である。その理由は、ひとつはそういう場合には紛争が現実化したときに提訴すれば原告の権利保護に十分であり、将来の問題について今の段階で訴えを提起させる必要はないということであり、もうひとつには、事件が予想していたのとは別の展開をすることによって、せっかく確認判決をしたのに、その判決が無駄になるおそれがあるのではないかということも指摘される。しかし、現在においては、このような理解、理由は、絶対的なものではない。まず、学説においては、確認訴訟の予防的機能を重視する方向が一般的であり、紛争予防による行動の自由の確保が特に自由競争を重視する社会においては重要な意義をもっているといわれている。確認訴訟の予防的な行動ルールを定める機能を重視する見解である。民訴でもこの点の判例はまだ安定的ではないが、いずれにしても、行政訴訟に関する確認の利益に関する、事後的に義務の存否を争ったのでは回復し難い重大な損害を被るおそれがあるかどうかという判例の基準は、民訴における最近の学説や判例の動向からすると、やや狭すぎるのではないかという印象が否めない[34]。

第4に給付・確認・形成の順序については、それぞれ認められている一定の要件なり限定というものがあるので、民訴ではそれぞれで考える。

これが民訴の山本教授の見解であり、行政訴訟にとってもたいへん示唆に富む内容である[35]。

(2) 現在の判例、学説の到達点

最高裁判決での誘導の方向を、学説のコメントも取り入れてまとめた内容は前述したところである。

---

34) 小早川編・研究155-157頁の中川丈久発言。特に3面関係の場合の確認の利益につき158-159頁、行政立法につき160頁参照。通達や区画整理事業につき157-158頁、161頁の亘理格発言、区画整理事業につき162頁の村田斉志発言参照。

35) 中川・確認訴訟の可能性976-980頁も参照のこと。中川教授は確認の利益を、第1に紛争の成熟性、第2に補充性をクリアすること、第3は確認対象の選び方を事例ごとに期待される事情の具体化ととらえ、第1の成熟性の観点では次の四つを要件とする。(ア)行政機関が原告の法的地位を否認する見解を、暫定的でなく最終的なものとして示し（例えば通達の形で）、またはそれと同視すべき事情により、原告の法的地位に不安が生じていること、(イ)原告・被告間の紛争にかかる裁判審理における争点が明確になっていること、(ウ)その紛争について、今裁判審理をするよりも行政過程を進ませることでむしろ紛争解決の可能性が残されているという事情がないこと、(エ)このタイミングでの裁判が認められないと、原告が実質的な裁判的救済を受けられなくなること。なお前述の在外国民選挙権確認訴訟大法廷判決は、民事訴訟とほぼ同じ確認の利益判断をして、確認訴訟の確認の利益として「有効適切な手段」というメルクマールを定式化している。

今一度、収録すると次のようになろう。

公法分野において、第1に国民の不利益への予防的機能として活用することができること、第2にその場合には不利益が行政処分の形をとることが予測されれば差止め訴訟を使い、行政処分以外の不利益措置が予測されればその不利益を法律関係、権利関係に構成して当事者訴訟を使うこと、第3に予防的機能も含め、法令の違憲・違法から導き出される状態を争うときは、それらの法令が是正された状態の法律関係、権利関係の確認訴訟（法令の違法の消極的確認方式）を使うこと、第四に確認の利益は、「侵害を受けた後に争うことによっては権利行使の実質を回復することができない」性質の利益、「事後的な損害の回復が著しく困難」な利益であり、差止め訴訟と同様の重大な損害要件は要求していない。

この内容をもっと短縮し、法科大学院などで簡単に単純化されている内容は次の通りである。

㋐権利利益の重要性、性質、㋑救済手段としての有効、適切性、㋒補充性である。

私はあまり単純化して覚えこむのではなく、上述したような内容で理解してくれることを願っている。

8 確認訴訟と差止めの訴え、民事訴訟との関係

(1) 差止めの訴えとの関係

中川丈久教授は、「後に不利益処分が予想されるのであれば一律に、確認訴訟ではなく行政処分差止訴訟が提起されるべきではないか、その結果、改正法37条の4が差止訴訟の要件として定めるところ（「一定の処分または裁決がされることにより重大な損害を生じるおそれがある場合に限り、提起することができる」）が適用されるのではないかという問題がある。もしそのような解釈が取られるならば、確認訴訟はほぼ全面的に否定され、検討会の『確認訴訟の活用』論は結局日の目を見ないことになろう」と危惧したうえで、「しかし改正法のもとでは、行政処分差止訴訟と、確認訴訟（それが抗告訴訟と当事者訴訟のいずれに位置付けられるかは問わない）は、それぞれ固有の領域を持って役割分担をする関係にあり、その限りでは、差止訴訟の要件規定が確認訴訟に影響を及ぼすことはないと考えるのが、改正法の適切な解釈であると考えられる」と論を進めているが、全く同感である。行政側の行政処分発動に裁量があるから確認の利益がないなどと考える前述

の最高裁横川川判決や長野勤評判決を批判するもので卓見である[36]。

最高裁は、本章の4(3)で述べた国旗国歌懲戒等予防訴訟（最判平24.2.9）で、抗告訴訟である差止め訴訟は不利益処分に、処分以外の不利益措置は義務の不存在確認訴訟という当事者訴訟と峻別し、切り分け、これが今後の指針であるが、行きすぎた下級審判決も目につくこともすでに見てきた。極端な峻別、切り分けのない判例の積み重ねが求められる。

(2) 民事訴訟との関係

もともとの実践的原告側弁護士は行政事件訴訟に期待をもたず、民事訴訟でできる場合にはそうしてきた。例えば住基ネット（住民基本台帳ネットワークシステム）に関し、自らの住民票コードを住基ネットから削除すべきであるとの訴えに関し大阪高判平18.11.30判時1962号11頁は、民事判例として削除を命じた[37]。訴訟提起が2002（平成14）年であるから、行訴法改正前であり、原告弁護士は当事者訴訟など考えもしなかったであろう。しかし今なら、相談があれば、住基ネットで運用される住民台帳で自らの住民票が運用されない地位の確認という当事者訴訟、確認訴訟を考察する必要もあろう。民事訴訟の削除判決は執行まで展望できるという特徴があり、確認訴訟は判決の拘束力で行政を縛るのであるから、原告の考えによりどちらを活用するのも結構なことである。

9 改正前判例への今日的再検討

改正後の判例はすでに5で検討した。

最高裁のホームページの行政事件裁判例集で行訴法改正前の年代で「当事者訴訟」で検索して現れた実質的当事者訴訟の事例である。これらをみると、25件中12件が何らかの形で当事者訴訟の適法性を認めている。裁判所ウエブにすべて載っている。

当事者訴訟でやれば適法と傍論で述べている判決が4件、被告適格の変更で適法化すると思われるものが4件などを加え、その他現在では否定されている事例などのいくつかを以下に新しい視点で検討することとしたい。

2004年改正にあたっての衆参両院附帯決議を十分に徹底していけば、

---

[36] 中川・確認訴訟の可能性981頁参照。4(2)で紹介した鶴岡判事の講演内容も同旨。

[37] 最判平20.3.6WEBは、これを破棄し、全員一致で、憲法13条の問題はないとして請求を棄却した。

第9章　当事者訴訟、争点訴訟

被告適格の改正と相まって、積極的な方向への判例変更の可能性が出るものと考えられる[38]。

　これらのうちの何件かを検討する。

　東京地判平17.3.25は、柔道整復師専科教員資格確認請求だが、柔道整復師法の改正前後で全く異なり、現在は免許制度といえるから確認請求も成り立ちうるが、改正前は施設基準にすぎないから原告らの権利義務や法的地位、法律関係と無関係だとする。法改正がそのような視点で行われていればやむをえないかもしれない。

　東京地判平13.12.27とその控訴審（東京高判平14.9.6）は道路交通法の自動車教習所設置等届不受理につき取消しの訴えでなく届出をした者の地位にあることの確認を求める訴えによってその解決を図るのが、直截かつ抜本的な方法というものとする。処分性のところで取り上げた事案である（第4章第1節2(3)e)。

　東京高判平15.1.30は東京都の外形標準課税条例には処分性を認められないが、当事者訴訟としての還付請求は認めている。処分性のところでも取り上げた著名判例である（第4章第1節2(1)③)。

　東京地判平14.2.14。国立マンション条例無効確認請求につき当事者訴訟として認めつつ、成熟性で蹴っている。この判決の内容は支持できる。

　東京地判平13.12.6。検定教科書履修義務不存在確認等請求につき、確認請求に当たる部分は卒業により確認の利益なし、過去の法律関係の確認は許されないとして却下している。確かに適正でない教科書で履修を義務付けされた苦痛を訴えるなら、損害賠償にすべきであろうし、根本的には、公権力の行使でないとすれば、仮処分で止めるべきであったかもしれない（控訴審（東京高判平15.10.1WEB）も原審と同旨）。

　東京高判平12.11.8は、前述の在外国民選挙権確認訴訟大法廷判決の原審だが、「公職選挙法の規定の一部の違法確認を求める訴えと解さざるを得ないから、このような訴えは、具体的紛争を離れて、抽象的、一般的に法令等の違憲あるいは違法性等に関する判断を求めるものといわなければならず、裁判所法第3条第1項にいう『法律上の争訟』に該当しないので、不適当である」としていた点を反面教師的に注目してほしいと思う。このようなひどい言い回しの判決が出ても、正義と正しい法論理を信頼して訴

---

[38]　以下の検討のほか、具体的な分野ごとの検討として中川・確認訴訟の可能性986-987頁も参照されたい。

訟を続けることの必要性を物語っている。負の記念碑である。

東京地判平6.9.9は、一般廃棄物処理計画に基づくダストボックス置場からの廃棄物収集義務確認を認容した有名な事例。行政計画と確認訴訟の箇所で前述したところである（本節5⑵②(i)a）。

京都地判平4.6.29は、土地改良区役員選挙無効確認請求を原告は抗告訴訟として提起したのに対し、判決は当事者訴訟として扱い、実体ではねているが、被告が相楽郡川西土地改良区という、行政庁としても行政主体としても同じ表示であったことが幸いした事例。被告適格が変わった改正法のもとではこのような判断が縦横にできるようになった。

東京地判平4.3.18は、東京国際空港新Ａ滑走路供用禁止請求事件で、判決は行政庁である運輸大臣を被告としているから実質的当事者訴訟は不適法だとしており、被告適格の変更により可能性が出る事例。

京都地判昭59.3.30は、京都市を相手とする古都保存協力税条例無効確認は、当事者訴訟として成立しうるとして、実体判断をしている。

釧路地判昭58.11.29は、納税債務ないし納税義務の不存在を求める訴えは、行政庁を被告としているから不適法としており、被告適格が変わったので認容される事例。もちろん差止め訴訟も考慮できよう。

岡山地判58.5.25は、日本原演習場行政処分取消請求事件で、防衛庁長官の行う射撃訓練及び立入禁止措置は公権力の行使に当たらないから抗告訴訟はできないが、使用収益権などの確認を求める民事訴訟で争えるとしており、被告を国としたうえで当事者訴訟も当然可能と考えられる。

東京高判昭57.6.30は、行政立法と確認訴訟の項ですでにみた事案だが（本節5⑵①(i)）、劇物（ホストキシン）取締法違反の処分を受ける地位にないことの地位確認請求控訴事件で、被告が厚生大臣等だから却下とされているので、被告適格の変更により実体判断に入れる。この原審（東京地判昭56.11.27WEB）も同じ。

大阪高判昭55.8.27は、道路交通法の反則金制度の告知の取消請求控訴事件は、裁判所が反則金の強制的性格を理解していないのではないかと思われる判示である。告知の性格をあれこれと論じたすえに、要するに抗告訴訟の対象となる行政処分には該当しないとして、反則金の返還だけを民事訴訟でやれといっている。上告審の最判昭57.7.15は、本人の選択で刑訴にすればよく、これが行訴にのれば、行訴と刑訴で複雑困難な問題を生ずるとする。高裁も最高裁も、全く国民常識に反する判断だが、今後は当

事者訴訟としての給付請求もできると考えられる。

東京高判昭55.7.28は、いわゆる摂津訴訟（保育所設置費国庫負担金請求控訴事件）。この件は、設置費の額は交付決定によってしか具体的請求権が発生しないと捉える以上は、決定がない以上結論は却下しかないが、児童福祉法52条等の構造から具体的請求権は発生しており、交付決定はその前払い・概算払いの額の決定と捉える室井力説、原則は決定がいるが市町村が適時に申請することを事実上不可能とするような何らかの事情があればよいとする小早川光郎説、適正化法上の手続をふむことができなかった特段の事情がある場合にのみ直接請求できるという塩野宏説に立てば、当事者訴訟として適法になる。

東京地判昭53.3.23は、土地区画整理組合設立無効確認につき、抗告訴訟とは解されないが、「被告組合が前記の要件にのつとり適法かつ有効に設立され現に存在しているとすればそこから生ずべき原告らと被告組合との間における現在の特定の法律関係について、これが存在しないこと、すなわち換言すれば、原告らが被告組合の組合員の地位を有さず、したがつて組合員としての一切の権利義務がなく、被告組合の区画整理事業の施行に伴う権利制限を受けない地位にあることを総体的に確認することにあると解され、そうであるならば、あえて組合の設立から生ずべき現在の個別的法律関係に還元するまでもなく、原被告間の右のような法律関係を端的に表現する意味において、本訴請求の趣旨を『被告組合の設立の無効確認』とすることは許されるべきであり、したがつてこのような訴は、いわゆる確認の訴として適法なものというべきである。そして、土地区画整理組合はいわゆる公法人であり、原告らが確認を求める前記の法律関係は、原告らと被告組合との公法上の法律関係であると解されるから、原告らの右の訴は行政事件訴訟法4条所定の当事者訴訟であつて、したがつてその訴の性質あるいはこれに関する判決の効力も、同法の規定するところによるものと解すべきである」として設立を無効と判示した。

名古屋地判昭53.1.18は、渥美火力発電所第3号機及び第4号機設置に対する町などの同意の取消請求事件だが、判決は同意には公権力性がないので、「行政主体ないしは行政庁の非権力的行為に関して国民の利益救済を図るにはそれに即した訴訟形態を利用すべき」と当事者訴訟の適法性を示唆している。

東京地判昭45.12.26は、現業国家公務員に対する懲戒等の不利益処分に

つき、詳細な判示で当事者訴訟の適法性を認めている。すなわち、「現業国家公務員に対する不利益処分、例えば本件のような懲戒免職や停職も、身分保障のある国家公務員に対するものであることからこれについての要件、手続、効果等が法令によつて規律されているという点を除けば、私企業の労働者に対する懲戒解雇等の処分と本質的に異なるものではないと解されるから、その効力を裁判上争わせる訴訟形式は、とくに抗告訴訟によらしめる趣旨の実定法の規定がない限り、対等な当事者間の本来的な訴訟形式である公法上の当事者訴訟であると解するのが相当である。さて、対等な当事者間の訴訟形式として民事訴訟と公法上の当事者訴訟とがあるのに後者によるべきであるとの理由を示すことは、本訴の適否についての判断を左右するものではないが、念のため付言する。その紛争について公法上の当事者訴訟によらしめるべき法律関係と民事訴訟によらしめるべき法律関係を区別する基準をどこに求めるべきかはきわめて困難な問題であるが、右両訴訟形式の差異に照らし、当該法律関係が行政事件訴訟特例法の定める職権証拠調べとか職権による訴訟参加、関係行政庁に対する判決の拘束力等——なお、現行行政事件訴訟法は公法上の当事者訴訟につき同法第23条、第24条、第33条第1項、第35条を準用している——を認めて審理するのが相当か否かを基準とし、前者を公法上の当事者訴訟によらしめるべきものとし後者を民事訴訟によらしめるべきものと考えるのが相当である。そうすると、現業国家公務員の懲戒免職等は、先に述べた公務員法規等、強行法規たる行為規範である公法規範の運用に関するものであるから、その効力の審査は右公法規範の運用すなわち行政の法適合性の審査を意味し、単なる被免職者等の個人的利益に関するのみならず公益に関するものというべきであつて、公法上の当事者訴訟によらしめるのが相当である」と。

10　当事者訴訟としての給付訴訟

(1)　給付訴訟も積極的に——国家賠償、損失補償との異同

改正行訴法が4条に「公法上の法律関係に関する確認の訴えその他の」という文言を追加したことに関して、ここまでの記述では、主として当事者訴訟のうちの確認訴訟に絞ってきた。しかし、いうまでもなく、実質的当事者訴訟は確認訴訟だけでなく給付訴訟も含まれる。

無名抗告訴訟のうちの義務付け、差止めを明文化し、当事者訴訟に上記

第9章　当事者訴訟、争点訴訟

のような文言を追加したことにより、取消訴訟中心主義、抗告訴訟中心主義の強さが緩んだことは間違いのないことである。取消訴訟、抗告訴訟に依らずに直接行政主体に給付請求をすることもまた、確認訴訟とともに明文により推奨されるにいたったと考えるべきであろう。

　行政に対し給付を求める類型としては国家賠償訴訟、損失補償請求訴訟がある。これらと公法上の当事者訴訟としての給付訴訟の異同を簡単に整理する。

　まず、国家賠償請求権は、本来私権と解されてきており、国家賠償法も民法の特則と見るのが通説であろうから[39]、国家賠償訴訟は公法上の給付訴訟ではない。

　次に、損失補償請求権は、憲法に基づくものであるから当然に公法上の請求であり、給付訴訟は公法上の当事者訴訟ということになろう。そのうち、土地収用法のような実定法がある場合は、先に見た形式的当事者訴訟での請求ということに整理されよう。

(2)　判例

　古くから、公務員、議員の給与や退職手当請求、過誤納税の不当利得返還請求、無効な年金停止を理由とする年金支払請求などは当事者訴訟の給付訴訟として扱われてきた（最判昭47.7.30WEB、最判昭45.12.24WEBなど）。

　注意を要するのは当事者訴訟としての給付訴訟の場合、事件番号は（行ウ）になっているし、判決の最後の結論の部分に行訴法7条が引用されるから、裁判所は認識してはいるのだろうが、判決理由中では民事判決と見紛うばかりの判示しかないことである（例えば、典型的な公立病院勤務医師の時間外手当請求の奈良地判平21.4.22WEB、控訴審の大阪高判平22.11.16労働判例1026号144頁を参照されたい）。

　・横浜地判平19.9.5判例地方自治303号51頁

　県が新たなごみ焼却施設の建設を内容とする事業の実施に先立って県環境影響評価条例に基づく環境アセスメントの手続を実施すること等を求めた事案につき、原告と被告との関係は公法上の法律関係に属するものというべきであり、行政事件訴訟法4条後段の当事者訴訟の要件に該当し、適法なものというべきであるとした（本案棄却）。判旨の中にも、「環境アセスメントの実施について、一般廃棄物処理施設設置許可処分の取消訴訟に

---

[39]　塩野・Ⅱ354、296頁参照。

499

よって争うことによって確保される法的利益は、指定事業所設置許可処分ないし同変更許可処分の取消訴訟によって争うことによっても確保することが可能と解される」というくだりもある通り給付の訴えには補充性要件は不要である。確認の訴えであれば、従来型の思考によれば、抗告訴訟との補充性が問題となるが、給付の訴えと比べるものは民事訴訟の給付訴訟であり、これは公法上のものでないから比べないということになろう。

・東京地判平17.9.30判例秘書L06033683は給付訴訟を認めた。原告が、「雇用保険基本手当合計7万6076円の給付請求権を有していると主張し、その債務者である被告を相手方として提起した給付の訴えであり、行政事件訴訟法4条（当事者訴訟）の『公法上の法律関係に関する訴訟』に該当する適法な訴えである。被告は、具体的な給付請求権が発生していないから、その請求権の行使としての給付の訴えは不適法であると主張するが、原告が訴訟において主張する請求権が存在するか否かは本案に関する問題であって、訴えそのものの適法性の問題ではない」とする。また、「被告は、行政庁の第一次判断権や行政処分の公定力にも言及するが」、「行政庁の処分としての失業の認定がされていることの主張立証がない限り、原告が基本手当の給付請求権を有しているものとは認められず、原告の請求は棄却されるべきこととなるのであるから、本件訴えを適法と解しても、行政庁の第一次判断権が侵害されたり、失業の不認定処分の公定力と矛盾抵触する結果が生じるものではない」とする。ちゃんと立証すれば第一次判断権の問題ではないということである。

・東京地判平17.8.31WEBは、選挙立候補者が被告葛飾区に供託金30万円を選挙供託制度に基づき供託したところ、同制度は違憲無効であるから、区に対し不当利得返還請求権に基づき同供託金相当額の返還を求めるとする請求であって、公法上の法律関係に関する給付訴訟にほかならないとする。そのうえで、供託物の取戻しを受けようとする者は、まず供託所に対し所定の書類を添付して取戻しを請求すべきであり、直ちに供託物の取戻しを求める民事訴訟を提起することは許されないとの主張に対しては、原告は、選挙供託制度は違憲無効であり、したがって、被告葛飾区が本件供託金相当額を不当に利得しているとしてその返還を求めているのであるから、その主張を前提とする限り、原告の上記請求は純然たる不当利得返還請求であって、通常の供託金の取戻請求とはその性質を異にするものといわざるをえないのであるから、供託金相当額の返還を求めるために供託法

第9章　当事者訴訟、争点訴訟

所定の手続を経る必要があるものとは解されない。実質論としても、通常、供託物の取戻しをする権利を有することを証する書面を添付して供託所に供託物の取戻請求をしなければならないこととなるが（供託法8条、供託規則25条2号）、供託官は、供託書、取戻請求書及び同規則25条所定の書類のみを審査して取戻請求権の存否を形式的に判断する権限しか与えられていないのであるから、選挙供託制度を違憲とする判例が確定しているといった事情のない限り、同制度の合憲性についての判断がなされないまま同請求が却下されることは明らかであって、あらかじめ取戻請求却下決定やこれに対する審査請求を経なければならないとするだけの実質的理由を欠くとする。

　この理屈だと、通常の処分形式の分野を当事者訴訟に広げることは困難となろう。間違っているとは思わないし判決の結論は当然だが、このような木で鼻をくくったような理由付けは国民の争訟権確保論議とはずれる。定式化された給付的分野では、処分をからませなくても当事者訴訟を認め、返還請求権の有無に関する供託官の判断の審査をすればよいのではなかろうか。

　・東京地判平17.4.21WEBは給付訴訟を否定した。この事案には注意する必要がある。原告が遺族年金不支給処分取消訴訟と翌年には取消訴訟を起こさず給付訴訟としての当事者訴訟である遺族年金請求事件を起こしたところ、後者につき裁判所は取消訴訟をせずに給付訴訟はできないとしている点である。理由は制度の仕組みと最高裁判例にある。東京地判が引用する木村年金訴訟に関する最判平7.11.7WEBは、国民年金法に係る事案で、給付を受ける権利は、受給権者の請求に基づき社会保険庁長官が裁定（公権的確認）することによって具体化するもので、遺族は、社会保険庁長官による未支給年金の支給決定を受けるまでは、死亡した受給権者が有していた未支給年金に係る請求権を確定的に取得したということはできず、同長官に対する支給請求とこれに対する処分を経ないで訴訟上未支給年金を請求することはできないものとしている。本件は厚生年金法であるが同様であるとする。この「保険給付に関する処分」を取消訴訟で争うべきで、処分前には給付の請求はできないとするのである。

　他方、長崎地判平13.12.26WEBは、在外（韓）被爆者の健康管理手当支給停止処分取消請求につき、取消請求は公権力性なしで却下し、実質的当事者訴訟を提起すれば認容されると明示している。給付訴訟である。

501

長崎地判の事例はいったん権利が発生したものの打ち切りを当事者訴訟で給付請求したものであり、両判決の間には矛盾はない。ただ、上記最判の立場は是認できない。事案は最初の支給裁定についてではなく、被相続人が受給されていた権利の相続人の確定をやはり裁定でやるべきであるとするものであり、とうてい合理性はない。そんなことは裁判所がやればよい[40]。最高裁判例を変更するか、法を改正するかしかあるまい。判例の変更のためには、同最高裁判決を逆手にとって、画一公平な処理は行政処分方式にまかせなくても、窓口的、コンピューター端末的処理でできることを強調することになろう。

(3)　特に税法分野で推奨される給付訴訟

　登録免許税過誤納金還付問題は次のような判例状況である。

　登録免許税法31条2項は、登記申請書の記載を誤った登記申請人が、登録免許税の過誤納金の還付を受ける方法を定める。かかる同法31条2項による「登記申請書の記載誤りに起因する登録免許税の過誤納金還付請求」に関して、納税者はいかなる争訟方法をとりうるかが問題となる。登記申請人は、登記官に対し、過誤納金の還付請求をなし、登記官がこれに対し、「理由なし通知」をなした場合の訴訟方法である。

　この点については、黙示確認処分取消訴訟説、給付訴訟説[41]、拒絶通知取消訴訟説[42]があり、従来の判例は給付訴訟ができる点については一致していたが、拒絶通知取消訴訟ができるかどうかで分かれていた。最高裁は取消訴訟の処分性のところで述べたように（第4章第1節2(5)b）、最判平17.4.14WEBが拒否通知に処分性も認めて、両方の争いを可能とした[43]。

(4)　給付訴訟と確認訴訟との関係

　給付行政が行政処分形式をとっていない場合は義務付けもできないと考えられがちだ。要綱だからだめだとか、申請権がないとか、契約は自由だからだめだとか、契約は成立していないからといわれることが多い。しかし、要綱を作るのは契約の申込み、国民の申請はその承諾と捉えて、契約

---

40)　宮崎良夫「未支給年金支払請求訴訟の承継の可否」社会保障判例百選〔第3版〕
　　80頁参照。
41)　金子宏『租税法〔第22版〕』（弘文堂、2017年）836頁は、誤納金は不当利得
　　返還請求、つまり給付訴訟、過納金は抗告訴訟としている。
42)　佐藤英明「租税法律主義違反を理由とする登録免許税誤納金返還請求の可否」
　　判時1570号（判例評論451号）180頁以下参照。
43)　日弁連編・実務解説75頁参照。

第9章　当事者訴訟、争点訴訟

は申請で成立すると考えれば、確認訴訟も給付訴訟もできる[44]。

(5)　給付訴訟と判決の執行力

当事者訴訟は実質的には民事訴訟だと考えれば当然だし、行訴法7条からも、給付判決が執行力をもつのは当然である。

11　当事者訴訟（確認の訴えその他）の活用は仮処分との関係をどのように変化させる可能性があるか

このことについては第10章第7節3で詳述する。

12　公法上の当事者訴訟と判決の効果

・周知のように行訴法32条の第三者効（形成効、対世効ともいわれる）は当事者訴訟に準用されておらず（同法41条）、この点は2004年改正においても手はつけられなかった。

この点を重大にみて、行訴法32条の適用されない当事者訴訟など大きな意味はないとの考えも披歴されることがある[45]。

しかし、行訴法33条1項は準用され、いわゆる拘束力の中心効果はあるのであるから、当事者訴訟判決を受けた行政庁はその判決に拘束されるのであり、その意味の効力を有するのは当然である[46]。都市計画とか行政立法についての当事者訴訟判決が出たときには拘束力は必ずしも意図されていなかったという発言もあるが[47]、それらにも拘束力は適用され、私はわが国行政の規範意識に期待する。

第三者効がないから当事者訴訟には期待できないという論者が頭に描くのは対行政問題ではなく、文字通り第三者への効力の方かもしれない。しかし当事者訴訟判決が出れば、対第三者的には、仮処分などの対抗手段を駆使していくことも十分に考えられる。実務家は理論は重んじるが理論に殉じることはしない。

・さらに執行力を考えねばならない。

本書第6章の判決の効力で新たに取り上げたところである。この点は、

---

44)　鶴岡稔彦判事の日弁連行政関係事件研修会（2006年6月23日）での講演参照。判事が裁判長であった中小企業基盤人材確保助成金の支給に関する本節7(2)に述べた東京地判平18.9.12WEBにそのような考えが投影されている。

45)　例えば、阿部等・鼎談30頁の阿部泰隆発言。

46)　小早川編・研究163頁での中川丈久発言もそのことをいっている。

47)　小早川編・研究163頁での小早川発言参照。

503

当事者訴訟においても同じである。給付訴訟は執行力を持つが、確認訴訟の執行力の構成は、さらに検討を重ねたい。

13　実質的当事者訴訟の改正案

前述の日弁連「行政事件訴訟法5年後見直しに関する改正案骨子」の中で、当事者訴訟の改革を次のように提起している。

【意見】

平成16年改正以降活用が期待されている確認訴訟につき、確認の利益を柔軟に解釈して運用しうるよう考慮要素の法定を検討すべきである。さらに、少なくとも仮の救済の方法について、公権力の行使に関わることであっても、民事仮処分を活用しうること及び担保提供が不要であることを明示すべきである。

【理由】

いわゆる在外投票大法廷判決（2005年9月14日）以来、当事者訴訟、とりわけ確認訴訟の活用が期待されている。しかし、確認の利益の判断については、予測可能性が必ずしも高くなく、厳格な要件の下に却下される例もある（参考判例　東京高判平19.4.25LEX/DB25420883）。したがって、確認の利益をより柔軟に解釈できるよう判断基準を法定するなど、確認訴訟がより活用されるよう検討すべきである。

また、当事者訴訟については、民事仮処分が許されるのかはっきりせず、行訴法44条の公権力に関する仮処分禁止規定との関係もあって、救済手段として今後有効に活用しうるか、疑問が残る。そこで、上記意見のとおり仮の救済制度を明記すべきである。この際、民民間の紛争とは異なり行政紛争では公益に影響が及びうることから、執行停止、仮の救済制度と同様に担保提供については不要とすべきである。なお、別途後述のように、当事者訴訟の適用の可否で議論のある行政立法及び行政計画に対する訴訟制度、さらには訴訟対象の範囲を抗告訴訟より拡大した団体訴訟制度を導入すべきである。

第5節　争点訴訟

1　概論

行訴法45条に「処分の効力等を争点とする訴訟」と銘打った条文がある。

第9章　当事者訴訟、争点訴訟

> **第45条**　私法上の法律関係に関する訴訟において、処分若しくは裁決の存否又はその効力の有無が争われている場合には、第23条第1項及び第2項並びに第39条の規定を準用する。
> 2　前項の規定により行政庁が訴訟に参加した場合には、民事訴訟法第45条第1項及び第2項の規定を準用する。ただし、攻撃又は防御の方法は、当該処分若しくは裁決の存否又はその効力の有無に関するものに限り、提出することができる。
> 3　第1項の規定により行政庁が訴訟に参加した後において、処分若しくは裁決の存否又はその効力の有無に関する争いがなくなつたときは、裁判所は、参加の決定を取り消すことができる。
> 4　第1項の場合には、当該争点について第23条の2及び第24条の規定を、訴訟費用の裁判について第35条の規定を準用する。

実務家からみれば何ということもない条文だが、学生時代この条文を読んだときには何のことかわからなかった。

要するに進行中の民事訴訟の争点に、前提問題として、行政処分等が座っている訴訟のことである。実例をみればわかりやすい。

2　実例

判例検索で多く出てくるのは農地の所有権紛争で、農地買収という行政処分の効力が争点となる事例である（たとえば名古屋高判昭49.4.9判時758号41頁）。

福島地会津若松支判昭39.6.4行集15巻12号2434頁は区画整理事案である。境界確定事件において喜多方市を施行者とする土地区画整理に関する換地処分の効力等が争われた事例。

そのほかにもいくつかの事例はあるが、農地紛争がほぼ終わった今日では使用頻度が非常に少ない[48]。

3　特質

行訴法2条の列挙に入っていないから行政事件訴訟ではない。

民事訴訟の中で行政処分が前提問題として争われる場合に、行政を蚊帳

---

[48]　条解922頁（北島周作執筆）参照。

505

の外において審理を進めるのはいかがかという問題意識からいくつかの行訴法の規定の準用を認めようとするものである。

準用されるのは次のような項目である。

23条1項2項　行政庁の訴訟参加
　　　　　　　参加した場合には補助参加人の訴訟行為には民訴法45条1
　　　　　　　項、2項
39条　出訴の通知
23条の2　釈明処分の特則
24条　職権証拠調べ
35条　訴訟費用負担の帰属

4　問題点

(1)　争点として判断された行政処分に関する判決内容は、係属中の民事訴訟としては理由中の判断にすぎない[49]が、行政の側からみると一大事であるから、行政処分の効力が否定されたら、上述の準用条文の民訴法45条1項により上訴して争えることは当然である。

この点につきわかりやすい判決がある。大阪高判昭49.11.28WEBは、旧自作農創設特別措置法に基づく農地買収令書の交付に代わる公告に手続上の瑕疵があることを理由として判決により当該買収処分が無効とされた場合には、その判断が買収処分の無効を前提とする一般民事訴訟事件の判決の理由中に示されたものであっても、右瑕疵を補正するため農地法施行法2条1項の規定により改めて買収令書を交付することは許されないとし、「補助参加人大阪市は、前訴の確定判決の既判力の及ぶ客観的範囲が判決の主文に包含される事項に限られ、先決関係に立つ買収処分の効力に及ばないこと、行政事件訴訟法33条の判決の拘束力に関する規定は争点訴訟には適用または準用されないことを理由として、本件買収令書の交付は適法であつて、さきの公告の瑕疵を補正する効果を有する旨主張するけれども、本件買収令書の交付の効力の有無は右主張にかかる事項とかかわりなく判断されることも上叙のとおりであるから、右主張は理由がない」とする。

---

49)　この点が当事者訴訟との大きな違いである。当事者訴訟では行訴法33条の判決の拘束力の適用がある。

第9章　当事者訴訟、争点訴訟

　この参加と判決の効力について多くの学説上の論争がある。(2)にも引用
する最判昭54.5.28WEBは、行政庁の参加には現行民訴法でいえば45条が
準用されるとし、補助参加人に準ずる地位が与えられるとしている。

　(2)　実例で頻度高く現れるのは、争点訴訟のときに、既存の民事訴訟の
当事者の代理人弁護士のうち処分が有効と争っている方の代理人が行政の
代理人を兼ねられるか、つまり利害相反の問題である。

　上記最判昭54.5.28は、「行政事件訴訟法45条、23条による行政庁の訴
訟参加は、係争の対象である行政処分に関係のある行政庁を訴訟関係に引
き入れてその有する訴訟資料等を法廷に提出させもって適正な審理裁判を
実現することを目的とするものであるところ、当該訴訟において行政処分
の有効を主張する当事者は右行政庁と利害を共通にするものであるから、
右当事者の訴訟代理人である弁護士が同条によって参加した行政庁の訴訟
代理人を兼ねたとしても、民法108条、弁護士法25条の規定に違反するも
のではない」とあっけらかんと判決している。

　これに従う判例も多いが、いかにもひどい内容であるので、下級審の中
にはこの判決を引いたうえで批判している例もある。それは**奈良地判平
13.2.21WEB**で、「そもそも争点訴訟において、行政処分の有効を主張する
当事者は右行政庁と利害を共通にするものであるとする認識は、参加行政
庁に上訴権が認められていることとの関係でいえば、その正当性が極めて
疑問であるというべきである」と述べる。気骨ある判示である。

　(3)　争点訴訟と仮処分も実例としてよく現れる。

　福岡地小倉支判昭51.3.29集刑31巻3号809頁は傍論ながら次のようにい
う。「本件地位保全等申請仮処分の本案をなすべき訴訟は期限付任用行為
の付款たる期限部分の不存在ないし無効を前提として現在の法律関係たる
地位の確認等を求める公法上の当事者訴訟（いわゆる争点訴訟）であると思
料されるところ、公務員の任用行為の本質は、公法上の契約と異り、当事
者間の合意以外に公益性が必要とされる行政庁の特殊な行政行為というべ
きであって、その付款たる期限が一応外形上適式に存在している場合にお
いて、その不存在ないし無効を主張することは、是即ち期限の到来による
職員たる地位の消滅という効果を阻止する点において、消極的ではあるが
任用行為によらずに新たな権利関係を形成すると同一の内容を保有するも
のである。その意味において、本件地位保全等申請の仮処分は行政事件訴
訟法第44条に抵触して許されず、暫定的な権利形成の方法は、同法第25

507

条の類推適用による執行停止の方法に依るべき」と。

　千葉地松戸支決昭51.11.5判タ352号259頁は、行訴法44条は、「行政庁の処分その他公権力の行使に当たる行為については、民事訴訟に規定する仮処分をすることができない」と規定しており、「本件のように争点訴訟を本案とする仮処分の場合であつても、それが行政処分の効力又は執行を阻止する仮処分である限り、同条によつて排除されると解するのが相当である」とする。

　しかしこのようにリジットに解する必要はない。

　行政処分のところでも述べたように（第10章第7節）、なるべく認めるべきである[50]。

---

50) 塩野・Ⅱ226頁は、「ミニマム、無効確認訴訟における仮の救済としての執行停止と同程度の仮処分は排除されていないとみるべき」という。

第10章
仮の救済

　行政に対峙しようとする国民とその弁護士にとって最も重要なツールである。仮の救済ツールが不十分であると、実効的権利救済は画餅となる。

　仮の救済の必要性を精力的に説いたのは阿部泰隆教授であった。もっと正確にいえば、義務付け訴訟の必要性を強調し、それが実現しても対応する仮救済がなければ制度の趣旨が達せられないというもので、抜本的な制度批判、制度改革論であった[1]。仮の救済は憲法32条の裁判を受ける権利の趣旨から認められるという骨太い理由付けであった。

　要するに、改正前の仮の救済のツールとしては、執行停止しか存在せず、かつ仮処分排除が不当に厳しく適用されたために、ともかくいろいろな角度から仮の救済を広げていくことが解釈上も立法論としても必要となったのである。

　力を入れて書いたつもりではあったが、本書旧版の仮の救済の論述内容は力不足であった。

　その後、私が仮の救済の重要性を考えるきっかけは二つあった。

　ひとつは、2008年の公法学会における山本隆司教授の「仮の救済」と題する報告において、行政法と時間の観念が語られたことであった。考えれば、当たり前のことながら、そのような視点を突き詰めてこなかった実務家としての甘さに衝撃をうけたのである[2]。

---

1)　阿部泰隆『行政訴訟改革論』(有斐閣、1993年) 221頁以下の第2部「無名抗告訴訟の活性化を求めて」参照。

2)　この報告は、公法研究71号に収められるとともに、省略された部分を復活させて、山本・仮の救済にまとめられている。なお、阿部康隆教授は、「行政救済における時間的要素への注目」として、1983年の公法学会で報告し、公法研究45号にまとめ、『行政救済の実効性』(弘文堂、1985年) に所収されている。

509

二つは、抜本研[3]において、当事者訴訟の仮の救済を研究したことによる[4]。

以下では、旧版では第4章の処分性のところで論じた「仮処分排除」を、本章に移して論じる。

私の今の考えをあらかじめ図表にすると次の通りである。もちろん解釈論である。立法論は必要に応じて述べる。

対象となる行政行為	行政行為前の仮の手続	行政行為後の仮の手続
行政処分	仮の義務付け（本訴義務付けが要件、申請型では取消訴訟、無効等確認訴訟または不作為の違法確認が要件）	執行停止（本訴取消訴訟または無効等確認訴訟が要件）
	仮の差止め（本訴差止めが要件）	
行政処分以外の行政行為	仮処分（本訴実質的当事者訴訟、本訴は任意）	

第1節　改正による補充と原則法解釈による補充（概説）

1　改正前の日弁連の要求

いずれも筆者が検討・執筆に参加した作品である。

(1)　司法制度改革審議会への要求

司法制度改革審議会に出した日本弁護士連合会の「『司法の行政に対する機能』質問項目に対する回答」（2000年12月26日）1で、この論点を次のように簡潔にまとめていた。

> イ　仮の権利保護
> 　　仮の救済関連の規定を改めるべきである（内閣総理大臣の異議の削除、仮処分の禁止の削除、仮命令の新設、拒否処分の場合の処理など）。
> 　　わが国の訴訟審理の実態（期間等）を踏まえると、仮の救済制度の充

---

[3]　行政訴訟抜本改革研究会（中川丈久代表、山本隆司教授、笠井正俊教授、下井康史教授、水野武夫弁護士、斎藤浩弁護士、岩本安昭弁護士、水野泰孝弁護士）。日本弁護士連合会法務研究財団滝井繁男行政訴訟等活性化積立資金による研究会。

[4]　抜本研での討議に基づき、笠井・当事者訴訟民事保全としてまとめられた。

第10章　仮の救済

実は不可避の課題である。現行制度下では、たとえば、生活保護や労働
災害保険の不支給決定を争う訴訟においては、民事訴訟事件における仮
処分制度に相当するような仮の権利保護の手段がないために（行政訴訟
事件に民事保全法の適用が排除されている）、正義に反する事態が生じ
ている。

　執行停止を広げるための要件の緩和、義務づけ訴訟にも適用できる
「仮命令」新設、拒否処分の場合にも適用できる行政事件訴訟法第33条
第2項の準用、内閣総理大臣の異議の削除、民事保全法の仮処分の排除
の削除などを早急に行うべきである。

ウ　執行停止

違法な営業停止処分や換地処分に対して取消訴訟を提起しても、それだ
けでは処分の執行は停止されない。しかも、執行停止の申立をしても、
裁判所は容易にこれを認めない。

　そのために訴訟係属中に営業停止期間が経過し、あるいは換地工事が
完了することもある。営業停止期間が経過してしまえば、訴えの利益が
ないとして訴訟は却下され、換地工事が完了してしまえば、事情判決に
より請求は棄却される。

　そこで、行政訴訟の提起により処分の執行が停止されるように行政事
件訴訟法を改正すべきである（内閣総理大臣の異議の廃止については上
記のとおり）。

(2)　行政訴訟検討会への要求

「日弁連がいま重要と考え、国民各層の意見を聞くための行政訴訟改革
要綱案」（2002年11月29日）でも同趣旨をうたったうえで、行政訴訟法案
（2003年3月13日）で次のように具体化した。

（執行停止原則）

第54条　是正訴訟の提起は、行政決定の効力、執行及び手続の続行
を停止（以下「執行停止」という。）する効力を有する。但し、是
正訴訟が次の各号に関するものである場合はこの限りでない。

一　公課及び公の費用の賦課徴収

二　警察官職務執行法にもとづく職務執行

2　前項の場合、行政決定により保護された権利利益又は公益に回復
困難な損害があり、これを避けるため緊急の必要があるとき、又は
本案について全く理由がないとみえるときは、裁判所は、行政主体
又は当該行政決定の停止により現実の利益を侵害され、又は侵害さ

511

れるおそれのある第三者の申立てにより、決定をもって、行政決定の停止の効力の全部又は一部を解除することができる。

3　第1項但書の場合においても、行政決定、行政決定の執行又は手続の続行により生ずる回復の困難な損害を避けるため緊急の必要があるときは、裁判所は、申立てにより、決定をもって、一部又は全部の執行停止をすることができる。但し、この場合、執行停止は、公共の福祉に重大な影響を及ぼすおそれがあるとき、又は本案について理由がないとみえるときは、することができない。

4　前2項の決定は、疎明に基づいてする。

5　第2項の場合、解除の理由が消滅し、その他事情が変更したときは、裁判所は、申立てにより、決定をもって変更し、又は取消すことができる。

6　第2項の決定に対しては、即時抗告することができる。

7　第2項及び第4項の決定は、疎明に基づき、口頭弁論を経ないですることができる。ただし、あらかじめ当事者の意見を聴かなければならない。

（仮救済）

第55条　是正訴訟の本案判決によって権利利益の救済を図ることが困難である場合又は違法是正の実効性を確保できない場合には、裁判所は、是正訴訟の提起前であっても、当事者の申立てにより、決定をもって、行政決定をなすことを仮に命じ、行政決定を仮に差し止め、又はその他の仮救済命令を発することができる。ただし、公の利益に著しい障害を生ずる蓋然性が高い場合はこの限りでない。

2　前項の決定は、疎明に基づいてする。

3　第1項の仮命令、仮差止又はその他の仮救済（以下「仮救済」という。）の理由が消滅し、その他事情が変更したときは、裁判所は、被告の申立てにより、決定をもって、仮救済を変更し、又は取消すことができる。

4　第1項及び第3項の決定に対しては、即時抗告することができる。

2　改正の内容

　法務省の「平成16年改正行政事件訴訟法の概要」における改正内容は次のように整理されている。

　本案判決前における仮の救済制度の整備

第10章　仮の救済

(1)　執行停止の要件の緩和

　ア　改正前の行政事件訴訟法

　　行政事件訴訟法は、処分の取消しの訴えの提起は、処分の効力、処分の執行又は手続の続行を妨げないとして、いわゆる執行不停止の原則を定めているが（第25条第1項）、一定の要件を満たす場合には裁判所は、当事者の申立てにより、処分の効力、処分の執行又は手続の続行の全部又は一部の停止をすることができることとしている（執行停止、第25条第2項）。改正前は、執行停止は「手続の続行により生ずる回復の困難な損害を避けるため緊急の必要があるとき」に許容されていた。

　　この点、執行停止の要件の判断に当たっては、回復の困難性という損害の性質に関する判断のみが重視され、執行停止の申立てが認められることは少ないとの指摘がされていたところである。

　イ　平成16年改正法の内容

　　そこで、平成16年改正では、執行停止の要件について「回復の困難な損害」を「重大な損害」に改めるとともに、重大な損害を生ずるか否かの判断に当たっては、損害の回復の困難の程度を考慮するものとし、損害の性質及び程度並びに処分の内容及び性質をも勘案すべき旨が規定された（第25条第3項）。

　　これにより、処分又は裁決により生ずる損害について、その回復の困難の程度が著しいとまでは認められない場合であっても、具体的な処分の内容及び性質をも勘案した上で、損害の程度を勘案して「重大な損害」を生ずると認められるときは、執行停止を認めることができることとされた。

(2)　仮の義務付け、仮の差止めの制度の新設

　ア　改正前の行政事件訴訟法

　　改正前は、義務付け訴訟や差止訴訟に関する明文の規定は存在していなかった。

　　このため、仮の義務付けや仮の差止めが認められる余地はほとんどなく、本案判決前における仮の救済制度の整備が十分ではないとの指摘がされていたところである。

　イ　平成16年改正法の内容

　　そこで、平成16年改正では、国民の権利利益のより実効的な救済を可能にするとの観点から、義務付け訴訟や差止訴訟についての明文の規定が設けられたのに伴い、仮の義務付け及び仮の差止めの裁判に関する明文の規定が設けられた。

　　すなわち、仮の義務付けについては、義務付けの訴えの提起があっ

513

た場合において、その義務付けの訴えに係る処分又は裁決がされないことにより生ずる償うことができない損害を避けるために緊急の必要があり、かつ、本案について理由があるとみえるときは、裁判所は、申立てにより、決定をもって、仮に行政庁がその処分又は裁決をすべき旨を命ずることができることとされた（第37条の5第1項）。

　　仮の差止めについては差止めの訴えの提起があった場合において、その差止めの訴えに係る処分又は裁決がされることにより生ずる償うことができない損害を避けるため緊急の必要があり、かつ、本案について理由があるとみえるときは、裁判所は、申立てにより、決定をもって、仮に行政庁がその処分又は裁決をしてはならないことを命ずることができることとされた（第37条の5第2項）。

3　改正には入っていないが当然のメニュー

　第9章で述べたように、改正により実質的当事者訴訟、とりわけ確認訴訟を活用しやすくする方策が施されたわけであったが、その仮の救済については改正されなかった。

　理論上禁止されるわけではないので、学説、判例に委ねられた形になった。その結果、多くの学説は軽いタッチで可能としながら深くは触れず、また判例は混迷を深めながら、消極的に認めるそぶりを発信してきた。

　しかし、このようないい加減な態度は間違いであり、実質的当事者訴訟、とりわけ確認訴訟には仮処分ができることが原則である。

　以下、順次論ずる。

第2節　仮の救済をめぐる時間論、行政と裁判所の役割論

　前述の論文で、山本教授が鮮明に投げかけたのは、行政法規範の価値のうち、信頼保護——法的安定性とともに適時性の重要性であった。現状維持は行政が形成するので、裁判による仮の救済は、法的に保護される信頼・安定性を発生させずにする行政法規範の実現であると整理される。したがって、裁判所による仮の救済は、本案判決と同質の司法作用であり、

514

行政権の作用ではない。それゆえ、内閣総理大臣の異議の制度は、憲法32条76条に違反すると言われる。仮の救済の要件、手続、内容を通ずるコンセプトとして、信頼保護・法的安定性でないリスク管理であり、当該行政法規が保護する諸々の公益または私益が本案判決までに失われるリスクを最小にするための衡量であると整理される。

その結果、結局、どの程度のリスク管理をするかは実体法解釈で決まり、訴訟法立法により左右される裁量は大きくない。訴訟類型により仮の救済の要件を区別する余地も大きくない。

結論は、適時性の要請は、信頼保護・法的安定性に拮抗しそれと同等の効力を持つ法理・法原則であるとする。

このような提起が行われて以後、かなりの年月が経つが、反論、批判を目にしない。

以下の私の叙述では、これらの視点を十分に取り入れて論述したい。

第3節　第三者がなす仮の救済に対する、処分の名宛人の手続保障

処分に対し第三者が仮の救済を求め、決定を得る場合、処分の名宛人には手続保障が与えられなければならない。

処分名宛人には行訴法22条、38条1項により決定手続への参加が認められなければならず、名宛人は同法7条、民訴法46条により訴訟参加の参加的効力を受ける[5]。そして行訴法26条、38条1項により仮の救済決定の取消しを求めうる[6]。

---

5)　福井等・新行政事件訴訟法99頁〔村田執筆〕参照。
6)　山本・仮の救済（下）76頁参照。

第4節　仮の義務付け、仮の差止めの法定、その共通の論点

1　改正の内容

　改正法で新たに設けられた訴訟類型、義務付けの訴え、差止めの訴えに対応して、これらを本案として、本案判決前における仮の救済の制度も設けられた。それが仮の義務付け、仮の差止めである。

　仮の義務付けの要件については、「義務付けの訴えの提起があつた場合において、その義務付けの訴えに係る処分又は裁決がされないことにより生ずる償うことのできない損害を避けるため緊急の必要があり、かつ、本案について理由があるとみえるときは、裁判所は、申立てにより、決定をもつて、仮に行政庁がその処分又は裁決をすべき旨を命ずることができる」（行訴法37条の5第1項）。

　仮の差止めの要件については、「差止めの訴えの提起があつた場合において、その差止めの訴えに係る処分又は裁決がされることにより生ずる償うことのできない損害を避けるため緊急の必要があり、かつ、本案について理由があるとみえるときは、裁判所は、申立てにより、決定をもつて、仮に行政庁がその処分又は裁決をしてはならない旨を命ずることができる」（同条2項）。

　仮の義務付けと仮の差止めの共通する要件として「仮の義務付け又は仮の差止めは、公共の福祉に重大な影響を及ぼすおそれがあるときは、することができない」（同条3項）と定める。

　また仮の義務付け、仮の差止めが即時抗告や事情変更で取り消されたときは、「当該行政庁は、当該仮の義務付け、仮の差止めの決定に基づいてした処分又は裁決を取り消さなければならない」（同条5項、4項）。

2　総論

　第19回行政訴訟検討会で公表された「主な検討事項」では、仮の救済制度の整備を図るというしっかりとした表現がなされていたが、その内容の詰めは全くできていなかった。第24回検討会で公表された「たたき台」では仮の義務付け、仮の差止めという用語が登場したが、制度化は「なお検討する」という表現にとどまった。第26回検討会でまとまった資料が

第10章　仮の救済

でて論議され、第27回検討会の「考え方」でまとめられ、その後前述のような法文となった。

(1)　必要性

この仮の義務付け、仮の差止めの必要性は、次のように説かれている[7]。

【仮の義務付け】

　年金や公的保険などの資格認定あるいはその給付が、本案判決が確定するまでの生活の維持に必要不可欠である場合には、義務付けの訴えを提起しても、単にその本案判決を待っていたのでは生活の維持ができない、それによって償うことのできない損害を生ずるというような可能性がある。

【仮の差止め】

　差止めの訴えを提起しても本案判決が確定するまでの間に営業停止などの制裁処分がされたり、その公表が行われて名誉や信用が害される場合などには、その生活や事業活動に償うことのできない損害が生ずる可能性がある。

このような場合には、執行停止では、処分がされないということによって生ずる損害や、将来処分がされることによって生ずべき損害を事前に防ぐことはできない。

(2)　執行停止との異同[8]

共通する事項は、本案の訴えの提起があった場合であるという必要があること、手続としては申立てによって裁判所が決定をすること、公共の福祉に重大な影響を及ぼすおそれがあるときはすることができないという諸点である。

異なる点の第1は救済の必要性に関する要件である。執行停止は「重大な損害を避けるため緊急の必要があるとき」であり、仮の義務付けと仮の差止めは「償うことのできない損害を避けるため緊急の必要があるとき」と定められている。

第2は本案の理由に関する要件である。執行停止は「本案について理由がないとみえるときは、することができない」という消極要件であり、仮の義務付けと仮の差止めは、「本案について理由があるとみえるときは」することができるという積極要件になっている。

---

7)　小早川編・研究183頁の村田斉志発言参照。
8)　小早川編・研究183-184頁の村田斉志発言参照。

517

もちろん仮の義務付けと仮の差止めの方が厳格である。仮の義務付けと仮の差止めが、いずれも行政庁が処分をしていない段階で、裁判所が処分をすべき旨、又は、処分をしてはならない旨を直接命ずる裁判で、しかも本案判決前に疎明によって仮に命ずる裁判で、結果としては非常に重大な効力を有するからである。

なお、執行停止は書面審理だが、仮の義務付け・差止めの審理を審尋方式でやることが多いので、和解の可能性が増えているとのことである。例えばスクールバスの車イスでの仮のバス停義務付け請求では、和解で仮のバス停ができたという[9]。

(3) 共通の論点

① 「償うことのできない損害」の解釈

償うことができない損害という要件は、民訴法の執行停止の403条1項1号、2号に出てくる用語である。再審、特別上告、上告受理の執行停止要件となっている。他方控訴審の場合の執行停止では同項3号で「著しい損害」となっている。非常に得ることが困難な前者の執行停止要件と同じで、それと同じような感覚で要件を考えられるとせっかく作った制度が固すぎて動きにくいことになる。

後に見る認容事例は、事例の特徴から一見明らかに「償うことのできない損害」といえるケースであるが、却下事例をみればやはり金銭事例は厳しく、健康・人権事例でもハードルを高くしている。もっとこの中間があっていいし、中間の事例を認容すべきである。

この点、立法に関与した村田判事は「償うことのできない損害といっても、およそ金銭賠償が可能なものはすべて除くという趣旨ではないと我々は考えています。むしろ社会通念に照らして、金銭賠償のみによることが著しく相当と認められるような場合というのは当然含まれてくるだろう」、「損害というものにかける程度についての形容詞の法令上の用語というのは、ある意味、非常にボキャブラリーが少ない」と述べている[10]。

小早川教授は、重大な損害くらいでよかったのではないかと述べている[11]。

これらの結論として、山本教授は、「立案担当者の見解はむしろ、直接

---

9) 日弁連の2006年6月23日実施の行政関係事件研修会での鶴岡稔彦判事の講演。なお日弁連会員は日弁連ホームページからこの研修内容にアクセスできる。

10) 小早川編・研究185頁の村田斉志発言。

11) 小早川編・研究185頁の小早川光郎発言。

型義務付け訴訟や差止訴訟の要件として、『重大な損害を生ずるおそれ』が定められ、本案訴訟の適法要件が限定されていることに由来すると解し得る……。つまり『償うことのできない損害』は、行訴法37条の2第1項・37条の4第1項の『重大な損害』よりも限定されていることを含意するにとどまると解するべきではないか。そして、執行停止の要件である行訴法25条の『重大な損害』と、義務付け・差止め訴訟の適法要件である『重大な損害』は、意味が異なるから、執行停止の要件である『重大な損害』より仮の義務付け・差止めの要件である『償うことのできない損害』の方が厳しい、といった比較自体、無意味ではないか」とし、法令用語が尽きた結果であるので、文言に過度にこだわらずに各規定の趣旨を解釈すべきであろうとする[12]。

② 仮の差止めと仮の義務付けの要件が同じことへの疑問

改正後の実例でもそうであるが、仮の差止めは執行停止との関係があり、執行停止要件よりもさらに厳しくしないといけないとの裁判所の考えが先行している感がある。

時期を早めた取消訴訟なのであるから、執行停止の必要があるようなものは仮の差止めを認めるべきであると考える[13]。

③ 義務付け訴訟2類型に対して仮の義務づけは1類型

第8章で義務付け訴訟の2類型の規定ぶりについて、1本化するべきであるとの立法論も提起したところであるが、仮の義務づけの規定ぶりは、ここまででみてきたように申請型も非申請型も同じ1類型なのである。

本案が2類型に分かれている現状のもとで、仮の救済は厳しい要件の1類型というのはいかにもバランスが悪いと言わざるを得ない。本案2類型を維持する間は、仮の義務づけも申請型には「償うことのできない損害」要件、「緊急の必要」要件、「本案について理由があるとみえる」要件の全部または一部を緩和すべきであろう。

さらに、本案2類型を第8章で述べたように1本化改正をした上で、上に述べたと同様の要件緩和が求められる。

---

12) 山本・仮の救済（上）38頁。
13) 小早川編・研究184頁の小早川光郎発言、北村和生「行政訴訟における仮の救済」（ジュリスト1263号（2004年）72頁、山本・仮の救済（上）39頁参照。

第5節　仮の義務付けの判例における実績

(1) 判例

・徳島地決平17.6.7WEB：障害児就園

　最初の決定は改正法施行からわずか60日あまりで出された。申し立てた弁護士[14]とそれに応えた裁判官に私は感動する。初めてのためか極めて詳細な決定となった。記念碑的な決定であるので長く引用する。

　「徳島県板野郡β（以下「β」という。）に居住する申立人が、……等の障害のある次女Aを被申立人が設置するα幼稚園に就園させることの許可を求める申請をしたのに対して、β教育委員会（以下「町教育委員会」という。）が就園を不許可とする決定をした」。これに仮の義務付けを申請した。

　「本案について理由があるとみえるとき」の判断の中で決定は裁量論を扱っている。豊かでない町財政での加配、施設改善の困難、障害児の介助、安全の確保などからの就園上の負担を丹念に認定したうえで、それでも決定はこの障害児を町立幼稚園に就園させないことは裁量権の逸脱、濫用であるとして次のような丁寧で説得的な判示をした。

　「①地方公共団体がその財政状況の悪化等を理由として、心身に障害を有する幼児について公立幼稚園への就園を不許可にすることができるとすれば、多くの地方公共団体の財政状況が悪化している現状において、およそ障害を有する幼児のすべてが公立幼稚園へ就園することができないことになりかねない。幼児にとっての幼稚園教育の重要性や、行政機関において障害を有する幼児に対してできる限りの配慮をすることが期待されていることなどにかんがみれば、地方公共団体が、財政上の理由により、安易に障害を有する幼児の就園を不許可にすることは許されないというべきである。②教職員の加配に要する費用については被申立人の予算全体からみれば多額とはいえないことからすれば、Aのために教職員の加配をすることにより被申立人の財政状況を著しく悪化させるものとは考え難い上、前記1の認定事実によれば、町立幼稚園においては、別紙1加配状況一覧表のとおり、心身に障害を有する幼児のために教職員の加配をしているので

---

14)　私は当時からしばらく日弁連行政訴訟センターの委員長であり、担当弁護士の松原健士郎弁護士をセンターにお招きして、研究会をした。同弁護士は、新制度ができたら、使うのが弁護士として当然のことですとさらりと言われた。

あるから、被申立人の財政上の理由だけから、他の園児と異なり、Aについては加配措置を採ることが不可能であるとは直ちに認め難い。③γ幼稚園においては、……の障害を有する園児1人に対して教職員1人の加配がされていることなどからすれば（別紙1加配状況一覧表）、A1人のために教職員の加配措置を採ることについて、被申立人の財政上の理由から不適切であると評価されるものとは考え難い。④前記1の認定事実によれば、被申立人の町内には、障害を有していて幼稚園に就園していない幼児がAを含めて5人いることから、被申立人は、A1人のために教職員の加配措置を採ると、他の4人の幼児にも同様の対応策を採らなければならなくなる可能性があり、そのようなことは被申立人の財政上到底不可能であると主張する。しかしながら、A以外の4人の幼児が町立幼稚園への就園を希望しているか否かも、Aと他の4人の幼児とで就園の諸条件に係る事情が類似するものであるか否かも明らかではないのであるから、Aについて教職員の加配措置を採ったとしても、他の4人の幼児にも同様の措置を採る必要があるということはできない。被申立人の上記主張は、Aについて上記措置を採らない理由となるものとはいえない。⑤町教育委員会の会議録（甲11）をみても、町教育委員会等において、本件申請についての許否の判断をするに当たり、A1人のために加配教職員1人を配置する措置を採ることについて、被申立人の全体的な財政や教育関連予算等に与える影響等を具体的に検討した形跡はなく、上記対応策を実施することが不可能であるとの判断をするに当たり、上記のような財政上の観点を重視していたかは疑わしい。これらの事情からすれば、被申立人の財政上の理由を、Aについて教職員の加配措置を採らないとする決定的な理由とすることはできないというべきである」。「障害を持つ幼児が就園することによって、教育上、ある程度の制約が生じるとしても、そのような制約は、特段の事情のない限り、障害を有しない幼児や幼稚園において受忍すべきものである。本件においては、仮に、Aに申立人が付き添うことによって、被申立人の主張するような教育上の問題があるとしても、このような問題は、教職員の努力や申立人の配慮等により一定程度対処可能なものであるということができ、これにより幼稚園教育が達成することができないほどの弊害が生じるとは考え難く、これを受忍することができない特段の事情があるとは認められない」。「仮に、被申立人等において、教職員の加配措置を直ちに採ることが困難であるとしても、前記1の認定事実によれば、Aがγ幼稚

園に体験入園をしているときは、申立人がAの移動等の介助をし、保育時間中もAに付き添うことにより対応しており、その際にAの安全等について問題が生じたことはうかがわれず、申立人は、Aがα幼稚園に就園する場合にも、Aに付き添うことを申し出ていることなどからすれば、加配措置が採られるまでの間のAの移動等の介助、安全の確保については、Aの母である申立人がAに付き添うことにより対応することが可能であるというべきである。直ちに加配する措置を採ることができないからといって、加配する措置が講じられるまでの間、Aの就園を認めないとすることは相当ではない」。

財政難にあえぐ町当局は、苦渋ながら理性的決断をもって司法の判断を尊重し誠実に対応し、決定は確定し、Aは就園した。感動的な事例である。司法の人権感覚と温かみを感じる好例である。

・東京地決平18.1.25WEB：障害児就園

2例目も感動的な事例である。マスコミで大きく報道された。要旨は次の通り。

市福祉事務所長がした、気道を確保するため常時器具を装着し、たんの吸引等が必要な障害を有する幼児の、普通保育園への入園申込みを不承諾とする処分に対し、幼児の父親が提起した、不承諾とする処分の取消し及び普通保育園への入園を承諾するとの処分の義務付け等を求める訴えを本案とする、普通保育園への入園を仮に承諾することの仮の義務付けを求める申立てにつき、子供にとって、幼児期においてどのような環境においてどのような生活を送るかは重要な事柄であり、当該幼児が保育園に入園して保育を受ける機会を喪失するという損害は、その性質上、原状回復ないし金銭賠償による塡補が不能な損害であるというべきであり、また、当該幼児は現に保育園に入園することができない状況に置かれているのであるから、損害の発生が切迫しており、社会通念上、これを避けなければならない緊急の必要性も肯定することができることから、償うことのできない損害を避けるために緊急の必要が認められるとしたうえで、当該幼児がたんの吸引等について格別の配慮を要するとしても、その程度に照らし、普通保育園に通う児童と、身体的、精神的状態及び発達の点で同視することができるものであって、普通保育園での保育が可能であると認めるべきであり、当該幼児の普通保育園での適切な保育が困難であって、児童福祉法24条1項但書にいう「やむを得ない事由」があるとした判断は、裁量の範

第10章　仮の救済

囲を超え又はその濫用となるものというべきであるとして申立てを認容した。「親権者は、子供を監護及び教育する権利を有し、義務を負っている（民法820条）。したがって、幼児期において子供をどのような環境においてどのような生活を送らせるかは、親権者の権利、義務にも影響するところであるから、上記損害は、申立人の損害でもあるということができる」、さらに「Bf学園は、心身に障害のある零歳から就学前の乳幼児に対し、自立を助長するために必要な指導や訓練等、早期療育を行い、児童の福祉増進を図ることを目的として、肢体不自由児及び知的障害児を療育する施設であって、その療育時間も原則として、一日四時間三〇分程度にとどまるというのである。したがって、Bf学園を保育園と同視することはできない」としている。その後、本案の義務付け判決も出たことについては第8章第4節5でみたところである。

・東京地決平18.10.20WEB：仮滞在許可

入管法61条の2の4第1項に基づく許可申請。決定は、上陸防止施設（エアポートレストハウス）に留め置かれること、退去強制令書が発付されること、退去強制手続において、身体が拘束されること、入国管理局収容場等に収容されたままの状態で難民認定手続が進行することが損害との主張に対し、社会通念上金銭賠償による回復をもって甘受することもやむを得ない等の理由により償うことのできない損害を避けるため緊急の必要があるとはいえないとして、仮の義務付けの申立てを却下。このような損害を金銭賠償で回復できると考えている裁判所の感覚を疑う。

・大阪地決平19.8.10WEB：異動届に基づく住民登録

住民異動届を提出したところ居住の実態がないとして不受理処分をされた者が申立て。決定は、不受理処分の住所地の判断に不合理な点はなく、他に不受理処分が違法であることをうかがわせる事情もないとして、不受理処分の取消しを求める請求を認容する余地はなく、そのため義務付けの訴えが適法に係属しているということはできず、本案について理由があるとみえるときにも該当しないとして却下。

・大阪地決平19.8.10WEB／大阪地決平20.7.18判例地方自治316号37頁／
　奈良地決平21.6.26WEB：特別支援学校指定

ほぼ同内容なので、20年の大阪地決を見る。決定は次のように述べた。大阪市教育委員会が生徒の就学すべき学校として特別支援学校を指定した上生徒の保護者に対し当該学校の入学期日を通知する行為（学校指定）は、

523

市と生徒との間で在学関係を成立させるとともに、生徒の保護者について生徒を指定に係る特別支援学校に就学させる義務を発生させる法的効果を有するから、行政処分に該当する。市立中学校への学校指定がされた場合、今後も不登校の状態が継続する蓋然性が高く生徒の健全な発達がいっそう阻害されることが明らかである一方、特別支援学校が指定された場合、生徒の教育上のニーズに応じた適切な教育を受けることができ、当該指定がなされない限り損害は拡大し続けるから、特別支援学校への学校指定がされないことにより生ずる償うことのできない損害を避けるための緊急の必要がある。教育委員長が、養護学校に係る学校指定を停止する方針を決定しているものの、廃止のための条例の改正等の具体的な手続がとられていない場合、学校指定を仮に義務付けても、同校の管理運営に支障等が生じることはなく、仮の義務付けは、市において条例の改正等の具体的な手続を実践した上で同校を廃止するなどの処置をとることを妨げるものではなく、市の教育行政に係る政策決定に何ら容喙するものではないから、公共の福祉に重大な影響を及ぼすおそれがあるとはいえない。

・名古屋地決平19.9.28WEB：退去強制令書発付処分の撤回及び在留特別許可の付与

養育している実子が退去強制令書発付処分後に日本人男性により認知を受けたことから在留特別許可が認められるべきであるとして申立て。決定は、認知の事実は実質的な父子関係の形成とは無関係なものであるなどの理由により、裁量権の逸脱・濫用はなく、本案について理由があるとみえるときに当たるとは認められないとして却下。

・岡山地決平19.10.15WEB：ホール使用許可

歌劇団の公演を実施するため公の施設（シンフォニーホール）の使用許可の申請をしたところ指定管理者たる財団法人が不許可処分をしたことから、許可処分の仮の義務付けを求めた事案につき、公演を通じて図ろうとした、民族教育を守り発展させる、在日朝鮮人社会の連携を深めるなどの目的が達せられないなどの精神的苦痛等の損害は金銭賠償のみによって甘受させることが社会通念上著しく不相当と評価されるものであり、開催予定日までに本案訴訟の判決が確定しないことも明らかであるから償うことのできない損害を避けるため緊急の必要があるといえるとし、かつ、地方自治法又は条例の定める使用不許可事由は存在しないから本案について理由があるとみえるときに当たるとする一方、公演を実施しても警察の適切な警備

第10章　仮の救済

等によって防止できない混乱が生ずるとは認め難いから公共の福祉に重大な影響の及ぶおそれがあるとはいえないとした。

・広島地決平20.2.29判時2045号98頁：免許付与処分

鞆の浦事件の仮の差止め決定である。県知事が県及び市からの本件公有水面の埋立免許付与申請に対する仮の差止め申立てに対し、申立人らのうち、漁業を営む権利を有する者については申立人適格がないとした上で、慣習排水権を有する申立人ら及び景観利益を有する申立人らの申立てについては、緊急の必要性を認めることができないとして、申立てを却下。ただ、「本件の本案である差止訴訟は、既に当裁判所に係属し、弁論期日が重ねられ、景観利益に関する当事者の主張及び書証による立証はほぼ尽くされていることを併せ考慮すると、景観利益を法律上の利益とする申立人らは、本件埋立免許がなされた場合、直ちに差止訴訟を取消訴訟に変更し、それと同時に執行停止の申立てをし、本件埋立てが着工される前に執行停止の申立てに対する許否の決定を受けることが十分可能であるといえる。したがって、景観利益を法律上の利益とする申立人らの本件申立てについても、上記緊急の必要性があるとはいえない」と決定は言う。これはのちの経過を見れば、もうすぐ差止判決を出すので、仮の差止めまではいいだろうと言う意味であり、事実第8章第7節5で見たように差止判決は出ているのであるが、裁判所の個々の案件に臨む態度としては良くない。やはり、仮の差止め決定を出し、その後差止判決をするのが正しい方策である。優れた差止判決を出したこの裁判体も、やはり取消訴訟中心主義の呪縛からは自由ではなかったものである。

・那覇地決平21.12.22WEB：生活保護開始

従前生活保護受給を受けていたものの、年金担保貸付を受けたことを理由としてその廃止処分を受けた申立人が、処分行政庁（那覇市福祉事務所長）に対し、再度生活保護開始の本件申請をしたところ、却下したため、却下処分の取消及び生活保護開始の義務付けの訴えを本案として、生活保護を開始して生活扶助等を支給することの仮の義務付けを求めた事案で、申立人の生活状況や、処分行政庁が申立人に対して必要な支援を尽くしたとは認め難いことなどからすれば、申立人について、従前の生活保護受給中に年金担保貸付を受けたことがあり、その廃止処分後に再度年金担保貸付を受けたとして、本件申請を却下することは、必要な生活費、医療費等に著しく不足する困窮状態にあり、既に経過した期間に要した各扶助のうち、

525

その不支給が現在における申立人の急迫状況として継続している場合には、その部分を含めて、償うことのできない損害を避けるための緊急の必要性が認められ、また、申立人が急迫状況にあり、年金担保貸付を受けたのは生活に困窮したためであり、申立人が生活保護受給前に年金担保貸付を利用したことについて、社会通念上、真にやむを得ない状況にあったと認められるので、裁量権の範囲を一応超えるものと認められるとして、申立ての一部を認容した事例。

本件の主文は次のように具体的である。

　　　処分行政庁は、平成21年6月22日付けで申立人に対してした生活保護申請却下処分に伴う本案事件（平成21年（行ウ）第26号・生活保護開始申請却下取消等請求事件のうち義務付けに係る部分）の第1審判決が言い渡されるまでの間、申立人に対し、以下のとおり、生活保護を仮に開始せよ。

　　　(1)　生活扶助として、平成21年12月から平成22年10月まで毎月1日限り5万4634円を、同年11月から毎月1日限り4万0317円を仮に支払え。
　　　(2)　住宅扶助として、平成21年10月から毎月1日限り2万2500円を仮に支払え。
　　　(3)　医療扶助として、平成21年6月1日から本決定の日までに要した医療費のうち、申立人の医療機関に対する未払部分に相当する金額を仮に支払い、本決定の日の翌日から仮に現物給付せよ。

　　　即時抗告審（福岡高那覇支決平22.3.19WEB）は、ほぼ同判断で抗告を棄却した。

・津地決平22.1.8判例地方自治371号100頁：漁業権免許

　申立人は漁業権免許付与の申請をしたが、免許しないとの処分（本件処分）が行われ、同処分に対する異議申立てについても、これを却下ないし棄却する決定が行われている。したがって、申立人の漁業権免許仮の義務付け申立てについては、その義務付けを行うことにより申立人の権利利益の実現を図る必要性・実効性が依然存在する。処分行政庁が前提となる漁場計画を樹立せず、あるいは、判決において漁場計画の樹立を義務付けることができないからといって、本件免許付与の義務付けができないものと解するのは相当でなく、処分行政庁は、従前の例にしたがった漁場計画を樹立したものとして、申立人に対して漁業権の免許を付与すべきであり、かかる免許付与の処分をしないことは、その裁量権の逸脱又は濫用になる

526

と認められる。償うことのできない損害を避けるため緊急の必要もあり、公共の福祉に重大な影響を及ぼすおそれはないとして、認容。

しかし抗告審（名古屋高決平24.3.19判例地方自治371号95頁）は、漁場計画を不樹立としたことが違法であるとはいえず、同漁場計画不樹立の違法を理由として、原審申立人に対する本件定置漁業権免許の付与を義務付けるべきことが一義的に定まるとする原審申立人の主張は認めらないと逆転させ、申請を却下した。

漁業法11条1項の漁場計画樹立のために漁業免許が必要であるとの法規範は、当事者間に争いがない事案において、抗告審決定のような現状維持のみを優先させる判断は、裁判所の役割の軽視、放棄と言われても仕方がないのではあるまいか。

- 福岡地決平22.5.12WEB／名古屋地決平22.11.8WEB：一般乗用旅客自動車運送事業の運賃及び料金の認可

似た事案で同様の決定なので福岡地決をみる。

一般乗用旅客自動車運送事業等を営む者が、運輸局長が申請に係る運賃及び料金の認可をすべきことの仮の義務付けを求める申立て。運輸局長が、申請通りの初乗り運賃額とした場合の運送収入等を査定し、結果は道路運送法9条の3第2項1号及び同法制定附則2条が定める「能率的な経営の下における適正な原価に適正な利潤を加えたものであること」との認可基準に適合しないとして却下。決定は、運送収入予測は一定限度で是認することのできるものであったにもかかわらずこれを排斥して、開業して間もない時期の実績数値を査定の基礎に含める一方で、直近の平成21年12月度の実績を査定の基礎から除外して行った運送収入の査定に基づくもので、その裁量の範囲を逸脱又は濫用したものとして違法であって、本案について理由があるとみえると認められ、また、申請に係る認可がされない場合の申立人の損害は、会社の人的基盤の喪失や顧客等との信頼関係の破壊を含むものと考えられ、金銭的損害にとどまるものではないといえ、仮に究極的には金銭によって賠償し得ないではないとしても、金銭賠償のみによって甘受させることが社会通念上著しく不相当であって、償うことのできない損害を避けるために緊急の必要があるなどとして認容。決定は、仮の義務付け命令の効力の終期を定め、特定の日又は第一審判決の言渡しの日のいずれか早い日とした。

即時抗告審（福岡高決平22.7.20WEB）もほぼ同旨で抗告を棄却した。

・名古屋地決平22.11.19WEB：解散請求の決定等

　市議会の解散請求をするための署名簿を区選挙管理委員会に提出し、署名簿に署名した者が、選挙人名簿に登録された者であることの証明を求めたのに対し、各区選挙管理委員会が、地方自治法所定の審査期間を延長したところ、署名の効力の決定及び証明をすること、署名簿の関係人に対する縦覧をすること、及び署名簿の縦覧の期間及び場所について予めこれを告示し、かつ、公衆の見やすい方法によりこれを公表することの仮の義務付けを求めた。

　決定は、延長は適法であると認められるので、本案について理由があるとみえるときに当たるとは認められないとして却下。このケースは、非申請型義務付けの事件である。

・和歌山地決平23.9.26WEB：介護給付費の支給（和歌山ALS訴訟）

　筋萎縮性側索硬化症（ALS）を発症した申立人が、重度訪問介護の支給量を1か月651時間とする障害者自立支援法に基づく介護給付費の支給申請をしたのに対し、処分行政庁が、1か月268時間に止める支給決定をしたため、申立て。裁判所は、1日当たり20時間分の介護サービスについて公的給付が与えられないことによって申立人が被る損害は、金銭賠償のみによって甘受させることが社会通念上著しく不合理な程度に達しており、かつ、そのような損害の発生が切迫しており、社会通念上これを避けなければならない緊急の必要性が存在するとし、また、処分が申立人の妻や公的扶助により派遣されるヘルパーの役割を不当にあてにしている点を、行政庁に与えられた裁量権を逸脱濫用した違法な処分と一応認められるから、義務付けの請求について理由がある等として、申立てを一部認容した。

　抗告審（大阪高決平23.11.21WEB）は、いわゆる24時間介護保障の市町村が全くない県が全国で未だ10県もあることが認められることなどに照らすと、本件支給決定が支給量を月268時間としたことが、処分行政庁の裁量の範囲を超え、若しくはその濫用となって違法となるとの本案の判断が、現段階で「理由があるとみえる」ことにつき、疎明があったとまではいい難いとして、原決定を取り消し、原審申立人の本件申立てを却下した。

　驚くべき誤った判断方法である。全国での遅れた市町村と比較して本件での介護サービス水準を問題ないなどと言っていては、裁判所、司法の役割はない。山本教授の提起にあるように、現状維持は行政が形成し、裁判による仮の救済は、法的に保護される信頼・安定性を発生させずにする行

政法規範の実現であるわけであり、障害者自立支援法が実現しようとする法規範を見据えれば、原審の判断方法をもって正当と思われる。

・**東京地決平24.10.23判時2184号23頁：と畜場法14条に規定する検査**

と畜場を運営しと畜業を行う者は、都道府県知事又は市長が、と畜検査員にと畜場法14条に基づく検査を行わせない限り、畜産農家等からの依頼を受けて食用に供する目的での獣畜のとさつ、解体等を行って、その対価を得ることができないから、検査は、その行為によって直接国民の権利義務を形成し又はその範囲を確定することが法律上認められているものであり、行政処分に該当する。行政庁が処分をしないことにより被る損害が、社会通念上、事後的な金銭賠償等で損害を回復させることは不可能あるいは著しく困難であり、かつ、そのような損害の発生を避けなければならない緊急の必要性が存在するものといえる場合、仮の義務付けの要件である「償うことのできない損害を避けるため緊急の必要」があるときに当たる。不利益処分に際して聴聞手続を行うべきにもかかわらず、聴聞手続を全く行わなかった場合、その瑕疵は手続全体の公正を害するものといえるから、不利益処分は違法となる。

・**東京地決平24.11.2WEB：公園の一時使用許可**

申立人が、デモ行進の集合場所・出発地点とするために都立公園の一時的使用の許可申請をしたところ、処分行政庁から不許可処分を受けたことから、処分の取消しを求めるとともに、義務付け、仮の義務付けを求めた。決定は、公園管理上の支障（人数による混乱、危険性）があるため許可しないとした本件処分は適法であるとして、本件申立てを却下。抗告審（東京高決平24.11.5WEB）も同旨。

しかし、このような判断では、憲法21条の保障する集会の自由、デモ行進の自由は死滅させられるのではないだろうか。

・**最決平24.11.30判時2176号27頁：法案提出**

仮の差止等申立て却下決定に対する抗告棄却決定に対する特別抗告事件において、申立ての本案の訴え（衆議院議員の選挙に関する内閣による助言と承認等の差止め及び内閣による法案提出の義務付けを求める訴え）は、選挙に関する民衆訴訟として提起されたものであるが、民衆訴訟として法律の定めを欠く訴訟類型及びこれを本案とする仮の救済方法が、法律上の争訟である抗告訴訟及びこれを本案とする仮の救済方法に関する法律の規定又はその趣旨の類推により創設的に認められると解することはできないから、現

行の法制度の下において、本件本案の訴えは不適法であり、本件申立ても不適法であるといわざるを得ないとし、抗告を棄却した。

同種事案として、

東京地決平23.3.31訟務月報58巻4号2045頁：地震特例法指定

浦安市の選挙人名簿に登録されている申立人が、総務大臣に対して、平成23年東北地方太平洋沖地震に伴う地方公共団体の議会の議員及び長の選挙期日等の臨時特例に関する法律（地震特例法）1条1項の指定市町村として、浦安市を指定することの仮の義務づけを求めた事案。決定は、本件本案の訴えは、選挙人たる資格に基づいて提起する民衆訴訟に該当するものであるというべきところ、民衆訴訟は、法律に定める場合において、法律に定める者に限り提起することができるものであり、選挙人たる資格に基づき本件本案の訴えのような訴訟を提起することができる旨を定めた法律の規定はなく、訴えは不適法なものであるから、本件仮の義務付けの申立ても不適法であるとした。抗告審（東京高判平23.3.31訟務月報58巻4号2038頁）も同旨。

・大阪地決平26.9.16WEB：公園使用許可

八尾市が管理する公園での集会目的の公園内行為許可申請に対する不許可処分に対し、処分の取消し及び公園内行為許可処分の義務付けを求める訴えを本案とする公園内行為許可処分の仮の義務付けを求める申立てが認容。申請型の義務づけの仮の救済であり、各要件の判断もこの決定のような判断手法が求められよう。同じ部が大阪地決平25.3.28WEBで公園内の食堂の1年毎の期限付き管理許可については却下しているが、権利の性格の違いと言うべきであろうか。

(2) 分析

非申請型で認容されたものは1件もない。第8章で見たように、そもそも非申請型義務付け訴訟本訴の認容例も少ないのであるから、仮の義務付け決定がないのは必然的結果といえよう。

(3) 仮の義務付けで現出した効果の特質

問題は行訴法37条の5第5項をめぐるものである。

仮の義務付け決定が即時抗告などにより取り消されたときは、行政庁は「仮の義務付け決定に基づいてした処分または裁決を取り消さなければならない」と定めるが、本来仮の義務付け決定には同条4項と38条1項からいえば拘束力（33条1項）が適用され、その取消決定にも拘束力はあるから、

そもそも37条の5第5項のような規定は必要であるか否かが疑問になる。

　解釈の幅のありうるところであるが、立法関係者は、「仮の義務付けの決定が取り消されたときは、仮の義務付けの決定自体はそこでなくなるのですが、それに基づいた処分はどうなるのかということで、『当該行政庁は、当該仮の義務付けの決定に基づいてした処分又は裁決を取り消さなければならない』ということを明らかにしたものです。付け加えて申し上げますと、仮の義務付けの決定に基づいて行政庁が処分又は裁決をしたあとに本案の判決が出る場合が当然あるわけですが、本案訴訟である義務付けの訴えについて原告敗訴の判決が確定した場合も、仮の義務付けの決定自体が、その決定の効力が本案確定の判決により当然失われると定めていれば、それはそれでいいのですが、そういう定めがないような決定である場合には、これは執行停止と同様の手続になるかと思いますが、事情変更があったということで、事情変更による仮の義務付けの決定の取消しの決定というものをするプロセスが必要なのではないかと思います。これは、第37条の5の第4項で、第26条という執行停止の事情変更の場合の規定を準用しているわけですが、これを受けて、第37条の5の第5項により、処分又は裁決をした行政庁が仮の義務付けの決定に基づいてした処分又は裁決を取り消すという段取りになるのではないかと考えました」と述べている[15]。解釈の種は尽きない[16]が、事例を積み重ねるしかないことも確かである。

第6節　仮の差止め

(1) 判例（却下を●、本案棄却を△、本案認容を○と表記する）

　仮の義務付け決定がすぐに報告されたのに、仮の差止めはなかなか出なかった。平成19年に初めて出た。その後も認容例はわずかである。却下例も含めて整理する。

　○神戸地決平19.2.27WEB：市立保育所廃止

　初の認容例の栄誉は神戸市の保育所民間委託条例の仮の差止め。条例で公立保育所を廃止し、社会福祉法人に運営を委託することは、申立人らの

---

15)　小早川編・研究186-187頁の村田斉志発言。なお山本・義務付け・差止め下103頁、山本・仮の救済（上）31頁も参照のこと。
16)　小早川編・研究187-189頁参照。

保育所選択権等を侵害するもので違法であるとの主張の当否である。主文は次の通り。「相手方は、申立人目録(1)記載の申立人らに対し、本案（当庁平成18年（行ウ）第81号事件）の第一審判決言渡しまで、神戸市立児童福祉施設等に関する条例（神戸市昭和33年条例第1号）の一部を改正する条例の制定をもってする神戸市立枝吉保育所を平成19年3月31日限り廃止する旨の処分をしてはならない」。

　神戸市が財政状況改善のために保育所の民間委託をする条例を制定し、20か所程度の保育所を廃止しようとしたのに対し、枝吉保育所の父母が廃止処分の差止めを求め同時に仮の差止めを求めた事案である。裁判所は、償うことのできない損害を避けるための緊急の必要性の有無について、まず一般論として「金銭賠償が不可能な損害が発生する場合のほか、社会通念に照らして金銭賠償のみによることが著しく不相当と認められるような場合を指す」との要件を掲げ、それへの当てはめを詳細な事実認定をしたうえで次のように述べた。「相手方から本件法人への円滑な引継ぎのために行われる共同保育の計画の期間、内容及び実行可能性等について計画自体において問題があることは明らかであり、前記のような極めて不十分で実質的にみれば無きに等しい性急な共同保育を経ただけで市立保育所としての本件保育所を廃止しこれを民間移管することは、申立人らの保育所選択に関する法的利益を侵害するものであり、社会通念に照らして金銭賠償のみによることが著しく不相当と認められるものというべきである」。「本案について理由があるとみえるか否かについて」は上記判断を前提に、「前記のような極めて不十分で実質的にみれば無きに等しい性急な共同保育を経ただけで市立保育所としての本件保育所を廃止しこれを民間移管することは、申立人らの保育所選択権を、相手方に与えられた裁量権を逸脱又は濫用して侵害するものといわざるを得ず、本案について理由があるとみえる場合に当たるものというべきである」とした。「公共の福祉に重大な影響を及ぼすおそれの有無について」は「本件条例の制定を仮に差し止めることによって、相手方の財政計画や職員の配置計画に多少の変動が生じることは否めないが、これが公共の福祉に重大な影響を及ぼすとまではいえないことは明らかである」とした。

　抗告審（大阪高決平19.3.30WEB）は、神戸市がこの条例案を取り下げたとして、差止めの対象がなくなったことを理由に取り消した。

532

第10章　仮の救済

○大阪高決平19.3.1WEB：住民票を職権消除

　二つ目の認容例。大阪の釜ヶ崎のホームレスの住民票の問題である。西成区長が住民基本台帳法8条に基づき申立人の住民票を職権消除しようとしていることに対し仮の差止め申請が起こされた。大阪地決平19.2.20WEB[17]は、これを却下したが、高裁は認容した。地裁も「重大な損害を生ずるおそれ」、「償うことのできない損害を避けるため緊急の必要あり」については消除されると近づいている大阪市議会議員についての選挙権が奪われることを理由に認め、「その損害を避けるため他に適当な方法があるとき」についても、選挙権行使ができなくても是正請求ができるとか訴訟ができるとかということではその要件に当たらないとしていたが、「本案について理由があるとみえる」要件について消除に法令の根拠があることを理由に否定していた。この点、抗告審である高裁は、他の要件判断は地裁に依拠したうえで、「本案について理由があるとみえる」要件のみを判断している。すなわち、住所を大阪市の認める簡易宿舎ではなく、解放会館とみる余地もあるとし、多くの解放会館住所登録者に対しそれを変更する調整も十分ではなく、抗告人の住民票を消除しないと選挙無効の原因となるとはいえないとして、信義則上も消除処分はできないとすることでこの要件の充足を判示した。

　このホームレスの事件で残念だったのは、ホームレスの人権を守るために奮闘している弁護士が、仮の差止めは非常に要件が厳しいとして代理人を引き受けず、結果としては本人訴訟の形態で得られた成果であったことである。

●大阪地決平17.7.25WEB：産業廃棄物処分業許可

　周辺住民が産業廃棄物処分業許可申請に対し、市長は仮に許可してはならないことを求める申立てだが、決定は原告適格は認めたうえで、施設において産業廃棄物が適正に処理されなかった場合に生じる粉じんの飛散、汚水の排出や地下への浸透、騒音及び振動等が、生命、健康を著しく害するような性質のものであるとまでは認められず、許可がされることにより生ずる償うことのできない損害を避けるため緊急の必要があるとはいえないとした。

---

17)　類似の事案として大阪地決平19.3.28判タ1278号80頁がある。

●東京地決平17.12.20WEB：法人税更正決定

　法人税の更正決定をしてはならないと求めた事案だが、「償うことのできない損害」とは、差止め訴訟の要件である「一定の処分又は裁決がされることにより重大な損害を生ずるおそれがある場合」よりも損害の回復の困難の程度が著しい場合をいうものと解すべきであり、<u>金銭賠償が不可能な損害が発生する場合のほか、社会通念に照らして金銭賠償のみによることが著しく不相当と認められるような場合を指すものと解される</u>としたうえで、新聞報道によって申立人の信用が失墜するとしても、更正処分が行われた場合に税務職員が当該事実を新聞各紙に公表する旨の規定はなく、税務職員には守秘義務が課されているから、当該損害は、前記更正処分による損害とはいえず、また、納税資金の調達による損害については、更正処分に不服がある場合には事後の争訟においてその<u>取消しを求めることによって救済を受けることができ、</u>更正処分に従って所定の税額を納付した後、更正処分が取り消されれば、当該税額は還付加算金と共に申立人に還付されることなどから、前記更正処分により「償うことのできない損害」を被るものとは認められないとして、申立てを却下した[18]。

　●大阪地決平18.1.13判タ1221号256頁：テント撤去

　ホームレスの人々がテント等の撤去をしてはならないと求めた事案だが、決定は「重大な損害を生ずるおそれがある場合」の解釈につき、<u>執行停止でいける場合はそれによるべし</u>という差止訴訟のところで述べた新しい要件を打ち出している。執行停止でいけるならそれによるべきで、差止訴訟の要件を満たさない、また仮の差止めの申立ても、本案訴訟としての適法な差止めの訴えの提起を欠く不適法なものであるとして、同申立てを却下した。

△大阪地決平18.1.25WEB：テント等撤去

　同様のケースであるが、経済的、社会的及び文化的権利に関する国際規約（昭和54年条約第6号）11条1項は個人に対して具体的な権利を付与すべきことを定めたものではなく、除却命令が同項によって保障された権利を侵害するとはいえないこと、除却命令に基づく行政代執行が行われること

---

18) このような要件解釈は立法関係者（小早川編・研究183頁以下の村田発言）や有力学説（同小早川発言）のとるところであるが、山本教授は、差止め訴訟の重大な損害要件が認定されれば、ほとんどそのまま仮の差止めの「償うことのできない損害」要件も肯定しなければ、差止め訴訟を認める意味がないとする。

第10章　仮の救済

により相手方らが被る不利益の内容、性質及び程度に加えて仮設一時待避所及び自立支援センターについてのプライバシーの保護、入所期限等の問題などをしんしゃくしても、除却命令が、憲法13条及び25条の趣旨に照らして裁量権の範囲を超え、又はその濫用があったとして違法とすることはできないことなどから、「本案について理由がないとみえるとき」に当たるとして却下した事例。

●大阪地決平18.5.22WEB：保険医取消

保険医登録取消処分が直ちに当該歯科医師の歯科医師としての知識及び技能その他適性の欠如に結び付くものではなく、当該損害の内容、性質及び程度にもかんがみると、重大な損害に当たるということはできない、勤務先医療法人の規模及び人員構成（申立人を含めて常勤の勤務医として19名の歯科医師が、非常勤の勤務医として4名の歯科医師が保険医として登録されている）等に照らすと、本件登録取消処分の結果申立人が同医療法人において健康保険の診療に従事することができなくなることにより直ちに同医療法人にその経営上重大な損害が生ずるおそれがあるとは認め難いと述べている。取消訴訟、執行停止優先論。

●東京地決平19.2.13WEB：保険医取消

類似事案。類似決定理由である。取消訴訟、執行停止優先論。

●大阪地決平18.8.10WEB：ぱちんこ遊技場の営業の許可

これも同じ判断様式である。

風営法5条に基づきぱちんこ遊技場の営業の許可の申請がされたところ、近隣の歯科医院の管理者が、周辺の静穏が回復できないほど破壊されるとともに、本件診療所が環境変化を嫌った顧客を失い、回復不可能な経営上の損害を被るなどと主張して、その許可の仮の差止めを求めた。決定は、仮に本件申請について許可処分がされ、それが違法なものであったとしても、それによって直ちに本件診療所周辺の環境が不可逆的に著しく悪化するとはいえず、営業許可がされ、本件営業所の営業が開始された後においても、その後取消訴訟によって営業許可が取り消され、あるいは執行停止によって営業許可の効力が停止されれば、その時点で本件営業所は営業ができなくなり、当該許可処分以前の環境を回復することは可能である、診療所の運営基盤に金銭賠償によっては償い得ないほどの深刻な影響を及ぼすおそれがあることを窺わせるに足る疎明もないなどとして、償うことのできない損害を避けるため緊急の必要があると認めることはできないとし

535

た。

●東京高決平20.6.3WEB：建築確認等

続いて同じような判断様式の決定。

マンションの建設予定地の周辺に居住する住民等が、当該建設に係る都市計画法29条1項に基づく開発許可並びに建築基準法59条の2に基づく総合設計許可及び同法6条に基づく建築確認についての仮の差止めを求めた事案。決定は、落下物の危険、車両による歩行者の通行への危険、住環境及び道路への悪影響、周辺家屋の倒壊の危険は、いずれも抽象的なものにとどまり、現実にいかなる程度の損害が生ずる見込みがあるのかを疎明するに足りる資料もない、直ちに発生する種類の危険ではないから、仮に当該危険があるとしても、本件各処分がなされた後に、その取消しの訴えを提起するとともにその執行の停止を求めるといった方法によっても損害の発生を避ける上で時機を失するということはいえないとして、償うことのできない損害を避けるため緊急の必要があるときに当たらないとして仮の差止めの申立てを却下。原審と思われる東京地決平20.3.27WEBも同旨。

●広島地決平20.2.29WEB：公有水面埋立（鞆の浦事件）

これも同じ判断様式で、本訴差止め訴訟は第8章に述べたように認容されている。地域住民らが、公有水面の埋立免許付与申請に対する免許付与処分の仮の差止めを求めた事案。景観利益については、本件埋立てが着工されれば、焚場の埋立てなどが行われ、直ちに景観が害され、しかも、いったん害された景観を原状に回復することは著しく困難であるといえるが、本案訴訟は、既に当裁判所に係属し、弁論期日が重ねられ、景観利益に関する当事者の主張及び書証による立証はほぼ尽くされていることなどを考慮すると、埋立免許がなされた場合、直ちに差止訴訟を取消訴訟に変更し、それと同時に執行停止の申立てをし、本件埋立てが着工される前に執行停止の申立てに対する許否の決定を受けることが十分可能であるといえるなどとして、償うことのできない損害を避けるための緊急の必要があるとはいえないとした。

●佐賀地決平20.12.1WEB。執行停止で取り上げる佐賀地決平21.1.19と同じ事件の指定居宅サービス事業者の指定取消処分の仮の差止め版。取消訴訟、執行停止優先で、損害要件を切っている。

●水戸地決平18.8.11判タ1224号233頁：投票事務執行

市議会議員である申立人らが、市議会解散請求に基づき行われることが

第10章　仮の救済

予定された解散の投票のための投票期日の告示等一切の投票事務の執行について仮の差止めを求めた事案。決定は、投票期日の告示については差止めを求める利益が失われたとし、その余の「一切の選挙事務の執行」については、いかなる行為を捉えて「処分又は裁決」と主張するのか明らかではなく、これを前提とする限り、差止めの要件を具備しているか否か具体的に判断することは不可能であり、対象の特定を欠く、そうでないとしても、選挙事務の執行自体によって申立人らの市議会議員たる地位に影響が生ずるものではなく、公権力の行使に当たらない事実行為にすぎないとして却下。

●名古屋地決平18.9.25WEB：業務停止命令、公表

　特定商取引に関する法律2条3項に規定する電話勧誘販売を行う申立人が、経済産業大臣から、申立人の電話勧誘販売の方法が特定商取引法に違反することを理由に、同法23条1項に基づく業務停止命令及び同条2項に基づく同命令の公表の措置を受けるおそれがあるとして、仮に差し止めることを命じるよう求める事案。決定は業務停止命令につき裁量権の逸脱・濫用があるとは認められないと詳細に判断する。そして公表は、特定商取引法23条1項の業務停止命令がなされた場合、これに付随してなされることが定められている事実行為であって、それ自体は行政処分性を有するものではないから、その差止めを求める請求部分は不適法とする。第4章第1節2(1)kでも取り上げたが、被害が大きいのであるから処分性を肯定すべきである。本件の課題としては裁量逸脱・濫用の点であり、事案としては難しいものといえよう。

●宇都宮地決平19.6.18WEB：業務停止命令

　介護保険法に基づき介護老人保健施設を開設している医療法人社団が、知事が行おうとしている同法に基づく業務停止命令等の仮の差止めを求めた事案。決定は、業務停止命令は一定期間に限られることなどや、入所者等の被る損害は、申立人の被る損害とは異なることに鑑みれば、償うことのできない損害を避けるための緊急の必要があるとはいえないとして却下。

●札幌地決平21.2.27WEB：一般乗用旅客自動車運送事業経営の許可処分等

　タクシー事業者ら、新規に参入しようとする他の事業者に対する道路運送法第4条に基づく一般乗用旅客自動車運送事業経営の許可処分及び同法

537

第9条の3に基づく運賃等の認可処分の仮の差止め。決定は、競争は想定ずみ、乗務員の労働環境に対する影響については、各事業者らの営業努力だとして、償うことのできない損害を避けるための緊急の必要があるとはいえないとして却下。

身も蓋もないとはこのような内容のことであろう[19]。

●東京地決平22.4.12WEB：業務停止処分

司法書士が、司法書士法47条2号による3か月の業務停止処分がされようとしているとして仮の差止め申立。決定は、社会的評価・信用の低下を来すことがあることは格別、直ちにその司法書士生命を奪われる結果に至るとは認められない、縁故顧客との人間関係が直ちに途絶するとはにわかに認められない、官報公告がされることによって、申立人の社会的評価・信用が一定程度低下することは否めないが、懲戒処分を受けることに伴う社会的評価・信用の低下それ自体については、一般的にいって当然に償うことのできない損害に当たるとみることはできない、懲戒処分がされた後においても、その取消しの訴え等をもって本件処分の違法を争い、勝訴判決を得ることができれば、そのことを関係先に周知することで相当程度回復可能、懲戒処分による社会的評価・信用の低下で仮の差止めが認められることとなれば、懲戒処分により司法書士の業務の適正を担保しようとした司法書士法の目的の実現が害されるとして、償うことのできない損害を避けるための緊急の必要があるとはいえないとして却下。

○名古屋地決平22.11.8判タ1358号94頁：許可処分

道路運送法上の一般乗用旅客自動車運送事業者の運賃認可申請について、申請にかかる原価及び収入の算定方法が行政機関が定めた審査基準所定の方法によらない場合であっても、その方法が合理的であり、かつ、認可を求める運賃が同法上の認可基準に適合するときは、行政庁は認可しなければならない、また「償うことのできない損害を避けるため緊急の必要がある」とは、仮の義務付けがされないことにより生ずる損害が、事後的な金銭賠償では回復困難である場合のみならず、金銭賠償による救済では損害の回復として社会通念上不相当な場合であって、そのような損害の発生が

---

19) 第三者の利益については、第8章第7節2(2)⑤で述べたように、第三者の利益が、行訴法10条1項の意味で、申立人の法律上の利益に関係し要保護性のある利益であれば含めてよいし、第三者の不利益を本人の不利益と同視して考慮できるのではないか。

切迫している状況にあることをいうとして認容決定。

● 最決平24.11.30判時2176号27頁：衆議院議員の選挙に関する内閣による助言と承認等の差止め

仮の義務付けのところで取り上げた同じ決定である。

〇 大阪地決平26.7.29判時2256号3頁：運送施設使用停止処分等

特定地域及び準特定地域における一般乗用旅客自動車運送事業の適正化及び活性化に関する特別措置法の準特定地域において一般乗用旅客自動車運送事業を営む者が、地方運輸局長から直ちに同法に基づく運賃変更命令を受け得る状況にあり、右命令を受ければ、その後、1か月程度で、右命令違反として輸送施設使用停止処分を受け、早ければ2か月程度で、2回目の運賃変更命令を経て事業許可取消処分を受けることになると認められる場合、一連の処分によって、事業基盤に深刻な影響が及び、処分後の執行停止等では実効的な救済を得ることができないから、仮の差止めの要件である「償うことのできない損害を避けるため緊急の必要」があると認められる。また、「その損害を避けるため他に適当な方法があるとき」に当たらないとし、さらに同特別措置法に基づく公定幅運賃の範囲の指定に係る地方運輸局長の判断が、同法の趣旨等に照らして合理性を欠くこと等により、その裁量権の範囲を逸脱し、又はこれを濫用するものと認められ、指定は違法となり、指定を前提とする運賃変更命令、並びにこれに違反したことを理由とする輸送施設使用停止処分及び事業許可取消処分も違法となるとして認容した。〇抗告審（大阪高決平27.1.7WEB）はほぼ同旨。

なお関連事件として〇大阪地決平26.5.23WEBなどがある。

●〇東京地決平28.12.14判時2329号22頁：面会時職員立会措置

第8章の判決の執行力のところですでに取り上げた。

オウム事件で死刑確定者として東京拘置所に収容されている申立人との、再審の請求の打ち合わせを目的とする、弁護士による面会の申出について、職員を立ち会わせた上での30分の面会しか認められなかったことにつき、このような制限は違法であるとして、東京拘置所長において、面会について、職員を立ち会わせる措置を執る旨の処分等をすることの差止め等を求めた申立人が、相手方に対し、本案の各訴えにおいて差止めを求める各処分の仮の差止めを求めた事案において、死刑確定者の面会に際し、刑事施設の長が、その指名する職員を面会に立ち会わせ、又は面会時間を制限する措置を執る場合には、面会の許可によって認められた死刑確定者の面会

の利益を制約することとなるから、刑事施設の長によるこれらの措置は、抗告訴訟の対象となる行政処分に当たるとし、時間制限禁止の点は却下したが、職員立会い禁止の点は認容した。抗告審（東京高決平29.3.29 TKC 文献番号25547458）もこれを支持し、特別抗告審（最決平29.6.30、弁護団より入手）は国の特別抗告を取り上げなかった。

●大阪地決平29.2.23WEB：医業停止または戒告

精神科医師である申立人が、厚生労働大臣から、精神保健指定医の指定を取り消す処分を受け、さらに、医師法4条4号に規定する医事に関する不正の行為があった旨の弁明通知書の送付を受けたため、同法7条2項に基づく医師免許の取消し、医業の停止又は戒告の処分がされる可能性があるとして、各処分の差止めを求める訴えを提起した上、本件各処分の仮の差止めを申し立てた事案。裁判所は、医業の停止処分又は戒告処分がされることにより「償うことのできない損害」を生ずるおそれがあるとまでは認められないとして、申立てを却下した。同じ裁判部において、同じ当事者の事件がある。執行停止のところで見るように（第8節4(2)）、精神保健医指定取り消しについては執行停止が認められている。医業停止の本件決定を読む限りでは、精神保健医指定取り消しの執行停止があることと、医業停止処分から実際の医業停止日までには2.週間あるのだから取消訴訟、執行停止申立ができるであろうと言うのが却下理由である。しかし、取消訴訟中心主義をここまで機械的に適用することには強い違和感がある。

(2) 小括

検証研究会での「『償うことのできない損害を緊急の必要がある』との要件に関し、実際に処分がなされた後に、その取消しの訴えを提起するとともにその執行停止を求めるといった方法によっても損害の発生を避ける上で時機を失するとはいえない場合には、要件該当性がないとの判断が示されているところ、このように判断されては仮の差止めの制度を設けた意味がなく、特に処分の名あて人以外の第三者が申立てをする事案においては常に却下されることになるから、実際の認容例が少ないことも踏まえ、要件を緩和すべきであるとの指摘」[20]は正鵠を射たものである。

しかし、その後、前述の最判平24.2.9が出て、執行停止優先論がいわば確定された感があるので、仮の差止めにおいてもそれを前提に、要件を組

---

20) 改正行政事件訴訟法施行状況検証研究会法報告書71頁。

第10章　仮の救済

み立てる必要があろう。

第7節　仮処分

実質的当事者訴訟に対応する仮の救済が仮処分であることを論じる。

本書旧版でも、行訴法44条の適用範囲を適切に限定し、行政処分以外の行政の行為には仮処分が可能であると論じていたから、問題意識として方向に誤りはなかったと言いうるが、整理ができていなかった。旧版での処分性での位置づけを、ここに移動したゆえんである。

1　行訴法44条の意義と適用（総論）

行訴法44条は「行政庁の処分その他公権力の行使に当たる行為については、民事保全法（平成元年法律第91号）に規定する仮処分をすることができない」と規定し仮処分排除をうたう。

この条文の適用範囲は「処分その他公権力の行使に当たる行為」を争う行政事件訴訟全体に及ぶことに文言上なるわけで、条文も条文だが、解釈論として取消訴訟、無効等確認訴訟、その他公権力の行使を対象とする訴訟手続に、広範に仮処分が制限されるように運用されてきた。

のっぺらぼうに無制限に44条が適用されては、行政関係分野における仮の救済は狭められるので、学説や一部の判例は44条を制限する努力を行って現在に至っている。

ここでは2004年の改正によって、執行停止要件の緩和、仮の義務付け、仮の差止めの新設、当事者訴訟としての確認訴訟の明定が行われた結果、44条自体は改正されなかったものの、これまでの実務運営がどのように変化する可能性を帯びたか、変化しなければならないかを考察したい。本章の冒頭に述べたように、どの訴訟にも仮の救済がなければ、国民のこの分野での実質的救済が図れないからである。

以下の考察は、実質的当事者訴訟事件で、仮処分がどのように扱われてきたのか、換言すれば、仮処分禁止の効力が当然妥当する領域、妥当するべきでないのに判例が仮処分禁止を誤って適用している事例とその批判ということになる。

続いて、抜本研の成果に依拠して、最高裁判例にあらわれた実質的当事

者訴訟について、仮処分の適用方法を考察する。

2　判例の状況

(1)　改正後

・福岡高決平17.5.16判時1911号106頁

　諫早湾干拓工事差止め仮処分申立てで、仮処分決定が出され、異議が出されたが認可され（佐賀地決平17.1.12訟務月報53巻3号766頁）、その抗告審である。行訴法44条についての言及がある。

　「行政事件訴訟法は、『行政庁の処分その他公権力の行使に当たる行為』については、その3条2項で同法が定める抗告訴訟の一つである『処分の取消しの訴え』が提起できる旨を規定する一方、その仮の救済措置として、25条以下に行政事件訴訟における執行停止制度を設けている反面、44条で民事保全法に規定する仮処分をすることができない旨を定めている。そうすると、同じ法律が定める『行政庁の処分その他公権力の行使に当たる行為』という概念については、特段の理由がない限り、同一内容に解するのが相当であるばかりでなく、行政庁の行為について、行政事件訴訟の対象となる場合には仮の救済措置として執行停止制度が、その対象とならない場合には民事保全法上の仮処分がそれぞれ適用されるものと解すべきことになる。したがって、同法44条が定める『その他公権力の行使に当たる行為』とは、3条2項と同様に、『行政庁の一方的意思決定に基づき、特定の行政目的のために国民の身体、財産等に実力を加えて行政上必要な状態を実現させようとする権力的行為』をいうと解するのが相当である。

　ところで、本件事業は、公有水面埋立法に基づく埋立工事である。同法42条1項は、国が埋立行為を行おうとするときは、当該官庁に都道府県知事の承認を受けるべきことを規定しているが、これに関して、同法による都道府県知事の免許を受けた私人が行う埋立工事とは異なる公権力性をこの承認に付与する条項は、何ら定められていない。そうすると、この承認は、上記免許と同様に、単に埋立権限を付与する処分にすぎない反面、この承認に基づく埋立行為そのものは、埋立権の作用として実施する事実行為にほかならないから、上記意味での権力的行為とは到底いいがたいことになる。また、都道府県知事の承認に当たっては、埋立行為が付近の環境に及ぼす影響についても審査事項とされるが、それは、公益保持という見地から一般的、抽象的に審査、認定するに止まり、環境被害を受ける個々

の漁業者の漁業行使権に基づく差止請求権の存否といった点にまで立ち入って個別的、具体的に審査、認定することまで要求されていると解することはできない。しかも、上記承認によって、漁業者の漁業行使権に基づく差止請求権を剥奪したことをうかがわせるに足りる条項は、何ら定められていない。そうすると、上記承認は、漁業者の差止請求権を剥奪する効力を有するものではないと解される。そして、本件事業は、埋立工事後の土地を造成し、土地改良法94条の8に基づき、配分通知書の交付によって干拓地を配分することが予定されているが、それは、埋立行為の完成を前提とするものである。それ故、先行する埋立工事を差止めることは、未だ現実化していない配分通知書の交付の効力を問題とするものではないから、必ずしもその行政処分を否定することにならないと考えられる。

したがって、本件事業は行政事件訴訟法44条にいう『行政庁の処分その他公権力の行使に当たる行為』に該当するものではないから、その差止めを求める本件申立ては、適法である」。

この判例は、仮処分の本訴が当事者訴訟であるか否かを明言せずに、差止め対象が埋立工事だとして、工事に公権力性はなく、その工事を差し止めることは行政処分を否定する要素はないとしている。事件番号が地裁で㋲とされ高裁はそれを前提に抗告事件の㋻を使用していることからも民事事件と扱っていると思われる（この点、続いてみる大阪地裁の事例とは異なる）。

特別抗告審（最決平17.9.30訟務月報53巻3号773頁）も高裁判断を全員一致で支持したから、最高裁もこの申立ては民事事件とみたものであろう。

・東京高決平24.7.25判時2182号49頁は、高名な医薬品のインターネット販売訴訟の仮処分事件だが、のちにこの決定の特別抗告・許可抗告審は決定までいかずに最判平25.1.11WEBが出された。後述本節3⑬参照。

・大阪地決平27.3.31判例地方自治407号51頁は、判断の冒頭に「民事保全法上の仮処分の適法性」と題する項目を設け、次のように判示した。

「行政事件訴訟法44条は、『行政庁の処分その他公権力の行使に当たる行為については、民事保全法に規定する仮処分をすることができない。』と規定するところ、本件申立てに係る本案事件のうち、債権者が、交野市長から廃掃法7条1項に定める許可を受けていることを理由として、債権者が、交野市において、一般廃棄物収集運搬をなし得る地位を有することの確認を求める部分については、債務者は、債権者がかかる許可を受けていることを否定しており、交野市長が公権力の行使として行う廃掃法7条

543

1項に定める許可がされているか否かがまさに問題となるのであるから、たといこれが当事者訴訟の形で提起されたとしても（なお、上記のような確認の訴えは、その実質において、廃掃法7条1項に定める許可を受けていることの確認を求めるものとして、無名抗告訴訟に当たるものとも解し得るところである。）、上記行政事件訴訟法44条にいう『行政庁の処分その他公権力の行使に当たる行為』に当たり、民事保全法に規定する仮処分をすることはできないものと解するのが相当である。

したがって、本件申立ての趣旨1項のうち、債権者が廃掃法7条1項に定める許可を受けていることを理由とする部分は、不適法な申立てとなる。これに対し、本件申立ての趣旨1項のうち、債権者が、債務者から事業系一般廃棄物の収集運搬について委託を受けていることを理由とする部分は、上記のような『行政庁の処分その他公権力の行使に当たる行為』を問題とするものとはいえないから、行政事件訴訟法44条に反するものとはいえない」。

この判例は、原告（債権者）が当事者訴訟の形をとっても、対象が行政処分であれば44条の禁止にかかり、契約であればかからないと割り切っている。前者は、本来は当事者訴訟でないというのである。この判断様式は第9章で述べた当事者訴訟に関する最高裁の誘導方向であり、その意味で手堅いものであろう。

・大阪地決平29.10.2判時2370号22頁は、いわゆる森友学園関係の文書を国（近畿財務局）が「変更、改ざん、隠匿、廃棄してはならない」と求めた仮処分申請だが、裁判所は情報公開法は、公開請求し、同法9条により公開か非公開かなどを行政処分で決める仕組みであり、公開決定がない文書に上記のような求めをすることはできなとの趣旨を判示し、被保全権利なして却下した。この決定は、行訴法44条のことを持ち出してはいないが、同条の趣旨からして、当然の決定と言い得よう。

(2) 改正前の判例

行訴法44条に言及し、主として仮処分を可能としている判例をみる。

a 公務員・公共企業体職員・公営企業職員の不利益処分

判例も行政処分説にかたまっているから、取消訴訟＋執行停止、差止め訴訟＋仮の差止めで対処すればよいと思われ、仮処分の出番はないと考えられる。

b 道路工事

道路工事は権力的解釈が多い。後に例外判例をあげる。

広島地決昭53.12.5判タ373号115頁、抗告審（広島高決昭54.3.3判タ382号105頁）は、市道建設工事の続行禁止を求める仮処分申請は、道路の配置計画自体の瑕疵を主張しその建設工事の続行禁止を求めるものであるが、このような仮処分は結局道路の区域決定ないし区域変更という行政処分の実効性を失わせ、実質上その効力を停止する作用を営むことになるとして、行訴法44条により許されないとした。この決定は今後確認訴訟を本案とすれば変更されるであろう。仮に道路区域決定が行政処分であっても、それの影響が自らの生活に重大な影響があるので、その迷惑を受けることのない地位にあることの確認と仮処分でいけるのではないか。

広島高決平4.9.9判時1436号38頁も、道路建設予定地又はその周辺に居住する住民がした、同予定地の売買契約及び道路建設工事の禁止を求める仮処分申請につき、行訴法44条の立法趣旨は、行政の目的の適正、迅速かつ確実な実現を確保するために、行政庁の処分その他公権力の行使に当たる行為について、仮処分をもって直接その行政権の作用を阻止することを認めないとするものと解されるところ、道路建設という行政目的実現のために不可分一体と認められる一連の過程の一部である前記売買契約及び道路建設工事について仮処分を認めると、当該仮処分は、先行の行政処分たる道路区域決定（区域変更）の効力を無に帰するから、前記仮処分申請は、同条の立法趣旨に照らし、不適法であるとした。その判断手法は大阪空港訴訟キャッチボール判決に大きな影響を受けていることは明らかである。この決定も広島地裁の上記と同じように変わる可能性がある。

なお、名古屋地判平18.10.13WEBは民事訴訟による道路工事の差止めが不適当であることを次のように詳細に判示し、後述（本章第2節2）の小田急最高裁判決まで引用して取消訴訟の活用を勧めている。仮処分の事例ではないが、重要な判決である。

都市計画法は、「都市計画事業の認可又は計画事業変更の認可について、(1)当該事業の施行者をして、当該事業活動により自らの所有地等につき収用ないし使用される者に対し、土地収用法上の損失の補償のほか、都市計画法上の生活再建のための措置を通じ、その所有権等や生活利益に係る損失を塡補すべきとするのみならず、(2)当該事業の認可権者をして、当該事業活動により必然的に生じる第三者の健康又は生活環境に係る法益侵害に

ついて、その可能性の有無及びその程度を考慮してその許否の判断をすべきものとし、これによって第三者の健康又は生活環境に係る利益を可及的に侵害から擁護している。そして、以上の措置によっても、なお避け得ざる不利益については、これらの者において受忍すべき公法上の受忍義務を課しているものと解するのが相当である。したがって、当該処分の直接の名宛人でない一般第三者もこれら行政処分に当然附随する規制作用の名宛人として直接規律されるものであって、その意味において、これら行政処分は、一般第三者に対する関係においても公権力の行使に当たる行為としての性格を有するものとみるのを相当とする。なお、このような都市計画事業の認可又は事業計画変更の認可は、特段の事情がない限り、行政訴訟としての取消訴訟の対象となり、自己の所有地等が収用ないし使用されるべき地位に立たされる当該事業地内の土地所有者等のみならず、都市計画事業の事業地の周辺に居住する住民のうち、当該事業が実施されることによる健康又は生活環境に係る著しい被害を直接的に受けるおそれのある者もまた、その取消しを求めるにつき法律上の利益を有する者として、その取消訴訟における原告適格を有するものと解される（最高裁平成17年12月7日大法廷判決・民集59巻10号2645頁参照）」。「進んで、本件訴えと本件事業認可及びその事業計画変更の認可との関係につき検討する。本件訴えは、本件事業認可及びその事業計画変更の認可に係る本件道路工事について、一般的な停止を求めるもので、施行者である被告としては、物的設備の設置等の事実行為を選択する余地はなく、本件道路事業の廃止又は変更を余儀なくされるものである。そうすると、原告らの請求は、私法上の請求権の行使という形式をとっているとはいえ、行政訴訟の方法によることなく、本件道路事業ないしその事業計画変更の認可に対する不服、すなわち、自らに課された上記公法上の受忍義務に対する不服を内容とするものである。これは、原告らが本件事業認可やその根拠である都市計画自体の違法性を主張していることからも見て取れる。このような争訟は、本件事業認可及びその事業計画変更の適法性を争う訴訟において、公共の利益の維持と私人の権利擁護との調和を図るという観点からこれを審理判断するのでなければ、適切な解決をみることはできないというべきであるから、都市計画事業の認可に基づく行政の諸活動のうち、その施行としての建設行為のみを取り上げ、その実施者とそれにより権利侵害等を主張する私人との間の対等な私法関係として把握して、審理判断を求めることは許されないと解

するのが相当である。以上から、本件訴えは、民事訴訟として許容される
ものではなく、不適法であるといわなければならない」。

　これらに対して、神戸地尼崎支決昭48.5.11判時702号18頁は、高速道路
建設工事が公権力行使であるとしながら、全面的かつ長期間にわたって停
止するような内容でない限り、仮処分による部分的停止は許されるとした
優れた事例である。今後確認訴訟を本案とすれば、さらに進んだ内容に変
容する可能性がある。

　和歌山地決昭57.11.11訟務月報29巻6号1042頁は、行政法規上道路建設
工事が公権力を有すると認められるような規定は置かれていないから、道
路建設工事は公権力の行使に当たる行為とはいえない事実行為であって、
民事訴訟による差止め請求の対象にできると解すべきであり、しかも、本
件差止めは本件道路建設工事の事業計画そのものの適否を争い、変更を求
めるものではないから、仮に本件仮処分申請が認容されたとしても既存の
行政処分の効力を否定することにはならない、とした。

c　公共工事一般

　公共工事を公権力の行使とみない一連の事例がある。確認訴訟との関係
で考えることもないほどに端的で優れた判断だといえるものばかりである。

　浦和地判昭52.1.28判時843号29頁、控訴審（東京高判昭52.11.16WEB）は
町立小学校の旧校舎の取壊し、静岡地沼津支決昭53.5.29訟務月報24巻7号
1456頁は市道改良工事、神戸地尼崎支判昭53.10.27判タ374号139頁は都
市計画道路である市道の整備工事の一環として市が施行する橋梁工事、和
歌山地決昭57.11.11訟務月報29巻6号1042頁は国道改築工事及びこれに伴
う県道、農業用水路及び農業用道路付替工事の起業者である建設大臣の行
う橋梁架設工事、京都地決平5.9.16判時1488号129頁は下水道中継ポンプ
場の建設工事、大分地決平16.10.6判例地方自治268号104号は公有水面埋
立工事の事案である。

　大分地決の判示は次の通り。

　「本件のような公有水面埋立法所定の埋立免許に基づいてなされる埋立
工事については、免許の取得及び同免許に基づく埋立工事の主体について、
地方公共団体等の公の機関と私人とは区別して取り扱われておらず、工事
自体についても公権力性を付与する規定は存在しないから、同工事は純然
たる事実行為にすぎないというべきであって、『公権力の行使に当たる行
為』とみることはできない。また、埋立免許処分は、免許取得者に対して、

547

一定の公有水面の埋立てを排他的に行って土地を造成すべき権利を付与する効力を有するが、埋立免許に基づいて埋立工事が行われる際、付近住民が工事によって私法上の権利が害されることを根拠として行使すべき差止請求権まで剥奪する効力を有するものではない。したがって、私法上の権利侵害を根拠として埋立工事の差止めを求めるのは、私人の行う工事に対して差止めを求めるのと変わりはなく、原則としてそのような仮処分の申立ては適法であると解するのが相当である。ただし、行政処分の違法を主張して埋立免許処分の効力そのものを争い、これに引き続いてなされる埋立工事の全面的な差止めを求めることは、実質的には行政処分の効力の停止を求めるものにほかならず、そのような仮処分の申立ては、行訴法44条の趣旨に抵触し、不適法であるというべきである」。

d 公立学校に関係するもの

広島地決昭56.1.16判時1003号122頁は、停学処分を受けた公立高校の生徒が、授業を受けることの妨害排除を求めた仮処分について、停学処分は公権力の行使に当たる行為であるから不適法であるとした。行訴法44条の関係で不適法であるというならそれだけで却下すればよいのに、保全の必要性判断は不要だがそれも書き、自信なげな内容である。申請の理由の要旨をみても、被保全権利も明確に主張されていない。気恥ずかしいような申立てであり決定である。しかし、このケースは裁判官に多く問題があると思われる。校長が「自宅にいるように、明日から学校に来なくてもよい」と言ったことを、決定は「実質的内容は停学と異ならず」というが乱暴きわまりない。決定はそれを公権力の行使に当たる行為と判断しているが、1993年の行手法制定後であれば、不利益処分には同法12条以下の手続履践が必要であり、その前の事案であっても、決定がこのように解釈して仮処分を却下してすますという態度は誤りである。校長は退学届を出させたもののそれを貫く気もなく、しかし復学には断固反対しているというような事案で、判例時報のコメントがわが国の精神的風土の現れを指摘しているが、いずれにせよ停学とすれば重大な権利義務に関わる退学と結びつくので、特別権力関係ではなく、部分社会論としても争訟性を保証する必要はある。問題は公権力の行使に当たり仮処分は認められないという本件決定の判断の当否である。生徒側が停学を処分と構成し、執行停止を申し立てた事案であれば、裁判所は公権力の行使と解釈して救えばよいし、本件のように仮処分を「授業を受けることを妨害してはならない」などと

申し立ててきているのであれば、本案はそのような当事者訴訟であると考えて、これを認容すればよかった。後述の大阪地裁の昭和55年決定が、国立大学学生の在学関係は私法上の契約関係だと判断しており、これも参照して柔軟に判断すべきであった事案である。

　名古屋地決昭56.7.18WEB、抗告審（名古屋高決昭56.7.20労働判例387号付録37頁）は、公立学校教員採用選考試験を受けるべき地位にあることを仮に定めること及び同試験を受けることの妨害禁止を求める仮処分の申請につき、県教育委員会のした同試験願書の返戻行為は、単なる事実行為ではなく、受験申請を拒否し願書を受理しない旨の意思を表示したものであって、願書提出者に試験を受ける機会を失わせる効果をもたらすものであるから、行政庁の処分に当たるところ、前記仮処分申請は、同行政処分の効力を否定し、これを直接阻害することを内容とするものであることが明らかであり、行訴法44条により許されないとしたもの。この決定も変わる可能性がある。本訴を当事者訴訟・確認訴訟とすれば、自らの受験とその不利益であり確認の利益は確実である。仮処分の適用は明らかに認められる。

　京都地決平元.1.11判例地方自治56号40頁は、市立養護学校高等部の入学者の応募資格を有する地位にあることを仮に定める旨の仮処分申請が、公立学校の在学関係は、契約関係ではなく、いわゆる公法上の特別権力関係に属するものであるとして、許されないとしたもの。上述の名古屋地裁・高裁の事例とこの京都地裁の事例は国公立学校での在学関係をどうみるかに関連する。しかも両事例とも在学関係に入る前の、入ることの申請行為ではあるが、名古屋の事例は公務員の任用であり地方公務員法13条、15条、19条などの制約に服する行政処分である。京都地裁の事例は比較的最近の事例であるのに、在学関係を特別権力関係という判断は古風である。特別であろうと一般であろうと、重大な権利・義務変動が起これば司法審査の対象になるのであり、特別権力関係であるといってみても何も生まれない。むしろ私立を含めた在学関係に部分社会論を適用して、裁量の見地から判断する方がまだ合理的である。ただ京都地裁が引用するように、養護学校高等部の入学者選抜は、学校教育法47条、同法施行規則59条、73条の16で制約を受けているから行政処分と構成する方が適切である。後述の大阪地裁の昭和55年決定が国立大学学生の在学関係は私法上の契約関係だとする意味は、入学者選抜と違って行政法規による規制がないからであろう。

549

これらに対し、この分野でも仮処分を適法と認める優れた判例もある。

静岡地判昭39.11.30行集15巻11号2158頁は、停職処分を受けた県立高校教諭が、教職員組合の組合活動をするため、学校施設内に立ち入ることの妨害禁止を求める仮処分申請につき、行訴法44条は、行政庁のする行為の全般にわたって全面的に仮処分を禁止するものではなく、行政庁の行為であっても、私法上ないし労働法上の規律を受ける行為については仮処分の目的とすることも許されると解すべきであるとした事例。

大阪地決昭55.3.14訟務月報26巻6号920頁は、国立大学の学舎移転に伴い受教育地の変更通知を受けた学生らが国を相手として申請した旧学舎において教育を受ける地位を有することを仮に定める旨の仮処分申請につき、国立大学学生の在学関係は私法上の契約関係であるとして仮処分申請は適法であるとしたもの。

e 学校以外の公物・営造物に関するもの

大阪地決昭43.9.4訟務月報14巻12号1362頁は、地方建設局長が庁舎管理権に基づいて組合の掲示板を移動撤去させる行為は、処分あるいは公権力の行使に当たる行為であり、仮処分の対象となしえないとしている。これはおそらく本案も民事訴訟だったと思われるが、まさに当該場所に掲示板があることの確認、移動撤去義務のないことの確認を当事者訴訟で本案とし、仮処分をすればよいと思われる。

大阪地決昭49.12.10判時770号76頁は、公営住宅入居者決定後の利用の法律関係は私法上の賃貸借関係であるけれども、利用関係の発生原因である公営住宅法18条に定める入居者の決定は、事業主体の長が法令の規定に従って行う行政行為とみることができ、行政庁の処分に該当するものと解せられる。入居手続を申請人らと協議せずに進めてはならない旨の仮処分申請は、行政庁の処分に関し、その効力作用を阻止することを目的とするものであって、行訴法44条に抵触し不適法であるとしたもので、この判例は正しい。

東京地八王子支決昭50.12.8判時803号18頁は、公共下水道の使用関係は地方公共団体の独占事業であり、排水区域内の住民であることにより事実上当然にその使用を強制される（下水道法10条1項）ことから、契約でなく、公道の使用に近く、いわゆる公共用営造物の一般使用の関係、すなわち公法関係であり、事業主である地方公共団体が公共下水道の使用を制限する行為は、公権力の行使に該当するから、申請人の公共下水道使用に対する

事業主の妨害排除を求める旨の仮処分申請は行訴法44条により許されないとした。他方、公営水道は、行政主体が優先的な意思の主体として住民に公権力を行使することを本質とするものではなく、水道事業における一定量の水の供給とその料金の支払いとは相互に対価関係に立つものであり、その点において私法上の双務契約と性質を異にするものではなく、さらに、水道法15条1項で「給水契約」なる文言が使用されており、同法は、水道事業者と需要者との関係は対等な立場であることを明言していると解されることから、公営水道使用の法的性質は、私法上の当事者関係であるとして、また水道事業は法の建前としてはその経営を地方公共団体の独占事業とはせず何人も事業計画を定めて厚生大臣の認可を受ければ経営できることから（6条、7条）、事業者に水道事業による水の供給を命ずる仮処分が許されるとした。こうして同じ決定で仮処分認容例と不適法例を判示している。判例時報の解説は「法律理論的に分析するかぎり」このような判断にならざるをえないというのに対し、下水道事業に関する仮処分却下理由を「要綱に従わないという理由で下水道の使用を制限するのは、法律に基づかないから公権力の行使には該当しない」と阿部泰隆教授はいう。阿部教授は好戦的建築基準法違反業者への給水拒否の是非という点ではある程度拒否を認めるのであり、筆者はもう少し積極的に認めるのだが、その視点からの考察は別途しなければならない。仮処分の点では、有力学説は要綱による下水道の使用制限は公権力の行使ではないとするのであり、この立場に立てばこの場合の仮処分の本案は「下水道使用の確認」の当事者訴訟となる。要綱による使用制限を行政処分と捉えて抗告訴訟を強制するよりも、その方が座りがよいことは明らかである。この事例も、今後変更されると思われる。

　大阪高決昭40.10.5行集16巻10号1756頁は、庁舎使用許可取消処分後の庁舎の明渡しないし立退き要求については行政代執行は許されず、庁舎の管理主体たる茨木市より相手方に対し、公法上の法律関係に関する訴えたる当事者訴訟を提起し、その確定判決に基づく強制執行によるか、あるいは仮処分によるなど、民訴法上の強制的実現の方法に出るべきものであるとしたもの。正当な考えであり、その後の最高裁の宝塚パチンコ条例事件の判決（最判平14.7.9WEB）とも矛盾しないと思われる。

f　その他の事例

　仙台高決平2.9.7判例地方自治77号37頁は、後述するように、今は起こ

551

らない案件だが、住民が地方自治法242条の2第1項1号に基づき執行機関である市長を相手とする外国学校誘致協定差止め請求を本案とする仮処分申請を、「行政庁の処分その他公権力の行使に当たらないことは抗告人らの主張自体から明白であるから、行訴法44条の制限によらず」として許容した。

青森地決平13.5.25WEBは次のように判示して子の引渡し仮処分の適法性を認めた。すなわち、行政処分の無効又は存在しないことが争点となるような私法上の法律関係に関する訴訟を提起することが許され（行訴法45条）、反面、このような民事訴訟によって目的を達しうる場合には無効等確認の訴えを提起することが許されないこと（行訴法36条）及び行訴法25条による行政処分の効力、処分の執行又は手続の続行の停止は、取消しの訴え又は無効等確認の訴えの提起を前提とすることに照らせば、同法44条の規定は、行政処分の無効又は不存在を前提として民事訴訟によって実現しうる私法上の権利を主張し、これを被保全権利として民事保全法に基づく仮処分を求めることまでも禁ずるものではないと解する。親権者が親権に基づいて子の引渡しを求めることは、一般に民事訴訟によって実現しうるものであるから、本件申立ては、この点においては、本件一時保護が無効であることを前提としてAの引渡しを求める限度において、適法である、と。

(3) 給付訴訟と仮処分

東京高判昭63.7.20東高民時報39巻5〜8号48頁は、行政主体の側からの事案であるが、行訴法44条の意義につき明快に判示するほか、執行の可能性についても明確である。

「しかしながら、公法上の権利であっても、その権利の実現のため、法律上、その権利主体に対し自力執行の権限が付与されているなどの特段の事情がない限り、民事手続法上の強制執行制度によって、その権利の実現を求めることが許されないものではない。そして、航空法49条2項に基づく妨害物除去請求権についても、その権利の実現のため、被控訴人公団に対し自力執行の権限を付与する旨の法律上の根拠規定は存在しないし、また、同被控訴人は、行政代執行法2条所定の行政庁には当らないから、同法による代執行をすることもできない。従って、被控訴人公団が右請求権を実現するためには、行政事件訴訟法4条所定の公法上の当事者訴訟によって給付判決を得た上、民事手続必要性がある場合には、民事手続法上

の仮処分制度を利用することができるものと解すべきである。

なお、行政事件訴訟法44条は、『行政庁の処分その他公権力の行使に当たる行為については、民事訴訟法に規定する仮処分をすることができない。』と規定している。しかし、この規定は、行政庁の処分その他の公権力の行使に当たる行為の効力、執行等の停止を求めるためにその行為の相手方からの申請によって行なう仮処分は許されないという趣旨にすぎないことは、この規定の制定の経過に徴して明らかである。従って、右規定が、航空法49条2項に基づく妨害物除去請求権等の公法上の権利につき、被控訴人公団が民事手続法上の仮処分制度を利用することを禁止する根拠となり得ないことはいうまでもない」。

なお大阪高決昭60.11.25判時1189号39頁は、行政庁の処分によって私人に行政上の義務が課せられたにもかかわらず、私人がこれを遵守しない場合には、その履行を確保するための手段がないからといってこれを放置することは公益に反するから、このような場合には、その義務履行を求める訴えを提起しうるとするのが法治主義の理念に適うとし「行政主体が私人を被告として行政上の義務の履行を求める訴を提起することができる場合においては、右請求権を被保全権利として仮処分を求めることができるものと解する。即ち行訴法44条は、行政庁の処分その他公権力の行使を阻害するような仮処分を禁止する趣旨の規定と解されるところ、本件はこれに該当しない」とした。

また、理由はついていないが、行政主体の側から建築主に対し建築基準法9条10項に基づいて違反建築物の工事停止命令をなしたが建築主がこれに従わなかったので、その義務の履行を確保するためなした建築工事続行禁止の仮処分申請を認容した横浜地決平元.12.8判タ717号220頁もある。

(4) 住民訴訟を本案とする仮処分

東京高決昭59.6.27WEB、仙台高決平2.9.7判例地方自治77号37頁、松江地決平12.2.7WEBは住民訴訟を本案とする仮処分を認めない。

これに対し、東京高判昭52.11.16WEBは、町長の計画している町立小学校校舎取壊行為の差止めを求める地方自治法242条の2に基づく住民訴訟・民衆訴訟を本案として右行為の差止めを求める仮処分が許されるとした事例で、校舎取壊行為は、行訴法44条の公権力の行使に当たる行為ではないとした。原審（浦和地判昭52.1.28判時843号29頁）はさらに詳細に次のように述べていた。「普通地方公共団体の普通財産を廃棄する行為は、

行政庁の行為ではあつても、公権力の行使には該当しないと解するのが相当であるから、民事訴訟法に基く仮処分をもつて右廃棄行為を差止めることになんら行政事件訴訟法第44条の規定に違反しないと解すべきであり、このことは、たとえ本件のように普通地方公共団体の住民が地方自治法第242条の2の規定に基いて住民訴訟を提起する場合のような公法上の請求権を被保全権利とする場合、いいかえれば行政訴訟を本案訴訟とする場合においてもなんら変りがないものと解するのが相当である」。

また**大津地決平14.12.19判タ1153号133頁**は、滋賀県豊郷町立豊郷小学校改築に関する講堂解体費用の支出の差止めを住民が住民訴訟で求め、その仮処分を申請した事例につき、次のように認めた。地方自治法242条の2第1項1号の規定による住民訴訟は、行訴法5条所定の民衆訴訟のひとつであるところ、同法44条は、行政庁の処分その他公権力の行使に当たる行為については民事保全法による仮処分をすることができないと規定し、同法7条は、同法に定めのない事項については民事訴訟の例によると定めていることに照らして、行政庁の処分その他公権力の行使に当たる行為以外のものについては、民事保全法による仮処分を排除するものではないと解するのが相当である。そして、豊郷小学校改築計画の決定及び本件講堂解体費用の支出行為が行訴法44条にいう「行政庁の処分その他公権力の行使」に該当しないことは明らかであるから、地方自治法242条の2第1項1号による住民訴訟を本案とする民事保全法上の仮処分の申立ても、それが、当該訴訟の性質に反するものでない限り適法であると解する、と。

ただし、地方自治法が2002年に改正され、明文で仮処分を禁じた（同法242条の2第10項）ので、この種の仮処分はみられなくなった。

3　当事者訴訟の最高裁判決に仮処分を導入する試み

ここでは抜本研での議論と、笠井論文に依拠して論述するわけだが、この判例の事例にはこのように仮処分ができるはずのものだと言ういわば演繹的議論は笠井論文ですでに周到になされている。私は、事例の特徴からするとどうしても仮の救済が必要であり、仮処分が必要であると言ういわば帰納的手法を取りたい。

①　最大判昭41.7.20WEB：薬局開設許可義務不存在確認

現在薬局を営んでいるが、薬事法の改正により、本年末（昭和37年末）で許可ありとされていた立場は無効となり、更新または新許可を必要とす

第10章　仮の救済

ることとなった。しかし改正は憲法13条、22条、29条等に違反し無効であると原告は主張して、地裁では「原告に薬事法第五条に基づく薬局の開設許可または許可更新の各申請義務が存在しないことを確認する」と言う請求の趣旨を掲げていた。

　原告の事情は、地裁判決（裁判長は本書第6章の判決第三者効のところで紹介した位野木益雄判事）のまとめによると「原告一家の生計は原告の現在の薬局営業により維持されているのであつて、もしも原告が昭和37年12月末日限り営業を継続できないことになると原告一家の生存に重大な脅威となることは明白である。このような場合には事前に裁判所に対し救済を求めても三権分立の原則に反するものではなく、また、憲法は何人にも裁判所において裁判を受ける権利を保障している」とある。

　地裁判決（東京地判昭37.10.24行集13巻10号1858頁）はその年にでたが、高裁判決（東京高判昭38.4.26民集20巻6号1234頁）は翌年になり、最高裁判決は4年後になっている。高裁、最高裁判決段階では原告は薬局閉鎖に追い込まれているものであり、遅くとも高裁段階からは仮の救済手段が不可欠であったものである。

　救済手段として、地裁判決が「一般に行政庁のなんらかの処分をまつまでもなく、法令自体が直接国民の権利義務に影響を及ぼすような場合には、その法令により権利義務に直接の影響を受ける国民は国に対しその法令の無効確認あるいは当該無効法令に基づく権利義務の存在、不存在等の確認を求めて裁判所に提訴することは、許されるものと解すべきところ、原告は右薬事法の規定により新たに薬局開設の許可又はその更新を得ない限り昭和三八年一月一日以降薬局の開設をなしえないことになつたというのであるから、（その主張によれば）その権利に直接の影響をうけたものというべく、かかる場合には右規定が無効であることを理由として新たに薬局開設の許可又はその更新をうることなく昭和三八年一月一日以降も薬局を開設しうる権利を有することの確認を求める訴を提起しうるものというべきである」。「（原告が右薬事法の規定に反して薬局を開設した場合には罰則の適用（これは行政処分ではない。）、薬剤師法第八条第二項による薬剤師の免許の取消処分等がありうることが考えられるが、これらの処分は、別個の立場から考慮される事項であつて、それら処分のあるまで、本訴のような請求による権利救済を待つべきものとすることはできない。）」とまで述べている点を重く見なければならない。

555

この時点では原告により提起されることはなかったが、今日的視野でみると、本件は仮の救済の申立て、仮処分申立てが適切な事例であった。地裁判決の言うように、法令による権利状態の変更なのであるから、抗告訴訟を前提とする仮の差止めなどは不適切であり、当事者訴訟を前提とする仮処分しかありえないと考えられる。債務者は、現実に許可権限や監督権限を有する地方公共団体と考えられる。

申請の趣旨は次の通りとなろう。

(ア) 地方公共団体（都道府県、保健所を設置する市又は特別区）を債務者とし「債務者は、本案の第一審判決の言渡しまでの間、債権者が〔……の場所で〕薬局を開設してその業務を行うことを妨げてはならない」旨の仮処分命令

(イ) 同様の地方公共団体を債務者とし、「債権者が〔……の場所で〕薬局を開設して業務を行う地位を仮に定める」旨の仮処分命令

② 最判昭47.11.30WEB：長野勤評事件

本件は、長野県教育委員会教育長の通達により同通達の定める勤務評定書（いわゆる長野方式）に自己観察の結果を表示することを命ぜられた教職員が、その表示義務の不履行に対して懲戒その他の不利益処分を受けるのを防止するために、あらかじめ右義務を負わないことの確認を求める訴えにつき、最高裁は不利益処分を受けたのちこれに関する訴訟において義務の存否を争うことによっては回復しがたい重大な損害を被るおそれがあるなど、事前の救済を認めないことを著しく不相当とする特段の事情がないかぎり、訴の利益を欠き不適法であるとした。

第8章で述べたように、当時無名抗告訴訟としての不存在確認事件であるが、行訴法改正により差止め訴訟が法定化され、その後最判平24.2.9WEBが出されて、通達の処分性は否定し、予防的機能を持つ確認訴訟と、差止め訴訟の守備範囲を次のように定めた。すなわち、同じ職務命令違反を理由とする懲戒処分には職務命令を違法とする差止め訴訟と、職務命令違反を理由とするその他の不利益措置には職務命令を違法として職務命令の義務の不存在確認訴訟という当事者訴訟と。

そこで、その当事者訴訟に対応する部分の仮処分申請の趣旨は次の通りとなろう。

第10章　仮の救済

(ｱ) 「債務者は、債権者に対し、自己観察表示を求めてはならない」旨の仮処分命令

(ｲ) 「債権者が債務者に対して自己観察表示の義務を負わない地位を仮に定める」旨の仮処分命令

③　**最判昭57.7.15WEB：給油取扱所変更許可に伴う近隣住民の同意書提出義務不存在確認等**

原告は多くのことを訴え、1審判決、2審判決がそれを基本的に全て認容し、最高裁はそれを全て覆滅した。

ここで論じているのは当事者訴訟と仮処分であり、原告のどの請求の趣旨が当事者訴訟のそれであるのかをまず確定しなければならない。

やや複雑な事案の概要は次の通りである[21]。基本的に最高裁判決に依拠する。

原告は給油場の許可を得ていたが、被告に対し、消防法11条1項の規定に基づき給油取扱所変更許可申請（以下「本件変更許可申請」という。）をしたところ受理された。被告（主管・高砂市消防本部）は、本件変更許可申請に対し、遡及した日付で、変更許可書の原本とその写しを作成し、原告の元売会社である三菱石油大阪支店に交付した。写しは、その後大阪通商産業局長宛に提出された。この間の経緯は、次の通りである。すなわち、被告は、給油取扱所の変更許可申請の際、事前に隣接住民の同意書を提出させていたので、原告の本件変更許可申請についても、原告に対し同意書の提出が変更許可処分の条件になる旨連絡し、その提出を求めたが、原告は終始これを拒否していた。他方、原告は格別三菱石油に対し代理権を与えていたわけではなかったが、被告は大阪支店を原告の代理人と考えて応待していたところ、大阪支店及び同じく原告の元売り会社である兵庫県内海漁業協同組合連合会から、隣接住民の同意書を後日提出するので変更許可処分をしてもらいたい旨の懇請を受けた。その理由は、原告が通商産業省から給油取扱所の変更の枠を得るためには、昭和48年3月31日までに変更許可処分が効力を生じていなければならなかったからである。そこで、被告は、昭和48年4月6日が変更許可処分の許可書の写しを添付して大阪通商産業局長宛に昭和47年度の前記変更の枠の申請手続をする最終日で

---

21)　評釈としてはさしあたり、山本敬生「行政行為の成立」（行政百選7版Ⅰ116頁）参照。

557

あつたので、三菱石油らの懇請により、例外的に隣接住民の同意書の提出がないまま許可することとし、右同日、同年3月31日付で本件変更許可処分の許可書の原本とその写しを作成したが、その際、被告は、右写しの条件欄に隣接住民の同意書を提出すべき旨を記載すると変更の枠が流れてしまうので、その旨を記載しない代りに、三菱石油大阪支店と内海漁連から連名で、「工事に関する貴市指定隣接住民の同意書を提出するまで本件変更許可書の受理につき異議を申しません。云々」の念書を差し入れさせ、これと引換えに許可書の写しを三菱石油大阪支店らに交付し、他方原告に対しては許可書原本を交付することなく、終始隣接住民の同意書を提出することを求めた。

　この事実から原告は、次のような請求の趣旨を立てた。

1　被告が昭和48年3月31日付で原告に対してなした高消許第463号給油取扱所の許可処分は存在し、かつその効力を有することを確認する。
　（予備的に）原告が昭和48年3月30日被告に対してなした給油取扱所の変更許可申請につき、被告が何らかの処分をしないのは違法であることを確認する。
2　原告が被告に対し、前項の許可処分につき隣接住民の同意書を提出する義務の存在しないことを確認する。
3　原告が昭和48年3月30日になした給油取扱所内に設置する灯油専用の一般取扱所の設置許可申請に対し、被告が何らかの処分をしないのは違法であることを確認する。

　このうち1は行訴法36条の有効確認訴訟、1の予備と3は不作為違法確認訴訟で、2が当事者訴訟であろう。

　この2のために仮処分は必要か、可能かというのがここでの検討事項である。変更許可処分に近隣住民の同意を要するというのは被告の行政指導にすぎないものであり、これを強制できないことは性質上当然のことである。しかるに3月末がくれば、そのことを理由に許可がなかったことになるのであるから、2の当事者訴訟の確認の利益は強度に存在すると言わねばならない。仮処分の必要性も強い。被保全権利の判断は、地裁、高裁と最高裁で分かれるのであるが、私は地裁、高裁の判断を支持する。行政行為の成立の判断について、上記評釈も述べるように**最判昭29.9.28WEB**が外部表示説を取っているのに、本件最高裁判決は内部意思説をとっている。

　いずれにしても仮処分は必要であり、仮処分申請の趣旨は次の通りとな

ろう。

市を債務者として、「債務者は、債権者に対して、債権者が変更後のガソリンスタンド営業をすることについて隣接住民の同意書の提出を求めてはならない」旨の仮処分命令が妥当ではなかろうか。

なお、この本案訴訟について、「消防法上適法にガソリンスタンドを営む地位の確認」と実質的に同じと考え、その仮処分命令を想定するとしても、主文1の場合と同じく、市を債務者として、(ア)「債務者は、債権者が〔……の場所で〕変更後のガソリンスタンド営業をすることを妨げてはならない」旨の仮処分命令、及び(イ)「債権者が変更後のガソリンスタンド営業をできる地位を仮に定める」旨の任意の履行に期待する仮処分命令というものになると考えられる。

④　**最判平元.7.4WEB：横川川事件**（土地が河川区域でないことの確認等）

本件は、河岸の土地の所有者が、土地が河川法上の河川区域に当たらないとして、河川管理者に対して、将来、同法上の処分禁止義務があることの確認、同法上の処分権限不存在の確認及び同法上の河川区域でないことの確認をそれぞれ求めた訴えにつき、最高裁は河川法75条に基づく監督処分その他の不利益処分をまって、これに関する訴訟等において事後的に右土地が河川法にいう河川区域に属するかどうかを争ったのでは、回復しがたい重大な損害を被るおそれがある等の特段の事情があるということはできないから、右確認を求める法律上の利益を有するということはできないとした。無名抗告訴訟としての予防訴訟としての要件を示したものと扱われている。第8章の該当部分を参照されたい。

当事者訴訟と仮処分を論じる本書のここでこれを扱うのはやや複雑な事情がある。

自らの所有地が河川区域に当たらないのに、被告が盛土を行政代執行により除却をしてくるので、河川区域でないことの確認を求めた原告の訴えも必要性も明確であり、**高知地判昭59.4.26WEB**は、公権力の行使に関わる不服の訴訟として訴えの適法性は認めて、実体判断をした（河川区域であるとする）[22]。無名抗告訴訟として適法としたものである。

2審では原告は元の訴えの前に二つを追加した。

(1)　**第一次的請求**　　被告には、土地のうち斜線部分につき、将来、河

---

22)　地裁判決についての評釈として、阿部泰隆「自己所有地が河川区域でないことの確認を求める訴えの適法性」（法学セミナー1987年5月号124頁）参照。

559

川法上の処分を行ってはならない義務があることを確認する。

(2) 第二次的請求　　被告には、同部分につき、河川法上の処分権限がないことを確認する。

高松高判昭63.3.23WEBは、(1)(2)について、無名抗告訴訟であると明言し、本件訴訟は、上記部分について、被告が「河川法上の処分を行うおそれがあるので、これをあらかじめ封じておくことを目的とするとするもので」、その「目的を達するために、本件河川の管理主体である国を被告として、控訴人が本件箇所について河川法第六条第一項第一号の河川区域である場合に負担すべき同法上の義務を負わないという公法上の法律関係の確認を求める当事者訴訟（実質的当事者訴訟）を提起することが可能であり」、無名抗告訴訟は不適法とした。

1審からの請求は、当事者訴訟に当たるとした上、本件河川の管理は国の機関委任事務としてされるものであるから、国を被告とすべきであるとして、訴えを却下した。

被告適格改正前の不幸のような判示である。

我々がこの事例を持って当事者訴訟と仮処分のテーマを、いま論じるとすれば、被告の点は置いて考察する必要がある。

そうすると、予防的確認訴訟と仮処分ということになる。昭和56年に提訴し、その年にすでに除却の代執行を受けているのであるから、確認訴訟提訴とともに仮処分が認められれば、事態は大きく変わったものである。最高裁判決のいう「特段の事由」は備わっていると言えよう。

その場合の申請の趣旨は、次のようになろう。

(ｱ)　「債務者は、債権者が当該土地部分で盛土をすることを妨げてはならない」旨の仮処分命令

(ｲ)　「債権者が当該土地部分において盛土をすることができる地位を仮に定める」旨の仮処分命令

⑤　最判平6.3.10TKC文献番号22007804：所得税還付金請求

原告は所得税の還付請求権を国に対して有していたが、中野税務署町は、原告に未納税があるとして還付金を未納税額に充当した。

そこで原告は審査請求をし、棄却されたので、中野税務署長に充当処分取消、裁決取消各訴訟に加えて、国税不服審判所長と中野税務署長に

第10章　仮の救済

59241円の給付訴訟を起こした。

　訴訟の経過は、地裁（東京地判平4.5.27TKC文献番号22006325）、高裁（東京高判平4.6.29TKC文献番号22006341）は、全て却下。処分性なしと被告適格なし。最高裁は、取消訴訟二つは適法だとしたが、給付訴訟は却下のままにした。

　この最高裁判例は⑥で実質的に変更されるし、この当事者訴訟としての給付訴訟は仮処分を論ずるほどのものではないので、検討を省略する。

　⑥　最判平6.4.19WEB：所得税還付金請求

　小法廷は異なるが、最高裁は⑤の1か月後に事実上判例変更した。

　⑤と同じようなケースながら、本件の原告は充当処分取消の一本である。地裁（東京地判平4.1.29金融・商事判例958号19頁）は充当処分に処分性を認めたが、高裁（東京高判平4.10.26判時1462号91頁）は処分性を否定して最高裁を迎えた。

　最高裁は充当の処分性を認め、次のような「なお書き」を追加した。

　「なお、納税者において、充当の前提とされた納付すべき国税の根拠となっている課税処分に不服がある場合には、充当が行政処分に当たるか否かにかかわらず、一般的には、当該課税処分自体の取消しを求めなければ、これを前提とする充当の効力を覆すことはできないのであるから、納税者は、結局、当該課税処分に対する抗告訴訟を提起せざるを得ない。また、充当の対象となった納付すべき国税が不存在の場合、又はその根拠となった課税処分が無効であるか若しくは取り消された場合には、充当により還付金等に係る債権が国税の額に相当する額の範囲で消滅するという効果は生じていないと解されるから、納税者は、抗告訴訟により充当の取消しを求めるまでもなく、国に対する還付金等請求訴訟において前記の事由を主張し、充当の効力が発生していないことを前提として還付金等を請求することができるものというべきである。したがって、充当が行政処分に当たると解することが、権利救済の面で納税者に不利益を与えるものとはいえない」。

　この結果、⑤のケースの原告が求めていた、当事者訴訟としての給付訴訟ができることになった。

　しかし観念上、国家が支払不能ということは想定しないから、対応する仮処分は必要性が認められない。

561

⑦　最判平7.11.7WEB：老齢年金支給請求

　原告は、国民年金法の障害福祉年金、老齢年金の複数の受給権を有していたが、国が併給調整を行ったが、調整は憲法25条等に反し無効であるとして、未払いとなる老齢年金分106万6933円の支払いを国に請求した。この請求は当事者訴訟としての給付訴訟である。原告は地裁係属中に死去した。

　地裁（札幌地判平元.5.31WEB）は、老齢年金請求権は一身専属で相続しないとして、「主文　1　本件訴訟は、昭和63年4月27日原告の死亡によって終了した」とした。高裁（札幌高判平3.6.26WEB）も同旨であり、最高裁は遺族が国民年金法に基づいて請求し社会保険庁長官が裁定するもので、当然には承継しないとした[23]。

　この最高裁の判断を前提にすれば、仮の救済は仮の義務付け申立てということになろうか。憲法判断を求めた提訴であったものと推測され、仮の救済の是非の対象外の案件かもしれない。

⑧　最大判平17.9.14WEB：在外邦人選挙権確認請求

　この判決については第9章第4節4で詳細に論じているので、内容はそれを参照されたい。

　ともかく、この大法廷判決は、当事者訴訟、確認訴訟として、次のように主文を構成した。原告被告を1審の呼称に変える。

　「原告らが、次回の衆議院議員の総選挙における小選挙区選出議員の選挙及び参議院議員の通常選挙における選挙区選出議員の選挙において、在外選挙人名簿に登録されていることに基づいて投票をすることができる地位にあることを確認する」旨の仮処分命令

　ここは、当事者訴訟と仮処分を論じる場であるから、第9章の上記箇所にも引用した原告弁護団の中心古田啓昌弁護士の二つの文献を今一度読み返して、「海外有権者ネットワーク」を通じて組織された53名の原告とその弁護団の気分を探ってみた。わかることは、この人々は、日本国憲法に定められた選挙権を在外においても実施したいと、現実に平成8年10月の衆議院選挙で海外から最終住所地の選挙管理委員会に投票用紙の郵便交付などを要求し、拒否されるという実践をふまえ、同年11月、選挙権が行使できる制度づくりのための政策形成訴訟として、様々な検討ののちに確

───────────

23)　評釈としてはさしあたり、石黒匡人「年金請求権と支給決定」（行政百選7版 I 134頁）参照。

第10章　仮の救済

認訴訟を選んでいる。東京地裁判決が平成11年（東京地判平11.10.28WEB）、高裁が平成12年（東京高判平12.11.8WEB）、そして最高裁が平成17年であった。仮の救済を模索したあとは見られない。

　このような政策形成訴訟に仮処分が登場する余地と必要性はあるのだろうか。

　やはりあると言わねばならない。

　9年かかった本件の訴訟時間を、例えば1年で仮処分決定に至るとすれば、次の国政選挙における選挙権行使が現実のものとなったであろう。仮処分の即効性の特徴は意義深い。

　仮処分の申請の趣旨は、最高裁判決主文を次のように仮の地位に直せばそのまま使えると考える。

　「債権者らが、次回の衆議院議員の総選挙における小選挙区選出議員の選挙及び参議院議員の通常選挙における選挙区選出議員の選挙において、在外選挙人名簿に登録されていることに基づいて投票をすることができる地位にあることを確認する」

　この点については笠井論文にあるように、積極説、消極説に分かれるようであるが、無論積極説で良い。

　⑨　最大判平20.6.4WEB：非準正子国籍確認訴訟

　この判決については第9章第4節4で詳細に論じているので、内容はそれを参照されたい。

　この大法廷判決は、当事者訴訟、確認訴訟として、次のような主文となった（地裁判決が生き返った）。

　「原告らが日本国籍を有することをいずれも確認する」

　この事例も政策形成訴訟である。国籍法の改正を求めたものである。

　平成17年に提訴し、地裁判決が平成18年（東京地判平18.3.29WEB）、高裁判決が平成19年（東京高判平19.2.27WEB）、最高裁判決が平成20年であった。政策形成訴訟としては比較的短時間に進級が行われている。

　しかし、非準正子である原告らは、憲法10条の国民の要件を定める法律（国籍法）において差別されているわけであり、そのこと自体が憲法14条に反する重大な立場にある。これを正すことは適時性の立場から速やかでなくてはならず、仮の救済の出番である。

　本件で適切な仮処分の申請の趣旨は、次のように、判決主文を仮の地位に直せばそのまま使えると考える。

563

「各債権者らが日本国籍を有することを仮に定める」旨の仮処分命令。

⑩　**最判平21.11.26WEB：廃止市立保育園で保育を受ける地位確認**

横浜市立保育園

原告らは横浜市立保育園で保育を受けていたわけであるが、市が条例を制定して市立保育園を廃止することに対し、徹頭徹尾条例による廃止処分取消を訴求した。

地裁（横浜地判平18.5.22WEB）は条例制定による廃止を処分と認めたが事情判決で棄却し、高裁（東京高判平21.1.29WEB）はこれを否定し却下した。

最高裁は廃止条例制定を行政処分と認めた上で、原告らの保育期間が徒過していることから訴えの利益なしとして結局却下した。

本件では原告らが仮の救済（執行停止）を求めることはなかった。

最高裁は、判決の中で、当事者訴訟ないし民事訴訟や保全命令の可能性にも言及しているが、それは条例の取消訴訟の方が適切であるとの構文であり、ここで当事者訴訟と仮処分の検討をするまでのことはないと考える。

⑪　**最判平23.10.25WEB：混合診療健康保険受給権確認請求**

この案件の原告の立場は地裁判決（東京地判平19.11.7WEB）の主文ともなった次の請求の趣旨で明確である。

「原告が、活性化自己リンパ球移入療法と併用して行われる、本来、健康保険法による保険診療の対象となるインターフェロン療法について、健康保険法に基づく療養の給付を受けることができる権利を有することを確認する」。

要するに、原告は、腎臓がんの治療のため、保険医療機関から、健康保険適用のインターフェロン療法と、自由診療の療養のインターロイキン2を用いた活性化自己リンパ球移入療法とを併用する診療を受けていたところ、単独であれば保険適用療法と自由診療療法とを併用する診療（いわゆる混合診療）においては、健康保険法が特に許容する場合を除き、自由診療部分のみならず、保険適用部分についても保険給付を行うことはできない旨の厚生労働省の解釈により、保険では両療法を併用する混合診療を継続することはできないと告げられ、これを断念せざるを得なくなった。そこで、原告は、厚生労働省の解釈に基づく健康保険行政上の取扱いは健康保険法ないし憲法に違反すると主張して、国に対し、上記請求の趣旨の訴訟を起こした。

地裁は原告の主張を全面的に認めたが、**東京高判平21.9.29WEB**は逆転

564

第10章　仮の救済

敗訴させ、最高裁も長い判決で原告敗訴とした[24]。

　3審とも原告の選択した確認訴訟という訴訟類型は認めている。

　原告が仮の救済の検討をしたことは、公刊記録、評釈等からはうかがい知れない。

　厚生労働省の上記解釈につき、最高裁判決で決着がついた事案であるから、今更仮処分を考えても仕方がない気もするが、とりあえず申請の趣旨は地裁判決主文の「確認する」を「仮に定める」にすれば良いと思われる。笠井論文は加えて給付の趣旨（「債務者（保険者）は、債権者が上記の混合診療を受けた場合においても、保険診療相当部分であるインターフェロン療法について、債権者に健康保険法に基づく療養の給付をせよ」）も考察しておられる、至当のことと思われる。

⑫　**最判平24.2.9WEB：国旗国歌懲戒等予防訴訟**

　この判決については第9章第4節4で詳細に論じているので、内容はそれを参照されたい。

　行訴法改正の直前の時期において、原告らは、大要次のような工夫溢れる請求の趣旨で提訴した。

> 1　原告らが、被告都教委に対し、勤務する学校の入学式、卒業式等の式典会場において、会場の指定された席で国旗に向かって起立し、国歌を斉唱する義務のないことを確認する。
> 2　被告都教委は、原告らに対し、勤務する学校の入学式、卒業式等の式典会場において、会場の指定された席で国旗に向かって起立しないこと及び国歌を斉唱しないことを理由として、いかなる処分もしてはならない。
> 3　原告らが、被告都教委に対し、原告らが勤務する学校の入学式、卒業式等の式典の国歌斉唱の際に、ピアノ伴奏義務のないことを確認する。
> 4　被告都教委は、原告らに対し、原告らが勤務する学校の入学式、卒業式等の式典の国歌斉唱の際に、ピアノ伴奏をしないことを理由として、いかなる処分もしてはならない。
> 5　被告都は、原告らに対し、各3万円及びこれに対する平成15年10月23日から支払済みまで年5％の割合による金員を支払え。

---

[24]　評釈としてはさしあたり、大沢光「『混合診療』における保険診療相当部分を対象とする保険給付の可否」（『平成23年度重要判例解説』36頁）参照。この判例への賛成論者が多いようなことを書いておられるが全く納得できない、阿部・再入門上105頁の批判に深い説得力がある。

565

東京地判平18.9.21WEBは、訴訟費用を全額被告らの負担とする原告全面勝訴の大要次のような主文の判決をした。

1 原告らが、被告都教委に対し、「入学式、卒業式等における国旗掲揚及び国歌斉唱の実施について（通達）」に基づく校長の職務命令に基づき、原告らが勤務する学校の入学式、卒業式等の式典会場において、会場の指定された席で国旗に向かって起立し、国歌を斉唱する義務のないことを確認する。

2 被告都教委は、原告らに対し、上記通達に基づく校長の職務命令に基づき、上記原告らが勤務する学校の入学式、卒業式等の式典会場において、会場の指定された席で国旗に向かって起立しないこと及び国歌を斉唱しないことを理由として、いかなる処分もしてはならない。

3 原告らが、被告都教委に対し、本件通達に基づく校長の職務命令に基づき、勤務する学校の入学式、卒業式等の式典の国歌斉唱の際に、ピアノ伴奏義務のないことを確認する。

4 被告都教委は、原告らに対し、上記通達に基づく校長の職務命令に基づき、原告らが勤務する学校の入学式、卒業式等の式典の国歌斉唱の際に、ピアノ伴奏をしないことを理由として、いかなる処分もしてはならない。

5 被告都は、原告らに対し、各3万円及びこれに対する平成15年10月23日から支払済みまで年5％の割合による金員を支払え。

審理中に行訴法改正がなり、附則3条により改正法の施行前に生じた事項にも適用することになったが、これら主文の1〜4の被告適格が行政庁になっていることもあって、これらは差止め訴訟判決または無名抗告訴訟判決であると評価されている（第8章第7節1も参照されたい）。

東京高判平23.1.28WEBは、確認の訴えを公的義務不存在確認請求、無名抗告訴訟、差止めの訴えを法定抗告訴訟＝差止め訴訟とした上で、通達の取消訴訟又は無効確認訴訟の提起及び執行停止の方法を採り得るとして、補充性から訴えを却下した。

最高裁判所の判決は、第9章第4節4に詳述したように、懲戒処分には職務命令を違法とする差止め訴訟と、職務命令違反を理由とするその他の不利益措置には職務命令を違法として職務命令の義務の不存在確認訴訟という当事者訴訟と選り分けた。

原告らが仮の救済の検討をしたという資料はないが、この最高裁判決の

566

第10章　仮の救済

選り分けに従って考えるとすれば、当事者訴訟の部分の仮処分の申立ての趣旨は次のようになろうか。

「債務者は、債権者らが所属校において校長の職務命令に基づいて卒業式や入学式等の式典における国歌斉唱の際に国旗に向かって起立して斉唱しない場合に、職務命令違反を理由とする不利益措置を科してはならない」。

⑬　最判平25.1.11WEB：医薬品インターネット販売の権利確認訴訟

この判決は第4章第1節2(1)b、つまり処分性の箇所や、第9章ですでに取り上げてきたが、控訴審判決（東京高判平24.4.26WEB）での認容主文は次の通りである。

　　「控訴人らが、医薬品の店舗販売業の許可を受けた者とみなされる既存一般販売業者として、平成21年厚生労働省令第10号による改正後の薬事法施行規則の規定にかかわらず、第一類医薬品及び第二類医薬品につき店舗以外の場所にいる者に対する郵便その他の方法による販売をすることができる権利（地位）を有することを確認する」。

この事件について仮の救済の検討はどのように行われたのであろうか。

阿部泰隆弁護士とともに原告代理人をつとめた関葉子弁護士は、高裁判決後、最高裁の判断を待つための依頼者の我慢の限界がきて、平成24年6月13日に仮処分の申立てをしたと言っている[25]。

これに対し東京高決平24.7.25判時2182号49頁は、債権者らの本件申立ては、本件に係る本案事件と同様、実質上は厚生労働大臣の省令制定行為あるいは改正省令の無効を前提として、改正省令の効力停止を求める実質を有するものであるから、本件申立てについては、行政事件訴訟法44条の規定が適用され、民事保全法上の仮処分を求めることはできないと却下したのである。

原告側は、特別抗告、許可抗告の申立をし、抗告許可決定は出たが、その判断をしないまま最高裁は上記判決をした[26]。

従って、仮処分についての最高裁の判断はないが、原告ら弁護団が申し立てた次のような申請の趣旨が適切なものと考える。

---

25) 日弁連編・実務研究535頁。
26) 日弁連編・実務研究536頁参照。

567

「債権者らが、医薬品の店舗販売業の許可を受けた者とみなされる既存
一般販売業者として、平成21年厚生労働省令第10号による改正後の薬事
法施行規則の規定にかかわらず、第一類医薬品及び第二類医薬品につき店
舗以外の場所にいる者に対する郵便その他の方法による販売をすることが
できる権利（地位）を有することを仮に確認する。」

　債務者は、医薬品の店舗販売業者に対する監督権限を有する都道府県と
しても良いが、全国的広がりを持つ案件であり、全ての都道府県を債務者
にする各都道府県庁所在地の全裁判所に起こす事も事実上できないから、
本件原告らがしたように国とするのが適切であろう。

　⑭　最判平28.10.18WEB：弁護士会照会拒絶に対する損害賠償請求
　弁護士法23条の2の照会を拒否された当事者と照会をした愛知県弁護士
会が共同原告となって、日本郵便に損害賠償請求をした。
　名古屋地判平25.10.25WEBは、過失とまでは言えないとして棄却した。
名古屋高判平27.2.26WEBは、原告弁護士会に対しては過失があったとし
て形ばかりの損害1万円の賠償を命じた。弁護士会が控訴審で追加した確
認請求（「被控訴人が、弁護士法23条の2に基づき控訴人弁護士会がした別紙の照
会について、控訴人弁護士会に対し報告する義務があることを確認する」）について
は判断しなかった。
　最高裁は、弁護士会には保護すべき利益は存しないので、不法行為は成
立しないとし、控訴審で追加された確認請求を審理させるため差し戻した。
　差戻控訴審（名古屋高判平29.6.30WEB）は、照会事項のうち、〔1〕郵便物
についての転居届の提出の有無、〔2〕転居届の届出年月日及び〔3〕転居
届記載の新住所（居所）については、23条照会に対する報告義務が郵便法
8条2項の守秘義務に優越し、〔4〕転居届に記載された電話番号について
は、同項の守秘義務が23条照会に対する報告義務に優越するから、被控
訴人には、本件照会事項〔1〕ないし〔3〕について、控訴人に報告すべき
義務があるとした。
　まだ上告等が行われているので、最終的には確定していない。
　この原告らが仮の救済をどう考えていたのかは、公刊資料からは伺い知
ることができない。
　それでも仮処分申請を考えるとすれば、笠井教授も言われる次のような
ものになるべきであろうと思われる。
　「債務者は、債権者に対し、別紙記載の照会事項について、仮に報告せ

第10章　仮の救済

よ」との仮処分命令。

第8節　執行停止

1　改正前の運用状況

執行停止には欠陥があらわであった。

整理すれば、第1に執行不停止原則であること、第2に拒否処分に対する機能不全、第3に要件の過度の厳格ということである[27]。

ただ、執行停止はほとんど活用されてこなかったという論者（特に弁護士に多い）がいる。確かに執行停止制度には問題点はあり、そのために改正運動をやり、後述のような改正に行き着いたわけだが、ほとんど活用されてこなかったなどといわないほうがよい。問題点顕著の中でも、工夫して申し立てた当事者、弁護士がおり、工夫して認めてきた裁判官が数多くいたのである。今後の改正執行停止制度の運用のためにも、過去の工夫された執行停止決定は珠玉の作品といいうる。

裁判所ウェブの行政事件裁判例集で改正前の実例を検証しておきたい。今後も価値ある判例を整理すると次の通りである。

たくさんあるのはデモ、集会、退去強制令書の送還部分[28]、地方議員の除名、文化的・宗教的価値を有する非代替的価値あるものを壊す土地収用、国・公立大学高校中学学生等の退学停学等である。

それ以外には次のようなものがある。いずれも優れた判断である。

・**東京地決平15.10.3**　圏央道の公用負担・収用の執行停止。抗告審（東京高決平15.12.25）は逆転却下し、**最決平16.3.16**TKC文献番号25463992もこれを支持した。

・**東京高決平13.10.24**　公正取引委員会の事件記録の閲覧謄写の執行の停止。

・**東京地決平13.2.16**　住民票消除の執行停止。

・**徳島地決平12.3.7**　入学願書不受理処分執行停止。

---

27)　芝池・救済107-109頁参照。

28)　収容部分の執行停止も徐々に認められる事例も出てきている。東京地決平13.12.27判時1771号76頁、東京地決平14.3.1判時1774号25頁等。後に再び取り上げる。

569

・東京地決平 9.12.5　　　公売換価手続の続行の停止。

・宇都宮地決平 2.11.2　　　公文書開示決定処分効力停止。

・大阪高決平元.8.10　　　保育所変更執行停止[29]。

・津地決昭 58.3.9TKC 文献番号 25400699　　　協同組合の設立認可の申請受理執行停止。即時抗告審（名古屋高決昭 58.12.13）は逆転却下。

・浦和地決昭 57.10.30TKC 文献番号 25400692　　　集団示威行進の道路許可についた種々の条件（いくつかの車両を配置させない）の執行停止。抗告審（東京高決昭 57.10.31）は逆転却下。

・東京地決昭 56.9.19　　　滅失登記処分、表示登記処分の各取消しを求める本案訴訟に関し、審査、受理及び登記記入の手続の執行の停止。抗告審（東京高決昭 57.2.24）は逆転却下。

・福岡地決昭 56.7.29　　　懲戒免職処分の執行停止。抗告審（福岡高決昭 56.9.29）は逆転却下。

・東京地決昭 54.7.3　　　医業の停止の効力を停止。

・福岡地決昭 52.5.19　　　保育所への入所措置決定効力停止。

・釧路地決昭 50.10.3　　　換地処分の執行停止（効力停止）。即時抗告審（札幌高決昭 51.10.27）は逆転却下。

・長崎地決昭 42.9.22（判例集未登載。自治研究 52 巻 9 号舟田正之論文参照）　　　建物除去の執行停止。抗告審（福岡高決昭 49.9.10）は、逆転取消し。

・浦和地決昭 49.4.15　　　岩石採取停止の効力を停止。

・秋田地決昭 47.11.13　　　秋田市長解職請求者署名簿の署名に関する申立人からの各異議への棄却決定に基づく手続の続行停止。

・高松高決昭 47.9.7　　　博士課程在学期間延長申請不許可処分の効力停止。

・広島地決昭 46.2.27　　　司法書士認可取消しの効力を停止[30]。

・東京地決昭 45.7.4　　　上陸許可取消処分の効力停止。

・高知地決昭 45.2.12　　　転任処分の効力停止。

---

29)　この件は私が手がけたもので思い出深い。高裁は、児童福祉法 24 条による行政処分である入所措置に 6 か月の期限を付した場合、期限到来に際しなされた従前保育所とは別の保育所へ入所措置する処分は、直前の保育所入所措置の期限の更新と入所措置実施方法（保育所）の変更処分であると解し、右処分の効力停止を求める申立ての利益があるとした。逆転認容。原審の大阪地決平元.5.10WEB は、新たな入所処分であると解して、入所措置にかかる児童の保護者らの入所措置の執行停止を求める申立ての利益を否定していた。

30)　司法書士法改正前の認可制度時代の判例。

第10章 仮の救済

- 札幌地決昭44.8.22[31]　　保安林解除効力停止。抗告審（札幌高決昭45.1.23）は逆転取消し。
- 東京地決昭44.10.11　　東京教育大学構内への入構証を持たない入構を午後3時から午後4時30分（ただし、土曜日は午前11時から午前12時）までとする旨の処分の効力停止。
- 札幌地決昭43.12.13　　失業対策事業紹介停止する旨の処分の執行停止。即時抗告審（札幌高決昭44.1.20）は、逆転取消し。

2　改正前判例における要件判断

a　取消訴訟の提起

行訴法はこれを前提とした。

b　回復の困難な損害を避けるため緊急の必要（旧行訴法25条2項）

この要件が後述のように改正法で改正され、「回復の困難な損害」の部分が「重大な損害」とされたのである。

要するに金銭賠償で回復が困難かどうかであって、従来の大半の判例は金銭賠償が可能の範囲を極めて広く解したのである。考えればすぐわかることだが、行政処分を受けて被る損害が金銭賠償だけですむような単純なものは世の中には少ない。しかるに判例は無理にこじつけて金銭賠償で損害回復ができないとはいえないとの立場から多くの事例を重ねてきた[32]。1で整理した執行停止事例はこれらの傾向に抵抗した優れた判例なのであって、これらを除けば無数の決定がこの要件で却下してきた[33]。

当事者が諦めず優れた主張をし、判断する裁判官も真剣に取り組んだ改正直前の事例では、「回復困難」とは「回復が容易でないと認められる程度の損害」[34]というところまで広げられ執行停止決定が出され、それを結

---

31)　長沼ナイキ基地訴訟である。

32)　例えば札幌地決昭53.9.14WEBは、伊達火力発電所の設置許可処分取消しに関する執行停止事件で、裁判所は「浸水公害の発生、土中温度の上昇等により農作物等への被害が生ずるとしても、右損害は金銭による賠償が可能と認められるから、回復困難な損害とはいえない」としているのである。唖然とする人権感覚である。

33)　藤山＝村田編・行政争訟442頁以下〔出口尚明執筆〕は、「当該行政処分によって通常生ずる損害」はここにいう損害でないとする緒方節郎元判事の見解を検討し、有力な参考書を引用して、そのような判例はほとんどないと結論付けているが判例を精査するとそうでもない。例えば、福岡高決昭56.9.29WEBはそのまま緒方説に依拠したものである。

34)　前掲の東京地決平15.10.3。いわゆる圏央道藤山決定である。

571

論において覆した判例[35]でも「回復困難」とは「実質的に塡補されないと認められる場合」というところまでいっていた。

優れた案件の流れを定着させるためにも、重すぎるこの要件が改正されたのである。この点は後にあらためて述べる[36]。

緊急の必要というのは、本案判決まで待てないという意味であり、特別の意味はない[37]。

なお、そのような中でも、**最決平15.3.11WEB**は、弁護士戒告の効力停止を扱い、次のような理屈で原審を覆して却下した。

「弁護士に対する戒告処分は、それが当該弁護士に告知された時にその効力が生じ、告知によって完結する。その後会則97条の3第1項に基づいて行われる公告は、処分があった事実を一般に周知させるための手続であって、処分の効力として行われるものでも、処分の続行手続として行われるものでもないというべきである。そうすると、本件処分の効力又はその手続の続行を停止することによって本件公告が行われることを法的に阻止することはできないし、本件処分が本件公告を介して第三者の知るところとなり、相手方の弁護士としての社会的信用等が低下するなどの事態を生ずるとしても、それは本件処分によるものではないから、これをもって本件処分により生ずる回復困難な損害に当たるものということはできない」。

改正前の決定としても、裁判官全員一致の、あまりにも品格のない内容である。山本教授も批判されるように、処分性や原告適格判断における法的利益判断との隔絶ぶりが異様である。

c　公共の福祉に重大な影響を及ぼすおそれのないこと（旧行訴法25条3項、改正行訴法同条4項）

改正前の判例を整理しておく。

国鉄の土地収用裁決の執行停止事件につき**横浜地決昭53.8.4WEB**は東海道線の鶴見・小田原間のラッシュ緩和のための三複線化、複々線化は公共の福祉としている。

---

35)　前掲の東京高決平15.12.25。いわゆる圏央道鬼頭決定である。
36)　亘理格「行訴法改正と裁判実務」（ジュリスト1310号6頁）は、これらの優れた執行停止判決の教訓から、仮の義務付けなどの「償うことのできない損害」要件解釈を柔軟にするべきである旨いっている。
37)　ただし、緊急の必要性なしだけで却下している判例もある（東京高決昭57.2.24WEB。登記の事例である）。

第10章　仮の救済

　貯木場として旧中川に臨時に占有許可を得、港湾運送事業法の免許を得て木材筏業を営む者の占用許可の期限が切れ、元の堅川に原状回復して帰るよう求められ行政代執行されるのに対し執行停止の申立てをした事案で、**東京地決昭47.8.7WEB**は、旧中川が江東区、江戸川区、墨田区のゼロメートル地帯にまたがり、台風時に筏が護岸に激突すると周辺住民に大きな危険を与えることを公共の福祉への重大な影響としている。

　過激なデモ行進の条件付与の執行停止申立てにつき**東京地決昭46.11.19WEB**、被爆者のデモ行進の条件付与の執行停止申立てにつき**広島高決昭46.8.6WEB**、**広島地決昭46.8.5WEB**、蛇行デモの条件付与の執行停止申立てにつき**大阪地決昭45.3.14WEB**、多重列デモの不許可に対する執行停止につき**大阪地決昭44.10.21WEB**、京津線道路デモの条件付与の執行停止申立てにつき**京都地決昭44.1.28WEB**は、公共の福祉への重大な影響として却下している。

　なお防衛などに関することは公共の福祉への重大な影響ありと考えがちだが、前掲の**札幌地決昭44.8.22WEB**は、「現実に行なわれる防衛力整備計画の遂行は、いちがいに時間的おくれやその一部修正等を施す余地のないほど画一的なものとは考えられず、ましてや、わが国に対する諸外国からの攻撃その他の国際紛争が現実に発生し、またそのおそれが緊急に差迫つているといつた事情の認められない現段階においては……本件保安林解除処分の効力停止に伴い、たんに防衛計画上の遂行に、さきに見た程度の支障を生ずるという一事のみをもつて、ただちに、公共の福祉に重大な影響を及ぼすおそれがあるときにあたるということはできない」と述べてこれを肯定しなかった。極めて冷静な判断であり支持できる。

　d　本案に理由がないとはいえないこと（旧行訴法25条3項、改正行訴法同条4項）

　申立人の主張が明らかに本案では認められないと判断できる場合は、執行停止決定は出ないわけで、それ自体は当然のことであるが、これをあまり厳格にいうと仮の救済の趣旨からそれることになる。

　大阪高決昭55.2.1WEBは、退去強制令書の送還部分の執行停止申立てだが、申立人には数多くの犯罪歴があり、在留特別許可が与えられないことはほぼ間違いのない事案である。

　福岡地決昭52.7.18WEBは、第1種都市再開発事業の執行停止事案で、回復困難な損害があるかどうか疎明からは判断できないので、本案の予測に

573

判断を移し、申立人主張の再開発に関する違法事由を検討して本案に理由がないと認定している。この例などは、執行停止の仮の救済機能を誤解したものといえよう。本案判断としては安易にすぎ、執行停止判断としては重すぎる。

e 内閣総理大臣の異議が出ないこと (行訴法27条)

条文の構造は次のようになっている。

執行停止の申立てがあった場合には、内閣総理大臣は、裁判所に対し、理由を付して異議を述べることができる。執行停止の決定があった後においては決定裁判所又はその抗告裁判所に対し述べる (1項、2項、5項)。

異議の理由は、処分の効力を存続し、処分を執行し、又は手続を続行しなければ、公共の福祉に重大な影響を及ぼすおそれのある事情を示すものでなければならない (3項)。

異議が出ると、裁判所は執行停止をすることができず、また、すでに執行停止の決定をしているときは、これを取り消さなければならない (4項)。

内閣総理大臣は、やむをえない場合でなければ異議を述べてはならず、また、異議を述べたときは、次の常会において国会にこれを報告しなければならない (6項)。

学界では内閣総理大臣の異議の廃止の意見が通説又は多数説である。違憲説も強い[38]。

しかもというかそれゆえにというべきか、ここ40年近くこの伝家の宝刀は抜かれていない。

行政訴訟検討会でも廃止の方向に大きな異論は委員間になかったが、行政からのヒアリングで一斉に反対が出た。そこで検討会は、2003年10月の「たたき台」では、廃止の意見と「国家の緊急事態等の場合への対応のため、制度の見直しについては慎重に検討すべきであるとの意見」が紹介され、少なくとも後者の意見で私は何らかの改正があるのかなと思わせられたが、「考え方」では改正から外された。

こういう高度に政治的な条文も、現代的視点で見直しはできるはずである。

---

[38] 山本教授も違憲説である。本案審理・本案判決については一般の行政裁量の蹂越・濫用のみならず統治機構の成否に関しても裁判所の審級の判断が終局的であるのに、仮の救済については内閣総理大臣の異議が裁判所の審級の判断に優先するものと、別異に扱う根拠はなく、結論は憲法32条・76条違反だとする。

第10章　仮の救済

そのような例もある。沖縄の米軍基地拡大にあたり使われてきた国の機関としての都道府県知事に対する主務大臣の職務執行命令（旧地方自治法151条の2）は、一般的制度としては1999年の地方自治法の大改正時に機関委任事務の廃止とともに廃止され、その機能は別の法体系に移された（米軍基地用地のための収用をめぐる法的根拠は「日本国とアメリカ合衆国との間の相互協力及び安全保障条約第6条に基づく施設及び区域並びに日本国におけるアメリカ合衆国軍隊の地位に関する協定の実施に伴う土地等の使用等に関する特別措置法」に移され、さらに最近では「武力攻撃事態における我が国の平和と独立並びに国及び国民の安全の確保に関する法律」に根拠をもつようになった）。この例の場合は国と地方の混同が廃され、米軍基地の拡大は国の制度に整理された例である。

司法と行政との混同ともいえる内閣総理大臣の異議の制度も廃止したうえで、司法に一本化したうえで執行停止制度の要件問題として改正すべきであろう。少なくとも内閣総理大臣の異議の制度はそのまま残すのではなく、外交、防衛、治安などに限定するなどの限定改正もありうると思われる。

検証研究会では何らの議論もされなかった。

3　改正の内容

行訴法25条2項の執行停止要件のうち、「回復の困難な損害」というところを「重大な損害」に改め、さらに同条3項として「裁判所は、前項に規定する重大な損害を生ずるか否かを判断するに当っては、損害の回復の困難程度を考慮するものとし、損害の性質及び程度並びに処分の内容及び性質をも勘案するものとする」と定め、重大な損害判断の考慮事項を定めた。

回復の困難の程度が著しいとまでは認められない場合であっても、具体的な損害の性質、程度、処分の内容、性質を勘案し、「重大な損害」と認められるときに執行停止を認めていくためである。

「考え方」に忠実な改正である。

考慮事項の最初の二つの要件は損害の特徴であり、最後の要件は処分が体現する公共性を特徴づけ、その両特徴を比較考量することを意図していよう。

しかし考慮事項の定め方はいかにもまずいといわざるをえない。後段の

575

勘案事項はよいが、前段の「損害の回復の困難の程度を考慮するものとし」という文言は改正前の条文との連続性を想起させるので「損害の回復の可能性及びその程度を考慮するものとし」くらいの表現が好ましい表現であった。

しかし、検証研究会で議論されなかった。

改正法の運用にあたっては、衆議院法務委員会の附帯決議「三　執行停止要件の緩和については、行政訴訟における救済が実質的なものとなるよう、事案の実情に応じた柔軟な運用がされるべき趣旨であることについて周知徹底に努めること」が重要である。

また参議院での司法制度改革推進本部山崎事務局長答弁「回復困難な損害ということでございますけれども、例えば金銭賠償の可能性も考えると損害の回復の程度が必ずしも著しいとまでは認められないという場合でありましても、具体的な処分の内容、それから性質を勘案した上で、重大な損害を生ずると認められるときは執行停止を認めることができるということになりますので、例えば一つ例を出しますと、営業が完全に破綻するところまではいかないといたしましても、その営業を回復するについて重大な損害が起こり得るという場合にも、これを視野に入れて実情に即した執行停止の運用をしなさいと、こういうふうになるわけでございまして、そういう意味では、回復困難な損害というと取り返しの付かない損害ということにかなり限定的になるわけでございますが、そこまで至らなくても重大な損害が生ずる場合には、処分との総合的な比較をするわけでございますけれども、執行停止が可能になると、こういうことを言っているわけでございます」[39]は解釈上参考になる。

4　判例の状況

(1)　対象にならない行為
〈検察審査会議決〉
・最決平22.11.25WEB
「検察審査会法41条の6第1項所定の検察審査会による起訴をすべき旨の議決は、刑事訴訟手続における公訴提起（同法41条の10第1項）の前提となる手続であって、その適否は、刑事訴訟手続において判断されるべきも

---

39)　参議院法務委員会2004年5月27日。

第10章　仮の救済

のであり、行政事件訴訟を提起して争うことはできず、これを本案とする行政事件訴訟法25条2項の執行停止の申立てをすることもできない。したがって、上記議決の効力の停止を求める本件申立ては、不適法として却下を免れない」。

(2)　「重大な損害を避けるため緊急の必要があるとき」(25条2項)

〈医師免許等〉

・東京地決平17.4.26WEB、抗告審（東京高決平17.7.15WEB）：免許取消し

医師の業務が、国民の健康や安全に直結するものであり、適格性を欠く者がかかる業務に従事することが本来許されないものであることを勘案する必要があるとした上で、別件訴訟でも非違行為が確定していることもあげながら、病院を閉鎖した場合に医師としての活動を再開することは困難となるとの事情を考慮しても、取消処分の効力停止を正当化することはできないなどとして、効力停止の申立てを却下。

・大阪高決平18.1.20WEB：保険医の登録取消

保険診療を行うことができないことにより収入額が激減し、生活費を捻出できず、ひいては金融機関に対する返済にも支障が生じ、現在の規模、内容の診療所自体を廃止せざるを得ない事態に陥る可能性もあるなどとして、効力停止の申立てが認容。

・甲府地決平18.2.2WEB：保険医の登録取消し

保険診療を行うことができなければ、診療所の経営が破綻し、現在雇用している看護師、保育士及び従業員も解雇せざるを得なくなるなどとして、当該登録取消処分の効力停止の申立てを認容。

・岡山地決平18.10.2WEB：保険医の登録取消し

医療活動が自由診療に限定されると、収入が大幅に減少し、その他の事情を考慮すれば申立人の生活が経済的にひっ迫して医業活動の存続自体が至難となり、医師としての知見、技術、能力等の低下を招くおそれがあるなどとして、効力停止を認容

・名古屋地決平19.3.2WEB：保険医の登録取消処分及び指定医療機関の指定取消処分

当該各処分により歯科医師としての業務の継続を現在及び将来にわたって著しく困難にするなどとして、重大な損害を避けるため緊急の必要があるとされたが、本案について理由がないとみえるときに当たるとして効力停止の申立てを却下。

577

・大阪地決平28.12.26WEB：精神保険医指定取消

精神保健指定医指定取消処分による申立人の精神科医師としての社会的信用の低下、患者やその家族との信頼関係の毀損、申立人が経営する医療法人への経済的打撃等の損害は、いずれも回復が容易ではなく、その程度も大きいといえることに加え、指定医制度の趣旨等に照らしても、申立人を個々の患者との関係で指定医から排除する必要性が高いとはいえず、かえって、本件処分により地域の精神科医療に相当の支障が生じるなど公益に反する事態となるおそれがあることなどを考慮すると、本件処分により申立人が被る損害は、社会通念上、行政目的の達成を一時的に犠牲にしてもなお救済しなければならない程度に重大なものであると認めるのが相当で緊急の必要があるとした。

・福岡地決平30.4.3（弁護団より入手）：保険医の登録取消し

国民皆保険が採用されている我が国において健康保険を利用しないで医療機関を受診する者はわずかである。本件クリニックは神経内科を専門とし、この分野では器質的な障害等客観的な所見に基づく診断が必ずしも容易でなく、患者も一人の医師を継続的に受診することが多く、転医が容易でない。本件クリニックがいったん閉鎖され、患者との信頼関係が毀損され、他の医療機関を利用するようになれば、再びそれら患者の信頼を回復し、再度の利用を得ることは困難。このように申立人の社会的信用が低下してしまうと、申立人が医師として活動すること自体、困難となる可能性も否定できない。このような損害は、事後的な金銭賠償によって回復することは著しく困難。申立人は、個別指導等で不正及び不当と指摘された点については改善したことが認められる。

本件各処分は、申立人の医師としての知識や技術等に問題があることを理由とするものではない。引き続き業務を行ったとしても患者の生命身体等が害されるといった事態が発生するわけではなく、前記不利益を課してまでして保険医保険医療機関の業務から排除する必要が高いとまでは言えない。

〈運転免許、事業免許等〉

・東京地決平19.12.28WEB：運転免許取消し

タクシー運転手としての収入を失うと、直ちに生活の維持に困難を来す状況にあったなどとして、当該免許取消処分の効力停止の申立てを認容。

第10章　仮の救済

・京都地決平21.4.28WEB：運転免許取消

　自動車の利用は、申立人の日常生活にとって必須ともいい得ること、祖母の介護においても重大な支障が生じ、申立人にも損害が生ずるものといわざるを得ないことなどを考慮すれば、免許取消処分の行政目的を達成すべき必要性を勘案してもなおその効力の存続を是認することができない程度の損害に当たるなどとし実母にかかる負担も考慮して、効力停止の申立てを認容。

・仙台地決平22.5.14WEB：運転免許取消し

　勤務先への通勤が不可能となり失職する可能性がある反面、申立人の交通規範に対する遵法精神が低いとまではいえないことからすると、申立人を道路交通の場から排除する必要性が高いとはいえないなどとして、効力停止の申立てを認容。

・横浜地決平19.7.2WEB：個人タクシー事業許可の期限不更新

　法人タクシーの従業員として勤務することまでは禁止されず、直ちに収入の途を全面的に失うとまではいい難いなどとして、効力停止の申立てを却下。

・横浜地決平22.10.29WEB：個人タクシー事業許可の期限不更新

　処分による行政目的の停滞による影響は必ずしも重大であるとはいえない反面、処分の執行が停止されなければ、申立人がその生業である個人タクシー事業経営を続行することができないから、その収入がなくなり又は著しく減少する、事業再開にあたり再投資費用の支出を余儀なくされる、申立人が無収入化し、又はその収入が著しく減少することにより、申立人及び老父母の生活が一層困窮し、老父母が物心両面で圧迫を受け、回復し難い損害が発生するに至る可能性もあり得るなどとして、効力停止を認容。

　時期は違うものの、同じ裁判所で、同じような事案で、なぜ結論は分かれたのか。記録まで検討したわけではなく決定内容からの推論にすぎないが、19年決定は形式論、22年決定は実態論からの判断のように思われる。

〈入管関係〉

・東京地決平17.9.29WEB、抗告審（東京高決平17.12.13WEB）：退去強制令書発付

　大学在籍者に対する退去強制令書発付処分につき、極めて計画的かつ意欲的に学業に励んでいた若年の申立人にとって、収容が更に継続されることによって学業に支障を生ずることによる不利益は回復が容易ではなくよ

579

り重大なものということができるなどとして、送還部分のみならず収容部分についても、執行停止の申立てを認容。

・東京地決平17.11.25WEB：退去強制令書発付

少なくとも精神科の受診が必要な状況にあるにもかかわらず、その診察を受けられない状況にあり、相手方の対応ぶりからすると、収容を継続させた場合には申立人は適切な診療を受ける機会を失い、精神的、肉体的打撃を受けるおそれがあるとした上で、送還部分のみならず収容部分についても、執行停止の申立てを認容。

・大阪地決平19.3.30判タ1256号58頁

大学在籍者に対する退去強制令書発付処分につき、学業を継続できなくなるのみならず、大学を除籍されることになる蓋然性が高いなどとして、送還部分のみならず収容部分についても、執行停止の申立てを認容。

〈記録閲覧、情報公開〉

・東京地決平18.3.29TKC文献番号25503792：閲覧謄写

公正取引委員会が、独占禁止法69条に基づき、審判事件の事件記録の閲覧謄写申請をした会社に対し、記録のうち別紙文書目録一記載の文書中「マスキング部分」欄記載の部分を除く部分の閲覧謄写を認めるとの決定をしたところ、審判事件の被審人である申立人が、本件処分の違法を主張して、国である被告に対し、本件処分の取消しを求める訴訟を提起した上、効力の停止を申し立てた。裁判所は、「本件本案は、公正取引委員会がした本件処分の取消しを求めるものであるが、本件処分がいったん実現されてしまうと、文書の閲覧謄写という事柄の性質上、もはや原状回復は不可能であって、本件処分を取り消す意味もすべて失われることになることが明らかである。そして、疎明資料によれば、別紙文書目録二記載の1、3及び4の各文書の当該部分は、申立人の営業上の秘密等に関するものであることが一応認められるから、仮に、当該部分が閲覧謄写されることによって申立人の企業秘密が明らかにされることなどによる損害が生ずるとすると、その申立人の損害は、社会通念上、金銭賠償等による回復は、容易でないか、ないしは相当でないというべきである。また、その損害の発生が切迫していることも明らかである」として一定の範囲で効力を停止した。

・大阪地決平19.7.6WEB：情報公開請求に対する開示決定

開示決定により申立人の競争上の地位その他正当な利益を害すると認め

られる余地があるところ、申立人の競争上の地位等が害されれば、その性質上、これを回復することは事実上不可能であるとして、第三者による開示決定処分についての執行停止の申立てを認容。

・東京地決平20.12.10WEB：情報公開請求に対する開示決定

事柄の性質上、情報の公開という点で、いわば不可逆的な効果を生ずるものである上、情報が公表されることによって申立人の権利、競争上の地位等の利益が害されれば、これを回復することは事実上不可能であるといわざるを得ないことに鑑みれば、重大な損害を避けるため緊急の必要があるとして、第三者による開示決定処分についての執行停止の申立てを認容。

〈介護事業〉

・広島高岡山支決平20.4.25WEB：介護保険法に基づくサービス事業者指定取消

取消処分は申立人の経営に多大な影響を与えるところ、理念的には金銭賠償が可能であるといえるとしても、申立人が取消処分によって被る損害は信用毀損等多方面に広がるといえ、それを適切に評価することは社会通念上極めて困難であり、また回復のためには、国家賠償請求等による事後的な訴訟を提起しなければならない可能性が高いうえ、国家賠償法は過失責任主義を取っていることからすれば、取消処分が違法であれば常に金銭賠償を得ることができるともいえないなどとして、取消処分の効力停止の申立を認容。

・宇都宮地決平21.1.5WEB：介護保険法に基づくサービス事業者指定取消し

事業所を閉鎖することとなれば、介護保険サービス事業を継続し得なくなり、かつ、利用者の信頼も低下し、他の業者の施設へ流れるなどした被介護者が利用を再開しないことも容易に想定されるから、事業全体が経済的な破綻にまで至るものといえるなどとして効力停止を認容。

・佐賀地決平21.1.19WEB：介護保険法に基づくサービス事業者指定取消し

申立人の全ての事業所に関する指定の取消しではなく、効力の発生までに猶予期間が設けられているとはいえ、その影響の程度は、事業全体が経済的な破綻にまで至るものといえる。これは金銭によっては完全には償うことは困難であるなどとして、効力停止の申立てを認容。

581

・東京地決平22.6.1WEB：柔道整復師免許取消

　柔道整復師免許取消の取消訴訟が本案。現段階において、本件処分が裁量権の範囲を逸脱するもので違法であるとの申立人の主張につき、本案事件の第1審の審理を経ることなく直ちに理由がないとまではいい難いなどとして、本件処分の効力を本案訴訟の第1審判決の言渡しまでの間、停止した。決定は、勤務先の損害も重大な損害になると次のように述べている。「申立人の勤務先施設である老人ホームは特定施設入居者生活介護事業を行っているが、その事業を行うためには機能訓練士1名以上を置かなければならないとされている（指定介護予防サービス等の事業の人員、設備及び運営並びに指定介護予防サービス等に係る介護予防のための効果的な支援の方法に関する基準（平成18年厚生労働省令第35号）231条1項3号）ところ、同施設には申立人のほかに機能訓練士の資格を有する者はおらず、申立人が柔道整復師としての免許を取り消す本件処分を受けた場合、利用者に対する機能訓練を実際に行うことができないばかりか、特定施設入居者生活介護事業者として同事業を適法に行うことができなくなり、勤務先施設にとって重大な損害が生ずる。また、機能訓練が中止されることで、同施設の利用者の身体に重大な影響が及ぶことも考えられる。本件処分の告知から効力の発生までの期間が著しく短いことからすれば、その間に、勤務先施設が機能訓練士としての資格を有する人材を募集・採用し、申立人の代替要員を確保することは実質的に不可能である。

　このように申立人が柔道整復師の資格及びこれを前提とする機能訓練士としての資格を失えば、申立人の勤務先にとって極めて重大な損害が生じることとなる」。

〈弁護士・税理士懲戒〉

・最決平19.12.18WEB：業務停止

　所属弁護士会が相手方に対してした業務停止3月の懲戒処分に対して、相手方が申し立てた審査請求を棄却する裁決に対する取消しを求めた訴訟を基本事件として、業務停止の執行停止を求めた事案の許可抗告審で、相手方が受けた業務停止期間中に期日が指定されているものだけで31件の訴訟案件を受任していたなど本件事実関係の下においては、行政事件訴訟法25条3項所定の事由を考慮し勘案して、懲戒処分によって相手方に生ずる社会的信用の低下、業務上の信頼関係の毀損等の損害が同条2項に規定する「重大な損害」に当たるものと認めた原審（東京高決平19.7.19WEB）の

判断を正当とした。

　・東京地決平27.9.3訟務月報63巻4号1149頁：業務禁止

　税理士が税理士業務の禁止の懲戒処分を受けた場合において、処分によって年間1億2000万円以上の財産的損害が生じ、その信用等を相当程度低下させるとしても、事後の金銭賠償では回復が困難な損害をもたらす蓋然性があることについての疎明はない上、処分の効力を停止しても既に生じた不利益を避けることは困難であるという事情の下では「重大な損害を避けるため緊急の必要がある」とはいえない。

　・静岡地決平27.9.7訟務月報63巻4号1164頁：業務停止

　税理士が6か月間の税理士業務の停止の懲戒処分を受けた場合において、処分によって400万円の損害が生じ、顧客との信頼関係が毀損されるおそれがあるとしても、処分により直ちに生活が困窮するとは認められない上、顧客との信頼関係の毀損の程度が著しいとまではいえない等の事情の下では、重大な損害を避けるため緊急の必要があるとはいえないとした。

〈建築確認〉

　・東京地決平19.1.24WEB、抗告審（東京高決平19.3.14WEB）：建築確認

　日影の発生の程度に照らすと、当該建物の建築によって生じる日影の発生をもって「重大な損害」に当たるということはできないとして、当該建築確認処分の効力停止の申立てを却下。

　・最決平21.7.2判例地方自治327号79頁：建築確認

　建築工事が続行され、建築物が完成すると、その倒壊、炎上等により、申立人らはその生命又は財産等に重大な損害を被るおそれがあり、かつ、工事が完了すると、建築確認処分の取消しを求める訴えの利益は失われるなどとして、効力停止の申立てを認容。この決定は許可抗告への判断であるが、原審の東京高決平21.2.6WEBも同旨。

〈除却命令〉

　・前橋地決平21.10.23WEB：都市計画法に基づく建築物除却命令

　建物の建築及び設備工事に要した費用が3億円を上回ること、現時の経済状況をも併せ考慮すれば、相手方が相当程度の営業規模を有する企業であることを考慮しても、相手方の受ける損害は重大であり、金銭賠償による事後的な回復が不可能であるとはいえないとしても、その規模に鑑みれば、回復は容易でないというべきであるなどとして、執行停止の申立てを認容。抗告審（東京高決平21.12.24WEB）も同旨。

・大阪地決平27.6.15判例地方自治411号79頁：道路法71条1項に基づく除却命令

　大阪駅前地下街において串カツ店を経営している申立人（原告）が、大阪市長から、本件店舗に係る厨房機器等の動産一式を除却することを命じる旨の除却命令を受け、のちに、期限までに動産一式の除却を行わなければ、行政代執行法に基づく代執行を行う旨の戒告を受けたことから、戒告は違法である旨主張して、相手方（被告）に対し、その取消しを求めた事案を本案として、戒告についての執行停止を求めた事案。裁判所は、申立人が主張する損害は、そもそもその性質において重大な損害を基礎付けるのに十分なものとはいい難い上に、代執行が公益上の必要を欠くものであるとは直ちに認め難く、戒告に係る手続の続行により生ずる「重大な損害を避けるため緊急の必要」（行政事件訴訟法25条2項本文）があるとは認められないなどとして、本件申立てを却下。

　〈措置命令〉
　・東京地決平27.4.20WEB：景表法6条に基づく措置命令

　本件商品が高い断熱効果を有するなどの表示が、不当景品類及び不当表示防止法に違反するものであることを一般消費者に対して周知徹底すること等を命じる措置命令がされたことにつき、申立人らが、措置命令の取消し等を求める訴訟を提起した上で、本件措置命令により生ずる重大な損害を避けるための緊急の必要があると主張して、措置命令の効力の停止を求めた事案。裁判所は、措置命令の効力が停止されない場合に申立人らに生じるおそれのある損害の程度は大きなものというべきであり、しかも、損害の回復には困難を伴うものといわざるを得ず、重大な損害が生ずるものということができるとし、申立てを一部認容。

　〈仮換地指定〉
　・大阪地決平19.1.4判例地方自治299号78頁：仮換地指定

　土地区画整理法に基づく仮換地の指定処分につき、違法に仮換地の指定がされた場合に指定を受けた権利者に生じる損害は、特段の事情のない限り、一定期間、指定された仮換地について使用・収益をすることができるのみで従前地について使用・収益することができなくなることに伴う財産上の損害であるところ、従前地の原状は更地であって耕作等の用に供していた様子もうかがわれず、他方、仮換地の現況は宅地であることに加え、双方の位置関係に照らしても、申立人に生じる損害はその性質及び程度に

照らして回復が困難であるとはいえないなどとして、効力停止の申立てを却下。

〈風俗営業〉

・広島地決平20.11.21WEB：営業停止

グループに属する企業であっても、その経営の維持は法人ごとに検討されるべきであるとした上で、本件店舗の営業停止に伴う損害は軽視できないなどとして、効力停止認容。しかし、抗告審（広島高決平21.2.12WEB）は、申立人は形式的には一つの独立した会社という形態をとっているものの、一つの会社の一部門と同視し得るものであり、重大な損害を生ずるか否かを判断するに当たってはグループ全体への影響を考慮して判断すべきであるとした上で、当該店舗の営業停止がグループ全体の営業を悪化させ、通常の営業に回復するまでに重大な損害が生じることになるとまではいえないなどとして、効力停止の申立を却下。

〈各種事業〉

・福岡地決平17.5.12WEB：事業停止命令

海上運送法2条10号所定の指定区間で旅客定期航路事業を営んでいる申立人が、運輸局長から、同事業の許可基準を満たさなくなったとして、同基準を満たす日の前日まで事業を停止するよう命令されたので、相手方（国）に対して、命令の取消しと執行停止を求めた事案。裁判所は、命令によって申立人が被る損害の回復が困難であること等を考慮すると「重大な損害」に該当し、また、本件事業停止命令に何らの瑕疵がないことが疎明されている（行政事件訴訟法25条4項）とまではいえないとして、同法25条2項により、申立人が遅くとも本件サービス基準を充足する蓋然性が高いと認められる日まで、本件事業停止命令の効力を停止した。抗告審（福岡高決平17.5.31WEB）も同旨。

・東京高決平18.1.19WEB：社会福祉事業（無料低額宿泊事業）の停止

提出された資料は真正に作成されたものではないとの疑念が払拭できず、損害の発生を裏付ける的確な疎明資料はないし、それをおいても申立人が主張する損害は金銭的損害であるから、社会通念上金銭賠償による回復をもって満足することもやむを得ないなどとして、効力停止申立て却下。原審（千葉地決平17.8.29WEB）は、損害の発生を裏付ける資料が提出されているとの評価を前提に、投下費用が損害となるほか、事業を再開することは困難となるといえるなどとして、効力停止の申立てを認容していた。

・横浜地決平19.3.9WEB、抗告審（東京高決平19.3.29WEB）：社会福祉法人を保育園の指定管理者に指定処分

引継期間を設けるなど児童らが受ける影響についての軽減措置がとられていること等を考慮すると、保育士が全員交替することになるとしても児童らへの影響は大きなものとはいえないとして、効力停止の申立てを却下。

・岡山地決平20.1.30WEB：指定居宅サービス事業者及び指定介護予防サービス事業者としての指定取消し

事業所の閉鎖により、申立人は、介護サービスを提供することができなくなり、申立人の経営に少なからぬ影響を及ぼすばかりでなく、介護サービスを受けることができなくなる登録利用者の日常生活や健康状態に悪影響が及ぶことは容易に推測し得るところであるとして申立てを認容。

・奈良地決平21.11.26WEB：産業廃棄物処理施設設置許可

周辺住民である申立人らが直接被るおそれのある生命又は身体に係る重大な被害は、いったん発生すると、償うことができない損害を生じさせるものであり、しかも処分の名宛人らの従前の対応に鑑みれば、その蓋然性は極めて高く、金銭賠償によって回復することは困難というべきであるとして効力停止を認容。

・東京高決平23.2.22WEB：きゅう務員設置認定の取消し

取消処分により無職となった場合には、申立人は、早晩困窮することとなり、事後の金銭賠償では回復が困難な重大な損害をもたらす蓋然性が高いから、社会通念上、競馬の公正と円滑かつ安全な実施を確保するという行政目的達成の必要性を一時的に犠牲にしてもなお申立人を救済しなければならない緊急の必要性があるなどとして、効力停止の申立てを認容。

・大阪地決平26.3.5判例地方自治392号64頁：公立保育所廃止

入所児童の保護者である申立人が、相手方が公立保育所民営化計画に基づいて公立保育所を廃止し、民間保育所へ保育を引き継ぐことに対し、執行停止を申し立てた事案。裁判所は、特定の保育所で現に保育を受けている児童及びその保護者は、保育の実施期間が満了するまでの間は当該保育所における保育を受けることを期待し得る法的地位を有するものということができるが、かかる法的地位が絶対的なものであるとは解されず、保育の引継ぎの結果、民間の保育所における保育の内容に保育の質に変容をきたすほどの低下が生じるものとは認められないことからすれば、確かに、

第10章　仮の救済

民営化に伴い、公立保育所に入所する児童らの保育環境に一定の変化が生じることは避けがたいものの、これをもって、申立人らに「重大な損害」が生じるとまで認めることはできないとして、申立てを却下。

・佐賀地決平27.7.10判時2304号39頁：営業停止

県知事が申立人に対して、公共工事に係る土木工事業に関する営業等の停止を命じる処分を行ったため、申立人が、同処分の取消しを求める営業停止処分取消請求事件を提起した上、執行の停止を求めた事案。裁判所は、申立人において土木部の上げる利益が申立人の経常利益のほぼ全てを占めていること、処分による営業停止期間は公共工事の入札が少なくない時期に重なることなどが一応認められることからすれば、処分により申立人の売上が大きく減少し、赤字に転落するおそれがあることなど、処分により生ずる重大な損害を避けるため、本件処分の効力を停止することの緊急の必要性があることが一応認められるとした。

・鹿児島地決平29.2.28判例地方自治433号43頁：同業他社のし尿・浄化槽汚泥の収集運搬の許可

鹿児島県伊仙町長の一定の区域を対象とした一般廃棄物収集運搬業の許可処分が、当該区域について既に一般廃棄物収集運搬業の許可又は更新を受けている者の経営に、金銭賠償によって確実に補填されるとはいい難い多大な影響を及ぼすおそれがあり、処分に際して、既存業者に与える影響等について適切な考慮がされたとは認められない等、許可処分は違法であるといえる等の事情の下では、本訴確定までの間、執行停止を認めた。

〈会館使用〉

・仙台高決平19.8.7判タ1256号107頁：会館使用不許可

抗告人仙台市が設置した公の施設である仙台市民会館につき一旦相手方に対しされた使用許可が取り消したことにつき、相手方が、使用許可取消処分の取消しを求める本案訴訟を提起するとともに同処分の効力の停止を申し立てた事案の抗告審。重大な損害を避けるための緊急の必要があり、「管理上の支障」は、本来警察当局の適切な警備等によって回避が図られるべきものであって、講演に反対する者の抗議活動を理由に本件会館の使用を拒み得るのは、警察の適切な警備等によってもなお混乱を防止することができないなど特別な事情がある場合に限られるから、本案について理由がないとみえるときにも、公共の福祉に重大な影響を及ぼすおそれもないとして、原決定の判断を支持して、抗告を棄却。

587

〈課徴金、税金、公売〉

・東京高決平20.1.31TKC文献番号25440019：課徴金納付審決

申立人会社が、被申立人公正取引委員会に対し、独禁法54条の2第1項に基づく課徴金納付を命ずる審決の取消請求事件を本案として、課徴金納付を命ずる本件審決の執行を取消請求事件の判決確定まで停止することを求めた事案。裁判所は、申立人主張に係る審決の執行により生ずる損害が、重大な損害ということはできないと却下。結論だけ述べられており、是非を論ずるに足りない。

・横浜地決平19.4.25WEB：公売

課税処分取消訴訟を提起した者が公売処分の続行停止を求めた。対象物件は刑務所服役中の申立人及びその家族が長年自宅として使用しているものであり、強い愛着のある物件であって、申立人の留守家族が転居を余儀なくされれば、事後的な金銭賠償だけでは償い切れない損害が発生するなどとして、続行停止の申立てを認容。

・名古屋地決平24.5.9租税関係行政・民事事件判決集（徴収関係判決）平成24年1月〜平成24年12月順号24-23

有限会社である申立人が、法人税並びに消費税及び地方消費税について、処分行政庁から更正処分及び重加算税賦課決定処分を受けたことにつき、本件各処分の取消訴訟（本案事件）を提起した上で、本件各処分の効力を停止する旨の裁判を求めた事案。裁判所は、申立人は会社分割により、負債のみを残して資産の大半をBに承継させており、これに伴い、従業員も全員退職して、事実上事業を停止している。そうすると、本件各処分やその執行又は手続の続行によって申立人に重大な損害が生ずるおそれがあるとはいい難いなどとして申立てを却下。抗告審（名古屋高決平24.7.20租税関係行政・民事事件判決集（徴収関係判決）平成24年1月〜平成24年12月順号24-42）もほぼ同旨。

・大阪地決平24.8.10租税関係行政・民事事件判決集（徴収関係判決）平成24年1月〜平成24年12月順号24-47：公売

各不動産の所有者であった申立人が、処分行政庁が申立人の滞納国税に対する滞納処分としてした国税徴収法95条に基づく公売公告、国税徴収法104条1項に基づく最高価申込者の決定及び国税徴収法113条1項に基づく売却決定につき、各処分は、滞納国税の法定納期限から30年間経過後にされており、国税徴収権が消滅している上、民法1条3項に反する等と

して、各処分の各取消しを求める本案事件を提起するとともに、当該各処分につき、手続の続行を求めた事案。裁判所は、訴えの提起やその申立てがされた時点において不動産に係る買受代金の納付がされていなかったとしても、現時点では各不動産に係る公売手続が完了している以上、申立ては申立ての利益を欠くとして却下した。

　　・東京地決平26.5.26TKC文献番号25544431：滞納処分の最高価申込者の決定

　滞納処分の最高価申込者の決定に基づく手続の続行の停止を求める申立てが、金銭賠償が可能であり、回復が困難であるとは認め難いとして、「重大な損害を避けるため」という要件を満たすものではない。

　〈銃刀法許可〉

　　・旭川地決平28.3.30判タ1431号101頁：銃刀法不許可

　申立人が、ライフル銃の銃弾を人に命中させて傷害を負わせたことを理由として、相手方（北海道）から銃砲所持許可の取消処分を受け、主位的に取消処分の執行の停止、予備的に効力の停止を求めた。裁判所は、取消処分の執行の停止によって、各銃砲の売却等を阻止することはできず、その他阻止することのできる手続等も何ら見当たらないから、主位的申立てについては、申立ての利益を欠き、不適法であるとしてこれを却下する一方で、取消処分の効力が停止されれば、各銃砲の売却等をすることは許されないことになるから、申立人には、拡充法の売却等による不利益を防ぐために、取消処分の効力の停止を申し立てる利益があるなどとして、予備的申立てを認容。しかし、抗告審（札幌高決平28.7.7判タ1431号97頁）は、被る主たる損害は、銃砲の売却等がされるというものであるから、特段の事情がない限り、売却代金の交付により経済的に補填が可能なものであり、行政事件訴訟法25条2項所定の「重大な損害を避けるため緊急の必要があるとき」に該当する事情があるとは認められないとして却下。

　〈地方議員失職〉

　　・最決平29.12.19WEB：失職決定

　留寿都村議会が、地方自治法127条1項に基づき、議員である相手方が地方自治法92条の2の規定に該当する旨の決定をしたため、相手方が、その取消しを求める訴えを提起した上、これを本案として、行訴法25条2項に基づき、決定の効力の停止を求めた。相手方は、原々決定（札幌地決平29.3.23判時2359号8頁）により、補欠選挙の投票及び開票がされる前に留寿

都村議会の議員の地位を暫定的に回復していたのであり、選挙について公職選挙法所定の異議の申出の期間が経過しても、相手方が地位を喪失することはなく、そして、議会の議員としての職務の遂行が制限されることによって相手方が受ける不利益は、その性質上、金銭賠償によって容易に回復し得ないものであるから、そのような重大な損害を避けるため本件決定の効力を停止する緊急の必要があるとし、原審（札幌高決平29.5.29判時2359号6頁）は、原々決定に対する抗告人の抗告を棄却した。許可抗告審の最高裁は、現時点で、相手方はもはや議員の地位を回復することができない以上、本件決定の効力の停止を求める利益はないものといわざるを得ないとし、これと異なる原審の判断には、裁判に影響を及ぼすことが明らかな法令の違反があるとし、原決定を破棄し、本件決定の効力を停止するとした原々決定を取消し、相手方の本件申立てを却下した（補足意見、反対意見あり）。

〈教員免職〉

・東京地決平24.6.20判時2155号115頁：免職

東京都教育委員会から東京都公立学校教員を免ずるとの処分を受けた申立人が、本案事件の判決確定まで本件処分の効力の停止を求めた。裁判所は、本件処分によって、申立人の俸給が支給されなくなれば、申立人及びその家族の生計を維持することは著しく困難となり、本案事件の判決確定後に申立人の俸給を遡って支給することによって回復され得るものとはいい難いから、本件処分により重大な損害が生じ、これを避けるため緊急の必要があるとし、その他、本案について理由がないとみえるときに当たるとまでは断ずることはできず、また、本件処分の効力を停止することが公共の福祉に重大な影響を及ぼすおそれがあると認めるべき事情はうかがわれないなどとして、効力を停止。抗告審（東京高決平24.7.12判時2155号112頁）は、変更して、給料不払い部分の一部を停止する範囲とした。

(3) 「公共の福祉に重大な影響を及ぼすおそれがあること」(25条4項)

本要件を充足しないとして執行停止を否定した裁判例は検察結果ではなかった。

(4) 「本案につき理由がないとみえるとき」(25条4項)

・大阪地決平20.10.1判例地方自治319号41頁：収用裁決にもとづく代執行

執行停止申立てにつき、申立人法人は、本件土地を事実上使用している

にすぎず、収用裁決の根拠法である収用法において、同法8条3項の「関係人」にすら該当しない事実上の使用者の利益までも、個別的利益としてこれを保護すべきものとする趣旨を含むと解することはできないから、収用裁決の取消しを求めるにつき法律上の利益を有しないと解すべきであり、本案訴訟の原告適格を有しないといわざるを得ないから、申立人適格を有しないとし、申立てを却下。広義では行訴法25条4項の事例であろうか。

・東京地決平20.10.17判例地方自治338号10頁：区民会館使用不許可

渋谷区の区民会館は地方自治法244条の公の施設に当たるが、映画の上映は業として興行的行為を行うことに該当し、興行場として法令上必要な構造、設備、性能等を備えていない各区民会館を映画の上映の用途で使用させることは、公衆の生命、身体及び財産への危害の発生・拡大の危険を伴う違法状態を生じさせるもので、かかる違法状態の発生が客観的事実及び関連法令の規定に照らして確実であり、具体的に明らかに予測されたものといえる上、利用の目的が当該施設の設置目的からして不相当な場合に当たるともいえる場合には、映画の上映を目的とした各区民会館の使用制限の規制は、渋谷区区民会館条例12条3号の許可取消しの要件を充足し、かつ実質において表現の自由との衡量によっても必要かつ合理的なものとして肯認しうるもので表現の自由を不当に制限するものではないため、地方自治法244条2項の正当な理由に該当する。執行停止の申立ては本案について理由がないとみえるときに当たる。

・東京高決平21.1.8WEB：運転免許取消

タクシー運転手として勤務を続けられず、高齢で持病があるため警備員のアルバイトの職を得ても収入は著しく減少し、生活の維持に困難を帰すべき状況に陥ったなどとして、重大な損害を避けるため緊急の必要があるとされたが、(本案について理由がないとみえるとき(安全運転義務違反・道路交通法70条及び横断歩行者等妨害等・道路交通法38条1項後段)に該当として却下。

・大阪地決平21.1.30WEB：貝塚養護学校の廃止

在学する児童若しくは生徒又はその保護者である申立人らが、学校の廃止の取消しを求める抗告訴訟を本案訴訟として、廃止の効力を本案判決確定の時まで停止することを求めた。裁判所は、本件学校廃止は、特別支援教育に関する教育基本法の理念及び学校教育法の趣旨等を没却するものとして、その裁量権の範囲を超え、又はこれを濫用したものであるというこ

とはできず、「本案について理由がないとみえるとき」に該当するとして却下。抗告審（大阪高決平21.3.18WEB）もほぼ同旨。

・前述の保険医登録取消しの福岡地決平30.4.3は、監査要綱の定めは、単に行政庁の行政運営上の便宜のためにとどまらず、不利益処分に係る判断過程の公正と透明性を確保し、その相手方の権利利益の保護に資するために公にされるものであり、行政手続法12条1項所定の不利益処分に係る処分基準に当たると解され、行政庁が処分基準と異なる処分をすることは、これを相当と認めるべき特段の事情がない限り許されないと解される。

故意が主観的な要件であることからすると、その認定をするためには、ある程度概括的であるにせよ、①個々の処分原因事実に関する申立人の認識や②それに係る不正請求をしようとする意思の有無を認定する必要がある。そのためには、診療報酬請求に係る事務処理体制、診療報酬請求を行うに至った経緯、診療行為の具体的な態様等についても検討する必要があるが、疎明の性質上、本案審理を尽くさない段階で、一義的に判断できるとまでいうことはできないとしている。

このような判断方法は極めて重要ではないかと考える。

5　分析

(1)　最高裁の判例

決定―抗告（即時抗告）―許可抗告、特別抗告という仕組みのため、最高裁の判断はわずかである。四つの事例を分析してみよう。

強制起訴の最決平22.11.25WEBは、最高裁が行政事件として扱わない判断をしているので、分析の対象外である[40]。また留寿都村議会の最決平29.12.19WEBは、公選法の解釈とそれによる議会の決定の効力を争う訴えの利益の存否が主たる争点であるので、やはり分析の対象外となる[41]。

弁護士懲戒の最決平19.12.18WEBは、最高裁の、改正後の基本的考えを示したものとして重要である。

なぜなら、弁護士懲戒のそれまでの判例は最決平15.3.11WEBのように、原告側が戒告の公告が行われると弁護士としての社会的信用等が低下するなどして回復し難い損害を被るので、主位的に戒告の効力の停止を、予備

---

[40]　高橋滋「検察審査会による起訴をすべき旨の議決と行訴法25条2項の執行停止の申立て」（法セミ2011年4月号147頁）参照。

[41]　本書第6章注44）の湊論文参照。

第10章　仮の救済

的に戒告に基づく手続の続行の停止を求めたのに対して、「弁護士に対する戒告処分は、それが当該弁護士に告知された時にその効力が生じ、告知によって完結する。その後会則97条の3第1項に基づいて行われる公告は、処分があった事実を一般に周知させるための手続であって、処分の効力として行われるものでも、処分の続行手続として行われるものでもないというべきである。そうすると、本件処分の効力又はその手続の続行を停止することによって本件公告が行われることを法的に阻止することはできないし、本件処分が本件公告を介して第三者の知るところとなり、相手方の弁護士としての社会的信用等が低下するなどの事態を生ずるとしても、それは本件処分によるものではないから、これをもって本件処分により生ずる回復困難な損害に当たるものということはできない」と肩透かしのように言って原審決定を破棄して執行停止を却下していたからである。この決定の、処分の法的に効力と直接関連がないとして損害との間を切断するやり方は、個別具体的な不利益が重要であることの無視、根拠規範の保護下にあることへの無考慮へは批判の強いところである[42]。

　また改正前の下級審には、弁護士の業務停止のケースですら、回復困難な損害に当たらないとしていた（東京高決昭60.1.25WEBなど）。

　これらと対比し、**最決平19.12.18WEB**は上述のように、素直に損害論を組み立てており、改正の趣旨を最高裁が明確にしたものといえよう[43]。

　建築確認の**最決平21.7.2**判例地方自治327号79頁も、実に自然なわかりやすい執行停止論となっている。

　周辺住民にとっては、具体的な近隣の危険な建築計画など通常知ることはない。知った時は開発工事が終わり、建築確認もおりている。そのような場合の行政訴訟手段は、行訴法改正後と言えどもやはり取消訴訟、無効等確認訴訟と執行停止ということになる。そして、建築工事が終われば、通常はそれらの訴えの利益はなくなると言うのが判例なのであるから、この最決が言うような執行停止論が取られると、近隣住民の平穏にとって大きな意義がある。

　二つにすぎないが、今日での最高裁の執行停止の判断は支持することができよう。

　なお、差止め訴訟の重要判例、**最判平24.2.9WEB**により、差止めと取消

---

42)　山本・仮の救済下34頁など。
43)　長谷川佳彦「弁護士懲戒処分の執行停止」（行政百選7版Ⅱ410頁）参照。

593

訴訟との間では、原則として執行停止優先論がとられたことを、ここでも押さえておきたい。第8章と重複するが、同判例の要点を摘記しておきたい。

すなわち、「行政庁が処分をする前に裁判所が事前にその適法性を判断して差止めを命ずるのは、国民の権利利益の実効的な救済及び司法と行政の権能の適切な均衡の双方の観点から、そのような判断と措置を事前に行わなければならないだけの救済の必要性がある場合であることを要するものと解される。したがって、差止めの訴えの訴訟要件としての上記『重大な損害を生ずるおそれ』があると認められるためには、処分がされることにより生ずるおそれのある損害が、処分がされた後に取消訴訟等を提起して執行停止の決定を受けることなどにより容易に救済を受けることができるものではなく、処分がされる前に差止めを命ずる方法によるのでなければ救済を受けることが困難なものであることを要すると解するのが相当である」と。

(2) 下級審の判例

下級審の判例も行訴法改正の影響が顕著に現れていると言えるであろう。改正前の判例と比べ、損害要件の緩和が如実に反映しているほか、次のような特徴が見て取れる。

全体として、経済的損失は勝訴後填補可能で重大ではないとは言わなくなっている。

医師、弁護士、税理士などの有資格者の資格、業務などをめぐる事例では、執行停止をして本訴の結果をまつ傾向と思われるが、かなり収入、経営実態に入り込んで判断しようとする姿勢も残る。まだ執行停止を原告（申立人）の勝訴と勘違いしているのではないかと思われる事例もある。

入管事件の緩和は顕著であり、収容部分までの退去強制停止は、ますます進む外国人との共生における一つの知恵とも言えるであろう。

第三者（周辺住民）からの建築確認への異議、同業他社からのし尿・浄化槽汚泥の収集運搬の許可への異議を執行停止の形でも認めつつあることは、司法が紛争の実効的解決に役割を果たす意義をもつ[44]。

---

44) 山本教授は、第三者の利益の拡大も考察しながら、それに「問題があるとすれば、第三者の利益の主張を認める方向よりは、むしろ重大な損害の要件自体を緩やかに理解する方向で考えるべきかと思います」としている（高橋編・検証25頁）。

第10章　仮の救済

　なお、税金、税法関係については、なお権力的思考が優先されているようである。

6　日弁連の主張

　前述の日弁連「行政事件訴訟法5年後見直しに関する改正案骨子」の中で、執行停止の改革を次のように提起している。

【意見】
　　執行停止制度については、①損害を受ける者の範囲として申立人以外の関係者の利益を柔軟に考慮しうるようにするとともに、②申立外の第三者の手続保障を図る規定を置き、また、③公益上重大な支障がなければ、とりあえず仮の執行停止を行う制度を創設し、さらに、④本案訴訟の提起を不要とし、起訴命令制度を創設すべきである。
【理由】
　　執行停止制度については、要件の緩和により、従来なら認められなかったケースでも認容例が出されており、改正法の成果として評価しうるが、分野によっては従来どおりの厳格な判断も多くあり、より制度が活用されるように、判断において考慮される利益を拡大すべきである（①）。他方で、申立外の第三者（例えば建築確認取消訴訟における建築主）の手続保障を図る規定を置くべきである（②）。

　また、執行不停止原則が取られているため、処分が効力を生じて、営業が破綻するなど、重大な問題が今も多く生じている。本来は、ドイツ法に倣って、執行停止原則を導入すべきであるが、執行不停止原則を取る現行法においては、少なくとも上記意見のような仮の執行停止制度を創設すべきである（③）。

　また、確認訴訟の仮の救済として民事仮処分が用いられうるとした場合の制度上のバランスを考えても、執行停止について、本案訴訟の提起を不要とし、起訴命令制度を創設すべきである（④）。

補章

行政事件訴訟法改正経過および第二次改革への取り組み

1 行訴法の立法手続と改正行訴法の立法手続の違い

行訴法は1962年に施行された。

同法は、1955年法務大臣から法制審議会に対して「行政訴訟に関する法令の改正」が諮問され、法制審内に行政訴訟部会及びその小委員会が設けられて、行政法学者・民事訴訟法学者・弁護士・裁判所関係者・関係官庁職員などを委員として6年余り審議され、1961年に行特法改正要綱が答申され、政府はそれをほとんどそのまま条文化して1962年に国会上程、部分修正の後、同年5月成立、10月1日施行となった[1]。

同法は国会で与党の賛成多数で成立したが、野党である日本社会党、民主社会党、日本共産党は反対した。反対の理由は次のようなものであった。

① 8条1項但書の規定が処分の取消しの訴えと審査請求との並行主義に対して他の法律により例外規定をおくことを承認していること。
② 14条1項の規定が、取消訴訟の出訴期間を行特法による6か月から3か月に短縮したこと、仮に3か月に短縮するにしても、他の法律によってさらにこれを短縮する規定をおくことを禁止する旨を定めていないこと。
③ 3条の抗告訴訟についての規定が、2項ないし5項に定める訴訟類型は例示的である旨を明確に定めていないこと。

---

1) 兼子・争訟251-252頁参照。

補章　行政事件訴訟法改正経過および第二次改革への取り組み

④　27条の規定が、処分の取消しの訴えの提起があった場合における執行停止に対する内閣総理大臣の異議の制度を存置したこと、同条1項後段の規定が、行特法による異議は最高裁判所の判決によれば執行停止の決定の前に述べねばならなかった点を改め、執行停止の決定後における異議を認め、内閣総理大臣の異議権を強化したこと。

⑤　36条の無効等確認の訴えの原告適格についての規定が、原告適格の制限により、行特法の下で従来判例上認められてきたよりも、無効等確認の訴えの提起を制限したこと[2]。

　改正法は、2001年の司法制度改革審議会意見書に基づき、内閣のもとに同年司法制度改革推進本部が設置され、本部に設けられた行政訴訟検討会が2002年2月から2004年1月まで約2年間審議し、改正の内容を「考え方」としてまとめ、本部がほとんどそのまま要綱化し、条文化して、後述のように2004年1月国会に上程し、全会一致で2004年6月成立した。

　このように二つの立法手続は顕著な違いをもっている。

　まず内容を作ったのが、制定時の行訴法は法務省におかれている法制審議会（法務省組織令57条に基づく）であり、2004年の改正法は内閣に設置された司法制度改革推進本部（司法制度改革推進法に基づく）である点である。その意味は、行訴法は法務省レベルで作られたのに対し、その改正法は内閣レベルで作られたということである[3]。この改正法方式は非常に優れたものであった。

---

2)　杉村敏正『法の支配と行政法』（有斐閣、1970年）284-285頁参照。立法全集(6) 355-363頁、同(7)281-284頁参照。

3)　法制審のような省におかれる審議会と異なり、元総理府、現内閣府のもとに機関を設けて、政治主導により審議、法案づくりをするやり方は、行政改革関係から頻繁となった。第2臨時行政調査会、第一次から第三次の行政改革審議会、行政改革委員会、地方分権推進委員会という一連のものがある。経済財政諮問会議、総合科学技術会議、中央防災会議、男女共同参画会議などもその流れである。城山英明ほか編著『中央省庁の政策形成過程—日本官僚制の解剖』（中央大学出版部、1999年）211頁以下、中島誠『立法学—序論・立法過程論』（法律文化社、2004年）57-63頁参照。ただこれらの参考文献は司法改革関係の近時の動きをフォローしていない。城山英明ほか編著『続・中央省庁の政策形成過程—その持続と変容』（中央大学出版部、2002年）252-271頁は法務省の政策形成過程で、法制審議会も司法改革の動きも取り上げるが、司法改革の中の司法制度改革審議会、司法制度改革推進本部の特徴を取り上げることがない。同審議会、同推進本部の特徴や動きを評価するものとして、市川正人＝酒巻匡＝山本和彦『現代の裁判第7版』（有斐閣、2017年）296頁以下〔山本和彦執筆〕、高谷知佳＝小石川裕介編『日本法史から何がみえるか—法と秩序歴史を学ぶ』（有斐閣、2018年）296-299頁〔見平典執筆〕参照。

また行訴法制定時は野党の反対があったのに、2004年改正法は全会一致である点も大きな違いである。行訴法制定当時の上記反対根拠は2004年改正法では手当てされたのか否かが問題である。この点は、本書の該当箇所でも述べてきたが、上記反対根拠のかなりの部分に2004年改正は対応したこと、また内閣総理大臣の異議制度などは2004年改正では手当てがなされなかったので、手当てしないことは問題でも、他の改正内容に反対することまではしないということになったのではないかと考えられる。

2　行訴法の改正の必要性は国民的な要求だったか──改正前の行政事件の実態との関係で

(1)　行政事件の実態についての日弁連の見解

行政事件の実態については様々な分析が可能だが、筆者も起案に参加した日弁連の「司法制度改革審議会への回答」では次のようにいっている[4]。

行政による市民生活や経済活動に対する規制はきわめて広範に及んでいる。しかし、その行き過ぎや誤りに対するチェック機能は弱体である。

現在の行政訴訟制度において、行政行為を争ってその取消しや無効確認を求めてくる国民に対し、裁判所は、原告適格に欠ける、あるいは行政処分に当たらないなどの形式的理由で実質的な審理をせずに訴えを「門前払い」（却下）することが多い。行政訴訟における却下率は判決中20％に達している。

裁判所は、実体審理に入っても、行政の裁量を尊重するとの理由で、原告を敗訴させることが多い。行政事件において国民の側が勝訴する率は判決中10〜15％程度（一部勝訴を含む）である。

また、行政訴訟で係争中であっても、行政処分の執行を停止させることはほとんどない。そのために、たとえば、訴訟手続を進めている最中に争われている事業そのものが完成し、「訴えの利益」がなくなったことを理由に却下され、あるいは事情判決で棄却される例がしばしば発生している。労働災害に関する労災保険の給付では、仮に給付させる制度がないために、たとえば、過労死による死亡後10年も経過してようやく判決が確定し給付が受けられるという事態も生じている。

このような行政訴訟の状況を反映して、行政訴訟の件数も諸外国に比

---

4)　司法制度改革審議会のホームページで全文見ることができる。

補章　行政事件訴訟法改正経過および第二次改革への取り組み

べて際立って少ない。1年間の提訴件数は1000件から1800件程度にとどまり、ドイツの行政裁判件数（行政裁判所、社会裁判所、財政裁判所の合計で年間約50万件）と対比して人口比で500分の1にすぎない。また同じ東アジアに属する台湾、韓国と比べても、わが国の行政事件訴訟の件数は極めて少ない（台湾の85分の1、韓国の28分の1）。

　行政事件訴訟制度の改革は喫緊の課題である。

(2)　日弁連の1994年シンポシウム

　日弁連ではこれに先立つ1994年9月30日、札幌で第15回司法シンポジウムを開催し、その第3分科会を「市民と行政裁判の改革・改善」にあて、不服審査、行政訴訟の問題点を総合的に分析した。

　その過程で行政訴訟に関係する30を超える各種団体からアンケートをとっているが、その結果は行政訴訟の機能不全を顕著に表していた[5]。

(3)　パブリックコメントでの順位

　推進本部が2002年7月から8月にかけて行ったパブリックコメントについて、「行政訴訟制度の見直しについての意見募集の結果について」を発表しているが[6]、国民の関心は項目別で高い順に並べると次のようになっている。

　　行政訴訟の基盤整備上のその他の諸課題　61
　　審理手続及び判決　50
　　原告適格及び訴えの利益　29
　　行政訴訟・取消訴訟の対象　29（推進本部は別々に集計しているが著者に
　　　おいてこれは同趣旨を含むと考えるので合計した）
　　行政訴訟制度の見直しの考え方　28
　　行政訴訟の類型　25
　　執行停止・仮の救済　19
　　訴え提起の手数料　16
　　出訴期間　15
　　参審制の導入　15
　　裁量処分の取消し　9

---

　5)　同シンポジウムの「基調報告Ⅲ」、当日のディスカッションも収録した「シンポジウムの記録」、これらに先立つ自由と正義1994年6月号の特集「市民の立場に立った行政争訟法の改革」の諸論文を参照されたい。
　6)　司法制度改革推進本部のホームページで行政訴訟検討会の第7回会議の資料9として掲載。

599

行政訴訟と民事訴訟の関係　8

弁護士報酬の片面的敗訴者負担　8

裁判所の処理体制　8

法律扶助　7

行政訴訟制度の趣旨・目的　6

管轄　6

教示義務　5

被告適格　2

行政訴訟における取消訴訟の位置づけ　1

報奨金支給制度　1

　この結果をみると、(1)(2)で述べた日弁連の分析が、国民的な声によって
裏付けられていると思われる。改革は国民的に求められていたといいうる。

3　学会では行訴法の改正はどのように扱われてきたか

　なんといっても牽引車（者）は阿部泰隆教授で[7]、その他、塩野宏教授、
山村恒年教授等が強い関心をもって取り組んできたといわれている[8]。概
して学会においては、大きな運動は、性質上当然であるかもしれないが、
起こらなかったといえるであろう。

4　改正の契機は何だったか

　それは何よりも司法改革の動きであった。

　前述のように、司法制度改革審議会が、司法制度改革審議会設置法に基
づき、「21世紀の我が国社会において司法が果たすべき役割を明らかにし、
国民がより利用しやすい司法制度の実現、国民の司法制度への関与、法曹
の在り方とその機能の充実強化その他の司法制度の改革と基盤の整備に関
し必要な基本的施策について調査審議する」ことを目的として、1999年7
月、内閣のもとに設置された[9]。

---

[7]　例えば阿部泰隆『行政訴訟改革論』（有斐閣、1993年）参照。

[8]　園部逸夫発言「行政事件訴訟法を見直す　下」自治研究76巻6号27頁。この
　研究会（「上」は自治研究76巻5号）での山村教授と宮﨑良夫教授の報告とレジュ
　メ参照。

[9]　司法制度改革審議会をどのようにみるかにつき、斎藤浩「司法制度改革―二つ
　の流れの合流点」月刊司法改革1号（1999年）47頁以下、同「司法制度改革審議
　会の現段階と期待するもの」法律時報2000年1月号55頁以下参照。

補章　行政事件訴訟法改正経過および第二次改革への取り組み

　審議会の最終報告書にはかなりの量で「司法の行政に対するチェック機能の強化」が記述された。

　結論は「行政事件訴訟法の見直しを含めた行政に対する司法審査の在り方に関して、『法の支配』の基本理念の下に、司法及び行政の役割を見据えた総合的多角的な検討を行う必要がある。政府において、本格的な検討を早急に開始すべきである」というものであった。

　そして、内容は、①行政訴訟制度の見直しの必要性、②司法及び行政の役割を見据えた総合的多角的な検討に分けて書かれていた[10]。

　それは、それまでにこの課題で各方面から提起されていることをすべて一応なぞったものとなっており、格調は高いがいかにも抽象的であった。他の記載部分のいくつかの課題に比して、すぐに実現させるという切迫感に欠けたものであった。

　このように抽象的になった原因の最大のものは、善くも悪しくも司法制度改革審議会が内閣のもとに置かれたからだと思われる。裁判官制度改革、裁判員制度導入、法科大学院設立などを大きな柱とする司法改革は、最高裁判所を頂点とする体制の改革であり、また大学に新たな機能を創設するもので、内閣のもとにある行政にとっては無関係かむしろ行政権強化につながるものであるのに比し、司法の行政に対するチェック機能の強化は、強化された司法の権限が行政に向けて、国民と共同戦線を張る課題であり、行政として好ましくないことは明らかなことであった。

　ここには立法府の大きなチェックが入っていなかった。もちろんわが国は議院内閣制であるから、内閣のもとに置かれた審議会の意見書の内容には与党の意見は大きな影響をもっていたが、三権の筆頭としての立法府の大きな存在感は発揮されていないように思われた。

　司法制度改革推進本部も内閣のもとに置かれており、行政訴訟改革の分野にとっては、審議会と同じことが繰り返されるおそれは小さくはなかった。

　同じことを繰り返さないために、日弁連では司法による行政チェックの課題の性格を正確に分析することにつとめ、その分析に基づいて行動した。

　司法の行政に対するチェック機能の強化の課題は、司法を使って国民が行政を監視し規制する課題である。逆からいえば、行政規制を緩和する課

---

10)　阿部昌樹等・司法改革の最前線18頁以下参照。

題である。司法改革に先行した行政改革と同一線上の課題であり、かつ先行した行政改革が手をつけられなかった点にメスを入れることであった。司法改革でもあるけれど、この課題は真の行政改革課題にほかならなかった。この残された行政改革課題を立法の力をもって断行し、司法が粛々とその改正法制度を適用して行政チェックを果たすという構図なのである。

　そのためには立法府、国会議員の動きが鍵を握ると日弁連は考えた。課題の重要性を認識した与党の国会議員の方々に大いに先導していただき、野党の方々にもそれを支持していただくことである。それとともに国民的支持も不可欠なものであることはいうまでもないのであった。

　自民党の一定数の有力議員は[11]、日弁連の要請も受け止め、学者、弁護士[12]とともに「国民と行政の関係を考える若手の会」を結成し、水準の高い研究を維持し、ホームページ[13]を開設して世論に発信を続け、適時に意見書を発表して、検討会の進行を見守り、励まし続けた。そしてこの会の意見書は自民党政務調査会司法制度調査会「経済活動を支える民事・刑事の基本法制に関する小委員会」に上げられた。この小委員会も検討会の活動を外からフォローし、例えば、「行政訴訟制度の改革、主な論点（案）」（2003年7月24日付）を出して、検討会の「主な検討事項」（同年同月7日付）を与党として支持する姿勢を明確にし、また検討会が確認訴訟を当事者訴訟の一類型として明示することに消極であった時期に、いわゆる無名ペーパー（2004年1月23日付司法制度改革推進本部事務局）を提出させて、「考え方」（同年同月6日付）をさらに前進させた。2004年改正に自民党が果たした役割は極めて大きいといえる。政官癒着から脱却して、行政の適法性のコントロールの充実を掲げた有力議員が台頭しつつあり、わが国の今後を見据える場合に実に貴重な動きといえるであろう。

　公明党も熱心に改革の動きを支えた。司法制度改革プロジェクトチームと法務部会が合同で、随時、学者、弁護士を入れた研究会を開き、「行政に対する司法によるチェック機能強化の提言」（2003年8月11日）を発表し、推進本部副本部長でもあった森山眞弓法務大臣に手渡し、検討会の動きを

---

11)　塩崎恭久衆議院議員、下村博文衆議院議員、世耕弘成参議院議員、棚橋泰文衆議院議員、根本匠衆議院議員、林芳正参議院議員、茂木敏充衆議院議員、渡辺喜美衆議院議員。のちに柴山昌彦衆議院議員、早川忠孝衆議院議員が加わった。

12)　筆者もこの会のメンバーに招聘された。

13)　http://www.kokumin-gyosei.jp/member.htm であったが今は閉鎖されているようだ。

補章　行政事件訴訟法改正経過および第二次改革への取り組み

支持し補強する要請を行った。また適時に公明新聞の主張や特集記事で、行政チェックの必要性をアピールした。

　民主党もマニフェストの中に「市民のための新たな行政訴訟制度へ」という項目を付け加えるか否かの議論を真剣に行い、日弁連と交流し、検討会の動きを励まし監視した。

　要するに行訴法の改正は司法改革の流れの中ではじめて現実のものとなり、行政改革の徹底という意味で立法府の積極性を獲得することによって実現する条件が広がったのである。

5　司法制度改革推進本部の体制は当初から充実していたか

　司法制度改革審議会意見書に基づき司法改革の法案を準備する司法改革推進本部を創出する司法制度改革推進法案では、司法改革推進本部には本部長、副本部長、本部員、事務局、事務局長が置かれたにとどまった。本部長は総理大臣、副本部長、本部員は大臣、事務局は基本的には行政の一員である国家公務員であり（裁判官も出向して行政の一員となった）、これでは国民の声は直接には全く反映されず、まして司法による行政チェックの課題ではこのような体制では成果は望めないことは明らかであった。そこで日弁連は同法案について、2001年8月30日、当時の久保井一匡会長が当時の小泉総理に会い、改善（検討委員会の設置等とその議事、議事録の公開等）を強く要望した。その結果、法案の骨格は変わらなかったものの、同法の成立後、政令である司法制度改革推進本部令により顧問会議が置かれ、運用として検討会が設置され、大半は公開された。顧問には法曹三者を除く各層の国民を代表する人士が選ばれ、座長には司法制度改革審議会会長をつとめた佐藤幸治氏が互選された。検討会は10個置かれ、その委員には法曹三者を含む各層の国民を代表する人士が選ばれた（のちに検討会は一つ増やされた）。

　意見書が抽象的であった行政チェックの分野では、他の課題と同格で並ぶこのような体制こそが必要であり、このような場の設定が緒戦における改革成功の原因である。それが行政訴訟検討会である。座長は塩野宏東大名誉教授、日弁連からは水野武夫委員が送られた。

　優れた内容をもつ一方で抽象的な方向付けしかもたなかった審議会意見書のこの分野を前提に、行政訴訟検討会で論議し、改正にこぎつけた。

603

6　行政訴訟検討会での論議はどのようなものだったか

司法制度改革推進本部の公式な検討経過報告は「検討会最終まとめ」（2004年10月29日）にあり、前述の同本部ホームページに全文と参考資料が掲載されている。

筆者は前述の立場で検討会の周辺の動きの多くを直接経験しているわけであり、この推進本部のまとめを国民の視点で豊富にする立場から、整理し直すことにしたい[14]。

(1)　「概ね一致事項」——「行政訴訟制度の見直しについて検討の方向性が概ね一致していると思われる事項」（2003年4月25日、第16回検討会、以下「概ね一致事項」という）とそれまでの経緯

委員、行政法学者（外国法報告も含む）、関連団体（運動団体を含む）からのヒアリング、国民からの意見公募（パブリックコメント）の結果を受け、論点についてのフリートーキング、検討を行い、「概ね一致事項」をまとめたが、これらの経過と内容に二つの大きな「事件」があった。

a　第1事件とその解決

審議方式は最近の審議会などであまねくとられているものであり[15]、委員には行訴法制定の法制審審議と違って経済界や労働界や非行政法学者も参加しており議論を重層なものにしたし[16]、外国法の報告も実力ある中堅学者[17]による充実したものだったが、問題はフリートーキングや検討をするための論点整理に事務局主導が目立ち、日弁連では事務総長が山崎潮推進本部事務局長に抗議の申し入れをするまでに至った[18]。

推進本部事務局からすれば、前述の司法制度改革推進法の建前からは、自らが改正の範囲と内容を決める責任をもっているという矜持があったであろうし、日弁連などの立場からは役人任せにしないために検討会が作られているのにという感覚があったわけで、この「事件」は双方が冷静に対

---

14)　行訴法改正法案以前の27回の検討会の内容とそれをとりまく諸運動については斎藤・チェックを参照されたい。

15)　斎藤・前掲注9)　法律時報論文25頁参照。

16)　もっとも、行訴法制定の法制審には入っていた民訴法学者が抜けていたのは弱点であったといえよう。

17)　中川丈久神戸大学教授（アメリカ）、橋本博之立教大学教授（フランス）、山本隆司東京大学助教授（ドイツ）、榊原秀訓名古屋経済大学教授（イギリス）、中村民雄東京大学助教授（EU）——役職はいずれも検討会当時。

18)　斎藤・チェック第2回99頁参照。

処し、事務局は第6回検討会に「フリートーキング参考資料」というよく練られた網羅的な論点整理を提出することによって解決した。この解決の仕方は改正法成立までの最初の危機突破といえる。

b 第2事件と解決のための前向きの努力

「フリートーキング参考資料」に基づいて検討がなされまとめられたのが「概ね一致事項」である。しかし今これをみてもすぐわかるように、少数の項目（実効的救済の総論、被告適格、管轄裁判所の拡大、出訴期間の教示、審理充実、迅速方策、仮の救済）にしかすぎないのである。

そしてその前後に不幸で不正常な事実が発覚した。

各委員や日弁連など関係団体には、次回の検討会で使う資料は、eメールで事前送付されるのが慣わしで、今回もそのように送付されたが、第16回検討会で使う七つの資料のファイルの「プロパティ」に、「法制局修正」「最高裁案に修正したもの」「最高裁意見＋法制局見直し」「最高裁案で確定」「法制局修正」「最高裁修正で確定」などという記録が残っていたのだった。

検討会事務局は自らが作るべき資料につき最高裁と綿密に調整したということが明瞭にわかる記録であった。

このやり方は、法曹三者に任さないで国民的な立場から改革を進める司法制度改革推進法の精神と真っ向から反するものであった。

そしてさらにこの少数の「概ね一致事項」を「第一トラック」と称して法改正に向けた検討を優先的に進め、それ以外の全員一致をみていない論点（訴訟対象、原告適格など）については、その重要性にかかわらず「第二トラック」に分類され、時間的制約にまかせるということが検討会で事務局から語られたのだった。これは小規模な改革で終わらせようということの宣言であり、しかも第二トラックから改正につなげる項目選びは民主主義の大原則である多数決でなく、全員一致でいくというのであった。

これには委員から多くの批判が浴びせられた。この迫真のやりとりは、是非前述の推進本部ホームページの行政訴訟検討会第16回議事録（2003年4月25日）で直接お読みいただきたい。改革を小規模化する路線であり、前述のプロパティ問題を考え合わせれば、この路線を最高裁や行政当局と調整して進めている疑いが極めて濃いことが判断された。日弁連はこれを受け、抗議の会長声明を国民向けに発し、山崎潮推進本部事務局長への申し入れを事務総長が行った。

605

この第2事件は、あまりにも司法による行政チェック課題を狭めることが極端にすぎ、その路線は維持できなくなったことにより終了し、徐々に事務局を含め前向きの努力がはらわれるようになっていったのである。

(2) 「主な検討事項」とそれまでの経緯

第16回検討会前後の第2事件以後、主な論点検討が進んだが、第一トラックと第二トラックの区別は本質的には進まず、それらをまとめた「主な検討事項」では、第一、第二、第三トラックの区別の様相をみせた。

第一トラックは「概ね一致事項」、第二トラックは義務付け、差止め、確認訴訟、第三トラックがその他で、第三トラックに扱われている中では出訴期間の延長、原告適格の拡大が第二トラックに浮上するかなという扱いであった。

推進本部は「主な検討事項」で行政からのヒアリングと第2回目のパブリックコメントを実施した。

仮に第二、第三トラックからいくつかの項目が立法化されるにしても、この段階ですでに今次立法は、行訴法の改正にとどまることが明確に発信されたのであった。

ところで、第19回検討会では、民訴学者の山本和彦一橋大学教授からのヒアリングが行われ、前述のこの検討会の弱点を補うことになった。

(3) 「たたき台」とそれまでの経緯

「主な検討事項」に基づく最高裁も含む行政からのヒアリングが2回にわたり実施され、また2回目のパブリックコメント結果がまとめられた。

行政からのヒアリングやその説明資料は、従来型の無責任行政の感覚が顕わで、現代行政を国民的な視点で真摯に検討する姿勢に欠け、しばしば塩野座長から苦言が呈せられた[19]。

そして、いよいよ行訴法改正の範囲を画するために、座長と事務局とで「たたき台」がまとめられた。

そこでは議論が成熟していないとして「団体訴訟」「訴訟の対象」「裁量の審査」「訴え提起の手数料」「弁護士報酬の敗訴者負担」「納税者訴訟」などを改正の対象にしないことを明確にしていた。

また改正したいが、内容が詰めきれていない問題として、「取消訴訟の原告適格の拡大」「義務付け訴訟、差し止め訴訟」「確認訴訟」「仮の救済」

---

[19] 前述の司法制度改革推進本部のホームページで、第20回、第21回検討会の議事録を参照されたい。

補章　行政事件訴訟法改正経過および第二次改革への取り組み

が指摘された。

(4) 「考え方」とそれまでの経緯

日弁連は2004年改正から上述のような論点が外れることを批判しながら、詰めきれていない問題への具体的検討、対案づくりを進めた。筆者もその活動に力を注いだ[20]。

そして「考え方」が検討会に提案され、これに基づく検討を行ったあと、

---

20)　例えば、原告適格、義務付け訴訟、確認訴訟などの条文案を次のように作成した。
〈原告適格〉
　基準をなるべく具体化した方がよいので、たとえば現行9条を1項とし、これに2項を設けて解釈基準を明確にする方法。
第9条
2　前項の「法律上の利益」とは、当該処分又は裁決の根拠となった法令において当該処分又は裁決に当たり、直接又は間接に考慮すべき利益であって、法令、条理、社会通念等に照らし、訴訟手続において保護が与えられるべきものをいう。
〈新たな訴訟類型と訴訟の対象〉
　これもなるべく現行法を前提に補充する発想法で検討されている。
　(抗告訴訟)
第3条
7　この法律において「行政決定に関する法律関係確認の訴え」とは、国若しくは公共団体又はこれらの機関の行為で処分及び裁決以外のもの（条約の締結、法令の制定及び、……を除く。以下単に「行政決定」という。）がされた場合において、当該行政決定が違法であることその他当該行政決定に係る法律関係の確認を求める訴えをいう。
（取消判決に付随する義務づけ判決）
第34条の2　裁判所は、処分又は裁決を取り消す判決をする場合において、行政庁がその判決により取り消される処分又は裁決に代わる新たな処分又は裁決をすべきことが明らかでその内容が一義的なものであるときは、当事者又は第三者の申立てにより、行政庁に対し、当該新たな処分又は裁決をすべきことを命ずる判決をすることができる。
(不作為の違法確認判決に付随する義務づけ判決)
第37条の2　裁判所は、行政庁が処分又は裁決をしないことについての違法を確認する判決をする場合において、行政庁が当該処分又は裁決をすべきことが明らかでその内容が一義的なものであるときは、当事者の申立てにより、行政庁に対し、当該処分又は裁決の全部又は一部をすべきことを命ずる判決をすることができる。
(処分又は裁決の差止めの訴え)
第　条　この法律において、処分又は裁決の差止めの訴えとは、行政庁が処分又は裁決をすることの差し止めを求める訴えをいう。
(処分又は裁決の差止めの訴えの原告適格)
第　条　処分又は裁決の差止めの訴えは、行政庁が処分又は裁決をすることが相当の確実さをもって予測される場合において、当該処分又は裁決により著しい損害を生じ、又は生ずるおそれがあり、当該処分又は裁決の取消しの訴えその他当該処分又は裁決がされた後の訴えによっては当該損害を回復し難いと認められる者が提起することができる。

607

体系的な意見を述べた福井秀夫委員と水野武夫委員の意見を補足ペーパーとして付けて、公表することになった（公表は2004年1月6日）。

「考え方」をもとに、推進本部事務局は法案作成作業に入った。その過程で与党の意向が強く反映して、「考え方」があいまいだった点を明確にした点もあった。それは、確認訴訟の活用を図るというのであればその旨のメッセージを条文に入れるべきであるとの強力な意見で、最終的には事務局が折れて、改正行訴法4条に「公法上の法律関係に関する確認の訴えその他の」との文言が入ることとなった[21]。

7　国会での法案審議

改正法案は、国会に2004年3月2日に上程され、衆議院本会議における趣旨説明を経て同法務委員会に付託された。法務委員会では、参考人として、塩野宏（検討会座長）、藤川忠宏（日経新聞）、水野武夫（日弁連）の3氏から意見を聴取するなどの審議を経た後、5項目の附帯決議をつけて、5月18日可決し、本会議での採決を経て参議院に回付された。参議院では、本会議の審議を経て法務委員会に付託され、同委員会においても、参考人として、園部逸夫（元最高裁判事）、斎藤浩（日弁連）[22]、菊池信男（元東京地裁所長）の3氏が意見陳述し、6項目の附帯決議をつけて可決し、6月2日の本会議で可決され、改正法は成立した。なお、各本会議及び各委員会の採決では、いずれも全会一致であった。

（行政決定に関する法律関係確認の訴え）

第37条の2　行政決定に関する法律関係確認の訴えは、行政決定がなされた場合において当該行政決定又は当該行政決定を前提としてその後に行われる行為によって、損害を受け、又は損害を受けるおそれのある者その他当該法律関係の確認を求める法的利益を有する者で当該確認に係る行政決定の存否又はその効力の有無を前提とする現在の法律関係に関する訴え（無効確認の訴えを含む。）によっては目的を達することができないものに限り提起することができる。

2　行政決定に関する法律関係確認の訴えの被告は、当該行政決定をした国又は公共団体（当該行政決定をしたのが国又は公共団体の機関であるときは当該機関の所属する国又は公共団体）とする。

　　これらにつき、斎藤・チェック第10回108-109頁参照。

21)　斎藤・判例変更11頁、15頁注2参照。ただ、この点で我々とは違う理解をする方々もおられる。この点は本書第2章2で詳しく述べた。

22)　私の参考人公述内容は、第1に改正法に賛成であること、第2に賛成の理由を過去の具体例を挙げて説明した。一つは改正法の公法上の当事者訴訟の活性化を望むとともに過去の判例にも改正法を先取りするような進取のものがあったことを紹介し、二つは原告適格の改正に関し、その拡大を望むわけだが、過去の判例にも改正法を先取りするような進取のものがあったことを具体的に紹介し、改正法の活用とともに裁判官、弁護士の一層の努力の必要を述べた。

補章　行政事件訴訟法改正経過および第二次改革への取り組み

両院の法務委員会での審議議事録は今後の改正法の解釈に大いに参照されるべきものとなっている。

8　日弁連の行訴法改正での役割

2004年改正に果たした日弁連の役割は大きかったと思われる。

日弁連では、2002年3月、司法改革実現本部の一部会の中の小委員会での取組み[23]を改善して、「行政訴訟改革等検討委員会」（現在は「行政訴訟センター」と改称している）を発足させ、この課題の研究と運動に乗り出した。また検討会対応のバックアップチームを発足させ、機動力ある活動にあたった。この二つの組織を中心に日弁連は様々な運動を展開した。その主なものを摘記すると次の通りである。

① 　検討会委員である水野武夫弁護士のバックアップと推進本部、検討会及び各委員への様々な提言、苦言、協力。法務省の担当者との意見交換会。国会議員、政党との研究会、懇談、意見交換会。マスコミとの協議。

② 　2002年11月29日「日弁連がいま重要と考え、国民各層の意見を聞くための行政訴訟改革要綱案」公表。

③ 　2003年3月1日シンポジウム「行政訴訟改革の方向とその国民的意義―なぜ行政訴訟が少ないか―」開催[24]。

④ 　同月13日行政訴訟法案公表。この71条からなるはじめての体系的な法案は、学者の方々の教えも受けながらできあがったもので、検討会の審議でも常に参照され、学界でも評価を受けた[25]。この存在が、日弁連のこの運動の初期の金字塔といえる。バックアップメンバーはこれを帯同して、全国の多くの弁護士会、弁護士会連合会にキャラバンと名付けて出かけた。

⑤ 　同年6月10日、日弁連編・是正訴訟発行。

⑥ 　同月マンガパンフ「そろそろ行政訴訟制度を変えませんか？」発行。

---

23) 　ただ、この活動と日弁連の行政訴訟法案との連続性は薄いと考えられる。行政訴訟法案はが行政訴訟センターの作品といえよう。

24) 　この内容は、日弁連編・是正訴訟に収録されている。

25) 　日弁連編・是正訴訟、同・実務解説、日弁連ホームページに収録されているほか、推進本部ホームページの行政訴訟検討会第15回会議の資料1としてみることができる。

609

⑦　同年7月2日国会内シンポジウム「行政訴訟改革シンポジウム—
行政訴訟を変えると21世紀が見えてくる」開催。日弁連として初
めて衆議院議員会館内で主催したもので、これには日本司法書士会
連合会、日本税理士会連合会、日本行政書士会連合会、全国社会保
険労務士会連合会、日本土地家屋調査士連合会、日本弁理士会の共
催があった。各党の衆参両議員の参加があり、超党派的な盛り上が
りをつくった。

⑧　2004年3月25日に大阪市中央公会堂においてシンポジウム「行
政事件・行政訴訟の担い手を全国津々浦々に」を開催。弁護士、学
者、市民多数参加。

　最後に、日弁連が前述の行政訴訟法案（別名「是正訴訟法案」）を作った
問題意識を整理しておきたい。

　この法案の骨格は「第7条　この法律において是正訴訟とは、行政決定
の違法の確認とその是正を求める訴訟をいう」という条文に現れている。

　これまで行政処分には公定力が存在するとされ、行政が行った処分は、
たとえ違法なものであっても、自ら取り消すか、裁判所で取り消してもら
うまでは、有効なものとして扱わなければならないという考えが支配的で
あった。

　したがって、行政処分が違法であるとしてこれを争う場合には、民事訴
訟や公法上の当事者訴訟では争うことはできず、必ずその処分の取消訴訟
を起こさないといけないとされてきた。しかも、法的安定性を確保するた
めと称して、行政処分の取消訴訟には「出訴期間」が設けられており、処
分があったことを知った日から3か月が過ぎると訴えが起こせなくなると
いうことになっていた。公定力と出訴期間を前提とした取消訴訟中心主義
であった。このことは、行政のしたことは適法と推定する、ということに
ほかならない。したがって、原告が出訴期間内に行政処分の取消訴訟を起
こし、裁判所がその処分を違法と認めて取り消してはじめて処分の効力が
なくなるという仕組みになっており、最初から行政に有利な制度になって
いた。

　このような背景には、行政がやることだから違法なことはしないという
前提があるように思われる。しかし、その前提はよく考えてみれば理不尽
なものである。毎日、全国で膨大な数の行政処分がなされており、その大
半は適法になされているであろう。しかし、その中にごく一部、これは違

610

補章　行政事件訴訟法改正経過および第二次改革への取り組み

法だとしてあえて裁判所に持ち込んでくる人がいるのである。行政を相手どって裁判を起こすなどというのは、国民にとっては一大決心である。コストも時間もかかる。そうまでして訴えてきたのだから、よほどのことがあったとみるのが自然であろう。それなのに、その処分を適法と推定するというのは、とうてい妥当とはいえない。むしろ、違法と推定する方が合理的なのではないか。まあ、そうまでいえないとしても、少なくとも適法か違法かわからないと考えるべきで、その方が当事者対等の裁判といえるであろう。日弁連は、取消訴訟中心主義といわれる現行の行政訴訟制度から、処分が違法かどうかは裁判所の判断によるという訴訟形式にするべきであり、違法性の存否の確認訴訟を原則にしようという考えに立った。日弁連が「是正訴訟」の提言をしたのは、このような問題意識に基づくものであった。

これらの精神は本書の各所で述べてきたところである。

9　残された課題と第二次改革への取り組み

日弁連は行政訴訟センターを中心に、2004年行訴法改正で残された課題を第二次改革とか第2ステージ改革と銘打って取り組んでいる。

(1)　検証研究会までの取り組み

本書で随所で取り上げてきた検証研究会は、正式名称を「改正行政事件訴訟法施行状況検証研究会」と言い、平成22年（2010年）12月16日から同24年7月20日まで13回、社団法人商事法務研究会会議室で実施され、同年11月に報告書が出された。座長は高橋滋一橋大学教授、日弁連からは岩本安昭弁護士、越智敏裕弁護士が参加した。

①　検証研究会の由来

「行政事件訴訟法の一部を改正する法律」附則50条に「政府は、この法律の施行後5年を経過した場合において、新法の施行の状況について検討を加え、必要があると認めるときは、その結果に基づいて所要の措置を講ずるものとする。」と規定された。

また、附則3条に「この法律の施行の際現に係属している抗告訴訟（この法律による改正後の行政事件訴訟法（以下「新法」という。）第3条第1項に規定する抗告訴訟をいう。）並びに民衆訴訟（新法第5条に規定する民衆訴訟をいう。）及び機関訴訟（新法第6条に規定する機関訴訟をいう。）のうち処分（新法第3条第2項に規定する処分をいう。以下同じ。）又は裁決（同条第3項に規定する裁

611

決をいう。以下同じ。）の取消し又は無効の確認を求めるものの被告適格に関しては、（中略）なお従前の例による」とされた。

改正から5年たつ少し前から、日弁連行政訴訟センターを中心に、もうすぐ5年が経つんだから何らかの方策を打たなければいけませんよね、附則に検討すると書いてありますよということを法務省に伝達してきた。

その結果、まず最初に平成21年に「法曹三者若手研究会」がもたれた。ほんとの意味での若手でない、中堅と言ったほうがいいかもしれないメンバーを、三者から3人ずつ出し、改革が必要な全部の論点を一応フォローしてもらった。

次はそれとほぼ並行して、中堅若手学者と行訴センターの勉強会を入れた。これを「行政訴訟改正準備研究会」と名付け、平成21年6月27日まで行った。

それが終わりかけたところで日弁連は同年5月20日、法務省審議官に申し入れをし、5年見直しの検討体制をたずねた。

これに対し団藤丈士審議官は、法務省としては予算上の手当ては難しい、概算要求もしていない、与党の意向が重要だ、最高裁の協力が必要だと述べ、すぐには何かやるということにはならないという回答をした[26]。

そこで、学会にお願いして、その年平成21年8月1日の「行政法研究フォーラム」で、この5年見直しの問題、あるいは改正がどのようになされてどんな実績かということで議論した。報告者は橋本博之教授、大橋洋一教授及び私で、その内容は『自治研究』86巻7号～10号に掲載されている。

そうしているうちに、今度は「最高裁の行政局と勉強会でもしたらどうですか」と最高裁行政局の林道晴民事・行政局長から提案があり、早速勉強会を始めた。ちょうどそのころ政権交代があり、民主党の政策インデックスに公金訴訟や団体訴訟も載ったこともあり、最高裁も日弁連もそれらを参考にしながら勉強会をやったものである。

そのような中で、法務省に行くと、団藤審議官が、来春、22年春ぐらいから商事法務研究会という場を使って改正部分のみの研究をやりたい、それ以上は法務省の力では無理だ、政治の力が必要だと発言した。

26）　このあたりの法務省側から見た事情を比較的リアルに再現しているように思われる團藤丈士「プロローグ『改正行政事件訴訟法施行状況検証研究会』」新堂幸司編集代表『日本法の舞台裏』（商事法務、2016年）275頁以下参照。

補章　行政事件訴訟法改正経過および第二次改革への取り組み

開始はそれでもかなり遅れたが、検証研究会は、このような経緯を経て始まったものである。

②　改正部分のみ扱うという誤り

この「改正部分のみ」の検証という立場は法文上明らかに誤りである。

上述したように5年経ったら「新法の施行状況」の検討をすると定められ、新法とは、改正後の行政事件訴訟法全部であることは明らかである。

しかし、そのことは法務省の方針とはならなかった。

このような検証対象を誤った研究会に、日弁連から委員を出さないか、限界はあるが委員は送るかと議論し、参加することとなった。原則としてボイコット方針は取らないというのが司法改革後の日弁連の対応の基本でもある。

ただ、この度は、行訴法改正時のような政党、政治家の支援はなく、改正部分だけ検証するという強引な法務省の方針に抗し得なかった側面があることも事実である。

にもかかわらず、研究会報告書の「はじめに」で、また新法の意味を強引に捻じ曲げていることは誠に遺憾というほかはない。

加えて、行政訴訟検討会が、改正後に遺言と巷間通称されるものを残している点もほとんど無視した。行政訴訟制度に関してさらに議論を深めておく必要があると考える論点という4点（行政立法、行政計画、裁量、団体訴訟）を現実の改正課題に扱っていない。

このように、経過も外縁も内包も非常に問題が多い報告書である。

③　附帯決議、国会審議無視

検証するのには、改正法の附帯決議や国会議事録が重要であるが、議論にはそれらは登場しない。

報告書には、小林・訴訟法は一定箇所に登場するが、衆参の附帯決議や国会審議における山崎潮司法制度改革推進本部事務局長、房村精一民事局長などの答弁は出てこない。

報告書の内容は、私は本書で随所でコメントしたが、非常にわかりにくいまとめとなっている。両論併記を基本とし、結論をほとんど言わない。循環的になっていて方向性が出にくいようにまとめてある。

まとめた方々は非常に優秀な人々であるから、研究会の議論がそのようであったことを反映していよう。最高裁、法務省の委員の発言が、当面再改正の必要はないとの結論を先に決めてのものであったと推測せざるを得

613

ないものである。

(2) 検証研究会前後からの取り組み

日弁連行政訴訟センターは、平成24年（2012年）2月13日、「行政事件訴訟法第2次改正シンポジウム」を開催し、小早川光郎教授、中川丈久教授をパナリストとして招き、今やセンターの委員である阿部泰隆弁護士とともに、第2次改正のテーマを、検証研究会のように限定せずに議論した。会場からは新堂幸司教授の発言もえた。

また、日弁連行政訴訟センターは、検証研究会報告書が出るや直ちに平成25年（2013年）1月21日、シンポジウム「法務省検証報告書を検証する―改正行政事件訴訟法施行状況検証研究会報告書（平成24年11月）の問題点を徹底して検証する」を開催した[27]。

(3) 改正提案の提起

前後するが、本書でも随所で引用したように、日弁連は2003年の行政訴訟法案に加えて、行訴法改正後、次のような提案を、理事会決議をもってしてきた。いずれも日弁連のホームページに掲載されている。

① 行政法制の抜本的再検討と継続的監視・改善のための恒常的改革機関の設置に関する提言（2004年9月16日）

② 公金検査請求制度の提言、公金検査請求訴訟法案（2005年6月16日）

③ 行政法制度に関する第二次改革の要望書（2005年10月18日）

④ 行政事件訴訟法5年後見直しに関する改正案骨子（2010年11月17日）

⑤ 行政事件訴訟法第二次改正法案（2012年6月15日）

⑥ 環境及び文化財保護のための団体による訴訟等に関する法律案（略称「環境団体訴訟法案」）（2012年6月15日）

---

27) これら二つのシンポジウム内容は、阿部・斎藤編・論点に収録している。同書には、他に、阿部泰隆教授、高木光教授と私とがさらなる改革について議論した阿部等・特別研究上、下も、検証研究会報告書とともに収録している。

事項索引

あ 行

アイヌ新法……………………70
厚木基地の自衛隊機運航差止め請求
　…………………246・442-444
アフガン難民………………262
アマミノクロウサギ訴訟………155
医学部差別事件………………168
伊方原発3号機運転差止め……269
伊方上告審判決………238・256・273・344
異議への裁決…………………54
遺跡指定解除…………………138
移送……………………………300
　──ルール…………………302
一部取消・一部棄却裁決………33
一連の手続……………………199
溢水……………………………116
一定の処分……………………404
一般消費者……………………138
一般処分………………………46
伊東市建築不許可都市計画決定……267
伊場遺跡訴訟…………………155
違法性…………………………223
　──の承継…………………275
違法判断の基準時……………273
医薬品インターネット販売の権利確認訴訟
　…………………485・543・567
インカメラ……………………338
訴えの変更………………210・230
訴えの利益……………………185
運転免許……………………578・591
エホバの証人事件……………253
延滞税の免除…………………62
応急措置法………………3・202・215
大飯原発の再稼働の差止め……268
オオクチバス条例事件………41・466
大阪空港訴訟大法廷判決………9・444
小田急判決………………95・250・265

か 行

会館使用………………………583
海岸占有不許可事件…………255
外形標準課税条例……………42
介護事業………………………581
改正行訴法の立法手続………596
改正の契機……………………600
開発許可………………………112
　──不要証明………………76
確認訴訟の活用……………25・459
確認の利益………………490・491
確認判決………………………466
火災の被害……………………124
課徴金…………………………588
学校廃止………………………40
仮換地指定………………122・584
仮処分…………………………541
　──排除……………………84
仮の義務付け……………516・520
仮の救済………………………509
　──をめぐる時間論………514
仮の差止め………………516・531
管轄……………………………295
環境団体訴訟法案……………160
慣習法…………………………227
願せん…………………………82
換地計画の保留地決定………75
還付拒否………………………62
関連請求………………………228
期間の経過……………………196
棄却……………………………348
企業への規制と企業従業員……139
既存業者………………………133
既存事業者……………………119
既判力……………357・358・370
義務付け訴訟改正案…………439
義務付けの訴え………………402
却下……………………………347
客観的併合……………………234
給付訴訟………………………498
給油取扱所変更許可事件……557
教員免職………………………590
教科書検定………………257・258
競願問題………………………119

615

協議……………………………………52
教示……………………………………211
行政計画………………13・30・37・487
行政権…………………………………235
行政財産目的外使用…………………68
行政裁量………………………………235
行政事件訴訟特例法
　　　………2・145・171・215・272・456・457
行政指導…………………30・37・49
行政主体………………………………175
行政庁…………………………………174
行政処分………………………………37
　　──の取消変更…………………194
行政訴訟検討会………………………24
　　──最終まとめ……………13・32
行政訴訟制度の見直しのための考え方…25
行政訴訟における和解…………………3
行政訴訟に適した審理方式…………302
行政調査………………………………16
行政庁…………………………………174
　　──の訴訟参加…………………293
行政立法…………………14・30・483
行訴法44条……………………………541
行訴法の立法手続……………………596
共同訴訟（主観的併合）……………285
記録閲覧………………………………580
区域の変更……………………………111
空港施設………………………………132
区画整理事業計画決定………………72
群馬中央バス事件……………………247
景観利益…………………………130・451
形式的当事者訴訟……………………456
形成力…………………………………376
刑務所からの信書発信不許可………248
減額再更正……………………………194
原告適格………………………………85
　　──二分論………………………109
原告の事情変更………………………193
検査……………………………………84
検証研究会………………………13・611
原処分主義……………………………272
源泉徴収の納税告知…………………63
建築確認…………………112・123・583
原発………………9・238・256・268
権利濫用………………………………228
効果裁量………………………………236
公共の福祉……………………………572
公共用物の利用者……………………137

公権力の行使…………………………28
抗告……………………………………22
　　──訴訟…………………………22
工事の完了……………………………191
拘束力……………………………357・362
公定力………………………………11・27
公取委事件記録………………………78
公売……………………………………588
公表…………………………………46・48
神戸税関懲戒免職処分………………249
公有水面埋立…………………………127
考慮事項型………………………248・262
告示……………………………………43
国税通則法の改正……………………18
国有財産加工不承認…………………69
個人情報開示請求……………………317
個人情報該当性………………………318
個人情報保護法・条例………………323
個人タクシー事件……………………247
国歌国旗起立斉唱減給事件…………255
国旗国歌懲戒等予防訴訟
　　　………227・442・445・448・460・465・
　　　466・472・494・540・556・565・593
個別保護要件…………………………88
混合型………………………252・253・262
混合診療健康保険受給権確認請求………564
近藤補足意見…………………………277

さ 行

在外邦人選挙権確認請求……………461・562
再開発計画認可………………………73・74
裁決固有の瑕疵………………………33
再決定義務付け判決…………………433
裁決取消訴訟…………………………32
採光の被害……………………………115
最高裁規則…………………………46・48
採択………………………………46・48
再度の拒否処分………………………432
再度の不開示…………………………196
裁判官の裁量判断……………………238
裁量混合型……………………………249
裁量統制………………………………236
裁量の改正論議………………………241
裁量の踰越、濫用……………………228
裁量判断………………………………235
差止めの訴え…………………………440

事項索引

サテライト大阪事件……………103・117	場外発売場の設置確認……………79
参加……………288	証拠収集……………317
32条・33条……………356	——処分……………328
3段階判定方法……………88	証拠調べ……………317
志賀原発の差止め……………268	証拠保全……………330
事業免許……………578	消費者裁判手続特例法……………168
自己の法律上の利益……………272	消費者団体訴訟……………168
事実上の利益論……………200	情報公開……………580
事情判決……………348	——請求……………317
地震の被害……………124	省令……………43
事前手続経由……………438	条例……………39
執行停止……………517・569	除却命令……………583
執行力……………377	職権証拠調べ……………312
実質的当事者訴訟……………457	職権発動消極姿勢……………303
質問検査手続……………18	所得税還付金請求……………561
指定……………46	処分行政庁等の明示義務……………179
地盤沈下の被害……………116	処分性……………37
司法改革……………600	処分取消訴訟……………32
司法制度改革推進本部……………24・603	信義則……………227
事務事業情報該当性……………319	進級拒否……………78
指名参加……………67	申請型義務付け訴訟……………403・426
指名停止……………66	申請書返却（返戻）……………56
社会観念……………244	申請に対する審査、応答……………55
社会通念……………237・244	税額認定……………63
釈明処分の特則……………304	生活保護の老齢加算廃止……………258
従業員への行政処分と事業者……………139	請願の受理の拒絶……………57
10条1項問題……………144	正当な理由（出訴期間徒過）……………204
ジュース訴訟……………155	成文法違反……………224
修正裁決……………33・195	税務調査……………20
自由選択主義……………214	是正訴訟……………30
重大な違法性……………395	積極的作為義務……………358
重大な損害……………405・575	接待公金返還住民訴訟……………253
住民基本台帳法の転入届……………59	専属管轄……………300
住民訴訟……………278	全農林82年事件……………249
住民票記載……………59	船舶移動の指導……………77
主観的追加的併合……………233	専門機関……………256
受刑者の丸刈差止事件判決……………173・484	増額再更正……………194
主張・立証責任……………341	総合設計……………123
出水による災害……………116	争点訴訟……………504
出訴期間……………202	訴額……………219
首都高改定料金事件判決……………174	訴訟の対象……………223
受理……………53	訴訟物……………223
準宛名人……………85	訴訟要件……………36
浚渫協議応諾……………82	措置命令……………584
場外勝舟投票権……………117	村外業者排除……………252
障害児就園仮の義務付け決定……………260	忖度……………304
場外車券売り場……………117	

617

た 行

第1種市街地再開発事業計画認可…………74
第2種市街地再開発事業計画認可…………73
退去強制令書……………………………579
第三者効………………………………357・359
第三者の再審の訴え………………………380
第三者の訴訟参加…………………………289
第二次改革…………………………………611
対物処分……………………………………46
高根町条例事件……………………………41
高浜原発3号機4号機差止仮処分決定……268
他事考慮……………………………………227
伊達火力発電所関係埋立免許等
　取消請求事件……………………………89
他に適当な方法………………………407・446
団体訴訟……………………………………155
地区計画………………………………42・72
地方議員失職………………………………589
懲戒処分の修正裁決………………………195
直接的な効果………………………………38
追加的併合……………………………231・233
通達……………………………………30・44
通知…………………………………………51
通風阻害……………………………………125
償うことのできない損害…………………518
定期検査終了証の交付……………………53
提訴前の証拠収集…………………………328
当事者照会…………………………………328
手続統制型…………………………………247
鉄道施設……………………………………132
鉄道料金値上げ……………………………136
伝習館高校事件…………………………49・249
ドイツ行政裁判所法………………………150
同意…………………………………………51
東京都外形標準課税条例無効確認等
　請求事件…………………………………5
当事者照会…………………………………328
当事者訴訟…………………………………455
　――と仮処分…………………………12・554
　――の具体化……………………………459
特定管轄裁判所……………………………299
独立利益侵害テスト………………………110
都市計画事業の認可………………………115
都市計画の変更……………………………111
土地改良事業の計画決定…………………73
土地共有者の税滞納………………………141
土地区画整理………………………………121

土地収用……………………………………121
鞆の浦事件……………………………129・130・525
取消訴訟………………………………27・36
　――中心主義……………………………27
　――中心主義からの脱却の試み………29
取消判決等の効力…………………………359
取消理由の制限……………………………272
取下げ（訴えの）…………………………347

な 行

内閣総理大臣の異議………………………574
長野勤評最高裁判決
　………………171・172・440・463・484・556
新潟空港定期航空運送事業免許
　取消請求事件……………………………90
日弁連行政訴訟法案……………2・7・157・220
日光太郎杉事件……………………………246
日照阻害………………………………115・124
二風谷ダム収用裁決取消事件……………264
日本国籍確認訴訟…………………………559
入国審査官の認定…………………………81
入札…………………………………………64
認諾…………………………………………346
認容処分手続理由取消拘束力……………369
認容判決……………………………………356
願い出………………………………………55
ノーアクションレター……………………447

は 行

廃棄物処理…………………………………133
排他性………………………………………30
排他的管轄…………………………………27
パチンコ店…………………………………118
判決…………………………………………347
判断過程の統制方式………………………246
判断代置型…………………………………255
反復禁止効…………………………………374
被告適格……………………………………169
被告の教示…………………………………182
被告を誤った場合の救済…………………182
非準正子国籍確認訴訟…………464・474・563
非申請型義務付け訴訟…………………403・404
平等原則……………………………………227
比例原則……………………………………227
広島今田校長分限事件……………………248

事項索引

広島県教組教研集会事件·············253
風俗営業···················118・585
不健全図書類指定···············80
不交付·····················61
不作為の違法確認訴訟············382
不受理·····················58
付随的効果··················38
不服申立て前置················214
不文法違反··················226
不要証明···················76
不利益要件··················88
文書提出命令·················332
紛争の成熟性·················492
併合強制···················427
辺野古事件··················252
ヘルパー派遣決定···············79
弁護士・税理士懲戒··············582
弁護士会照会拒絶に対する損害賠償請求
·······················568
弁護士会の営業不許可·············78
弁護士立会い·················20
弁護士懲戒················252・592
弁護士費用···············219・220
保育所廃止··················39
包括的・実効的救済··············36
放棄·····················347
法人等情報該当性···············319
法定外抗告訴訟················401
法令に基づく申請··············383
法令の廃止・変更···············190
保険医取消し·················263
保護範囲要件·················88
補充性···················407・446
補助参加···················292
墓地経営···················118
本案につき理由がないとみえるとき·····590

本案審理···················223
本案要件···············419・428・447
本体拘束力··················364

ま　行

マクリーン判決················244
マスキング··················322
水俣病認定事件················255
水俣病の法定調査···············83
民事訴訟の例·················1
無効等確認訴訟················388
無名抗告訴訟···············24・401
明白要件···················397
目的・解釈指針規定··············12
目的・動機··················228
もんじゅ···················258
もんじゅ判決··········92・94・259
問答無用方式·················244

や・ら・わ行

薬局開設許可義務不存在確認·········554
優良運転者··················81
要件裁量···················236
要綱·····················44
横川川事件·········171・186・393・440・559
落札·····················65
立証責任···················341
理由の追加・差替え··············281
林試の森事件·················248
歴史建物取壊し················69
老齢年金支給請求···············562
路線廃止処分·················117
和解·····················3

619

判例索引

昭　和

東京地判昭23.11.10……………346
最判昭27.1.25…………………274
最判昭29.7.30…………………245
最大判昭29.9.15………………177
最判昭29.9.28…………………558
最判昭30.1.28…………………216
最判昭30.2.24……………………37
最判昭30.12.26……………………28
津地判昭31.2.22………………346
東京地判昭31.10.24……………483
最判昭32.1.31…………………395
長野地判昭32.5.28……………227
最判昭32.12.24………………147
最大判昭33.4.30………………203
最判昭33.7.25…………………349
東京高判昭34.1.30……………282
最判昭34.8.28…………………219
最判昭35.5.24……………………64
長崎地判昭36.2.3…………………5
最判昭36.3.7………………275・397
最判昭36.4.21……………………29
最判昭36.7.21…………………216
東京高判昭36.12.21……………346
最判昭37.7.5…………………398
最判昭37.7.13…………………398
東京地判昭37.10.24……………555
最判昭37.12.26……………………34
東京高判昭38.4.26…………483・555
東京地判昭38.7.29…………173・484
最判昭38.11.26………………399
最判昭38.12.12………………396
長野地判昭39.6.2………………484
福島地会津若松支判昭39.6.4………294・505
山形地決昭39.8.25……………232
最判昭39.10.29……………………37
静岡地判昭39.11.30……………550
福岡地判昭40.1.19……………420
大阪地判昭40.2.27……………177
東京地決昭40.4.22……………44・360
大阪高決昭40.10.5……………551

東京高判昭41.2.7………………484
最大判昭41.2.23…………72・200・488
最大判昭41.7.20………………484・554
最大判昭41.11.15………………190
最大判昭42.5.24………………142
最判昭42.9.19…………………194
長崎地決昭42.9.22……………570
最大判昭42.9.27…………………79
大阪地決昭43.9.4………………550
最判昭43.10.29………………191
熊本地判昭43.11.14……………275
札幌地決昭43.12.13……………567
最判昭43.12.24…………119・198
札幌高判昭44.1.20……………571
京都地決昭44.1.28……………573
宇都宮地判昭44.4.9……………246
札幌地決昭44.8.22…………571・573
大阪地決昭44.9.20……………218
東京地決昭44.10.11……………571
大阪地決昭44.10.21……………573
最大決昭44.12.3…………………17
札幌高判昭45.1.23……………571
高知地決昭45.2.12……………570
大阪地決昭45.3.14……………573
東京地決昭45.7.4………………570
神戸地判昭45.9.8………………386
最判昭45.10.16………………198
最判昭45.12.24…………63・499
東京地判昭45.12.26……………497
最判昭46.1.22…………………225
東京地判昭46.2.6………………291
広島地決昭46.2.27……………570
金沢地判昭46.3.10……………384
最判昭46.7.14……………………21
広島地決昭46.8.5………………573
広島高決昭46.8.6………………573
福井地決昭46.10.16……………365
最判昭46.10.28…………225・247
東京地決昭46.11.19……………573
大阪高判昭47.2.16……………393
最判昭47.7.30…………………499
東京地決昭47.8.7………………573

620

判例索引

高松高決昭47.9.7 ……………………570
秋田地決昭47.11.13 ………………570
最判昭47.11.30
　　　　　171・172・440・463・484・556
最判昭47.12.12 ……………………189
最判昭48.2.2 ………………………199
最判昭48.3.6 ………………………350
最判昭48.4.26 …………………396・399
神戸地尼崎支決昭48.5.11 ………547
東京地判昭48.5.22 …………………44
最判昭48.6.21 ……………………216
東京高判昭48.7.13 ………………246
神戸地判昭48.9.4 …………………420
東京地判昭48.9.10 …………275・385
最判昭48.9.14 ……………………248
京都地判昭48.12.12 ………………384
名古屋高判昭49.4.9 ………………505
浦和地決昭49.4.15 ………………566
最判昭49.7.19 ……………………366
福岡高決昭49.9.10 ………………570
大阪高判昭49.11.28 ………………506
最大判昭49.12.10 …………………201
最判昭49.12.10 …………………142・189
大阪地決昭49.12.10 ………………550
京都地判昭50.3.14 ………………384
徳島地判昭50.4.18 ………………429
最判昭50.5.29 …………………225・247
京都地判昭50.6.20 ………………366
最判昭50.8.6 ………………………189
釧路地決昭50.10.3 ………………570
最判昭50.10.9 ……………………198
最判昭50.11.28 ……………………34
東京地八王子支決昭50.12.8 ……550
東京高判昭50.12.23 ………………44
福岡地小倉支判昭51.3.29 ………507
最大判昭51.4.14 …………………350
札幌地判昭51.7.29 …………………89
新潟地決昭51.10.19 ………………232
札幌高決昭51.10.27 ………………570
千葉地松戸支判昭51.11.5 ………508
大阪高判昭52.1.27 ………………282
浦和地判昭52.1.28 …………547・553
福岡地決昭52.5.19 ………………570
最大判昭52.7.13 …………………278
福岡地決昭52.7.18 ………………573
東京高判昭52.11.16 …………547・553
最判昭52.12.20 …………………227・249

名古屋地判昭53.1.18 ……………497
最判昭53.3.14 …………………86・138
東京地判昭53.3.23 ………………497
最判昭53.5.26 ……………………228
大阪地判昭53.5.26 …………………36
静岡地沼津支決昭53.5.29 ………547
横浜地決昭53.8.4 …………………572
札幌地決昭53.9.14 ………………571
最判昭53.9.19 ……………………281
最大判昭53.10.4 …………………188・244
名古屋地判昭53.10.23 ……………350
神戸地尼崎支判昭53.10.27 ………547
広島地決昭53.12.5 ………………545
広島高決昭54.3.3 …………………545
名古屋地判昭54.3.26 ……………177
最判昭54.5.28 ……………………507
東京地決昭54.7.3 …………………570
大阪高判昭54.7.30 ………4・36・45・384・386
最判昭54.12.25 ……………………51
最判昭55.1.25 …………………196・200
大阪高決昭55.2.1 …………………573
大阪地決昭55.3.14 ………………550
東京高判昭55.7.28 ………………497
大阪高判昭55.8.27 ………………496
福岡地判昭55.9.26 ………………384
浦和地判昭55.9.30 ………………297
大阪地判昭55.11.12 ………………429
最判昭55.11.20 …………………34・194
水戸地判昭55.11.20 ………………330
最判昭55.11.25 …………………197・201
最判昭55.12.9 ……………………205
広島地決昭56.1.16 ………………548
最判昭56.1.27 ……………………227
最判昭56.2.24 ……………………208
東京高判昭56.3.30 ………………198
最判昭56.4.7 ………………………467
最判昭56.4.24 …………………34・195
東京地判昭56.5.27 ………………420
最判昭56.7.14 ……………………282
東京地判昭56.7.16 ………………385
名古屋地決昭56.7.18 ……………549
名古屋高決昭56.7.20 ……………549
福岡高判昭56.7.28 ………………384
福岡地決昭56.7.29 ………………570
新潟地判昭56.8.10 …………………90
東京地決昭56.9.19 ………………570
福岡高決昭56.9.29 …………………570・571

621

東京地判昭56.11.27 …………………484・496
東京高判昭56.11.30 …………………487
最大判昭56.12.16 ………………9・444
最判昭56.12.18 …………………197・198
東京高判昭56.12.21 ……………………90
高知地決昭57.1.20 ……………………218
大阪地判昭57.2.19 ………349・352・353
東京高決昭57.2.24 …………………570・572
最判昭57.4.8 ……………………186
最判昭57.4.22 ……………………72
神戸地判昭57.4.28 ……………………74
札幌高判昭57.6.22 ……………………89
東京高判昭57.6.30 …………………484・496
最判昭57.7.15 …………………496・557
奈良地決昭57.8.26 ……………………297
最判昭57.9.9 ……………………192
浦和地決昭57.10.30 …………………570
東京高決昭57.10.31 …………………570
和歌山地決昭57.11.11 …………………547
大阪地判昭57.12.24 …………………353
津地決昭58.3.9 …………………570
最判昭58.4.5 ……………………197
岡山地判昭58.5.25 ……………………496
最判昭58.9.8 ……………………206
釧路地判昭58.11.29 …………………496
最判昭58.12.1 ……………………189
名古屋高決昭58.12.13 …………………570
大阪高判昭58.12.21 ……………………74
横浜地判昭59.1.30 ……………………216
東京高判昭59.1.31 ……………………281
最判昭59.3.29 ……………………287
京都地判昭59.3.30 ……………………496
最判昭59.4.24 ……………………194
高知地判昭59.4.26 ………171・420・559
東京高決昭59.6.27 ……………………553
最判昭59.7.16 ……………………74
大阪高決昭59.10.1 ……………………297
広島地判昭59.10.17 …………………349
最判昭59.10.26 ……………………191
最大判昭59.12.12 ………………………51
東京高決昭60.1.25 ……………………593
東京高判昭60.6.25 ……………………233
水戸地判昭60.6.25 ………147・149・153
最大判昭60.7.17 …………………350
最判昭60.7.19 ……………………197
最判昭60.9.12 ……………………279
大阪高決昭60.11.25 …………………553

最判昭60.12.17 ………39・85・90・94
最判昭61.2.13 ……………………73
最判昭61.2.24 ……………………206
大阪高判昭61.2.25 ……………………353
最判昭61.6.10 ……………………216
最判昭61.10.23 ……………………187
最判昭62.3.20 ……………………64
最判昭62.4.17 ……………………391
最判昭62.4.21 ………33・34・80・195・272
福岡地判昭62.6.30 ……………………288
最判昭62.10.30 ……………………227
最判昭62.11.24 …………………110・137
最判昭63.2.25 ……………………288
高松高判昭63.3.23 ………171・393・560
大阪地判昭63.5.27 ……………………367
大阪地判昭63.6.24 ……………………331
最判昭63.7.14 ……………………245
東京高判昭63.7.20 ……………………552

平　成

京都地決平元.1.11 …………………549
最判平元.2.17 ………90・94・144・148
最判平元.4.13 ……………………136
最判平元.4.27 ……………………194
大阪地決平元.5.10 ……………………570
札幌地判平元.5.31 ……………………562
最判平元.6.20 ……………………138
最判平元.7.4 ………171・186・440・559
名古屋高金沢支判平元.7.19 ………92・102
大阪高決平元.8.10 ……………………570
最判平元.9.5 ……………………253
横浜地決平元.12.8 ……………………553
最判平2.1.18 …………………49・249
福岡高那覇支判平2.5.29 ………………47
東京高判平2.6.28 ……………………488
東京高判平2.7.19 ……………………373
浦和地判平2.7.30 ……………………178
仙台高決平2.9.7 …………………551・553
福岡地判平2.10.25 ……………………74
宇都宮地決平2.11.2 …………………570
大阪高判平2.11.27 ……………………367
最判平3.3.28 ……………………193
最判平3.4.19 ……………………48
最判平3.4.26 ……………………386
東京地判平3.4.26 ……………………194
札幌高判平3.6.26 ……………………562

判例索引

東京高決平 3.7.20 ………………218
大阪地判平 3.12.10 ………………61
最判平 4.1.24 ………………192・350
東京地判平 4.1.29 ………………561
最判平 4.2.18 ………………282
東京地判平 4.3.18 ………………496
東京地判平 4.3.24 ………………48
最判平 4.4.28 ………………364・366・424
東京地判平 4.5.27 ………………561
東京高判平 4.6.29 ………………561
京都地判平 4.6.29 ………………496
最判平 4.7.17 ………………367・374
東京地判平 4.8.27 ………………79・174
広島高決平 4.9.9 ………………545
最判平 4.9.22 ………………93・94・390・392
最判平 4.10.6 ………………38
東京高判平 4.10.26 ………………561
最判平 4.10.29 ………………238・256・344
最判平 4.11.26 ………………38・73
最判平 4.12.15 ………………279
最判平 5.2.16 ………………284
神戸地判平 5.2.22 ………………78
最判平 5.2.25 ………………444
最判平 5.3.16 ………………257
長野地判平 5.5.20 ………………388
福岡高判平 5.6.29 ………………74
最判平 5.9.10 ………………34・191
京都地決平 5.9.16 ………………547
長崎地判平 5.9.21 ………………60
東京高判平 5.10.14 ………………75
京都地判平 5.12.10 ………………288
札幌高判平 6.1.27 ………………194
東京地判平 6.1.27 ………………48
最判平 6.2.8 ………………319・344
最判平 6.3.10 ………………560
東京高判平 6.4.18 ………………48
最判平 6.4.19 ………………561
最判平 6.4.22 ………………42・72
東京地判平 6.9.9 ………………487・496
東京地判平 6.10.17 ………………69
東京地判平 6.11.30 ………………487
大阪地判平 6.12.20 ………………324
大阪高判平 6.12.22 ………………78
最判平 7.1.27 ………………344
最判平 7.2.23 ………………193
最判平 7.3.7 ………………286
最判平 7.3.23 ………………51・75

京都地判平 7.3.27 ………………18
最判平 7.7.6 ………………217
仙台高判平 7.8.29 ………………346
最判平 7.11.7 ………………501・562
最判平 7.11.9 ………………191
東京高判平 7.11.21 ………………69
東京地判平 7.11.28 ………………487
最判平 8.2.22 ………………188
最判平 8.3.8 ………………78・253
最判平 8.7.12 ………………188・200
最判平 8.7.12 ………………188
大阪地判平 8.7.29 ………………217
千葉地判平 8.10.11 ………………56
最決平 8.11.1 ………………290
最判平 9.1.28 ………………112・117・142・236
札幌地判平 9.3.27 ………………264・349・351
最大判平 9.4.2 ………………286
最判平 9.8.29 ………………258
東京地決平 9.12.5 ………………570
福岡地判平 10.1.26 ………………68
仙台地判平 10.1.27 ………………56・387
大阪高判平 10.3.19 ………………18
最判平 10.4.10 ………………188・245
最判平 10.6.16 ………………347
最大判平 10.9.2 ………………286
大阪地判平 10.9.29 ………………79
最判平 10.10.8 ………………246
福岡高判平 10.10.9 ………………218
東京地判平 10.11.25 ………………488
最判平 10.12.17 ………………118
最判平 10.12.18 ………………48
福岡高判平 10.12.21 ………………68
名古屋地判平 10.12.21 ………………53
最判平 10.2.24 ………………63
東京高判平 11.1.25 ………………386
岡山地判平 11.2.9 ………………57
東京地判平 11.2.18 ………………373
東京地判平 11.4.22 ………………393
山口地判平 11.7.6 ………………69
甲府地決平 11.8.10 ………………228
静岡地浜松支判平 11.10.12 ………………226
東京地判平 11.10.28 ………………461・563
最判平 11.11.19 ………………283・432
最判平 11.11.25 ………………85・95・110
大阪高判平 11.11.25 ………………324
大阪高決平 12.1.27 ………………338
松江地決平 12.2.7 ………………553

623

東京地判平 12.2.24 ……………………60
京都地判平 12.2.25 ……………………18
徳島地決平 12.3.7 ……………………569
最決平 12.3.10 ………………………336
最判平 12.3.17 …………………118・249
東京地判平 12.3.22 ……………………65
福井地判平 12.3.22 ……………………94
東京地判平 12.3.23 ………………45・60
神戸地判平 12.3.28 ……………………62
広島高岡山支判平 12.4.27 ……………57
福岡高判平 12.5.26 ……………………68
岡山地判平 12.9.5 ……………………66
鹿児島地判平 12.9.22 …………………68
横浜地判平 12.9.27 ……………………77
東京高判平 12.9.27 ……………………65
高松高判平 12.9.28 ……………………67
最決平 12.10.13 ………………………221
最判平 12.10.13 ………………………219
大阪高判平 12.10.24 …………………62
東京高判平 12.11.8 ……………461・495・563
鹿児島地判平 13.1.22 …………………155
東京地決平 13.2.16 …………………569
最決平 13.2.27 ………………………298
最判平 13.3.13 …………………………89
東京地決平 13.3.19 ……………………78
最判平 13.3.27 …………………318・322
大阪地判平 13.3.29 …………………386
東京地判平 13.5.21 ……………………62
東京高判平 13.5.23 …………………291
青森地決平 13.5.25 …………………552
千葉地判平 13.5.25 ……………………56
大阪高判平 13.6.21 ……………………79
東京高判平 13.6.26 ……………………61
前橋地判平 13.6.29 ……………………56
東京高判平 13.7.4 ……………147・149・153
福岡高宮崎支判平 13.7.6 ………………69
名古屋地判平 13.8.29 …………………58
東京地判平 13.9.28 …………………137
東京地判平 13.10.3 ……………137・265
大阪高判平 13.10.19 …………………386
東京高決平 13.10.24 …………………569
富山地判平 13.10.31 …………………50
東京地判平 13.12.4 ……24・107・420・422
東京地判平 13.12.6 …………………495
長崎地判平 13.12.26 …………………501
東京地決平 13.12.27 ……………79・569
東京地判平 13.12.27 ……………58・495

最判平 14.1.17 …………………46・393
最判平 14.1.22 …………………………95
東京地判平 14.1.22 ……………78・176
東京地判平 14.2.14 ……………42・495
東京高判平 14.2.20 ……………56・57
最判平 14.2.28 …………………189・286
東京地決平 14.3.1 …………………569
札幌地判平 14.3.7 ……………………70
福岡高宮崎支判平 14.3.19 ……………156
最判平 14.3.25 ………………………286
東京地判平 14.3.26 ……………………42
最判平 14.3.28 ………………………124
最判平 14.4.25 ………………………40
名古屋高金沢支判平 14.5.20 …………50
千葉地判平 14.5.31 ……………………58
最判平 14.7.9 …………………467・551
横浜地判平 14.8.7 ……………59・385
千葉地判平 14.8.9 ……………………51
東京地判平 14.8.27 …………………249
東京高判平 14.9.6 ……………58・495
最判平 14.9.12 …………………208・319
最決平 14.9.26 ………………………290
東京高判平 14.9.26 …………………324
静岡地判平 14.10.31 …………………324
札幌地判平 14.11.11 …………………226
東京地判平 14.11.15 …………………63
高知地判平 14.12.3 …………………385
横浜地判平 14.12.4 ……………………62
東京高判平 14.12.5 ……………………57
東京地判平 14.12.18 …………………107
大津地決平 14.12.19 ……………69・423・554
名古屋地判平 14.12.20 ………………77
最判平 15.1.17 ………………………279
最決平 15.1.24 ………………………292
最判平 15.1.24 ………………………134
名古屋高金沢支判平 15.1.27
……………………………93・259・397・399
東京高判平 15.1.30 ……………42・495
高松高判平 15.2.25 ……………………50
東京地判平 15.2.26 ……………………62
最決平 15.3.11 …………………187・572・592
東京高判平 15.4.23 ……………………51
福岡高判平 15.7.17 ……………………50
最判平 15.7.18 ………………………294
最判平 15.9.4 …………………44・46
東京高判平 15.9.11 …………………248
東京地判平 15.9.19 ……………………54

判例索引

東京地判平15.9.25 ……………………47・80
高知地判平15.9.30 ……………………75
東京高判平15.10.1 ……………………495
東京地決平15.10.3 ……………………569・571
最判平15.11.11 …………………………318
熊本地判平15.11.28 ……………………18
最判平15.12.18 …………………………318
東京高決平15.12.25 ……………………569・572
最決平16.2.20 …………………………333
大阪地判平16.3.4 ………………………374
最判平16.3.16 …………………………569
名古屋地判平16.3.26 …………………364
東京高判平16.3.30 ……………………54
東京地判平16.4.22 ………71・260・353
最判平16.4.26 …………………………46・51
東京高決平16.5.6 ………………………339
東京高判平16.6.30 ……………………80・394
最判平16.7.13 …………………………400
大分地決平16.10.6 ……………………547
高知地判平16.11.30 ……………………372
東京地決平16.12.21 ……………………339
最判平16.12.24 …………………………226
佐賀地決平17.1.12 ……………………542
広島高判平17.1.18 ……………………340
大阪地判平17.1.18 ……………………40
名古屋高判平17.1.27 …………………349
大津地判平17.2.7 ………………………41
名古屋地判平17.2.24 …………………49
最判平17.3.10 …………………………279
東京地判平17.3.25 ……………………495
最決平17.3.29 …………………………229
最判平17.4.14 ……………62・372・502
東京地判平17.4.21 ……………………501
千葉地判平17.4.26 ……………………81
東京地決平17.4.26 ……………………577
福岡地決平17.5.12 ……………………585
福岡高決平17.5.16 ……………………538
大阪高判平17.5.19 ……………………81
最判平17.5.30 ……………93・239・258
福岡高決平17.5.31 ……………………585
東京地判平17.5.31 ……………………121
徳島地決平17.6.7 ………………260・520
最決平17.6.24 …………………178・232
東京地判平17.6.24 ……………………75
最判平17.7.15 …………………………49
東京高決平17.7.15 ……………………577
最決平17.7.22 …………………………334

大阪地決平17.7.25 ……………………533
宇都宮地判平17.8.10 …………………40
大阪地判平17.8.25 ……………………122
千葉地決平17.8.29 ……………………585
東京地判平17.8.31 ……………………500
最判平17.9.8 …………………………50
最大判平17.9.14 …………461・466・562
名古屋高判平17.9.28 …………………49
東京地決平17.9.29 ……………………579
最決平17.9.30 …………………………543
東京地判平17.9.30 ……………………500
東京高判平17.10.20 ……………………18・267
最判平17.10.25 …………………………50
最判平17.10.28 …………………………347
大阪高判平17.11.24 ……………………41・466
東京地判平17.11.25 ……………………580
東京地判平17.11.25 ……………………408
最大判平17.12.7 ………………………95
大阪高判平17.12.8 ……………………269
東京高決平17.12.13 ……………………579
東京地判平17.12.16 ……………………409
東京高判平17.12.19 ………42・474・460
東京地決平17.12.20 ……………………530
横浜地判平17.12.21 ……………………81
東京高判平17.12.26 ……………………81・434
東京地判平17.12.26 ……………………226
大阪地決平18.1.13 ……………………534
最判平18.1.19 …………………………253
東京高決平18.1.19 ……………………585
大阪高決平18.1.20 ……………………577
東京地決平18.1.25 ……………………522
大阪地決平18.1.25 ……………………534
大阪地判平18.1.25 ……………………82
福岡高宮崎支判平18.1.27 ……………117
甲府地決平18.2.2 ………………………577
最判平18.2.7 …………………245・253
徳島地判平18.2.17 ……………………218
大阪地判平18.2.22 ……………………133・448
東京高判平18.2.23 ……………………260
東京地判平18.2.28 ……………………434
横浜地判平18.3.22 ……………………466
最判平18.3.23 …………………………248
名古屋地判平18.3.23 …………………82・226
金沢地判平18.3.24 ……………………268
東京地判平18.3.24 ……………………467
東京地判平18.3.28 ……………………120・132
東京地決平18.3.29 ……………………580

625

東京地判平18.3.29 ……………………564
最判平18.3.30 …………………107・130
大阪地判平18.3.30 …………………132
東京高決平18.3.30 …………………335
岡山地判平18.4.19 ……………76・435
大阪高判平18.4.20 …………………40
東京高判平18.5.11 …………………409
横浜地判平18.5.17 …………………111
横浜地判平18.5.22 …………349・352・564
大阪地決平18.5.22 …………………535
大津地判平18.6.12 …………………409
東京地判平18.6.13 …………………262
東京高判平18.6.28 …………………81
最判平18.7.14 ………………………41
横浜地判平18.7.19 …………………410
名古屋地決平18.7.20 ……………79・117
名古屋地判平18.8.10 ………………448
大阪地決平18.8.10 …………………535
水戸地決平18.8.11 …………………536
最判平18.9.4 ………………………248
東京地判平18.9.12 ………46・475・481・503
最判平18.9.14 ………………………252
東京地判平18.9.21 …………441・448・566
名古屋地決平18.9.25 ……………49・537
東京地判平18.9.28 …………………325
千葉地判平18.9.29 …………………475
東京地判平18.9.29 …………………124・149
岡山地決平18.10.2 …………………577
名古屋地判平18.10.13 ………………545
東京地決平18.10.20 …………………523
東京地決平18.10.20 …………………448
東京地判平18.10.23 …………………289
東京地判平18.10.25 …………………435
最判平18.10.26 ……………64・252・254
大阪地判平18.10.26 …………………118
最判平18.11.2 ………………………250
東京高判平18.11.15 …………………410
東京高決平18.11.24 …………………220
大阪高判平18.11.30 …………………494
名古屋地判平18.11.30 ………………58
福岡地判平18.12.19 …………………467
東京地判平18.12.20 …………………117
大阪地決平19.1.4 …………………584
大阪高判平19.1.24 …………………133・448
東京地決平19.1.24 …………………583
最判平19.1.25 ………………………178
最判平19.2.6 ………………………200・227

さいたま地判平19.2.7 ………………134
東京地判平19.2.9 …………………409
大阪地判平19.2.13 …………………199
東京地決平19.2.13 …………………535
大阪地判平19.2.15 …………………410・440
大阪地決平19.2.20 …………………533
神戸地決平19.2.27 …………………40・531
東京高判平19.2.27 …………………563
大阪高決平19.3.1 …………………533
名古屋地決平19.3.2 …………………577
横浜地決平19.3.9 …………………586
福岡地判平19.3.13 …………………188
東京高決平19.3.14 …………………583
大阪地判平19.3.14 ………117・431・435・436
松江地判平19.3.19 …………………127
大分地判平19.3.26 …………………128
大阪高決平19.3.27 …………………40
大阪地判平19.3.28 …………………533
東京高決平19.3.29 …………………586
東京地判平19.3.29 …………………117
大阪高決平19.3.30 …………………532
大阪地判平19.3.30 …………………580
最判平19.4.17 ………………………322
大阪地判平19.4.19 …………………44
横浜地決平19.4.25 …………………588
東京高判平19.4.25 …………………476・504
東京地判平19.5.25 …………………447・449
福岡地判平19.5.28 …………………119
東京地判平19.5.31 …………………411・424
宇都宮地決平19.6.18 ………………537
横浜地決平19.7.2 …………………579
大阪地決平19.7.6 …………………580
東京高決平19.7.19 …………………582
仙台高決平19.8.7 …………………587
大阪地決平19.8.10 …………………523
大阪地判平19.8.10 …………………479・481
千葉地判平19.8.21 …………134・148・152
横浜地判平19.9.5 …………………499
東京地判平19.9.5 …………………435
東京地判平19.9.7 …………126・149・411
名古屋地決平19.9.28 ………………524
名古屋地判平19.10.10 ………………112
岡山地決平19.10.15 …………………524
東京高判平19.10.17 …………………370
最判平19.10.19 ……………………120・135
千葉地判平19.10.19 …………………132
大阪高判平19.10.25 …………………133

判例索引

広島地判平 19.10.26 ……………………411
広島高松江支判平 19.10.31 …………128
東京高判平 19.11.5 ……………411・417
東京地判平 19.11.7 ……………468・564
京都地判平 19.11.7 ……………………411
大阪地判平 19.11.28 …………449・454
東京高判平 19.11.29 …………183・467
東京高判平 19.12.5 …………………449
最判平 19.12.7 …………………69・255
最決平 19.12.18 ………582・592・593
東京高判平 19.12.19 …………………410
東京地判平 19.12.26 …………………480
大阪地判平 19.12.27 …………………125
東京地決平 19.12.28 …………………578
最判平 20.1.18 ………………………279
東京地判平 20.1.18 …………………449
東京地判平 20.1.22 …………………83
東京地判平 20.1.29 ……110・133・444・450
さいたま地判平 20.1.30 ……………65
大阪地判平 20.1.30 …………………351
岡山地決平 20.1.30 …………………586
大阪地判平 20.1.31 …………………450
東京高決平 20.1.31 …………………588
名古屋地判平 20.1.31 ………………325
東京地判平 20.2.8 …………………399
大阪高判平 20.2.14 …………………480
大阪高判平 20.2.14 …………………118
水戸地判平 20.2.26 …………………326
東京地判平 20.2.27 …………………82
横浜地判平 20.2.27 ……………52・128
東京地判平 20.2.29 ……………413・435
広島地決平 20.2.29 ……130・525・536
最判平 20.3.6 ………………………494
大阪高判平 20.3.6 …………………103
那覇地判平 20.3.11 …………………225
大阪高判平 20.3.13 …………………44
東京地判平 20.3.19 …………………137
東京地決平 20.3.27 …………………536
大阪高判平 20.3.27 …………………115
さいたま地決平 20.3.31 ……………293
東京高判平 20.4.17 …………………117
広島高岡山支決平 20.4.25 …………581
福岡地判平 20.4.25 ……468・469・482
大阪地判平 20.5.16 …………………392
福岡高判平 20.5.27 …………………119
東京地判平 20.5.29 …122・126・139・149・271
東京高決平 20.6.3 …………………536

最大判平 20.6.4 ……………464・474・563
東京高判平 20.6.19 …………………121
東京高判平 20.6.24 …………………83
東京高決平 20.6.26 …………………293
東京高判平 20.7.9 ……………126・411
名古屋高判平 20.7.16 ………………325
大阪地決平 20.7.18 …………………524
神戸地判平 20.7.31 …………………411
大阪高判平 20.7.31 …………………112
大阪地判平 20.8.7 …………………113
東京地判平 20.8.22 ……412・413・424・436
知財高判平 20.8.26 …………………412
東京高判平 20.8.27 …………………400
大阪高判平 20.8.28 …………………125
広島高判平 20.9.2 …………………476
福岡高判平 20.9.8 …………………129
最大判平 20.9.10
　　　………38・50・70・72・277・352・488
大阪地判平 20.9.19 …………………199
東京高判平 20.10.1 ……………53・82
大阪地決平 20.10.1 …………………590
東京地決平 20.10.17 ………………591
名古屋高判平 20.10.30 ……………206
新潟地判平 20.11.14 ………………436
広島地決平 20.11.21 ………………585
佐賀地決平 20.12.1 …………………536
東京地決平 20.12.10 ………………581
東京地決平 20.12.19 ……74・478・490
東京地判平 20.12.24 ………………114
横浜地判平 20.12.24 ………………74
宇都宮地決平 21.1.5 ………………581
東京高決平 21.1.8 …………………591
最決平 21.1.15 ……………………340
最判平 21.1.15 ……………………321
佐賀地決平 21.1.19 …………………581
那覇地判平 21.1.20 …………………450
東京高判平 21.1.28 …………………480
東京高判平 21.1.29 ……………352・564
名古屋地判平 21.1.29 ………478・482・490
大阪地決平 21.1.30 …………………591
東京高決平 21.2.6 …………………583
広島高決平 21.2.12 …………………585
大阪高判平 21.2.13 …………………279
名古屋地判平 21.2.19 ………469・482
福岡地判平 21.2.25 …………………140
最判平 21.2.27 ………………81・196
札幌地決平 21.2.27 …………………537

627

東京高判平21.3.5……412	高松高判平22.3.18……319
大阪高決平21.3.18……592	福岡高那覇支決平22.3.19……434・526
名古屋高判平21.3.25……320	福岡高判平22.3.25……451
東京地判平21.3.25……413	長野地判平22.3.26……57
大阪地判平21.3.25……140	東京高判平22.3.30……358・369
東京高判平21.4.16……140	東京地判平22.3.30……43・476・481
最判平21.4.17……411	甲府地判平22.3.31……263
奈良地判平21.4.22……499	東京地判平22.4.9……323・436
京都地決平21.4.28……579	最決平22.4.12……336
東京高判平21.5.20……134・152	東京地決平22.4.12……538
東京高判平21.5.27……245	東京地判平22.4.16……119
東京地判平21.5.27……178	東京地判平22.4.28……413
東京高判平21.6.1……132	福岡地決平22.5.12……527
旭川地判平21.6.9……51	東京地判平22.5.13……113
奈良地決平21.6.26……523	仙台地決平22.5.14……579
最決平21.7.2……583・593	鹿児島地判平22.5.25……135
福岡高判平21.9.11……469・482	東京地決平22.6.1……582
東京高判平21.9.16……115	最判平22.6.3……29
大阪地判平21.9.17……413	東京高判平22.6.10……116
大阪地判平21.9.25……364・368・431・436	福岡高判平22.6.14……259
東京高判平21.9.29……468・564	福井地判平22.6.25……414
広島地判平21.10.1……129・130・451	横浜地判平22.6.30……414
大阪地判平21.10.2……480・481	最判平22.7.6……319
さいたま地判平21.10.14……57	東京高判平22.7.14……205
横浜地判平21.10.14……469	札幌地判平22.7.26……326
最判平21.10.15……103・118・142	福岡高決平22.7.20……527
前橋地決平21.10.23……583	大阪地判平22.8.27……451
大阪高判平21.10.29……140	大阪高判平22.9.9……364・368・436
最判決平21.11.13……121	東京地判平22.9.10……414
名古屋高判平21.11.13……110	横浜地判平22.10.20……349
最判平21.11.26……39・361・564	横浜地決平22.10.29……579
東京高判平21.11.26……111	名古屋地決平22.11.8……527・538
東京地判平21.11.26……413	大阪高判平22.11.16……499
奈良地決平21.11.26……134・586	東京高判平22.11.17……349
札幌高判平21.11.27……51	東京地判平22.11.19……20
東京地判平21.11.27……115	名古屋地決平22.11.19……528
京都地判平21.12.14……413・419	岐阜地判平22.11.24……326
最判平21.12.17……276・280	福岡高宮崎支判平22.11.24……135
那覇地決平21.12.22……434・525	最決平22.11.25……576・592
東京高決平21.12.24……583	東京地判平22.12.22……43
大阪高判平21.12.28……349	さいたま地判平23.1.26……415
津地決平22.1.8……526	東京高判平23.1.28……448・566
最決平22.1.12……320	和歌山地判平23.1.28……419・425
福岡地判平22.1.18……326	福岡高判平23.2.7……425
福岡高判平22.1.21……140	大阪地判平23.2.10……70
広島高判平22.1.25……349	東京高決平23.2.22……586
横浜地判平22.1.27……205	横浜地判平23.3.9……415

札幌高判平23.3.10 ································326
東京高判平23.3.31 ································530
東京地決平23.3.31 ································530
静岡地判平23.4.22 ································277
東京高判平23.5.26 ································415
東京高判平23.5.31 ································263
最判平23.6.7 ··························225・284
東京高判平23.6.8 ··································57
最判平23.6.14 ···························51・64
最決平23.9.16 ································368
東京地判平23.9.21 ································126
和歌山地決平23.9.26 ·····················528
東京高判平23.9.29 ································323
福岡地判平23.9.29 ································451
横浜地判平23.10.5 ································233
最決平23.10.11 ································336
最判平23.10.14 ································320
最判平23.10.25 ·························468・564
東京高判平23.10.26 ·····························114
東京地判平23.11.9 ································415
大阪高決平23.11.21 ·····························528
熊本地判平23.12.14 ·····························120
水戸地判平24.1.13 ································415
最判平24.1.16 ································255
東京高判平24.1.24 ································277
最判平24.2.9 ·········227・442・445・448・460・
　　465・466・472・494・540・556・565・593
最判平24.2.16 ································246
東京地判平24.2.17 ·························416・470
最判平24.2.28 ·····················15・44・259
名古屋高決平24.3.19 ·····················527
東京高判平24.3.21 ································233
大阪地判平24.3.28 ································116
最判平24.4.2 ·····················15・44・258
福島地判平24.4.24 ·························416・426
和歌山地判平24.4.25 ·····················436
東京高判平24.4.26 ···········43・477・485・567
東京地判平24.4.26 ·························59・416
最判平24.4.27 ································193
名古屋地決平24.5.9 ·····················588
福岡高判平24.6.5 ································121
東京地判平24.6.6 ································417
東京地決平24.6.20 ································590
高知地決平24.6.26 ································299
大阪地判平24.6.28 ································225
最決平24.7.3 ································426
大阪地判平24.7.4 ··································40

東京高決平24.7.12 ································590
名古屋高決平24.7.20 ·····················588
東京高判平24.7.25 ·························543・567
大阪地決平24.8.10 ································588
京都地判平24.9.21 ································326
東京高判平24.9.27 ··························60・416
東京地決平24.10.23 ·························84・529
東京地判平24.10.24 ·····················478・481
東京地判平24.11.2 ································529
東京高決平24.11.5 ································529
最判平24.11.20 ································208
東京地判平24.11.26 ·····························473
最決平24.11.30 ·························529・539
大阪地判平24.12.20 ··························53
大阪地判平24.12.21 ·····························168
最判平25.1.11 ·········43・477・485・543・567
仙台高判平25.1.24 ·························293・416
東京地判平25.2.7 ································327
最判平25.2.19 ·························246・251
大阪地判平25.2.20 ································417
東京地判平25.2.26 ···········84・385・437
東京高判平25.3.6 ································349
高松高判平25.3.22 ································349
東京高判平25.3.26 ································349
東京高判平25.3.26 ·························136・156
最判平25.3.28 ································280
大阪地決平25.3.28 ································530
東京高判平25.4.11 ································473
札幌地判平25.4.15 ··························47・470
最判平25.4.16 ································255
最決平25.4.19 ································335
名古屋高判平25.4.26 ·····················225
東京地判平25.5.8 ································329
札幌地判平25.5.9 ································140
名古屋地判平25.5.31 ·······452・453・477・485
東京地判平25.6.20 ··································17
大阪高判平25.6.28 ··································53
最判平25.7.12 ··························85・141
奈良地判平25.8.20 ································452
大阪高判平25.9.12 ··································40
最判平25.9.26 ··························60・417
東京高判平25.9.26 ································485
最決平25.10.15 ································277
奈良地判平25.10.22 ·····························417
東京高判平25.10.23 ·····················416・470
大阪高判平25.10.25 ·····························327
名古屋地判平25.10.25 ·····················568

629

広島高判平 25.11.13 ……………………193
大阪地判平 25.12.12 ……………………57
最決平 25.12.19 …………………………337
大津地判平 26.1.14 ……………………327
大阪地決平 26.1.27 ……………………294
最判平 26.1.28 ……………………121・135
東京高判平 26.2.19 ……………137・156
京都地判平 26.2.25 ……………470・481
大阪地決平 26.3.5 ………………………586
東京地判平 26.3.28 ……………452・477
津地判平 26.4.17 ………………………453
大阪高判平 26.4.25 ……………131・452
横浜地判平 26.5.21 ……24・402・442・453・471
福井地判平 26.5.21 ……………………268
大阪地決平 26.5.23 ……………………539
東京地決平 26.5.26 ……………………589
名古屋高判平 26.5.30 …………452・453・477
大阪地判平 26.6.18 ……………………417
最判平 26.7.14 …………………321・322
最判平 26.7.18 …………………………46
最判平 26.7.29 …………………………135
大阪地決平 26.7.29 ……………………539
東京地判平 26.8.8 ………………………453
大阪地判平 26.9.10 ……………………437
大阪地決平 26.9.16 ……………………530
最決平 26.9.25 …………………………298
東京地判平 26.9.25 ……………………43
金沢地判平 26.9.29 ……………………226
最決平 26.10.29 …………………………337
最決平 26.11.25 …………………………470
東京地判平 26.11.25 ……………………409
大阪高判平 26.11.27 ……………………57
盛岡地判平 26.12.19 ……………………365
大阪高決平 27.1.7 ………………………539
東京高判平 27.2.12 ……………453・477
大阪高判平 27.2.20 ……………………471
名古屋高判平 27.2.26 …………………568
最判平 27.3.3 …………………198・226
東京地判平 27.3.6 ………………………472
東京地判平 27.3.10 ……………………412
大阪地決平 27.3.31 ……………………543
東京地判平 27.4.14 ……………………418
東京地決平 27.4.20 ……………………584
最判平 27.4.21 …………………………137
大阪地決平 27.6.15 ……………………584
東京高判平 27.6.25 ……………………453
大阪高判平 27.6.26 ……………………437

佐賀地決平 27.7.10 ……………………587
名古屋高判平 27.7.10 …………………453
東京地判平 27.7.16 ……………………418
東京地判平 27.7.21 ……………………140
東京高判平 27.7.30 ……………24・443・453
東京地決平 27.9.3 ………………………583
静岡地決平 27.9.7 ………………………583
名古屋高判平 27.11.12 …………472・482
大阪高判平 27.11.20 ……………………453
大阪地判平 27.11.20 ……………………453
最判平 27.12.1 …………………………453
最判平 27.12.14 ………………192・313・485
最判平 27.12.15 …………………………471
東京地判平 27.12.15 ……………417・477
大阪地判平 27.12.16 ……………………453
東京高判平 27.12.22 ……………………43
東京高判平 28.1.14 ……………………364
東京地判平 28.1.27 ……………………83
最判平 28.3.10 …………………………205
東京地判平 28.3.24 ……………409・418
旭川地決平 28.3.30 ……………………589
東京地判平 28.5.17 ……………………56
福岡高判平 28.5.19 ……………………254
大阪高判平 28.6.17 ……………………454
東京地判平 28.6.17 ……………………437
最決平 28.7.5 …………………………453
札幌高決平 28.7.7 ………………………589
大津地決平 28.7.12 ……………………268
東京高判平 28.7.21 ……………………83
大阪地判平 28.8.29 ……………………415
東京地判平 28.8.30 ……………187・198
さいたま地判平 28.8.31 ………………478
高松地決平 28.9.14 ……………………338
最判平 28.9.15 …………………………24
大阪高決平 28.10.5 ……………………330
最判平 28.10.18 …………………………568
東京地判平 28.11.29 ……………………84
東京高判平 28.11.30 ……………………437
最判平 28.12.8 ………246・251・270・443・453
最決平 28.12.13 …………………………43
東京地決平 28.12.14 ……………377・539
最判平 28.12.20 ………………252・386
大阪地判平 28.12.26 ……………………578
最決平 29.1.17 …………………………254
東京地判平 29.1.31 ……………………245
最決平 29.2.1 …………………………437
東京地判平 29.2.7 ………………………199

判例索引

大阪地決平29.2.23 ·············540
鹿児島地決平29.2.28 ··········121・587
鹿児島地判平29.2.28 ···········121
札幌地決平29.3.23 ·············589
東京地判平29.3.23 ··········472・481
大阪高決平29.3.28 ·············269
東京高決平29.3.29 ··········377・540
最判平29.4.6 ················142
札幌高決平29.5.29 ·············590
最決平29.6.30 ·············377・540
名古屋高判平29.6.30 ········473・568
広島地判平29.8.9 ·············327
東京地判平29.8.10 ············481
東京地決平29.8.21 ·········378・379
大阪地判平29.9.21 ············196

大阪地決平29.10.2 ············544
最決平29.10.4 ···············338
広島高決平29.12.13 ···········269
最決平29.12.19 ·······190・370・589・592
東京地決平30.1.17 ············379
名古屋高判平30.1.19 ··········262
東京高判平30.1.31 ········402・473・481
前橋地判平30.2.14 ············262
福岡地決平30.4.3 ··········578・592
東京高決平30.3.26 ············379
札幌地判平30.5.29 ·············55
東京地判平30.9.19 ············379
広島高決平30.9.25 ············269
最判平30.12.21 ··············473
大阪地判平31.4.11 ············431

631

著者略歴

斎藤　浩（さいとう　ひろし）

●経歴・現職

1945 年生まれ。京都大学法学部卒業。地方自治体勤務を経て 1975 年大阪弁護士会登録。

日本弁護士連合会行政訴訟センター委員長（現委員）。弁護士法人 FAS 淀屋橋総合法律事務所代表社員、元立命館大学大学院法務研究科教授、ぎょうべんネット（行政関係事件専門弁護士ネットワーク）代表理事、近畿災害対策まちづくり支援機構運営委員・付属研究会代表、日本公法学会会員。

●著書・論文

〈著書〉　本書「行政訴訟の実務と理論　第 2 版」（三省堂）
　　　　「たのしくわかる日本国憲法　身近な地方自治」（岩崎書店）
　　　　「自治体行政って何だ！」（労働旬報社）

〈編著〉「行政訴訟第 2 次改革の論点」（信山社）
　　　　「住まいを再生する　東北復興の政策・制度論」（岩波書店）
　　　　「原発の安全と行政・司法・学界の責任」（法律文化社）
　　　　「司法改革の最前線」（日本評論社）
　　　　「公法系訴訟実務の基礎」（弘文堂）
　　　　「日本の最高裁判所」（日本評論社）

〈共著〉「誰が法曹業界をダメにしたのか　もう一度、司法改革を考える」（中公新書ラクレ）
　　　　「提言―大震災に学ぶ住宅とまちづくり」（東方出版）
　　　　「実務解説行政事件訴訟法」（青林書院）
　　　　「最新重要行政関係事件実務研究」（青林書院）
　　　　「実例解説行政関係事件訴訟 2」（青林書院）
　　　　「実例解説行政関係事件訴訟 3」（青林書院）
　　　　「ワンパック専門家相談隊　東日本被災地を行く」（クリエイツかもがわ）
　　　　「士業・専門家の災害復興支援」（クリエイツかもがわ）
　　　　「防災　減災　復旧　復興 Q&A」（東方出版）
　　　　「新行政不服審査法　審理員のノウハウ・不服申立代理人のスキル」（民事法研究会）

〈主な論文など〉
　　　　「改正行政事件訴訟法研究」（ジュリスト増刊）
　　　　「行政訴訟における和解　ニューオーリンズケースを素材とする考察」（立命館法学、336 号）
　　　　「復興特区の仕組みと運用・改正の課題」（立命館法学、341 ～ 3 号）
　　　　「原発訴訟と裁判官の営為について 1、2」（自治研 1104 号、1105 号）
　　　　「大災害緊急事態準備は専門省をつくり行政法規を整える道筋で」（宮澤節生先生古稀記念論文集）
　　　　「忖度をやめ、国民、企業に役立つ行政訴訟へ」（滝井繁男先生追悼論集）

行政訴訟の実務と理論　第2版

2007 年 9 月 20 日　　初版発行
2019 年 9 月 10 日　　第 2 版第 1 刷発行

著　者　　　　　斎　藤　　　浩

発行者　　　株式会社　三　省　堂
　　　　　　　　代表者　北口克彦

印刷者　　　三省堂印刷株式会社

発行所　　　株式会社　三　省　堂
〒 101-8371　東京都千代田区神田三崎町二丁目 22 番 14 号
電話　編集　(03) 3230-9411
　　　　営業　(03) 3230-9412
https://www.sanseido.co.jp/

©H. Saito 2019　　　　　　　　　　　　　　Printed in Japan

落丁本・乱丁本はお取り替えいたします。　〈2 版行政訴訟の実務と理論・656pp.〉
ISBN978-4-385-32297-1

本書を無断で複写複製することは、著作権法上の例外を除き、禁じられ
ています。また、本書を請負業者等の第三者に依頼してスキャン等に
よってデジタル化することは、たとえ個人や家庭内での利用であっても
一切認められておりません。